새로 쓴,
대용량 데이터베이스 솔루션 I

새로 쓴, 대용량 데이터베이스 솔루션 Vol.1

이 화 식 지음

새로쓴 대용량 데이터베이스 솔루션 I

이화식 지음

1 판 1 쇄 발행 2005 년 12 월 13 일
1 판 19 쇄 발행 2022 년 10 월 10 일

발행처 / (주) 엔 코 아

발행인 / 이화식
등록번호 / 제 22-1435 호
등록일자 / 1998년 10월 16일

값 45,000 원

ISBN 89-950629-2-4 13560

서울시 마포구 마포대로 163 서울신용보증재단빌딩 8 층, 엔코아
전화 02-754-7301 / 팩스 02-754-7305

Copyright ⓒ 이화식 2005

※ 저자와의 협약으로 인지는 생략 합니다.
본서의 무단복제는 법으로 금하고 있습니다.

※기술상담 및 내용문의는
㈜ 엔코아로 해주십시오.
http://www.en-core.com

著 者 序 文

　이번으로 네번 째 쓰게 되는 저자서문을 마주하면서 지난 20 여 년간의 생활이 주마등처럼 스쳐간다. 정보시스템 분야에 첫발을 디디면서 자신과 굳게 했던 약속을 지금도 열심히 지켜 나가고 있다는 뿌듯함과 그 동안 참으로 힘들게 살아왔다는 생각이 들어서 묘한 감상에 젖어 들게 된다.

　남이 못 보는 것을 봐야만 하고, 남이 하지 않은 일을 먼저 해내어야만 한다는 일종의 강박관념에 빠져 너무 앞만 바라보고 살아왔다는 생각도 든다. 한편으로는, 언제나 빠른 속도로 발전해 가고 아무리 따라잡아도 할 것이 남아 있는 정보시스템 분야에 인생을 걸었다는 것이 얼마나 다행스러운지 모른다.

　어디를 들어가봐도 보석을 만들어 낼 수 있는 원석들이 즐비하다. 투자한 만큼 얻게 되는 깨달음이 있기에 언제나 새로운 것을 접할 때마다 가슴이 뛴다. 이런 면에서 데이터베이스 세계는 참으로 매력이 있다. 데이터베이스는 사람처럼 남을 속이지도 악용하지도 않는다. 우리가 올바른 길을 지시하기만 한다면 충실하게 본분을 다한다. 결국, 우리가 어떻게 하느냐에 모든 것이 달려 있다. 노력한 만큼 진리를 선물해 주는 묘미가 있다.

　필자는 지나간 짧지 않은 세월 동안 정보시스템의 골격은 '데이터'라고 믿고 살아 왔고, 그것을 발전시키고자 애써 왔으며, 가능하다면 널리 공유하려 노력해 왔다고 자부한다. 이론이라는 허울에 빠져 헤매지 않으려고 노력했고, 누구라도 현실 업무에 적용하여 바로 놀랄만한 효과를 얻을 수 있는 살아 숨쉬는 묘법을 찾으려 했다.

　그것은 단지 경험과 시행착오를 통해서 발견해낸 것이어서는 안 된다. 누구나 이해할 수 있는 일상의 상식으로도 충분히 설명될 수 있어야 한다. '모르면 불가사의지만 알면 상식이다'라는 말이 있다. 상식선에서 원리를 이해하면 누구나 격이 다른 활용을 할 수 있다. 반면에 '선무당이 사람을 잡는다'는 말도 있다. 원리는 알지 못하고 단지 나타나는 현상만을 경험하여 그대로 믿어 버리는 사람들을 일컫는 말이다.

어쩌면 생각보다 많은 정보시스템 종사자들은 자신의 경험만을 토대로 기술을 얻고 있는지도 모른다. "왜 그렇게 되느냐?"고 물어보면 대다수의 사람들은 "해 보니까 되더라", "그게 더 좋더라"는 식의 경험론적인 답변을 한다. 10 가지의 원리는 10 팩토리얼(3,628,800) 만큼의 사실을 만들며, 100 가지 원리는 우리가 평생을 헤아려도 모자라는 엄청난 숫자가 된다.

경험적으로 접근한다면 아무리 노력을 해도 이 중에서 극히 일부분만을 접할 수 있을 뿐이다. 그러나 100 가지 원리를 이해하는 것은 충분히 가능하다. 그 대신 깊이 파고 들지 않으면 결코 얻을 수 없다. 보석은 누구나 잡을 수 있는 위치에 방치되어 있지 않다. 조금이라도 더 깊이 혼신의 힘을 다해 파고들어 가야 얻을 수 있다.

우리는 알게 모르게 얕은 물만 전전하고 있다. 조금만 복잡해지면 일단 시도를 해 보고, 아니면 또 다른 방법을 찾아 시도를 한다. 은근과 끈기가 있어 밤을 세워서라도 끝장을 보고야 만다. 그러나 과연 무엇을 얻었는가? 그렇게 노력하면서 보내온 세월만큼 누구에게나 내세울 만한 전문가가 되었는가? 만약 그렇지 않다면 자신의 피와 땀을 값싸게 만든 이유는 도대체 무엇이었을까?

필자는 이런 면에서는 남다르기 위해 노력해 왔다고 자부하고 싶다. 때로는 당장 급한 일을 제쳐두면서까지 미련스러울 만큼 원리를 찾는데 몰두했다. 고기를 못 잡으면 당장은 배가 고플지는 모르지만, 그래도 역시 더 중요한 것은 고기를 잡는 법이라는 확신 때문이었다. 이런 생각의 차이는 같은 고생을 했더라도 세월이 흐른 후에는 현격한 차이를 만든다. 남다르게 고기를 잡는 법을 알고 있다면 걱정할 것이 없다.

여러분은 이런 평범한 진리를 실무를 하면서 과연 적용하고 있는가? 당장 내일까지 해결해야 할 일 때문에 그렇게 해야 한다는 마음만 가지고 있을 뿐은 아닌가? 이제 이 악순환의 고리를 끊어야 할 때가 왔다. 어쩌면 애플리케이션이란 단지 데이터를 움직이는 수단에 불과하다고도 할 수 있다. 그것은 유행을 많이 탄다. 잠시만 손을 놓고 있으면 벌써 내게서 저만큼 멀어져 있다.

그러나 데이터와 데이터베이스의 세계는 그렇지 않다. 세월이 가도 오직 발전할 뿐이지 결코 쌓아왔던 내공이 사라지는 법이 없다. 게다가 확신있는 원리만 소화하고 있으면 언제나 어디서나 마음대로 고기를 잡을 수 있다. 주인의 명령에 충실한 종복인 DBMS 는 나날이 그 능력을 더해 가고 있다. 활용하는 주인이 누구냐에 따라 더욱 큰 차이를 낼 수 있다는 것은 우리를 흥분하게 하기에 족하다.

대용량 데이터베이스 솔루션이 여러분들의 줄기찬 사랑을 받은 지도 어언 10년의 세월이 흘렀다. 그 동안 데이터베이스의 바이블이란 칭송을 받으면서 데이터베이스를 사용하는 사람이라면 누구나 공부하는 필독서의 역할을 해 왔다고 생각한다. 아직도 꾸준하게 독자들의 사랑을 받고 있고, 개설된 교육과정에도 언제나 많은 수강생들이 몰려들고 있다.

　　IT 세계에서 10년의 세월이면 다른 업종의 100년과 비교할 수 있을 만큼 변화와 발전이 있지만 한 번도 개정을 하지 않고 여기까지 올 수 있었던 것은 그만큼 원리에 충실했기 때문에 가능한 일이었다고 생각한다. 물론 데이터베이스가 많은 발전을 해 왔기 때문에 달라진 것도 있고, 필요 없어진 개념도 일부 있지만 대부분은 그대로 적용할 수 있었다.

　　그러나 그 동안 데이터베이스가 새롭게 제공한 기능들의 진정한 개념과 특성들을 파헤쳐 '허와 실'을 규명하고, 실전적인 활용원리와 적용기준을 추가하는 작업에 전력을 기울이지 못한 것에 이번 기회를 빌어 깊은 사과의 말씀을 드리는 바이다. 많은 분들이 새로운 책이 출간되기를 학수고대하고 있었다는 것을 모르는 바는 아니었다.

　　사실 필자는 그 동안 데이터 아키텍처에 보다 많은 시간을 투자해왔다. 데이터베이스 보다 더 중요하고 근본적인 것은 데이터의 체계를 제대로 수립하고 관리하는 것이라 믿고 있기 때문이다. 데이터베이스 기술을 바탕으로 좀더 깊고 넓은 데이터 세계를 세우고자 했을 따름이다. 이제 많은 분들이 데이터 아키텍처에 관심을 가지고 있고, 수 많은 스터디 그룹이 활동하고 있다는 소식에 가슴이 벅차 오름을 느낀다.

　　날이 갈수록 정보화 영역은 더욱 확장되어 가고 있다. 거기에 따라서 데이터는 급격히 늘어가고 복잡해져서 이제 데이터 통합이나 표준화, 품질에 대한 문제는 더 이상 방치할 수 없는 시급한 현안이 되었다. 이제라도 데이터 아키텍처를 제대로 구축하고 이를 체계적으로 통제할 수 있는 메타 데이터를 기반으로 한 시스템 거버넌스는 이제 우리의 당면과제가 되었다.

　　다행스럽게도 실무자들뿐만 아니라 관리자들도 여기에 지대한 관심을 기울이게 되었으며, 국가에서 데이터 아키텍처 전문가 자격제도를 시행할 만큼 상황이 많이 좋아졌다. 이를 위해 방법론을 체계화시키고, 서적 출판, 꾸준한 교육과정 개설해 왔으며, 데이터 아키텍처 솔루션과 거버넌스를 위한 종합적인 메타 데이터 관리 솔루션도 출시하였다.

　　그렇다고 해서 그 동안 데이터베이스에 손을 놓고 있었던 것은 아니었다. 데이터베이스 관련 컨설팅을 지속적으로 수행해 왔고, 신기술에 대한 연구도 계속해 왔다. 비록 공식적인 서적으로 출판하지는 않았지만 많은 연구자료들이 작성되었고, 일부는 여러 채널을 통해 공개하기도 하였다. 그러나 이것들을 좀더 깊이 연구하고 종합하여, 체계화를 시키는 일을 더 이상 미룰 수가 없는 시급한 상황이 되었다.

　　이제 지난 1년 동안 참으로 힘든 과정을 통해 드디어 '새로쓴 대용량 데이터베이스 솔루션 I'을 출판한다. 최대한 모든 DBMS의 최소공배수를 다루기 위해 애를 썼다. 물론 얼마간의 차이가 없는 것은 아니지만 원리와 활용기준이라는 측면에서 보면 크게 다르지 않다. 그러나 모든 DBMS 제품의 기능을 구체적으로 다룰 수도 없었고, 여러 가지를 혼용하면 더 큰 혼란이 있다는 생각에 오라클을 기준으로 설명된 부분이 적지는 않다.

　　물론 구체적인 표현 방법이나 명령어는 오라클로 되어 있지만 원리와 활용 개념은 대부분의 DBMS에 적용할 수 있다. 마치 카메라의 조작법은 제품마다 약간씩 다르지만 작품사진을 찍는 측면에서 보면 크게 다르지 않는 것과 유사하다. 그러나 보다 쉽게 이해하고 적용할 수 있도록 하기 위해 DBMS 별로 이 개념들을 활용할 수 있는 부록이 곧 출간될 예정이다.

　　이 책은 크게 1, 2부로 나누어져 있다. 제1부에서는 액세스 효율에 영향을 주는 모든 요소들에 대한 유형별 개념과 그 특징에서 오는 특성들을 파헤치고, 활용원리와 적용기준을 담았다. 테이블의 구조별 특성, 다양한 형태의 인덱스, 옵티마이져의 내부적인 역할과 그 결과로 나타나는 모든 유형의 실행계획들을 상세하게 다루고 있다. 또한 옵티마이져에 대한 이해를 바탕으로 실행계획 및 수행속도에 가장 큰 영향을 미치는 인덱스의 구성 전략을 제시하고 있다.

　　제2부에서는 액세스를 효율화 시킬 수 있는 구체적인 전략을 다루고 있다. 액세스 효율과 관련된 모든 판단에 많은 영향을 미치고 있는 부분범위 처리의 원리와 구체적인 활용방법, 그리고 데이터베이스를 한 차원 높게 활용할 수 있는 기반이 되는 조인의 모든 유형을 매우 상세하게 설명하고 있다.

　　제1부 1장에서는 데이터베이스의 가장 기본이 되는 데이터 저장구조에 따른 특성을 정확하게 이해하는 것에 초점을 두었다. 우리는 물속에서 살 수 없지만 물고기는 뭍에서 살 수 없듯이 구조적인 특성은 많은 부분에 근본적이고 본질적인 영향을 미치게 된다. DBMS 마다 다른 용어를 사용하고 있어 크게 다른 것처럼 보이지만 몇 가지 형식으로 나누어 보면 결국은 그러한 유형들에 속할 뿐이다.

　　2장에서는 옵티마이져가 실행계획을 수립할 때 가장 많은 영향을 주는 모든 인덱스의 유형에 대해 상세하게 다루고 있다. 가장 일반적으로 사용하는 B-Tree 인덱스의 내부적인 메커니즘에서부터 대용량 데이터나 데이터 웨어하우스에서 커다란 효과를 발휘하는 비트맵 인덱스, 가상의 논리적인 컬럼을 인덱스화 할 수 있는 함수기반 인덱스에 대해 상세한 개념과 적용기준을 설명하고 있다.

3장에서는 옵티마이져의 깊숙한 부분을 다룬다. 옵티마이져가 최적화를 수행해 갈 때 일어나는 내부 처리 단계의 세밀한 부분까지 다루고 있으며, 어쩌면 데이터베이스가 데이터를 처리하는 모든 부분이라고 할 수 있는 실행계획의 세부적인 단위별로 구체적인 수행과정을 설명하고 있다. 구분동작을 정확히 익히면 그것을 종합해서 다양한 응용을 할 수 있듯이 모든 유형의 수행단위를 구체적으로 이해하면 모든 실행계획을 이해할 수 있다. 또한 우리가 원하는 절차로 수행할 수 있도록 유도할 수 있는 제어방법들을 제시해 준다.

제4장에서는 최적의 실행계획이 수립되도록 하기 위해 가장 중요한 영향을 미치고 있는 인덱스의 구성전략을 매우 구체적으로 제시하고 있다. 옵티마이져는 논리적으로 존재하지 않는 경로를 만들어 줄 수 없으며, 단지 가능한 처리경로를 선택하는 것일 뿐이다. 인덱스의 구성 전략에 따라 논리적으로 존재하는 처리경로는 크게 달라지기 때문에 인덱스의 전략적인 구성을 전제하지 않고서는 결코 액세스 효율을 기대할 수가 없다.

제2부 1장에서는 앞에서 다루었던 실행계획의 이해를 바탕으로 처리범위의 일부분만 액세스하고서도 결과를 얻을 수 있는 비법인 부분범위 처리의 원리와 다양한 활용유형을 구체적인 사례를 들어 설명한다. 이 개념의 활용은 새롭게 추가되고 변모된 실행계획에 따라 과거에 비해 한층 업그레이드된 활용방법을 제시하게 될 것이다. 특히 최근의 개발 형식에서 주류를 이루고 있는 웹 게시판에서의 부분범위 처리 방식을 여러 게시판 유형별로 상세하게 다루고 있다.

2장에서는 데이터 처리의 기본이 되는 모든 형태의 조인을 매우 상세하게 다루고 있다. 전통적인 조인이었던 Nested Loops 조인과 Sort Merge 조인을 비롯해서 대용량 데이터 처리에 획기적인 효율을 가져다 주는 해쉬 조인을 완벽하게 해부하였고, 그 활용기준을 제시한다. 또한 다양한 유형으로 나타나는 세미 조인들과 데이터 웨어하우스에서 필수적인 조인 방식인 스타 조인과 스타변형 조인을 상세하게 다루고 있다. 더불어 새롭게 추가된 비트맵 조인 인덱스의 개념과 활용방법도 제시하고 있다.

곧이어 2권, 3권도 빠른 시일 내에 출간할 것을 약속 드린다. 물론 필자는 나름대로 열심히 노력하고 있다고 생각하지만 여러분이 기대하는 시간 내에 후속 판을 출간하지 못해 약속을 많이 어긴 것은 사실이다. 변명일지 모르지만 사업을 이끌면서 새로운 연구를 하고, 솔루션을 만들며, 서적을 집필하기란 참으로 어려운 일이라는 점을 여러분의 넓은 아량으로 조금은 이해해 주기를 당부 드리고 싶다.

이 책을 비롯한 전체 시리즈가 일본을 비롯한 전세계에 출간될 예정이다. 외국의 출판사와 구체적인 계약을 마친 상태이기 때문에 이제는 아무리 시간이 없더라도 약속을 지키지 않을 수 없다. 굳이 이렇게까지 하는 것은 필자 스스로가 어쩔 수 없는 굴레를 써서라도 약속을 지키도록 하기 위함이다. 이제 겨우 1권의 집필을 마쳤을 뿐이므로 긴장의 끈을 놓지 않기 위해 바로 이어서 집필을 계속할 것을 여러분에게 공개적으로 약속 드린다.

데이터의 세계는 방법을 이해하는 것만으로는 결코 정복할 수 없다. 여러분이 이 책을 모두 독파했다고 하더라도 아직은 이해의 시작에 불과하다. 특히, 원리를 정확하고 깊이 있게 이해하는 것은 각고의 노력이 필요하다. 노파심에 다시 한 번 당부 드리지만 이 책의 내용을 단지 사례를 참고하는 용도로 활용하지 않기를 바란다. 원리에 눈을 뜨고 나면 새로운 세계가 보일 것이다. 여러분 모두가 그러한 세계로 들어올 수 있기를 진심으로 바라마지 않는다.

끝으로 데이터 연구와 집필에 많은 도움을 준 박상용 이사, 김동훈 이사, 밤새워 미세한 오류까지 찾아내고 교정에 힘써 준 최미영 수석, 그리고 여러 엔코아팅 직원 여러분들의 노고에 심심한 감사의 뜻을 표한다. 더불어 이미지 디자인에 애쓴 김지혜 양과 출판업무에 많은 애정을 기울이는 이길내 차장에게도 감사의 뜻을 전한다.

2005년 12월 13일

㈜ 엔 코 아

대표컨설턴트 이화식

새로 쓴, 대용량데이터베이스 솔루션 I

목차

제1부 액세스 영향 요소의 이해 1

제1장. 데이터 저장구조와 특징 3

1.1. 테이블과 인덱스의 분리형 4
  1.1.1. 분리형 테이블의 구조 5
  1.1.2. 클러스터링 팩터(clustering factor) 11
  1.1.3. 분리형 테이블의 액세스 영향요소 16
    1.1.3.1. 넓은 범위의 액세스 처리에 대한 대처방안 16
    1.1.3.2. 클러스터링 팩터 향상 전략 22

1.2. 인덱스 일체형 테이블(Index-Organized Table) 24
  1.2.1. 분리형과 일체형의 비교 25
  1.2.2. 일체형 테이블의 구조 및 특징 26
  1.2.3. 논리적 ROWID와 물리적 주소(Physical Guess) 28
  1.2.4. 오버플로우 영역(Overflow Area) 31
  1.2.5. 일체형 테이블의 생성 33

1.3. 클러스터링 테이블 35
  1.3.1. 클러스터링의 테이블의 개념 36
  1.3.2. 단일테이블 클러스터링 39
  1.3.3. 다중테이블 클러스터링 43
  1.3.4. 클러스터링 테이블의 비용 47
    가) 입력(INSERT) 시의 부하 48
    나) 수정(UPDATE) 시의 부하 50
    다) 삭제(DELETE) 시의 부하 51
  1.3.5. 해쉬(Hash) 클러스터링 54
    가) 해쉬 클러스터의 특징 54
    나) 해쉬 클러스터의 활용 범위 55
    다) 해쉬 클러스터의 정의 56
    라) 단일테이블 해쉬 클러스터(Single-table hash cluster) 58

새로 쓴, 대용량데이터베이스 솔루션 I — 목차

제2장. 인덱스의 유형과 특징 ... 59
2.1. B-Tree 인덱스 ... 60
2.1.1. B-Tree 인덱스의 구조 ... 60
2.1.2. B-Tree 인덱스의 조작(Operation) ... 64
　가) 인덱스 생성(Creation) ... 64
　나) 인덱스 블록의 분할(Split) ... 66
　다) 데이터의 삭제 및 갱신 ... 68
　라) 인덱스를 경유한 검색 ... 69
2.1.3. 리버스키 인덱스(Reverse key index) ... 71

2.2. 비트맵(Bitmap) 인덱스 ... 73
2.2.1. 비트맵 인덱스의 탄생배경 ... 73
2.2.2. 비트맵 인덱스의 구조와 특성 ... 75
2.2.3. 비트맵 인덱스의 액세스 ... 78

2.3. 함수기반 인덱스(FBI, Function-Based Index) ... 82
2.3.1. 함수기반 인덱스의 개념 및 구조 ... 82
2.3.2. 함수기반 인덱스의 제약사항 ... 84
2.3.3. 함수기반 인덱스의 활용 ... 88
　가) 테이블 설계상의 문제를 해결 ... 88
　나) 오류 데이터의 검색 문제를 해결 ... 93
　다) 가공처리 결과의 검색 ... 96
　라) 오브젝트 타입의 인덱스 검색 ... 97
　마) 배타적 관계의 인덱스 검색 ... 99

제3장. SQL의 실행계획(Explain plan) ... 101
3.1. SQL과 옵티마이져 ... 102
3.1.1. 옵티마이져와 우리의 역할 ... 105
3.1.2. 옵티마이져의 형태 ... 110
3.1.2.1. 규칙기준 옵티마이져 ... 114

            가) 규칙기준 옵티마이져의 단점 · 115
            나) 규칙기준 옵티마이져의 장점 · 116
        3.1.2.2. 비용기준 옵티마이져 · 119
            가) 비용기준 옵티마이져의 장점 · 120
            나) 비용기준 옵티마이져의 단점 · 125
            다) 옵티마이져의 발전 방향 · 128
            라) 통계정보 관리를 위한 제언 · 128
        3.1.2.3. 옵티마이져 목표(Goal)의 선택 · 132
            가) 옵티마이져 모드의 종류 · 132
            나) 옵티마이져 모드의 결정 기준 · 134
            다) 옵티마이져 모드와 관련된 파라메터 지정 · · · · · · · · · · · 136
        3.1.2.4. 실행계획의 고정화(Stability) · 139
            가) 아우트라인의 생성과 조정 · 141
            나) 아우트라인의 관찰 · 143
            다) 옵티마이져 업그레이드 시의 적용 · · · · · · · · · · · · · · · · · · 145
        3.1.2.5. 옵티마이져의 한계 · 148
    3.1.3. 옵티마이져의 최적화 절차 · 152
        3.1.3.1. 질의 변환기 · 154
        3.1.3.2. 비용 산정기 · 156
        3.1.3.3. 실행계획 생성기 · 159
    3.1.4. 질의의 변환(Query Transforming) · 162
        3.1.4.1. 이행성 규칙(Transitivity principle) · · · · · · · · · · · · · · · · · 165
        3.1.4.2. 뷰병합(View Merging) · 168
        3.1.4.3. 사용자 정의 바인드 변수의 엿보기(Peeking) · · · · · · · 177
    3.1.5. 개발자의 역할 · 179

3.2. 실행계획의 유형 · 183
    3.2.1. 스캔(Scan)의 기본유형 · 184
        3.2.1.1. 전체테이블 스캔 · 185
        3.2.1.2. ROWID 스캔 · 193

- 3.2.1.3. 인덱스 스캔 ········ 194
  - 가) 인덱스 유일 스캔(Index Unique Scan) ········ 195
  - 나) 인덱스 범위 스캔(Index Range Scan) ········ 196
  - 다) 인덱스 역순 범위 스캔(Index Range Scan Descending) ········ 197
  - 라) 인덱스 스킵 스캔(Index Skip Scan) ········ 198
  - 마) 인덱스 전체 스캔(Index Full Scan) ········ 201
  - 바) 인덱스 고속 전체 스캔(Index Fast Full Scans) ········ 201
- 3.2.1.4. B-Tree 클러스터 액세스(Cluster access) ········ 203
- 3.2.1.5. 해쉬 클러스터 액세스(Hash cluster access) ········ 205
- 3.2.1.6. 표본 테이블 액세스(Sample table scan) ········ 207
- 3.2.2. 데이터 연결을 위한 실행계획 ········ 211
  - 3.2.2.1. 내포 조인(Nested loops Join) ········ 212
  - 3.2.2.2. 정렬 병합 조인(Sort Merge Join) ········ 217
  - 3.2.2.3. 해쉬 조인(Hash Join) ········ 219
  - 3.2.2.4. 세미 조인(Semi Join) ········ 221
  - 3.2.2.5. 카티젼 조인(Cartesian Join) ········ 224
  - 3.2.2.6. 아우터 조인(Outer Join) ········ 227
  - 3.2.2.7. 인덱스 조인 ········ 235
- 3.2.3. 연산 방식에 따른 실행계획 ········ 239
  - 3.2.3.1. IN-List 탐침(Iterator) 실행계획 ········ 239
  - 3.2.3.2. 연쇄(Concatenation) 실행계획 ········ 242
  - 3.2.3.3. 원격(Remote) 실행계획 ········ 245
  - 3.2.3.4. 정렬 처리(Sort Operation) 실행계획 ········ 249
  - 3.2.3.5. 집합 처리(Set Operations) 실행계획 ········ 255
  - 3.2.3.6. COUNT(STOPKEY) 실행계획 ········ 259
- 3.2.4. 비트맵(Bitmap) 실행계획 ········ 261
  - 3.2.4.1. 조건 연산자별 비트맵 실행계획 ········ 262
    - 가) 동치(Equal) 비교 실행계획 ········ 262
    - 나) 범위(Range) 비교 실행계획 ········ 263
    - 다) AND 조건 실행계획 ········ 264

　　　　라) OR 조건 실행계획 ································· 265
　　　　마) 부등식(Not equal) 비교 실행계획 ············· 266
　　　　바) NULL 비교 실행계획 ······························· 267
　　3.2.4.2. 서브쿼리 실행계획 ································· 269
　　3.2.4.3. B-Tree 인덱스와의 연합(Combine) 실행계획 ········ 272
　3.2.5. 기타 특수한 목적을 처리하는 실행계획 ············ 274
　　3.2.5.1. 순환(Recursive) 전개 실행계획 ················· 275
　　3.2.5.2. UPDATE 서브쿼리 실행계획 ····················· 283
　　3.2.5.3. 특이한 형태의 실행계획 ························· 286
　　　　가) 서브쿼리 팩토링 실행계획 ······················· 287
　　　　나) 특이한 DELETE 문 서브쿼리 ··················· 289
　　　　다) 다중 테이블 입력(Multi-table Insert) 서브쿼리 ····· 290
　　　　라) HAVING 절 서브쿼리 실행계획 ················ 292
　　　　마) ROLLUP, CUBE, GROUPING SETS처리 실행계획 ··· 293
　　　　바) MERGE 문 실행계획 ································ 297

3.3. 실행계획의 제어 ··· 299
　3.3.1. 힌트(Hint)의 활용 기준 ································ 300
　3.3.2. 최적화 목표(Goal) 제어 힌트 ························ 303
　3.3.3. 조인 순서 조정을 위한 힌트 ························ 304
　3.3.4. 조인 방법 선택용 힌트 ································ 305
　3.3.5. 병렬처리 관련 힌트 ······································ 308
　3.3.6. 액세스 수단 선택을 위한 힌트 ······················ 311
　3.3.7. 쿼리형태 변형(Query Transformation)을 위한 힌트 ··· 314
　3.3.8. 기타 힌트 ··· 318

제4장. 인덱스 수립 전략 ··· 323
　4.1. 인덱스의 선정 기준 ··· 324
　　4.1.1. 테이블 형태별 적용 기준 ···························· 326
　　　　가) 적은 데이터를 가진 소형 테이블 ············· 326

　　　　나) 주로 참조되는 역할을 하는 중대형 테이블 ········· 328
　　　　다) 업무의 구체적인 행위를 관리하는 중대형 테이블 ····· 330
　　　　라) 저장용 대형 테이블 ························· 332
　　4.1.2. 분포도와 손익분기점 ························· 333
　　4.1.3. 인덱스 머지와 결합 인덱스 비교 ··············· 336
　　4.1.4. 결합 인덱스의 특징 ·························· 340
　　　　가) 분포도와 결합순서의 상관관계 ················· 341
　　　　나) 이퀄(=)이 결합순서에 미치는 영향 ············· 343
　　　　다) IN연산자를 이용한 징검다리 효과 ·············· 346
　　　　라) 처리범위에 직접적인 영향을 주지 못하는 컬럼의 추가 기준 350
　　4.1.5. 결합 인덱스의 컬럼순서 결정 기준 ············· 352
　　4.1.6. 인덱스 선정 절차 ·························· 357
　　　　가) 테이블의 액세스 형태를 최대한으로 수집 ········· 359
　　　　나) 인덱스 대상 컬럼의 선정 및 분포도 조사 ········· 372
　　　　다) 특수한 액세스 형태에 대한 인덱스 선정 ········· 376
　　　　라) 클러스터링 검토 ···························· 378
　　　　마) 결합 인덱스 구성 및 순서의 결정 ·············· 382
　　　　바) 시험생성 및 테스트 ························ 384
　　　　사) 수정이 필요한 애플리케이션 조사 및 수정 ······· 385
　　　　아) 일괄적용 ·································· 386

4.2. 클러스터링 형태의 결정 기준 ······················ 387
　　4.2.1. 포괄적인 클러스터링 ························· 388
　　4.2.2. 부분적인 클러스터링 ························· 390
　　4.2.3. 단일테이블 클러스터링 ······················· 392
　　4.2.4. 단위 클러스터의 크기 결정 ···················· 394
　　4.2.5. 클러스터 사용을 위한 조치 ···················· 399

제2부 액세스 최적화 방안 401

제1장. 부분범위처리(Partial range scan) 403
1.1. 부분범위처리의 개념 405
1.2. 부분범위처리의 적용원칙 413
1.2.1. 부분범위 처리의 자격 413
1.2.2. 옵티마이져 모드에 따른 부분범위처리 417

1.3. 부분범위처리의 수행속도 향상원리 419
1.4. 부분범위처리로의 유도 425
1.4.1. 액세스 경로를 이용한 SORT의 대체 426
1.4.2. 인덱스만 액세스하는 부분범위처리 429
1.4.3. MIN, MAX의 처리 432
1.4.4. FILTER형 부분범위처리 439
1.4.5. ROWNUM의 활용 442
1.4.6. 인라인뷰를 이용한 부분범위처리 450
1.4.7. 저장형 함수를 이용한 부분범위처리 454
1.4.8. 쿼리의 분리를 이용한 부분범위처리 464
1.4.9. 웹 게시판에서의 부분범위처리 469
   가) 웹 게시판 부분범위처리 사례1 (NON-UNIQUE INDEX) 475
   나) 웹 게시판 부분범위처리 사례2 (UNIQUE INDEX) 477
   다) 웹 게시판 부분범위처리 사례3 (처음-이전-다음-끝) 479
   라) 웹 게시판 부분범위처리 사례4 (SET 단위 처리) 481
   마) 웹 게시판 부분범위처리 사례5 (계층구조의 처리) 485

제2장. 조인의 최적화 방안 495
2.1. 조인과 반복연결(loop query)의 비교 498
2.1.1. 전체범위 처리 방식에서의 비교 501
2.1.2. 부분범위 처리 방식에서의 비교 511

2.2. 연결고리 상태가 조인에 미치는 영향 514
  2.2.1. 연결고리 정상(正常) 517
  2.2.2. 한쪽 연결고리 이상(異常) 524
  2.2.3. 양쪽 연결고리 이상(異常) 529

2.3. 조인 종류별 특징 및 활용방안 534
  2.3.1. Nested Loops 조인 536
    2.3.1.1. Nested Loops 조인의 기본 개념 537
      가) Nested-Loops 조인의 특징 539
      나) Nested-Loops 조인의 적용기준 540
    2.3.1.2. Nested Loops 조인의 순서결정 542
  2.3.2. Sort Merge 조인 554
      가) Sort Merge 조인의 특징 555
      나) Sort Merge 조인의 적용기준 557
  2.3.3. Nested Loops 조인과 Sort Merge 조인의 비교 559
  2.3.4. 해쉬(Hash) 조인 565
    2.3.4.1. 인-메모리 해쉬조인 571
    2.3.4.2. 유예 해쉬조인 575
  2.3.5. 세미(Semi) 조인 580
    2.3.5.1. 세미조인의 개념 및 특징 581
    2.3.5.2. 세미조인의 실행계획 585
      가) Nested Loops형 세미조인 585
      나) Sort Merge형 세미조인 591
      다) 필터(Filter) 형 세미조인 593
      라) 해쉬(Hash) 형 세미조인 597
      마) 부정(Anti)형 세미조인 599
  2.3.6. 스타(Star) 조인 606
  2.3.7. 스타변형(Star Transformation) 조인 617
  2.3.8. 비트맵 조인 인덱스(Bitmap join index) 631

제1부
액세스 영향요소의 이해

제 1 부
액세스 영향요소의 이해

　액세스 효율에 크고 작은 영향을 미치는 요소들은 매우 다양하게 존재한다. 이러한 요소들을 활용하는 방법에 따라 액세스의 효율은 지대한 영향을 받게 된다. 따라서 먼저 이들에 대한 정확한 이해가 바탕이 되지 않고서는 결코 최적의 액세스 효율을 얻을 수 없을 것이다. 데이터는 결국 어떤 형태의 물리적인 구조로 저장될 수 밖에 없다. 이것은 저장된 형태에 따라서 액세스 효율은 필연적으로 차이가 나타날 수 밖에 없음을 의미한다.

　우리가 원하는 임의의 위치에 있는 특정한 범위의 데이터를 액세스해야 하기 때문에 테이블의 구조적인 특성과 액세스 경유지(인덱스 등)에 따라 효율이 크게 달라질 수 밖에 없는 것은 당연하다. 물론 액세스 효율은 물리적인 형태의 만의 문제는 아니다. 오히려 어떤 절차(실행계획)로 수행되었느냐에 대한 문제는 물리적인 요소보다 액세스 효율에 더 큰 영향을 미칠 수도 있다. 이것은 마치 동일한 길이었다면 포장되었을 때가 비포장 시절보다 유리하겠지만, 오히려 그것보다는 어느 길을 택하였느냐에 따라 더 많은 영향을 받을 수 있다는 것과 매우 유사하다.

　관계형 데이터베이스에서는 과거에 우리가 직접 명령어를 통해 기술해야 했던 처리절차의 많은 부분을 옵티마이져가 생성하는 최적화 단계인 '실행계획' 수립을 통해 실현한다. 그러나 옵티마이져는 결코 전지전능하지 않기 때문에 정의된 테이블, 인덱스의 구조, SQL 의 형태 등이 적절하지 않다면 우리가 원하는 실행계획이 나타나지 않을 수가 있다. 경우에 따라서는 이로 인해 매우 비효율적인 액세스가 나타날 수도 있다.

　이러한 옵티마이져의 한계는 약간의 도움만으로도 현저한 수행속도의 개선으로 나타날 수 있다. 이것은 마치 자기가 원하는 길을 마음대로 달려갈 수 있는 즐거움을 맛보기 위해서는 운전면허를 취득해야 하듯이 여러분들이 액세스 경로를 자유자재로 제어할 수 있으려면 먼저 액세스 영향요소들을 확실히 이해하는 것부터 선행해야 할 것이다.

제1장
데이터 저장구조와 특징

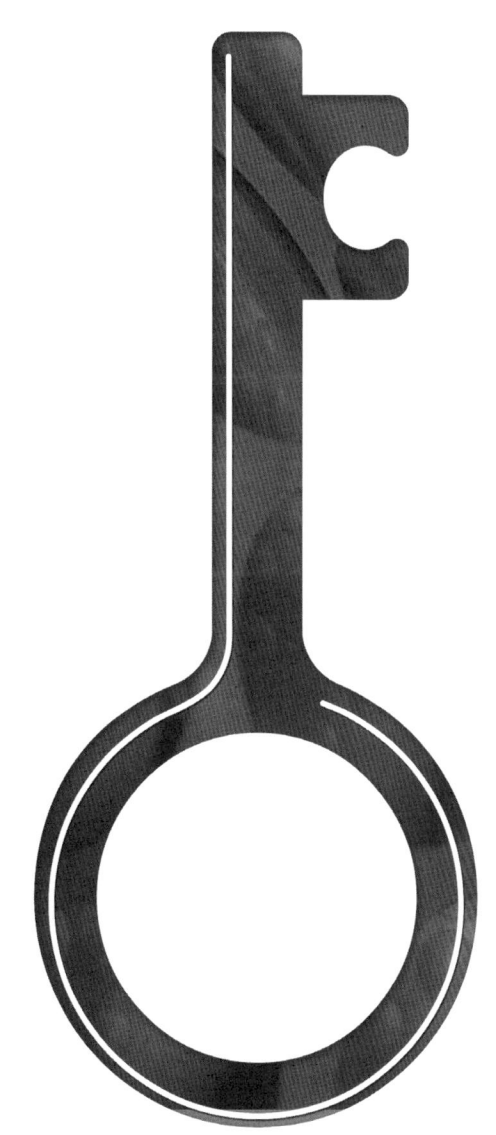

제 1 장
데이터 저장구조와 특징

관계형 데이터베이스에서 데이터를 저장하는 방법에는 여러 가지가 있다. 물론 DBMS에 따라 이를 모두 지원하기도 하고 일부의 형태만 지원하기도 한다. 데이터를 저장하는 방식은 데이터의 저장이나 수정, 검색에 직접적인 영향을 미칠 수 밖에 없다. 가령, 들어오는 순서에 따라 그 값이 무엇이든 간에 무조건 비어 있는 곳에 저장하는 방법은 아무래도 지정된 위치에 넣는 것보다 저장하는 데는 유리하다.

그러나 나중에 원하는 것을 찾기 위해서는 불리할 수 밖에 없다. 사실 이것은 당연한 세상의 이치라 할 수 있다. 나중에 찾기 좋도록 잘 정돈하여 저장하는 형태는 상대적으로 저장할 때의 부하가 있겠지만 액세스를 할 때는 당연히 유리하다. 물론 이러한 면은 데이터의 저장 목적이나 활용 목적에 따라 결정이 달라질 수도 있다.

어떤 경우는 일단 빨리 넣어 두는 것이 중요할 것이며, 어떤 경우는 액세스가 훨씬 중요할 수도 있다. 그러나 만약 이러한 방법에 얼마간의 차이가 있더라도 그 처리범위가 매우 적어서 크게 문제가 되지 않는 수준이라면 굳이 일일이 정돈해 두는 불편을 감수하지 않을 수도 있을 것이다.

이에 반해 항상 적지 않은 처리범위를 액세스 해야 한다면 그때마다 여기저기 찾아 다녀야 하는 것은 부담이 되지 않을 수 없다. 더구나 자주 반복을 해야 한다면 비효율은 더욱 크게 나타날 것이다. 그렇다고 원하는 답을 얻기 위해 그 중 일부만 액세스하게 할 수도 없다. 물론 집계·가공된 테이블을 추가하는 방법도 있겠지만 추가적인 비용이 발생해야 한다. 또한 경우에 따라서는 그렇게 할 수 없는 경우도 있을 것이다.

액세스 범위가 넓더라도 우리가 자주 같이 액세스 하는 것들만 모아 두었다면 효율성은 크게 증가할 것이다. 그러나 데이터의 저장형태가 이처럼 액세스의 효율에 커다란 영향을 미칠 수 있음에도 불구하고 함부로 결정할 수 없다. 그것은 '저장'이란 한 가지만 선택할 수 있는 물리적인 형태이기 때문에 상황에 따라서 마음대로 그 저장형태를 바꿀 수는 없기 때문이다.

이처럼 필요에 따라 수시로 변경할 수 없는 것이라면 우리가 이와 관련된 개념을 확실히 이해하고 주어진 상황을 정확히 파악하여, 가장 이상적인 저장형태를 결정하는 일은 매우 중요한 일이 아닐 수 없다.

1.1. 테이블과 인덱스의 분리형

데이터를 저장하는 테이블과 특정한 데이터를 찾기 위한 경로로 사용되는 인덱스가 전혀 별개의 객체로써 존재하는 저장 형태가 있다. 사실 관계형 데이터베이스 이전에서는 대부분 키(Key)와 데이터가 매우 밀접한 관련이 있었다. 저장된 데이터에서 특정한 범위를 선별해서 찾고자 한다면 키의 도움을 받아야 했다. 이로 인해 데이터의 저장은 필연적으로 키의 영향을 받을 수 밖에 없었다.

따라서, 키를 찾기만 하면 거기서 바로 우리가 원하는 데이터를 찾을 수 있어야 하기 때문에 키를 찾는 것이 곧 데이터를 찾는 것이 되었다. 이 때문에 키는 항상 데이터를 옆에 두어야만 했다. 그러나 만약 키와 데이터가 서로 떨어져 있더라도 키를 찾아갔을 때 데이터 위치를 언제라도 알 수만 있다면, 굳이 키 옆에 데이터를 달아 둘 필요는 없을 것이다. 물론 키에서 다시 데이터를 찾아가야 하는 부담은 추가되어야 한다.

그 대신 데이터를 저장할 때는 인덱스에 영향을 받지 않으므로 이런 면에서는 부담이 크게 감소한다. 이것은 곧 데이터에 들어 있는 값이 저장과는 무관하다는 것을 의미하므로 거의 무조건적으로 저장할 수 있음을 의미한다. 가령, 우리가 서랍에 물건을 넣을 때 그것이 무엇인지를 따지지 않고 닥치는 대로 넣기만 한다면 이보다 더 이상 유리하게 넣을 수 있는 방법은 없다.

물론 나중에 쉽게 찾도록 하기 위해서는 별도의 수첩에다 물건의 저장위치를 기록해 두어야 하는 번거로움이 따르기는 하겠지만 이것 또한 나중에 여유 있는 시간에 목록화해 두기로 하고 일단 무조건 저장만 한다면 저장 시의 부담은 매우 가벼워질 것이 분명하다.

우리가 영화관이나 프로야구 관람을 하러 갔을 때 지정 좌석제가 아니라서 아무 자리에라도 앉을 수 있다면 동시에 다수의 사람들이 입장하더라도 기다려야 하는 부담은 거의 없을 것이다. 저장을 할 때 인덱스와 독립적일 수 있다는 것은 이처럼 매우 의미 있는 장점을 가지게 된다.

테이블과 인덱스가 별도로 분리되어 있는 구조는 관계형 데이터베이스의 가장 일반적인 데이터 저장형식이다. 비록 장점에 못지 않게 많은 단점을 가지고 있지만 대용량의 데이터를 관리하기 위해서는 이 구조가 가장 타당하기 때문이다.

1.1.1. 분리형 테이블의 구조

최근에 와서는 어떤 시스템을 막론하고 데이터 량이 현저하게 증가하는 추세에 있기 때문에 이러한 특징은 생각보다 훨씬 커다란 가치를 가진다고 할 수 있다. 그리 어렵고 복잡한 개념이라고는 할 수는 없겠지만 이 구조가 가지는 보다 미묘한 특징과 장·단점을 살펴보기 위해 이 형태의 구조를 그림을 통해 살펴보기로 한다.

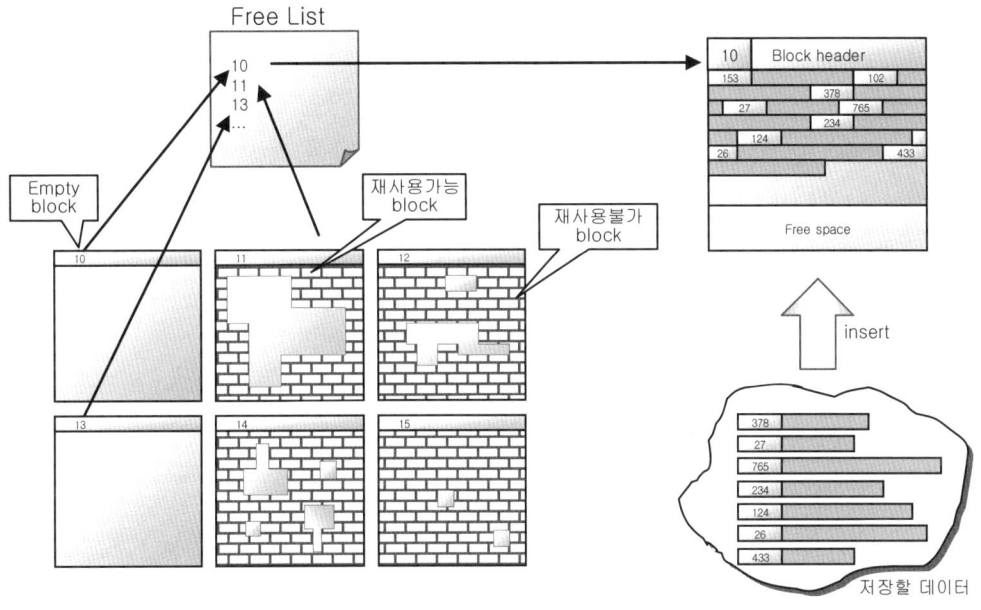

[그림 1-1-1]

그림을 살펴보면 좌측하단에 데이터가 저장되는 여러 개의 블록(Block)들이 보인다. 이 블록들의 상태는 한번도 사용되지 않았던 블록(그림의 10, 13 번)과 사용되었으되 일정량 이상의 빈 공간이 확보되어 재사용이 허용된 블록(11 번), 남아 있는 공간이 일정량 이하여서 재사용으로 허용되지 않은 블록(12, 14, 15)이 있다. 활용이 가능한 블록들은 사용목록(Free List)에 기록되었다가 데이터를 저장해야 할 때 사용할 블록으로 제공된다.

그림의 우측은 저장해야 할 데이터가 들어왔을 때 블록들 중에서 하나가 선택되어 데이터가 저장된 모습이다. 그림에서 확인할 수 있듯이 데이터에 들어 있는 값과는 전혀 무관하게 저장된다는 것을 알 수 있다. 물론 저장할 블록이 재활용 블록(11 번)이었다면 그 비어 있는 공간을 비집고 들어가야 할 것이다.

로우가 반드시 한 조각(One piece)이 되도록 하기 위하여 만약 저장한 로우가 끊어지지 않고 들어갈 수 있는 이어진 공간이 없다면 전체 블록의 로우 위치를 재배치(Condensing)하는 작업이 발생한다. 블록의 하단에 표시된 'FREE SPACE'는 새로운 로우가 들어올 때 사용하는 공간이 아니라 이미 들어가 있는 로우들의 길이에 변화가 생겼을 때 사용하는 공간으로 테이블 정의 시에 파라메터(PCTFREE)로 지정할 수 있다.

이와 같이 저장되는 데이터 값과 무관하게 저장된다면 저장 시의 부하는 줄어 든다. 하지만 데이터란 저장만을 목적으로 하는 것이 아니라 액세스하여 활용하기 위한 것이므로 액세스 시의 부담을 결코 무시할 수는 없다. 다음 그림을 통하여 임의의 위치에 저장된 데이터를 어떻게 인덱스를 경유해서 찾는지를 알아봄으로써 이 구조가 가진 장·단점을 좀더 본질적으로 이해할 수 있도록 하겠다.

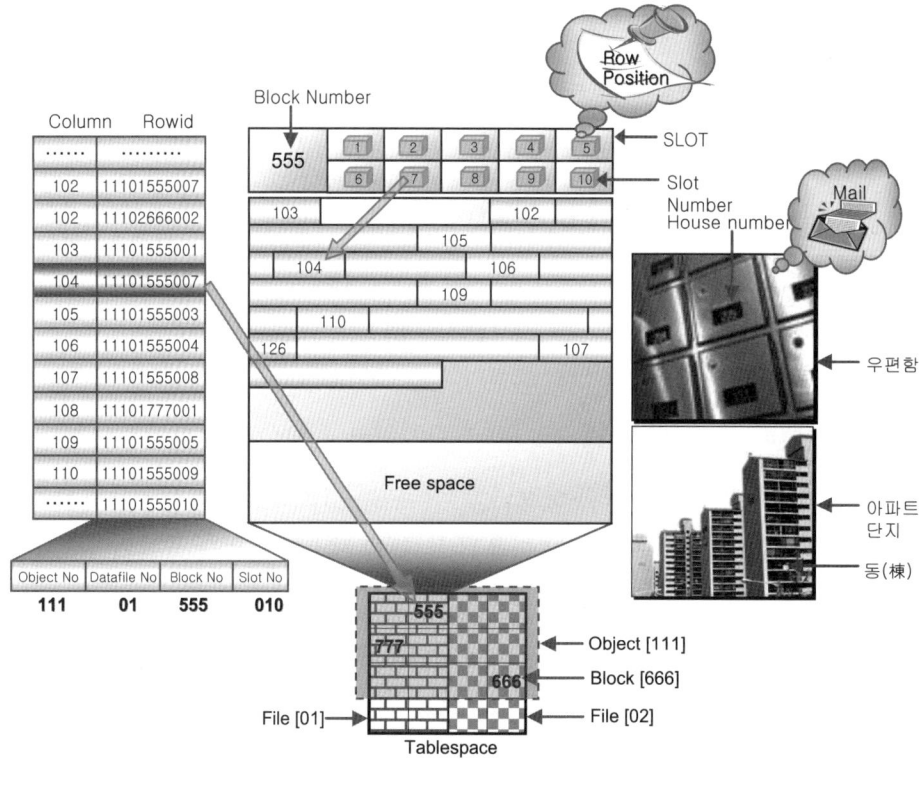

[그림 1-1-2]

먼저, 위 그림에 있는 각종 값들과 그림에 등장하는 대상들은 데이터베이스 내의 실제적인 모습이 아니라 이해를 돕기 위해서 간략화를 시킨 것이므로 오해가 없기를 바란다. 이 그림을 여러분이 정확히 이해한다면 앞으로 액세스의 효율에 관련된 많은 것들을 이해하는데 직·간접적으로 많은 도움이 될 것이므로 좀더 자세한 설명을 하도록 하겠다.

여러분의 이해를 돕기 위해 그림의 중앙 하단에 있는 저장공간의 구조를 우리 주변에서 흔히 볼 수 있는 건축물과 결부시켜서 살펴보기로 하자. 테이블스페이스(Tablespace)란 논리적인 저장공간을 말한다. 마치 '내 소유의 토지', 혹은 우리가 '종합복지시설을 신축하기 위해 마련해 놓은 부지(敷地)'를 표현하는 경우와 흡사하다. 이들은 위치와 크기, 종류가 서로 다른 것들을 결합하여 구성할 수 있다.

가령, 수원 정자동에 소재한 임야 5,000 평과 인천 강화군에 소재한 전답 2,000 평을 종합복지시설 신축부지로 마련해 둘 수 있다. 이처럼 부지가 정자동 5,000 평과 강화군 2,000 평의 물리적인 대지로 구성될 수 있듯이 테이블스페이스는 물리적인 데이터파일(Datafile)로 구성된다.

이렇게 구성된 부지를 다시 용도별로 나누어 보면 건물부지, 운동장 부지 등으로 나눌 수 있는 것처럼 테이블스페이스를 용도별로 나눌 수 있는데 이것을 세그먼트(Segment)라고 부른다. 대지 위에는 아파트와 같은 단위 건물이나 구축물이 들어설 수 있듯이 세그먼트에는 데이터 오브젝트(Object)가 들어올 수 있다. 마치 건축물들이 용도에 맞는 부지를 사용하듯이 각 오브젝트들은 자기 용도에 맞도록 준비된 세그먼트에 입주하게 된다.

독립가옥인 경우는 가옥 전체가 하나의 건물이 되지만 아파트 단지나 연립주택인 경우는 여러 채로 분할된(Partitioned) 동(棟)이 하나의 독립적인 건물이 되듯이 파티션(Partition)이 발생한 테이블이나 인덱스는 각각의 파티션이 단위 오브젝트가 된다.

따라서 만약 파티션된 테이블의 각 파티션이 서로 다른 테이블스페이스에 존재하는 경우에는 당연히 여러 테이블스페이스에 걸쳐 저장될 수 있다. 하지만 개별 파티션이나 파티션되지 않는 테이블들은 반드시 하나의 테이블스페이스에만 존재해야만 한다.

이 말은 곧 데이터파일의 식별자를 전체에 유일한 절대번호가 아닌 테이블스페이스 내에서 상대적인 번호를 붙이더라도 하나의 오브젝트 내에서는 충분히 유일하게 식별될 수 있다는 것을 의미한다. 이것은 로우식별자(Rowid)를 보다 짧게 구성할 수 있도록 하는 매우 중요한 의미를 가진다.

한 번 상상해 보라! 인덱스의 모든 로우에 들어가는 ROWID 가 지금보다 훨씬 더 길어져야 한다면 그것은 정말 그리 간단한 문제가 아니다. 그림의 좌측 하단에서 보는 바와 같이 ROWID 는 '오브젝트번호+데이터파일번호(테이블스페이스당 일련번호)+블록번호+슬롯번호'로 구성된다. 거기에는 데이터파일의 절대번호가 들어가지 않는다는 것을 확인할 수 있다.

데이터 오브젝트에 해당하는 '아파트 단지'와 데이터파일의 상대적 번호라고 할 수 있는 '번지'가 결합되면 유일한 식별자가 될 수 있다. 아파트 단지 내에 있는 각각의 동(棟, 가령 101 동)은 테이블스페이스 내에 있는 테이블이나 파티션된 테이블의 단위 파티션이라 할 수 있고, 각각의 가구는 블록에 견줄 수 있다.

각 가구에는 크고 작은 사람들이 살고 있듯이 각 블록에는 길고 짧은 로우들이 위치하고 있다. 만약 누군가가 거기에 살고 있는 특정인에게 우편물을 보내고자 한다면 주소를 알고 있어야 하는데 그 주소는 바로 ROWID 에 해당된다.

'집'은 물리적인 객체이지만 '주소'는 논리적인 값이다. 어떤 건물의 물리적인 구조물의 어디에도 주소는 저장되어 있지 않듯이 테이블의 어디에도 ROWID 는 저장되어 있지 않다. 건물에 주소가 저장되어 있는 것이 아니라 내 주소록이나 동사무소 등에 존재하는 것처럼 ROWID 는 테이블에 존재하는 것이 아니라 인덱스에 존재한다. 그렇지만 주소만 있으면 목표한 건물을 찾아갈 수 있듯이 ROWID 만 있으면 원하는 로우를 찾아낼 수 있다.

주소를 통해 어떤 지역에 있는 아파트 단지를 먼저 찾고, 그 안에서 동을 찾은 후 우편함에 넣으면 이것을 경유해 원하는 사람에게 우편물을 전달할 수 있다. 마찬가지 방법으로 ROWID 의 오브젝트 번호와 데이터파일 번호를 통해 물리적인 저장위치를 찾아서 거기에 있는 블록번호를 찾아가면 슬롯이 나온다. 이는 마치 건물을 찾아가면 우편함이 나타나는 것과 매우 유사하다.

우편함에는 단지 호수(戶數)만 나타나 있을 뿐 사람에 대한 정보는 없는 것처럼 슬롯에는 슬롯번호만 있지만 그 속에는 로우의 위치정보가 들어있다. 이 말은 매우 중요한 의미를 지닌다. ROWID 에는 로우의 구체적인 위치정보가 있는 것이 아니라 단지 위치가 들어 있는 방(슬롯)의 번호만 존재하고 있다는 것이다.

다시 말해서 이것은 블록 내에서 로우의 위치가 아무리 이동하더라도 ROWID 는 결코 변하지 않는다는 것을 의미한다. 하나의 로우는 블록 내에서 한 조각으로 존재하고 있다.

만약 그렇지 않으면 이를 연결하기 위해 또 다시 많은 연결자가 있어야 하므로 그 부담은 너무 커지게 된다. 로우가 한 조각으로 존재하기 위해서는 로우 길이에 변화가 생길 때마다 연결된 상태로 들어 갈 수 있는 빈 공간을 찾아 옮겨 다닐 수 밖에 없다.

그러나 이처럼 로우의 이동이 발생하더라도 ROWID 에는 영향을 미치지 않으므로 부담없이 로우의 위치를 이동시킬 수 있다. 같은 주택 내에 여러 명의 하숙생들이 같이 생활한다고 가정해보자. 만약 어떤 학생의 세간살이가 많아져서 좀더 큰방으로 이동하게 되었다고 하자. 비록 집안에서는 이동이 발생하였지만 그의 주소는 변하지 않는다.

단지 방을 이동했을 뿐인데 나를 아는, 나를 찾게 될 모든 사람들에게 내 주소를 다시 알려 주어야 한다면 참으로 불편하듯이 로우의 이동에 따라 ROWID 가 변경된다면 모든 인덱스를 수정해야 하는 커다란 부담이 발생할 수 밖에 없을 것이다.

로우가 한 조각으로 저장될 수 있는 위치로 이동했을 때 해당 슬롯에 있는 기존의 위치값을 새로운 위치값으로 바꾸어 주기 때문에 ROWID 의 변경없이도 로우의 위치이동이 자유롭다. 그러나 만약 계속적인 이동이 발생하게 된다면 결국에는 사용할 수 없는 수많은 작은 조각(Fragmentation)들이 발생하게 된다.

만약 이러한 조각들을 집계했을 때는 남아 있는 여유공간이 충분해 보이지만 한 조각으로 저장할 연결된 조각이 없다면 그 로우는 저장될 수 없다. 이런 문제를 방지하기 위해 집계한 여유공간은 남아 있지만 이어진 조각이 없어 저장이 불가능하게 될 때 자동으로 블록의 로우들을 재구성하는 응축(Condensing) 작업이 일어나게 된다.

만약 여유공간이 너무 적게 지정되었다면 지나치게 빈번한 응축작업이 발생하여 부하의 원인이 될 수도 있다. 그러므로 설사 길이가 증가할 확률은 그리 높지 않더라도 수정이 빈번하게 발생할 가능성이 높다면 다소 충분하게 여유공간(PCTFREE)을 지정해 주는 것 또한 처리의 효율성을 위한 중요한 전략 중의 하나일 것이다.

우리가 아무리 여유공간을 충분하게 부여했더라도 이미 발생된 로우들의 길이가 너무 많이 커져 응축을 하더라도 로우의 길이가 늘어날 때 사용할 여유공간이 부족하게 되었다면 이제 더 이상 한 조각으로 로우를 넣을 수 없는 상황이 발생하게 될 것이다. 이러한 경우에는 결국 부족한 공간을 다른 블록으로 메울 수 밖에 없다.

그러나 이로 인해 로우가 다른 블록으로 이동했다면 그것은 곧 ROWID 의 변경을 의미한다. 그러나 이러한 경우에도 ROWID 를 변경시키지 않도록 하는 방법이 있다. 그것은 바로 과거의 주소로 나를 찾아왔을 때 거기에 내가 옮긴 주소를 넣어 두는 방법이다. 이 방법은 인덱스의 ROWID를 변경시키지 않는 대신에 액세스를 할 때 여러 블록을 읽어야 하는 오버헤드를 감수해야 한다. 이처럼 기존의 주소지에 연락처를 남겨두고 다른 곳으로 이사간 상태를 '로우의 이주(Migration)'이라 부른다. 이러한 이주현상은 로우나 테이블을 삭제하고 다시 생성해야만 치유할 수 있다.

이와 유사한 개념에 '체인(Chain)'이라는 것이 있다. 이것은 여러 블록에 걸쳐 데이터가 존재한다는 점에서는 이주와 유사하지만 본질적인 차이가 있다. 만약 어떤 로우의 길이가 한 블록을 넘는다면 어떤 방법을 사용하더라도 하나의 블록 내에는 존재할 수가 없다. 이 때 필요한 공간만큼 블록을 연결해서 저장해야 하는데 이것을 '체인이 발생했다' 라고 한다. 용어상의 문제이기는 하지만 대부분의 사람들은 이주가 발생한 것을 체인이 발생했다고 하는 경우가 많으므로 오해하지 않기를 바란다. 물론 DBMS 제품에 따라서 사용하는 용어에는 차이가 있을 수 있다.

일반적으로 블록 내에 존재하는 로우는 가변길이로 존재한다. 특히 NULL 값이 존재한다면 나중에 값이 들어올 때 로우의 길이는 영향을 받을 수 밖에 없다. 길이가 달라진다는 것은 한 조각으로 블록 내에 남아 있기 위해서 위치 이동이 발생할 수도 있다는 것을 의미한다.

이러한 로우의 이동에 의해 인덱스가 영향을 받지 않도록 하기 위해서는 앞서 설명한 방식으로 관리되어야 한다. 이 문제는 이러한 구조를 가진 테이블에서는 어쩔 수 없이 발생하는 필연적인 현상이라 할 수 있기 때문에 DBMS 제품에 따라 크게 다르지 않다.

물론 데이터 웨어하우스 전용인 어떤 DBMS에서는 로우 내의 컬럼단위로 특정한 위치에 특정한 방식으로 저장함으로써 전체 로우를 액세스 하지 않고 원하는 몇 개의 컬럼만 선택적으로 액세스 할 수 있기도 하다. 그러나 이것은 좀 특수한 경우이기 때문에 여기서는 더 이상 언급하지 않도록 하겠다.

이제 지금까지 살펴 본 내용을 토대로 이러한 구조의 테이블 액세스에서 효율에 많은 영향을 미치는 요소들을 좀더 정리해 보기로 하자.

1.1.2. 클러스터링 팩터(Clustering Factor)

분리형 테이블의 구조가 가지는 최대의 특징은 바로 데이터의 값에 전혀 무관하게 '임의의 위치'에 저장된다는 것이다. 이는 우리가 원하는 값을 찾으려면 필연적으로 여러 곳을 찾아보아야 한다는 것을 의미한다.

여기서 논리적인 용어인 '임의의 위치'라는 의미를 다른 뜻으로 해석해 보면 물리적으로는 위치할 수 있는 방법은 너무나 다양할 수 있음을 뜻한다. 즉, 아무 곳에 있어도 된다는 뜻은 곧 그들이 있어야 할 위치가 다양한 블록에 흩어져 있을 수 있음을 의미한다.

그렇다면 그들이 흩어져 있는 정도에 따라, 다시 말해서 찾고자 하는 값들이 얼마나 가까운 위치에 모여 있느냐의 정도에 따라 차이가 발생할 수 있다. 가령 1 부터 10 까지의 데이터가 10 개의 블록에 흩어져 저장되어 있는 경우와 2 개의 블록에 모여 있는 경우를 비교했을 때 비록 논리적인 액세스 건수는 동일하지만 물리적 액세스에는 5 배의 차이가 난다.

관계형 데이터베이스에서는 어떠한 경우에라도 최소한 하나의 블록은 액세스 되어야 한다. 비록 우리는 로우를 액세스하지만 실제로는 블록이 액세스된다. 그러므로 만약 이미 액세스해 두었던 블록에서 원하는 로우를 찾을 확률이 높다면 물리적으로 액세스할 블록의 량은 분명히 줄어들 것이다.

시스템 환경에 따라 차이는 있겠지만 일반적으로 메모리에 있는 블록에서 원하는 데이터를 찾는 것과 디스크에 있는 블록에서 찾는 것은 30 배 이상 차이가 날 수도 있다. 그렇다면 설사 임의의 위치에 흩어져 있더라도 얼마나 주변에 모여 있느냐에 따라 액세스 효율은 커다란 영향을 받게 될 것이다.

물리적인 저장 방법이란 저장할 때 결정되는, 단 한가지의 형태로만 존재할 수 있는 것이기 때문에 액세스 조건에 따라 마음대로 저장을 다르게 할 수는 없다. 그러므로 액세스할 컬럼에 따라 현재 저장된 형태와의 모여 있는 정도에는 서로 차이가 날 수 밖에 없다. 이것은 마치 같은 형제들이지만 부모와 닮아 있는 정도는 차이가 있는 것과 유사하다고 할 수 있다.

이처럼 인덱스의 컬럼값으로 정렬되어 있는 인덱스 로우의 순서와 테이블에 저장되어 있는 데이터 로우의 위치가 얼마나 비슷한 순서로 저장되어 있느냐에 대한 정도를 나타내는 것을 '클러스터링 팩터'라고 표현한다. 마치 부모와 닮아 있는 정도를 수치로 나타낸 것을 상상해 본다면 보다 이해가 빠를 것이다. 클러스터링 팩터를 향상시키는 것은 이처럼 액세스 효율에 직접적인 영향을 미치기 때문에 앞으로 설명할 모든 유형의 테이블의 구조에서도 항상 이 문제에 촉각을 곤두 세우게 된다.

그 중에서도 임의의 위치에 흩어져서 저장이 되는 분리형 테이블에서는 특히 클러스터링 팩터의 문제가 매우 중요할 수 밖에 없다. 보다 분명한 이해를 위해 그림을 통해 상세하게 살펴보기로 하자.

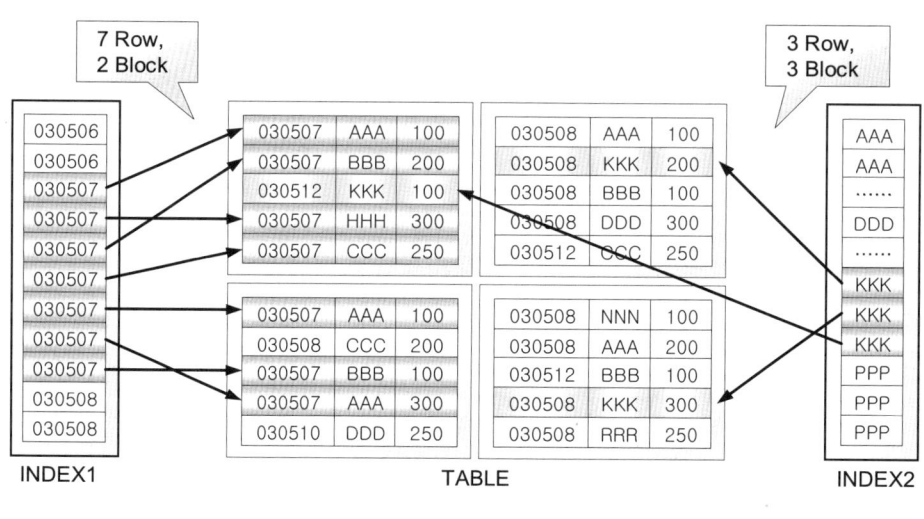

[그림 1-1-3]

그림을 좀더 심도있게 살펴보자. 그림의 중앙에 있는 테이블의 사각형은 블록이며, 그 속에는 여러 개의 로우들이 저장되어 있다. 설명의 편의를 위해 로우의 첫 번째 컬럼을 '발생일자'로, 두 번째 컬럼을 '항목', 세 번째 컬럼은 '수량'이라고 가정하자. 'INDEX1'은 발생일자로 구성된 인덱스이고, 'INDEX2'는 항목으로 구성된 인덱스이다. 복잡성을 피하기 위해 인덱스에 있는 'ROWID'는 그림에서 생략하였다.

테이블에 저장된 로우들을 분석해 보면 대체로 발생일자순으로 저장되어 있는 것을 알 수 있다. 발생일자는 곧 로우의 생성시점이 동일하다는 것을 의미하므로 유사한 위치에 저장되는 것은 당연하다고 할 것이다. 중간에 가끔씩 다른 날짜의 로우가 들어가 있는 것은 로우의 삭제나 수정으로 인해 생긴 여유공간이 일정수준(PCTUSED)을 넘게 되어 재사용으로 등재(Freelist)된 것이 사용되었기 때문이다.

그러나 현실적으로 본다면 저장된 로우의 일부가 삭제되는 일은 드물 것이며, 로우에 수정이 발생하였더라도 컬럼의 길이가 감소하는 경우는 그리 많지 않다. 이것은 곧 현실적으로는 재활용에 의해 로우가 들어오는 일은 생각보다 많지 않다는 것을 의미한다. 물론 테이블의 특징에 따라 다를 수도 있겠지만 일반적인 경우에 주로 그렇다는 것이니 오해가 없기를 바란다.

인덱스에는 인덱스 컬럼과 ROWID 로 정렬되어 있다. 물론 생성 시의 옵션에 따라 오름차순(Ascending)으로 정렬될 수도, 내림차순(Descending)으로 정렬될 수도 있다. 앞으로 자세하게 설명하겠지만 이러한 구조가 가지는 특징은 많은 액세스적인 특성과 밀접한 관련이 있다. 이 말은 곧 이러한 정렬을 하는 것은 나름대로 매우 합리적인 이유를 가지고 있다는 것을 의미한다.

그림에는 ROWID 를 표시하지 않았지만 로우를 액세스하는 경우를 분석해 보면 블록별로 액세스가 발생한다는 것과, 같은 블록 내에 있는 로우의 위치는 순서를 지키고 있지 않는다는 것도 발견할 수 있다. ROWID 로 정렬되었다는 것은 곧 물리적인 데이터파일의 블록으로 정렬되고, 거기에서 다시 슬롯번호로 정렬되었다는 것을 뜻한다.

이처럼 블록으로 정렬되어 있기 때문에 그림에서 보는 바와 같이 블록 별로 액세스가 일어날 때 한 번의 블록 액세스로 최대한 많은 로우를 액세스 할 수 있게 한다는 것을 알 수 있다. 비록 실제의 로우는 순서대로 저장되어 있지 않더라도 슬롯에 들어 있는 위치정보를 이용하면 언제라도 원하는 로우를 찾을 수 있다.

이것은 인덱스에 있는 ROWID 의 정렬이 단지 슬롯번호의 정렬에 지나지 않지만 로우를 액세스하는 데는 전혀 문제가 없음을 의미한다. 그림에서는 같은 블록내의 정렬된 슬롯번호대로 로우를 액세스했음에도 불구하고 로우의 액세스 순서가 불규칙적인 것은 이러한 이유가 있기 때문이다.

이번에는 그림의 좌우측에 있는 인덱스들을 사용해서 특정한 범위의 로우들을 액세스하는 경우를 분석해보기로 한다. 동일한 값들이 일부의 블록에 집단화되어 있는 INDEX1 과 매우 넓게 산포되어 있는 INDEX2 를 비교해 보자. INDEX1 은 비록 7 개의 로우를 액세스했지만 실제로는 단지 2 개 블록을 액세스 했을 뿐이다. 그러나 INDEX2 는 단 3 개의 로우를 액세스했을 뿐이지만 액세스한 블록은 3 개나 된다는 것을 발견할 수 있다.

어차피 테이블은 상황에 따라 저장 형태를 수시로 바꿀 수는 없다고 했다. 그러나 같은 부모(테이블)를 모시는 자식(인덱스)들은 앞의 그림과 같이 생긴 모습에 따라 닮아 있는 정도에 차이가 난다. 즉, 클러스터링 팩터가 좋은 인덱스로 액세스를 하면 많은 로우를 액세스하더라도 보다 적은 블록을 액세스하게 되어 효율적일 수 있다는 것이다. 이것은 이왕이면 자주 넓은 범위를 액세스해야 하는 경우에 유리하도록 저장을 해 두는 것이 무척 중요하다는 것을 의미한다.

가령, 교통이 좋은 곳이라면 비록 실거리가 멀어도 교통이 나쁜 곳 보다 오히려 실질적인 시간이 적게 걸릴 수 있다. 중요한 교통의 요지에는 고속도로, 항공노선, 고속전철 등의 효율화된 교통수단이 마련되어 있다. 이로 인해 우리의 생활은 전국이 일일 생활권으로 개선되는 효과를 얻게 되었다. 이처럼 자주 처리해야 하는 넓은 범위를 저렴한 대가만을 지불하고서도 매우 효율적인 처리가 가능하다면 우리가 얻을 수 있는 효율은 참으로 크다.

테이블의 로우를 저장하는 순서가 바로 우리가 가장 자주 넓은 범위를 액세스하는 경우와 동일하다면 걱정할 것이 없다. 그러나 그렇지 않은 경우도 많이 존재할 수 있기 때문에 상황에 따라서 우리의 적절한 전략이 개입되어야만 한다. 빈번하게 넓은 범위를 액세스하는 순서로 데이터를 저장함으로써 클러스터링 팩터를 향상시키는 전략에는 여러 가지가 있다.

저장 시의 과도한 비용을 감수하고라도 원하는 형태의 액세스를 위해 클러스터링 팩터를 높여주는 좀더 적극적인 방법들이 다양하게 있다. 가장 소극적인 방법은 지금 설명하고 있는 분리형의 구조처럼 데이터 저장형식에 강제적인 제약없이 임의의 위치에 저장하는 방식이다.

만약 약간의 추가적인 비용이 들어 가더라도 우리가 원하는 형태로 클러스터링 팩터를 크게 향상시킬 수만 있다면 보다 저렴한 비용으로도 높은 액세스 효율을 얻을 수 있을 것이다. 복잡하게 생각할 것이 없다. 그 방법은 바로 우리가 원하는 형태로 데이터를 저장하는 것이다.

설사 우리가 원하는 저장 순서가 데이터 생성 순서와 일치하지 않는다 하더라도 너무 걱정할 것은 없다. 주기적으로 테이블을 재생성을 하면 된다. 물론 테이블을 재생성한다는 것은 우리가 함부로 무시해도 좋을 만큼 부하가 적은 것은 아니다. 또한 언제라도 마음대로 그렇게 할 수 있는 것도 아니기는 하다.

그러나 이러한 부담은 사실 생각처럼 그렇게 심각한 것은 아니다. 왜냐하면 일반적으로 그 대상이 설사 대용량의 테이블이라 할지라도 요즈음은 DBMS의 기능이 크게 향상되어 일과 외의 시간대에 수행시킨다면 시스템에 그리 심각한 부담을 주지 않는다. 또한 이러한 작업은 자주 해야 할 필요까지는 없다. 상황에 따라 다를 수도 있겠지만 때로는 수 개월에 한번씩만 재생성을 해주더라도 원하는 목적을 충분히 달성할 수 있다.

설사 일정 기간 동안 방치를 했더라도 클러스터링 팩터가 약간 나빠졌다는 점을 제외하면 특별히 문제될 것이 없기 때문에 재생성에 부담이 있다면 여유가 생길 때까지 기다릴 수도 있다. 만약 파티션을 해 두었다면 최근에 생성된 일부분만 적용할 수도 있기 때문에 부담은 더욱 줄어들 수 있다. 재생성 작업에 가장 큰 영향을 미치는 요소는 병렬처리(Parallel processing)이다. 여기에 대한 상세한 언급은 3권에서 상세하게 다루기로 하겠다.

어떤 컬럼(들)의 순서로 데이터를 저장하도록 할 것인가에 대한 종합적인 전략을 수립하는 방법은 뒤에서 인덱스 전략 수립에 대해 언급하면서 좀더 체계적으로 다루도록 할 예정이다. 인덱스 전략이란 어떤 의미에서 보면 반드시 인덱스의 구성 형태에 대한 전략을 수립한다는 의미 보다는 그 테이블에서 발생할 수 있는 각종 액세스 형태의 특징을 감안하여 최적의 액세스를 할 수 있도록 하는 가장 이상적인 인덱스 구성전략을 수립하는 것을 말하고 있다.

이러한 의미에서 분리형 테이블 구조에서 저장할 컬럼 순서를 결정하는 일은 당연히 종합적인 전략 차원에서 판단되어야 할 것이다.

1.1.3. 분리형 테이블의 액세스 영향요소

분리형 테이블이 가지는 구조적인 특성들은 필연적으로 액세스의 효율에 커다란 영향을 미치게 된다. 앞서 테이블의 구조와 클러스터링 팩터를 설명하면서 이미 일부분은 언급했기 때문에 여기서는 그 외에 우리가 좀더 알아두고 주의해서 적용해야 할 것만 몇 가지 추가적으로 살펴보기로 하겠다.

- ◇ 넓은 처리범위의 액세스 처리에 대한 대처방안
- ◇ 클러스터링 팩터 향상 전략 및 테이블 재생성 시에 유의할 사항

가) 넓은 범위의 액세스 처리에 대한 대처방안

이 형태는 그야말로 데이터가 들어오는 대로 아무 곳에나 저장되는 형태이기 때문에 특정한 조건의 데이터를 액세스하고자 할 때는 아무래도 그만큼의 대가를 지불해야 하는 것은 당연하다. 물론 이 일은 사람이 하는 것이 아니라 컴퓨터가 하는 일이기 때문에 액세스 대상이 많지 않다면 그리 큰 문제가 되지는 않을 것이다. 그러나 대량으로 액세스한다면 문제는 근본적으로 달라진다.

가령, 약화시킨 소량의 병균은 오히려 면역을 생성해 주는 예방약이 되기도 하지만 대량의 병균은 우리의 목숨을 위태롭게 한다. 다른 가정을 해보자. 만약 1 건을 액세스하는데 0.01 초가 걸린다고 가정했을 때 10 건을 액세스한다면 기껏 0.1 초에 지나지 않지만 1 억 건을 액세스해야 한다면 1,000,000 초가 소요된다. 이 시간은 약 277 시간이며, 이는 거의 12 일에 육박하는 기간이다. 0.1 초를 기다리는 것은 문제가 되지 않으나 12 일이 걸린다는 것은 도저히 받아들일 수 없을 것이다.

물론 너무나 극단적인 예를 든 것은 사실이지만 대량의 데이터를 처리해야 하는 경우는 이처럼 근본적으로 다른 문제라는 것을 결코 무시할 수는 없다. 그렇다고 해서 대량의 처리를 해야 하는 경우에 분리형 구조를 적용할 수 없다는 것은 결코 아니다. 앞으로 상세하게 설명하겠지만 이러한 구조에서의 대량의 처리를 해결하려는 방법(병렬처리, 파티션, 각종 인덱스 기법 등)들이 다양하게 등장하고 있으므로 대량의 범위를 처리해야 하는 경

우에도 이러한 구조를 적용하는 경우는 매우 많이 있다.

　대량의 액세스가 예상되는 경우에라도 굳이 이 구조를 적용해야 하는 이유는 물론 데이터 입력(Insert) 시의 부하가 부담이 되기 때문이다. 데이터가 들어올 때 부담이 없다면 나중에 발생할 액세스의 효율화를 위해 가능하면 찾기 쉬운 구조로 저장해 두는 것이 바람직할 것이다. 그러나 당장 발등에 불이 떨어져 있다고 한다면 과연 일일이 찾기 좋은 위치에 정리해둘 여유를 가질 수가 있겠는가?

　그렇다고 해서 발생되는 데이터를 항상 임시영역에 저장해 두었다가 시간이 나면 제 위치에 옮겨다 두는 방법을 취하는 것도 우리가 쉽게 선택할 수 있는 방법은 아니다. 사실 대부분의 RDBMS에서는 사용자가 부탁한 데이터의 처리를 메모리 내에서만 처리하고 최종 목적지인 디스크에는 여유가 있을 때에 옮겨다 두는 지연기록(Differed write) 방식을 취하고 있다.

　그러나 우리가 작성하고 있는 일반 애플리케이션에서 매번 이러한 방법을 사용자 코딩을 통해 적용하는 것은 너무 힘들기 때문에 도저히 받아 들일 수 없다. 이처럼 데이터 생성 시의 부하 부담을 피할 수 없다면 이를 인정하고, 해결을 위한 다른 대안을 찾을 수 밖에 없다. 물론 그 대안에 대해서는 앞으로 여러 가지의 솔루션을 소개하게 될 것이므로 여기서는 일일이 다루지는 않겠다.

　사실 필자는 이 구조가 가장 보편적인 테이블 저장형태라고 생각하고 있다. 얼핏 생각해볼 때는 매우 대량의 데이터가 저장되는 형태에서만 적당할 것처럼 보이지만 꼭 그렇다고 할 수만은 없다.

　이 구조가 가진 최대의 장점은 저장을 위해 뭔가 골치 아픈 일을 추가적으로 할 필요없이 그냥 자유롭게 내버려 둔다는 것이다. 사실 굳이 특별한 조치를 하지 않고서도 거기에 따른 별다른 큰 대가를 지불하지 않을 수만 있다면 이보다 좋은 것은 없다.

　여기서 테이블의 크기에 따라 테이블 구조의 결정에 어떠한 고려요소가 있는지 살펴보기로 하자.

✧ 소형 테이블

소량의 데이터를 가진 경우를 생각해보자. 소량의 데이터를 보유하고 있다는 것은 곧 데이터가 등록될 때 부담이 없다는 것을 의미한다. 또한 소량의 데이터는 흩어져 있더라도 그 반경이 그리 멀지 않다는 것을 뜻한다. 마치 조그만 마을 내에서라면 서로 떨어져 살고 있더라도 그 거리는 그리 멀지 않은 것과 유사하다. 이러한 특징은 나중에 데이터를 액세스할 때 발생하는 효율에 커다란 영향을 미치게 된다.

관계형 데이터베이스에서는 어떠한 액세스에서도 최소한 하나 이상의 블록을 액세스하게 된다. 만약 소량의 데이터라면 그리 많지 않은 블록에 흩어져 있을 것이고, 결국 그만큼 앞서 발생한 액세스에 의해서 이미 메모리 내에 존재할 가능성이 높아질 것이다. 메모리 내의 액세스라면 그것이 비록 랜덤 액세스라 하더라도 부하의 부담이 그리 크지 않으므로 충분히 수용할 수 있다.

물론 매우 빈번한 액세스를 일으키기 때문에 아주 미묘한 차이조차 크게 나타날 수 있는 중대한 액세스 형태(Critical Access Path)라면 보다 더 적극적인 방법(예를 들어 뒤에서 설명할 인덱스 일체형 테이블, 혹은 클러스터링형 구조)을 적용할 수도 있다. 그러나 사실 대부분의 소형 테이블이 중대한 액세스 형태에 속한다고는 볼 수 없으므로 특별한 경우가 아니라면 이러한 조치를 하지 않아도 무방하다.

✧ 중형 테이블

이번에는 중형인 경우를 한 번 생각해보자. 물론 중형의 범위를 구체적으로 정의하는 것은 어렵기도 하고, 또한 반드시 그렇게 해야 할만한 의미도 없다. 대략 우리가 부담을 가질 대형이나 별로 걱정하지 않아도 될 소형이 아닌 것들이라 생각하기로 하자. 사실 어떤 분류에서든 중간 단계가 가장 많은 것이 일반적인 모습이다.

테이블의 크기가 중간 형태라는 것은 데이터 등록 시의 부하 부담이 대형에 비해 상대적으로 결정적(Critical)인 요소가 되지 않는다는 의미이기도 하다. 그러나 비록 중형의 테이블이지만 활용도에 따라서 액세스가 매우 빈번하게 발생할 가능성은 충분히 있다. 그렇다면 상식적으로 생각해 볼 때 비록 등록 시에는 부담이 되더라도 좋은 액세스를 위해서는 찾기 좋은 형태로 저장해 두는 것이 바람직해 보인다.

분명히 일리 있는 생각이다. 그러나 특정한 위치에 저장해 두는 방법을 적용하더라도 그 형태는 한가지일 수 밖에 없는 것이므로 특정 컬럼값으로 찾을 때만 정돈된 것처럼 보일 뿐이라는 점을 간과해서는 안 된다. 다른 컬럼의 입장에서 보면 제멋대로 흩어져 있을 수도 있다는 사실이다. 이 개념은 앞서 클러스터링 팩터에서 이미 설명한 적이 있다.

다시 말해서 특정한 모양으로 저장한다고 해서 모든 경우가 해결되는 것은 결코 아니라는 점이다. 그것은 단지 특정 액세스 형태에서만 효율을 얻을 수 있을 뿐이다. 일반적으로 대부분의 테이블은 특정한 경로로만 액세스 하지는 않는다. 다양한 액세스 형태를 모두 만족할 수 있는 방법으로 데이터를 저장해 두는 것은 이미 논리적으로도 결코 존재할 수 없다.

어차피 임의의 컬럼에서 본다면 어떻게 저장하든지 이미 흩어져 있는 형태일 수 밖에 없다는 것이다. 이처럼 저장구조의 결정으로만 해결할 수 없다면 우리는 항상 임의의 위치에 흩어져 있는 형태의 액세스에 대비하는 노력을 하지 않으면 안 된다.

특정한 액세스 경우가 매우 중요하여 그만한 투자를 할 가치가 있다면 이를 수용해주는 것은 충분히 고려할 만 하다. 마치 한 사람의 왕을 위해 온갖 호사스러운 것들을 준비 한다든지 서울과 부산을 잇는 국토의 대동맥인 경부선을 건설하는 것들이 바로 그러한 경우에 속한다고 할 수 있다.

그렇다면 이제 우리의 결론은 명확해졌다. 먼저 가장 중요한 액세스 형태를 선정한다. 그 다음 과연 이를 위해 뭔가 특별한 조치를 할만한 당위성을 찾아내어 이를 반영해야 할지를 결정한다. 물론 이 경우에는 반드시 이렇게 하지 않고서도 해결할 수 있는 다른 방법은 없는 지를 집중적으로 검토하는 것은 매우 중요하다. 비싼 대가를 지불하지 않고 가능한 방법이 있다면 그보다 좋은 것이 없다. 이와 같은 경제원칙은 여기서라도 예외일 수는 없다.

특정한 저장위치를 어느 컬럼(들)에 맞추어 줄 것인지를 결정하였다면 이제 분리형일 수 밖에 없는 다른 컬럼(들)이 가진 처리범위에 대한 문제를 해결할 수 있는 방법을 찾아야 한다. 여기서 말하는 해결 방안은 그야말로 이 책의 전편(全篇)에 걸쳐 있는 거의 대부분의 내용을 말하고 있는 것이므로 여기서 더 이상 상세한 언급은 하지 않겠다.

다만 보다 강조하고자 하는 것은 우리가 아무리 클러스터링 팩터를 향상시키기 위해 특정한 저장구조를 선택했다 하더라도 이미 분리형 구조는 필연적으로 존재할 수 밖에 없다는 것을 명심해야 한다는 것이다. 이는 마치 대량의 운행을 위해서 고속도로를 건설했다

하더라도 일반 국도가 필요하다는 것과 어쩌면 매우 유사하다.

고속도로 건설비용이 부담이 되듯이 데이터 등록 시의 부하 부담을 무시할 수 없다면 특정 위치에 저장을 하는 것은 다시 한번 검토해 보아야 한다. 물론 이러한 개념은 굳이 테이블의 크기가 중형이든 아니든 달라지는 원칙은 아니다. 다만 대형인 경우는 이미 등록 시의 부하부담이 분명한 경우가 많고 다양한 형태의 액세스가 있으므로 분리형 구조를 선택하는 경우가 많다는 특성을 강조하려 했던 것 뿐이다.

지금까지 여러 가지 이유를 살펴보았을 때 역시 이 구조는 가장 일반적인 저장구조일 수 밖에 없다는 것을 알 수 있다. 대부분의 경우는 이미 어쩔 수 없이 자신이 찾고자 하는 순서와 무관하게 흩어져 있다. 그것을 대량으로 액세스 하려면 필연적으로 부하에 대한 부담에서 헤어날 수 없다는 것을 알 수 있다. 데이터의 저장구조를 선택하는 것만으로 너무 많은 것을 해결하겠다고 생각해서는 안 된다.

✧ 대형 테이블

마지막으로 대형인 경우를 생각해보자. 대형 테이블을 유형별로 구분하는 방법은 다양하겠지만 다음의 세가지 형태로 나눌 수도 있다.

첫 번째 형태는 단순 저장형 개념으로 사용하는 경우이다. 가령, 로그(Log) 정보를 관리하는 테이블을 예로 들 수 있겠다. 이런 테이블들은 자주 사용되지도, 다양한 액세스 형태를 가지지도 않는다. 특별한 경우에 특정 액세스 형태로 읽거나 대량을 스캔하는 형태로 주로 사용되며, 신속한 저장을 요구한다. 물론 이러한 형태라면 분리형이 가장 적절한 형태일 것이다. 다만 대량의 데이터가 증가되므로 파티션과 같은 조치가 필요할 것이다.

두 번째로 생각할 수 있는 형태는 '고객' 테이블처럼 대량의 데이터가 모여 있지만 랜덤 액세스가 주로 일어나며 그리 다양한 액세스 형태를 갖지 않는 경우이다. 이런 경우라면 당연히 분리형 구조가 가장 적당하다고 하겠다. 이런 테이블들은 한번에 대량의 데이터가 급격히 들어오는 경우도 드물며, 범위 처리를 자주 하지도 않는 편이다.

또한 어떤 컬럼으로 파티션을 해 두더라도 특정 파티션만 액세스하는 경우도 흔치 않다. 특정한 일부만을 위해서 별도의 작업을 할 기회도 많지 않기 때문에 파티션이나 클러스터링을 하더라도 그리 큰 혜택이 없는 경우이다.

세 번째의 경우는 '매출' 테이블처럼 대량의 데이터가 지속적으로 증가하며, 매우 다양한 형태의 액세스를 가지는 경우이다. 일반적으로 이러한 형태는 시스템에 지대한 영향을 미친다. 데이터의 관리적인 측면이나 액세스에 대한 부담도 만만치 않다. 만약 이러한 형태에 대한 확실한 해결책이 없다면 아마 여러분의 시스템은 바람 잘 날이 없게 될 것이 분명하다.

지속적으로 증가하는 데이터에 대한 관리적인 측면의 부담이 크다면 더 이상 망설이지 말고 파티션을 적용해야 한다. 물론 어떻게 파티션을 하느냐에 대한 것은 뒤에서 별도로 상세하게 설명될 것이다. 이러한 테이블들은 자주 대량의 범위를 스캔하게 되므로 만약 불필요한 데이터를 많이 처리하게 된다면 심각한 상황이 발생할 것은 자명한 일이다.

어떻게 최소한의 필요한 부분만 액세스를 할 것이냐에 대한 문제를 해결하는 방법은 실로 다양하게 존재한다. 인덱스를 전략적으로 구성하고 SQL 의 실행계획을 최적화시키는 방법이 가장 중요하다. 그러나 보다 우선적으로 해결해야 할 문제는 한 가지로 밖에 정의할 수 없는 테이블의 구조를 어떻게 결정하느냐에 있다고 할 수 있다.

인덱스 구조를 개선하는 일이나 SQL 을 수정하거나 실행계획을 바꾸는 일은 상대적으로 쉽게 개선해 갈 수 있다. 하지만 테이블의 구조에 대한 문제는 마음대로 바꾸는 것이 쉽지 않기 때문이다.

나) 클러스터링 팩터 향상 전략

분리형 구조와 같이 정해지지 않는 순서로 데이터가 저장이 된다는 것은 아무렇게나 저장해도 괜찮다는 의미이기도 하지만 의도적으로 우리에게 유리한 형태로 저장하는 것도 가능하다는 의미가 되기도 한다. 이 말은 곧 우리가 얼마나 전략적으로 접근하느냐에 따라 의외의 효율을 얻을 수도 있음을 뜻한다.

물론 특정한 형태로 저장되도록 강제할 수 있는 방법이 없으므로 이미 우리가 원하는 보다 효율적인 형태로 저장하는 것이 쉽지 않은 것은 당연하다. 그렇지만 조금만 연구를 해 보면 효과를 볼 수 있는 방법은 얼마든지 찾을 수 있다.

여기서 말하는 응집이란 우리가 자주 액세스하는 것들이 유사한 위치에 모여있도록 하는 것을 의미한다. 즉, 좋은 클러스터링 팩터를 가지도록 하자는 것이다. 그러나 분리형 구조는 저장 시에 우리가 강제로 제어할 수 있는 방법이 없다. 가능한 방법은 이미 저장되어 있는 데이터의 응집도를 높여 주는 수 밖에 없다. 결국 이 말은 주기적으로 테이블을 재생성시켜 주는 방법을 사용하자는 것이다.

이 방법이 지극히 평범한 전략에 불과하다고 할 수도 있겠지만 상당히 의미가 있는 방법이다. 일반적으로 수행속도의 향상을 목적으로 테이블을 재생성하고 있다. 그러나 대부분의 경우 응집도를 높이기 위한 목적이 아니라 체인(Chain)을 감소시키고 블록 내 데이터의 저장율을 높여 불필요한 I/O 를 줄이기 위해 사용하고 있다.

물론 이러한 작업으로 인해 얼마간의 효과를 얻고 있기 때문에 심지어 어떤 시스템에서는 정기 대청소와 같은 개념으로 실시하고 있기도 하다. 이러한 처리로 인해 효율이 높아지는 이유는 테이블을 재생성하면 인덱스도 당연히 다시 생성되어야 하므로 인덱스의 가지깊이(Branch depth)가 정리되는 효과이기 때문이기도 하다.

일반적으로 인덱스는 새로운 데이터가 계속해서 대량으로 추가되면 가지가 크게 증가한다. 그것은 새로 추가된 인덱스 컬럼값이 기존에 생성된 것들 사이에 위치하게 되는 경우가 많기 때문이다. 인덱스 입장에서 보면 앞으로 어떤 값이 들어올지 예측할 수 없기 때문에 미리 공간을 확보해 둘 수도 없다.

그러나 우리가 테이블을 재생성할 때 고려해야 할 보다 우선적인 요소는 새롭게 저장될 데이터들이 이왕이면 가장 유리한 형태로 저장되도록 하는 것이다. 그것은 바로 가장 자주 범위처리를 하는 컬럼(들)로 정렬하여 저장하자는 것이다. 물론 이렇게 하더라도 세월이 흐르면 다시 응집도가 낮아질 수 있겠지만 현실적으로는 이미 생성된 데이터가 위치를 바꾸는 경우는 적으므로 효과는 상당한 시간 동안 유지될 수 있다.

이러한 조치는 재생성 시에 조금만 더 투자를 하면 오랫동안 효과를 볼 수 있기 때문에 결코 가볍게 볼 수 없다. 대부분의 사람들은 테이블을 재생성할 때 아무 생각없이 현재 있는 그대로 저장하고 있다. 만약 우리가 원하는 정렬로 생성된 인덱스가 있다면 약간의 부하가 증가하지만 힌트를 적용해서라도 그 인덱스를 경유하여 저장하도록 하는 것이 좋다. 이 방법이 불가능하다면 병렬처리로 정렬을 하는 것도 하나의 대안이 될 것이다.

이 방법은 클러스터링을 적용하여 적극적으로 클러스터링 팩터를 향상시키는 것보다는 못하지만 투자에 비해서는 얻을 수 있는 효과가 매우 크므로 전략적으로 활용하기를 바란다.

우리가 테이블을 재생성할 때 주의해야 할 것이 있다. 테이블에 데이터를 저장할 때 관련된 인덱스를 모두 제거하거나 비활성(Disable) 시키는 것이 좋다. 인덱스를 생성한 채로 대량의 데이터를 저장하면 테이블의 저장 속도가 크게 저하될 뿐만 아니라 인덱스에 많은 분할이 발생하여 인덱스 저장 밀도가 매우 나빠진다. 이것은 저장공간의 낭비뿐만 아니라 인덱스의 효율을 크게 떨어뜨린다.

테이블을 재생성하는 목적 중의 하나는 인덱스의 저장구조를 개선하는 것인데 이것마저 얻지 못한다면 너무나 억울하다. 특히 테이블을 생성하는 구문에 습관적으로 기본키에 대한 제약조건을 지정해 두었기 때문에 테이블을 생성하면서 기본키가 같이 생성되어 버리는 경우가 많다. 반드시 비활성을 시키고 테이블에 데이터를 넣은 후에 다시 활성화를 시키는 것이 필요하다.

1.2. 인덱스 일체형 테이블(Index-Organized Table)

가장 일반적으로 사용하는 B-Tree 인덱스는 '인덱스 컬럼 + ROWID'로 구성되어 있다. 이러한 구조 때문에 B-Tree 형태의 인덱스를 경유하여 테이블을 액세스 할 경우에는 항상 두 번의 논리적인 액세스가 발생하게 된다. 한번은 인덱스 세그먼트를 액세스하는 것이고, 또 한 번은 여기서 얻은 ROWID를 이용하여 데이터 세그먼트를 액세스 하는 것이다.

물론 대부분의 경우는 데이터를 검색하기 위해 두 번의 논리적인 액세스가 발생하더라도 크게 문제가 되지는 않는다. 왜냐하면 이미 인덱스를 사용한다는 것은 그만큼 좋은 분포도를 가지고 있다는 것이므로 좁은 범위를 처리하는 것은 전혀 문제가 되지 않는다. 그러나 티끌도 모이면 태산이 된다고 했듯이 매우 빈번하게 사용되거나 대량의 범위를 자주 스캔하는 경우에는 부담이 될 수 있다.

테이블과 인덱스가 일체형으로 되어 있다는 것은 인덱스와 다른 일반 컬럼들이 모두 같은 위치에 저장되는 형태를 말한다. 그러므로 인덱스만 액세스하면 따로 테이블을 액세스할 필요가 없다. 어떻게 생각하면 과거의 ISAM이나 VSAM 파일과 유사한 구조라 할 수도 있다. 이 구조는 특정한 경우에는 분명한 장점을 가지고 있지만 그 반대급부로 단점 또한 적지 않기 때문에 범용적으로 적용되는 구조라 할 수는 없다.

만약 대부분의 질의가 기본키를 스캔하고, 기본키의 길이가 로우에서 높은 비율을 차지한다면 굳이 인덱스와 테이블을 별도로 구분해서 생성할 필요가 없다. 일체형으로 구성되어 있다면 저장구조의 절약뿐만 아니라 액세스 효율도 개선된다.

분리형 구조에서는 인덱스를 경유하는 액세스를 할 때 처리범위가 넓어지면 부담이 크게 증가한다. 가장 큰 이유는 인덱스 스캔이 아니라 테이블을 찾는 랜덤 액세스 때문이다. 인덱스는 최초 시작 부분만 랜덤 액세스를 하고 종료지점까지 스캔하기 때문에 범위가 넓어져도 상대적으로 부담이 적다. 그러나 ROWID를 이용해 임의의 위치에 있는 테이블의 로우를 액세스하는 일은 최악의 경우 한 건을 액세스하기 위해 매번 새로운 블록을 액세스할 수도 있다.

무릇 지나치게 강한 결합은 그들 간에는 매우 우호적이지만 또 다른 쪽에서 보면 유연하지 못하고 배타적이다. 이처럼 일체형 구조는 커다란 장점에도 불구하고 많은 단점을 가지고 있기 때문에 정확한 이해를 바탕으로 활용하여야 할 것이다.

1.2.1. 분리형과 일체형의 비교

일체형 구조를 보다 정확히 이해하는 한 가지 방법은 우리가 너무나 잘 알고 있는 분리형과 여러 가지 면에서 비교를 해보는 것이다. 비교를 분명하게 하기 위해 도표를 통해 정리해 보자.

구 분	Ordinary Table	Index-Organized Table
로우의 유일 식별자	ROWID	기본키
기본키 미지정	허용	허용하지 않음 (반드시 기본키가 존재해야 함)
Secondary 인덱스의 생성	ROWID 사용	논리적 ROWID나 비트맵 인덱스
로우 액세스	ROWID로 액세스	기본키로 액세스
전체테이블 스캔	임의의 순서로 로우를 리턴함	기본키의 순서로 로우를 리턴함
클러스터링 가능 여부	Cluster에 저장 가능	Cluster에 저장 불가능
LONG, LONG RAW, LOB	LONG, LOB 중 하나 포함	LOB는 가능하나 LONG은 불가능
분산(Distributed) SQL	허용	버전에 따라 차이가 있음
데이터 이중화(Replication)	허용	버전에 따라 차이가 있음
파티션 적용	허용	버전에 따라 차이가 있음
병렬처리	허용	□ 버전에 따라 차이가 있음 □ CTAS를 통한 병렬 데이터 로딩 □ 파티션 및 일반 IOT의 병렬 고속 전체 스캔(FFS) □ 파티션 IOT의 병렬 인덱스 스캔

[표 1-1-4]

1.2.2. 일체형 테이블의 구조 및 특징

앞서 간략하게 소개한 것처럼 일체형 테이블은 기존의 B-Tree 인덱스와 달리 ROWID를 가지고 있지 않다. 테이블과 인덱스를 모두 가지고 있기 때문에 B-Tree 인덱스처럼 인덱스를 찾고 거기에 기록된 ROWID 를 가지고 테이블의 데이터를 액세스할 필요가 없다.

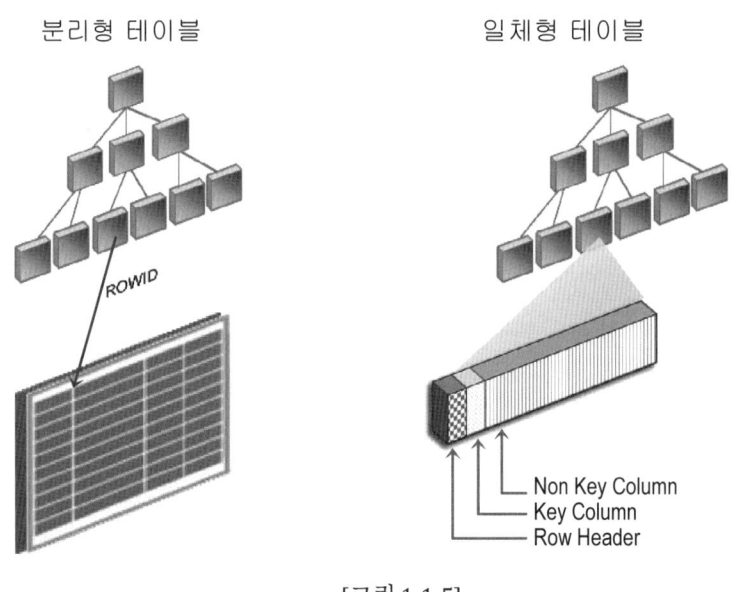

[그림 1-1-5]

이 구조가 가진 장점은 인덱스를 경유하지 않기 때문에 한 번의 논리적 액세스가 줄어들었다는 산술적인 차이에 국한된 것만은 아니다. 소량의 랜덤 액세스는 현실적으로 생각만큼 큰 효과를 나타내지는 않는다. 보다 큰 의미는 넓은 범위의 스캔일 때 확실하게 나타난다. 넓은 범위의 B-Tree 인덱스를 경유하더라도 실제로 인덱스를 스캔하는 부분은 상대적으로 부담이 적다.

즉, 별 부담이 없는 부분이 줄어들었다고 해서 큰 효과를 얻는 것은 아니라는 것이다. 기존의 인덱스를 경유했을 때의 가장 큰 부담은 각 인덱스 로우마다 임의의 위치에 흩어져 있는 테이블을 액세스하는 것이었다. 일체형은 바로 이 부분이 감소하기 때문에 넓은 범위의 처리에서 탁월한 효과를 얻게 된다.

만약 여러분이 기본키 컬럼을 '='로 액세스하는 경우를 효율화 시키겠다는 목적이었다면 차라리 해쉬 클러스터링을 적용하는 것이 여러 가지 면에서 훨씬 유리할 것이다. 일체형 구조는 인덱스에 모든 컬럼이 모두 함께 저장되어야 하기 때문에 인덱스 입장에서만 생각한다면 훨씬 많은 블록에 넓게 퍼져 있다고 할 수 있다. 그러므로 인덱스만 스캔하는 경우에는 오히려 불리해지는 것은 당연하다.

지금은 제한사항이 없어졌지만, 초창기만 하더라도 추가적인 인덱스(Secondary index)를 생성할 수가 없었다. 추가적인 인덱스를 생성하지 못한다는 것은 오직 기본키로만 액세스를 해야 한다는 것을 의미한다. 이러한 단점은 이 구조의 활용도를 크게 저하시켜 아주 특별한 경우에만 겨우 적용할 수 있었다. 이제 이러한 극단적인 제약은 없어졌지만 아직도 이 부분에는 문제가 있다.

그것은 바로 이 구조가 ROWID를 가지지 않기 때문에 추가적인 인덱스는 ROWID 대신에 기본키를 사용해야 한다는 것이다. 알다시피 기본키로 액세스하는 것은 ROWID로 액세스하는 것보다 훨씬 불리하다. 그렇지 않아도 인덱스를 경유하여 테이블을 액세스하는 과정이 우리에게는 항상 부담이었는데 설상가상이 된 격이다. 결국 추가적인 인덱스의 생성이란 과거의 극단적인 단점을 최대한 해결해보려는 시도라는 성격이 강하다.

이것은 곧 액세스 형태가 다양하게 나타나는 테이블에 적용하기에는 부담이 있다는 것을 의미하고 있다. 다시 말해서 추가적인 인덱스의 생성이 가능해졌다고 해서 이 구조의 활용도가 크게 달라졌다고는 볼 수 없다는 것이다. 단지 오직 기본키로만 액세스해야 한다는 절대적인 제약을 약화시키는 정도의 개념이라는 것으로 이해하는 것이 정확하다.

여러분들이 기존의 B-Tree 인덱스로 해결하던 다양한 액세스 형태들 중에서 기본키 액세스를 좀더 향상시키려는 의도였다면 이 구조를 채택하는 것은 바람직하지 않다. 그런 경우에 가장 적절한 선택은 해쉬 클러스터를 활용(page 54~58 참조)하는 것이다.

어쨌든 추가적인 인덱스의 생성이 가능해짐에 따라 간혹 발생할지도 모르는 다른 액세스 형태가 걱정이 돼서 이 구조를 채택할 수 없었던 부분은 해소되었다. 물론 추가적인 인덱스를 사용하는 경우가 부담이 될 만큼 빈번하지 않으면서 처리범위가 넓지 않다면 충분히 적용 가능하다.

우리가 아직도 이 구조를 많이 활용하지 않는 주된 이유 중의 하나는 로우의 길이의 변화에 따라 발생할 수 있는 오버플로우를 두려워하기 때문이다. 사실 B-Tree 인덱스는 대부분의 경우 나중에 NULL 값이 채워진다거나 길이가 크게 변하는 일이 적기 때문에 이러한 걱정은 별로 하지 않았다.

그러나 일체형 구조는 일반 컬럼을 모두 보유하고 있기 때문에 길이가 증가할 확률이 매우 높아진다. 더구나 로우마다 일정한 길이를 가지고 있지 않으므로 이러한 현상은 더욱 많이 발생한다. 그렇지만 적절한 파라메터를 지정함으로써 이러한 단점을 많이 해소할 수 있다.

그럼에도 불구하고 아무런 조치도 하지 않아 기본값(Default value)이 설정되는 경우가 많아 이런 문제를 더욱 심각하게 만들고 있다. 뒤에서 여기에 대한 상세한 기준을 제시할 것이니 정확한 이해를 바탕으로 전략적인 활용을 하기 바란다.

1.2.3. 논리적 ROWID 와 물리적 주소(Physical Guess)

일체형 테이블은 B-Tree 인덱스의 리프노드(Leaf node)에 데이터를 함께 저장하는 구조를 가지고 있기 때문에 데이터의 증가에 따라 트리(Tree)가 성장하면서 키값을 가지고 있는 노드가 분할하게 될 때 어떤 키값이 동일한 노드에 지속적으로 저장되어 있을 수 없다.

B-Tree 의 모든 노드는 2/3 정도만 키값 들로 채워지므로 만약 그 이상의 키값이 채워져야 할 경우에는 키값 들은 두 개의 노드로 분할되어진다. 이러한 논리적인 한계 때문에 일체형 테이블은 영구적인 물리적인 어드레스를 가질 수도 없다. 이로 인해 물리적인 주소인 ROWID 를 근거로 하여 로우들을 인식할 수도 없게 된다. 결국 키값을 대변할 수 있는 기본키만이 데이터를 구분할 수 있는 유일한 방법이다.

인덱스 트리는 새로운 키값이 입력되면서, 분할 혹은 병합을 반복적으로 수행하게 된다. 분리형 테이블에서는 인덱스에 분할이 발생하더라도 테이블의 ROWID 는 변하지 않으므로 이러한 문제가 발생하지 않는다. 그러나 일체형은 자신이 곧 테이블이므로 인덱스의 분할에 의한 로우의 이동에 따라 ROWID 가 변할 수 있으므로 이러한 현상이 발생하게 되는 것이다.

분할의 경우는 데이터가 추가되면 반드시 일어날 수 밖에 없는 필연적인 과정이므로 어쩔 수 없다고 하지만, 병합의 경우는 데이터를 삭제할 때 반드시 수행하여야 할 필연적인 작업은 아니다. 사실 병합은 분할보다 더 많은 데이터의 이동이 발생하기 때문에 그 오버헤드를 감당하기 어렵다. 이러한 이유 때문에 대부분의 데이터베이스는 인덱스의 병합을 수행하지 않고 기존의 인덱스 구조를 유지하도록 하고 있다. 이로 인해 B-Tree 인덱스는 성장만을 지속하게 되고, 데이터를 전부 삭제하여도 인덱스 구조는 그대로 유지하게 되므로 재생성(Rebuild) 작업이 필요한 것이다.

일체형 테이블의 효과적인 활용을 위해서는 반드시 다양한 검색 패턴이 지원되어야 한다. 이를 위해 절대적으로 필요한 것은 추가적인 인덱스의 생성이다. B-Tree 인덱스의 구조는 '인덱스 컬럼+ROWID' 형태로 되어 있기 때문에 새로운 인덱스를 생성하기 위해서는 각 로우들을 ROWID 로 식별할 수 있어야 한다. 그러나 일체형에서는 ROWID 로 식별하기 어렵기 때문에 기본키 이외에 새로운 인덱스를 생성하기가 어려웠던 것이다.

이러한 문제점을 해결하기 위해 ROWID 역할을 대신할 수 있는 '논리적 ROWID'라는 개념을 도입하였다. 이것은 이해하기 위해서는 먼저 일체형 테이블이 가지고 있는 물리적인 주소를 알아야 한다. 혼돈을 피하기 위해 일반적인 ROWID 와 비교를 해보자.

```
분리형 테이블의 ROWID              일체형 테이블의 ROWID
-----------------------------      -----------------------------
AAAHW7AABAAAMUiAAA                 *BABA0AIDwkpH/g
AAAHW7AABAAAMUiAAB                 *BABA0AIDwkpI/g
AAAHW7AABAAAMUiAAC                 *BABA0AIDwkpQ/g
AAAHW7AABAAAMUiAAD                 *BABA0AICwkz+
AAAHW7AABAAAMUiAAE                 *BABA0AIDwkwC/g
```

위에 소개한 내용은 'SELECT ROWID FROM …'를 수행시킨 결과의 모습이다. 이때 나타나는 ROWID 는 데이터가 속한 물리적인 위치를 나타낸다. 이것은 일반적인 ROWID 와 매우 유사한 구조와 역할을 하고 있음을 알 수 있다. 추가적인 인덱스에는 일반적인 인덱스와 같은 개념으로 적용하기 위해 이와 같은 유사 ROWID 를 가지고 있다.

그러나 이 물리적인 주소는 인덱스 로우가 생성될 때 만들어져서 키 분할에 의해 데이터 블록의 위치가 달라져도 변경되지 않는다. 이것은 곧 이 값이 완벽하게 로우의 물리적인 위치가 될 수 없다는 것을 의미한다. 다시 말해서 이 값으로 해당 로우를 찾아가면 원래의 로우는 다른 블록으로 이동되고, 거기에는 다른 로우가 존재할 수 있다는 것이다.

이 값은 로우가 저장된 물리적인 주소를 나타낸다고 하기 보다는 그 로우가 존재할 가능성 높은 주소를 나타내기 때문에 이것을 'PHYSICAL GUESS'혹은 'GUESS'라고 한다. 데이터를 액세스할 때 만약 이 값이 부정확한 값이라고 판명되면 그때는 기본키를 이용한 액세스를 하게 된다. 만약 PHYSICAL GUESS 가 부정확할 확률이 높다고 판단되면 아예 이것으로 액세스를 시도하지도 않는다.

이와 같은 물리적 위치정보와 기본키가 상호 보완작용을 하여 논리적으로는 완벽한 ROWID 역할을 하게 된다. 이러한 개념 때문에 '논리적 ROWID'라는 용어를 사용하게 된 것이다. 굳이 이러한 개념을 추가한 이유는 무엇인가? 비록 PHYSACAL GUESS 가 완벽한 ROWID 는 아니지만 극히 일부를 제외하고는 유효하다면 언제나 기본키로 액세스를 하는 것보다 훨씬 유리할 수 있기 때문이다.

이 값의 적중률이 지나치게 저하되는 경우라면 이미 일체형 구조를 선택하지 않았을 것이므로 적용기준에 맞도록 사용한다면 현실적으로는 생각처럼 큰 부담이 발생하지는 않는다. 일체형 구조는 다음과 같은 경우에만 적용하는 것이 바람직하다.

- 전자 카탈로그나 키워드(Keywords) 검색용 테이블
- 코드성 테이블
- 색인 테이블
- 공간(Spatial) 정보 관리용 테이블
- 대부분 기본키로 검색되는 테이블
- OLAP 의 디메젼 테이블
- 로우의 길이가 비교적 짧고, 트랜젝션이 빈번하게 발생되지 않는 테이블

다음은 일체형 구조에서 추가적인 인덱스를 사용할 때 물리적 위치정보를 사용하는 액세스와 사용하지 않는 액세스에 대한 수행절차이다.

◆ 물리적 위치정보를 사용하지 않는 경우

① 추가적인 인덱스를 액세스 하여 기본키 정보를 얻는다.
② 기본키로 데이터 블록을 액세스를 한다.

◆ 물리적 위치정보를 사용하는 경우

① 추가적인 인덱스를 액세스 하여 물리적 위치정보를 참조한다
② 참조한 물리적 위치정보를 이용하여 데이터 블록을 액세스한 후에 비교한다. 이때 기본키 값이 같으면 물리적 위치정보가 유효한 것으로 간주하여 액세스를 종료한다.
③ 만약 유효하지 않다면 다시 기본키로 액세스하여 데이터 블록을 가져온다.

이와 같은 방법으로 수행되므로 물리적 위치정보가 정확하다면 일반적인 인덱스 스캔과 동일하지만, 적중률이 낮다면 오히려 기본키를 사용하여 액세스 하는 것이 더 효율적이라는 것을 알 수 있다.

물론 새로운 물리적 위치정보를 얻기 위해 인덱스를 재생성할 수도 있다. 그러나 이를 위해서는 일반적인 테이블에서 인덱스만 액세스하는 것이 아니라 전체 테이블을 액세스해야 하므로 데이터 량이 아주 많은 경우에는 부담이 될 수 있다. 현실적으로는 이러한 작업을 여유 있는 시간에 수행할 수 있고, 대부분의 경우 대용량의 테이블에는 적용하지 않으므로 가끔씩 재생성하는 것도 좋은 방법이 될 것이다.

만약 물리적 위치정보의 적중률이 낮아질 가능성이 높고, 재생성하는 것이 부담이 되는 경우라면 통계정보를 미리 생성하여, 옵티마이져가 그 결과를 보고 물리적 위치정보의 사용을 선택할 수 있도록 하는 것이 바람직하다.

1.2.4. 오버플로우 영역(Overflow Area)

인덱스와 모든 컬럼이 같은 장소에 위치한다는 것은 원하는 로우를 찾은 후에 액세스하는 것은 유리하지만 그 반대급부로 저장공간의 분할이 발생한다든지, 저장 밀도가 나빠지는 등의 부담이 증가한다고 했다. 이러한 현상은 로우의 길이가 길어질수록, 데이터가 증가할수록 더욱 크게 나타날 것이 분명하다.

이제 우리에게 절실한 것은 이러한 부담을 최대한 줄일 수 있는 방법을 찾는 일이다. 그 중에서도 만약 인덱스와 함께 저장될 컬럼의 길이를 줄일 수만 있다면 상당한 도움이 된다. 이를 위한 가장 쉽고 확실한 방법은 같이 적재할 컬럼을 줄이는 것이다. 이것을 가능하게 하기 위해서 채택된 것이 바로 오버플로우 영역에 상대적으로 빈번하게 액세스 되지 않는 것들을 옮겨 두는 방법이다.

무릇 세상 모든 것에는 비록 동일한 레벨에 있더라도 상대적인 차이가 있게 마련이다. 일란성 쌍둥이도 차이가 있을진대 당연히 컬럼들 간에는 활용도나 중요도, 서로 간의 결합도 등에는 많은 차이가 날 수 있다. 중요하고 자주 사용하는 것은 주변에 두지만 아주 가끔씩만 사용하는 것들은 다른 보관처에 두는 것이 여러 가지 면에서 유리하다. 물론 판단이 잘못되면 곁에 두는 것보다 훨씬 많은 부하를 가져올 수도 있다. 여기에서 우리의 전략적인 선택이 필요하다.

우리가 일체형 테이블을 생성할 때 부여한 이동에 대한 임계치(PCTTHRESHOLD)에 도달하면 'INCLUDING'절에서 지정한 컬럼 이후의 컬럼들은 모두 오버플로우 영역에 저장된다. 그러므로 테이블 생성 시에 컬럼을 지정할 때 순서를 잘 결정할 필요가 있다.

일체형 구조의 본체는 인덱스 세그먼트에 저장되지만 오버플로우 영역은 테이블 세그먼트에 생성된다. 이는 마치 기존의 인덱스와 테이블이 생긴 것과 매우 유사한 형태가 된다. 그러므로 인덱스 영역에는 오버플로우 영역의 데이터를 찾기 위한 ROWID를 가지게 된다. 각 영역은 별도의 저장공간을 가질 수 있으므로 원하는 테이블스페이스를 별도로 지정할 수도 있다.

1.2.5. 일체형 테이블의 생성

이제 실제로 일체형 테이블을 생성하는 사례를 통해 우리가 지정할 수 있는 각종 파라메터들을 살펴보기로 하자.

```
SQL> CREATE TABLE documents
    (doc_id        varchar2(5),
     title_name    varchar2(50),
     author        varchar2(20),
     contents      varchar2(2048),
     status        varchar2(2),
CONSTRAINT pk_dociot PRIMARY KEY (doc_id) )
ORGANIZATION INDEX          ---------------------------- (a)
TABLESPACE data01           ---------------------------- (b)
PCTTHRESHOLD 20             ---------------------------- (c)
INCLUDING contents          ---------------------------- (d)
OVERFLOW TABLESPACE idx01;  ---------------------------- (e)
```

(a) **ORGANIZATION INDEX** : 일체형 테이블 생성을 정의하는 키워드

(b) **TABLESPACE** : 인덱스 영역이 저장될 테이블스페이스를 지정한다. 물론 STORAGE 파라메터도 사용할 수 있다.

(c) **PCTTHRESHOLD** : 인덱스 블록 내에 예약된 공간의 백분율을 지정한 것이다. 만약 단일 로우의 크기가 (PCTTHRESHOLD/100)*DB_BLOCK_SIZE 보다 크게 되면 이 범위 이내에 속하는 컬럼까지 인덱스 영역에 남겨두고, 나머지 컬럼 들은 모두 오버플로우 영역으로 이동시키게 된다. INCLUDING 절에 지정된 열 이후의 컬럼들은 모두 오버플로우 세그먼트로 이동된다. 만약 OVERFLOW 를 지정하지 않으면, 임계값(Threshold)를 초과한 로우들은 거부(Reject)된다. PCTTHRESHOLD 기본값은 50 이며, 이 값은 0 에서 50 사이에 들어야 한다.

(d) **INCLUDING** : 테이블 행을 인덱스와 오버플로우 영역으로 나눌 컬럼을 지정하는 절이다. 여기에 지정된 컬럼 이후의 컬럼은 모두 오버플로우 영역에 저장된다. 만약 이것이 지정되지 않았는데 로우의 크기가 PCTTHRESHOLD 를 초과하면 기본키 컬럼을 제외한 모든 컬럼이 오버플로우 영역으로 이동된다.

만약 INCLUDING 이후의 컬럼에 데이터가 입력되지 않으면 모든 데이터는 인덱스 영역에 적재된다. 일단 인덱스 영역에 적재되면 INCLUDING 이후의 컬럼에 다시 데이터가 입력되더라도 그 로우의 사이즈가 PCTTHRESHOLD 에 도달하기 전까지는 로우가 분리되지 않는다. 다시 말해 INCLUDING 이 적용되는 시점은 로우가 최초로 입력될 때이며, 그 이후는 PCTTHRESHOLD 에 의하여 인덱스 영역과 오버플로우 영역이 나누어진다는 것이다.

(e) **OVERFLOW TABLESPACE** : 지정된 임계값을 초과한 로우가 위치할 테이블스페이스, 스토리지와 블록 활용 파라메터를 지정하는 절이다. 만약 이 절을 지정하지 않았다면 임계값을 초과한 로우들은 입력이 거부된다.

　일반적으로 로우의 체인이 발생하면 데이터 액세스 효율은 떨어진다. 물론 이것은 일체형 구조에서도 마찬가지로 적용된다. 그렇지만 일체형에서는 일반 테이블과는 조금 다른 의미를 가지고 있다. 일반 테이블에서는 사용자가 체인을 결정할 수 없으며 그 결과를 전략적으로 사용할 수도 없다. 그러나 일체형에서는 사용자가 체인을 결정할 수 있으며, 그 결과에 따라 액세스 성능이 달라질 수 있다.

　그러므로 일체형에서는 단순히 로우가 체인이 되었다는 의미보다 어떤 모양으로 체인이 되었는지가 중요하다. 이 체인은 리프노드의 저장밀도를 높이기 위한 전략이다. 즉, 인덱스 영역과 오버플로우 영역을 전략적으로 구분하여 액세스의 효율성을 향상시킬 수도 있기 때문이다. 그렇다면 이제 우리는 어떻게 하면 전략적으로 인덱스영역과 오버플로우 영역을 나눌 수 있는지를 고심해 보아야 한다.

　가장 쉬우면서 확실한 방법은 현재 및 향후의 액세스 패턴을 분석하는 방법이다. 다시 말해서 사용되는 SQL 을 분석해 보는 것이 가장 확실하다. 모든 정보는 컬럼들 간에 친밀도를 가지고 있으며, 중요한 정도에 차이가 있으므로 어느 정도까지는 미래에 대한 예측이 가능하다. 이러한 분석을 통해 기준이 되는 컬럼을 지정하면 된다. 만약 이러한 예측이 어렵다면 일체형을 선택하지 않는 것이 좋다.

1.3. 클러스터링 테이블

지금까지 테이블과 인덱스의 분리형과 일체형에 대해서 알아보았다. 분리형은 대량의 데이터를 범위처리해야 하는 경우에 많은 랜덤을 발생시키는 부담이 있었다. 일체형은 특정한 액세스에서는 랜덤이 없어졌지만 다양한 액세스 형태가 나타나면 오히려 더 많은 부담을 가져오므로 대용량의 데이터에서는 적용하기 어렵다.

물론 다양한 형태의 인덱스를 잘 활용하면 상당한 개선을 이룰 수 있겠지만 그것도 최종적으로 찾고자 하는 절대 범위가 적을 때 가능하다. 이미 아무리 최적화를 하더라도 처리할 절대 범위가 넓다면 이 방법으로는 랜덤의 부하를 피할 수 없다. 수행속도의 문제를 해결하기 위해서는 대량의 처리를 매우 효율적으로 할 수 있는 방법을 찾아야만 한다.

많은 사용자들은 인덱스만으로 최적화된 액세스를 구현해 보려고 애쓴다. 그것도 현실에 입각한 종합적이고 전략적인 인덱스를 구성하지도 않고, 당장의 문제해결에만 급급하여 함부로 인덱스를 생성하여 사용한다. 그러면서 관계형 데이터베이스는 근본적으로 과거의 데이터베이스에 비해 늦을 수밖에 없는 것으로 단정해 버린다.

대부분의 사람들이 수행속도의 문제를 해결하기 위해 전가(傳家)의 보도(寶刀)처럼 사용하는 방법은 바로 다수의 인덱스 지정, 집계용 테이블의 추가, 다른 테이블의 컬럼을 복사시켜 두는 컬럼의 중복화 등이다. 이런 방법들은 문제가 일어났던 부분은 해결할 수 있을지 모르지만 또 다른 많은 문제를 야기시킨다.

물론 이런 문제를 가장 효율적으로 개선하기 위한 각종 방법들은 너무나 다양하고 주어진 상황에 따라 미묘하게 달라진다. 앞으로 정말 다양한 개념과 방법들이 이 책에서 계속 언급되겠지만 그 중에서도 큰 활용가치를 가지고 있는 것이 바로 클러스터링이라 할 수 있다.

클러스터링이란 용어는 관계형데이터베이스에서 뿐만 아니라 기존의 데이터베이스나 O/S 에서도 자주 사용된다. 그러나 여기서 말하는 클러스터링은 그것들과는 전혀 다른 의미를 가지고 있다. 그러므로 여러분들은 이제부터 지금까지 알고 있던 클러스터의 개념을 지워버리고 새로운 개념으로 파악해야 혼동되지 않을 것이다.

1.3.1. 클러스터링 테이블의 개념

클러스터의 개념은 DBMS에 따라 약간씩의 차이가 있으나 근본적인 개념이나 추구하는 목적은 거의 동일하다. 여기서는 오라클 클러스터를 통해 설명하기로 하겠다. 클러스터는 테이블이나 인덱스처럼 저장공간을 가지고 있는 하나의 오브젝트(Object)이다.

그러나 테이블이 인덱스보다 상위개념이듯이 클러스터는 테이블의 상위개념이다. 각각이 별개의 독립적인 오브젝트이지만 서로간에 개념적인 종속성을 가지고 있다. 다시 말해서 클러스터로 생성된 오브젝트 내에 테이블이 생성되는 것이다. 테이블이 없는 클러스터는 어떤 데이터도 입력할 수 없으므로 무의미하다. 이해를 돕기 위해 다른 비유를 들어보겠다.

어떤 지역(Tablespace)에 공장(Table)들이 들어서고 있다. 이들은 각자 자기가 확보한 임의의 위치(Segment)에 공장을 세운다. 이들 간에는 서로 제품(Row)를 원재료로써 주고받아야 하므로 이를 위해 도로(Relationship)가 복잡하게 연결되어 있다. 특정한 물건이 일련의 가공(Process)을 거쳐 완제품(Application)이 되려면 다양한 공장을 복잡하게 거쳐야만 한다.

만약 멀리 떨어져 있는 공장 간에 매우 빈번하게 재료가 공급(Join)되어야 한다면 운송단가(Clustering Factor)가 높아서 많은 비용(Cost, Resource)이 소요되고 생산성(Performance)은 급격하게 저하될 것이다. 이런 경우에 자주 운송이 발생하는 두 공장을 인접한 곳에 배치(같은 클러스터 내에 생성)하여 콘베이어 벨트(Cluster key)를 설치한다면 엄청난 연결(Join) 효율을 얻을 수 있을 것이다. 이런 목적으로 테이블을 클러스터링하는 방법을 '다중 테이블 클러스터링(Multi-table clustering)'이라고 한다.

또 다른 예를 한 가지 들어보겠다.

만약 어떤 단위 창고(Table)에 수많은 부품(Row)들이 무질서하게 보관(분리형 테이블 구조)되어 있고, 이를 찾아(Access)내기 위해 각 부품들의 위치를 알 수 있는 목록(Index)이 있다고 하자. 소량의 부품을 찾는 것은 큰 부담이 없겠지만 대량의 부품을 일시에 찾는다면 많은 부담이 발생할 것이다.

이런 문제를 해결하기 위해서 창고 내부를 섹터(Secter, Cluster)로 나누고 각 섹터에는 동일한 유형의 부품(동일한 Cluster key를 갖는 Row)을 보관한다. 이렇게 보관하면 이를 찾기 위한 목록(Cluster Index)도 각 부품마다 가질 필요없이 섹터별로만 있어도 충분하다. 이러한 방식은 대량의 동일한 부품을 찾을 때는 한 번만 목록을 참조하여 해당 섹터를 찾으면(Cluster Scan) 쉽게 대량의 부품을 매우 싼 단가로 찾을 수 있다.

이처럼 대량의 범위를 효율적으로 액세스하기 위해 클러스터링을 하는 방법을 '단일 테이블 클러스터링(Single Table Clustering)'이라 한다. 이 두 가지 활용 방식은 원리는 동일하지만 활용 목적은 크게 다르다.

지역 내에 임의의 위치에 공장이 세워짐으로써 발생된 문제를 해결하는 방법은 잘 정비된 공단(工團)을 만들고 그 위에 공장을 세워야 한다. 공단에 입주하려면 공단에서 제시한 원칙(Cluster Key, PCTFREE, PCTUSED, 각종 Storage Parameter)을 준수해야 한다. 여기서 공단은 클러스터를 의미하고 공장은 테이블을 의미한다. 공단은 공장을 세울 수 있는 부지(敷地)일 뿐이다. 그러나 부지를 먼저 만들어야 공장을 세울 수 있듯이 먼저 클러스터를 정의해야 거기에 테이블을 생성할 수 있다.

창고의 예에서도 동일하다. 창고는 클러스터를 의미하고, 창고 내에 부품을 넣을 수 있도록 물리적으로 만들어진 구조물(선반, Rack)은 테이블로 비유할 수 있다. 창고 내에 있는 섹터는 단위 클러스터를 의미한다. 각 섹터에는 동일한 종류의 부품(동일한 Cluster key 값을 가진 Row)을 저장하는 구조물들이 들어서 있다. 구조물에 있는 수많은 셀(Cell, Slot)은 블록(Block)으로 비유할 수 있겠다.

클러스터에는 클러스터 인덱스를 경유하여 클러스터를 찾아가는 '인덱스 클러스터'와 해쉬 함수를 이용하여 클러스터를 찾아가는 '해쉬 클러스터'가 있다. 해쉬 클러스터는 '1.3.5 해쉬 클러스터링(page 54~58)'에서 취급한다. 앞으로 편의상 그냥 '클러스터'라고 하는 것은 '인덱스 클러스터'를 그렇게 부르는 것으로 하겠다.

클러스터에 데이터를 저장하기 위해서는 테이블 생성뿐만 아니라 클러스터 인덱스도 같이 생성되어야 한다. 그것은 마치 창고에 구조물을 생성해 두었다 하더라도 각 구조물에 어떤 부품이 보관되는 지를 관리하지 않고 아무 위치에나 함부로 저장할 수는 없는 것과 동일하다.

이제 클러스터의 개념과 테이블과의 차이, 그리고 상관관계도 충분히 이해했을 것이라 믿는다. 클러스터 인덱스가 무엇이고 왜 필요한 것인지도 알게 되었을 것이다. 클러스터링된 테이블도 일반 테이블과 같이 클러스터 인덱스 외에도 별도의 인덱스를 가질 수 있다.

액세스에 미치는 영향은 단지 그 테이블이 특정 컬럼(클러스터 키 컬럼)으로 클러스터링 되어 있다는 요소만 더 가지고 있을 뿐이다.

만약 규칙기준 옵티마이져를 사용한다면 다른 인덱스 보다 높은 랭킹을 부여 받는다거나, 비용기준 옵티마이져를 사용한다면 보다 적은 비용으로 취급되는 역할을 할 뿐이다. 어떤 테이블을 클러스터링한다는 것은 먼저 지정해 둔 클러스터 내에 테이블을 생성하는 것이므로 하나의 테이블은 하나의 클러스터에만 지정될 수 있다.

클러스터링이란 어떤 정해진 컬럼값을 기준으로 동일한 값을 가진 하나 이상의 테이블의 로우를 같은 장소에 저장하는 물리적인 기법이다. 하나 이상의 테이블에서 같은 값을 가진 로우를 모아 두었다는 것은 조인이 될 로우들이 이미 옆에 같이 있다는 것을 의미하므로 조인의 연결을 위한 운송단가를 현격하게 줄일 수 있다. 만약 하나의 테이블에 동일한 컬럼값을 가진 로우들을 모아두었다는 것은 대량의 범위처리 액세스의 운송단가를 현격하게 줄일 수 있다.

클러스터는 클러스터링할 컬럼으로 생성된 클러스터 인덱스를 가진다. 클러스터 인덱스는 일반 인덱스와 기본적으로는 동일하나 일반 인덱스는 테이블의 로우마다 하나씩의 인덱스 로우를 가지지만 클러스터 인덱스는 클러스터링 컬럼의 값마다 하나씩의 인덱스 로우를 가진다.

클러스터링의 효과는 클러스터링 팩터(Clustering Factor)의 향상에 있다. 클러스터링 팩터란 액세스하고자 하는 데이터들이 얼마나 같이 모여있느냐는 것을 말한다. 이것은 원하는 데이터를 추출하기 위해 발생하는 블록들의 물리적인 액세스 량을 좌우한다. 즉, 소비자가 공급받는 제품의 운송단가와 같은 개념이다. 클러스터링은 이러한 데이터의 운송단가를 줄여줌으로써 액세스 효율을 향상시킨다.

1.3.2. 단일테이블 클러스터링

단일테이블 클러스터링이란 지정된 클러스터에 하나의 테이블만 생성시키는 것을 말한다. 같은 클러스터 컬럼값을 가진 로우는 같은 장소에 저장되므로 넓은 범위의 데이터를 동시에 액세스하고자 할 때 주로 활용된다. 구체적인 특징과 사용기준은 앞으로 자세하게 설명될 것이다.

다음의 그림을 통해 단일테이블 클러스터링의 구조를 살펴보자.

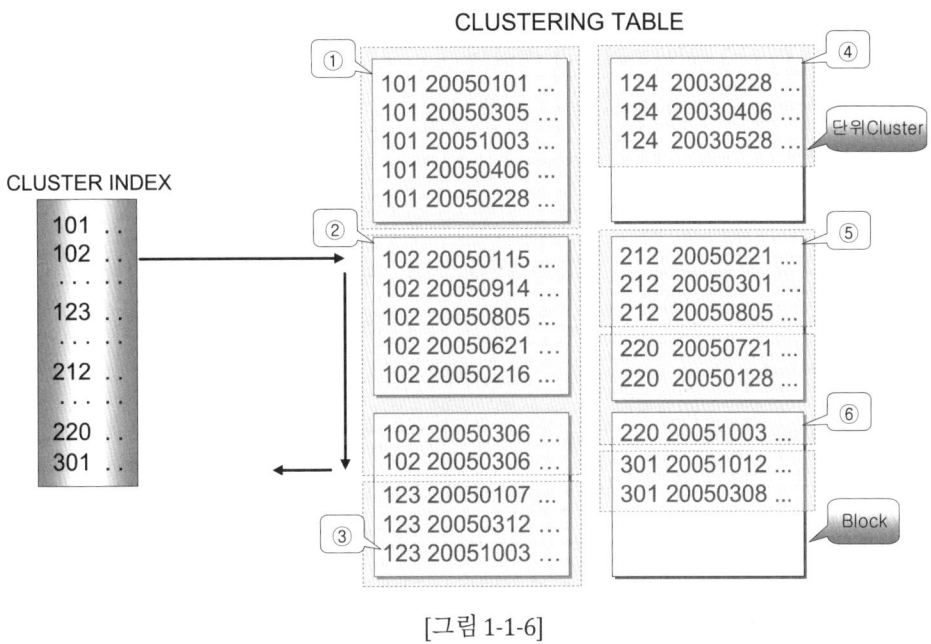

[그림 1-1-6]

그림에서 볼 수 있듯이 클러스터 인덱스는 클러스터키 컬럼값마다 단 하나씩만 존재한다. 클러스터 인덱스에는 해당 단위 클러스터를 찾을 수 있는 정보(Cluster Key Id)를 가지고 있다. 우리가 앞서 스캔방식을 설명할 때 소개했던 '클러스터 스캔' 방식이란 이 클러스터 인덱스에 있는 클러스터 ID 정보를 통해 해당 클러스터를 찾는 작업을 말한다.

클러스터링 테이블의 각 로우 헤더(Header)에는 클러스터키 ID 를 가지고 있으므로 같은 ID 를 가진 로우들을 스캔 함으로써 우리가 원하는 집합을 얻을 수 있게 된다. 이 방법은 하나의 클러스터 인덱스로 여러 개의 로우를 스캔방식으로 액세스할 수 있으므로 기존의 인덱스보다 훨씬 적은 비용이 든다. 만약 클러스터 컬럼의 조건을 '='이 아닌 'BETWEEN, LIKE' 등을 사용했다면 클러스터 인덱스의 처리범위가 끝날 때까지 클러스터 스캔을 반복한다.

앞의 그림을 좀더 자세하게 분석해보자. 이 그림은 하나의 블록에 최대 2 개의 단위 클러스터가 존재할 수 있도록 클러스터 크기(Size)를 지정한 것을 가정한 것이다. ①번 블록에는 '101'만으로 채워져 있다. '102'는 ②와 ③번 블록에 걸쳐 저장되어 있다. ③번 블록에는 2 개의 클러스터가 존재한다. ④번 블록에는 '124'들만 존재하지만 언제라도 다른 단위 클러스터는 들어올 수 있다.

⑤번 블록은 이미 2 개의 클러스터가 들어왔고 모두 채워져 있으므로 만약 새로운 로우가 추가된다면 그들은 다른 블록에 단위 클러스터를 만들어 새로운 둥지를 틀어야 한다. 물론 이렇게 생겨난 클러스터라 할지라도 하나의 블록에는 2 개까지만 생성이 된다. 즉, ⑥번 블록에는 새로운 단위 클러스터가 추가될 수 없다.

한 가지 특이한 점이 있다. 그림에는 단위 클러스터에 동일한 클러스터키 값이 모두 표시되어 있지만 실제로 물리적으로는 단 한 번만 저장된다. 즉, 각각의 로우에는 클러스터키 ID 를 가지고 있으며, 블록헤더에는 클러스터키 ID 와 클러스터키 값을 가지고 있다. 이러한 현상은 다중테이블 클러스터링을 했을 때에도 동일하다. 즉, 서로 다른 여러 개의 테이블에 존재하는 동일한 클러스터키 값은 단 한 번만 저장된다.

이러한 개념으로 되어 있다면 한 가지 걱정이 생긴다. 그것은 만약 클러스터키 값이 수정된다면 어떤 일이 발생하는가에 대한 것이다. 정해진 위치에 저장되어야 하는 클러스터링의 속성상 클러스터키 값이 바뀌면 다른 위치로 이동할 수 밖에 없다. 그러나 그것은 ROWID 의 변경을 의미하기 때문에 다른 일반 인덱스에 치명적인 문제를 일으킨다.

ROWID 를 그대로 유지하면서도 자신의 본거지로 이동하는 방법은 의외로 간단하다. 이 방법은 어떤 로우가 한 조각을 유지하기 위해서 다른 블록으로 이주(移住)를 할 때와 동일하게 처리된다. 다시 말해서 최초의 로우 위치에 이주한 ROWID 를 남겨두고 본체는 모두 새로운 곳으로 이동한다.

클러스터의 개념을 좀더 정확하게 이해하기 위해 다음과 같은 발상의 전환을 해보자. 클러스터링 테이블은 일반 테이블의 개념이 한 단계씩 높아진 것이라고 생각하면 이해가 빠르다. 다시 말해서 하나의 단위 클러스터를 일반 테이블의 로우로 생각하고, 단위 클러스터 내에 있는 로우들을 일반 테이블의 컬럼이라고 생각하면 된다.

자! 이제부터 단위클러스터는 로우이며, 실제의 로우들은 컬럼이라고 생각하고 여러 가지를 따져보자. 일반 테이블에서는 로우마다 인덱스가 하나씩 존재하듯이 클러스터 인덱스에는 단위 클러스터마다 하나씩 인덱스 로우가 존재한다. 일반 인덱스에는 로우를 찾을 수 있는 ROWID 가 있어야 하듯이 클러스터 인덱스에는 단위 클러스터를 찾을 수 있는 클러스터키 ID 가 있어야 한다.

일반 테이블에서, 컬럼에 새로운 값이 갱신되어 로우 길이의 증가로 인해 더 이상 같은 블록에 저장할 수 없게 되었다면 로우 이주가 발생한다. 만약 일반 테이블에서 하나의 로우가 너무 길어 여러 개의 블록에 걸치게 되면 로우 체인이 발생한다.

이와 매우 유사한 방법으로 단위 클러스터에 로우의 길이가 증가하거나 새로운 로우들이 들어와서 더 이상 그 블록에 채울 수 없게 된다면 그 로우들은 다른 블록으로 이주하게 된다. 이것을 단위 클러스터 입장에서 보면 하나이상의 블록에 걸쳐 저장되었으므로 마치 일반 테이블의 로우 체인과 유사한 모습이 된다.

단일 테이블 클러스터링은 대량의 범위를 처리하더라도 랜덤 액세스를 현격하게 줄이고 스캔을 극대화 함으로써 일반 인덱스 스캔에 비해 매우 효율적인 액세스가 가능하다. 물론 주어진 상황에 따라 차이가 있겠지만 이 개념에 충실하게 적용한다면 약 5~8 배 정도의 효율 향상도 기대할 수 있다.

다시 말하지만 클러스터 인덱스를 통해 클러스터링된 테이블을 액세스하는 것이 액세스 효율의 향상을 가져오는 이유는 클러스터 인덱스가 일반 인덱스에 비해 뭔가 특별한 메커니즘으로 되어 있기 때문인 것은 아니다. 단지 한번 클러스터 인덱스를 액세스하여 여러 건의 테이블 로우를 스캔방식으로 액세스할 수 있다는 차이가 있을 뿐이다.

즉, 인덱스를 경유하여 테이블을 액세스할 때 발생하는 랜덤 액세스의 수가 크게 감소했기 때문에 빨라진 것일 뿐이다. 얼핏 생각하면 좋은 것에다가 더 좋은 것을 추가하면 더욱 좋아질 것이라 생각하겠지만 사실은 그렇지 않다. 분포도가 좁은 컬럼으로 클러스터링을 하면 더욱 좋아질 것처럼 생각해서는 안 된다.

분포도가 좁다는 것은 곧 같은 단위 클러스터에 속한 로우 수가 적다는 것을 뜻하므로 클러스터 인덱스 로우마다 스캔방식으로 액세스할 수 있는 테이블의 로우 수는 오히려 줄어든다. 그러므로 결국 일반 인덱스를 사용한 것보다 별로 좋아질 것이 없다.

단일테이블 클러스터링은 분포도가 오히려 적당하게 넓어야 유리해진다는 것은 우리에게는 참으로 고마운 일이 아닐 수 없다. 지금까지 우리는 어떻게 하면 분포도를 좋게 할 수 있을까에 대해 많은 고민을 해오지 않았는가? 이처럼 클러스터링은 일반 인덱스의 취약점을 해결해 주는 아주 고마운 역할을 하고 있다. 클러스터링은 인덱스와 뚜렷한 역할분담이 가능하므로 우리가 인덱스 전략을 수립할 때 아주 요긴하게 활용할 수 있다.

클러스터링의 구조에서 살펴보았듯이 지정된 위치를 찾아 저장되어야 하므로 검색을 제외한 모든 경우에는 추가적인 부하를 발생시킨다. 이러한 부하의 정도는 경우에 따라 차이가 있다. 이러한 부하를 적절히 감안하여 효율적으로 사용하기 위해서는 여러 가지 특징에 대한 깊은 이해가 필요하다. 이를 위한 여러 가지 참고 사항은 뒤에서 별도로 언급할 것이다.

1.3.3. 다중테이블 클러스터링

다중테이블 클러스터링이란 단위 클러스터에 두 개 이상의 테이블을 함께 저장하는 것을 말한다. 같은 클러스터키 컬럼값을 가진 각 테이블의 로우는 정해진 장소에 같이 저장되므로 테이블을 조인하는 속도를 향상시키고자 할 때 주로 활용된다. 다음의 그림을 통해 그 구조를 살펴보자.

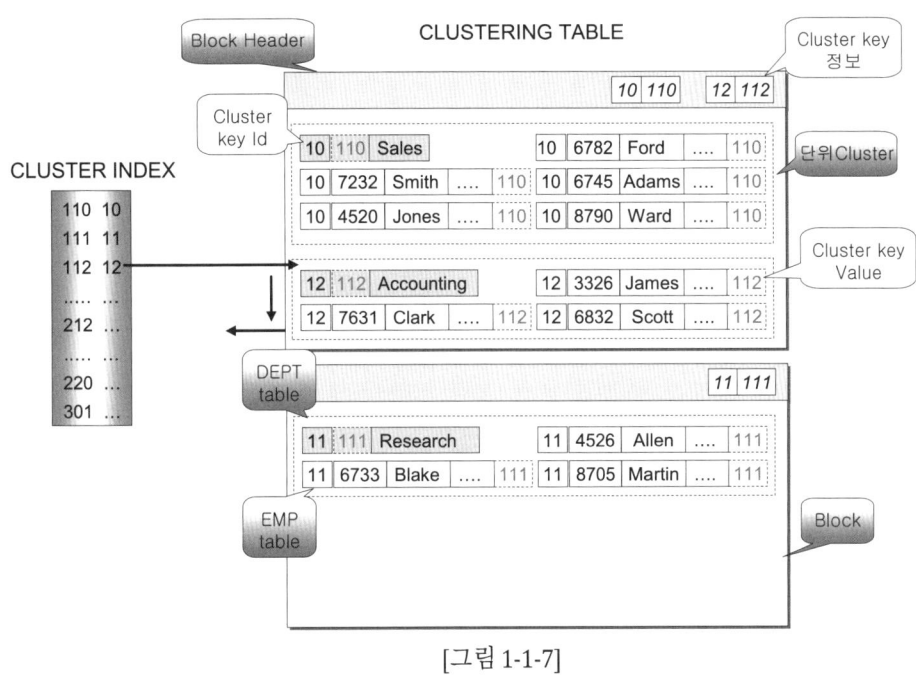

[그림 1-1-7]

위의 그림을 상세하게 분석해보자. 하나의 블록에 두 개의 단위 클러스터가 입주해 있다. 각 단위 클러스터 내에는 'DEPT' 테이블의 한 개의 로우와 'EMP' 테이블의 여러 개의 로우가 클러스터키 컬럼인 'DEPTNO'를 기준으로 같이 저장되어 있다.

각 로우에는 '클러스터키 ID'를 가지고 있으며, 블록헤더에는 클러스터키 정보를 가지고 있다. 그러므로 단위 클러스터에서는 동일한 값인 클러스터키 값을 가질 필요가 없다. 즉, 그림에서 점선으로 표현해 두었듯이 각 로우에 있는 클러스터키 값은 실제로는 저장되지 않는다.

비록 두 개의 테이블을 같은 클러스터 내에 저장하더라도 각 테이블의 독립성은 영향을 받지 않는다. 논리적으로 본다면 '정해진 위치'란 '임의의 위치' 중의 하나일 뿐이다. 우리는 어떤 테이블을 생성할 때 임의의 위치에 있더라도 우리는 아무런 영향을 받지 않는다. 이것을 전문용어로는 '지역적 투명성(Location Transparency)'라 부른다. 그러므로 클러스터링으로 인해 정해진 위치에 저장되었다고 해서 영향을 받아서는 안 된다.

각각의 테이블을 별도로 액세스할 수 있음은 물론이고, 각 테이블은 자신의 고유한 인덱스를 생성할 수 있다. 이들이 자랑하는 최대의 장점은 두 개의 테이블이 조인할 때의 효율이다. 다중테이블 클러스터링을 한 테이블을 조인할 때의 실행계획을 살펴보자.

```
SELECT ............
FROM   emp e,dept d
WHERE  e.deptno = d.deptno
AND    d.deptno = '111';

Execution Plan
-------------------------------------------------------
SELECT STATEMENT
 NESTED LOOPS
   TABLE ACCESS (CLUSTER) OF 'DEPT'
     INDEX (UNIQUE SCAN) OF 'DEPT_CLUSTER_IDX' (CLUSTER)
   TABLE ACCESS (CLUSTER) OF 'EMP'
```

이 실행계획에서 알 수 있듯이 클러스터 인덱스를 경유하여 클러스터를 읽고 같은 클러스터 내에서 연결작업을 수행하고 있다. 조인할 대상이 같은 클러스터 내에 있다는 것은 연결을 위한 추가적인 액세스를 하지 않으므로 매우 효율적인 조인이 가능하다.

과거에 우리가 3세대언어로 사용해 왔던 파일 개념을 생각해보자. 그 당시에는 첨자를 사용할 수 있도록 하기 위해 가능한 반복 컬럼을 생성시켰다. 레코드 구조를 살펴보면 주인이 되는 키(Key)가 있고, 반복되지 않은 단일필드(Single Field)들과 배열 필드(Array Field)들이 혼합되어 구성된다.

저장되는 형태를 살펴보면 먼저 키가 위치하고, 이어서 단일 필드들이 위치하며 배열 필드는 개념적으로는 이차원이지만 실제로는 선형적으로 나열되어 저장될 것이다. 우리가 어떤 키를 이용해 레코드를 액세스하면 예하의 모든 필드들은 같이 액세스된다.

이 파일을 관계형 데이터베이스로 설계한다면 제1 정규화(1st Normalization)작업에 의

해서 배열들은 별개의 테이블로 분할되어 두 개의 테이블이 된다. 자식(Child) 테이블은 부모(Parent) 테이블과의 연결을 위해 부모의 키를 각 로우에 보관하여야 한다. 물론 자식 테이블에는 배열에 유효한 값이 저장된 만큼의 로우가 생성된다.

만약 이렇게 분할된 테이블을 각각 별도로 생성하면 그들은 각자 임의의 위치에 생성된다. 이들을 연결하기 위해서는 상황에 따라 다양한 방식의 조인이 발생된다. 원래는 한 레코드에 있어서 같이 액세스할 수 있었던 것을 이제는 일일이 조인을 통해 연결해 와야 하기 때문에 부담이 발생되는 것은 분명하다.

뿐만 아니라 자식 테이블의 각각의 로우는 주변에 모여 있다고 볼 수가 없고, 각 로우에 매번 부모의 키값을 모두 보유해야 하므로 여러 가지 면에서 불만이 생긴다. 만약 이러한 경우에 다중테이블 클러스터링을 하면 이러한 몇 가지 불만이 모두 해소된다. 뿐만 아니라 과거에 비해 여러 가지 유리한 점이 부가적으로 나타난다.

과거에는 배열 중의 특정한 몇 개만 필요로 하더라도 언제나 레코드 전체를 액세스해야만 했다. 배열의 특정한 컬럼의 값을 조건 검색할 수도 없었다. 그러나 클러스터링 테이블은 키값이 중복해서 저장되지 않을 뿐만 아니라 마치 한 레코드를 액세스하듯이 효율적으로 조인을 할 수 있다. 특히 각 테이블의 독립성이 보장되므로 자식 테이블의 특정 조건을 만족하는 로우만 읽을 수도 있다.

레코드로 관리할 때 대부분의 경우는 배열에 일부만 채워지더라도 의미없는 값을 모두 채워 저장공간을 낭비했지만 여기서는 유효한 배열만 로우를 생성하므로 오히려 저장공간을 보다 절약할 수도 있다. 이와 같이 다중 테이블 클러스터링은 정규화 작업에 의해 어쩔 수 없이 분할된 테이블을 마치 하나의 테이블처럼 만들어 주는데 매우 유용하게 사용할 수 있다.

사실 관계형 데이터베이스로 처음 설계를 하는 많은 사용자들이 가장 먼저 부딪히는 것이 바로 이러한 반복 컬럼의 처리이며, 테이블을 분할함으로써 야기되는 로우 수의 증가로 인해 많은 불안을 느끼고 있다.

어떤 사용자가 "2 억 건의 로우를 하나의 테이블로 생성하려는데 과연 문제가 없을 것인지?"를 질문한 적이 있었다. "과거에는 어떻게 가능했느냐?"고 되물었더니 그때는 1 천만 건이었기 때문에 별 문제가 없었다고 했다. 그 이유는 레코드당 평균 20 개씩 반복되는 필드가 정규화 작업에 의해 로우수가 20 배가 증가했기 때문이라고 했다. 그러나 산술적으로는 그렇겠지만 과연 2억 건이라고 해야 할 것인가?

클러스터 인덱스는 컬럼값의 종류마다 한 건만 생성되므로 파일인 경우와 동일하게 1천만 개의 인덱스 로우가 생긴다. 하나의 레코드의 크기나 단위 클러스터의 크기나 거의 차이가 없으므로 레코드에 해당하는 단위 클러스터의 수 또한 1천만 개라고 할 수 있다. 저장된 블록 수가 유사하기 때문에 전체를 액세스하는 경우에도 차이가 있을 이유가 없다.

특정 레코드를 액세스하는 경우를 비교해 보더라도 1천만 건의 인덱스 로우에서 바로 한 개의 단위 클러스터를 액세스하여 20개의 로우를 같은 장소에서 찾으므로 크게 차이가 날 수 없다. 그 대신 과거에는 불가능했던 많은 장점이 추가되었다. 물론 저장 시의 오버헤드를 비교해 보아도 마찬가지이다. 기존의 파일도 어떤 새로운 로우가 입력되면 그 로우가 입력될 위치를 찾아서 입력해야 하고, 클러스터링 테이블도 이와 다를 바 없다.

클러스터링 테이블은 클러스터 컬럼이 수정되면 데이터 값이 수정됨으로써 추가적인 클러스터 체인블록이 발생하므로 클러스터링 효율이 감소한다. 그러나 어차피 기존의 파일은 키의 수정이 원천적으로 봉쇄되어 있으므로 클러스터링만 부하가 증가한 것으로 볼 수는 없다.

다중테이블 클러스터링이 이와 같은 장점을 가지고 있음에도 불구하고 실전에서는 아주 특별한 경우에만 적용해야만 한다. 클러스터링은 특수한 관계의 연결에는 커다란 도움이 되는 것은 분명하지만 각 테이블의 유연성은 훼손된다. 다시 말해서 분리된 부모, 자식간의 연결도 중요하지만 각 테이블은 또 다른 많은 테이블들과 다양한 관계를 맺고자 할 수가 있다.

최근에는 이들이 독립적으로 존재하더라도 매우 효율적인 조인을 할 수 있는 방법이 많이 있기 때문에 아주 불가분의 관계가 아니라면 자유롭게 활동할 수 있도록 독립성을 부여하는 것이 바람직하다. 여기서 말하는 불가분의 관계란 거의 대부분의 경우에 이들이 항상 같이 사용되는 정도를 말한다. 다시 말해서 자식이나 부모가 누구와 연결을 하든지 거의 대부분 자식과 부모를 같이 액세스해야 하는 경우를 말한다.

우리의 일상도 그렇지 않은가? 부모와의 관계가 특별하지만 많은 활동은 부모없이 일어나듯이 테이블도 이와 크게 다르지 않다.

1.3.4. 클러스터링 테이블의 비용

클러스터링은 관계형 데이터베이스의 최대 약점인 넓은 범위의 처리를 해결해 주고, 필연적으로 발생하는 조인의 효율성을 크게 높여주므로 데이터 액세스에 대해 우리에게 주는 이득은 참으로 매력적이지 않을 수 없다. 그러나 세상의 이치는 거기에는 반드시 상응하는 대가가 따라야 한다는 것이다.

비용을 고려하지 않은 효과는 이상에 불과하다. 프로야구에서 빈약한 투수진 때문에 매년 우승을 놓친 구단이 초특급 투수를 스카우트하면 전력에 큰 보탬을 된다는 것을 모르는 사람은 없을 것이다. 우수한 능력을 가진 그들이 게임마다 보통 수준의 투수들을 인해 전술처럼 투입하던 고민이 일거에 해결해 준다면 그들을 마다할 감독은 없다.

결국 문제의 초점은 두 가지로 집약할 수 있다. 하나는 우리에게 요긴한 부분을 얼마나 해결해 줄 수 있느냐에 대한 것이고, 다른 하나는 그 대가에 대한 부담을 우리가 얼마나 감수할 수 있느냐에 대한 것이다.

◇ 클러스터링에게 어떤 역할을 맡길 것인가?

우수한 선수를 스카우트할 수 있을 만큼 투자여력이 있거나 반드시 그렇게 해야 하는 절실한 사정이라면 각 포지션 별로 우수한 선수는 다양하게 있다. 그들을 모두 얻을 수 있다면 가장 좋겠지만 하나만을 선택해야 한다면 우리 팀에 가장 필요한 포지션을 해결할 수 있도록 해야 할 것이다.

이처럼 클러스터링의 부하를 충분히 감수할 수 있는 상황이거나 클러스터링의 도입만이 유일한 대안이라면 어떤 역할을 맡기느냐에 따라 효과의 차이는 크게 달라질 것이다. '닭을 잡는데 소 잡는 칼을 쓰지 마라'는 격언이 있듯이 기존의 선수들을 효율적으로 운영한다면 충분히 목적을 달성할 수 있음에도 불구하고 비싼 대가를 지불해야 하는 슈퍼스타를 영입하는 것은 과잉투자에 다름 아니다.

우리가 보다 최선의 결정을 하기 위해서는 해결해야 할 과제와 보유한 자원을 먼저 충분히 분석하고 다양한 해결방안을 검토해 보는 것이 순서이다. 만약 도저히 해결할 수 없는 부분이 나타나거나 투자대비 효과를 확실하게 보장이 된다면 그 때는 정말 필요한 역할에 좋은 선수를 영입하는 방안이 같이 검토될 수 있을 것이다.

마찬가지로 클러스터링은 독자적으로 도입여부를 판단해서는 안 된다. 먼저 해결해야 할 액세스 형태를 모두 수집하고, 보다 적은 비용이 드는 인덱스로 해결할 수 있는 방안을 강구해 보아야 하며, 이들 간에 역할의 중복으로 인한 투자의 낭비가 발생하지 않도록 적절한 역할분담을 해야 할 것이다. 물론 클러스터링으로 인한 부하의 부담도 충분히 고려되어야 한다.

이러한 종합적인 전략 수립은 '제 4 장 인덱스의 전략 수립' 단원에 있는 '4.1.6 인덱스 선정 절차(page 357~386)'에서 다루게 될 것이다.

◇ 클러스터링으로 인한 부하는 어느 정도인가?

클러스터링은 단지 검색의 효율을 높여 줄 뿐이며 입력·수정·삭제 시는 추가적인 부하가 발생된다. 이러한 부정적인 요소와 긍정적인 요소의 조화가 가장 중요한 관건이 된다. 선정기준을 언급하기 전에 먼저 클러스터로 인한 부하의 정도를 이해하는 것이 적절한 선정작업에 도움이 될 것이므로 처리 유형에 따른 부하의 정도를 살펴보기로 하자.

부하의 정도를 수치로 설명하기는 어려우므로 차라리 각 처리유형 별로 어떤 일이 내부적에서 추가적으로 발생하는 지를 정확히 이해하는 것이 판단에 도움이 될 것이다. 이제부터 각 처리 유형 별로 좀더 상세한 내용을 알아 보기로 하자.

가) 입력(INSERT) 시의 부하

클러스터링 테이블에 데이터를 입력하게 되면 정해진 위치를 찾아서 저장되어야 하므로 일반 테이블에 비해 추가적인 부하가 발생할 수 밖에 없다. 일반 테이블은 데이터 입력 시점에 프리리스트(Freelist)에서 저장공간을 할당받아 거기에 무조건 저장한다. 만약 저장되고 있는 블록이 PCTFREE 에 도달하면 새로운 프리리스트를 요구하여 또 다른 블록에 데이터를 저장한다.

그러나 클러스터링 테이블은 각 로우들이 가진 클러스터키 값에 따라 저장위치가 달라지므로 프리리스트를 요구하는 횟수가 증가하게 된다. 예를 들어, 일반 테이블은 한 번 할당받은 블록에 100 개의 로우를 한꺼번에 저장할 수도 있지만 클러스터링 테이블은 최악의 경우 100 개의 블록에 따로 저장될 수도 있으므로 그 만큼 프리리스트를 요구하는 횟수는 증가하게 된다.

　물론 한 트랜잭션에서 수십, 수백 개 이내의 로우를 처리하는 경우는 큰 문제가 되지 않으나 수천 개 이상의 데이터를 동시에 입력하는 경우는 주의하여야 한다. 이러한 경우는 트랜잭션의 빈도나 처리 시간대를 감안하여 시스템 전체에 미치는 영향을 감안하여 결정해야 할 것이다.

　정해진 위치라는 뜻은 이미 생성되어 있는 클러스터키 값이 있다면 반드시 같은 값을 가진 로우들은 그 위치를 찾아서 저장해야 한다는 뜻이다. 새로 생성하는 클러스터키 값을 가진 로우들이 비록 이미 저장되어 있는 클러스터키 값들 사이에 있더라도 이 새로운 값들은 임의의 위치에 존재하게 된다. 클러스터 인덱스가 단위 클러스터의 위치정보를 가지고 있으므로 액세스에는 전혀 문제가 되지 않기 때문이다.

　부하의 정도를 파악할 수 있는 가장 좋은 방법은 테스트 용으로 클러스터링 테이블을 생성하여 일정 량의 데이터를 입력해 보는 방법이다. 가령, 'INSERT INTO… SELECT… WHERE ROWNUM <= 100'처럼 사용하여 일정한 량을 증가시켜가면서 수행속도를 확인해 본다.

　실제로 데이터가 입력되는 순서에 준하여 테스트를 하는 것이 보다 정확한 결과를 얻을 수 있을 것이다. 이를 위해서는 입력할 데이터를 발생일자 별로 액세스하여 입력해 보는 것이 좋다. 다시 말해서 위의 'SELECT' 문에서 조건절에 발생일자를 조건으로 부여하는 것이 좋다는 것이다. 물론 입력 처리의 부하를 보다 분명하게 하기 위해서 발생일자는 인덱스를 사용할 수 있어서 부분범위 처리가 되도록 하는 것이 필요하다.

　사실은 일반 테이블에 입력이 발생할 때에도 이와 유사한 부담이 있다. 초기에 인덱스 없이 테이블에만 데이터를 적재할 때는 무조건 저장만 하면 되지만 실제 운영환경에서는 이미 여러 개의 인덱스를 보유한 상태에서 입력이 발생한다.

　일반 인덱스에서도 자신의 위치를 찾아서 저장되어야 한다는 측면에서는 어차피 동일한 부하발생의 요인이 존재한다. 물론 테이블의 단위 클러스터를 찾아서 저장해야 하는 것보다 부하의 정도가 낮기는 하지만 여러 개의 인덱스와 함께 저장된다면 결코 무시할 수 없는 부담이 된다.

　우리가 기존의 인덱스를 그대로 두고 클러스터링만 추가적으로 적용한다면 고스란히 거기에 따른 부담을 감수해야 한다. 그러나 앞서 강조했듯이 일반 인덱스와 적절한 역할

분담을 하도록 전략적인 인덱스를 구성했다면 분명히 인덱스 수는 감소해야 한다. 특히 인덱스 개수를 증가시키는 원인이 되었던 넓은 범위의 처리를 해결할 목적으로 클러스터링을 도입하였기 때문에 인덱스 개수가 감소하는 것은 당연하다.

클러스터링이 인덱스에 비해 부하의 정도가 큰 것은 사실이지만 여러 개의 인덱스를 줄이는 것을 감안한다면 전체적으로는 부하의 증가가 크지 않을 것이다. 이는 마치 슈퍼스타를 영입하는 대신에 그 역할을 하던 고액 연봉을 받던 선수들을 방출할 수 있기 때문에 전체 비용은 크게 늘어나지 않는 것과 유사하다고 할 수 있다.

나) 수정(UPDATE) 시의 부하

클러스터링 테이블에 있는 컬럼값을 수정하는 경우의 부하는 두 가지로 나누어 생각해 볼 수 있다. 한 가지는 클러스터키 컬럼의 값을 수정시키는 경우이고, 다른 하나는 그 외의 일반 컬럼을 수정하는 경우이다.

클러스터링 테이블의 로우는 클러스터키 컬럼값에 따라 저장되어 있으므로 이 컬럼값이 변한다는 것은 컬럼값만 바뀌는 것이 아니라 다른 단위 클러스터로 이동해야 한다는 것을 의미한다. 만약 이러한 경우가 발생되면 일단 로우를 변경된 값의 단위 클러스터로 이동시키고, ROWID 를 변경시키지 않기 위해서 원래 위치에 이주해 간 위치정보를 남겨둔다고 앞서 설명했었다.

그러므로 클러스터키 값이 변경될 때는 추가적인 입력작업이 내부적으로 발생한다. 이것은 일반 테이블에서 어떤 로우를 한조각으로 저장할 수 없을 때 이주가 발생하는 것과 거의 동일하다. 단지 이주 위치가 임의의 프리리스트가 아니라 정해진 블록일 수 있다는 것이 다를 뿐이다.

이것은 수정으로 인한 부하가 특별히 발생하는 것은 아니라는 것을 의미하기도 한다. 그러나 이로 인해 정작 영향을 받는 것은 클러스터 체인으로 인해 클러스터링 팩터가 나빠진다는 것이다. 즉, 동일한 클러스터키 값을 가진 로우가 여러 블록에 흩어지는 현상이 발생하여 액세스할 블록 수가 증가함으로써 원래의 목적이 희석될 수 있다는 것이다.

그러므로 가능하다면 수정이 빈번하게 발생하는 컬럼을 클러스터키 컬럼으로 지정하는 것은 좋지 않다. 사실 실전에서 클러스터링을 결정할 때 클러스터키 값이 자주 변경되어 문제가 발생되는 경우는 거의 없으므로 컬럼의 수정으로 인한 부담은 크게 고려할 요소는 아니라고 할 수 있겠다.

클러스터키 컬럼이 아닐 때의 수정은 일반 테이블과 동일하다. 그러므로 우리가 수정이 빈번한 컬럼을 클러스터키 컬럼으로 지정하지만 않는다면 수정에 대한 부하는 크게 걱정하지 않아도 될 것이다.

다) 삭제(DELETE) 시의 부하

클러스터링 테이블에서 로우를 삭제시킬 때 발생하는 일들을 살펴보자. 결론부터 말한다면 클러스터링 테이블의 로우를 삭제한다고 해서 추가적인 처리가 발생되는 것은 없다. 단위 클러스터를 레코드로 생각하고, 거기에 들어 있는 로우를 컬럼이라고 생각할 수 있다고 했다. 이것은 곧 로우가 삭제되는 것이 일반 테이블에서 컬럼 값이 없어지는 것과 유사하므로 클러스터 인덱스를 같이 삭제하지 않는다.

여러분이 클러스터링 테이블의 모든 로우를 삭제하더라도 클러스터 인덱스는 그대로 존재한다. 그러므로 엄밀히 따진다면 삭제 시는 오히려 클러스터링 대신에 인덱스를 적용한 것에 비해 부하가 줄어든다. 그러나 테이블을 자체를 삭제(Drop)시키는 경우는 전혀 다르다.

일반 테이블의 삭제는 로우들을 일일이 찾아서 삭제시키는 것이 아니라 자료사전(Data Dictionary)의 정보를 삭제시키고 할당된 저장공간을 해제시키기만 하므로 아주 빠르다. 또한 'DROP' 명령은 'DDL'이므로 롤백(Rollback)을 하지 않는다. 그러므로 롤백 세그먼트(Rollback Segment)에 롤백정보를 저장하지도 않는다.

그러나 클러스터링 테이블을 삭제시키면 내부적으로는 'DELETE'를 수행하게 된다. 그 이유는 사실 이미 설명되었다. 클러스터링 테이블은 단위 클러스터가 레코드이고, 로우는 컬럼의 개념이므로 테이블을 'DROP' 한다는 것은 로우를 모두 제거하겠다는 것이지 단위 클러스터를 제거하려는 것은 아니므로 클러스터 입장에서 보면 'DELETE'를 할 수 밖에 없다.

이렇게 해야만 하는 이유를 다중테이블 클러스터링에서 생각해 보면 너무나 당연하다는 것을 알 수 있다. 동일한 클러스터에 두 개의 테이블이 같이 저장되어 있다고 하자. 만약 어느 한 테이블을 삭제한다면 단위 클러스터 입장에서는 자신의 로우 중의 일부가 제거되는 것에 불과하다.

　이 처리는 'DROP'이라는 'DDL'을 사용했음에도 불구하고 롤백 세그먼트를 할당받아 데이터를 저장한다. 그러므로 전체 테이블을 'DELETE' 시킨 것과 동일한 일을 하게 되어 많은 부하를 발생시킨다. 이 처리는 상당한 부하를 유발할 뿐만 아니라 아주 큰 롤백 세그먼트가 지정되어 있지 않다면 롤백 세그먼트가 부족하다는 메시지를 내고 작업이 종료되어 버릴 수도 있기 때문에 다른 방법을 강구하는 것이 좋다.

　우리가 클러스터링을 하는 이유는 클러스터링 팩터를 좋게 하기 위함이다. 테이블의 모든 데이터를 제거하겠다는 의미에서 'DROP'을 시키겠다는 것이 원래의 의도였기 때문에 새로운 클러스터에 데이터를 생성하고 전환(Rename)시키는 방법이 바람직하다.

　불필요하게 된 과거의 데이터는 테이블을 삭제하는 것보다 클러스터를 삭제하는 것이 좋다. 다음과 같이 'DROP' 이나 'TRUNCATE' 명령을 사용하면 신속한 삭제가 가능하다.

```
DROP CLUSTER cluster_name
INCLUDING TABLES
CASCADE CONSTRAINTS;

TRUNCATE CLUSTER cluster_name REUSE STORAGE;
```

　물론 'DROP' 과 'TRUNCATE'의 차이는 일반 테이블에서와 같다. 클러스터를 'DROP'시키면 클러스터 내에 있는 모든 테이블의 로우들 뿐만 아니라 자료사전 정보까지도 삭제한다. 삭제할 클러스터 내에 아직 테이블이 존재하고 있다면 위의 예처럼 'INCLUDING TABLES'를 사용해야 클러스터를 삭제할 수 있다. 만약 클러스터 내에 있는 테이블에 제약조건(Constraints)이 지정되어 있다면 'CASCADE CONSTRAINTS'를 추가하여야 한다.

　'TRUNCATE'는 'DELETE' 처럼 로우만 삭제하지만 수행속도는 'DROP'과 동일하다. 그러므로 클러스터링 테이블을 재생성시킬 때 현재의 저장공간을 그대로 확보하고자 하거나 각종 자료사전 정보를 그대로 유지하고자 한다면 'TRUNCATE'를 사용하는 것이 아주 유리하다. 현재의 저장공간을 그대로 재사용하고자 한다면 다음과 같이 기술한다.

```
TRUNCATE CLUSTER cluster_name REUSE STORAGE;
```

만약 'REUSE STORAGE'를 지정하지 않았다면 'DROP STORAGE'가 기본값이 되어 기존의 저장공간을 삭제하고 초기값만큼의 저장공간을 확보한다.

지금까지 클러스터링을 함으로써 발생되는 부하를 처리 유형별로 분석해 보았다. 중요한 것은 이러한 특징을 클러스터링 하고자 하는 테이블의 현실적인 특징과 어떻게 조화시켜야만 우리가 원하는 액세스의 효율성을 향상시킬 것인가에 있다. 최적의 클러스터링을 위한 선정절차는 인덱스의 전략 수립 단원에서 살펴보기로 하겠다.

1.3.5. 해쉬(Hash) 클러스터링

해쉬 클러스터링은 어떤 의미에서 보면 클러스터링이라고 하기 보다는 일종의 인덱스를 대신하는 개념으로 볼 수도 있다. 물리적인 인덱스를 가지지 않고 해쉬값을 이용해 데이터를 액세스하려면 테이블의 데이터를 약속된 장소에 저장할 수 밖에 없다. 테이블에 데이터를 정해진 위치에 저장한다는 입장에서 보면 클러스터링의 개념이고, 우리가 원하는 값을 찾아간다는 입장에서 보면 일종의 인덱스 개념이라 할 수 있다.

어떻게 보면 해쉬 클러스터링의 개념은 매우 단순하다. 우리가 정의한 해쉬함수를 경유하면 어떤 값이 저장된 위치를 찾을 수 있도록 저장하는 기법에 불과하기 때문이다. 우리가 해쉬 클러스터를 정의한다는 의미는 해쉬 클러스터에 생성되는 테이블의 로우들이 저장될 위치를 결정하는 방법을 정의하는 것이다.

해쉬 클러스터의 개념이나 정의 방법을 이해하는 것은 어려운 일이 아니다. 중요한 것은 이것이 과연 어떤 목적으로 활용할 가치를 가진 것인지부터 아는 것이다. 결론부터 말한다면 해쉬 클러스터는 활용범위가 아주 특정한 경우에 한정된다. 그 이유는 지극히 중요한 특징과 단점을 가지고 있기 때문이다.

가) 해쉬 클러스터링의 특징

다음과 같은 해쉬 클러스터링의 특징은 우리가 어떤 경우에 해쉬 클러스터링을 활용해야 하는지를 분명하게 제시하고 있다.

- SIZE, HASHKEYS, HASH IS 파라메터는 변경할 수 없다.
- '='로만 액세스해야 한다.
- 클러스터가 생성되면서 저장공간이 미리 할당된다.
- 지정된 단위 클러스터 보다 많은 로우가 들어오면 오버플로우(Overflow) 영역에 저장된다.
- 컬럼의 값이 고르게 분포되어 있지 않으면 해쉬키 값의 충돌(Collision)이 발생한다.
- 인덱스를 경유하지 않고 해쉬 함수로 계산된 값으로 직접 테이블을 액세스하므로 인덱스 보다 효율적인 액세스를 할 수 있다.
- 나머지 특징은 인덱스 클러스터와 거의 동일하다.

나) 해쉬 클러스터링의 활용 범위

위에서 제시한 해쉬 클러스터링의 특징을 좀더 깊이 해석해보고, 어떤 경우에 해쉬 클러스터링을 활용해야 하는지를 정의해 보자.

- 특별한 경우가 아니라면 지속적으로 대량의 데이터가 증가하는 테이블에서는 적용하지 않는 것이 좋다. 이러한 테이블은 일반적으로 다양한 액세스 형태를 가지고 있고, 클러스터키 컬럼의 분포가 일정하지 않은 편이기 때문이다. 특히 해쉬키의 개수가 사전에 정의되어야 하면서도 변경이 불가능하며, 생성할 때 이미 저장공간을 확보하기 때문에 미리 대량의 HASHKEYS를 지정하는 것은 큰 부담이 된다.
- 검색 조건을 '='로만 사용해야 한다는 것은 해쉬 클러스터의 활용을 크게 낮추는 특성이라 하지 않을 수 없다. 마치 '우편번호'처럼 액세스 형태가 다양하지 않고, 내용적으로 항상 '='을 사용하는 경우에만 적용할 수 있다는 의미가 된다.
- 클러스터키 컬럼의 값이 균등한 분포를 하고 있는 경우가 아니라면 오버플로우가 발생하거나 키값의 충돌이 발생할 수 있다는 것은 해쉬 클러스터의 활용범위를 제한하는 또 하나의 중요한 특징이다.
- 이러한 특징들 때문에 실세계에서는 해쉬 클러스터가 많이 활용되지 않는 편이다. 각종 코드를 관리하는 소형 테이블이나, 우편번호, 시스템 사용자 정보를 관리하는 테이블에서 활용할 수 있다.
- 만약 적극적으로 해쉬 클러스터를 활용하고자 한다면 '사원정보'나 '고객정보'처럼 데이터가 증가하는 추세가 완만하고, 식별자를 '='로 액세스하는 경우가 대부분인 경우에도 활용할 수 있겠다. 물론 가끔이겠지만 나중에 클러스터를 재생성하는 것도 감수하겠다면 적용할 수도 있겠지만 강력하게 추천하지는 않겠다.
- 이론적으로는 단일테이블 클러스터링의 목적으로 활용할 수도 있지만 대개의 경우 이러한 테이블은 지속적으로 데이터가 증가하는 형태이기 때문에 추천하고 싶지 않다.
- 대량의 데이터를 일정 량의 해쉬 클러스터에 저장시키는 개념이 좀더 발전한 형태가 바로 해쉬 파티션이다. 그러므로 이러한 경우라면 굳이 해쉬 클러스터가 아니라 해쉬 파티션을 적용하는 것이 좋다.

다) 해쉬 클러스터의 정의

여러분이 해쉬 클러스터의 적용을 결정하였다면 다음과 같은 방법으로 클러스터를 생성하여야 한다.

```
CREATE CLUSTER [schema.]cluster (column datatype ------------- (a)
                                [, column datatype ] . . . )
        HASHKEYS integer          ------------------------------- (b)
     [ HASH IS expression ]       ------------------------------- (c)
     [ PCTFREE integer ]
     [ PCTUSED integer ]
     [ INITRANS integer ]
     [ MAXTRANS integer ]
     [ SIZE integer [ K | M ] ]   ------------------------------- (d)
     [ storage-clause ]
     [ TABLESPACE tablespace ]
```

(a) 클러스터 명칭과 클러스터키 컬럼을 정의한다.

(b) **HASHKEYS** : 이 값은 해쉬 클러스터로 생성될 해쉬키 값의 개수이다. 실제 적용되는 해쉬값의 개수는 여기에서 우리가 지정한 수 값보다 큰 소수(素數, Prime number) 가 적용된다. 즉, 100을 지정하였으면 101 로 정의된다. 이 값은 SIZE 값과 더불어 클러스터가 생성될 때 초기 저장 공간을 할당하는데 적용된다. 같은 클러스터 내에 저장되는 로우에는 동일한 해쉬키 값이 저장된다.

(c) **HASH IS** : 이 절에는 해쉬함수를 지정한다. 사용자가 지정할 수도 있고, 기본적으로 제공되는 것을 사용할 수도 있다. 함수를 선택할 때는 키값의 분포를 고려하여야 한다. 다시 말해서 클러스터키 값이 다르면 해쉬값도 최대한 달라지도록 하는 것이 중요하다는 것이다. 그렇지 않으면 서로 다른 키값을 가진 로우가 같은 해쉬값을 가지게 되어 오버플로우가 발생하기 쉬우며, 클러스터링 팩터가 나빠져 효율이 감소하게 된다. 해쉬 함수를 적용한 결과는 양수이어야 한다. 해쉬 함수는 SYSDATE, USER, LEVEL, ROWNUN 처럼 적용할 때마다 결과값이 변하는 것을 제외한 다양한 SQL 수식을 포함할 수 있다. 그러나 사용자 정의 저장형 함수를 해쉬 함수의 일부로 사용할 수는 없다.

(d) **SIZE** : 같은 해쉬키 값을 가지는 – 즉, 단위 클러스터에 저장될 – 로우들을 위해 확보한 클러스

터의 크기를 말한다. 이 수치는 곧 단위 클러스터에 저장될 수 있는 총 로우 수를 결정하게 된다. 만약 여기에 지정한 수치가 블록크기(DB_BLOCK_SIZE)보다 크면 O/S 의 블록크기를 사용하며, 지정을 하지 않으면 각 단위 클러스터에 대해 하나의 데이터 블록을 할당한다. 만약 클러스터키 값의 길이가 길다면 이 값을 감안해 줄 필요가 있다. 클러스터키 값을 확인하고 싶다면 USER_CLUSTERS 에 있는 KEY_SIZE 컬럼을 참조하기 바란다.

해쉬 클러스터를 적용할 때 해쉬키 값의 충돌로 인해 오버플로우가 발생하면 클러스터링 팩터가 나빠져 액세스 효율이 감소한다. 이것을 방지하기 위해 SIZE 값을 약간은 여유있게 지정하는 것이 바람직하다. 다음의 표는 계산된 SIZE 값에 감안해줄 보정값에 대한 기준이다.

한 블록에 저장될 해쉬키의 개수	설정할 SIZE 값
1	계산한 SIZE 값
2	계산한 SIZE 값 + 15%
3	계산한 SIZE 값 + 12%
4	계산한 SIZE 값 + 8%
>4	계산한 SIZE 값

[표 1-1-8]

이해를 돕기 위해 간단한 SIZE 와 HASHKEYS 를 설정하는 사례를 몇 가지 들어보자.

- 데이터 블록 크기가 8K 이고, 블록헤더 정보나 딕셔너리 정보, 그리고 PCTFREE 공간을 제외한 유효 저장공간을 계산했더니 7,110 바이트였다고 가정하자.
- EMP 테이블을 EMPNO 를 키로 하여 해쉬 클러스터링을 하고자 한다. 이때 예상되는 총 로우 수가 1,000 이고, 평균 로우의 길이가 100 바이트라고 가정하자.
- SIZE 를 100 으로 설정하였다면 데이터 블록당 약 71 개의 해쉬키를 할당(7110/100)할 수 있다.
- 이때 HASHKEYS 는 1,000 보다 큰 소수인 1003 으로 설정한다.

약간 다른 유형의 사례를 들어보자. 이번 사례는 동일한 해쉬키 값을 갖는 로우가 여러 개 존재하는 경우이다.

- EMP 테이블의 DEPTNO 로 해쉬 클러스터링을 한다고 가정하자. 200 개 정도의 DEPTNO 가 존재하며, DEPTNO 당 평균 20 명 정도의 직원이 존재한다고 가정한다.
- 평균 로우의 길이를 산정해 보았더니 평균 100 바이트로 나타났다.
- DEPTNO 의 모든 사원들을 저장하기 위한 공간은 100 * 20 = 2000 byte 이므로 SIZE 를 2000 으로 지정하였다.
- 데이터 블록이 8K 로 지정되어 있고, 유효 저장공간이 7,110 바이트라면 7110/2000 을 계산해 보면 약 3.5 가 나오므로 데이터 블록당 3 개의 클러스터가 지정될 수 있다.
- 앞의 [표 1-1-8]를 참조하여 12%의 조정치를 추가한다. 이렇게 하여 보정된 SIZE 는 2240 이다. 2240*3(개 클러스터) = 6720 은 7110 보다 적으므로 한 블록에 3 개가 생성되는 것에는 전혀 문제가 없다.
- HASHKEYS 는 DEPTNO 종류가 200 이므로, 200 보다 큰 소수인 209 를 취한다.
- DB_BLOCK_SIZE / SIZE 의 결과값은 256 을 넘을 수 없다. 만약 256 을 넘게 되면 SIZE 값을 크게 하여 계산값이 256 이하가 되도록 해야 한다. 이 말은 하나의 데이터 블록에 최대 256 개 이상의 로우가 저장될 수 없다는 것을 의미한다.

◇ 단일테이블 해쉬 클러스터(Single-table hash cluster)

해쉬 클러스터에서 말하는 단일테이블 클러스터의 개념은 인덱스 클러스터에서 설명한 것과 거의 유사하다. 원래 클러스터는 하나 이상의 테이블을 저장할 수 있는 개념으로 만들어졌다. 그러나 클러스터를 생성하면서 단 하나의 테이블만 정의하겠다는 약속을 한다면 여러 테이블이 존재할 수 있다는 가정을 제거할 수 있기 때문에 조금 더 효율적인 액세스가 가능하다.

```
CREATE CLUSTER order_item (order_no NUMBER(6))
  SIZE 512
  SINGLE TABLE
  HASHKEYS 1000;
```

제2장
인덱스의 유형과 특징

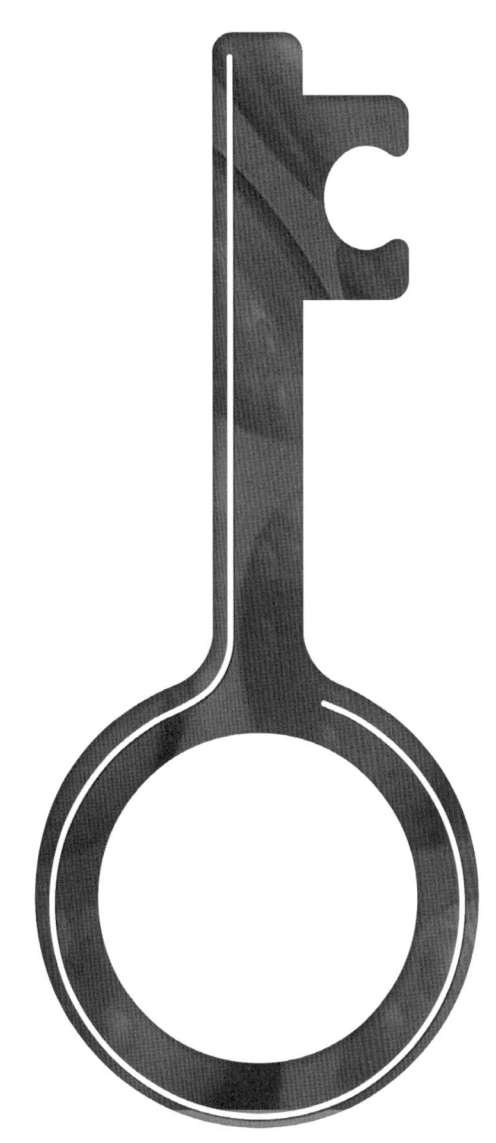

제 2 장
인덱스의 유형과 특징

인덱스는 말 그대로 전체 내용물 중에서 특정한 부분을 바로 찾을 수 있는 목차(目次)나 색인(索引)의 개념이다. 우리는 일반적으로 인덱스를 키(Key)라는 생각으로 접근을 하고 있다. 엄밀한 의미에서는 이들의 개념은 확실히 다르다. 인덱스는 사용자가 임의적으로 생성하고, 변경하며, 삭제할 수 있는 데이터베이스 내에 실질적으로 저장되는 물리적 구조체를 말한다. 그러나 키는 주로 데이터의 업무규칙(Business rule)을 강화시키기 위해 부여하는 각종 무결성(Integrity)에 부합되는 논리적인 개념이다.

인덱스를 보는 시각에 문제가 있다. 인덱스란 좋은 것이며, 좋은 것이 많이 있으면 더 좋아질 것이라는 생각이다. 여기에는 많은 함정이 있다. 인덱스란 어떻게 생성하느냐에 따라 매우 커다란 차이가 난다. 그 이유는 옵티마이져와 관련이 있다. 인덱스는 단순하게 색인이라는 개념에 앞서 옵티마이져가 실행계획을 수립할 때 최적의 경로를 찾도록 하는 '전략적 요소'라는 시각에서 접근하여야 한다.

인덱스의 구성 전략은 단지 컬럼 자체의 특성만으로 결정할 수 없다. 가장 중요한 것은 컬럼들이 실제 SQL을 통해 사용되고 있는 액세스 형태에 대한 정보이다. 물론 이 정보와 더불어 컬럼이 가지고 있는 분포도, 카디널러티, 다른 컬럼과의 결합도, 중요도 등이 함께 평가되어야 한다. 이러한 면을 무시한 인덱스는 본래의 진정한 가치를 발휘할 수 없다.

옵티마이져는 단지 논리적으로 이미 존재하는 액세스 경로 중에서 하나를 선택할 뿐이므로 인덱스 구성에 문제가 있으면 최적화된 실행계획을 얻을 수 없다. 인덱스에는 다양한 형태가 있으며, 이들이 가지고 있는 특성과 장·단점이 다르다. 인덱스 전략이 이처럼 중요하다면 이 보다 먼저 우리가 해야 할 일은 각 인덱스가 가지는 고유한 특성을 정확히 이해하는 것이다.

관계형 데이터베이스에서 적용하고 있는 인덱스 유형은 'B-Tree 인덱스', '비트맵(Bitmap) 인덱스', 'B-Tree 클러스터 인덱스', '해쉬(Hash) 클러스터 인덱스', '리버스 키(Reverse key) 인덱스', '비트맵 조인 인덱스(Bitmap join index)', '함수기반(Function-based) 인덱스' 등이 있다. 클러스터 인덱스들은 이미 앞에서 설명을 했으며, '비트맵 조인 인덱스'는 뒤에서 별도로 다루기로 하고 여기서는 'B-Tree 인덱스', '비트맵 인덱스', '리버스 키 인덱스', '함수기반 인덱스'만 다루기로 하겠다.

2.1. B-tree 인덱스

B-Tree 인덱스는 관계형 데이터베이스에서 가장 일반적으로 사용되는 인덱스라 할 수 있다. 이 인덱스를 학문적으로 고찰한다면 좀더 여러 가지로 나누어진다. 그러나 이 단원의 목적은 인덱스 상세한 구조나 세부적인 알고리듬을 이해하고자 하는 것이 아니라 우리가 인덱스를 활용함에 있어서 기본적으로 알고 있어야 할 사항들만 언급하고자 하는 것이다. 즉, 관계형 데이터베이스에서 물리적으로 구현한 인덱스의 핵심적인 부분만 다루고자 한다.

2.1.1. B-Tree 인덱스의 구조

관계형 데이터베이스에서 구현한 B-Tree 인덱스는 학문적으로 정확한 표현을 한다면 사실은 B┼-Tree 인덱스라고 하는 것이 옳다. 굳이 정확한 학명을 붙일 필요가 없었기 때문에 광의의 의미에서 표현한 것일 뿐이다. 이 구조는 말 그대로 나뭇가지의 모습과 유사하다. 줄기에서 차례로 가지가 뻗어 나가고 마지막 가지에 잎사귀가 달려있는 유형과 아주 흡사하다.

여기에 사용된 'B'에도 여러 가지 학설이 있다. 'Binary'에서 따온 것이라고 생각하는 사람도 있지만 이 이론을 처음 제창한 사람의 이름에서 따온 것이라는 설도 있다. 그러나 가장 보편적으로 공감하는 것은 바로 'Balanced'에서 비롯되었다는 주장이다. 이 주장에는 중요한 의미가 담겨있다. 균형이 잡혔다는 것은 바로 줄기에서 잎사귀에 이르는 깊이가 어떤 인덱스 로우에 대해서도 동일하다는 것이다.

테이블의 로우가 어떤 위치에 있든 동일한 처리방법과 속도로 접근할 수 있다는 것은 이 인덱스가 가지는 가장 큰 특징이다. 커다란 활엽수에 엄청나게 많은 잎사귀가 달려 있을 때 그 잎사귀가 어떤 위치에 있든 줄기에서 출발하여 단 몇 번의 가지만 경유하면 동일한 속도로 찾아갈 수 있다는 것이다.

이러한 개념은 나무의 크기에 거의 영향을 받지 않는다. 잎사귀가 많은 나무는 가지도 많아진다. 그러나 가지의 깊이가 조금만 더 들어가면 엄청난 가지를 가질 수 있다. 다시 말해서 기하급수(幾何級數)의 원리로 증가하는 것이기 때문에 가지 깊이가 약간 늘어나는 것만으로도 천문학적인 잎사귀를 관리할 수 있다는 것이다. 이 인덱스 구조에도 나무처럼 가지에 해당하는 브랜치 블록(Branch block)과 잎사귀에 해당하는 리프 블록(Leaf block)이 있다.

가지의 깊이가 속도에 영향을 줄 수는 있지만 거의 무시할 수 있는 수준이다. 물론 이러한 약간의 차이가 티끌이 모여 태산이 될 수도 있겠지만 현실세계에서 활용할 때 느끼는 차이는 크지 않다. 이것은 곧 100 건의 로우를 가진 테이블에서나 100 만 건의 로우를 가진 테이블에서나 한 건을 액세스하는 속도는 거의 같다는 것을 의미하고 있다.

범위처리를 할 때는 더욱 그 차이가 없어진다. 인덱스를 이용하여 범위처리(Range scan)를 하면 처음에 시작되는 위치만 브랜치 블록을 경유해 리프 블록으로 가지만 그 이후에는 계속해서 스캔을 하다가 종료지점에서 멈춘다. 그러므로 우리가 인덱스를 경유해서 찾은 로우에 비해 트리구조로 찾은 행위는 아주 일부분에 불과하기 때문에 거의 무시할 수 있는 수준이다.

먼저 이 인덱스의 구조를 단순화시켜 개념적인 모습만 살펴보기로 하자.

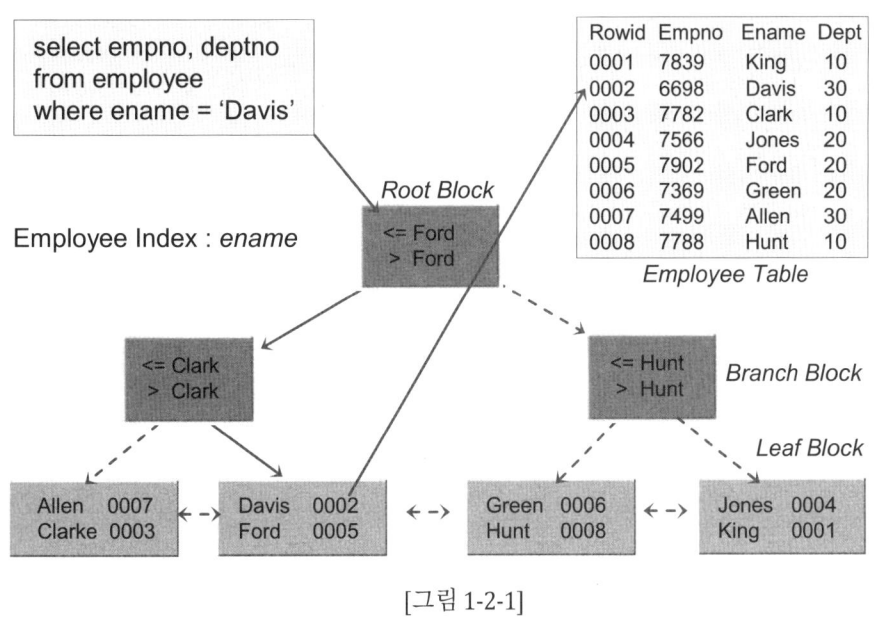

[그림 1-2-1]

이 그림에서 알 수 있듯이 B-Tree 인덱스는 루트 블록과 브랜치 블록, 리프 블록으로 구성되어 있다. 그림에서는 간략하게 표현을 했지만 브랜치 블록은 여러 레벨을 가질 수 있다. 리프 블록이 증가하면서 분할이 발생하면 브랜치 블록이 추가된다. 계속된 증가로 브랜치 블록이 분할되면 다시 상위의 브랜치 블록이 만들어진다.

우리가 인덱스를 경유하여 데이터를 액세스할 때 루트 블록에서 출발해서 브랜치 블록을 추적하여 리프 블록을 찾는다. 유일스캔(Unique Scan)이면 바로 테이블을 액세스하고 멈추지만 범위스캔일 때는 리프 블록을 계속해서 스캔한다. 인덱스의 상세한 구조와 생성 및 로우의 추가, 각종 액세스 시에 발생하는 보다 상세한 내용들은 별도로 설명하겠다.

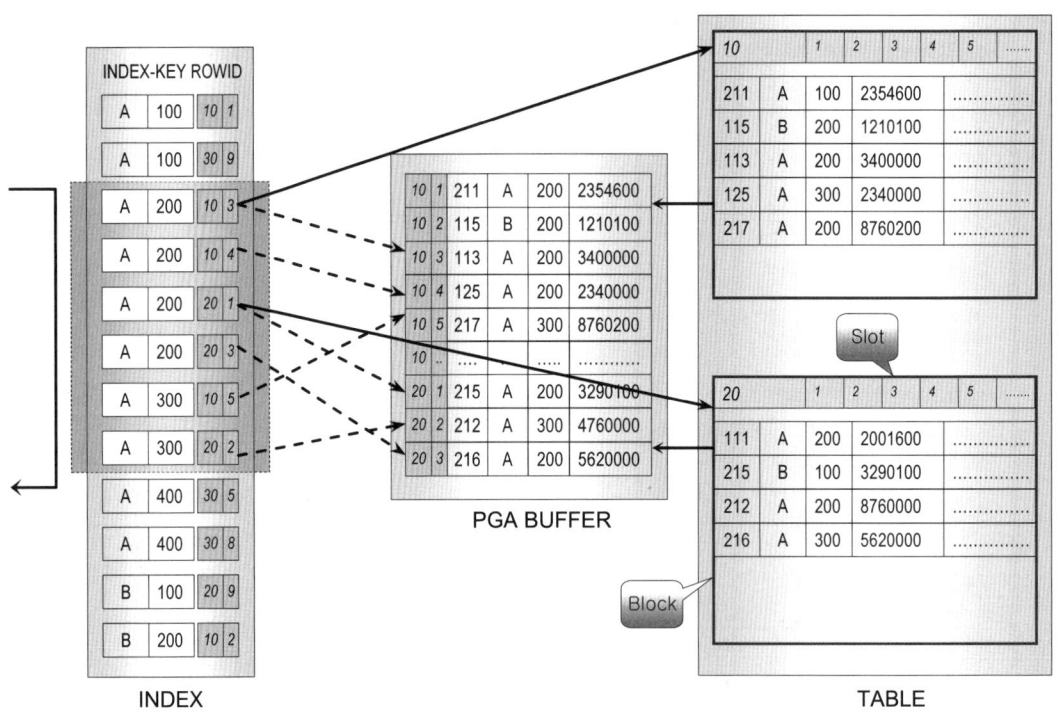

[그림 1-2-2]

먼저 위의 그림을 통해 인덱스 블록의 구성과 가장 일반적인 수행방법인 범위스캔을 처리할 때 나타나는 보다 상세한 사항들을 밝혀보기로 하자. 그림에서 ROWID 는 복잡성을 피하기 위해 개념적으로만 표시하였으므로 오해가 없기를 바란다.

- 인덱스는 구성 컬럼들과 ROWID 로 정렬되어 있다. ROWID 에는 물리적인 파일정보를 비롯하여 로우가 저장된 블록의 주소, 로우의 슬롯번호가 기록되어 있다.

- 처리할 범위의 첫 번째 인덱스 로우를 브랜치 블록을 통해 리프 블록을 액세스한 다음 거기에 있는 ROWID 로 블록을 찾는다. 물론 SGA 영역부터 찾아보고 없으면 디스크에서 액세스한다.
- 새롭게 액세스한 데이터 블록 정보는 PGA 영역으로 가져와서 해당 SQL 의 처리 버퍼에 넣는다.
- 인덱스 블록을 액세스한 내용을 PGA 버퍼에서 찾아 다른 조건까지 검증하여 성공한 로우만 운반단위로 보낸다. 만약 클러스터링 팩터가 좋다면 여러 건의 인덱스 스캔을 이 버퍼와의 비교만으로 처리 가능하다. 운반단위의 크기는 정의된 'ARRAYSIZE'나 배열 패치(Array Fetch)를 했다면 바인드 변수에 지정된 배열의 크기로 정해진다. 인덱스 스캔을 위한 버퍼의 크기도 여기에 준한다.
- 이 버퍼에서 찾을 수 없다면 다시 블록을 액세스하여 여기에 담고, 다시 매치되는 로우를 찾아 다른 조건을 검증하여 성공한 로우를 운반단위로 보낸다.
- 리프 블록에서 액세스한 로우가 처리범위를 넘으면 처리를 종료한다.

이러한 방법으로 수행되기 때문에 클러스터링 팩터가 좋으면 매우 효율적인 액세스를 할 수 있다. 뿐만 아니라 배열의 크기에 따라 효율성에 차이가 나타날 수 있으므로 가능하다면 적당한 배열의 크기를 지정하여 배열처리가 되도록 하는 것이 좋다. 과거에는 각 인덱스 로우마다 논리적 액세스를 수행하였지만 최근에 와서는 이러한 방법을 사용하여 액세스 효율을 향상시키고 있다.

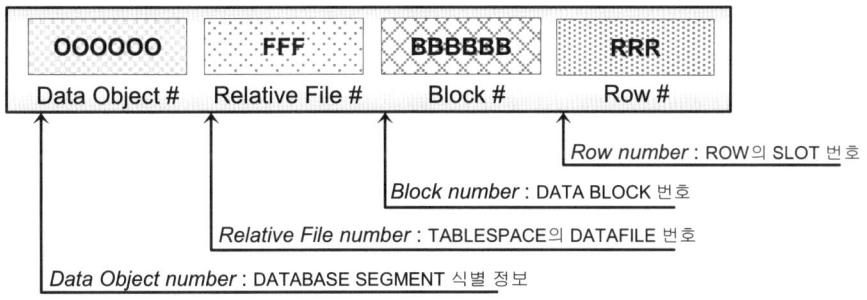

[그림 1-2-3]

이 그림은 ROWID 의 구성을 보여 주고 있다. 여기에 표현된 형태는 우리가 SQL 을 통해서 추출했을 때의 모습이며, 실제로는 10 자리로 저장된다.

2.1.2. B-Tree 인덱스의 조작(Operation)

우리가 B-Tree 인덱스의 좀더 깊은 이해를 하기 위해서는 인덱스를 생성할 때 일어나는 내부적인 현상과 새로운 데이터가 입력되었을 때 발생하는 분할(Split), 삭제나 갱신으로 인한 변화, 그리고 스캔을 할 때 일어나는 좀더 상세한 내용을 알아둘 필요가 있다.

먼저 이미 데이터가 들어있는 테이블에 인덱스를 생성하였을 때 어떻게 트리 구조가 만들어지는지 알아보기로 하자.

가) 인덱스 생성(Creation)

여기서는 인덱스를 생성하는 구문(Syntax)에 대해서는 언급하지 않겠다. 대부분의 사람들은 이미 잘 알고 있을 것이며, 좀더 상세한 내용은 관련 매뉴얼을 참고하면 쉽게 알 수 있을 것이기 때문에 여기서는 사용자 매뉴얼에는 언급되지 않는 내부적인 메커니즘에 대해서 다루기로 한다.

테이블에 이미 데이터가 들어 있는 상태에서 인덱스를 생성할 때 내부적으로 어떻게 트리 구조가 생성되어 가는지를 이해하면 인덱스를 좀더 깊이 이해하고 활용하는데 많은 도움이 될 것이다. 다음 그림을 살펴보자.

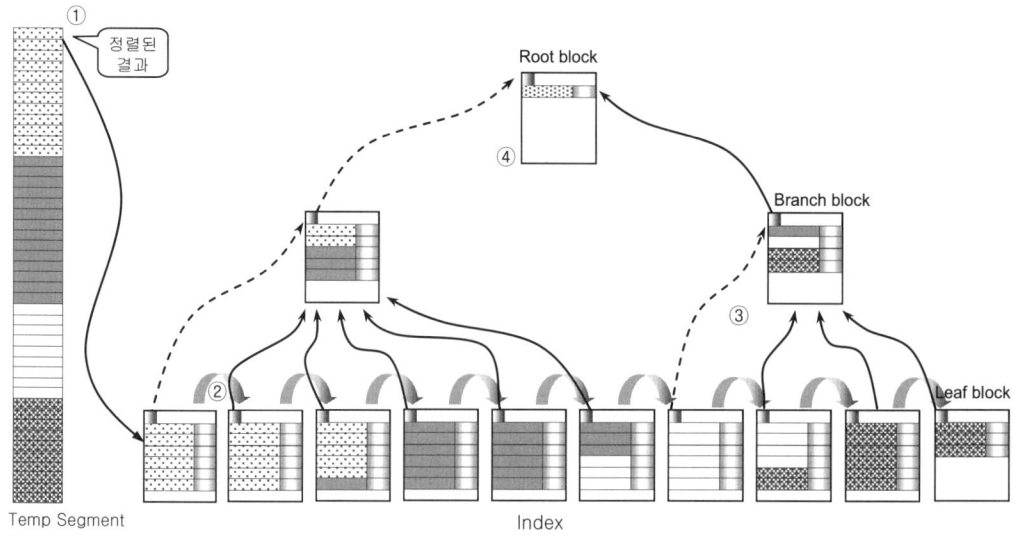

[그림 1-2-4]

- 테이블을 액세스하여 정렬을 수행한다. 만약 정렬의 결과가 정렬영역의 크기(Sort_area_size)를 초과하면 임시 테이블스페이스에서 정렬이 수행된다.
- 정렬된 결과를 인덱스 세그먼트의 리프 블록 기록하기 시작(①)한다. 인덱스 블록의 PCTFREE 에 도달하기 전까지는 자신이 브랜치 블록의 역할도 겸한다.
- 만약 리프 블록이 PCTFREE 에 도달하여 새로운 블록을 요구(②)하게 되면 브랜치 블록을 생성하여 블록 헤더에 기존 블록의 DBA(Data Block Address)를 기록하고, 새로 할당된 블록의 대한 시작값과 그 블록의 DBA 로 구성된 브랜치 블록의 로우를 만든다. 이때 생성된 브랜치 블록은 자신이 최상위이므로 루트 블록이 된다.
- 이와 같은 방법으로 계속해서 리프 블록에 인덱스 로우를 쌓고, 블록이 차면 새로운 블록을 할당한다. 새로운 블록이 할당될 때마다 브랜치 블록에 브랜치 로우가 쌓인다.
- 이러한 작업이 반복되다가 드디어 브랜치 블록이 PCTFREE 에 도달하면 새로운 브랜치 블록을 할당(③)하게 된다.
- 이때도 앞서 ②에서와 마찬가지로 추가된 브랜치 블록의 최초 리프 블록 정보는 헤더에만 기록된다.
- 브랜치 블록이 새롭게 생겨났으므로 이들의 정보를 저장하기 위한 상위 레벨의 브랜치 블록이 필요(④)하다. 이 블록은 최상위 레벨이므로 루트 블록이 된다. 이때도 앞서 ②에서와 유사하게 최초의 브랜치 블록 정보는 루트 블록의 헤더에만 기록된다.
- 이와 같은 방법으로 계속해서 브랜치 블록이 발생할 때마다 루트 블록의 로우로 기록된다. 만약 또 다시 이 루트 블록이 모두 채워져서 분할하게 되면 다시 상위 레벨을 만들어 그것이 루트 블록이 된다.

이와 같은 방법으로 인덱스가 저장되기 때문에 하나의 인덱스 블록에 보다 많은 인덱스 로우가 저장될수록 리프 블록이 감소한다. 리프 블록의 감소는 브랜치 블록의 증가를 둔화시켜주므로 브랜치 블록의 깊이(Depth)도 같이 감소한다. 인덱스 블록에 보다 많은 로우를 담기 위해 우리가 취할 수 있는 방법에는 다음과 같은 것들이 있다.

- 가능하다면 최대한 인덱스 컬럼의 수를 줄인다.
- 가능하다면 큰 블록 사이즈(DB_BLOCK_SIZE)를 지정한다. 물론 이것은 데이터베이스 전체, 혹은 테이블스페이스에 대한 정의이므로 인덱스에 국한 된 것은 아니다.

- PCTFREE 를 가능하다면 최소로 정의한다. 실제로 대부분의 인덱스 컬럼들은 갱신으로 인해 길이가 늘어날 확률은 거의 없다. 이미 길이가 증가했다는 것은 새로운 값으로 변경되었다는 것을 의미하고, 이것은 바로 인덱스의 이동을 뜻한다. 다시 말해서 기존의 인덱스 로우가 삭제되고 새로운 인덱스 로우의 생성을 의미한다는 것이다. 그러므로 현실적으로는 PCTFREE 를 0 으로 지정해도 거의 문제가 없다.
- 키 압축(Key compression)을 활용하는 방법이다. 유일 인덱스가 아닌 경우는 대부분 키값이 중복되어 있다. 특히 결합 인덱스에서는 여러 개의 컬럼이 모여 있기 때문에 상당 부분이 중복되어 있을 수 밖에 없다. 한 블록 내에서는 그러한 현상이 특히 많이 발생한다. 단일 컬럼인덱스라도 유일 인덱스가 아니면 중복이 발생한다. 다음의 예처럼 중복이 발생하는 컬럼의 순번을 지정함으로써 해당 컬럼까지를 압축할 수 있다.

CREATE INDEX ord_customer_idx
ON orders (customer_id, sales_id)
COMPRESS 1;

나) 인덱스 블록의 분할(Split)

인덱스 로우는 정렬이 되어 저장되어야 한다는 이유 때문에 이미 생성된 구조에 새로운 로우가 삽입되면 기존의 위치에 파고 들어가야 하는 문제가 발생한다. 논리적으로 생각해 보더라도 제일 앞이나 가장 마지막에 위치하는 경우보다는 이미 구조화되어 있는 위치에 들어가야 하는 일이 거의 대부분일 것이다.

우리의 주변에서 흔히 볼 수 있는 조직을 생각해보자. 최상위의 사장이 바뀌거나 말단 사원이 입사하는 것은 그 사이의 조직 구조에는 변화를 주지 않지만 간부들이 추가로 들어오면 그를 필두로 한 새로운 조직을 만들어야 하므로 조직의 분할이 발생하게 된다. 새로운 로우가 삽입되었을 때는 이와 매우 유사한 일이 발생한다.

앞서 설명한 최초에 인덱스를 생성하면서 만들어진 구조를 다시 한 번 생각해 보자. 생성 시점에서는 앞으로 어떤 값들이 중간에 들어올지 알 수 없기 때문에 최대한 연속해서 PCTFREE 까지 채워 넣었다. 이는 리프 블록뿐만 아니라 브랜치 블록도 그렇게 되어 있다. 이러한 상황에서 새로운 로우가 비집고 들어와야 하므로 다음과 같은 방식으로 처리되고 있다.

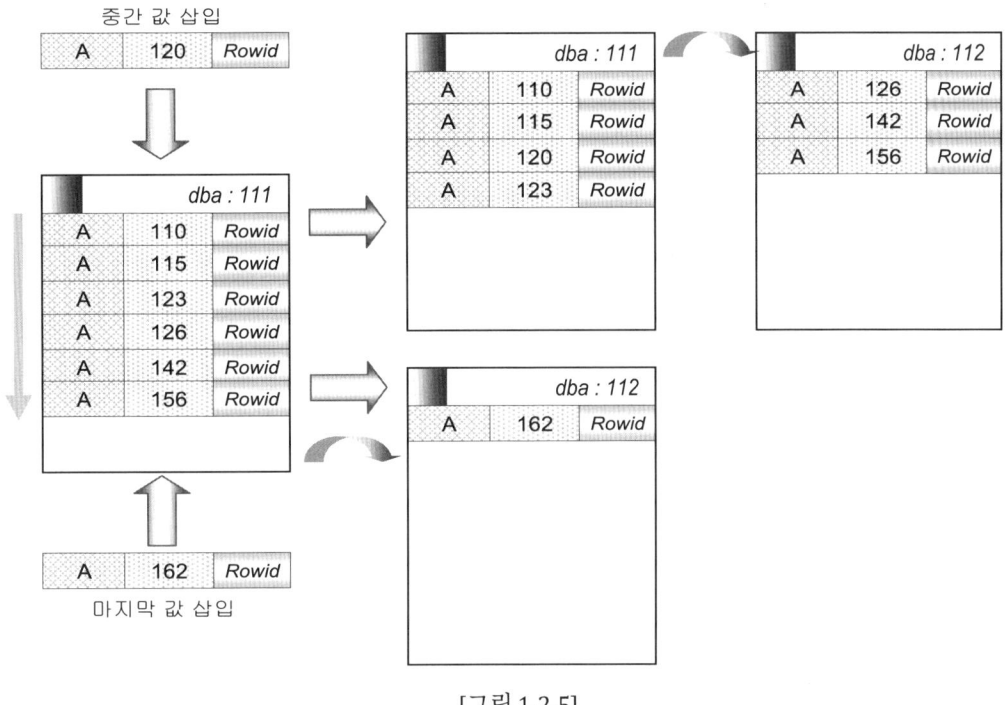

[그림 1-2-5]

그림에서 보는 것처럼 이미 PCTFREE 에 도달한 어떤 인덱스 블록에 마지막 값이 삽입되면 기존의 구조에 영향을 미치지 않으므로 새로운 블록을 만들어 거기에 등록된다. 물론 상위의 브랜치 블록에 이 블록을 추가한다. 또한 리프 블록 간의 연결고리도 수정을 한다.

그러나 만약 중간 값이 삽입되면 정렬을 준수하기 위해 기존의 블록에 그 로우가 파고 들어야 한다. 이렇게 되면 이로 인해 PCTFREE 가 초과하므로 분할이 발생한다. 이때 어차피 두 블록이 모두 수정되어야 하므로 2/3 만 채우도록 하면서 양쪽을 모두 새로 재편하게 된다. 이렇게 하는 이유는 또 다른 로우로 인해 분할이 계속되는 것을 방지하기 위함이다.

이상에서 알 수 있듯이 만약 새로 입력되는 로우가 지금까지 발생한 다음부터 들어갈 수 있는 '첨부(Append)' 상태라면 분할을 하지 않고 들어갈 수 있다. 가령, '발생일자+항목'으로 인덱스가 구성되었다면 새로운 로우가 대량으로 삽입되더라도 분할은 발생하지 않을 것이다. 이것은 곧 인덱스 컬럼의 순서에 따라 분할에 미치는 영향이 크게 다를 수 있다는 것을 의미한다.

중간에 삽입되는 경우는 2/3 만 채우게 되므로 만약 이렇게 분할만 되고 그 블록에 다른 값이 들어오지 않는다면 저장공간이 크게 늘어날 수 있다. 이를 교정하는 방법은 인덱스를 '재생성(Rebuild)'하는 방법뿐이다. 이것은 곧 이런 일이 발생하는 인덱스는 정기적으로 재생성을 해줄 필요가 있다는 것을 의미한다.

다) 데이터의 삭제 및 갱신

데이터를 삭제했을 때 테이블의 로우는 제거되지만 인덱스의 로우는 단지 삭제되었음을 의미하는 표시(Flag)만 추가된다. 따라서 그 자리에 새로운 인덱스 로우가 추가되지 않는다면 저장공간의 낭비뿐만 아니라 스캔해야 할 블록이 증가하게 된다.

만약 어떤 리프 블록의 모든 로우가 삭제되면 브랜치 블록에 있는 해당 리프 블록을 가리키는 브랜치 로우에도 삭제 표시가 들어간다. 마찬가지로 하위에 있는 어떤 브랜치 블록이 모두 삭제되면 상위의 브랜치 블록에 있는 해당 블록을 가리키는 로우에 삭제 표시가 들어간다. 그러므로 루트 블록을 통해 시작점을 찾을 때는 불필요한 일이 발생하지 않지만 범위 처리를 할 때는 삭제된 블록들도 액세스될 수 있다.

인덱스 컬럼을 구성하고 있는 컬럼 값에 갱신이 발생하면 삭제 후 삽입이 발생한다. 마치 우리가 두 단계로 나누어 삭제와 삽입을 한 것과 동일한 일이 내부적으로 수행된다. 이것은 인덱스 로우가 정렬되어 저장되어야 하므로 어쩔 수 없이 발생하는 현상이다. 이런 이유 때문에 수정이 빈번하지 않은 컬럼을 인덱스로 사용하라고 권장하는 것이다.

이처럼 인덱스는 삽입뿐만 아니라 삭제나 갱신이 발생하더라도 언제나 저장공간을 과도하게 소비하게 되고, 이에 따라 트리 구조의 깊이가 증가하게 된다. 그러므로 데이터의 처리(DML)가 많이 수행되는 테이블은 정기적으로 재생성할 필요가 있다.

라) 인덱스를 경유한 검색

지금까지 알아본 사항을 바탕으로 이제는 인덱스를 경유한 검색이 구체적으로 일어나는 과정을 살펴보도록 하자. 아래 그림은 유일 인덱스로 생성된 인덱스를 경유하여 유일 스캔이 일어나는 과정을 상세하게 그린 것이다.

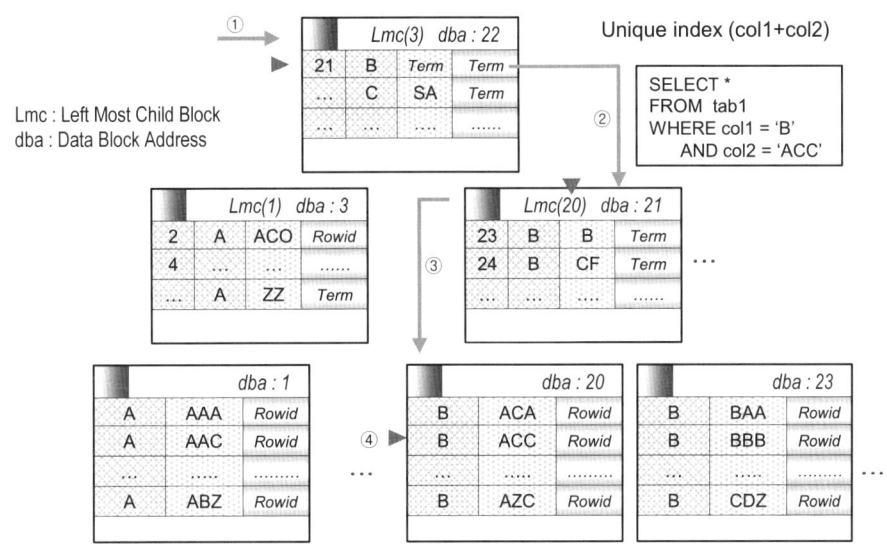

[그림 1-2-6]

브랜치 블록의 헤더에 있는 'Lmc'는 브랜치 블록의 첫 번째 로우의 값보다 적은 값을 갖는 하위의 블록의 주소정보(dba)를 말한다. 이렇게 표현하는 이유는 저장되는 로우를 절약할 수 있을 뿐만 아니라 '미만(未滿, less than)' 값을 표현하기에 적당하기 때문이다. 브랜치 로우에 있는 'Term'은 하위에 있는 원래의 컬럼값의 일부가 잘려나갔다는 것을 의미한다. 마치 LIKE 비교에서 'ABC%'를 할 때 'ABC'만 표현한 것과 같은 개념이다.

우리는 이 인덱스를 경유하여 col1 = 'B' and col2 = 'ACC'인 로우를 찾고자 한다.

① 루트 블록을 찾는다.
② 주어진 값보다 같거나 큰 최소값을 찾는다. (>=) : *위 그림에서는 21 을 찾았다.*
  - 만약, 첫 번째 로우가 주어진 값보다 크면 Lmc 에 있는 dba 로 이동한다.
  - 만약, 동일한 값이 있으면 그 로우에 있는 dba 로 이동한다.

- 만약, 동일한 값이 없다면 큰 것 중에서 가장 작은 값을 갖는 브랜치 로우에 있는 dba 로 이동한다.

③ 리프 블록을 찾을 때까지 ②의 단계를 반복해서 수행한다. : *위의 예에서는 20 을 찾게 된다.*

④ 리프 블록에서 주어진 값을 가진 키를 찾아 존재하면 ROWID 를 이용해 테이블을 액세스하고, 그렇지 않으면 'No data found'로 결과를 리턴한다. : *위의 예에서는 2 번째 로우를 찾았다.*

이번에는 범위 스캔을 하는 경우인 위의 SQL 에서 COL2 조건을 LIKE 'AC%'으로 바꾸어서 수행시켰을 때의 절차를 살펴보자. ①~③ 번까지는 동일하므로 설명을 생략한다.

④ 리프 블록에서 다음 조건에 맞는 로우부터 스캔을 시작한다.

즉, COL1 = 'B'이면서 COL2 가 'AC'보다 같거나 큰 것에서 스캔을 시작해서, 'AD'보다 작으면 테이블을 액세스하러 가고 그렇지 않으면 종료한다.

2.1.3. 리버스 키 인덱스 (Reverse key index)

여기서 말하는 '리버스'는 '역순'의 의미가 아니라 어떤 컬럼값의 각 바이트의 위치를 역전시키는 것을 말한다. 다시 말해서 만약 '12345'가 있다면 이 값의 리버스는 '54321'이 된다. 이 개념이 가지는 특성은 원래의 인접된 값을 아주 멀리 분산시켜 버린다는 것에 있다. 가령 '11112'와 '11113'은 연속된 값이지만 이를 역전시키면 '21111'과 '31111'이 되어 값의 분산효과가 크게 나타난다.

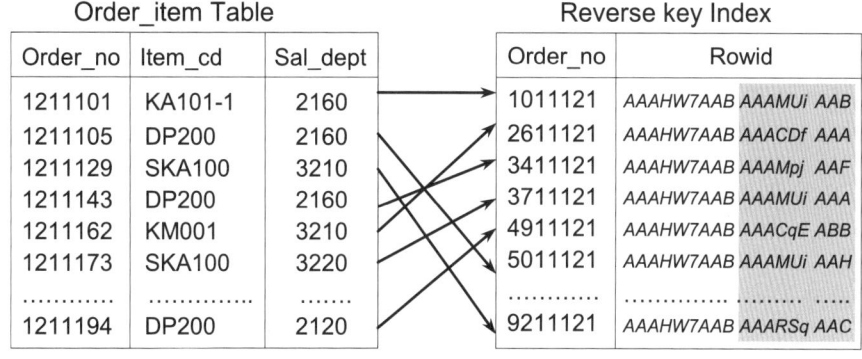

[그림 1-2-7]

위의 그림을 살펴보면 지속적으로 증가하는 일련번호인 'Order_no'는 데이터가 발생한 시점별로 매우 유사한 값을 가지게 된다. 그러나 리버스 키를 생성했을 때 발생하는 리버스 값은 크게 분산된 값을 가지고 있다는 것을 알 수 있다. 그러나 이로 인해 인덱스에 저장된 순서는 우리가 원하는 순서가 아니라는 것을 확인하기 바란다.

이것은 실제 테이블에는 발생 시점이 비슷하기 때문에 유사한 위치에 저장되지만 리버스 키 인덱스에서는 정렬이 크게 달라지므로 클러스터링 팩터가 나빠진다는 것을 의미한다. 그러나 그것은 문제가 되지 않는다. 왜냐하면 이 개념을 적용하는 순간 이미 '='만 사용할 수 있기 때문이다.

그 이유는 그림의 오른쪽의 모습은 데이터베이스 내부의 모습일 뿐 사용자인 우리에는 전혀 알 필요가 없는 사항이기 때문이다. 인덱스 구조는 액세스의 효율을 위한 수단일 뿐이다. 그것으로 인해 어떤 제약이 발생하거나 결과가 다른 수단을 사용했을 때와 달라져서도 안 된다.

그러므로 사용자가 원하는 결과를 생성할 수 없는 구조에서는 아예 그런 액세스를 하지 못하도록 할 수 밖에 없다. 만약, LIKE 나 BETWEEN 을 사용했다면 시작점을 찾아서 다음을 스캔해봐야 어떤 값이 있는지 알 수가 있고, 그 값이 있어야 조건을 체크할 수 있다. 그러나 리버스 키 인덱스에서는 다음 스캔을 했을 때 우리가 원하는 범위의 값을 찾을 수 없기 때문에 논리적으로도 이미 그러한 수행이 불가능하다. 그러나 인덱스를 전체 스캔하는 처리는 가능하다.

이러한 근원적인 문제는 리버스 키 인덱스를 아주 제한적으로 활용하게 하였다. 이는 마치 해쉬 클러스터를 했을 때 '='을 사용해야 하는 제한사항과 유사하다. 그러나 랜덤 액세스의 효율은 분명히 향상된다. 대량의 데이터가 지속적으로 증가하고 있는 '판매주문' 테이블을 생각해 보자.

여기에 있는 '오더번호'는 일련번호로 생성하였다면 주로 활동하게 되는 최근의 데이터는 거의 유사한 값을 가지게 될 것이다. 대량의 데이터를 가지고 있으므로 인덱스 또한 매우 대량의 리프 블록을 가지게 된다. 필연적으로 '오더번호'로 된 인덱스는 모양으로 보면 광범위하게 분포되어 있지만 대부분의 액세스는 특정 부분에만 집중될 것이다.

이러한 경합을 감소시켜 검색할 값의 변별력이 높아졌기 때문에 특히 랜덤 액세스의 효율은 향상될 수 있다. 조건을 '='로 검색한다는 것은 이미 각각의 트랜잭션이 독립적이라는 것을 의미하기 때문에 클러스터링 팩터의 영향을 크게 받지 않는다. 물론 테이블의 데이터는 발생시점 별로 유사한 위치에 있을 것이므로 데이터 블록은 메모리 내에서 재사용될 가능성은 낮지 않다.

이 외에도 인덱스를 생성할 때 'NOSORT' 옵션을 사용할 수 없다거나, 비트맵 인덱스, 일체형 인덱스에서는 사용할 수 없다는 단점이 더 있다.

사실 실전에서는 이 개념을 적용하는 경우는 많지 않은 편이다. 그것은 아마 이 개념에 대한 정확한 이해가 밑받침 되지 못한 이유도 있지만 제약사항을 감수하면서까지 반드시 사용해야 할 만큼 특별히 효과적인 경우가 그리 많지 않기 때문일 것이다. 그러나 이 개념에 잘 맞는 특별한 경우에는 여러분의 고민을 해결해 줄 수 있는 비밀병기가 될 수도 있을 것이다.

2.2. 비트맵(Bitmap) 인덱스

비트맵 인덱스는 컴퓨터에서 사용하는 최소 단위인 비트를 이용하여 컬럼값을 저장하고 이를 이용하여 ROWID 를 자동으로 생성하는 인덱스의 한 방법이다. 비트를 직접 관리하기 때문에 저장공간이 크게 감소하고 비트 별로 각종 연산을 수행함으로써 기존의 인덱스가 해결할 수 없었던 많은 문제를 해결하게 되었다.

그러나 이러한 장점에도 불구하고 아직은 여러 가지 제한 사항이 있어서 모든 분야에 적용되지 못하고, 주로 데이터웨어하우스에서 활용되고 있다. 물론 이러한 제약은 생성과 유지에 대한 비용이며, 검색 시에는 혁신적인 장점들을 가지고 있다. 특히 대용량의 데이터 처리가 증가하면서 이러한 장점은 경우에 따라 크게 빛을 발하고 있다.

여기서는 먼저 비트맵 인덱스의 등장 배경을 알아보고, 구조와 특징, 그리고 비트맵 인덱스를 이용한 다양한 방법의 액세스까지 다루게 된다. 특히 각종 액세스 형태에 대해서는 세부적인 실행계획까지 언급함으로써 여러분이 좀더 깊은 이해를 바탕으로 높은 수준의 활용이 가능하도록 할 수 있도록 하겠다.

2.2.1. 비트맵 인덱스의 탄생 배경

관계형 데이터베이스는 테이블로부터 특정 자료의 검색을 위해 주로 B-Tree 인덱스를 사용해 왔다. 그 외에도 B-tree 클러스터 인덱스나 해쉬 클러스터 등을 이용해 왔지만 이들로는 해결할 수 없는 몇 가지 문제점이 있었다.

- B-Tree 인덱스에서는 실제 컬럼 값을 인덱스에도 보관하고 있어야 한다. 이것은 분명한 중복이며, 특히 수행속도를 위해 여러 컬럼들로 구성된 결합 인덱스를 많이 생성하게 됨으로써 대용량 데이터를 관리할 때는 큰 부담이었다.
- B-Tree 인덱스에서 가장 중요한 요소는 컬럼값의 분포도가 좁아야 한다는 것이었다. 이러한 경우는 충분히 액세스 효율을 보장할 수 있지만 분포도가 넓은 경우는 오히려 전체 테이블을 모두 액세스하는 것보다 불리할 수도 있다. 이를 해결하기 위해 여러 컬럼들을 결합하여 인덱스를 생성해야 하였다.

- 그러나 결합 인덱스는 조건을 사용하지 않는 컬럼이나 '=' 조건이 아닌 경우가 중간에 들어 있으면 액세스 효율이 크게 저하되는 문제점을 안고 있었다. 이를 방지하기 위해서 다양한 조합을 하도록 생성해야 하기 때문에 어떤 컬럼은 여러 개의 인덱스에 중복으로 구성되기도 하였다.
- 더욱 심각한 문제는 데이터 웨어하우스에서처럼 아주 카디널러티가 낮은 다수의 디맨전들이 사용자의 요구에 따라 매우 다양한 구조로 결합을 해야 하는 경우가 발생할 때이다. 이런 문제를 B-Tree 인덱스로 해결하려면 엄청난 개수의 인덱스를 동원해야 한다. 카디널러티가 낮으므로 많은 컬럼들을 결합해야만 하고, 항상 같이 사용되도록 구성하려면 수많은 인덱스가 필요하였다.
- 또 하나의 B-Tree 인덱스의 한계는 'NULL' 값이나 'NOT'을 사용한 부정형 조건, 복잡한 'OR'를 포함하고 있는 경우에는 인덱스로서의 가치를 발휘할 수 없었다는 것이다. 이런 문제는 언제나 확실하게 처리범위를 줄여 줄 수 있는 일부의 컬럼들로만 인덱스로 구성하여 '처리조건을 주관(Driving)'하고 나머지는 체크 조건의 역할만 할 수 있었다.
- 체크 조건의 역할은 테이블에서 액세스해야 할 량을 줄이는 데는 기여하지 못한다. 이것은 우리가 얻는 최종 결과가 소량임에도 불구하고 때로는 내부적으로 많은 범위를 액세스한 후 조건에 맞지 않는 것을 버리게 되었다는 것을 의미하므로 효율성에 아주 나쁜 영향을 미친다.

비트맵 인덱스는 위에서 기술한 부분에 대한 탁월한 대안을 제시한다. 결합이란 강력한 힘을 발휘하기도 하지만 반대급부로 유연성이 크게 나빠진다. 그러므로 독립적으로 구성되어 있는 각각의 비트맵 인덱스가 필요한 순간에 서로 조합하여 소기의 목적을 달성할 수 있다는 특성은 매우 많은 부분에 영향을 미친다.

이는 비트맵 인덱스의 구조적인 특성으로 인해 나타나는 현상이다. 비트맵 인덱스를 정확하게 이해하려면 그 구조부터 완벽하게 이해하는 것이 필요하다.

2.2.2. 비트맵 인덱스의 구조와 특성

비트맵 인덱스는 루트 블록이나 브랜치 블록은 B-Tree 인덱스와 같은 구조로 되어 있다. 그러나 리프 블록은 아래에서 보는 것과 같이 비트맵으로 구성되어 있다.

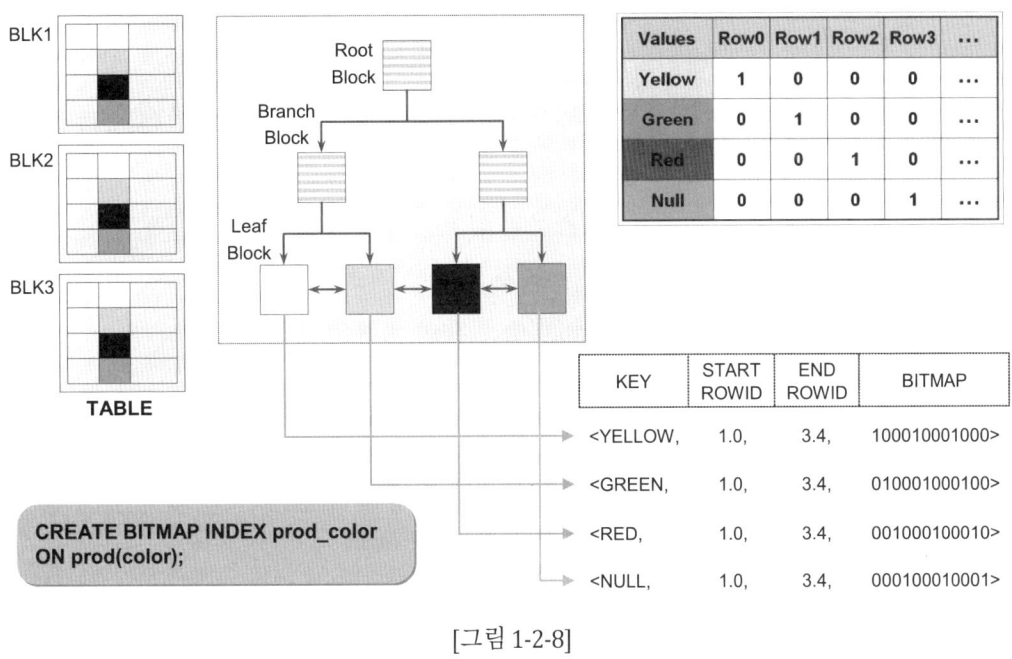

[그림 1-2-8]

이 테이블의 'COLOR' 컬럼에는 각 데이터 블록마다 순서대로 'YELLOW, GREEN, RED, NULL'이 들어있다고 가정한다. 이 컬럼으로 비트맵 인덱스를 생성하면 리프 블록에는 각각의 컬럼값에 대한 비트들이 들어가 있다. 그림의 우측 하단에 나타나 있듯이 이차원으로 된 맵(Map)을 만들기 위해서는 '가로'에 해당하는 각 컬럼값들의 비트들과 '세로'에 해당하는 컬럼값들이 필요하다.

이 맵을 개념적으로 다시 그려보면 우측 상단의 모습으로 나타난다. 가로에 있는 각 인덱스 로우를 기준으로 살펴보면 그 로우가 가진 컬럼값만 '1'이고 나머지는 '0'이된다는 것을 알수 있다. 즉, 'YELLOW'이면 '1000'이고, 'RED'이면 '0010'이 된다. 이것은 개념적인 표현이고 실제로 우리가 조건에서 부여한 값을 찾을 때는 브랜치 블록에 가서 해당 COLOR 의 리프 블록만 액세스하면 된다. 만약 'OR'로 두 가지를 찾는 다면 두 가지 리프 블록을 검색한다.

비트를 저장할 때는 '선분 형태(Start rowid ~ End rowid)'로 저장을 하므로 일종의 압축 개념이 되며, 키 압축(Key Compression)이 적용되어 저장 공간이 매우 절약된다. 또한 컬럼값을 직접 저장하는 것이 아니라 단지 해당 로우가 유효값을 가질 때 '1'이라는 비트가 저장될 뿐이다.

뿐만 아니라 비트를 저장하는 방법에 의해 해당 비트를 액세스하여 이를 ROWID로 전환할 수 있으므로 B-Tree 인덱스처럼 각 로우마다 ROWID를 가져가지도 않는다. 그러므로 카디널러티만 높지 않고 동일 값의 반복 정도가 많다면 천만 건인 테이블의 비트맵이 10메가를 넘지 않을 만큼 크게 절약된다.

특히 비트맵 인덱스는 B-Tree 인덱스처럼 분포도가 높지 않은 컬럼들을 굳이 결합할 필요가 없다. 그 이유는 각 비트맵 인덱스에서 추출한 결과를 이용해 비트맵 연산을 통해 처리할 수 있기 때문이다. 여기서 잠시 비트맵 연산의 개념을 살펴보기로 하자.

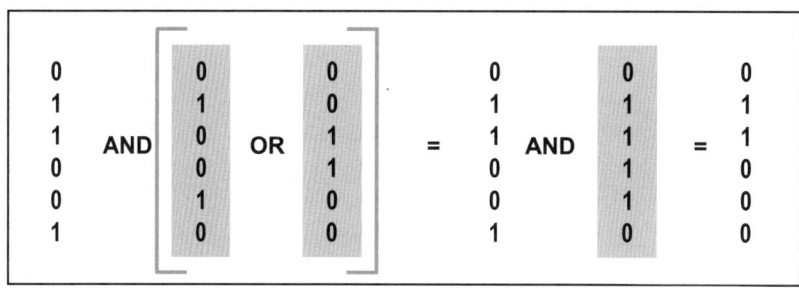

[그림 1-2-9]

비트를 OR로 연산하면 위의 그림처럼 1이 어느 한쪽에만 있어도 1이 되고, 둘 다 0이면 0, 둘 다 1이면 1이 된다. 그러나 'AND' 연산은 다르다. 어느 한쪽이라도 0이 있으면 결과는 0이다. 이와 같이 비트를 연산한 결과는 곧 조건을 머지한 결과이기 때문에 우리는 연산결과의 비트만 찾으면 조건이 만족된 로우를 찾을 수 있다. 이러한 원리 때문에 복잡한 OR 연산도 쉽게 처리할 수 있는 것이다.

또한 [그림 1-2-8]에서 우측하단을 보면 NULL 값도 비트를 구성하고 있다는 것을 발견할 수 있다. 비트의 입장에서 보면 단지 NULL 이면 1이고, NULL 이 아니면 0를 기록하면 되므로 B-Tree 인덱스에서 문제가 되던 것이 말끔히 사라진다. 마찬가지로 'NOT' 조건이 사용되더라도 비트값을 반대로 하여 찾아내면 되기 때문에 이 또한 전혀 문제가 되지 않는다.

그러나 '='이 아닌 LIKE, BETWEEN, >, <, >=, <= 가 사용되면 추출할 비트가 명확하지 않고, 대량이 나타날 수 있으므로 적합하지 않다. 선분 형태로 저장되기 때문에 빈번한 수정이 발생하는 컬럼은 인덱스의 크기가 크게 증가하고 블록레벨 잠금(Block Level Locking)으로 인해 많은 부하가 유발될 수 있으므로 수정이 빈번하게 발생하는 OLTP 업무에는 적합하지 않는 경우가 많다. 또한 카디널러티가 높은 컬럼에 대해서는 비트맵 인덱스의 장점이 사라진다.

이러한 이유 때문에 비트맵 인덱스는 데이터 웨어하우스 업무에서 주로 활용된다. 물론 OLTP의 통계나 집계 업무를 처리하는 부분은 적용 가능하다. 또한 작은 크기의 코드 테이블이 많이 연결되어 있으며, 이들을 통해 다양한 조건으로 검색하는 경우가 빈번하다면 약간의 부담을 무릅쓰고라도 OLTP에도 적용할 수 있다.

참고로, 파티션된 테이블에서는 로컬(Local) 인덱스에만 비트맵 인덱스를 적용할 수 있다. 파티션에 대한 상세한 내용은 3권에서 다루기로 한다.

2.2.3. 비트맵 인덱스의 액세스

비트맵 인덱스를 경유하여 테이블을 액세스할 때는 먼저 관련 비트맵을 액세스하여 AND 연산하여 조건에 맞는 것들만 색출한다. 아래의 예에서는 '010010'이 우리가 취할 비트들이다. 이들은 ROWID 로 전환한 다음 테이블을 액세스하게 된다.

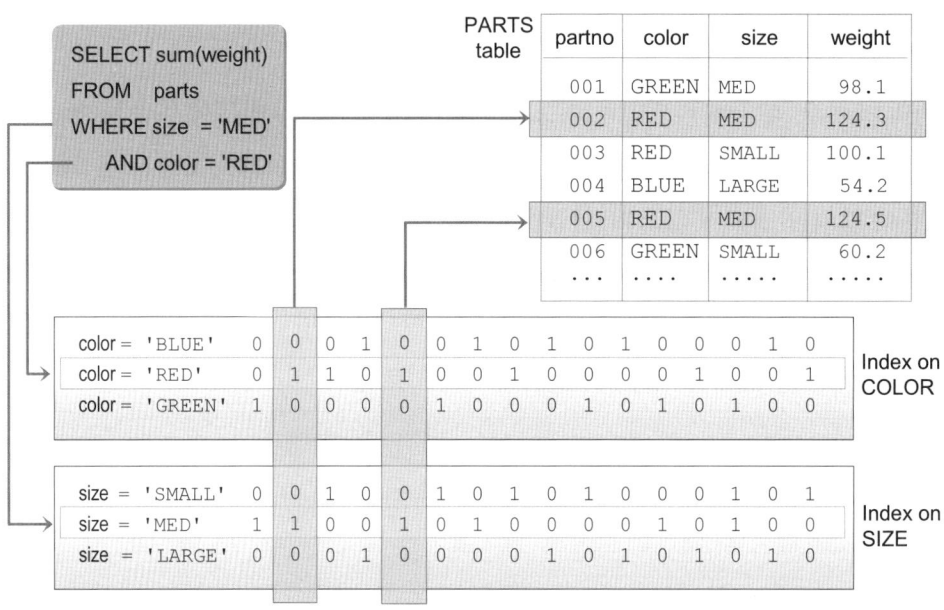

[그림 1-2-10]

이 그림에서 수행되는 절차를 실행계획으로 나타내 보면 다음과 같다.

```
Execution Plan
----------------------------------------------------------
0      SELECT STATEMENT
1   0    SORT (AGGREGATE)
2   1      TABLE ACCESS (BY INDEX ROWID) OF 'PARTS'
3   2        BITMAP CONVERSION (TO ROWIDS)
4   3          BITMAP AND
5   4            BITMAP INDEX (SINGLE VALUE) OF 'COLOR_BIX'
6   4            BITMAP INDEX (SINGLE VALUE) OF 'SIZE_BIX'
```

이 실행계획은 두 개의 비트맵 인덱스를 액세스하여 AND 로 비트맵 연산을 하여 조건을 만족하는 것만 추출하고, 그 결과를 ROWID 로 변환(BITMAP CONVERSION)을 해서 테이블을 액세스한 다음 집계를 했다는 것을 나타내고 있다. 먼저 비트맵 인덱스를 사용하는 각종 단위 처리 단계들을 알아보기로 한다. 다음은 비트맵 처리에서 나타나는 실행계획의 단계들이다.

Option	Det.Option	설 명
BITMAP CONVERSION	TO ROWIDS	테이블 액세스를 위해 비트맵을 ROWID 로 변환
	FROM ROWIDS	ROWID 를 비트맵으로 변환
	COUNT	실제 값이 필요하지 않은 경우 해당 ROWID 의 개수만 산출
BITMAP INDEX	SINGLE VALUE	인덱스 블록 내에서 하나의 키 값에 해당하는 비트맵을 검색
	RANGE SCAN	하나의 키 값에 해당하는 여러 개의 비트맵을 검색
	FULL SCAN	시작/종료값이 제공되지 않은 경우 비트맵 전체를 스캔
BITMAP MERGE	-	범위 스캔으로 얻은 몇 개의 비트맵을 하나로 머지
BITMAP MINUS	-	부정형 연산이나 차집합을 구하는 작업
BITMAP OR	-	두 개의 비트맵을 대상으로 비트 열에 대한 OR 연산을 수행
BITMAP AND	-	두 개의 비트맵을 대상으로 비트 열에 대한 AND 연산을 수행
BITMAP KEY ITERATION	-	한 테이블에서 얻은 각각의 로우들을 특정 비트맵 인덱스에 대해 연속해서 탐침하여 해당하는 비트맵들을 찾는 것. 뒤에 비트맵 머지가 수행되어 하나의 비트맵으로 합쳐지며, 스타 변형조인(Star Transformation)에서 나타나는 형태

[표 1-2-11]

비트맵 인덱스는 위의 표에 있는 단위 액세스 형태들이 조합되어 다양한 실행계획으로 나타나고 있다. 뒤에서 실행계획을 소개할 때 비트맵에서 나타나는 모든 실행계획을 다루겠지만 우선 여기서 기본적인 형태를 잠시 살펴보기로 한다. 먼저 B-Tree 인덱스와의 차이점을 확실히 하기 위해 다음과 같은 쿼리를 생각해보자.

다음 쿼리는 B-Tree 인덱스에서는 인덱스를 사용할 수 없었던 'NOT'을 사용한 경우와 이를 다시 'OR' 조건으로 결합된 형태이다.

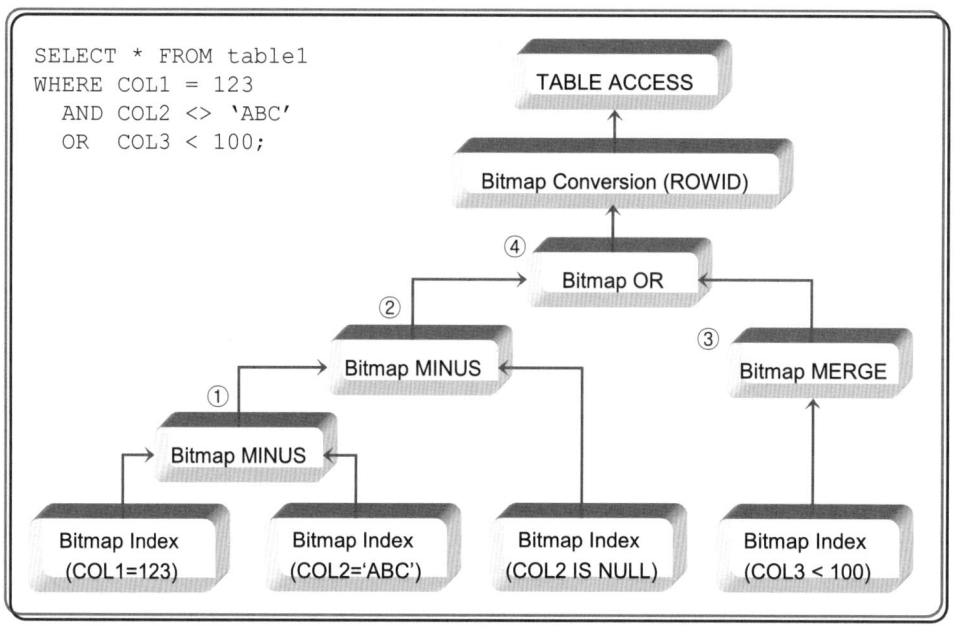

[그림 1-2-12]

① COL1 인덱스에서 '123'인 비트맵을 액세스하고, COL2 인덱스에서 'ABC'인 비트맵을 액세스하여 감산(減算, Subtraction) 연산(BITMAP MINUS)을 수행한다.

② 이 결과에 COL2 가 NULL 인 비트맵을 액세스하여 다시 이 연산을 수행해야 한다. 그 이유는 어떤 컬럼이 조건에 사용되면 NULL 을 가진 경우는 무조건 연산에서 제외되어야 하기 때문이다. 따라서 COL2 <> 'ABC'를 만족하기 위해서는 COL2 가 'ABC'인 것과 NULL 인 것을 모두 제거해야만 한다.

③ COL3 < 100 인 조건은 범위 스캔이므로 이 범위의 비트맵을 읽어 머지(BITMAP MERGE)를 수행하여 하나의 비트맵을 만든다.

④ 이제 ②와 ③에서 수행한 결과에 대해 OR 연산(BITMAP OR)을 수행하여 조건을 만족하는 최종 결과 비트맵을 만들고, 이를 ROWID 로 변형하여 테이블을 액세스 한다.

이상에서 알 수 있듯이 B-Tree 인덱스에서는 처리범위를 줄이는데 참여할 수 없었던 조건들이 비트맵 인덱스에서는 정상적으로 작동한다. 만약 조건절에 사용된 모든 컬럼들에 B-Tree 인덱스가 존재한다고 가정하고 이들에 의한 실행계획이 수립된다면 다음과 같은 모습으로 나타날 것이다.

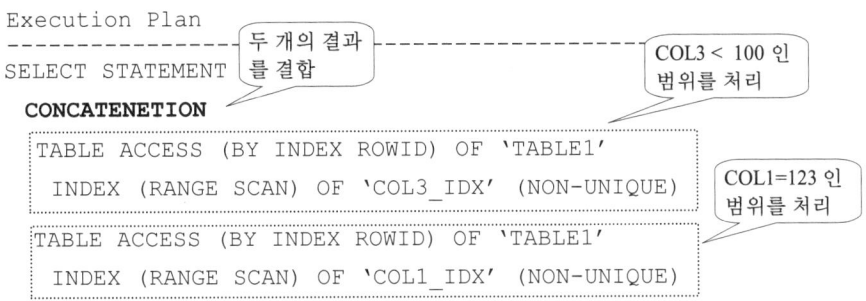

실행계획에 나타나 있듯이 OR 를 기준으로 두 개의 단위 액세스가 별도로 수행되어 결과를 결합(Concatenation)하는 방식으로 처리된다. 물론 COL2 <> 'ABC' 조건은 COL1 = 123 인 범위를 액세스한 결과에서 체크하는 용도로만 사용하므로 처리범위를 직접적으로 줄여주는 역할은 하지 못한다.

비트맵 인덱스를 사용했을 때는 테이블을 액세스하기 전에 인덱스만으로 모든 처리 범위를 직접적으로 줄이는데 사용하고, 그 결과로 테이블을 액세스하였다. 그러나 B-Tree 인덱스를 사용한 경우는 인덱스로 테이블을 액세스한 다음 체크해서 버리게 되었기 때문에 비효율이 발생하였다. 물론 이러한 차이는 경우에 따라 그리 큰 차이가 나타나지 않을 수도 있다. 그러나 B-Tree 인덱스에서 체크 역할을 하는 조건이 많은 범위를 줄여 주는 경우라면 큰 차이가 날 수 있다.

비트맵 인덱스의 다양한 실행계획은 '3.2.4 비트맵 실행계획(page 261~273)'을 참조하기 바란다.

2.3. 함수기반 인덱스 (FBI, Function-Based Index)

2.3.1. 함수기반 인덱스의 개념 및 구조

함수기반 인덱스의 원리는 의외로 매우 단순하다. 아래 그림에 나타나 있는 것처럼 테이블의 컬럼들을 가공한 논리적 컬럼을 인덱스로 생성한 것일 뿐이다. 우리가 일반적으로 쿼리에서 사용하는 컬럼은 실존하는 테이블의 물리적인 컬럼만은 아니다. 개념적으로 보면 SELECT-List 나 조건절에 사용하는 모든 가공된 항목도 모두 논리적인 컬럼이라 할 수 있다.

가공된 논리적 컬럼들을 포함한 어떤 쿼리의 결과로 뷰를 생성해보자. 데이터 딕셔너리 정보에 가서 뷰의 컬럼 정보를 확인해 보면 테이블과 다를 것이 없다. 쿼리의 결과를 새로운 테이블로 생성하였다고 생각하면 더욱 명확하다. 그것은 이러한 논리적 컬럼도 항목 명칭과 데이터 타입, 길이, 컬럼값을 가지고 있기 때문이다. 그렇다면 이러한 논리적 컬럼을 인덱스로 생성한다고 해서 이상할 것이 없다.

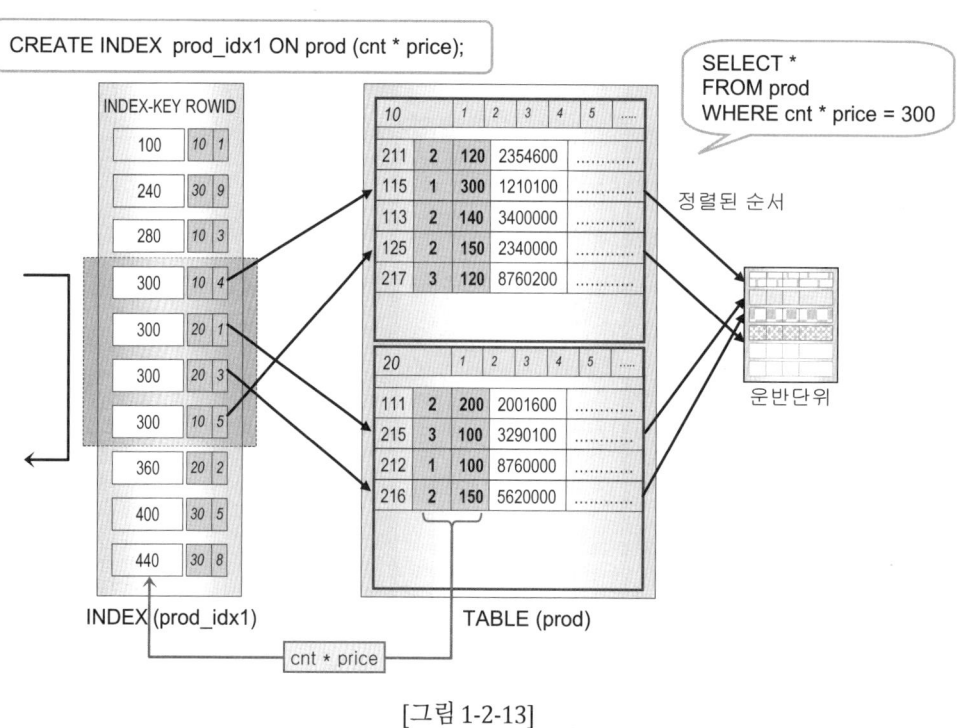

[그림 1-2-13]

위의 그림은 PROD 테이블의 CNT, PRICE 컬럼을 곱한 결과를 인덱스로 생성한 모습을 보여주고 있다. 가장 쉽게 이해하는 방법은 'CNT * PRICE'를 연산이라고 생각하지 말고 일종의 컬럼명칭이라고 생각하는 것이다. 실제 인덱스에는 이것을 대신해 시스템이 부여한 명칭을 가진 컬럼의 값과 ROWID 가 저장되어 있을 따름이다.

실제로 딕셔너리를 관리하기 위해 가공된 컬럼은 시스템이 새로운 이름을 부여하고 있다. 가령, 오라클에서는 'SYS_NCnnnnn$' 방식으로 명명하고 있다. 옵티마이져는 쿼리를 파싱하면서 기술된 구문에서 함수기반 인덱스 사용이 가능한지를 판단한다. 이때 대·소문자 및 띄어쓰기는 구별하지 않는다. 물론 비교되는 상수값의 대소문자는 구별한다.

옵티마이져는 마치 그러한 명칭을 가진 컬럼이 조건절에 사용된 것처럼 그를 활용하는 실행계획의 수립을 결정할 뿐이다. 액세스를 할 때도 각 로우마다 일일이 어떤 연산을 할 필요가 없다. 일반적인 컬럼으로 생성된 인덱스와 동일한 방법으로 비교한 값에 대해 인덱스를 검색하고 ROWID 로 테이블을 액세스한다.

함수기반 인덱스는 함수 (Function)나 수식 (Expression)으로 계산된 결과에 대해 B-Tree 인덱스나 비트맵 인덱스를 생성할 수 있다. 여기에서 사용할 수 있는 함수는 우리가 흔히 사용하는 산술식(Arithmetic expression), 사용자 지정 함수(User-defined Function), SQL의 제공(Built-in) 함수, 패키지(Package) 등이 가능하다.

그러나 SUM, AVG 등의 그룹함수(Aggregate function)는 사용할 수 없다. 그 이유는 이러한 함수들은 테이블의 로우 단위가 아닌 새롭게 생성된 논리적 로우 단위로 적용되기 때문이다. 인덱스란 구체적인 단위 로우를 가리키는 일종의 포인터이므로 논리적으로 생성된 로우에 대해서는 적용할 수 없는 것이 당연하다.

또한 객체 정의에 사용되는 오브젝트 타입(Object Type)들은 해당 컬럼에 정의된 매소드(Method)를 통해서만 함수기반 인덱스를 적용할 수 있다. 그러나 LOB 나 REF 타입으로 정의된 컬럼, 'TYPE' 오브젝트가 테이블의 컬럼으로 지정되어 있는 네스티드(Nested) 테이블 컬럼, 또는 이들을 포함하고 있는 오브젝트 타입에서는 사용할 수 없다.

함수기반 인덱스는 DBMS 마다 약간 다른 명칭을 사용하고 있다. 'FUNCTION-BASED INDEX'라고 부르기도 하지만 'FUNCTIONAL INDEX'라는 이름으로 사용되기도 한다. 아직 이 개념을 적용하지 못한 DBMS 도 있다. 또한 DBMS 들마다 약간의 제약요건에 차이가 있지만 매우 유사한 용도로 활용할 수 있다.

2.3.2. 함수기반 인덱스의 제약사항

함수기반 인덱스는 구조상의 특성으로 인해 몇 가지의 제약사항을 가지고 있다. 일반 인덱스라면 테이블의 컬럼값과의 일관성만 유지하면 문제가 없지만 함수기반 인덱스에서는 다양한 가공이 발생할 수 있기 때문에 값의 일관성을 유지한다는 것이 쉬운 일이 아니다.

물론 아무리 많은 오버헤드가 있더라도 일관성을 유지하도록 하려면 불가능한 것은 아니겠지만 현실적으로 너무 부담이 많기 때문에 굳이 그렇게 해야 할 이유가 없다. 컬럼을 단순히 연산만 한다거나 약간의 가공을 하는 것은 문제가 없겠지만 사용자 지정 함수를 사용할 수 있다는 것은 근본적으로 다른 문제가 될 수도 있다.

왜냐하면, 사용자 지정 함수에서는 거의 모든 절차형 처리뿐만 아니라 다른 테이블의 정보를 참조하여 가공할 수가 있기 때문에 제약이 불가능하기 때문이다. 다시 말해서 논리적으로 가능한 모든 표현을 할 수 있기 때문에 아무런 제약이 없다면 심각한 문제가 발생할 수도 있다. 일단 이러한 문제는 조금 뒤에서 상세하게 언급하기로 하고 우선 기본적인 제약사항과 준수사항에 대해서 알아보기로 하자.

- 비용기준 옵티마이져에서만 사용 가능하다.
- 함수기반 인덱스를 생성한 후 반드시 통계정보를 생성해야 한다.
- 사용자 지정 함수는 반드시 'DETERMINISTIC'으로 선언되어야 한다.
- QUERY_REWRITE_ENABLED 파라메터가 TRUE 로 선언되어야 한다.
- QUERY_REWRITE_INTEGRITY 가 TRUSTED 로 선언되어야 한다.
- 다음의 사용자 권한(User Privilege)를 가져야 한다.
  - 인덱스 생성 권한 : INDEX CREATE / ANY INDEX CREATE
  - 쿼리 재생성 권한 : QUERY REWRITE / GLOBAL QUERY REWRITE
- 함수나 수식의 결과가 NULL 인 경우는 이 인덱스를 통해 액세스할 수 없다.
- 사용자 지정 함수를 사용한 경우에는 종속성(Dependency) 유지에 주의해야 한다.
  - 인덱스 정의에 사용된 사용자 함수가 재정의되었을 때 사용불가(Disabled) 상태가 된다.
  - 인덱스 소유자(Owner)의 실행(Execute) 권한이 취소(Revoke)되면 사용불가 상태가 된다.
- 옵티마이져가 사용불가(Disabled) 상태가 된 인덱스를 선택하면 SQL 의 실행은 실패한

다. 이러한 경우에는 새로운 데이터가 입력, 갱신, 삭제도 불가능해지므로 다음과 같은 명령을 사용하여 복구하여야 한다.

- 'ALTER INDEX … **ENABLE** / ALTER INDEX … **REBUILD**'를 이용하여 가용(Enable) 상태로 만들거나 재구축(Rebuild)하여야 한다.
- 'ALTER INDEX … **UNUSABLE**'을 사용하여 미사용(Unusable) 상태로 만든다. 이 상태는 사용불가 상태와는 다르다. 사용을 하지 않는 상태이므로 무결성을 준수할 필요가 없다. 그러나 반드시 SKIP_UNUSABLE_INDEXES 파라메터가 TRUE 로 지정이 되어 있어야 SQL 이 실패하지 않는다. 이 상태를 사용가능 상태로 복구하기 위해서는 인덱스를 재구축하거나 삭제 후 재생성(Re-creation)하여야 한다.

▫ 스칼라 서브쿼리로 표현된 컬럼은 함수기반 인덱스를 생성할 수 없다.
▫ 값이 상황에 따라 달라질 수 있는 SYSDATE, USER, ROWNUM 등의 가상컬럼이 포함되면 이 인덱스를 생성할 수 없다.
▫ 파티션을 적용한 경우에 파티션 키를 함수기반 인덱스에 사용할 수 없다.
▫ 숫자 컬럼을 문자연산 하거나 문자 컬럼을 수치연산하는 수식의 경우에는 직접 기술하지 않았더라도 내부적으로 TO_CHAR, TO_NUMBER 가 추가되어 처리된다.
▫ 함수기반 인덱스에서는 NLS 파라메터를 현재 기준으로 적용하기 때문에 만약 세션 레벨에서 재정의를 한다면 잘못된 결과를 얻을 수도 있으므로 주의해야 한다. 그러나 NLS_SORT 와 NLS_COMP 는 세션 레벨의 정의에 영향을 받지 않는다.
▫ WHERE 절에 기술된 컬럼이 표현된 것과 인덱스에 지정된 표현이 다르더라도 논리적으로 교환법칙이 성립하는 경우라면 인덱스는 사용 가능하다.
▫ 함수기반 인덱스는 검색의 효율 향상을 위해서는 효과적이지만 구성 컬럼에 대한 빈번한 입력과 수정이 발생하면 부하가 가중되므로 주의할 필요가 있다.

함수기반 인덱스에 사용자 지정 함수를 적용한 경우에 대해서 좀더 살펴볼 것이 있다. DBMS 버전에 따라 중요한 개념의 차이가 있으므로 주의해서 적용해야 한다. 과거 버전에서는 사용자 함수를 재생성하면 'DISABLED'상태가 되어 이를 복구하기 위해서는 인덱스를 재구축해야 한다고 했다. 그러나 버전이 증가(V10*g*)하면서 이러한 경우에도 사용가능 상태로 나타나고 있다.

이것은 무엇을 의미하고 있는가? 함수기반 인덱스는 마치 실체뷰처럼 가공된 컬럼의 값을 저장하고 있다. 만약 쿼리의 SELECT-List 에 인덱스에 기술된 문구(Expressions)를 사용하였다면 인덱스에 저장된 값을 그대로 제공한다. 그렇다면 인덱스에 사용된 함수가 변경되었다면 인덱스 사용을 불허(①)하든지, 다시 재생성(②)을 하든지, 아니면 과거의 값을 그대로(③) 제공하는 방법뿐이다.

여기서 도저히 ②의 방법을 적용할 수는 없기 때문에 과거에는 ①을 선택하였던것이다. 그러나 현실적으로 보면 경우에 따라서는 적용함수를 발생기준으로 인정할 수도 있다. 즉, 과거의 함수로 생성된 데이터는 그대로 인정하고 앞으로 추가되는 경우만 현재의 함수를 적용하겠다는 경우도 있을 수 있다는 것이다. 만약 그것이 아니라면 그때 'DISABLED'을 시키거나 재구축을 선택하면 된다.

그러므로 어떤 의미에서 보면 과거와 기준이 달라진 것이 아니라 선택의 폭이 넓어졌다고 보는 것이 보다 타당할 것이다. 이러한 개념은 사용자 지정 함수에 다른 테이블을 참조했을 때도 동일하게 적용된다. 가령, 어떤 함수에 여러 테이블의 컬럼을 참조하였다고 생각해보자. 인덱스를 생성한 테이블의 입장에서 보면 데이터가 입력이나 갱신이 될 때 해당 함수가 수행되면서 결과를 얻어 저장하므로 문제가 없다.

그러나 참조된 테이블들에서 데이터가 입력되거나 갱신, 삭제가 발생한다면 함수기반 인덱스는 영향을 받게 될 것이다. 문제가 심각한 것은 이들의 데이터에 변화가 생겼을 때 논리적으로 함수기반 인덱스가 있는 테이블의 어떤 로우가 영향을 받을지 알 수 없다는 것이다. 만약 반드시 일관성을 보장해야 한다면 참조 테이블의 약간의 변화가 생겼을 때마다 함수기반 인덱스 전체를 검증해 보아야 한다는 엄청난 문제가 발생한다.

이것은 도저히 받아들일 수 없기 때문에 과거에는 아예 참조 테이블에 데이터의 변경을 허용하지 않았다. 그러나 이것 또한 심각한 일이 아닐 수 없다. 자신의 컬럼을 잠시 빌려 주었을 뿐인데 그것으로 인해 자신의 데이터를 변경하는 것이 불가능해진다는 것은 견딜 수 없다. 또한 함수기반 인덱스를 가진 쪽에서도 문제가 발생한다. 자신도 모르는 사이에 참조 테이블에 데이터 처리가 일어났다고 해서 인덱스가 무용지물이 된다면 실용성이 없다.

이것도 우리가 받아들일 수 없는 문제이다. 그렇다면 결론은 한가지뿐이다. 즉, 참조하는 테이블의 데이터에 변화가 발생했더라도 함수기반 인덱스에 이미 저장된 과거의 데이터는 그대로 인정하는 방법뿐이라는 것이다. 물론 이것을 원하지 않는다면 'DISABLED'을 시키거나 재구축을 하는 선택을 할 수 있기 때문에 문제될 것이 없다.

    물론 다른 테이블을 참조하는 함수를 이용하여 함수기반 인덱스를 생성하는 것은 권장할 것은 못 된다. 특히 지속적인 데이터 처리가 일어나는 테이블을 참조하는 것은 결코 바람직하지 않다. 그러나 거의 데이터가 증가하지 않는 코드성 테이블들은 필요하다면 참조하여 보다 확장성 있도록 활용을 하는 것은 나쁘다고 할 수 없다.

2.3.3. 함수기반 인덱스의 활용

함수기반 인덱스는 의외로 실전에서 생각보다 많이 활용되지 않고 있다. 물론 전가의 보도처럼 함부로 사용하는 것은 좋지 않다. 그러나 정확한 개념의 이해를 바탕으로 적절한 적용형태를 찾아보면 아주 훌륭한 해결책이 되는 경우도 많을 것이다. 여기서는 대표적인 몇 가지의 활용유형을 소개함으로써 이를 응용하여 보다 다양한 활용을 위한 단초로 삼기로 하겠다.

가. 테이블 설계상의 문제를 해결

테이블의 설계문제로 인해 발생되는 문제 중에서 과거에는 해결하기 어려웠던 것들의 상당부분이 함수기반 인덱스를 이용하여 해결할 수 있다. 이미 오래 전에 관계형 데이터베이스가 상용화되었지만 아직도 기본적인 원칙조차 지켜지지 않고 있는 시스템이 생각보다 적지 않다. 여기서 소개하는 형태는 정상적인 데이터 모델링을 수행했다면 나타날 수 없는 것들이다.

그러나 의외로 많은 사람들이 잘못을 저지르고 있는 형태이기 때문에 자주 발생하는 몇 가지 사례를 소개하고자 한다. 첫 번째 사례는 컬럼의 분할 원칙을 준수하지 않았기 때문에 발생하는 문제에 대한 해결방안이다.

◇ 컬럼의 중간 부분의 검색

과거에는 코드(Code)를 가장 중요하다고 인식하던 시절이 있었다. 중요한 키값에 각 자리수마다 온갖 의미를 부여하여 길다란 코드를 만들어 둔다. 마치 유전자를 해독하듯이 애플리케이션에서는 온통 코드를 통해 알고리듬을 처리하는 사람들이 많았다. 이런 잔재가 아직도 남아있어 마치 암호화를 하듯이 여러 가지 내용이 하나의 코드에 녹아있는 형태의 설계가 적지 않게 나타나고 있다.

데이터 모델링에서 컬럼을 정의할 때 원자단위(Atomic value)로 지정해야 한다는 원칙이 있다. 이런 원칙을 준수하지 않는 설계는 쿼리에서 필연적으로 'SUBSTR' 함수를 이용하여 데이터를 처리하게 된다. 물론 인덱스와 상관이 없다면 용인될 수도 있겠지만 만약 어떤 컬럼의 중간의 일부를 검색 조건에 사용한다면 선행값을 조건에 부여할 수 없기 때문에 인덱스를 사용할 수 없게 되거나 불필요한 범위를 액세스해야 한다.

이러한 경우에 다음과 같이 일부분만을 별도의 함수기반 인덱스로 생성하거나 자주 결합되어 사용되는 다른 컬럼과 결합한 인덱스를 생성함으로써 문제를 어느 정도 해소시킬 수 있다.

```
CREATE INDEX from_loc_idx ON orders (SUBSTR(ship_id,5,3));
CREATE INDEX repair_ord_idx ON orders (SUBSTR(ship_id,3,2), ord_date);
```

◇ 조인 연결고리 컬럼이 대응하지 않는 경우의 해결

이 경우도 정상적인 데이터 모델링을 수행했다면 나타날 수 없는 형태이지만 현실에서는 가끔 등장하는 형태이다. 가령, 상위 테이블인 '품목분류(item_group)' 테이블에는 상세한 관리를 위해 컬럼을 '대분류(class1), 중분류(class2), 소분류(class3)'로 나누었으나 외부키로 상속받는 하위 테이블에는 컬럼이 늘어나는 것을 염려하여 '그룹코드(group_cd)'라는 하나의 컬럼으로 생성한 사례이다.

조인을 할 때 다음과 같이 조건을 기술하면 아래 두 가지 형태 중 어떤 것을 사용하더라도 어느 한쪽 인덱스를 사용할 수 없어 조인에 나쁜 영향을 미칠 수 있다.

```
.........
FROM item_group x, items y
WHERE x.class1||x.class2||x.class3 = y.group_cd .........

.........
FROM item_group x, items y
WHERE x.class1 = SUBSTR(y.group_cd, 1, 2)
  AND x.class2 = SUBSTR(y.group_cd, 3, 2)
  AND x.class2 = SUBSTR(y.group_cd, 5, 3)
.........
```

이런 경우에는 다음과 같이 데이터가 적은 상위 테이블에 함수기반 인덱스를 생성하여 해결할 수 있다.

```
CREATE INDEX group_cd_idx ON item_group (class1||class2||class3);
```

✧ 일자 컬럼이 분할된 경우의 해결

최근에 와서는 자주 발생하지 않지만 관계형 데이터베이스가 도입되던 초기에는 일자 컬럼을 함부로 '년(sal_yyyy), 월(sal_mm), 일(sal_dd)' 로 분할하여 관리하는 경우가 많았다. 관계형 데이터베이스는 포인터(Pointer)를 가지고 있지 않기 때문에 어떤 시작 로우를 '='로 액세스한 후 다음 건을 스캔할 수가 없다.

만약 이렇게 구성된 컬럼으로 '20151210'보다 같거나 큰 날짜의 데이터를 액세스하려면 다음과 같이 각 컬럼을 비교해서는 결과를 얻을 수 없기 때문에 이 컬럼들을 결합하여 비교를 하였지만 인덱스를 사용할 수 없게 되어 심각한 문제가 발생하였다.

```
WHERE sal_yyyy >= '2015' and sal_mm >= '12' and sal_dd >= '10'   (X)

WHERE sal_yyyy||sal_mm||sal_dd  >= '20151210'    (O) : 인덱스 사용 불가
```

이런 경우에 다음과 같은 함수기반 인덱스를 생성하면 쉽게 해결할 수 있다.

```
CREATE INDEX sal_date_idx ON sales (sal_yyyy||sal_mm||sal_dd);
```

✧ 데이터 타입이 상이한 조인 컬럼

표준화를 준수하고 도메인을 사전에 체계적으로 관리하였다면 발생하지 않았겠지만 이러한 원칙이 준비되지도, 지켜지지도 않는 경우가 실전에서는 다반사이다. 경력이나 직위에 상관없이 누구나 테이블을 마음대로 생성하는 곳이 아직도 많이 있다. 이러한 이유로 인해 어떤 테이블의 기본키와 이를 상속받은 외부키의 데이터 타입이 일치하지 않는 경우가 적지 않게 나타난다.

데이터 타입이 서로 다른 컬럼을 조인하면 컬럼의 내부적 변형이 발생하여 어느 한쪽의 인덱스가 사용될 수 없는 상태가 될 수 있다. 이로 인해 조인의 방향이 잘못되어 심각한 수행속도가 저하되기도 한다. 예를 들어 DEPT 테이블의 DEPTNO 는 NUMBER 타입인데 EMP 테이블의 DEPTNO 는 VARCHAR2 로 정의되었다면 다음과 같이 해결할 수 있다.

```
CREATE INDEX deptno_idx ON emp (TO_NUMBER(deptno));
```

✧ **조인 컬럼이 경우에 따라 달라지는 경우의 조인**

아래의 사례는 반드시 설계의 잘못이라고는 할 수 없지만 실전에서 가끔 나타나고 있는 형태이다. 배타적 관계에 있는 외부키를 통합하지 않았다면 설계상의 문제일 것이고, 업무규칙에 따라 배타적으로 조인하는 경우가 발생했다면 정상적인 형태라고 할 수 있다.

다음은 어떤 구분자에 따라 DEPARTMENTS 테이블과 조인하는 컬럼이 달라지는 경우의 사례이다. 물론 SALES 테이블이 먼저 수행되는 Nested Loops 조인이라면 아래의 예처럼 DEPARTMENTS 테이블이 먼저 수행되는 경우가 있다면 문제가 된다.

```
. . . . . . . . .
FROM sales s, departments d
WHERE d.deptno = (CASE WHEN sal_type = 1 THEN sal_dept ELSE agent_no END)
   AND d.location = 'PUSAN'
. . . . . . . . .
```

이러한 문제는 다음과 같은 함수기반 인덱스를 사용하여 해결할 수 있다. 이제 어떤 방향으로 조인이 수행되어도 문제가 되지 않는다.

```
CREATE INDEX deptno_idx ON sales
       (CASE WHEN sal_type = 1 THEN sal_dept ELSE agent_no END);
```

✧ **부모 테이블의 컬럼과 결합한 인덱스 생성**

이번에는 우리가 실전에서 쿼리를 튜닝할 때 자주 아쉬움을 느끼는 사례를 한 가지 살펴보기로 하자. 정상적인 데이터 모델링이 되었음에도 불구하고 애플리케이션에서 다양한 형태의 쿼리를 수행하다 보면 처리 범위를 줄일 수 있는 중요한 컬럼들이 서로 다른 테이블에 존재할 수 있다.

물론 이러한 경우에 각각의 처리 범위를 액세스하여 Sort Merge 조인이나 해쉬 조인을 하여 해결할 수도 있다. 그러나 이러한 방법으로도 문제가 있다면 Nested Loops 조인을 사용할 수 밖에 없는데 어느 쪽 테이블을 먼저 처리하더라도 다른 테이블에 있는 컬럼이 같이 처리 범위를 줄여 줄 수는 없다.

예를 들어, MOVEMENT 테이블과 MOVEMENT_TRANS 테이블이 1:M 관계에 있다고 가정하자. 다음과 같은 SQL을 사용했을 때 조건을 받은 컬럼들은 다른 테이블에 위치하고 있다. 더구나 각각의 테이블을 조건절에 사용한 조건으로 액세스했을 때 어느 쪽이나 넓은 처리 범위를 가지게 되지만 두 조건을 모두 통과한 결과는 소량이라고 하자.

```
.........
FROM  movement x, movement_trans y
WHERE x.mov_order = y.mov_order
  AND x.deptno = '12310'
  AND y.mov_date like '201512%'
.........
```

이 쿼리가 Nested Loops 조인으로 수행된다고 했을 때 처리 범위가 넓은 deptno = '12300'이 처리주관 조건이 된다면 mov_date like '201512%'는 체크 기능의 역할만 하게 된다. 물론 반대 방향으로 처리되더라도 문제는 마찬가지가 된다. 만약 이들이 함께 처리주관 조건이 될 수만 있다면 아주 양호한 수행속도를 얻을 수 있을 것이다.

현재로서는 불가능하지만 만약 조인 인덱스를 생성할 수 있다면 간단하게 해결할 수 있다. 함수기반 인덱스를 마치 조인 인덱스처럼 사용하는 방법을 생각해 보자. 다음과 같이 사용자 지정 함수와 함수기반 인덱스를 생성하여 해결할 수 있다. 만약 NUMBER 타입에 '||'를 하면 내부적으로 TO_CHAR가 수행되므로 감안해서 사용해야 한다.

```
CREATE or REPLACE FUNCTION get_deptno
  ( v_mov_order in number )
  RETURN varchar2 DETERMINISTIC IS
  RET_VAL varchar2(5);
BEGIN
  SELECT deptno into RET_VAL
  FROM movement
  WHERE mov_order = v_mov_order;
  RETURN RET_VAL ;
END get_deptno ;

CREATE INDEX dept_date_idx ON movement(get_deptno(mov_order), mov_date);
```

이제 앞의 쿼리의 'x.deptno'를 'get_deptno(mov_order)'로 대체하면 모든 조건이 같은 테이블에서 적용될 수 있어 수행속도는 크게 향상된다. 그러나 이처럼 함수 내에 참조 테이블이 있을 때는 앞서 설명했듯이 버전별로 차이가 있으므로 주의해서 사용해야 한다.

나. 오류 데이터의 검색 문제를 해결

실전에서 데이터 정제(Cleansing)을 해보면 예상보다 훨씬 심각하게 데이터가 훼손되어 있다. 대개의 경우는 테이블을 설계할 때부터 데이터의 규칙을 정확하게 정의하지 않았고, 꼭 필요한 부분이 아니고서는 데이터의 품질에 거의 신경을 쓰지도 않는다. 오류 데이터가 발생하더라도 데이터를 정제하려 하지 않고 'IF'를 사용하여 피해 다니려고 애쓴다.

데이터를 정제하는 작업은 어렵고, 거추장스러우며, 시간이 많이 소요되기 때문에 급한 대로 애플리케이션에서 어떻게든 처리해 보려고 한다. 오류를 발생시키는 원인을 찾기가 어려워 정제를 하더라도 곧 바로 오류 데이터는 다시 발생한다. 당장이라도 애플리케이션은 수행되어야 하기 때문에 대부분의 경우는 애플리케이션에서 오류를 보정하여 처리하고 있다.

이러한 경우가 검색 조건에 나타나게 되면 수행속도에 많은 부담을 주고 있다. 다음에 소개할 내용은 실전에서 자주 발생하는 이러한 유형의 처리를 해결하는 방법들이다.

◇ 대·소문자나 공백이 혼재된 컬럼의 검색

가장 많이 나타나는 형태는 컬럼값에 대·소문자를 혼용해서 사용함으로써 원하는 검색 결과를 얻을 수 없을 때의 처리 방법이다. 가령, 띄어쓰기 규칙을 준수하지 않는 경우도 비슷한 사례중의 하나이다. 가령, 'ENAME' 컬럼에서 '성'과 '명' 사이에 공백(Space)이 있는 것도 있고, 없는 것도 있다면 검색하기가 쉽지 않다. 이와 같은 경우는 다음과 같은 함수 기반 인덱스를 생성하여 해결할 수 있다.

```
CREATE INDEX ename_upper_ix ON employees (UPPER(ename));
```

만약 불필요한 공백을 제거한 다음에 비교를 해야 하는 경우가 있다면 다음과 같은 방법을 적용하여 해결할 수 있다.

```
CREATE INDEX ename_upper_ix ON employees (UPPER(REPLACE(ename, ' '));
```

✧ NULL 값을 치환하여 검색

실전에서 개발자들이 부담스러워 하는 것 중에 하나는 컬럼에 NULL 값이 포함되어 있는 경우의 처리이다. NULL 값은 10, 20 과 같은 일종의 '값(Value)'이지만 매우 독특한 특성을 가지고 있다. 단순히 공간을 줄여 주기 위해 사용하는 값이 아니라 '미확정 값'이란 의미를 지닌 엄연한 값이다. 그러나 미확정된 값은 논리적으로 어떤 값보다 크지도, 작지도, 같지도 않다. 그러므로 조건절에서 어떤 값과 비교를 했을 때 NULL 값을 가진 데이터는 조건을 만족할 수 없기 때문에 결과에서 제외되는 것일 뿐이다.

그러므로 우리가 정확하게 NULL 값을 적용하였다면 NULL 공포증을 느껴야 할 이유가 없다. 그럼에도 불구하고 부담을 가지는 주된 이유는 '확정된 없다(0 나 공백)'와 '미확정'의 개념을 정확히 구별해서 사용하지 않았기 때문이다. 특히 데이터 INSERT 를 할 때 컬럼에 아무런 조치도 하지 않으면 NULL 값이 저장되기 때문에 이러한 현상은 더욱 심하게 나타난다.

이러한 공포심 때문에 조건에 비교되는 모든 컬럼에 NVL 함수를 적용하여 인덱스 사용을 불가능하게 한 사용자를 본 적이 있다. NULL 값 때문에 조건에서 누락되어 원하지 않는 결과가 나타나기 때문에 어쩔 수 없다는 하소연만 들었다. 이제는 다음과 같은 함수기반 인덱스를 사용하여 간단하게 해결할 수 있다.

```
CREATE INDEX end_date_idx ON account_history
    (NVL(end_date, '99991231'));
```

필요하다면 NULLIF 나 COALESCE 함수를 사용하면 좀더 다양한 형태의 처리를 할 수 있다. 3 권에서 상세하게 설명될 선분(선분) 개념을 활용한 이력관리에서는 반드시 시작일자와 종료일자에 유효한 값이 들어가 있어야 한다. 그러나 이러한 개념을 적확히 알지 못하는 사람들은 마지막 이력에는 종료일자가 정해지지 않았기 때문에 그냥 NULL 값으로 두는 경우가 많이 있다.

이러한 경우에 종료일자가 NULL 일 때를 처리하는 함수기반 인덱스를 생성하지 않는다면 다음과 같은 방법으로 이력을 찾고자 할 때 결과는 겨우 얻을 수 있겠지만 인덱스를 사용할 수 없기 때문에 심각한 수행속도의 문제가 발생될 수 있다.

```
......
WHERE :input_date BETWEEN start_date AND NVL(end_date, '99991231')
```

만약, 보다 유리한 수행속도를 얻기를 원한다면 다음과 같이 종료일자가 선행하는 결합 인덱스를 생성하는 것이 바람직하다.

```
CREATE INDEX start_end_idx ON account_history
      (NVL(end_date, '99991231'), start_date);
```

◇ 접두사(Prefix)를 채워서 검색

이번에는 컬럼의 앞 부분이 동일하고 너무나 명확하기 때문에 생략했지만 그렇지 않은 다른 테이블과 연결을 할 때 발생되는 문제를 해결하는 경우이다. 가령, 어떤 이동통신회사의 통화 데이터는 거의 100%가 동일한 사업자 식별번호(Prefix)를 가지기 때문에 저장 공간의 절약을 위해서 생략하였다고 가정하자.

그러나 나중에 다른 회사와 합병을 하면서 다른 식별번호를 가진 전화번호가 발생하였다. 물론 설계를 변경시키는 것이 바람직하겠지만 이미 과거에 발생한 데이터를 모두 수정할 수가 없기 때문에 다른 방법으로 효율을 향상시켜야 한다고 하자. 이러한 경우에 함수 기반 인덱스는 매우 이상적인 해결책이 될 것이다.

```
CREATE INDEX call_number_idx ON call_data
      ( DECODE(SUBSTR(call_number,1,3), '018', '', '016')||call_number);
```

다. 가공처리 결과의 검색

가공처리를 한다는 것은 너무나 다양하므로 일일이 사례를 소개할 수는 없다. 여기서는 특이한 몇 가지 유형만 소개할 수 밖에 없으므로 참조하여 실무에서 다양하게 활용하기 바란다.

✧ 복잡한 계산 결과의 검색

다음 사례는 실전에서 활용되었던 것을 이해하기 쉽도록 간략화를 시킨 것이다. 주문단가에서 할인단가를 빼서 만든 실제 적용단가에 주문수량을 곱하여 실판매금액을 구한다. 이 애플리케이션은 조회할 상품 별로 금액의 역순으로 상위 100 건까지를 조회하고 있었다. 상품 별로 지금까지 발생한 데이터 량에 매우 많았기 때문에 수행속도는 항상 큰 문제가 되고 있었다.

```
CREATE INDEX order_amount_idx ON order_items
  (ITEM_CD, (order_price - nvl(order_discount,0)) * order_count));

SELECT /*+ INDEX_DESC(x order_amount_idx) */ *
FROM order_items x
WHERE item_cd = :b1
  AND ROWNUM <= 100;

Execution Plan
-------------------------------------------------------
SELECT STATEMENT Optimizer=FIRST_ROWS
 COUNT (STOPKEY)
   TABLE ACCESS (BY INDEX ROWID) OF 'ORDER_ITEMS'
     INDEX (RANGE SCAN DESCENDING) OF 'ORDER_AMOUNT_IDX'
```

이러한 방법으로 튜닝한 결과 수행시간이 0.1 초 이하로 현저하게 단축되었다.

✧ 말일(末日), 단가, 율(率)의 검색

이번에는 몇 가지 활용 사례를 연속해서 살펴보기로 하겠다. 첫 번째는 SALES 테이블에서 그 달에 가장 높은 SAL_AMOUNT 가 발생한 건들을 찾는 경우의 사례이다. 기존의 방법으로 처리한다면 그 달에 발생한 모든 데이터를 액세스하여 역순으로 정렬을 해야 한다.

그러나 다음과 같은 함수기반 인덱스를 사용하면 쉽게 해결된다.

```
CREATE INDEX sal_amount_idx ON sales (LAST_DAY(sal_date), sal_amount);
```

ORDER_DATE 에 LAST_DAY 함수를 적용하면 언제나 그 달의 말일이 나타난다. 이것은 곧 같은 달에 있는 일자이면 모두 같은 값을 가진다는 것을 의미한다. 그러므로 조건에 부여한 달의 데이터를 위의 인덱스를 역순(Index_desc)으로 액세스한다면 쉽게 해결할 수 있다.

두 번째는 판매단가를 인덱스로 검색하는 사례이다. 비슷한 방법으로 증가율이나 할당률(Portion)을 구할 수도 있을 것이다.

```
CREATE INDEX price_idx ON sales (ROUND(sal_amount/sal_quantity));
```

✧ **기간, 컬럼 길이 검색**

이 밖에도 진행기간이 오래된 것을 검색한다거나 규격 정보를 이용하여 부피를 구한 다음 원하는 위치를 결정하는 처리도 함수기반 인덱스를 활용하면 쉽게 해결할 수 있다. 이동거리를 구해 최단 이동 경로를 검색한다거나 컬럼의 길이를 검색하는 경우에도 활용할 수 있다.

다음은 실무에서 자주 사용되는 업무처리 기간을 검색하는 경우의 활용 사례이다. 다음에 사용한 컬럼들은 DATE 타입이라고 가정한다.

```
CREATE INDEX term_idx ON activities (expire_date - start_date));
```

다음은 실무에서 자주 사용되는 업무처리 기간을 검색하는 경우의 활용 사례이다

```
CREATE INDEX source_length_idx ON print_media
  (text_length(source_text));
```

라. 오브젝트 타입의 인덱스 검색

이번에는 오브젝트의 개념을 활용하는 유형(Type) 매소드를 함수기반 인덱스로 생성하여 활용하는 사례를 살펴보자. 다음의 사례는 길이(Length), 폭(Width), 높이(Height)의 세 가지 컬럼을 가진 육면체(Cube)를 오브젝트 타입으로 설정한 예이다. 이것을 이용하여 부피를 구하는 'volume()' 매소드를 정의한다.

```
CREATE TYPE cube AS OBJECT
( length NUMBER,
  width  NUMBER,
  height NUMBER,
  MEMBER FUNCTION volume RETURN NUMBER DETERMINISTIC
);

CREATE OR REPLACE TYPE BODY cube AS
  MEMBER FUNCTION volume RETURN NUMBER IS
  BEGIN
    RETURN (length * width * height);
  END;
END;
```

이제 다음과 같이 'cube' 유형(TYPE)으로된 CUBE_TAB 테이블을 생성하고, volumn() 매소드로된 함수기반 인덱스로 생성해보자.

```
CREATE TABLE cube_tab OF cube;
CREATE INDEX volume_idx ON cube_tab x (x.volume());
```

다음의 쿼리는 인덱스를 경유하여 액세스를 수행한다.

```
SELECT * FROM cube_tab x WHERE x.volume() > 100;
```

마. 배타적 관계의 인덱스 검색

여기서 말하는 배타적(Exclusive) 관계에 있는 컬럼이란 데이터 모델링 상에서 서로 다른 서브타입(Subtype)에 있는 컬럼들 중에서 동일한 속성으로 통합할 수 있는 컬럼들의 관계를 말한다. 예를 들어, 고객 테이블에서 '개인고객' 서브타입에 있는 '주민등록번호'와 '법인고객' 서브타입에 있는 '사업자등록번호'는 '고객공인식별번호'라는 컬럼으로 통합될 수 있다.

물론 테이블에 이렇게 하나의 컬럼으로 통합했다면 문제가 없겠지만 배타적 관계에 있는 두 컬럼을 별도로 분리했다면 각각 인덱스를 가져야 하고, 조건 검색을 할 때도 별도의 조건을 부여해야 한다. 우리가 데이터 모델링을 할 때 이러한 점들을 소홀히 하면 여러 가지 측면에서 비효율이 발생한다.

◇ 배타적 관계의 유일성 보장

만약 어떤 배타적 관계에 있는 속성들의 의미를 확장하면 동일한 속성으로 볼 수 있으며, 이들을 결합했다면 반드시 존재해야 한다거나 유일해야 한다는 원칙이 있을 수 있다. 그러나 컬럼이 분리되어 있기 때문에 사용자가 추가적으로 의도적인 처리를 해야만 데이터 일관성을 보장 받을 수 있다.

이러한 경우에 함수기반 인덱스를 생성하여 처리의 단순화 및 시스템을 통한 제약조건의 검증까지 보장 받는 혜택을 누릴 수 있다. 다음 사례는 배타적 관계에 있는 주민등록번호와 사업자등록번호를 결합하여 유일성을 체크할 수 있을 뿐만 아니라 검색의 단순화도 얻을 수 있다.

```
CREATE UNIQUE INDEX official_id_idx ON customers
  (CASE WHEN cust_type = 1 THEN resident_id ELSE business_id END);

SELECT * FROM customers
WHERE (CASE WHEN cust_type=1 THEN resident_id ELSE business_id END) = :b1;
```

다음 사례는 특정한 범위의 데이터에 대해서만 유일성을 체크하도록 할 수 있는 사례이다. 예를 들어, 'A01'의 보험상품에서는 고객이 한 번만 가입할 수 있다면 다음과 같은 방법으로 유일성을 체크할 수 있다.

```
CREATE UNIQUE INDEX contract_idx ON insurance
  (CASE WHEN ins_type = 'A01' THEN customer_id ELSE NULL END,
   CASE WHEN ins_type = 'A01' THEN ins_type   ELSE NULL END);
```

이 인덱스는 INS_TYPE = 'A01'인 경우가 아니면 모두 NULL 값이 되므로 유일성을 체크하지 않는다. 다음과 같은 입력이 발생하면 에러가 나타난다.

```
INSERT INTO contact_person (insurance_id, …, customer_id,ins_type)
VALUES (122101, … , 2101, 'A01');

1 row created.

INSERT INTO contact_person (insurance_id, …, customer_id,ins_type)
VALUES (122242, … , 2101, 'A01');

ERROR at line 1:
unique constraint (OE.CONTRACT_IDX) violated
```

◇ 배타적 관계의 결합 인덱스

비록 컬럼들이 서로 배타적 관계에 있지 않더라도 어떤 구분값을 기준으로 선택되는 순간 배타적이 된다. 가령, 자재출고 테이블에 있는 출고일자와 선적일자는 배타적이지 않지만 주문구분(Order_type) 별로 선택을 하면 배타적이 된다. 현실세계에서는 업무적인 특성에 따라 적용기준일을 다르게 하는 경우가 종종 있다.

이처럼 경우에 따라 달라지는 적용기준일이 다른 컬럼들과 결합 인덱스를 생성해야 한다면 다음과 같은 방법으로 해결할 수 있다.

```
CREATE INDEX order_delivery_idx1 ON order_delivery
  (order_dept,
   CASE WHEN ord_type = 1 THEN delivery_date ELSE shipping_date END,
   Item_type);
```

함수기반 인덱스는 버전에 따라 제약사항에 많은 차이가 있으므로 관련 매뉴얼을 반드시 참조하기 바란다. 가령, 초기의 버전에서는 OR 나 IN, 서브쿼리를 사용하면 인덱스를 사용할 수 없는 경우도 있었다.

제3장
SQL의 실행계획 (Explain Plan)

제 3 장
SQL의 실행계획(Explain Plan)

액세스 효율에 가장 결정적인 영향을 미치는 것은 수립된 실행계획이다. 물론 실행계획은 우리가 사용한 SQL의 형태와 테이블 및 인덱스 구조, DBMS 버전, 통계정보 등을 토대로 생성되므로 먼저 이러한 요소들이 적절하게 준비되어 있어야 좋은 실행계획을 얻을 수 있다.

사실 문법적으로만 잘못되지 않았다면 옵티마이져는 어떤 방법을 사용해서라도 우리가 원하는 결과를 제공해준다. 그러나 단지 원하는 결과를 얻었다는 것만으로 만족한다면 우리는 너무 많은 비효율을 감당해야 한다.

그렇다고 해서 모든 SQL의 실행계획을 일일이 확인하면서 처리한다면 관계형 데이터베이스를 사용하는 의미가 없다. 가장 바람직한 방법은 어떠한 SQL에도 최적의 실행계획이 수립될 수 있도록 각종 옵티마이징 팩터들을 전략적으로 구성해 두는 것이다. 옵티마이져의 최적화는 SQL 단위로 수립되므로 좋은 SQL을 작성할 수 있는 것은 매우 중요하다.

이러한 모든 요건들이 충족되었더라도 경우에 따라 최적의 실행계획이 수립되지 못하는 경우는 실제로 매우 많이 발생한다. 물론 실세계에서 나타나는 비효율의 대부분은 옵티마이져의 잘못보다는 사용된 SQL이나 옵티마이징 팩터가 적절하지 못해서 발생한 것이다. 그러나 우리가 작성한 SQL에 대해서 대략적으로라도 옵티마이져가 수립하는 실행계획을 유추할 수 있는 능력을 갖추고 있다면 많은 부분이 달라질 것이다.

먼저 제대로 된 옵티마이징 팩터를 구성할 수 있는 판단력과 좋은 SQL을 작성할 수 있는 활용능력과 실행계획을 제어할 수 있는 통제력을 키워야 한다. TV의 화면만 보고 내부의 전류의 흐름을 알려고 하지 않는다면 수십 년이 지나도 그 분야의 전문가가 될 수 없듯이 SQL의 수행결과만 보고 그 실행계획을 보려 하지 않는다면 아무리 경력이 쌓여도 전문가는 될 수 없다.

실행계획을 이해하고 제어하는 방법은 이 책 시리즈의 전편을 통해 설명되고 있다. 다만 이 장에서는 앞으로의 보다 깊은 이해를 위해 모든 실행계획의 유형들을 종합적으로 살펴보려는 것이다.

3.1. SQL과 옵티마이져

관계형 데이터베이스에서는 오로지 SQL을 통해서만 데이터를 처리할 수 있다. 그러나 단지 SQL은 사용자의 요구를 표현한 일종의 문자열에 불과하다. 다른 언어들처럼 컴파일이 완료된 수행모듈은 아니지만 우리는 SQL을 실행시킨 즉시 결과를 얻을 수 있다.

그것이 가능한 이유는 옵티마이져는 우리가 작성한 SQL에 대해 구체적인 처리절차를 생성해 내고 그것을 실행 가능한 수행 모듈로 만든 후 실제로 실행을 완료한 후 결과까지 리턴하기 때문이다. 그러므로 어떤 의미에서 본다면 우리는 단지 요구만 할 뿐이고 진정한 의미에서의 애플리케이션은 옵티마이져가 생성하는 실행계획이라고도 할 수도 있다.

실행계획에서 정의된 절차로 처리가 진행되므로 실행계획의 적절성 여부가 수행속도에 지대한 영향을 미치게 되는 것은 너무나 당연하다. 실행계획은 옵티마이져의 몫이다. 그러나 옵티마이져는 논리적으로 존재할 수 없는 처리방법을 만들어 줄 수는 없다. 다만 이미 주어져 있는 각종 영향요소들을 토대로 가장 유리하다고 판단한 처리경로를 선택해 줄 뿐이다.

논리적으로 처리 가능한 경로는 여러 가지의 영향요소에 따라 달라진다. 실행계획에 영향을 미치는 요소는 인덱스와 클러스터 뿐만이 아니다. 이 밖에도 옵티마이져 모드, 수립된 통계 정보, SQL 문장의 형태, 시스템 및 네트워크 상태, 옵티마이져 버전 등이 종합적으로 감안되어 실행계획이 결정된다.

인덱스의 활용 단원에서 알아보았듯이 컬럼과 연산자의 사용형태에 따라 이미 존재하는 인덱스나 클러스터의 적용이 달라진다. 뿐만 아니라 비교한 값이 상수값이냐 변수값이냐에 따라서도 달라질 수가 있으며, 동일한 SQL이라 하더라도 비교한 상수값의 분포도에 따라 실행 계획은 달라진다. 또한 클러스터, 테이블, 인덱스 등에 대한 통계 정보의 생성 주기나 각각의 생성 시점의 차이, 생성 여부에 따라서도 실행 계획은 달라질 수 있다.

DBMS 제품이나 옵티마이져의 버전에 따라서 적용되는 통계 정보에는 약간의 차이가 있다. 옵티마이져가 참조하는 통계 정보는 다양하지만 그 중에서도 선택성(Selectivity)에 가장 중요한 영향을 미치는 정보는 컬럼값들에 대한 차별적인 분포도와 액세스의 물류 단가, 즉 클러스터링 팩터라 할 수 있다. 다시 말하면 가장 최소량을 처리할 수 있도록 하는 것과 가장 싼값으로 액세스할 수 있느냐가 가장 큰 영향 요소라는 것이다.

옵티마이져는 아주 복잡하게 되어 있지만 궁극적인 목표는 어느 길로 가면 처리 주관 범위(Driving Range)를 가장 최소화 시킬 수 있고, 보다 싼 운반 단가로 처리할 수 있는가를 찾으려고 애쓰는 것일 뿐이다. 그러나 처리해 보기 전에 판단해야 하기 때문에 선택된 처리 방법이 항상 최적이라고는 할 수 없다는데 문제가 있다.

어쨌든 분포도가 좋은(낮은) 범위를 처리 주관 범위로 하여 처리한다면 일단 처리해야 할 일량은 감소한다. 물론 처리범위가 좁다고 해서 항상 최적이 아닐 수는 있다. 그것은 운반 단가가 감안되지 않았기 때문이다. 또한 다음에 우리가 살펴볼 부분범위 처리 개념이 도입되었을 때에도 상황이 전혀 달라질 수도 있다.

최적화를 결정하는 것은 일종의 시뮬레이션(Simulation)이기 때문에 최적화 목표(Goal)에 따라 판단의 결과는 달라질 수 있다. 일단 처음 얼마라도 빨리 결과를 얻도록 하는 것을 목표로 하는 시뮬레이션과 전체를 모두 처리했을 때의 최적화를 위한 시뮬레이션의 결과는 다를 수 있다. 물론 그렇다고 결론이 항상 달라진다는 것은 아니다.

그러나 일반적으로 최소 범위를 처리 주관 범위로 하는 것이 가장 유리한 경우가 대부분이므로 어떻게 하면 처리 범위를 최소화하느냐가 최대의 관건이라 할 수 있다. WHERE 절에 사용한 컬럼들에 대한 인덱스의 결합 형태와 사용된 연산자, 비교한 상수값이나 변수값을 감안하여 가장 최소의 처리 범위를 가진 경우가 선택되기만 한다면 우리가 원하는 최적의 실행 경로를 얻을 수 있다.

이 말은 일견 최적 경로의 선택에 대한 책임이 옵티마이져에게만 있는 것처럼 들린다. 그러나 사실은 사용자의 책임이 훨씬 크다. 왜냐하면 우리가 앞서 살펴보았듯이 사용된 조건의 형태와 인덱스의 구성 형태, 클러스터링 여부에 따라 처리해야 할 범위는 엄청난 차이가 나기 때문이다. 그러므로 우리가 다양한 사용 경우를 대비해서 어떠한 유형의 인덱스나 클러스터를 생성하였느냐가 더 큰 영향을 미친다.

물론 옵티마이져에 따라 가끔은 엉뚱한 실행 계획을 수립하는 경우가 나타난다. 그러나 그러한 부분은 상대적으로 많지는 않다. 이러한 경우는 DBMS 의 오류(Bug)일 수도 있고, 참조하는 통계 정보의 정도에 따라 정확성에 문제가 나타날 수도 있다.

흑백논리로만 풀 수 없는 경우라면 어느 한쪽이 유리할 때 다른 쪽은 상대적으로 불리해진다. 그렇지만 어느 한 가지를 반드시 결정하지 않을 수 없다고 한다면 우리는 어떻게 해야 할 것인가? 결국 평균적으로 유리한 방법으로 결정할 수 밖에 없을 것이다.

이처럼 결정된 처리 방법이 모든 경우에 대해 항상 유리해질 수는 없기 때문에 옵티마이져는 이와 같은 딜레마에 부딪히는 경우가 빈번하게 발생한다. 어떤 경우에는 옵티마이져의 훌륭한 판단에 놀라워 하기도 하지만, 또 어떤 경우에는 그 바보스러움에 실망을 금치 못하기도 한다.

어쨌든 우리가 관계형 데이터베이스를 사용하는 한 옵티마이져의 영향권을 벗어날 수는 없다. 옵티마이져에 대한 이해가 바탕이 되지 않고서는 아무리 세월이 흘러 경험이 쌓이더라도 더 이상의 발전은 기대할 수 없다. 이러한 의미에서 좀더 옵티마이져에 대해 자세한 내용을 알아보기로 하겠다.

3.1.1. 옵티마이져와 우리의 역할

옵티마이져를 이해하기 위해서는 먼저 옵티마이져의 존재 이유와 그 역할에 대해서 알아보는 것이 순서일 것이다. 관계형 데이터베이스의 출현 배경에는 여러 가지가 있겠지만 그 중에서 가장 중요한 사항은 데이터들 간에 물리적인 연결고리를 가지지 않아도 논리적인 연결고리만 있다면 원하는 데이터를 액세스할 수 있다는 것이라 하겠다.

이것은 곧 물리적인 연결고리 없이 논리적 방법만으로도 원하는 데이터를 찾을 수 있도록 하는 장치가 반드시 필요하다는 것을 의미한다. 더구나 관계형 데이터베이스는 사용자가 처리절차를 기술하는 것이 아니라 단지 요구서에 불과한 SQL을 표준언어로 채택했기 때문에 사용자의 다양한 요구에 따라 그 때마다 최적의 '경로(처리절차)'를 찾아 주어야만 한다. 이 역할을 책임지는 장치가 바로 옵티마이져(Optimizer,최적기)인 것이다.

상식적으로 생각해 보더라도 이미 닦아 놓은 길을 가는 것에 비해 가고자 하는 순간에 길을 닦아서 가는 것은 무척 어려울 것이며 수행속도가 나빠질 수 밖에 없는 것은 자명한 이치라 하겠다. 만약 수행속도의 문제를 해결할 수 없었다면 이러한 방법은 단지 이론적으로 가능할 뿐이지 현실적으로는 적용이 불가능 했을 것이다.

초창기의 관계형 데이터베이스 제품은 물리적인 연결고리를 가지지 않고서도 자유로운 액세스가 가능하다는 이론을 증명한 수준에 불과했다. 그리 길지 않은 세월이 지나 이러한 문제를 충분히 극복하였을 뿐만 아니라 어떤 면에서는 과거의 데이터베이스 보다 훨씬 우수한 성능을 보장함으로써 이제 실로 방대한 부문에서 적용되고 있다.

이러한 진보적인 발전은 매우 다방면에 걸쳐 이루어졌지만 그 중에서 '핵'이라고 할 수 있는 옵티마이져의 놀라운 발전은 이를 더욱 공고히 하는데 커다란 역할을 담당하였다. 관계형 데이터베이스의 구조적인 단점이 충분히 개선됨으로써 그 본래의 장점인 융통성은 더욱 빛을 발하게 되었고, 이제 새로 시작하는 대부분의 시스템은 관계형 데이터베이스를 채택하고 있다.

그러나 수많은 사용자가 오랜 세월 동안 관계형 데이터베이스를 사용하고 있음에도 불구하고 옵티마이져에 대해 제대로 알고 적용하는 사용자는 그리 많지 않다. 과연 그 이유는 어디에 있는 것일까? 그것은 바로 옵티마이져의 역할이 너무 깊이 숨어 있어서 우리 눈에 잘 보이지 않기 때문일 것이다.

사실 액세스의 효율을 무시할 수만 있다면 옵티마이져를 잘 알지 못하더라도 우리가 원하는 결과를 얻는 데는 전혀 문제가 되지 않는다. 그야말로 SQL의 문법이 잘못되지만 않았다면 무조건 결과를 얻을 수 있다. 특히 소량의 데이터를 처리했을 때는 그 처리 방법이 아무리 비효율적이라 하더라도 순식간에 원하는 결과를 얻을 수 있기 때문에 개발자들은 둔감해진다. 더구나 숨겨져 버린 옵티마이져의 역할은 우리가 일부러 확인하려 노력하지 않으면 겉으로 들어나지 않기 때문에 경험이나 경력에 비례하지도 않는다.

논리적인 방법에 의해서 결정되는 옵티마이져의 실행계획은 너무나 많은 요소들에 의해서 영향을 받고 있으므로 그 오묘함은 말로 형언할 수 없을 만큼 복잡하고 다양하다. 그럼에도 불구하고 대부분의 데이터베이스 제품의 매뉴얼에는 옵티마이져가 최적화를 하는 다양한 원리들이 제대로 언급되어 있지 않다.

이러한 사실들은 필연적으로 사용자와 데이터베이스의 사이에 작용하는 옵티마이져의 존재를 모호하게 만든다. 너무나 많은 변수를 가지고 있기 때문에 사용자 또한 이를 이해하려 노력하지도 않는다. 물론 우리가 아무런 걱정을 하지 않고 필요한 요구만 하더라도 항상 최적의 효율을 얻을 수만 있다면 구태여 머리 아픈 고민을 할 필요가 어디 있겠는가?

문제의 초점은 옵티마이져가 전지전능하지 않다는 것에 있다. 아무리 DBMS 벤더들이 완벽한 옵티마이져를 보유하고 있다고 주장하더라도 결단코 모든 것을 해결해주는 옵티마이져는 논리적으로도 존재할 수 없음을 알아야 한다. 옵티마이져는 존재하지 않는 길을 '개척'해 주는 존재가 아니다. 단지 이미 존재하는 길들 중에서 하나를 '선택'해주는 역할을 할 뿐이다.

바로 여기에서 우리의 역할과 옵티마이져의 역할이 분명하게 나누어진다. 우리가 미리 다양한 경우에 대비한 최적의 물리적인 '길'을 만들어 두지 않고서는 결코 옵티마이져에게 최적을 선택해 달라고 강요할 수는 없다. 다양한 형태로 도전해 오는 적(액세스 요구)을 무찌르기(만족시키기) 위해서는 다양한 무기(옵티마이징 팩터)가 필요하다.

전투는 옵티마이져가 하지만 무기는 사용자가 사전에 제공해야 한다. 아무리 우수한 전략가라 하더라도 적절한 무기를 확보하지 못했다면 전술을 수립할 수 있는 방법은 많지 않다. 이와 반대로 만약 우리가 충분하고 적절한 무기를 사전에 공급했다면 우수한 전략가는 어떠한 적의 공격에 대해서도 훌륭한 대응전략을 수립할 수 있을 것이다.

그럼에도 불구하고 대부분의 사용자들은 자신이 제대로 무기를 공급해 주지도 않았으면서 전투에서 패한 장수들만 나무란다. 만약 옵티마이져가 말을 할 수 있었다면 개발자들에게 엄청난 불만을 토로했을 것임에 틀림없다.

사용자가 준비해 두어야 할 가장 기본적인 옵티마이징 팩터는 인덱스의 구성에 대한 전략과 적절한 SQL 을 작성하는 것이다. 전략적인 인덱스의 구성에 대한 접근 방법은 뒤에서 별도로 다루게 될 것이다. 여기서 잠시 우리가 SQL 의 진정한 의미를 되새겨 보는 시간을 갖기로 해보자.

SQL 은 애플리케이션을 작성하기 위해 사용하는 명령어가 아니다. SQL 은 개발자가 자신이 처리해야 할 결과를 얻기 위해서 필요한 데이터를 요구한다거나 단지 처리된 결과의 저장을 위해 사용하는 '명령어'가 아니라는 것이다. 오히려 SQL 은 사용자가 데이터베이스에게 '애플리케이션의 작성을 부탁하는 요구서'라고 하는 것이 보다 정확한 표현일 것이다.

다른 측면에서 한 가지 비유를 들어보자. 우리가 학생시절이었을 때는 교사는 숙제를 내고 학생은 배운 것을 총 동원하여 열심히 숙제를 해야 했다. 가령, 다음과 같은 집합의 해를 구하라는 문제를 숙제로 받았다고 해보자.

집합 $A = \{x \mid x \in 정수, x \in 2 의 배수, 10 > x\}$

이 문제를 풀기 위해서 우리는 상식과 공식을 동원하고, 때로는 남에게 물어보기도 하였으며, 필요하다면 참고서를 이용하기도 하여 다음과 같은 결과를 얻었다.

$\{2\}, \{4\}, \{6\}, \{8\}$

숙제를 내는 사람은 교사이고, 숙제를 하는 사람은 학생이다. 그러나 이제 나이가 들어 상황이 달라졌다. 세월이 흘러 이제 우리는 더 이상 학생이 아니라 숙제를 내는 교사가 된 것이다. 관계형 데이터베이스 이전 시대에서는 시스템을 사용할 현업의 사용자가 문제를 내는 교사였다면, 개발자인 우리는 그것을 풀어야 하는 학생이었다.

그러나 관계형 데이터베이스에서는 데이터 처리에 관한 많은 부분에 대해 우리가 숙제를 내고 그 해결은 옵티마이져가 대신하는 체제가 되었다. 앞에서 소개했던 집합 숙제를

SQL 로 바꾸어 보자.

```
SELECT x
FROM   정수
WHERE x < 10
  AND MOD(x,2) = 0;
```

이제 우리는 교사로써 SQL 을 통해 옵티마이져에게 숙제를 낸다. 다행히도 데이터베이스는 숙제를 해결하는 능력이 탁월한 학생이다. 데이터베이스는 아무리 어려운 숙제라고 하더라도 논리적으로만 가능하다면 예외 없이 결과를 제공한다.

이제 우리는 숙제를 내는 교사이다. 논리적으로 가능한 문제를 낸다면 어떠한 문제라도 풀어오는 매우 똑똑한 학생들을 가진 교사이다. 그렇다면 이제 우리는 숙제를 내는 교사의 입장에서 생각을 하고 판단을 해야지 아직도 학생처럼 행동해서는 안 된다.

그러나 현실은 어떠한가? 직책은 교사지만 거기에 어울리게 행동하는 사람들을 찾아보기 어렵다. 너무 많은 숙제를 내면 학생들이 힘들어 할까봐 걱정이 되서 그렇게 하는가? 데이터베이스가 불쌍해 보여서 자신이 직접 숙제를 하려는 것인가?

숙제를 내는 사람이 아무리 많은 요구를 하더라도 조금의 불만도 하지 않고 충실히 따르는 학생이 있다면 얼마든지 많은 숙제를 내주어도 좋다. 자! 이제 생각을 바꾸어 보자. 힘들여 자신이 숙제를 하려고 하지 말고 좋은 숙제를 내려고 애쓰는 교사가 되어보라!

좋은 숙제란 학생들이 밤을 세워 공부해야만 해결할 수 있는 것이 아니다. 가령 숙제를 내는 목적이 학생들의 문학성을 배양하기 위함이라면 좋은 책을 읽고 "독후감을 쓰라"는 숙제를 내어야지, 밤을 세워 해야 할 "책을 처음부터 끝까지 10 번씩 쓰라"는 식의 숙제를 내면 원래의 목적은 잃어 버리고 팔뚝만 굵어지지 않겠는가?

좋은 교사라면 이 숙제를 내었을 때 학생들이 어떻게 해결할 수가 있으며 그 효과가 무엇인지를 알고서 했을 것이다. 동일한 결과를 얻을 수 있다고 해서 수십, 수백 배의 불필요한 노력을 요구하는 숙제를 내어서는 안 된다는 것은 교사로써 지켜야 할 도리일 것이다. 그렇지 않았을 때 학생들이 무식한 교사를 향해 얼마나 원망을 하게 될 것인가를 한 번 생각해보라!

우리가 데이터베이스를 활용하는 것 또한 이와 크게 다르지 않다. 우리가 전혀 옵티마이겨를 모르고 결과를 요구한다면 이와 유사한 결과가 나올 수밖에 없는 것은 너무나 당연하다. 그래도 학생들은 불만을 토로할 수 있지만 데이터베이스는, 컴퓨터는 말없이 땀만 흘리고 있다는 차이가 있을 뿐이다.

최소의 노력으로 최대의 효과를 얻도록 하는 것이 교사의 도리이듯이 최소의 시스템 자원으로 최대의 효과를 얻도록 하는 것이 개발자의 도리이다. 시스템의 자원은 유한하며, 자원은 곧 '돈'이다. 제한된 자원에서 많은 처리가 수행되기 위해서는 최소의 자원으로 최대의 효과를 내어야 한다. 이것이 바로 우리가 할 일이자 도리라 하겠다.

3.1.2. 옵티마이져의 형태

옵티마이져의 형태를 크게 두 가지로 분류를 한다면 규칙기준 옵티마이져(RBO, Rule-Based Optimizer)와 비용기준 옵티마이져(CBO, Cost-Based Optimizer)가 있다. 이 두 가지 옵티마이져의 가장 큰 차이점은 최적의 처리방법을 선택하기 위해 판단의 근거가 될 평가를 어떤 방법으로 산정하느냐에 있다.

옵티마이져는 주어진 조건에 대해 처리할 수 있는 경로가 다양하게 존재하더라도 그 중에서 가장 유리하다고 판단하는 한 가지를 선택하게 된다. 이렇게 선택한 것이 바로 처리절차를 의미하므로 수행속도에 직접적인 영향을 미치게 된다. 세상만사가 그러하듯이 현재 확보하고 있는 요소들을 토대로 여러 가지 중에서 어느 한 가지를 선택한다는 것은 참으로 어려운 일이고, 그 결과에 대한 책임이 따르게 되므로 매우 중요하다.

물론 그러한 결정을 하는데 필요한 요소들이 모두 확실하기만 하다면 이론적으로는 언제나 완벽한 선택을 할 수가 있겠지만 어디 세상 일이 그리 만만하기만 하겠는가? 현대는 '불확실성의 시대'라는 말이 있듯이 과거에 비해 현저하게 많은 요소들과 분석이론, 분석가들이 존재하지만 그러한 모든 것을 총동원하고서도 번번히 예측이 빗나가기 일쑤이지 않는가!

가령 앞으로 10년 후의 세계정세를 판단한다고 생각해보자. 이를 위해 우리가 확보해야 할 요소들은 얼마나 될 것이며, 그것들이 얼마나 확실한 근거를 가진다고 할 수 있을 것인가? 그렇다고 해서 막연한 느낌만으로 예측할 수는 없기 때문에 가능한 모든 요소들을 애써 확보해서 고심에 찬 결정했다고 하자.

그러나 10년 후가 된 후에 검증해 보면 그 판단이 상당히 잘못된 예측이었을 가능성이 매우 높다. 그 이유는 판단에 사용된 요소들이 충분할 수가 없고, 그 요소들의 값이 완벽할 수 없기 때문이다. 이처럼 실질적인 요소 값(Cost)을 근거로 예측했다고 해서 항상 완벽하다고 할 수는 없다.

차라리 어떤 경우에는 지금까지 밝혀졌던 원칙과 자연의 법칙(Rule)을 토대로 거시적인 판단을 한 것이 오히려 정확할 수도 있다. 물론 '예외없는 법칙은 없다'는 서양속담이 있듯이 모든 일이 법칙대로 될 수는 없다. 내부의 구체적인 값을 무시한다면 때로는 겉만 멀쩡하고 속은 비어 있는 것들로 인해 전혀 현실적이지 못한 결론이 나타날 개연성도 무시할 수 없다.

그러나 그렇다고 해서 항상 어떤 결정을 하는데 일일이 원가계산을 해본 후에 판단을 할 수는 없다. 이것은 마치 우리가 비용기준 옵티마이져가 내부적으로 보유하고 있는 통계정보와 비용산출 방법을 숙지하여 옵티마이져의 결정을 미리 예측하면서 SQL 을 작성할 수는 없는 것과 별로 다르지 않다.

그렇다면 아예 옵티마이져를 믿고 우리는 그저 SQL 만 열심히 작성하면 아무런 문제가 없을 것인가? 결코 그렇지도 않다. 만약 그렇게 한다면 여러분들은 영원히 관계형 데이터베이스의 놀라운 세계를 경험할 수 없게 될 것이다.

혹시 이 말이 규칙기준 옵티마이져를 선호하는 것처럼 보인다거나 비용기준 옵티마이져를 폄훼하는 것으로 오해하지 않기를 바란다. 즉, 비용기준 옵티마이져에 문제가 많으니 규칙기준 옵티마이져를 잘 이해하여 사람이 보강하는 방식이 좋다는 의미로 오해하지 않기를 바란다는 것이다.

이제 사라져 가는 규칙기준 옵티마이져를 두둔할 생각은 조금도 없다. 다만 비용기준 옵티마이져에게 모든 것을 일임해 버려서는 안 되기 때문에 여러분 스스로가 최적의 실행계획이 어떤 것인지를 예측하고, 그것을 감안해서 SQL 을 작성하는 좀더 깊은 기술이 필요하다는 것을 강조하려는 것일 뿐이다.

규칙기준이나 비용기준 옵티마이져 모두 추구하는 목표는 동일하다. 다만 최적을 판정하는 방법상의 차이가 있을 뿐이다. 우리가 SQL 을 작성하면서 일일이 통계정보를 확인하고 비용계산을 해볼 수는 없다. 그러나 SQL 구문만 보고서도 최적의 처리경로를 예측해 낼 수 있는 것과 '무조건 결과만 얻으면 된다'는 식의 접근방법과는 커다란 차이가 날 수 밖에 없다.

이런 의미에서 여러분들이 규칙기준 옵티마이져를 이해하고 있으면 상당한 도움이 된다. 만약 규칙기준에 대한 예외사항이 없다고 가정한다면 손쉽게 규칙만으로 최적화를 할 수 있으니 얼마나 간편하고 쉬운가! 사실 규칙기준만으로는 도저히 현실적인 예외사항을 감안할 수 없기 때문에 비용기준이 출현하게 되었다.

만약 우리가 작성한 SQL 이 자신이 알고 있는 규칙기준에 입각해서 판단했을 때 큰 문제가 없었다면 혹시 있을 예외사항에 대한 보강 판단은 옵티마이져가 해 주기 때문에 우리는 훨씬 쉬운 방법으로 최적화를 달성할 수가 있다.

사실 좀더 최적화를 판단할 수 있는 능력을 가진 사람이라면 SQL 을 작성하면서 이미 어떤 실행계획이 가장 유리한 지를 알고 있다. 물론 그들은 통계정보를 일일이 확인해 보거나 옵티마이져가 하는 비용계산을 해보지도 않는다. 그러나 만약 예기치 않은 부하가 발생했다면 옵티마이져가 어떤 실수를 했는지 쉽게 찾아낸다.

또한 그들은 옵티마이져를 어떻게 제어하면 진정한 최적의 실행계획이 나타나도록 할 수 있는지도 알고 있다. 그들은 이미 이러한 판단을 기반으로 SQL 을 작성하기 때문에 자신의 예측과 옵티마이져의 결정이 상당히 유사하게 나타난다. 이것이 바로 우리가 꿈꾸는 목표이자 관계형 데이터베이스를 접근하는 올바른 방법이라고 믿는다.

이를 위해서는 이 책의 시리즈 전편에 나오는 각종 원리들을 이해하는 것 외에는 다른 방법이 없다. 처음에는 다소간의 어려움이 따르기도 하겠지만 어느 정도 수준에 도달하면 새로운 세계가 보이기 시작할 것이다. 마치 운전을 할 줄 모르는 사람은 남이 운전하는 차에 승차해서 갈 수 밖에 없지만 자신이 직접 운전을 하게 되면 원하는 곳을 마음대로 갈 수 있게 되는 것과 유사하다고 하겠다.

좀더 엄격하게 말한다면 반드시 규칙기준 옵티마이져를 이해하는 것이 필요하다고 주장하는 것은 아니다. 여기서 강조하고자 하는 것은 옵티마이져를 통해 처리경로를 확인하기 전에 우리가 먼저 최적의 경로를 예측할 수 있는 힘을 길러야 한다는 것이다. 이는 마치 관리자가 직접 실무를 하지는 않지만 실무자가 하는 일의 적절성을 판단할 수 있는 능력을 길러야 하는 것과 다르지 않다.

굳이 통계정보와 비용의 계산이 없더라도 우리는 사고를 할 수 있는 인간이기 때문에 이 책에서 설명되는 원리들을 이해하고 약간의 훈련을 한다면 충분히 그러한 판단이 가능해진다. 나아가 옵티마이져의 실수를 보정해 줄 수 있는 힘까지도 얻게 된다. 이를 위해서는 정말 많은 것을 제대로 이해하고 있어야 하므로 단지 약간의 설명이나 하루 이틀의 노력으로 이룰 수 있는 것이 아니다.

이러한 접근을 위한 시작 단계에서 옵티마이져에 대한 기본적인 이해가 선행되어야 한다. 이를 위해 여기서는 옵티마이져의 유형별 개념과 특징들을 알아보는 정도만 다루기로 하겠다.

옵티마이져는 SQL 을 실행해 보지 않고 최적을 판단해야 한다. 그것도 매우 짧은 시간 내에 판단해야 하기 때문에 옵티마이져는 나름대로 판단의 기본 원칙을 가지고 있다. 액세스를 위해 사용할 도구에 해당하는 인덱스, 클러스터링의 상태와 사용된 연산자의 형태에 따라 순위(Ranking)를 부여하고 가장 좋은 순위를 가지는 형태가 가장 최적이라고 판단하는 것이 규칙기준 옵티마이져이다.

　이 옵티마이져의 치명적인 약점은 테이블의 크기, 인덱스내의 컬럼값들의 분포도 등의 통계정보를 전혀 이용하지 않고 결정을 한다는 점이다. 이러한 모순점을 해결하기 위해 다양한 통계정보를 이용하여 실제로 원가(Cost)를 계산해 보고 가장 최소의 비용이 드는 처리형태를 선택하는 것이 바로 비용기준 옵티마이져이다.

　이론적으로 본다면 비용기준과 규칙기준 옵티마이져는 비교 상대가 되지 않는다. 그러나 여기에는 참으로 복잡한 문제가 연루되어 있어 꼭 그렇다고만 말할 수 없다는 데 현실적인 아픔이 있다. 자! 그러면 옵티마이져 형태에 따른 특성과 안고 있는 문제점, 그리고 우리의 접근방법에 대해 좀더 상세하게 알아보기로 하자.

3.1.2.1. 규칙기준 옵티마이져

어떻게 보면 규칙기준 옵티마이져는 원래 관계형 데이터베이스가 추구하는 이상형이 아니라 초기의 기술 수준의 문제로 인해 탄생한 '임시형'이라는 표현이 좀더 적절할지도 모르겠다. 그러나 세월이 많이 지난 지금에도 특정 데이터베이스에서는 일부 애용되고 있다는 사실은 시사하는 바가 크다.

그것은 물론 아직도 비용기준 옵티마이져의 성능에 부족한 면이 많이 남아 있기 때문이라고도 할 수도 있겠지만 여러 가지 면에서 남아 있는 존재가치는 충분히 있다고 보인다. 그러나 머지 않아 완전히 소멸될 것이므로 여기서는 간단한 개념만 소개하도록 하겠다. 규칙기준 옵티마이져는 인덱스 구조나 비교연산자에 따라 순위를 부여하여 이것을 기준으로 최적의 경로를 결정한다. 이 순위를 나열해보면 대략 다음과 같다.

① ROWID 로 1 로우 액세스
② 클러스터 조인에 의한 1 로우 액세스
③ Unique HASH Cluster 에 의한 1 로우 액세스
④ Unique INDEX 에 의한 1 로우 액세스
⑤ CLUSTER 조인
⑥ Non Unique HASH Cluster Key
⑦ Non Unique Cluster Key
⑧ Non Unique 결합 인덱스
⑨ Non Unique 한 컬럼 인덱스
⑩ 인덱스에 의한 범위처리
⑪ 인덱스에 의한 전체범위처리
⑫ Sort Merge 조인
⑬ 인덱스 컬럼의 MIN, MAX 처리
⑭ 인덱스 컬럼의 ORDER BY
⑮ 전체테이블 스캔

물론 판단을 할 때는 어떤 유형의 인덱스를 어떤 연산자로 사용하였느냐에 따라 순위

에 차이가 있다. 어쨌든 현실의 모든 통계정보를 무시한 채 순위만으로 최적을 가리는 방식은 어떻게 생각하면 매우 원시적인 방법이라 하지 않을 수 없다. 그러나 이 방법에 대한 장·단점을 파악해보면 이 방법도 중요한 장점을 가지고 있어 나름대로의 활용가치를 인정하지 않을 수 없다.

규칙기준 옵티마이져는 원리가 단순·명료하기 때문에 약간의 숙달기간을 거치면 어느 정도 제어가 가능하다. '규칙기준 옵티마이져는 수동 카메라이고, 비용기준 옵티마이져는 자동 카메라와 유사하다'라고 비유할 수도 있겠다.

자동 카메라는 수동 카메라보다 훨씬 발전된 형태인 것은 분명하다. 그러나 아직도 수동 카메라는 사용되고 있다. 그것은 필시 가격 문제만은 아닐 것이다. 작품사진을 찍고자 하는 사진 전문가가 자동 카메라를 사용하는 것을 보았는가? 자동 카메라는 작가의 미묘한 작품세계를 그대로 반영해 줄 수가 없다. 자동 카메라는 내장되어 있는 자동화 기능에 의해서 카메라가 스스로 판단해 준다.

물론 좀더 발전된 자동 카메라는 스스로 판단하는 기능뿐만 아니라 사람의 의도를 반영할 수 있는 기능까지 함께 가지고 있게 되었으므로 완전 수동인 카메라는 자취를 감추게 되었다. 이처럼 비용기준 옵티마이져가 자동이 강화되고 다양한 수동 조절기능이 추가됨으로써 이제 거의 규칙기준 옵티마이져를 대체하려 하고 있다.

가) 규칙기준 옵티마이져의 단점

먼저 단점부터 알아보기로 하자. 단점은 앞서 언급했듯이 통계정보라는 현실요소를 무시함으로써 판단의 오차가 크게 나타날 수도 있다는 것이다. 예를 들어 1,000,000 로우를 가지는 TAB1 테이블과 100 로우를 가지는 TAB2 테이블의 로우 수를 알지 못하기 때문에 어느 쪽을 '전체테이블 스캔'하는 것이 유리한지 구별할 수 없다.

만약 2 종류의 값만 가지고 있어서 평균 분포도가 50%인 컬럼 A 로 구성된 인덱스와 10,000 종류를 가지고 있어 0.01%의 평균 분포도를 가진 컬럼 B 로 구성된 인덱스가 별도로 존재한다고 가정해보자. 만약 조건절에서 A = '10' and B LIKE '123%'을 주었을 때 비록 컬럼 B 가 LIKE 로 사용되었지만 실질적인 처리범위가 훨씬 좁다고 하더라도 무조건 '='로 사용한 컬럼 A 를 사용하는 것이 더 유리하다고 판단한다.

이는 마치 실제로 시험(Test)을 해보지도 않고 '키가 큰 사람이 농구를 잘한다'거나, 혹은 바둑을 두어보지 않고도 '단(段)이 높은 사람이 바둑을 이긴다'는 사실을 판단한다는 것과 다르지 않다. 물론 현실적으로는 그러할 개연성이 충분히 있지만 과연 무조건 그렇다고 판단해도 좋으냐는 것은 큰 의문으로 남지 않을 수 없다.

자동 카메라는 사진에 문외한인 사람이라도 원하는 피사체를 향해 스위치만 눌러주면 앨범에 보관할 정도의 사진을 얻을 수 있다. 그러나 수동 카메라는 날씨, 조명의 정도에 따라 적절한 셔터 속도와 거리를 맞추어 주어야 한다. 이것이 제대로 되어있지 않으면 작품은 고사하고 전혀 쓸모없는 사진이 나올 수도 있다.

이처럼 규칙기준 옵티마이져는 경우에 따라서 도저히 있을 수 없는 악성 실행계획이 나타날 확률이 높다는 것이 단점이다. 물론 어느 정도 옵티마이져를 이해하고 있는 사람이라면 그런 문제를 나타나게 하지는 않을 것이며, 문제가 발생되더라도 쉽게 보완이 가능할 것이다. 그러나 수준이 낮은 사람들에게는 문제가 발생할 개연성이 매우 높다는 것이 큰 단점이다.

나) 규칙기준 옵티마이져의 장점

이러한 단점에도 불구하고 규칙기준 옵티마이져는 나름대로의 장점을 가지고 있다. 그 장점은 옵티마이져의 판단이 매우 규칙적이고 분명하며 사용자가 정확히 예측할 수 있다는 점이다. 이 장점을 과소 평가해서는 안 된다. 이러한 장점은 사용자가 문제점을 미리 예측하고 자신이 원하는 방법으로 실행계획을 정확히 제어할 수 있음을 뜻하기 때문이다.

이것은 현실적으로 볼 때 매우 중요하다. 어차피 100% 정확히 예측해 주는 옵티마이져는 논리적으로도 존재할 수 없다. 그렇다면 사용자가 실행계획을 알고서 SQL 을 작성하고, 옵티마이져의 판단에 오류가 있는 부분을 미리 알고 필요한 조치를 취해 주거나 그 특성을 역으로 이용하여 자신이 원하는 방법으로 자유롭게 유도할 수 있다는 것은 생각보다 큰 의미를 가진다.

물론 이러한 장점은 사용자가 옵티마이져의 특성을 잘 이해하고 있을 때에 가능한 일이다. 여러분이 지금 카메라를 가지고 있다면 셔터속도를 얼마에 맞추어야 하는지 알고 있는가? 아마 정확히 말할 수 있는 사람이 많지 않을 것이다. 그러나 사진 전문가에게 물어보면 너무나 쉽다고 말할 것이다. 뿐만 아니라 일반인들은 사진을 현상해 보아야 알게 되겠지만 전문가들은 현상해보지 않고서도 자신이 제어한 상태가 장차 어떠한 작품으로 나타날지 미리 알고 사진을 찍는다.

이와 마찬가지로 자신이 옵티마이져(카메라)의 특성을 알고 자신이 원하는 방법(노출정도, 거리 등)으로 제어함으로써 현상해보지(SQL을 실행해보지) 않고서도 어떠한 사진이(실행계획이, 수행속도가) 나올 것인지 알 수 있는 것이다. 우리 모두가 사진 전문가가 되는 것은 현실적으로 어렵지만 사진 동호인의 일원은 충분히 될 수가 있다. 그것은 우리는 바로 사용자를 위해 정보시스템을 구축해 주는 전문가들이기 때문이다.

실제로 실무에서 튜닝을 할 때 전문가가 보았을 때 너무나 확실한 최적의 처리경로를 옵티마이져가 한사코 거부(?)하는 경우를 자주 경험하게 된다. 여러 가지 힌트를 사용하여 유도해 보지만 좀처럼 원하는 실행계획이 나타나지 않는 경우가 많이 있다.

물론 옵티마이져에 상관없이 사용자가 최적의 처리경로를 알고 있을 때나 그런 아쉬움을 느낄 수 있다. 그러한 판단 능력이 없는 사람들은 옵티마이져가 결정한 것보다 좋은 실행계획이 무엇인지 알지 못하므로 그런 불만조차 느끼지 못한다.

또 한가지 규칙기준 옵티마이져의 장점은 우리가 매우 전략적인 인덱스를 구성할 수만 있다면 이 규칙의 보편 타당성이 매우 높아진다는 것이다. 앞서 단점으로 지적했던 말을 다시 한번 생각해보자. "키가 큰 사람이 농구를 잘한다"는 말은 물론 절대적인 규칙이 될 수는 없다. 그러나 현실적으로 볼 때 키가 큰 사람이 농구를 잘할 수 있을 확률은 절대 낮지 않으며, 이러한 보편 타당성은 움직일 수 없는 사실이다.

아무리 많은 정보를 미리 알고 있다고 하더라도 논리적인 한계로 인해 옵티마이져는 결코 100% 정답을 줄 수 없으며, 단지 그 확률을 얼마나 높일 수 있느냐의 문제일 뿐이다. 비용기준 옵티마이져가 현실 통계정보를 감안한다 하더라도 여러 가지 한계로 인해 현실적으로는 그 확률이 우리가 생각하는 것처럼 높지 못하다.

우리가 바라는 것은 높은 확률로 정답에 근접할 수 있느냐에 있을 뿐이다. 규칙기준 옵티마이져는 사용자가 부여한 기준(인덱스 구조, SQL 등)이 어떤 영향을 미치게 될지를 명확히 알 수 있음으로 해서 이에 대한 적절한 전략을 미리 세울 수가 있다. 만약 이러한 전략이 적절했다면 일반적인 보편 타당성의 규칙이 옳을 확률은 훨씬 증가한다.

예를 들어 그냥 "키가 큰 사람이 농구를 잘한다"로 하는 것이 아니라 "농구를 한 경력이 있고, 키가 큰 사람은 농구를 잘한다"로 규정한다면 이 규칙이 맞을 확률은 훨씬 증가하게 된다. 그러나 아직도 분명히 예외 경우가 있다는 것을 부정할 수는 없다. 이러한 부분은 사후에 실제 경기하는 모습을 지켜본 후에 다시 조정하면 거의 정답을 얻을 수가 있는 것처럼 SQL 을 실행시켜 보고 잘못된 경로를 수정함으로써 해결이 가능하다.

이와 마찬가지로 최대의 보편 타당성을 부여한 후 – 즉, 전략적인 인덱스 구조가 구성되어 있고, 적절하게 작성된 SQL 을 사용한 후 – 일정기간 실무에서 실행하여 그 결과를 TRACE 로 출력해보면 예외 경우를 쉽게 찾아낼 수가 있다. 이런 부분만 별도의 조정을 통해 우리가 원하는 방법으로 유도한다면 아주 쉽고 명확하게 전체의 최적화에 도달할 수 있는 것이다.

어쩌면 이러한 면은 이미 옵티마이져의 형태와는 무관하다고 볼 수도 있다. 그것은 우리가 적절한 옵티마이징 팩터를 제공하기만 한다면 어떤 옵티마이져를 적용하더라도 높은 확률로 최적화를 이룩할 수가 있다는 것이다.

발전된 자동 카메라는 사용자의 의지를 적절하게 반영할 수 있으면서도 많은 부분에 좀더 완벽한 기능들로 무장하게 되었다. 이로 인해 점차 구식 수동 카메라가 자취를 감추게 되었듯이 날로 발전해 가는 비용기준 옵티마이져는 이제 규칙기준 옵티마이져를 거의 대체하게 되었다.

3.1.2.2. 비용기준 옵티마이져

비용기준 옵티마이져는 원래 관계형 데이터베이스가 추구하는 이상형이며, 대부분의 관계형 데이터베이스 제품은 비용기준 옵티마이져만 보유하고 있다. 비용기준 옵티마이져란 말 그대로 처리방법들에 대한 비용을 산정해보고 그 중에서 가장 적은 비용이 들어가는 처리방법을 선택한다.

이를 위해서 미리 작성해둔 다양한 통계정보를 참조하게 된다. 통계정보의 형태나 종류는 DBMS 제품이나 버전에 따라 차이가 있다. 통계정보에는 테이블의 로우 수와 블록 수, 블록 당 평균 로우수, 로우의 평균길이, 컬럼별 상수값의 종류, 분포도, 컬럼 내 NULL 값의 수, 클러스터링 팩터, 인덱스의 깊이(Depth, Level), 최대·최소값, 리프(Leaf) 블록 수, 클러스터링 팩터, 가동 시스템의 I/O 나 CPU 사용정보 등 매우 다양한 정보를 보유하고 있다.

그러나 여기서는 이러한 각각의 요소를 이용해서 어떻게 최적화를 하느냐에 대해서는 언급하지 않을 것이다. 그것은 너무나 복잡한 내용이고, 버전에 따라 자주 변경되며, 제품에 따라 상이할 뿐만 아니라 그들만의 노하우에 해당하므로 모두 오픈 되어 있지도 않다. 만약 우리가 그 모든 것을 알고 있다고 하더라도 실제 데이터 값에 따라 어떤 결과가 나올지 일일이 계산해보지 않고서는 알 수가 없기 때문에 굳이 너무 깊이 알 필요도 없다.

비용기준 옵티마이져는 사전에 작성된 통계정보를 토대로 현실적인 요소를 감안해서 판단하기 때문에 규칙기준 옵티마이져보다 이론상으로는 진보된 형태의 옵티마이져인 것은 틀림없다. 그러나 100% 믿을 수 있는 수준이라고 생각하는 것은 잘못된 생각이다.

그들이 가질 수 있는 통계정보에는 분명히 한계가 존재할 수밖에 없다. 최적화 단계에서 통계정보들을 이용한 통계적 확률을 계산하여 판단할 수밖에 없기 때문에 오차가 발생하는 것은 어쩌면 당연하다. 비용기준 옵티마이져의 장·단점들을 좀더 구체적으로 살펴보기로 하자.

가) 비용기준 옵티마이져의 장점

비용기준 옵티마이져가 규칙기준에 비해 상대적으로 어떠한 장점을 가지고 있는지 살펴보기로 하자. 장점을 크게 몇 가지로 나열한다면 다음과 같은 것들을 들 수 있겠다.

- 최대의 장점은 현실을 감안한 판단을 할 수 있다는 것이다.
- 통계정보의 관리를 통해 최적화를 제어 할 수 있다.
- 옵티마이져를 깊이 이해하고 있지 않더라도 최소한의 성능이 보장된다.

♣ 현실을 감안한 최적화

비용기준 옵티마이져는 현실에서 획득한 실질적인 통계정보를 기반으로 최적화를 수행한다. 가령, 2 종류의 값만 가지고 있어 평균 분포도가 50%인 컬럼 A 로 구성된 인덱스와 10,000 종류를 가지고 있어 0.01%의 평균 분포도를 가진 컬럼 B 로 구성된 인덱스가 있는 경우를 가정해보자.

WHERE 절에 A = '10' and B LIKE '123%'라는 조건을 부여했을 때 규칙기준에서는 무조건 '='조건을 선택하지만 비용기준에서는 B 조건이 A 조건보다 적은 범위를 처리하고 있다면 옵티마이져는 B 인덱스를 처리주관 조건으로 선택할 수 있다.

여러 가지의 통계정보 중에서 가장 중요한 정보는 역시 '분포도'라 하겠다. 분포도가 '좋다'라는 의미는 컬럼값의 종류가 많다는 것이다. 이는 곧 조건을 만족하는 처리범위가 좁다는 것을 의미하므로 일의 양을 결정하는 가장 중요한 요소라 하지 않을 수 없다.

주어진 조건에 대해서 가장 최소의 처리범위를 처리하도록 하기 위해 선행처리 조건을 선정하는 것은 수행속도를 위해 가장 필요한 결정이다. 그러나 이를 위해 비록 통계정보를 이용한다고 하더라도 정확한 분포도를 알아내는 것은 결코 쉬운 일이 아니라는 것에 문제가 있다.

단 하나의 컬럼으로 생성된 인덱스라면 그래도 수월하겠지만 여러 컬럼으로 구성된 결합 인덱스를 각 컬럼마다 다양한 연산자로 사용하였다면 이를 정확히 예측한다는 것은 논리적으로 생각해 보아도 매우 어렵다는 것을 알 수 있다. 우리는 앞서 결합 인덱스에 대한 설명을 할 때 사용된 연산자의 종류와 컬럼의 결합된 순서가 매우 커다란 영향을 미친다는 것을 알아 보았다.

　이것은 곧 이러한 불완전한 분포도 정보가 정확하지 못한 판단을 가져오는 원인이 되고, 옵티마이져의 한계를 드러내는 것이기도 하다. 물론 컬럼의 모든 값들에 대해 일일이 그 분포도를 가진다면 좀더 정확해질 수도 있겠지만 그렇게 되면 배보다 배꼽이 더 커지는 일이 발생한다. 이러한 현실적인 문제를 해결하기 위해 '컬럼값의 범위별'로 분포도를 보유하는 방법을 사용한다. 컬럼값에 저장할 분포도의 종류는 버켓(Bucket)의 개수에 따라 결정된다.

　버켓에 저장할 분포도는 컬럼값의 최소치와 최대치에 대해 균등한 범위로 분할하여 각 범위별로 보유한 로우의 수를 보관하는 넓이균형 히스토그램(Width_balanced Histogram)과 총 로우 수를 버켓 수만큼으로 나누어 각 버켓에 저장되는 값의 범위를 기록하는 높이균형 히스토그램(Height_balanced Histogram)이 있다.

　이러한 방법들은 컬럼값의 구성에 따라 장·단점이 있다. 일반적으로 컬럼값의 종류가 적거나 분포도의 편차가 심하지 않는 경우에는 넓이균형 히스토그램이 유리하며, 분포도의 차이가 심한 경우나 존재하지 않는 컬럼값이 많은 경우에는 높이균형 히스토그램이 유리하다. 그러나 일반적으로 분포도나 컬럼값의 편차가 심한 경우에 주로 문제가 발생되므로 높이균형 히스토그램이 더 유리하다고 하겠다.

　이 두 가지 방법은 옵티마이져에 따라 정해져 있으며, 사용자가 임의로 선택할 수는 없다. 여러분들이 해야 할 일은 보유한 DBMS의 구현 방법을 알아내어 컬럼값의 상태에 따라 적절한 버켓 수를 지정하는 것이다. 너무 적은 버켓은 저장공간은 줄일 수 있으나 변별력을 나쁘게 한다.

　그러나 특별한 경우가 아니라면 여러분들이 직접 버켓 수를 결정하기 위해 고민할 필요는 없다. DBMS가 제공해 주는 패키지(dbms_stats 등)의 프로시져를 활용하여 자동적인 수치가 결정 되도록 하는 것이 바람직하다. 이러한 프로시져들은 각 컬럼의 값들을 분석하여 통계학적으로 가장 적절한 수치를 제공해 준다.

♣ 통계정보의 관리를 통한 제어

비용기준 옵티마이져를 적용하게 되었다면 이제 여러분들이 관심을 가져야 할 것은 통계정보를 어떻게 관리할 것이냐에 고심해야 한다. 통계정보를 수집할 대상과 갱신 주기 등에 대한 적절한 전략을 세워야 한다. 테이블은 고유한 특징을 가지고 있다. 어떤 테이블은 데이터가 많고, 어떤 것은 그렇지 않으며, 갱신(Update)나 입력(Insert)에 정도에도 차이가 많다. 어떤 테이블들은 이제 충분히 튜닝이 되어 있어 기존의 실행계획이 그대로 고정되기를 바라는 경우도 있을 것이다.

적절한 통계정보를 관리하는 것은 옵티마이져가 보다 양호한 실행계획을 수립할 수 있도록 하는데 중요한 역할을 한다. 테이블들은 각각 처한 상황이 다르기 때문에 천편일률적인 방법으로 통계정보를 관리하는 것은 결코 바람직하다고 할 수 없다. 가장 좋은 방법은 DBMS 가 제공하는 '테이블을 모니터링하는 기능'을 이용하는 것이다. 이들은 테이블의 INSERT, UPDATE, DELETE 에 대한 발생정보를 개략적으로 모니터링해 준다.

물론 이러한 정보는 USER_TAB_MODIFICATIONS 와 같은 딕셔너리 뷰를 통해 확인할 수 있다. 테이블의 변화로 인해 효력이 저하된 기존의 통계정보는 적절한 시점에 갱신되어야 한다. 모니터링을 통해 파악된 테이블의 변경된 정도가 일정량에 도달하면 자동으로 갱신할 수 있도록 하는 프로시져들을 활용하는 것은 매우 좋은 방법이다.

만약 여러분들이 통계정보를 수동으로 관리하고자 한다면 통계정보를 수집하는 방법뿐만 아니라 수집 주기 또한 결정해야 한다. 이를 적용하는 가장 간단한 방법은 스크립트(Script)를 작성하거나 작업 스케줄링을 할 수 있는 S/W 를 활용하는 것이다. 물론 이미 제공된 프로시져(GATHER_DATABASE_STAT 등)들이 있으니 활용하기 바란다.

통계정보의 수집 주기를 너무 짧게 하는 것은 오버헤드를 발생시킬 수가 있으므로 주의하여야 한다. 만약 그렇게 해주어야 원하는 실행계획이 나타난다면 어떤 면에서 보면 문제가 많은 시스템이라고도 할 수 있다. 대부분의 애플리케이션에서는 조건에 부여하는 값들이 상수가 아니라 바인드 변수이다. 어차피 변수에는 어떠한 값이 들어올지 미리 예측할 수 없다.

이 말은 곧 대부분의 경우에는 통계정보의 미묘한 변화에 의해 수시로 실행계획이 바뀔 필요가 없다는 것을 의미한다. 그럼에도 불구하고 실전에서는 빈번한 통계정보의 갱신을 시켜주지 않으면 수행속도가 저하된다고 호소하는 경우를 자주 보았다. 그들이 수행속도를 지키기 위해 열심히 통계정보를 갱신하는 것에 엄청난 부하를 감수하는 것을 보고 있으면 한편으로는 측은한 생각마저 든다.

정말 아주 특별한 경우가 아니라면 빈번한 통계정보 갱신을 해야만 좋은 실행계획을 보장받는 경우는 많지 않다. 그러한 현상이 발생했다는 것은 실행계획에 필요한 옵티마이징 팩터를 수립하는 전략에 문제가 있거나 사용한 SQL 들의 품질에 문제가 있는 경우가 대부분이라고 단언한다. 이 말을 다른 말로 한다면 통계정보를 자주 갱신하지 않고서도 얼마든지 우리가 원하는 좋은 실행계획을 얻을 수 있다는 것이다.

통계정보는 단지 옵티마이져가 실행계획을 수립할 때 참조하는 정보에 불과하므로 만약 한번만 만들어 주고 다시는 갱신하지 않더라도 좋은 실행계획이 나타난다면 굳이 계속해서 통계정보를 갱신해 줄 필요는 없을 것이다. 과거에 우리는 규칙기준 옵티마이져를 주로 사용했고, 그 보다 더 이전의 언어에서는 컴파일 할 때 굳어진 처리방법으로 애플리케이션을 수행시켜 오지 않았는가?

대부분의 애플리케이션에서는 SQL 이 수행될 때마다 처리경로가 유기적으로 변경되어야 할만큼 민감하지 않다. 조건에 사용된 대부분의 값은 그때마다 새로운 상수값으로 바인딩 되지 않는다. 만약 그렇게 대부분을 동적(Dynamic) SQL 로 작성하였다면 엄청난 파싱 부하를 도저히 감당할 수 없을 것이다.

실전에서는 이미 튜닝이 완료되어 더 이상의 실행계획의 변화를 원하지 않는 경우에는 고의적으로 통계정보를 갱신해 주지 않는 방법을 사용한다거나 일부러 통계정보를 조작해 두는 방법도 사용하고 있다.

만약 여러분들이 이미 논리적인 최적의 경로를 알고 있다면 힌트를 적절히 사용하여 원하는 실행계획으로 고정시키는 방법도 바람직하다. 특히 대용량의 데이터를 처리하는 경우는 자신도 모르게 실행계획이 변경되어 낭패를 보는 경우가 발생할 수도 있으므로 좋은 실행계획으로 고정시키는 것은 현실적으로 필요하다.

♣ 최악의 상황이 발생할 확률이 감소

비용기준 옵티마이져의 또 하나의 장점은 실행계획에 문외한인 사용자가 작성한 SQL 이라도 양호한 수행속도를 보장받을 확률이 높아진다는데 있다. 마치 자동 카메라를 사용했을 때는 비록 전문지식이 없더라도 앨범에 꽂아두고 보관할 만한 수준의 사진을 손쉽게 얻을 수 있듯이 비용기준 옵티마이져를 사용하면 사용자의 실수로 인해 매우 나빠지는 실행계획은 어느 정도 피해갈 수가 있다.

적절하지 못한 인덱스 구성을 가지고 있고, 높은 품질의 SQL 을 사용하지 못했더라도 규칙기준 옵티마이져에서 발생할 수 있는 도저히 수용할 수 없는 최악의 경우가 나타날 확률이 감소한다. 적용 가능한 액세스 경로 중에서 최소 비용을 선택하므로 대부분의 경우 최소한의 수행속도는 보장된다.

또한 사용자의 쿼리를 재해석하여 새로운 쿼리로 변형시켜 주는 기능들이 있기 때문에 사용자의 실수로 인한 극한 상황도 많이 피해갈 수 있다. 특히 비용기준에서만 수행할 수 있는 새로운 실행계획들이 더 많이 추가되어 있으므로 보다 양호한 실행계획이 나타날 확률이 높아진다.

그러나 누차 강조했듯이 비록 비용기준 옵티마이져가 다양한 통계정보를 토대로 현실을 감안한 최소비용을 산정하여 최적화를 하더라도 모든 권한과 책임을 옵티마이져에게 전가해서는 곤란하다. 어떤 형태의 옵티마이져도 없는 길을 만들어 주는 것이 아니라 논리적으로 이미 존재하는 길을 보다 높은 확률로 찾아주는 것에 불과하기 때문이다.

많은 사람들이 이 부분을 착각하여 비용기준 옵티마이져는 스스로 알아서 훌륭한 처리방법을 찾아줄 것이라는 망상에 사로잡혀 있다. 옵티마이져가 아무리 발전을 거듭한다고 해도 논리적으로 가장 효율적인 길이 존재할 수 있도록 전략적인 인덱스를 구성하고, 효율적인 SQL 을 사용해야 하는 우리가 해야 할 본연의 임무는 조금도 달라지지 않음을 명심하기 바란다.

나) 비용기준 옵티마이져의 단점

이번에는 비용기준 옵티마이져의 단점에 대해서 알아보기로 하자. 세상만사에는 양지가 있으면 음지가 있듯이 비용기준 옵티마이져도 그 특성에 의해 발생하는 피치 못할 단점이 발생한다.

- 실행계획을 미리 예측하기가 어렵다.
- 버전에 따라 변화가 심하다.
- 실행계획의 제어가 어렵다.

♣ 실행계획 예측이 곤란

우리가 SQL에서 사용한 테이블과 컬럼의 통계정보를 미리 알고 있더라도 예측한 결과대로 실행계획이 나타난다는 보장이 없다. 더구나 조건의 비교값에 상수값을 지정했느냐 변수값(예 :input_date)을 지정했느냐에 따라 차이가 나고, 시스템 상태에 따라서도 달라질 수 있으므로 미리 실행을 예측하기가 무척 어렵다.

만약 SQL에 사용된 테이블이나 인덱스 중에서 일부를 재생성하고 통계정보 생성을 누락시켰다면 갑자기 과거와 다른 실행계획이 나타날 수도 있으며, 통계정보를 갱신했더니 갑자기 많은 실행계획이 변해버릴지도 모른다. 결국 사용자가 실행계획을 예측할 수 없으므로 애플리케이션을 작성할 때 미리 적절한 대응을 하기 어렵고, 종합적인 전략을 수립하기도 곤란하다.

마치 어디로 튀어 버릴지 종잡을 수가 없는 럭비공처럼 어떤 실행계획이 나타날지 판단하고 예측하기가 쉽지 않다. 이러한 단점은 마치 전문 사진작가가 카메라가 스스로 알아서 모든 판단을 한다면 자신이 원하는 의도대로 작품사진을 찍는 것이 오히려 어려워지는 것과 유사하다.

실행계획의 적절성을 판정할 수 있는 수준이 되지 못하는 사람이라면 어떠한 형태가 최적인지를 알지 못하므로 오히려 옵티마이져의 결정에 불만을 가지지 않는다. 반면에 그렇지 않은 사람들은 자신이 생각하는 최적이 아닌 보통수준의 실행계획을 끝까지 고집하는 옵티마이져에 답답함을 느끼기도 한다.

♣ 버전에 따른 변화

비용기준 옵티마이져의 최적화 결과는 데이터베이스 제품이나 버전에 따라서 많은 차이가 발생하기도 한다. 이러한 이유 때문에 버전 업그레이드를 한 후에 갑자기 시스템에 심각한 부하가 발생하기도 한다. 심지어 얼마 전에는 더 이상의 개선도 필요 없으니 과거 버전에서 수행되던 것과 동일한 수행계획이 나타나도록 해 달라는 컨설팅 요청을 받은 적도 있다.

이러한 면을 보면 옵티마이져는 아직도 개선의 여지가 많다는 것을 의미하고 있으며, 앞으로도 그러할 것임을 예견할 수 있다. 애초부터 DBMS 업체는 사용자에게 옵티마이져의 최적화 절차에 대한 구체적인 정보를 제공하지 않았다. 그것은 새로운 변화가 있더라도 굳이 사용자에게 실행계획의 변화를 구체적으로 제공하지 않겠다는 것을 의미한다.

그들의 자료를 보면 강화된 옵티마이징 팩터에 대한 개념적인 소개만 하고 있다. 물론 그럴 수 밖에 없다는 것을 이해하지 못하는 바는 아니다. 어쩌면 그들조차도 그러한 변화가 기존의 모든 액세스 형태에 구체적으로 어떠한 영향을 주는지 일일이 알지 못한다고 볼 수도 있다.

하여간에 이러한 최적화 기준의 변화는 경우에 따라서 기존의 실행계획의 판도에 적지 않은 영향을 미친다. 이것은 마치 운동경기에서 경기 규칙이 바뀌게 되면 경기결과에도 큰 영향을 미칠 수 있는 것과 유사하다. 가령 농구에서 3 점 슛이 새로 도입되었을 때 야투 성공률이 높은 팀이 크게 유리해지는 것이나, 입사시험의 과목이 바뀌거나 평가방법이 달라진다면 당락에 큰 영향을 미치게 되는 것도 같은 이치라 하겠다.

그러나 경기규칙이 일부 변경되었더라도 강팀은 역시 쉽게 적응하는 법이다. 마치 올림픽 양궁에서 특정 국가의 독주를 막기 위해서 라운드(Round) 방식으로 규칙 변경을 했지만 실력이 탁월하여 크게 영향을 받지 않았던 것처럼 적절한 SQL 을 구사하고 옵티마이징 팩터들을 전략적으로 수립했다면 버전이 바뀌었다고 해서 시스템 전체가 문제를 일으키는 일은 결코 없을 것이다.

♣ 실행계획 제어가 곤란

규칙기준 옵티마이져에서는 사용자가 규칙을 정확히 알고 있다면 나타날 실행계획을 미리 예측할 수가 있고, 다양한 방법을 통해 자신의 의도대로 제어하는 것이 쉽다. 그러나 비용기준 옵티마이져는 다양한 요소들을 감안하기 때문에 때때로 자신의 결정을 너무 과신하려는 경향이 있다.

특히 사용자의 쿼리를 필요에 따라 다시 변형시킴으로써 우리가 기술하였던 쿼리가 최적화를 수행하는 단계에서는 달라질 수 있기 때문에 이러한 현상이 더욱 많이 나타난다. 물론 그것이 모두 보다 나은 최적화를 하기 위한 몸부림이라고 할 수 있으므로 무조건 단점이라고 볼 수는 없다.

애써 실행계획을 자신의 의도대로 나타내었더라도 실제로 수행되는 환경에서는 달라질 수 있으므로 이 또한 확실한 제어를 했다고 할 수 없다. 어쩌면 이러한 문제는 비용기준 옵티마이져의 특성에 의해 발생되는 당연한 결과라고 할 수 있다. 따라서 옵티마이져를 제어하는 방법도 규칙기준과는 달라져야 한다.

별도의 단원에서 옵티마이져를 제어할 수 있는 각종 힌트와 실행계획을 원하는 형태로 고정시킬 수 있는 여러 가지 방법들이 제시될 것이다. 단지 여기서는 비용기준 옵티마이져의 특성에 이러한 면이 있다는 사실만 이해하고 있기 바란다.

다) 옵티마이져의 발전 방향

옵티마이져가 발전해 가는 방향은 확실히 비용기준이다. 보다 완벽한 통계정보는 높은 확률의 최적화를 가능하게 하는 근원이다. 규칙기준과 비용기준이 공존하던 시절에는 통계정보의 활용 정도가 낮았을 뿐만 아니라 테이블의 특성을 감안하지 않은 천편일률적으로 적용하는 수준에 머물러 있었다.

다시 말해서 통계정보를 수집하거나 관리하는 방법, 특수한 상황에 대한 대비, 사용자의 의지에 대한 반영 등을 위한 세밀한 기능이 제공되지 못했다. 그러나 이제 비용기준에 총투자(All-In)를 할 수 밖에 없게 되었으므로 통계정보를 관리하는 좀더 많은 기능들이 필요하게 되었다.

우리의 테이블들은 실로 다양한 특성을 가지고 있다. 어떤 것은 매우 많은 데이터를 보유하고 있고, 어떤 것은 그렇지 않다. 매우 빈번한 데이터의 변경이 발생하는 것도 있고, 다양한 형태의 액세스 유형을 가진 것도 있다. 컬럼의 분포도의 차이가 극심할 수도 있고, 중요도나 활용도에서도 많은 차이가 있을 수 있다. 그럼에도 불구하고 언제나 동일한 형태로 통계정보를 관리한다는 것은 상식적으로 생각해 보아도 바람직한 접근방법이 아니다.

실행계획을 관리하는 입장에서 보더라도 일일이 단위 SQL 에 관심을 가지는 것보다는 테이블이나 인덱스 단위로 관리하는 것이 훨씬 쉽고 간편하다. 이러한 방법으로 보다 높은 확률의 최적화를 유도해 가자는 것이 옵티마이져가 앞으로 지향해 가는 방향이자 전략이다. 마치 전쟁을 할 때 최전방에서 수많은 단위 전투에서 승리하는 방법을 고민하는 것보다 후방에서 군수물자를 적절히 지원함으로써 승리를 쟁취하도록 하는 것이 훨씬 쉽고 간편한 것과 유사하다고 하겠다.

라) 통계정보 관리를 위한 제언

군수물자의 지원은 최하의 단위 부대에서 관리하지 않듯이 통계정보를 관리하는 것 또한 개발자 레벨에서 관리하는 것은 바람직하지 않다. 그 상위 레벨에 있는 설계자나 데이터 아키텍트(Architect)의 역할을 하는 사람이 필요하다. 사실 실전에서는 대부분의 이러한 관리가 자급자족으로 이루어지고 있다. 자신이 설계하고, 자신이 개발하며, 자신이 관리하는 전근대적인 방식으로 이루어지고 있다.

이제는 바뀌어야 할 때가 왔다. 보다 많은 경험을 가진 우수한 인력이 전체를 내다보는 전략적인 역할을 해야 할 때가 왔으며, 이들이 합당한 대접을 받을 수 있는 세상이 빨리 와야만 한다. 그런 의미에서 통계정보를 관리하는 방법에 대해 좀더 언급하기로 한다. 아주 상세한 내용이나 명령어 등은 관련 매뉴얼을 참조하기 바란다. 여기서는 주요 개념과 적용 기준에 대해서만 다루기로 하겠다.

통계정보의 수집과 관리를 위해 DBMS에서 제공하는 많은 편리한 패키지들이 계속해서 보강되고 있다. 이러한 패키지에는 필요에 따라 사용할 수 있는 다양한 프로시져들이 들어 있다. 과거에는 비용을 산출할 때 대부분의 비중을 I/O에만 두었다. 즉, 물리적인 처리량을 기준으로 비용을 계산하였던 것이다. 그러나 최근에 와서는 CPU의 수행 정도와 사용량을 비용 산정에 추가함으로써 좀더 정확한 판단을 할 수 있도록 개선되었다.

통계정보의 보다 간편한 수집이나 관리를 위해 DBMS_STATS 패키지를 이용하는 것이 좋다. 이 패키지는 테이블이나 인덱스와 같은 데이터베이스 오브젝트에 대한 통계 정보 생성을 용이하게 해준다. 테이블이나 인덱스와 관련된 통계 정보를 생성 할 수 있으며, 견본 데이터를 추출하여 통계정보를 생성하는 것도 가능하다. 대용량 테이블이라면 모든 데이터를 대상으로 통계정보를 수집하는 것 보다 이처럼 견본 데이터를 이용하는 것도 좋은 방법이다.

대체로 견본 데이터는 5% 이하로 선정하는 것이 바람직하다. 이를 위해 지정하는 파라메터인 'ESTIMATE_PERCENT'는 여러분이 직접 지정할 수도 있고, 자동으로 판단을 해주는 'DBMS_STATS.AUTO_SAMPLE_SIZE' 프로시져를 사용할 수도 있다. 또한 통계정보 수집 시간을 단축하기 위해 병렬로 처리할 수도 있으며, 병렬등급(Degree)은 직접 지정할 수도 있고, 프로시져(Auto_dergree)를 이용하여 자동으로 지정할 수도 있다.

초기의 비용기준 옵티마이져는 판단에 영향을 미치는 각종 파라메터들의 기본값들을 특정한 상황에 맞추어졌기 때문에 실제 사용자의 시스템 환경에는 잘 맞지 않는 경우가 나타나게 되었다. 즉, 그들이 옵티마이져를 개발하기 위해 사용된 H/W 의 CPU 와 I/O 성능에 맞추어져 있기 때문에 실제 환경에서는 완벽한 재현이 어려웠던 것이다. 또한 이러한 것들은 여러 가지 다른 요인들에 의해 영향을 받을 수 있기 때문에 이러한 요소를 옵티마이져에 적용하는 것에는 무리가 있었다.

이런 문제를 해결하기 위해 등장한 개념이 바로 시스템 통계(System Statistics)이다. 이 통계는 해당 시스템이 가지고 있는 성능특성을 실제로 측정함으로써 보다 정확한 정보를 옵티마이져에게 제공할 수 있게 되었다. 시스템 통계를 생성할 때는 우리가 지정한 기간(Interval) 동안 시스템에서 실제로 일어나고 있는 활동들을 모니터링하고 분석을 수행해야 한다.

물론 여러분들이 관련 프로시져(DBMS_STATS.GATHER_SYSTEM_STATS)를 수행시켜 통계정보를 수집해 주어야 가능하다. 가능하다면 이 기능을 활용하는 것이 바람직하다고 생각한다. 현실적으로는 이러한 통계정보의 추가 적용이 평지풍파를 가져올 가능성이 있으므로 예상치 못하게 문제가 발생하는 것만 추출하여서 별도로 개선하는 것이 가장 현명한 방법이라 믿는다.

여기서 분석되는 정보는 매우 다양하게 존재한다. 그 중에서 대표적인 정보는 CPU 의 성능, 한 블록의 I/O 성능, 다중 블록 I/O 성능 등이 있다. 이러한 정보는 계산에 의한 평가가 아니라 실제의 측정치이므로 실행계획의 각 처리단계에 대한 CPU 와 I/O 성능을 평가하여 반영함으로써 보다 정확한 실행계획의 수립이 가능하게 되었다.

이러한 개념을 활용하면 이제 우리는 원하는 시간대의 통계정보를 수집하여 저장해 두었다가 필요할 때 반영시키는 방법을 통해 상황에 따라 실행계획을 다르게 적용할 수도 있다. 가령, 수많은 사용자가 사용하는 OLTP 환경인 주간과 배치처리 위주로 운영되는 야간에 서로 다른 시스템 통계정보를 제공하도록 할 수도 있다는 것이다. 이것은 마치 옵티마이져가 시스템 자원의 상황에 따라 동적으로 비용을 산출하는 것과 유사한 효과를 얻을 수 있게 한다.

통계정보를 교체하는 방법은 DBMS_STATS 패키지의 'IMPORT_SYSTEM_STATS' 프로시져를 사용하면 간단히 처리할 수 있다. 물론 이 작업은 'DBMS_JOB' 패키지를 이용해서 작업을 등록하고 적당한 시간에 자동으로 수행되도록 하는 것이 바람직하다.

시스템 통계의 개선은 테이블이나 인덱스 통계정보와는 다르게 새로 시작되는 SQL 에 대해서만 새로운 통계정보로 파싱할 뿐 기존에 사용하던 SQL 은 공유 풀(Shared Pool)에 파싱되어 있던 것들을 그대로 사용한다는 것에 주의할 필요가 있다. 물론 확실하게 하기 위해서는 공유 풀을 비울 수도 있겠지만 사용될 SQL 이 다를 가능성이 높다면 굳이 그렇게 까지는 하지 않아도 좋다.

새로운 통계정보가 갱신되면 그 이전 버전은 자동으로 이력이 저장된다. 이러한 기능은 만약 새롭게 생성한 통계정보로 인해 오히려 나쁜 수행속도가 발생했다면 신속히 이전 버전으로 원상회복을 시키는데 아주 유용하게 사용할 수 있다. 여러분은 딕셔너리 뷰를 통하여 이들을 확인할 수 있으며, 'RESTORE' 프로시져를 이용하여 원상 복귀시킬 수 있다. 이력정보는 정해진 기간까지 보유하며, 기본값은 31 일이지만 여러분이 프로시져를 통해 조정 가능하다.

통계정보의 이력을 자동으로 제거하지 않고 싶다면 'PURGE_STATS' 프로시져를 이용하여 필요할 때 정리를 하도록 할 수 있다. 이러한 이력정보는 DBMS_STATS 패키지를 사용하지 않고, ANALYZE 명령을 직접 사용하여 수집한 경우에는 관리할 수 없으므로 가능하다면 패키지를 사용하는 것이 바람직하다.

SQL의 실행계획(Explain Plan)

3.1.2.3. 옵티마이져 목표(Goal)의 선택

여기서 잠시 '옵티마이져의 목표(Goal)'의 개념과 적용기준에 대해 좀더 상세하게 살펴보기로 하자. 옵티마이져가 수행하는 최적화 작업이란 일종의 시뮬레이션이라 할 수 있다. 원래 시뮬레이션이란 '어떠한 현상이나 사건을 모형화하여 가상으로 수행시켜 봄으로써 실제 상황에서의 결과를 예측하는 것'을 말한다.

시뮬레이션은 모형화에 들어가는 요소값들을 얼마나 정확하게 부여했는가에 대한 부분과 어떤 목표에 대해 시뮬레이션을 했느냐에 따라 그 결과가 크게 달라질 수 있다. 우리는 앞서 모형화를 위한 요소값들의 정확도를 높이기 위해 다양한 통계정보를 준비하는 방법에 대해 이미 알아 보았다.

최적을 평가하는 기준에 따라 결과가 어떻게 달라지는 지를 상식선에서 한번 생각해보자. 예를 들어 육상경기에서 하는 마라톤과 군대시절 소대 대항 구보를 할 때를 비교해 보자. 마라톤은 같은 팀 소속 선수가 여러 명이 출전했더라도 다른 사람들은 어떻게 되었든 가장 빨리 결승선을 통과한 사람이 우승이다.

그러나 전체 소대원 모두가 낙오자 없이 결승선을 통과해야만 하는 구보에서는 일부의 사람들이 아무리 빨리 결승선을 통과했더라도 결과에는 아무런 영향을 미치지 못한다. 극단적으로 보면 단 한 명을 제외한 모든 사람들이 선두그룹에서 통과했지만 한 사람이 최하위를 했다면 그 팀은 최하위의 성적을 안게 된다. 그러나 동일한 현상을 마라톤에 적용하면 전혀 다른 성적이 나타난다. 이처럼 우승을 판정하는 기준에 따라 전혀 다른 결과가 나올 수가 있는 것이다.

가) 옵티마이져 모드의 종류

이러한 형태를 옵티마이져에 적용하면 너무나 똑 같은 모습이 된다. 전체가 모두 결승선을 통과했느냐 에는 전혀 관심이 없고 마라톤처럼 일부라도 먼저 통과하는 것을 목표로 하는 방법이 바로 '초기결과 최적화(First_rows)'라 부른다. 반대로 구보와 같이 전체가 모두 수행되는 것을 목표로 하는 방법을 '전체결과 최적화(All_rows)'라고 한다.

육상경기에는 또 다른 재미있는 평가 형태가 있다. 대부분의 달리기 경주는 예선과 결선으로 나누어 진다. 예선에서는 만약 각 조별로 3 위 이내만 본선에 진출하게 되어 있다면

3 위 내에만 들도록 하는데 목표를 두기 때문에 1 위를 하기 위해 최선을 다하지 않는다. 그러나 본선에서는 1 위를 하기 위해 최선을 다하는 모습을 많이 보았을 것이다.

만약 예선에서 5 위까지 결선에 진출한다면 5 위 이하가 되지 않기 위한 목표를 세울 것이다. 이처럼 최적화의 목표는 커트라인(Cut line)에 따라서 달라질 수 있다. 이와 매우 유사한 개념이 적용된 것이 바로 FIRST_ROWS_n 으로 지정하는 방법이다. 여기서 'n'은 커트라인에 해당하는 숫자이다. 그러나 사실은 이 숫자는 큰 의미가 없다. 그것은 현실적으로 이러한 숫자에 따라서 실행계획이 미묘하게 변하는 경우는 거의 없기 때문이다.

그렇다면 FIRST_ROWS 나 FIRST_ROWS_n 는 개념적으로는 별 차이가 없어 보인다. 그런데도 불구하고 여러분들이 지정해야 하는 옵티마이져 모드에는 굳이 이들을 구별하여 선택하도록 강요하고 있다. 사실 여기에는 중요한 개념의 차이가 분명히 존재하며, 적용기준의 차이 또한 확실하게 존재하고 있다.

사실 원칙적인 의미에서 본다면 진정한 비용기준으로 최적화를 접근해는 가는 모드는 바로 FIRST_ROWS_n 으로 지정한 경우이다. 다시 말해서 완전한 비용기준 최적화 방법은 ALL_ROWS 와 FIRST_ROWS_n 이며, 우리가 기존에 적용해 왔던 FIRST_ROWS 는 비용기준과 경험적 방법(Heuristic method)을 혼합한 접근방법을 사용하고 있기 때문이다.

FIRST_ROWS 는 마치 과거에 'CHOOSE' 모드가 그러했던 것처럼 통계정보를 기반으로 한 완전한 비용기준 접근법과 어떤 규칙을 가지고 최적화를 선택해 가는 방법 중에서 주어진 상황에 따라 선택하여 최적화를 수행하는 방식이다.

이 방식이 남아 있는 가장 큰 이유는 완전한 비용기준으로 접근하지 않았던 과거 버전과의 양립(Compatibility)하기 위함이다. 과거 버전에 적용했던 구문들에는 FIRST_ROWS_n 으로 기술된 것이 당연히 없으므로 수정을 최소화하기 위해 이 명칭을 그대로 사용하게 된 것이다.

비용기준 옵티마이져의 기본(Default) 모드는 ALL_ROWS 로 지정된다. 그러나 현실적으로 보면 FIRST_ROWS 를 기본 모드로 하는 것이 옳다고 생각한다. 옵티마이져 입장에서 본다면 사용자가 어떤 SQL 을 실행시켰을 때 그 결과의 일부만 처리하는 경우보다 전체를 모두 처리해야 하는 것이 보다 일반적일 것이라고 생각할 수도 있다. 즉, 어차피 전체를 모두 처리해야 한다면 '전체 집합을 모두 처리하는 최적 효율(Best Throughput)'을 위해 최적화를 해야 한다는 입장이다.

SQL의 실행계획(Explain Plan)

그러나 어쩌면 이런 생각은 너무 원론적인 판단이며 현실은 그렇지 않다. 누가 뭐라고 해도 대부분의 시스템에는 아직 OLTP 업무가 보다 많은 비중을 차지하고 있다. OLTP 에서는 배치로 처리되는 형태에 비해 온라인 처리가 훨씬 더 많다. 온라인 화면을 통한 처리는 화면의 크기에 제한이 있고, 사람의 인지 능력에 한계가 있으므로 대부분의 경우 일단 일정량이 먼저 나타나는 형태이다.

우리가 FIRST_ROWS 로 지정했다고 해서 전체범위를 처리하지 않는 것은 아니며, 모드에 따라서 항상 다른 실행계획이 나타나는 것은 더욱 아니다. 다음 단원에서 언급할 '부분범위 처리'에서 설명하겠지만 이미 논리적으로 전체 범위를 모두 액세스해야만 결과를 제공할 수 있다면 옵티마이져 모드가 어떤 것이든 거의 동일한 실행계획을 제공한다.

그러나 부분범위로 처리되길 원하는 SQL 이 만약 ALL_ROWS 모드로 최적화를 하게 되면 전체결과를 최적화하는 방식의 실행계획이 나타나는 경우가 많이 있다. 실전에서는 별 문제 없이 운영하던 시스템의 모드를 ALL_ROWS 로 바꾸어 주었다가 심각한 수행속도의 저하가 나타나 큰 낭패를 당하는 경우를 자주 본 적이 있다.

나) 옵티마이져 모드의 결정 기준

옵티마이져 모드를 결정하는 기준을 형태별로 구분해 보자. OLTP 형 시스템 중에서 'CHOOSE'모드가 있던 버전에 개발된 시스템으로서 기존의 실행계획을 가능한 유지하기를 원한다면 'FIRST_ROWS'로 지정하라! 그렇지 않은 경우나 새로운 버전에서 개발된 시스템이라면 FIRST_ROWS_n 으로 지정하라! OLAP 형 업무처럼 배치처리 위주의 시스템이라면 ALL_ROWS 를 지정하는 것이 좋다.

옵티마이져 모드를 운영 중에 함부로 바꾸는 것은 매우 위험하다. 운동경기에서도 혁신적인 규칙으로 전환해야 한다면 시즌이 진행되는 도중에 이를 적용하는 경우가 거의 없다. 그 이유는 이러한 변화에 적응하기 위해서는 많은 준비가 필요하기 때문이다. 기존에 운영중인 시스템에서도 이와 다르지 않다. 옵티마이져 모드를 변경하는 것은 혁신적인 규칙의 전환이라 할 수 있으므로 반드시 충분한 준비를 거칠 필요가 있다.

이처럼 옵티마이져 모드를 변경하거나 버전 업그레이드로 인해 변화된 옵티마이져를 적용해야 할 때는 변화의 충격을 흡수할 수 있는 대책이 강구되어야 한다. 옵티마이져가 변경되었다고 해서 헤아릴 수도 없이 많은 SQL 의 실행계획을 일일이 확인할 수는 없는 노릇이다. 이러한 문제를 해결해 주고, 잘 튜닝된 실행계획이 불필요하게 흔들리지 않게 고정을 할 수 있는 방법은 크게 두 가지가 있다.

한 가지는 옵티마이져 버전을 지정하는 초기 설정 파라메터에 과거에 사용하던 버전을 지정하는 방법이고, 다른 한 가지는 실행계획 요약본을 생성하여 이를 참조하게 하는 아우트라인(Outline)을 이용하는 방법이다. 아우트라인을 활용하는 방법은 다음 단원에서 상세하게 다루도록 하겠다.

OPTIMIZER_FEATURES_ENABLE 파라메터에는 여러분이 적용하고자 하는 옵티마이져 버전을 지정할 수 있다. 물론 업그레이드를 했을 때 기본값은 자동으로 새로운 버전으로 지정되므로 특별한 경우가 아니면 여러분이 직접 지정할 필요는 없다. 만약 안정화 되어 있던 시스템이 업그레이드로 인해 혼란이 발생했다거나 지금까지 잘 튜닝되어 왔기 때문에 위험을 감수하면서까지 새로운 옵티마이져를 사용할 필요를 느끼지 못한다면 이 방법을 적용할 수 있다.

그러나 이 방법은 새로운 기술을 받아들이지 않는다는 것을 의미할 수도 있기 때문에 특별한 경우가 아니라면 적용하지 않는 것이 바람직하다. 새로운 변화를 두려워하여 무조건 안정된 과거에 안주하려는 것은 올바른 자세가 아니다. 좀 심한 표현인지 모르겠지만 그들의 안정된 과거는 사실 "이 정도면 대충 큰 문제 없어!"라는 정도의 수준인 경우가 대부분이라는데 심각성이 있다.

다) 옵티마이져 모드와 관련된 파라메터 지정

옵티마이져 모드를 지정하면서 같이 조정해 주어야 할 몇 가지 파라메터들을 좀더 알아보고 넘어가자.

CURSOR_SHARING : 이 파라메터를 이용하여 SQL 문장 내의 조건절에 있는 상수값들을 변수로 전환시켜 파싱을 할 수 있다. 여기에 지정할 수 있는 값은 FORCE, SIMILAR, 그리고 EXACT (default)가 있다. 대부분의 경우에는 기본값(Exact)을 그대로 사용하고 있으므로 대·소문자, 공백, 비교되는 상수값이 조금만 달라도 공유하지 못한다.

그러므로 만약 상수값만 다른 다이나믹 SQL 이 루프 내에서 반복된다면 파싱 부하는 심각하게 발생할 수 있다. FORCE 와 SIMILAR 는 실행계획의 등급(Degree)의 적용에 대한 차이만 있으므로 거의 동일하다고 생각해도 무방하다. 여러분들은 SIMILAR 로 지정할 것을 권유한다. 이것을 사용하면 SQL 조건절에 상수값을 지정했더라도 옵티마이져는 변수로 인정하여 실행계획을 수립하므로 실행계획의 공유비율을 높일 수 있다.

그러나 SQL 에서 지정한 상수값에 따라 미묘하게 달라지는 실행계획을 얻을 수 없으므로 전 시스템을 대상으로 이렇게 지정하는 것은 바람직하지 않다. 가장 좋은 방법은 초기값은 기본값으로 두고 SQL 공유에 심각한 문제를 발생시키는 경우만 'ALTER SESSION' 명령을 이용하여 변경해 주는 것이 좋다. 만약 아우트라인을 적용하려면 반드시 FORCE 나 SIMILAR 로 지정되어 있어야 한다. 그러나 이러한 경우에도 이를 적용할 세션에 대해서만 적용하는 것이 바람직하다.

DB_FILE_MULTIBLOCK_READ_COUNT : 이 파라메터는 전체 테이블을 스캔하거나 인덱스 고속 전체스캔(Index Fast Full Scan)을 할 때 한번의 I/O 에 읽어야 할 블록 수를 지정하는데 사용한다. 마치 운송단가는 트럭이냐 화물열차이냐에 따라서 달라지듯이 이 값은 운송단가와 같은 것이어서 옵티마이져가 비용을 계산할 때 중요한 값으로 사용하게 된다. 여러분이 아무런 조정도 하지 않으면 기본으로 8로 지정된다. 만약 여러분의 시스템이 대용량의 배치처리를 위주로 한다면 이 값을 좀더 증가시켜 주는 것이 좋다.

OPTIMIZER_INDEX_CACHING : 이 파라메터는 Nested Loops 조인이나 IN-List 탐침으로 수행되어 인덱스가 반복해서 랜덤 액세스를 할 때 인덱스 블록들이 버퍼에 캐쉬되어 있을 확률을 나타낸다. 이것은 곧 랜덤 액세스에 대한 부하가 감소되는 것을 의미하므로 옵티마이져가 Nested Loops 조인 이나 IN-List 탐침으로 실행계획을 수립하는 경향이 증가한다. 기본값은 0 으로 지정되어 있다. 만약 랜덤 액세스가 많이 발생하는 환경에서 반복 액세스가 일어나는 인덱스들이 적은 블록을 가지고 있거나 특정한 범위를 주로 액세스하여 재사용률이 매우 높다면 이 값을 증가시켜 주는 것이 좋다. 그러나 이것은 비용의 조정을 의미하기 때문에 옵티마이저에게 커다란 영향을 미칠 수 있으므로 주의하여야 한다.

OPTIMIZER_INDEX_COST_ADJ : 이 파라메터는 비용 계산을 할 때 인덱스를 액세스의 비중을 조정하는 역할을 담당하며 기본값은 100 으로 되어 있다. 이 값은 정상(Regular)인 비용을 그대로 적용하겠다는 의미이고, 만약 10 을 주었다면 이 경우의 1/10 로 계산하겠다는 의미가 된다. 혹시 여러분의 시스템이 인덱스로 액세스해야 할 경우가 전체테이블 스캔으로 나타날 때가 많다면 이 값을 조정해 보기 바란다. 이 파라메터 또한 기초값은 기본값으로 두고 특정한 세션에 대해서만 선별적으로 적용하는 것이 바람직하다.

옵티마이져가 규칙기준을 포기하고 비용기준으로 완전히 넘어가면서 그 과도기에 있었던 'CHOOSE' 모드에 대응되는 대책이 필요하게 되었다. 이 모드가 필요했던 이유는 통계정보를 가지지 않는 경우를 위해서였다. 즉, 참조할 통계정보가 없다면 규칙기준으로 전환할 수 밖에 없었다. 그러나 규칙기준이 완전히 없어지게 되면 이를 대신할 대책이 필요해진다.

이를 위해 채택한 개념이 바로 동적 표본화(Dynamic Sampling)이다. 이렇게 소량의 표본을 동적으로 추출하여 통계정보로 활용함으로써 우리가 통계정보를 생성해 두지 않았더라도 언제나 비용기준으로 작동할 수 있게 되었다. 이 기능(Optimizer_dynamic_sampling)은 우리가 통계정보를 가지고 있지 않거나, 에러 등의 문제로 사용할 수 없게 되거나, 너무 오래되어 더 이상 신뢰할 수 없을 때 적용한다.

이 기능을 적용하면 비록 소량이기는 하지만 SQL 이 파싱될 때마다 표본을 추출해야 하므로 적은 양의 데이터를 처리하는 경우나 빈번하게 수행되는 경우는 적용하면 안 된다.

그렇지 않는 경우 중에서 만약 동적 표본만으로도 충분히 좋은 수행속도를 낼 수 있다거나, 전체 수행시간에 비해 월등히 표본 추출시간이 적다거나, 매우 오래 수행되는 배치처리인 경우에는 적용할 가치가 있다.

이 파라메터의 값은 사용하는 버전에 따라 다르다. 0 은 이 기능을 사용하지 않는다. 초기값은 될 수 있는 대로 기본값을 그대로 적용하고, 필요하다면 특정 세션에만 지정하여 사용하는 것이 좋다. 레벨을 증가할수록 표본으로 추출하는 블록 수는 증가한다. 기본 블록 수는 32 이며, 레벨이 증가하면 2 의 승수(乘數, 제곱)만큼 증가하므로 지나치게 높은 레벨을 지정할 때는 주의해야 한다.

우리가 원하는 것은 좋은 실행계획을 위한 최소한의 표본일 뿐이다. 표본이 많다고 해서 적중률이 비례하는 것은 결코 아니므로 무조건 높은 레벨을 지정할 필요는 없다. 만약 전체 테이블을 모두 표본으로 하고자 한다면 10 레벨을 지정한다. 그러나 아마 이렇게 사용해야 할만한 경우는 거의 없을 것이다.

3.1.2.4. 실행계획의 고정화(Stability)

실행계획은 상황에 따라 동적으로 유연하게 최적화를 할 수 있도록 하는 것이 가장 이상적인 것처럼 보인다. 그러나 세상만사에 음양(陰陽)의 법칙이 있듯이 변한다는 것이 좋을 때도 있지만 그렇지 않을 때도 당연히 있을 것이다. 우리가 애써 이룩해 놓은 최적의 실행계획이 완벽하지도 않은 옵티마이져에 의해 나쁜 쪽으로 변경된다면 참으로 억울한 일이다.

그럼에도 불구하고 이를 다시 바로잡으려고 해도 한사코 우리의 요구를 거부하고 있다면 참으로 난처한 일이 아닐 수 없다. 만약 여러분이 논리적으로 가장 유리한 실행계획을 이미 알고 있는 사람이었다면 옵티마이져의 미흡한 실행계획을 제어하고 싶은데 옵티마이져가 좀처럼 수긍하지 않고 쓸데없는 고집(?)을 부리는 것을 많이 경험해 보았을 것이다.

여러 가지 힌트를 사용하고 강제적인 수단을 동원하여 겨우 우리가 원하는 최적의 실행계획으로 유도해 두었지만 이마저 통계정보의 변화에 따라 수시로 흔들린다면 참으로 난감한 노릇이 아닐 수 없다. 자동차에 액셀러레이터가 있지만 제동을 하는 브레이크도 같이 필요하듯이 옵티마이져의 최적화를 제어할 수 있는 장치는 반드시 필요하다.

옵티마이져는 이러한 목적을 위하여 과거에 수립되었던 실행계획의 요약본을 저장하고 있다가 이것을 참조하여 실행계획을 수립하는 기능을 가지고 있다. 이것을 '아웃라인(Outline)'이라고 한다.

요약본을 참조한다는 의미를 되새겨 보자. 이것은 마치 공장에서 물건을 제조할 때나 요리를 할 때 사용하는 간략한 제조절차(Receipe)와 매우 유사하다. 여러분이 요리에는 문외한이었다 하더라도 인스턴트 식품에 적혀 있는 절차대로 요리를 했더니 별로 어렵지 않게 만들었음에도 불구하고 맛있었다는 칭찬을 들어본 적이 있었을 것이다.

사전에 준비된 제조법이 마련되어 있으면 쉽게 양질의 제품을 재현해낼 수 있듯이 사전에 준비되어 있는 실행계획 요약본은 새롭게 실행계획을 수립할 때 언제나 양질의 최적화를 얻을 수 있게 한다. 이로 인해 우리는 과거를 동일하게 재현할 수 있는 지속성과 사전에 우리의 의도를 반영한 지침을 준수하도록 하는 제어성을 함께 얻어낼 수가 있다.

그러나 마치 지나친 통제형 경제정책이 시장경제의 유연성을 훼손하여 경제불황을 자초하게 해서는 안 되듯이 확실하지 않은 실행계획을 함부로 고착화시킴으로써 옵티마이져의 유연성을 훼손하지 않도록 하는 것은 매우 중요하다. 그러나 너무나 분명한 이런 원칙이 현실에서는 제대로 지켜지지 않을 수 있음을 경계해야 한다.

경제학 이론에 이러한 것이 나와 있지만 이를 제대로 지키지 못하여 선진국 반열에 올라서지 못하고 있는 국가가 많은 것은 엄연한 현실이 아닌가? 이처럼 이해하기 힘든 일이 발생하는 이유는 바로 수준의 차이에서 온다. 후진국일수록 유연하게 내버려 두면 엄청난 방종이 발생할 것이라는 두려움 때문에 가급적 '지금의 보통인 수준'에 만족하여 새로운 변화를 거부하고 있다.

이와 마찬가지로 실행계획을 이해하는 수준이 낮을수록 단지 심각한 문제가 일어나지 않는 정도일 뿐인 '지금의 보통 수준'을 고수하려고 한다. 겁 없이 유연하게 풀었다가는 엄청난 소용돌이에 휘말릴지도 모른다는 공포감 때문에 사실은 훨씬 더 좋은 방법이 있음에도 불구하고 지금의 수준에 안주하게 된다.

필자가 이러한 면을 계속 강조하는 것은 아우트라인을 적용함에 있어서 앞으로 이와 같은 문제가 발생될 것을 심히 우려하기 때문이다. 민주주의나 자본주의가 발전해 갈수록 잘 정비된 제도와 원칙을 기반으로 대부분의 경우는 자율에 맡기고, 특별한 상황에 대해서만 통제를 하는 법이다. 이것이 바로 이상적인 발전의 모태가 된다.

가장 바람직한 방법은 잘 정비된 옵티마이징 팩터와 적절한 SQL을 기반으로 대부분의 경우는 옵티마이져에게 맡기고, 특별히 문제가 있는 경우에 대해서만 아우트라인으로 통제를 하는 것이다. 이것이 바로 가장 이상적인 최적화 전략이라 하겠다.

우리는 하나 혹은 특정한 SQL에 대해서 아우트라인을 관리할 수 있다. 앞서 '요약본'이라는 표현을 사용한 것은 아우트라인은 완전한 실행계획을 보관하고 있는 것이 아니라 동일한 실행계획으로 재현할 수 있도록 도와주는 최소한의 참조정보만을 가지고 있기 때문이다. 물론 이것을 일종의 힌트라고도 할 수 있겠지만 이제껏 우리가 알고 있던 힌트와는 조금은 다른 것이다.

아우트라인은 범용적(Public)으로 관리하거나 개별적(Private)으로 관리할 수도 있으며, 필요에 따라 적용(Enable)시키거나 금지(Disable)시킬 수도 있다. 필요하다면 여러분이 강제로 편집(Editing)하는 것도 가능하다. 마치 테이블처럼 임포트(Import)를 해 두었다가 원할 때 다시 익스포트(Export)를 할 수도 있다.

선별적인 적용을 가능하게 하기 위하여 특정한 그룹을 지정하여 별도로 관리할 수가 있다. 이 그룹을 카테고리(Category)라고 부른다. 우리는 카테고리 별로 관리를 함으로써 보다 유연하고 간편하게 원하는 아우트라인을 적용할 수 있게 되었다.

카테고리는 어떤 그룹들이 특화된 성향을 가지고 있을 때 구분하는 것이 좋다. 가령, 업무의 성격이 매우 다른 서브시스템이 있다면 그들만을 별로의 카테고리로 구성할 수도 있을 것이며, 주간에 수행되는 경우와 자원에 여유가 있는 야간에 수행될 때 서로 다른 실행계획을 적용하기 위해 카테고리를 구분할 수도 있을 것이다.

만약 수행속도에 문제를 많이 일으키고 있어 특별한 관리를 요구하는 경우가 있다면 이들만을 모아서 별도의 카테고리를 생성하는 것도 좋은 방법이다. 특정 서브시스템의 많은 부분을 개선하는 작업을 하였다면 이들 또한 별도로 관리하는 것도 좋은 생각이다. 대량의 데이터를 가진 테이블이 빈번하게 통계정보를 갱신해 주어야만 수행속도를 유지할 수 있는 경우에는 특히 매우 유용하다. 완벽한 튜닝이 실시되어 실행계획을 고정시키고자 할 때 그들만을 모아두는 카테고리도 필요할 것이다.

가) 아우트라인의 생성과 조정

여러분이 아우트라인을 생성하거나 조정을 도와주는 패키지에는 DBMS_OUTLN 과 DBMS_OUTLN_EDIT 이 있다. 이들은 다음과 같은 다양한 프로시져를 포함하고 있다.

- CREATE_OUTLINE : 지정된 건을 공유커서에서 찾아 아우트라인을 생성한다.
- CLEAR_USED : 지정한 아우트라인을 제거한다.
- DROP_BY_CAT : 지정한 카테고리에 속한 아우트라인들을 제거한다.
- DROP_UNUSED : SQL 파싱에 사용된 적이 없는 아우트라인을 제거한다.
- UPDATE_BY_CAT : 어떤 카테고리를 새로운 카테고리로 변경한다.
- GENERATE_SIGNATURE : 지정한 SQL 문에 대한 식별자를 생성한다.

아우트라인은 모든 SQL 에 대해서 생성하거나 특정한 것에 대해서만 생성할 수도 있다. 가장 일반적인 방법은 특정 세션에 파라메터(CREATE_STORED_OUTLINES) 를 지정하여 생성을 시작하고, 종료하는 방법이다. 이 파라메터는 TRUE 나 FALSE 를 지정하거나 카테고리 명을 직접 줄 수도 있다.

만약, 'TRUE'로 지정하면 'DEFAULT'란 이름의 카테고리로 아우트라인이 생성된다. 만약 이미 동일한 SQL 에 대해 아우트라인이 존재한다면 그대로 보존되고 새로 만들지 않는다. 아우트라인의 생성을 종료하고 싶다면 'FALSE'로 지정한다.

이렇게 생성된 아우트라인을 사용하기 위해서는 또 다른 파라메터를 지정해야 한다. 즉, USE_STORED_OUTLINES 는 생성 시와 같은 방법으로 TRUE 나 FALSE, 카테고리 명을 지정할 수 있다. 또한 ALTER OUTLINE 명령을 이용하여 아우트라인의 이름을 바꾸거나 카테고리를 변경할 수도 있으며, 특정한 것만 재생성할 수도 있다.

우리는 특별한 경우에 개별(Private) 아우트라인을 생성하여 사용할 수 있다. 이것은 말 그대로 자신의 현행 세션에서만 유효하고 다른 세션에는 전혀 영향을 미치지 않는다. 이 기능을 사용하는 형태는 대략 두 가지로 나눌 수 있다. 한 가지는 생성하는 아우트라인을 아직 공식적으로 적용하기에는 부담이 있는 경우 사전에 충분한 검토를 하기 위해 사용하는 형태이다.

다른 한 가지는 기존에 생성해 두었던 아우트라인에 조정이 필요할 때 이를 복제해서 적절한 수정을 한 후 대체시키기 위해 사용하는 형태이다. 이러한 작업을 하는 과정을 간략하게 살펴보자.

① 기존의 아우트라인에서 새로운 개별 아우트라인으로 복제한다.
   ```
   CREATE PRIVATE OUTLINE prv_ol_1 FROM outln_1;
   ```
② 아우트라인을 수정할 수 있는 툴이나 DBMS_OUTLN_EDIT 패키지에 있는 여러 프로시져를 이용해 갱신한다. 여기서 우리는 조인의 순서를 조정하는 등의 작업을 할 수 있다. 만약 수작업으로 이들을 갱신하였다면 REFRESH_PRIVATE_OUTLINE 프로시져로 다시 한번 CREATE PRIVATE OUTLINE 명령으로 리플래쉬해 주어야 한다.
③ 생성된 개별 아우트라인을 검증하기 위해 USE_PRIVATE_OUTLINES 을 TRUE 로 지정하고 검증을 실시한다.
④ 충분한 검증을 끝내고 공식적인 적용을 위해 다음의 작업을 수행한다.
   ```
   CREATE OR REPLACE OUTLINE outln_1 FROM PRIVATE prv_ol_1;
   ```
⑤ 적용이 되었으면 USE_PRIVATE_OUTLINES 을 FALSE 로 지정하여 자신의 개별 아우트라인의 수행을 종료시킨다.

나) 아우트라인의 관찰

여러분이 생성한 아우트라인은 딕셔너리 테이블에 저장되고 제공된 뷰를 통해 내용을 확인할 수 있다. 가령 USER_OUTLINES 나 USER_OUTLINE_HINTS 와 같은 뷰들이 제공된다. 물론 권한만 있다면 USER 대신에 ALL 이나 DBA 를 넣어서 다른 영역의 정보를 참조할 수도 있다.

이러한 뷰를 통해 실제로 생성된 이들의 모습을 직접 살펴보는 것도 아우트라인을 이해하는데 많은 도움이 될 것이다. 다음은 실제로 생성된 아우트라인을 컬럼별로 나타낸 것이다.

```
수행 SQL : select empno, ename, job, loc
          from emp e, dept d
          where e.deptno = d.deptno and e.empno = 7856
          order by loc

NAME      : SYS SYS_OUTLINE_050921102126523 -------------- (a)
CATEGORY  : LHS001 -------------------------------------- (b)
USED      : UNUSED
TIMESTAM  : 05/09/16
VERSION   : 9.2.0.1.0
SQL_TEXT  : select empno, ename, job, loc from emp e, dept d where
            e.deptno = d.deptno and e.empno = :"SYS_B_0" order by loc
            --------------------------------------------- (c)
SIGNATURE : 2E945C676F84B939E862C3F6D8A4E7CF ------------- (d)
```

(a) 자동으로 생성된 아우트라인의 명칭. 이 테이블의 실질적인 식별자이다.

(b) 생성 시에 부여한 카테고리

(c) CURSOR_SHARING 이 SIMILAR 로 지정되기 때문에 조건절의 상수값이 바인드 변수로 변경되어 생성되는 것을 확인할 수 있음

(d) 자동으로 SQL_TEXT 를 연산을 통해 RAW 타입으로 생성된 SQL 식별자. 만약 동일한 SQL 을 다른 카테고리에 생성하면 이 값은 동일하지만 (a)의 명칭은 달라짐

이번에는 USER_OUTLINE_HINT 대신에 실제 테이블인 OUTLN.OL$HINTS 에서 위의

아우트라인을 찾아보자.

HINT#	HINT_TEXT	NODE#	STAGE#	TABLE_POS	TABLE_NAME	COST	CARDINALITY
1	NO_EXPAND	1	3	0		0	0
2	PQ_DISTRIBUTE(D NONE NONE)	1	3	0	DEPT	0	0
3	USE_NL(D)	1	3	0	DEPT	2	1
4	ORDERED	1	3	0		0	0
5	NO_FACT(D)	1	3	0	DEPT	0	0
6	NO_FACT(E)	1	3	0	EMP	0	0
7	INDEX(D PK_DEPT)	1	3	2	DEPT	1	27
8	INDEX(E PK_EMP)	1	3	1	EMP	1	1
9	NOREWRITE	1	2	0		0	0
10	NOREWRITE	1	1	0		0	0

위의 검색결과를 살펴보면 이것은 완전한 실행계획의 모습이 아니라는 것을 알 수 있다. 그러나 조인방법과 조인순서, 사용하는 인덱스, 비용, 카디널러티까지 보유하고 있다는 것을 확인할 수 있다. 이들은 테이블에 저장되어 있는 값들이기 때문에 우리가 직접 수정하는 것도 가능하다.

그 밖에 기본값으로 지정된 SYSTEM 테이블스페이스가 아닌 우리가 원하는 테이블스페이스를 생성하여 이동하는 방법은 관련 매뉴얼을 참고하기 바란다.

다) 옵티마이져 업그레이드 시의 적용

옵티마이져는 계속해서 진화하고 있다. 최적의 처리경로를 선택하는 적중률을 높이기 위한 보완뿐만 아니라 새롭게 추가된 처리경로를 반영하기 위해서도 계속적인 변화는 불가피하다. 이러한 변화는 경우에 따라서 마치 경기규칙의 변화로 인해 승패가 엇갈리는 일이 있듯이 때때로 시스템 안정에 심각한 영향을 미치기도 한다.

어느 정도 안정적으로 운영되던 시스템이 업그레이드로 인해 갑자기 혼란을 겪게 된다면 시스템을 관리하는 입장에서 보면 참으로 두려운 일이 아닐 수 없다. 현실에서도 법이나 제도의 변화가 사회적인 큰 파장이 우려된다면 일정기간 동안 시범적용 기간을 설정하여 문제점을 보완하고 변화의 충격에 적응할 수 있도록 하는 것처럼 옵티마이져의 변화에 적응할 수 있는 대책이 필요하다.

물론 가장 좋은 방법은 새롭게 업그레이드 된 옵티마이져가 어느 만큼의 영향을 미치는지 일정 부분의 견본을 추출하여 비교한 후에 이에 대한 대비책을 세우는 것이다. 이때 가능하다면 테스트 환경을 운영환경과 동일하게 준비해야 하는 것은 당연하다. 그렇다고 해서 모든 데이터를 이관할 수는 없으니 적절한 서브 시스템을 선정하는 것도 좋은 전략일 것이다. 그러나 현실적으로 이런 역할을 담당할 수 있는 옵티마이져 전문가들이 많지 않으므로 생각처럼 쉬운 일은 아니다.

다른 대안으로 우리가 선택할 수 있는 전략은 일단 과거의 실행계획을 그대로 유지했다가 점차적으로 변경해 가는 방법이다. 이런 경우의 대처방안을 규칙기준 옵티마이져를 사용하다가 비용기준으로 전환하는 경우와 버전 업그레이드를 하는 경우로 나누어 생각해 보기로 하자. 먼저 규칙기준에서 전환하는 경우를 살펴보기로 한다.

규칙기준을 사용하고 있었다면 오랜 기간 동안 여러 가지 조작을 통해 많은 튜닝을 해왔을 것이고, 실행계획은 나름대로 안정적인 상태에 있을 것이다. 경우에 따라서는 직접 SQL에 다양한 보완을 했을 수도 있고, 규칙기준의 특성을 이용하여 원하는 실행계획이 나타나도록 의도적인 표현을 했을 수도 있다.

더구나 규칙기준을 비용기준으로 바꾸는 것은 매우 큰 변화라 할 수 있기 때문에 그냥 모드만 변경했다면 십중팔구는 심각한 문제에 봉착할 것이다. 그렇다고 해서 모든 SQL에 대해 비용기준으로 수립된 실행계획을 일거에 확인할 수는 없는 노릇이다. 일단 현재의 안정적인 실행계획을 유지하면서 점차적으로 비용기준에 맞추어 가도록 하는 전략으로 가기 위해 다음과 같은 절차로 처리한다.

① 현재의 규칙기준으로 수행되는 SQL 에 대하여 다음과 같이 특정 카테고리를 주고 아우트라인 생성을 시작한다.
   ```
   ALTER SESSION SET CREATE_STORED_OUTLINES = category_name;
   ```
   이 때 선별적으로 생성하기를 원한다면 이와 같이 해당 세션에 대해 실시하고, 전체적으로 하고자 한다면 'ALTER SYSTEM…' 으로 수행한다.
② 대부분의 중요한 SQL 에 대해 아우트라인이 생성되도록 가능하다면 오랜 기간 동안 수집하는 것이 좋다. 또한 월 단위 이상이나 특정한 기간에만 수행되는 애플리케이션은 별도의 처리를 해 주는 것이 좋다.
③ 아우트라인 생성을 종료시키려면 CREATE_STORED_OUTLINES 파라메터를 'FALSE'로 지정한다.
④ DBMS_STATS 패키지를 이용하여 통계정보를 생성한다.
⑤ 옵티마이져 모드를 RULE 에서 CHOOSE 로 변경한다.
⑥ 국부적으로 아우트라인을 적용한다면 ALTER SESSION…, 전체적으로 일괄 적용을 하기로 했다면 ALTER SYSTEM… 명령을 이용하여 USE_STORED_OUTLINES 파라메터에 앞서 생성해 두었던 카테고리를 지정하여 아우트라인을 적용시킨다.

이번에는 옵티마이져 버전을 업그레이드 할 때 적용하는 절차를 알아보자. 이 절차는 위의 경우와 너무 유사하기 때문에 간략하게 설명하기로 하겠다. 상기 ①~③까지는 동일하다. 이렇게 기존의 아우트라인을 수집한 다음, 버전을 업그레이드 하고 애플리케이션을 수행하면서 테스트를 실시한다.

만약 버전 업그레이드로 인해 수행속도에 문제가 발생한다면 앞서 생성해 두었던 아우트라인을 적용시킨다. 사실 일반적인 버전 업그레이드에 의해서 심각한 문제가 발생하는 경우는 많지 않다. 만약 전체 시스템에 대해 아우트라인을 모두 적용하여 과거 버전의 실행계획을 고수하게 되면 다음 업그레이드에서도 계속 그렇게 해야할 가능성이 높기 때문에 어쩌면 여러분들은 좀더 개선된 옵티마이져의 혜택을 영원히 받지 못하게 될

지도 모른다.

　이러한 폐단을 피하기 위해 현실적인 한 가지 방법을 추천하겠다. 이전 버전에 대한 아우트라인을 생성할 때 가능하다면 다양한 분류별로 카테고리를 지정하는 것이 좋다. 통상적으로 분류하는 서브 시스템 단위가 될 수도 있고, 온라인 처리와 배치처리를 구분할 수도 있을 것이며, 테이블 그룹단위로 분류할 수도 있다.

　이렇게 하는 이유는 만약 문제가 생겼을 때 관련된 부분에 대해서만 아우트라인을 적용하도록 하기 위함이다. 필요하다면 'CREATE OUTLINE…FROM…' 명령으로 아우트라인으로 복제를 해서 전체를 하나의 카테고리에 묶은 것도 추가로 준비를 해 두었다가 전면적인 적용에 대비하는 전략도 필요할 것이다.

　다시 한번 노파심에서 강조하지만 옵티마이져 버전 업그레이드를 너무 두려워하여 아우트라인에 의지하여 과거를 고수하려는 생각은 하지 말기 바란다. 그보다는 업그레이드를 하면서 좀더 양호한 통계정보를 생성하고, 체계적으로 관리하는 것에 투자를 하는 것이 훨씬 현명한 선택일 것이라 믿는다.

　이번에는 실전에서 적용할 수 있는 보다 현실적인 또 하나의 활용방법을 알아보기로 하자. 그것은 바로 비용기준 옵티마이져의 지나친 유연성 때문에 필요 이상으로 실행계획이 흔들려서 오히려 문제를 발생시킬 때 우리가 튜닝한 실행계획으로 단단하게 고정시키고자 할 때 적용하는 경우이다.

　실세계에서는 잘 튜닝된 실행계획이라면 그대로 고정되는 것이 유리한 경우가 실제로 많이 존재한다. 최적의 실행계획을 제시하지도 못하면서 잘난 척(?)하는 옵티마이져가 쓸데없는 문제점을 일으키는 경우가 적지 않게 발생한다. 이런 경우에 안정적인 실행계획의 유지를 위해서 다음과 같은 절차로 아우트라인을 적용한다.

① 문제를 일으키거나 실행계획을 고정시킬 대상 SQL에 대해 원하는 실행계획을 아우트라인으로 생성한다. 그들만의 카테고리를 지정하여 생성하거나 다음과 같은 명령으로 해당 아우트라인의 카테고리를 변경해 준다.

```
ALTER OUTLINE outline_name CHANGE CATEGORY TO our_category_name;
```

② ALTER SESSION SET USE_STORED_OUTLINES = *our_category_name* 을 통해 아우트라인을 적용시킨다.

3.1.2.5. 옵티마이져의 한계

만약 우리가 미래를 정확하게 예측할 수 있다면, 아니 몇 시간이나 단지 몇 분 후라도 예측할 수가 있다면 아마도 엄청난 일을 할 수가 있을 것이다. 이미 지나온 과거는 수많은 가능성 중에서 한 가지로 결정되지만 다가올 미래는 항상 수많은 가능성 속에 묻혀 있게 되는 것이다.

비록 지금 아무리 많은 정보를 가지고 있다고 하더라도 어떤 회사의 내일 주가가 정확히 얼마가 될지는 지금으로서는 결코 알 수가 없으며 단지 예측을 할 뿐이다. 그러나 내일이 지나고 나면 누구나 알 수 있는 확실한 정보가 된다. 다만 우리가 미래를 예측할 수 있는데 도움을 주는 좋은 정보를 많이 가지고 있다면 상당히 근접한 결론에 도달할 수 있는 확률이 증가한다는 사실만이 우리에게 위안을 줄 뿐이다.

우리는 남이 하는 일에 대해서 세월이 지난 후에 그들의 무지함을 탓하는 경우가 자주 있다. 그러나 돌이켜 생각해보라! 자신이 만약 그 상황에 있었던들 지금에 와서 과거를 볼 때처럼 확실한 판단을 할 수 있었겠는가? 어쩌면 이러한 의미에서 우리는 옵티마이져의 입장을 이해해 주어야 하는 지도 모른다.

규칙기준 옵티마이져의 한계는 너무나 분명하다. 내용은 조금 다르지만 비용기준 옵티마이져 또한 분명한 한계를 가지고 있다. 그 중에 가장 대표적인 것은 역시 완벽할 수 없는 통계정보를 토대로 정확한 처리범위를 예측할 수 있느냐에 대한 한계이다.

같은 컬럼 내에 있는 값이라 하더라도 동일한 분포도를 가질 수는 없다. 극단적인 경우에는 단 몇 가지의 특정한 값이 아주 높은 분포도를 가지고 있고, 어떤 값들은 아주 낮은 분포도를 가질 수도 있다. 이러한 경우를 동일한 처리 방법으로 실행했다면 수행속도의 차이가 크게 나타날 수 있는 것은 어쩌면 당연하다.

만약 우리가 비교되는 각각의 값에 대한 분포도를 정확히 알 수만 있다면 보다 정확한 실행 계획을 수립할 수 있을 것이다. 그러나 모든 값들에 대한 분포도를 일일이 보유한다는 것은 사실상 불가능한 일이다. 설사 각각의 값에 대한 분포도를 보유하고 있다고 하더라도 '='이 아닌 'LIKE, <, >, BETWEEN' 등을 사용하였다면 이미 정확한 분포도를 구하는 것이 어려워진다.

그런데도 불구하고 모든 컬럼값들이 평균적으로 고르게 분산(Uniformly Distributed)되어 있다고 가정하여 판단한다면 그 오차는 크게 발생할 수 있다. 옵티마이져는 버전의 증가에 따라 지속적인 발전을 하고는 있지만 과거에는 이러한 방법으로 분포도를 계산함으로써 경우에 따라 매우 오차가 심한 결과를 내기도 하였다.

이런 문제를 해결하기 위해서 등장한 히스토그램에 대해서는 앞서 설명한 적이 있다. 그러나 비록 값의 범위별로 서로 다른 분포도를 통계정보로 보유하고 있더라도 비교한 값이 상수가 아니라 변수인 상태에서 실행 계획이 수립되어야 한다면 이것도 활용가치가 없어진다. 변수는 실제 수행할 때 어떠한 값이 결합(Binding)되어서 실행될지 사전에 알 수 없기 때문에 옵티마이져는 특정한 대상값만을 위해서 실행계획을 수립할 수는 없는 노릇이다.

결국 컬럼값에 따라 차별된 분포도를 가지고 있다고 하더라도 이러한 경우에는 무용지물이 될 수 밖에 없다. 더구나 실제 현실에서는 상수값을 비교하는 경우보다 변수 상태로 비교하는 경우가 훨씬 더 많다. 그렇다고 해서 항상 상수값을 먼저 결합한 후에 SQL 이 수행된다면 매번 동적(Dynamic) SQL 을 사용해야 하므로 번거로울 뿐만 아니라 동일한 실행계획임에도 불구하고 실행할 때마다 새롭게 SQL 을 파싱한다면 이는 더욱 큰 문제를 일으키게 된다.

이런 문제를 조금이라도 해결하기 위해서 실제 쿼리가 수행될 때 최초에 적용된 값에 대해 통계정보를 사용하는 방법을 사용하기도 하지만 최초에 사용된 값이 전체를 대표한다는 가정은 무리가 아닐 수 없다. 이것이 옵티마이져의 어쩔 수 없는 한계이다. 이것은 참으로 중요한 문제가 아닐 수 없다. 최적화의 가장 중요한 잣대가 되는 최소 처리범위를 판정해 줄 요소(Factor)가 이러한 근본적인 한계를 가지고 있다는 것은 옵티마이져가 아무리 발전을 하더라도 최적화의 길은 험난할 것임을 예고하고 있다.

비용기준 옵티마이져의 또 다른 한계는 결합된 컬럼에 대해 일일이 분포도를 보유할 수 없다는 데서 출발한다. 컬럼들이 모여 결합 인덱스를 구성할 때 어떤 컬럼은 하나 이상의 인덱스에서 사용될 수 있다. 가령 어떤 테이블의 인덱스 구성이 'A+B', 'B+D+A', 'C+D'로 되어 있다고 가정해보자. 여기에 사용된 컬럼들은 하나 이상의 인덱스의 구성요소가 되어 있고 그 위치 또한 다양하다.

상식적으로 생각해 보더라도 D 컬럼이 B 컬럼과 결합했을 때와 C 컬럼과 결합했을 때의 분포도는 크게 차이가 날 수 있다. 결합이란 참으로 오묘한 것이다. 결합에 의한 분포도는 산술적인 계산으로 결정될 수 없으며 궁합(시너지, 친밀도)에 따라 천양지차가 난다.

예를 들어 '흑인'이라는 집합과 '한국인'이라는 집합을 결합했을 때 각각의 집합은 매우 크지만 흑인이면서 한국인인 사람들은 많지 않다. 그러나 미국인인 경우에는 이 결합은 상당히 많은 사람이 해당된다. 다른 예를 들어보자. 만약 300 종류의 '부서'와 10 종류의 '사업장'을 결합하면 3,000 종류가 되는가? 일반적으로 부서는 사업장에 종속적이므로 결합된 종류는 부서 종류와 동일한 300 가지가 된다.

이와 같이 결합은 그 데이터의 현실적인 특성 - 컬럼 간의 내용적인 친밀도 - 에 따라 전혀 다른 분포도를 가지게 된다. 결코 산술평균이나 산술적인 곱에 의해서 산출될 수 없다는 것이다. 그럼에도 불구하고 이렇게 결합된 형태에 대한 히스토그램 정보를 모두 보유할 수 없기 때문에 옵티마이져는 각각의 컬럼이 가지고 있는 히스토그램 정보들을 통계학적으로 연산하여 결합된 분포도를 산정할 수밖에 없다.

이런 이유에서 옵티마이져가 산정한 분포도와 실제의 분포도 사이에는 큰 오차가 발생할 가능성이 충분히 있다. 이것 또한 옵티마이져의 어쩔 수 없는 한계라 하겠다. 이것 뿐만이 아니다. 인덱스 스캔을 할 때 부여한 조건의 사용 유무, 비교 연산자의 종류, 인덱스 컬럼이 결합된 순서 등에 따라 처리범위는 매우 심하게 변하기 때문에 이러한 산정된 분포도의 오차는 더욱 크게 나타날 수 밖에 없다.

가령, 'A+B+C' 인덱스와 'C+D+B' 인덱스가 있을 때 다음과 같은 SQL 에서 각각의 컬럼별 히스토그램으로 산정한 결합 분포도가 정확할 수 있느냐는 것이다. 즉, 설사 각 컬럼의 히스토그램 정보를 가지고 아무리 합리적인 연산을 하더라도 이처럼 중간에 '='이 아닌 조건이 있을 때 어느 인덱스를 사용하는 것이 처리범위가 적은지 정확히 판단할 수 있겠느냐는 것이다.

```
SELECT *
FROM TAB1
WHERE A = '10'
   and B like 'KOR%'
   and C = '111'
   and D between '100' and '1000';
```

결합 인덱스는 결합된 순서와 연산자에 따라 액세스 범위에 커다란 차이가 나타날 수 있으므로 만약 이러한 경우에도 정확한 판정을 할 수 있는 옵티마이져라면 매우 훌륭하다고 할 수 있을 것이다. 더구나 비교된 값들이 변수였다면 옵티마이져의 판단이 항상 옳을 가능성은 매우 희박해진다.

좀더 치밀한 사용자라면 컬럼의 분포도의 편차를 다양하게 만들고, 비교하는 값을 여러 가지로 조정해 보았을 때 과연 옵티마이져가 적절한 분기점에서 최적의 판정을 정밀하게 내릴 수 있는지를 검증해보는 것도 매우 재미있는 일일 것이다. 여러분도 자신이 사용하고 있는 데이터베이스가 여러 면에서 얼마나 민감하게 반응하는지를 한번 조사해보고 그들의 한계를 인식할 수 있기를 바란다.

만약 생각보다 정확하게 반응하였다고 하더라도 우리는 아직 만족할 수가 없다. 앞서 언급했듯이 다음과 같이 사용하였다면 이러한 미묘한 반응을 할 수 있는 옵티마이져 조차 무용지물이 될 수밖에 없기 때문이다.

```
SELECT *
FROM TAB1
WHERE A = :A
  and B like :B||'%'
  and C = '111'
  and D between :STARTVAL and :ENDVAL;
```

그러나 현실에서는 대부분 이와 같은 방법으로 SQL 을 사용해야 한다는 것이 우리의 아픔이자 옵티마이져의 어쩔 수 없는 한계인 것이다. 이 말은 우리가 아무리 철저하게 통계정보를 관리해 주고, 보다 발전된 옵티마이져가 등장하더라도 결코 이것만으로는 최적화를 얻을 수 없다는 것을 의미하고 있다.

앞으로 '제 5 장 인덱스의 전략 수립' 단원에서 상세하게 언급하겠지만 결국 중요한 것은 다양한 사용 형태를 만족할 수 있도록 종합적이고 전략적인 차원에서 적절한 인덱스나 클러스터링을 결정하고, 수준 높은 SQL 을 구사하는 것이 반드시 필요하다는 것임을 명심해야 할 것이다.

SQL의 실행계획(Explain Plan)

3.1.3. 옵티마이져의 최적화 절차

옵티마이져의 궁극적인 목표는 사용자가 요구한 결과를 가장 최소의 자원으로 처리할 수 있는 방법을 찾아내는 것이다. 가장 효율적인 처리방법을 찾아낸다는 것은 참으로 어려운 일이다. 더구나 처리를 해보기 전에 찾아내어야 하고, 매우 빠른 시간에 찾아야만 한다.

처리를 해보기 전에 최적을 찾아내어야 한다는 것은 곧 미래를 예측해야 한다는 것을 의미한다. 미래를 현재 상태에서 정확히 예측하는 것은 정말 쉽지가 않다. 판단을 위한 많은 참조 정보가 필요할 것이며, 이러한 정보를 논리적으로 분석할 수 있는 많은 원칙들이 필요하다. 옵티마이져는 수학적이고 통계적이며 논리적인 방법으로 가능한 최선의 방법을 예측하기 위해 고심한다.

옵티마이져는 SQL 문이 보유하고 있는 각종 스키마 객체(Table, Index 등)들에 대한 정보와 그들의 통계정보를 토대로 논리적으로 적용 가능한 처리경로를 대상으로 가장 효율적인 형태를 선택한다. 이때 적용된 힌트나 아우트라인 등을 참조하여 결정하게 된다. 먼저 간략한 처리과정을 살펴보기로 하자.

① 최초에 사용자가 실행한 SQL 은 데이터베이스의 데이터 딕셔너리를 참조하여 파싱을 수행한다. 옵티마이져는 파싱된 결과를 이용해 논리적으로 적용 가능한 실행계획 형태를 골라내고, 힌트를 감안하여 일차적으로 잠정적인 실행계획들을 생성한다.

② 옵티마이져는 데이터 딕셔너리의 통계정보를 기반으로 데이터의 분포도와 테이블의 저장구조의 특성, 인덱스 구조, 파티션 형태, 비교연산자 등을 감안하여 각 실행계획의 비용을 계산한다. 여기에서 계산된 비용값이란 특정 실행계획으로 수행했을 때 사용될 기대값에 대한 일종의 예상 계수(係數)라고 할 수 있다.

이 값은 단위 최적화 내에서는 실행계획들 간에 유·불리를 비교할 수 있는 값이 되지만 비용에 대한 절대값이 아니기 때문에 다른 SQL 에서 나타나는 비용과 직접 비교하는 것은 큰 의미가 없다. 비용의 계산에는 컴퓨터의 자원(I/O, CPU, Memory)도 함께 감안된다. 높게 책정된 비용을 가진 실행계획은 낮은 비용에 비해 일반적으로 보다 많은 수행시간이 소요된다. 그러나 병렬처리로 수행하는 경우는 비용이 높다고 해서 반드시 수행시간이 많이 소요되지는 않는다.

③ 옵티마이져는 비용이 산출된 실행계획들을 비교하여 가장 최소의 비용을 가진 실행계획을

선택한다. 그러나 여기에도 약간의 모순이 있다. 그것은 마치 우리가 자주 듣고 있는 '최저가 입찰' 방식이 언제나 최선의 결정일 수 없는 것과 유사한 이유 때문이다. 이런 이유에서 가끔은 옵티마이져의 결정을 제어해야 할 경우가 발생되며, 힌트 등을 이용한 다양한 방법으로 옵티마이져의 선택을 조정할 수 있다.

옵티마이져의 최적화 절차를 좀더 상세하게 알아보기 위하여 다음 그림을 통해 구성요소와 절차를 살펴보자.

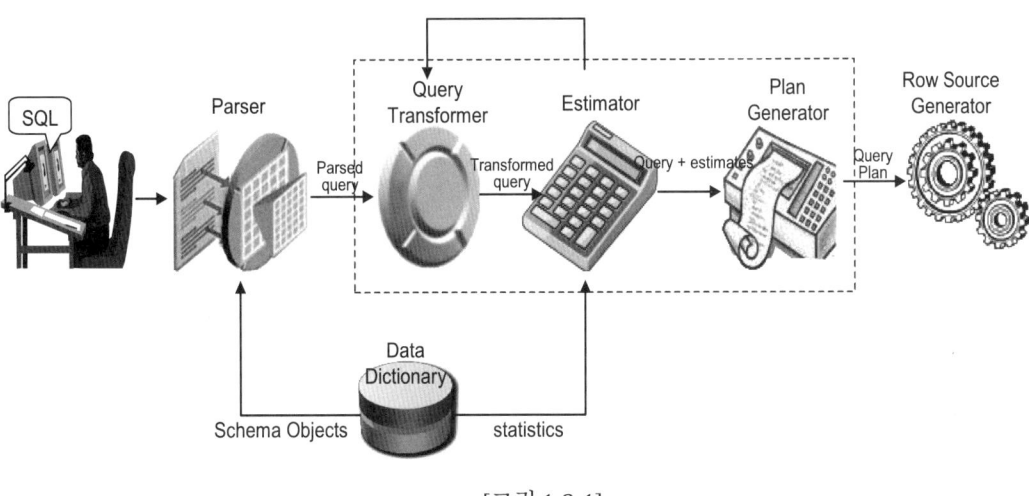

[그림 1-3-1]

옵티마이져는 그림에서 볼 수 있듯이 크게 질의 변환기(Query Transformer), 비용 산정기(Estimator), 실행계획 생성기(Plan Generator)로 구성된다. 사용자가 수행시킨 SQL 은 단순히 문자(Text)일 뿐이며, 그 속에 포함된 기호들은 데이터 딕셔너리를 참조해야만 의미를 해석(Parsing)할 수 있는 경우가 많이 있다.

가령, 'select * from tab1'이라는 SQL 에서 '*'라는 기호는 SQL 문장만으로는 인식할 수 없기 때문에 딕셔너리에서 테이블의 컬럼정보를 참조하여야 한다. 딕셔너리 정보를 참조하여 완성된 SQL 은 다음 처리를 위해서 쿼리조각(Query Block)으로 파싱되어 트리구조(Parse Tree)로 저장된다. 옵티마이져는 이 정보를 토대로 최적화를 수행하기 시작한다. 트리구조로 표현된 각 쿼리조각들 간에는 하위의 종속 수행관계를 나타내거나 상호 연관성을 가지고 있다.

가) 질의 변환기

질의 변환기의 주된 임무는 보다 양호한 실행계획을 얻을 수 있도록 적절한 형태로 SQL 의 모양을 변환하는 것이다. 이를 위해 아주 다양한 변환 기술이 적용되고 있다. 예를 들어, 인라인뷰나 뷰의 병합(Merging)이나 조건절 진입(Predicate Pushing), 서브쿼리의 비내포화(Subquery Unnesting), 실체뷰(Materialized Views)의 질의 재생성(Rewrite), OR 조건의 전개(expansion) 등을 하게 된다. 이런 것들을 이해하는 것은 매우 중요하므로 보다 상세한 내용은 다음 단원에서 다시 다루기로 하고 여기서는 간단한 개념만 소개하겠다.

> **뷰병합** : 뷰 정의 시에 지정한 쿼리(뷰쿼리)를 실제로 액세스를 수행하는 쿼리(액세스쿼리)에 병합(Merge)해 넣는 방식이다. 이것이 가능하다면 우리가 수행시킨 쿼리를 기준으로 뷰에 지정한 부분만 보정되는 형식이므로 뷰를 사용함으로써 발생되는 불이익이 거의 없어진다. 다시 말해서 액세스 쿼리에 부여했던 조건들이 거의 모두 제 역할을 할 수 있고, 뷰 쿼리의 조건까지 추가되므로 뷰로 인한 문제가 거의 발생하지 않는다. 그러나 몇 가지 제한요소를 가지고 있어서 이를 준수하지 않으면 뷰병합은 불가능하다.

> **조건절 진입** : 뷰병합을 할 수 없는 경우를 대상으로 뷰쿼리 내부에 액세스쿼리의 조건절을 진입시키는 방식의 질의 변환이다. 이 방식은 액세스쿼리를 뷰쿼리로 진입시키는 방법으로 진행된다. 이렇게 해서라도 가능한 모든 방법을 동원해서 부여한 조건을 뷰쿼리 내에 최대한 반영시키도록 함으로써 보다 양호한 실행계획을 얻도록 하고 있다.

> **서브쿼리 비내포화** : 서브쿼리를 사용하는 쿼리는 종종 내포관계를 해제하는 방법을 사용하거나 조인형식으로 대체함으로써 보다 양호한 수행속도를 얻을 수 있다. 실제로 거의 대부분의 서브쿼리는 변환을 거치게 된다. 서브쿼리의 비내포화가 불가능해지면 옵티마이져는 서브쿼리만을 먼저 수행하거나 나중에 수행하는 독립적인 실행계획을 수립하게 된다. 이때 서브쿼리가 수행되는 순서에 따라 수행속도에는 매우 큰 차이가 나타날 수 있다.

> **실체뷰의 쿼리 재생성** : 실체뷰는 뷰와 마찬가지로 뷰쿼리에 의해 정의되지만 실제로 테이

블처럼 물리적인 데이터를 저장하고 있다. 원래의 테이블과 실체뷰는 밀접한 논리적인 관계를 가진 물리적인 집합이므로 사용자가 수행시킨 쿼리를 옵티마이져가 가장 최적의 물리적 집합을 처리하도록 쿼리를 재생성해 줌으로써 수행속도를 크게 개선할 수 있다. 이러한 기능은 어떻게 보면 확장된 뷰병합 기능이라고 할 수도 있다. 사용자가 상황에 따라 어떤 물리적 집합을 액세스할 것인지 일일이 고민할 필요가 없으므로 매우 유용한 기능이다. 실체뷰의 쿼리 재생성은 비용기준에 의해 결정된다. 즉, 실체뷰 없이 수행한 형태가 실체뷰를 액세스하는 경우보다 적은 비용을 가진다면 쿼리 재생성은 일어나지 않는다. 여기에 대한 보다 상세한 내용은 2권에서 다루기로 한다.

> **OR 조건의 전개** : 조건절에 사용된 OR 조건연산자는 이들이 처리주관 조건의 역할을 하여 인덱스를 사용하게 된다면 각각을 여러 개의 단위 쿼리로 분기하고 UNION ALL 로 연결하는 질의 변환을 수행한다. 그러나 단지 체크 조건으로만 사용되는 경우에 이와 같은 전개가 발생하면 오히려 큰 비효율이 발생한다. 옵티마이져는 비용기준에 의해 전개여부를 결정한다.

> **사용자 정의 바인드 변수의 엿보기**(Peeking) : 옵티마이져는 쿼리 내에 사용자가 조건절에 지정한 바인드 변수가 있을 때 실제로 그 변수에 어떤 값이 들어올지 알 수 없기 때문에 통계정보를 제대로 참조할 수가 없다. 그렇다고 해서 상수를 적용한 것처럼 실행할 때마다 계속 파싱을 할 수는 없다. 이런 문제를 약간이라도 보완하기 위해 채택한 방법이 최초에 수행될 때 적용되었던 값을 이용해 실행계획을 수립하고, 다음 수행부터는 공유하는 방법이다. 마치 남의 것을 엿보는 커닝과 유사한 개념으로서 그냥 변수인 채로 실행계획을 수립하는 것보다는 유리할 수 있다는 판단에서 나온 궁여지책이라 할 수 있다. 이것은 실제 적용상의 입장에서 보면 상당히 중요한 의미를 가지므로 뒤에서 좀더 자세히 설명할 기회를 갖도록 하겠다.

나) 비용 산정기

지금까지 최적화를 위한 질의 변환에 대해 간략하게 알아보았다. 보다 상세한 내용은 다음 단원에서 알아보기로 하고 이번에는 비용 산정기에 대해 살펴보기로 하자. 옵티마이져는 비용산정을 위해 크게 세 가지, 즉 선택도(Selectivity), 카디널러티(Cardinality), 비용(Cost)를 측정한다. 이 세 가지 예상치는 서로 밀접한 연관이 있으며, 필요에 따라 관련된 예상치를 활용해서 생성하기도 한다.

선택도(Selectivity)란 처리할 대상 집합에서 해당 조건을 만족하는 로우가 차지하는 비율을 가리키는 개념이다. 대상 집합은 테이블이나 뷰의 전체집합이 될 수도 있고, 처리과정에서 생겨나는 중간 집합일 수도 있다. 선택도를 판정하는 단위는 개별 컬럼이 아니라 해당 액세스를 주관하는 조건들의 모임이다. 이해를 돕기 위해 다음 쿼리를 통해 알아보기로 하자.

```sql
SELECT *
FROM EMP
WHERE DEPTNO = 20
  AND ENAME LIKE 'SMITH%'
  AND JOB = 'CLERK';
```

먼저 이 쿼리의 조건절에 사용된 각 컬럼이 모두 개별 인덱스를 가지고 있다는 단순한 가정부터 해보자. 만약 실측을 해보았더니 DEPTNO 가 20 인 사람이 10 명이었다면 전체(100 로우로 가정)에서 10%의 비율을 가진다. 마찬가지로 ENAME 이 'SMITH'로 시작하는 사람을 찾았더니 5 명이었다면 5%, JOB 이 'CLERK'인 사람이 40 명이었다면 40%가 된다. 이들 중에서 어떤 것이 보다 양호한 선택도를 가지고 있는지 쉽게 판단할 수 있다.

그런데 만약 인덱스가 DEPTNO+ENAME 으로 된 것과 JOB+DEPTNO, 그리고 ENAME 만으로 생성된 세 개가 있다고 생각해보자. 우리의 목표는 어떤 인덱스를 적용하는 것이 보다 양호한 선택도를 가지게 되는지를 찾아내는 것이다. 물론 사람이 직접 실측을 했다면 위의 조건에 대한 각 인덱스들의 정확한 선택도를 알아낼 수 있고, 쉽게 가장 양호한 선택도를 가진 것을 찾을 수 있을 것이다.

옵티마이져는 보다 정확한 선택도를 파악하기 위해 통계정보를 활용한다. 그러나 아무리 세밀하게 준비된 통계정보라도 단지 각각의 개별 컬럼에 대한 선택도를 예측할 수 있을 뿐이기 때문에 어쩔 수 없이 각 개별 선택도를 이용한 통계학적 연산을 통해 결합 선택도를 산정하게 되므로 오차가 발생할 수밖에 없다.

컬럼에 대한 히스토그램 정보가 없다면 컬럼값이 고르게 분포되어 있다는 가정을 세우고 테이블과 인덱스의 통계정보만을 이용해서 선택도를 계산할 수밖에 없게 된다. 즉, 컬럼에 있는 값의 종류가 10가지라면 선택도는 0.1(=1/10)가 된다는 것이다. 이 말은 이 컬럼에 있는 특정값을 '='로 선택했을 때 전체의 10%를 액세스하게 된다는 것을 의미한다. 이런 문제를 최소화하기 위해서 동적 표본을 이용한 통계정보를 파싱단계에서 수립하는 방법을 추가적으로 채택하였다.

만약 히스토그램 정보가 생성되어 있다면 조건에 사용된 컬럼의 미리 계산된 분포값을 직접 활용하게 되므로 보다 정확한 근거를 가지고 선택도를 계산할 수 있게 된다. 그러나 실제로는 모든 값에 대해 분포도를 가질 수 없고, '='이 아닌 연산자를 사용하게 되면 오차가 커질 수밖에 없다.

선택도는 0.0 ~ 1.0 사이의 값을 갖도록 생성된다. 여기서 0.0은 대상 집합에서 전혀 존재하지 않는다는 것을 의미하고, 1.0은 모든 대상 집합이 모두 해당된다는 것을 의미한다. 어쨌든 선택도의 값이 낮게 측정되었다는 것은 전체에서 차지하는 비율이 낮다는 것이며, 이는 곧 변별력이 좋다는 것을 의미한다. 이것은 곧 좋은 선택도를 가진 것을 처리주관으로 결정하면 보다 적은 처리범위를 액세스할 수 있다는 뜻이 된다.

```
SELECT STATEMENT
  TABLE ACCESS (BY INDEX ROWID) OF "EMP" (Cost=2 Card=1 Bytes=32)
    INDEX (FULL SCAN) OF 'PK_EMP' (UNIQUE) (Cost=1 Card=15)
```

카디널러티(Cardinality)는 위의 실행계획에서 'Card'로 표시된 부분으로서 판정 대상이 가진 결과건수 혹은 다음 단계로 들어가는 중간결과건수를 의미한다. 즉, 앞에서 계산된 선택도(Selectivity)와 전체 로우 수(Num_rows)를 곱해서 계산한다.

선택도가 있음에도 불구하고 카디널러티가 필요한 이유는 선택도는 단지 비율에 지나지 않기 때문이다. 백만 건의 1%와 백 건의 1%는 비록 같은 비율을 가지고 있지만 절대량은 같을 수가 없다. 물론 같은 대상 집합에 대해서는 비율만으로도 충분하다. 그러나 조인의 순서나 방향 등을 결정하기 위해 어느 쪽 집합이 먼저 수행될 지를 결정해야 한다면 당연히 비율만으로는 비교할 수가 없다.

비용(Cost)은 실행계획에서 'Cost'로 표시되는 부분으로서, 실행계획 상의 각 연산들을 수행할 때 소요되는 시간비용을 상대적으로 계산한 예측치라고 정의할 수 있다. 일반적인 스키마 객체에 대한 통계정보에 추가적으로 CPU 와 메모리 상황, 디스크 I/O 비용도 고려하여 계산된다. 물론 이런 요소들이 정확하게 반영될 수 있는가에 대한 의문은 앞으로도 계속해서 해결해 가야 할 과제이기는 하다.

만약 액세스 비용을 평가하는 과정에서 동일한 평가결과가 나타났다면 우선순위를 어떻게 결정해야 하겠는가? 마치 투표를 할 때 가부동수가 되면 위원장이 결정권한을 갖는 'CASTING VOTE'처럼 어떤 방식의 적용 기준이 있어야 한다. 과거의 규칙기준에서는 로우 캐시(Row cache)에 나타나는 순서대로 선택을 하고, 비용기준에서는 인덱스명의 ASCII 값에 근거해서 결정을 내린다.

사실 옵티마이져는 비용산정 과정에서 수많은 가정들을 세우고 다양한 계산식을 적용하고 있지만 이러한 가정들이 항상 옳다고 할 수 없는 불완전한 가정이므로 때로는 잘못된 비용을 산정할 수 밖에 없는 한계를 가지고 있다. 이런 문제의 보완을 위해서 다양한 힌트들이 계속적으로 추가되고 있으며, 다양한 초기화 파라메터들 또한 추가되고 있는 것이다.

다) 실행계획 생성기

이제 마지막으로 실행계획 생성기에 대해서 알아보자. 이 기능의 주된 임무는 주어진 쿼리를 처리할 수 있는 적용 가능한 실행계획을 선별하고 비교검토를 거쳐 가장 최소의 비용을 가진 것을 선택하는 일이다.

후보로 등장했던 여러 개의 실행계획들은 다양한 액세스 경로들의 조합으로 구성되어 있고, 여러 유형의 조인 형태로 나타날 수도 있으며, 조인 순서를 다르게 함으로써 나타나기도 한다. 이들이 어떤 형태로 처리되든 동일한 결과를 얻을 수 있음은 물론이다. 그러나 실행계획에 따라 처리의 효율성은 실로 엄청날 수도 있다.

특히 조인이 발생하면 실행계획은 좀더 복잡해지고, 그 중요성이 더욱 커진다. 쿼리의 특징과 조인의 형태는 아주 밀접한 관계를 가진다. 이것을 간단하게 이해하기에는 너무 복잡하고 난해하며, 각종 관련요소의 미묘한 차이에서도 효율성의 차이가 크게 달라질 수 있기 때문에 특별히 '제 2 부 2 장 조인의 최적화' 단원을 통해 상세하게 설명하기로 하겠다.

먼저 수행하여 정보를 제공할 수 있는 부속 서브쿼리나 병합이 불가능한 뷰들의 실행계획이 우선적으로 생성된다. 왜냐 하면 여기서 제공되는 결과에 따라 메인 쿼리가 절대적인 영향을 받기 때문이다. 이들은 물론 여러 개의 처리단위(Query Block)로 나타나게 된다. 이러한 처리단위는 하위단위에서부터 최적화를 한다. 다시 말해서 가장 깊숙한 부분부터 우선적으로 최적화를 수행한다는 것이다.

그것은 하위 처리에서 수행한 결과를 상위 처리에서 이용해야 하기 때문이다. 그러므로 최적화가 완료된 후의 가장 바깥쪽에 위치한 처리 단위는 전체처리를 수행한 결과이다. 실행계획 작성기는 다양한 적용 가능한 형태에 대해 비교평가를 하지만 그렇다고 해서 논리적으로 존재하는 모든 것에 대해 시도를 하지는 않는다.

사실 논리적으로 적용 가능한 실행계획은 경우에 따라서는 천문학적이 될 수도 있다. 최적화란 쿼리가 실행되기 전에 아주 짧은 시간 내에 수행해야만 하는 작업이다. 최적화에 최대한 투자를 한다면 조금 더 나은 실행계획을 얻을 수 있을지는 모르겠지만 이로 인한 부하가 전체 수행시간의 너무 많은 비중을 차지한다면 결코 적절하다고 할 수 없다.

이는 마치 바둑을 둘 때 더 좋은 수를 찾겠다고 제한시간을 넘겨 버리는 일과 유사하다.

그런데 이 시간은 절대적이 아니라 상대적이라는데 묘미가 있다. TV에서 자주 방영하는 속기바둑에서의 수읽기와 10여 시간이상 제한시간을 사용할 수 있는 바둑에서의 수읽기는 같을 수가 없다. 이것은 1초를 수행하는 쿼리에서 최적화 시간과 1시간을 수행하는 쿼리에서 최적화 시간은 결코 동일한 부담일 수 없는 것과 같은 이치이다.

제한시간에 여유가 있을 때는 자신이 가진 최대한의 고심을 통해 최적을 찾겠지만 주어진 제한시간이 아주 짧을 때는 빠른 시간에 상당히 양호한 최적화를 할 수 있는 대책이 필요하다. 이를 위해 적용하고 있는 지능적인 기술에는 적응적 탐색(Adaptive search)과 경험적(Heuristic) 기법에 의한 초기치 선택(Cutoff)을 하는 전략을 사용한다.

첫 번째 전략은 쿼리수행에 예상되는 총 수행시간에 비해 최적화에 소요되는 시간이 일정비율을 넘지 않도록 하는 탐색 전략을 말하고, 두 번째 전략은 탐색도중이더라도 최적이라고 판단되는 실행계획을 발견하면 더 이상 진행하지 않고 멈추는 것을 말한다.

이러한 전략은 마치 속기바둑에서 오랫동안 장고를 했을 때 찾을 수 있는 최적의 방법이 아니더라도 어쩔 수 없이 제한시간에 쫓겨 결정을 서둘러야 하는 것과 유사하다. 이와 같은 현실을 이해할 수 없는 것은 아니지만 가뜩이나 한계를 가지고 있는 옵티마이져에게는 이러한 면이 또 다른 부담이 될 수 밖에 없다.

어쨌거나 제한시간을 지킬 수 밖에 없는 현실을 결코 무시할 수는 없다. 이를 위해서 탐색을 시작할 때 임의의 순서로 시작하는 것보다는 자습적 기법을 동원하게 된다. 즉, 거의 최적이거나 최소한 아주 좋은 실행계획일 것이라고 판단되는 실행계획들의 일정량을 선별하고 정렬한 후에 그 중에서 가장 양호한 것을 선택한다.

속기바둑에서 제한된 시간 내에 좀더 양호한 수를 찾을 수 있는 방법이 한 가지 더 있다. 그것은 바로 훨씬 기력이 높은 고수가 옆에서 훈수(물론 가능하다면)를 해주는 것이다. 마찬가지로 만약 여러분이 어떤 쿼리에서 이미 논리적으로 가장 양호한 실행계획을 알고 있다면 만족할 수 없는 실행계획에 대해 적절한 힌트를 해주는 것은 좋은 전략이다. 물론 매번 훈수를 하는 것이 아니라 결정적인 순간에만 해야 하듯이 힌트는 아주 특별한 경우에만 사용하는 것이 바람직하다.

올림픽에서 체조경기를 볼 때를 생각해 보자. 보다 정확한 기준을 알고 있는 코치나 심판은 문외한인 일반 관람자와는 보는 정도의 차이가 분명히 존재한다. 일반 관람자는 어느 선수가 출전하더라도 그들의 현란한 묘기에 그저 놀라울 따름이지만 전문가의 눈에는 그들의 실수가 뚜렷이 보인다.

　마찬가지로 옵티마이져의 묘기가 그저 놀랍기만 하다면 여러분은 일반 관람자가 분명하다. 코치의 눈에는 선수의 잘못이 분명하게 보이고, 그들은 문제점을 지적하여 선수가 개선할 수 있도록 도와줄 수 있다. 선수가 아무리 우수하다고 해도 코치없이 스스로에게 맡겨두지 않는다. 타이거우즈와 같은 최고의 선수도 코치가 있다. 같은 이치로 옵티마이져가 아무리 우수하다고 해도 이를 보완해줄 수 있는 전문가는 반드시 필요하다.

SQL의 실행계획(Explain Plan)

3.1.4. 질의의 변환(Query Transforming)

옵티마이져는 가능한 모든 수식의 값을 미리 구한다. 가령, 상수의 연산은 실행될 때마다 이루어지는 것이 아니라 질의 변환단계에서 한 번만 수행한다. 만약 조건절에 다음 세 가지 형태가 쓰여졌다고 가정해 보자

① `sales_qty > 1200/12`
② `sales_qty > 100`
③ `sales_qty*12 > 1200`

첫 번째 조건식은 사전에 최대한의 연산을 하여 두 번째 조건식이 된다. 그러므로 ①과 ②는 동일하게 취급된다. 그러나 ③은 연산을 하여 ②와 동일한 조건식을 만들지 않는다. 그것은 비교연산자의 추가적 연산은 연산자를 좌우로 이동시켜 단순화를 하지는 않기 때문이다. 다음과 같이 LIKE 를 사용한 조건절에서 '%'나 '_'를 사용하지 않은 경우에는 '=' 연산으로 조건절로 단순화시킨다.

① `job like 'SALESMAN'`
② `job =    'SALESMAN'`

그러나 데이터 타입이 고정길이로 지정되어 있는 경우에는 이러한 변환이 결과를 다르게 할 수도 있으므로 반드시 가변길이 데이터타입일 때만 이러한 수식의 단순화가 가능하다. 이번에는 IN 비교 연산자를 사용한 경우의 변환 형태를 살펴보자. 이러한 조건식은 OR 논리 연산자를 이용해 여러 개의 '='로 된 같은 기능의 조건절로 확장시킨다.

① `job IN ('CLERK', 'MANAGER')`
② `job = 'CLERK' OR job = 'MANAGER'`

만약 ANY 나 SOME 을 사용한 일반적인 조건식이라면 '=' 비교연산자와 OR 논리 연산자를 이용해 같은 기능의 조건절로 확장시킬 수 있다.

① `sales_qty > ANY (:in_qty1, :in_qty2)`
② `sales_qty > :in_qty1 OR sales_qty > :in_qty2`

ANY 나 SOME 뒤에 서브쿼리를 사용했더라도 다음과 같은 EXISTS 연산자를 이용한 서브쿼리로 변환될 수 있다.

① WHERE 100000 > **ANY** (SELECT sal
                    FROM emp
                    WHERE job = 'CLERK')
② WHERE **EXISTS** (SELECT sal
                FROM emp
                WHERE job = 'CLERK'
                  AND 100000 > sal)

ALL 을 사용한 경우도 이와 유사한 형태로 변환이 가능하다. 만약 다음과 같은 괄호 내에 여러 개의 항목이 지정되는 형태라면 조건절은 '=' 연산자와 AND 논리 연산자를 사용해 같은 기능의 조건절로 변환시킨다.

① sales_qty > **ALL** (:in_qty1, :in_qty2)
② sales_qty > :in_qty1 **AND** sales_qty > :in_qty2

ALL 의 뒤에 서브쿼리를 사용했더라도 다음과 같이 NOT ANY 로 변환한 후에 다시 EXISTS 연산자를 이용한 서브쿼리로 변환될 수 있다.

① WHERE 100000 > **ALL** (SELECT sal
                    FROM emp
                    WHERE job = 'CLERK')
② WHERE **NOT** (100000 <= **ANY** (SELECT sal
                            FROM emp
                            WHERE job = 'CLERK'))
③ WHERE **NOT EXISTS** (SELECT sal
                    FROM emp
                    WHERE job = 'CLERK'
                      AND 100000 <= sal)

BETWEEN 비교 연산자를 사용한 조건식은 '>=' 와 '<=' 비교 연산자를 사용한 조건절로 변환될 수 있다.

① sales_qty **BETWEEN** 100 AND 200
② sales_qty >= 100 **AND** sales_qty <= 200

NOT 을 사용한 경우에는 이 논리 연산자를 제거할 수 있는 반대 비교연산을 찾아 대체시키는 변환을 한다. 먼저 ①을 ②로 변환하고, 이것을 다시 ③으로 변환한다.

① **NOT** (sal < 30000 OR comm IS NULL)
② **NOT** sal < 30000 AND comm IS **NOT** NULL
③ sal >= 30000 AND comm IS **NOT** NULL

이번에는 서브쿼리에 사용된 NOT 을 변환하는 경우를 살펴보자. 이 경우에는 NOT 을 없애기 위해 다음과 같이 반대 비교연산을 찾아 대체시키는 변환을 한다.

① **NOT** deptno = (SELECT deptno FROM emp WHERE empno = 7689)
② deptno **<>** (SELECT deptno FROM emp WHERE empno = 7689)

3.1.4.1. 이행성 규칙(Transitivity principle)

만약 조건절에 같은 컬럼을 사용한 두 개의 조건식이 있다면 옵티마이져는 새로운 조건식을 이행성 규칙에 따라 생성하고 이 조건식을 이용하여 최적화를 수행한다. 따라서 원래의 조건식에서는 인덱스를 사용하지 못하게 되었더라도 인덱스를 사용하는 실행계획이 나타날 수도 있다. 다음과 같은 조건식을 가정해보자.

```
WHERE column1 comparison_operators constant
  AND column1 = column2
```

여기서 *comparison_operators* : =, !=, ^=, <, <>, >, <=, >= 중의 하나이어야 하며,

　　　　　constant　　 : 연산, SQL 함수, 문자열, 바인드 변수, 상관관계 변수를 포함하는 상수 수식

우리가 잘 알고 있는 3단 논법인 A=B and B=C 이면 A=C 라는 원칙을 적용하듯이 옵티마이져는 다음과 같은 조건절을 추론해낸다.

```
column2 comparison_operators constant
```

이러한 이행은 비용기준 옵티마이져를 사용할 때만 적용된다. 이 기능은 실전에서는 상당히 중요한 의미를 가진다. 우리가 조인을 사용했을 때 어떤 쪽이 보다 많은 처리범위를 먼저 줄여줄 수 있느냐가 처리할 일의 양을 결정하는 중요한 요소가 된다. 만약 Nested Loops 조인을 한다면 우리는 최대한 선행처리를 하는 쪽에 조건을 부여하도록 해야 보다 많이 처리량을 줄일 수 있다.

Sort Merge 조인이나 해쉬 조인을 한다면 각각의 집합을 최대한 줄일 수 있도록 조건을 부여하는 것이 필요하다. 이러한 것을 감안해서 조건을 적절히 부여할 수 있는 사람들이 많지 않기 때문에 옵티마이져가 논리적으로 이러한 추론을 해 준다는 것은 상당한 의미가 있다. 다음과 같은 간단한 조인문장을 생각해보자.

```
SELECT *
FROM   emp e, dept d
WHERE  e.deptno = 20
  AND  e.deptno = d.deptno;
```

옵티마이져는 이행성 규칙을 적용하여 d.deptno = 20 을 추론할 수 있다. 만약 EMP 테이블에 deptno 인덱스가 없었다면 EMP 테이블을 전체 테이블 액세스를 하면서 조인하던 실행계획이 DEPT 테이블을 먼저 인덱스로 액세스하는 전혀 다른 실행계획이 가능하게 되었다는 것을 알 수 있다. 그러나 다음과 같이 비교하는 대상이 상수 수식이 아닌 컬럼인 경우는 이행이 일어나지 않는다.

```
WHERE column1 comparison_operators column3
  AND column1 = column2
```

이런 경우에는 옵티마이져는 column2 comparison_operators column3 를 추론하지 않는다. 이번에는 OR 를 가지는 조건들을 UNION ALL 을 사용한 복합 문장으로 변환하는 경우를 살펴보자. 조건절에 OR 가 있다고 해서 항상 이러한 변환이 일어나는 것은 아니다. 아래의 경우처럼 보다 효율적이라고 판단될 때만 이러한 변환이 일어난다.

- 만약 OR 를 사용한 조건절을 분기시켰을 때 각각이 인덱스 접근 경로로 이용할 수 있다면 옵티마이져는 변환을 한다. UNION ALL 에 의해 각각의 인덱스를 경유하는 실행계획을 선택하고 나중에 결합을 한다. 즉, 여러 개의 액세스로 분기된 각각을 액세스하여 결합하는 것이 불필요한 범위를 액세스하지 않는다고 판단한 경우에만 적용한다는 것이다. 이렇게 생성된 실행계획에는 'IN-LIST ITERATOR' 나 'CONCATENATION' 이라는 표시가 나타난다.
- 만약 어떤 조건절에서 인덱스를 사용할 수 없기 때문에 전체 테이블을 스캔해야 한다거나, OR 를 사용한 조건절이 단지 검증기능만 수행하게 된다면 옵티마이져는 그 문장에 대한 변환을 하지 않는다. 이러한 변환이 일어나지 않을 때 강제적인 적용을 위해 'USE_CONCAT' 힌트를 사용할 수 있다. 그러나 만약 여러분들이 함부로 이 힌트를 사용하면 액세스가 불필요하게 분기되어 오히려 처리량이 크게 증가할 수도 있으므로 주의하여야 한다.

다음과 같이 WHERE 절에 OR 로 연결된 두 개의 조건절이 있을 때 발생할 수 있는 경우를 생각해보자.

```
SELECT *
FROM emp
WHERE job = 'CLERK'
OR deptno = 10;
```

만약 JOB 과 DEPTNO 컬럼에 각각 인덱스가 존재한다면 옵티마이져는 위의 쿼리를 아래와 같은 쿼리로 변환한다.

```
SELECT * FROM emp WHERE job = 'CLERK'
UNION ALL
SELECT * FROM emp WHERE deptno = 10 AND job <> 'CLERK';
```

물론 이와 같은 변환도 옵티마이져 모드에 따라 달라진다. 만약 규칙기준이었다면 각각의 쿼리가 인덱스를 사용할 수 있기 때문에 무조건 분기를 한다. 그러나 비용기준인 경우는 전체 테이블을 스캔하는 경우와 분기를 한 경우의 비용을 비교해서 변환여부를 결정하게 된다. 이러한 현상은 우리가 IN 을 사용한 상수수식 비교에서도 유사하게 나타난다. 그 이유는 이러한 형태의 IN 은 OR 로 변환되기 때문이다.

이번에는 서브쿼리를 가진 복잡한 문장을 조인 문장으로 변환하는 경우에 대해 알아보기로 하자. 옵티마이져는 이것을 최적화하기 위해서 다음의 두 가지 방법 중에서 하나를 선택한다. 첫 번째는 이들을 같은 기능의 조인 문장으로 변환하여 다시 이를 최적화하는 방법이고, 두 번째는 현재의 문장을 그대로 최적화하는 방법이다. 보다 이해를 쉽게 하기 위해 다음의 서브쿼리를 통해 알아보기로 한다.

```
SELECT *
FROM   emp
WHERE deptno IN (SELECT deptno FROM dept WHERE loc = 'NEW YORK') ;
```

만약 DEPT 테이블의 DEPTNO 컬럼이 기본키나 유일(Unique) 인덱스였다면 옵티마이져는 위의 쿼리를 다음과 같은 조인문장으로 변환한다. 논리적으로 서브쿼리는 메인쿼리의 집합을 변형시킬 수 없으므로 서브쿼리의 연결고리가 '1'이 보장된다면 조인문으로 바꾸어도 아무런 문제가 생기지 않는다.

```
SELECT emp.*
FROM   emp, dept
WHERE emp.deptno = dept.deptno
  AND dept.loc = 'NEW YORK' ;
```

옵티마이져가 다음의 예와 같이 조인문으로 변환할 수 없다면, 메인쿼리와 서브쿼리에 대한 실행 계획을 선택한다. 이러한 경우의 실행계획은 만약 서브쿼리의 실행결과가 메인쿼리의 컬럼에 제공되어 인덱스를 사용할 수 있게 된다면 먼저 수행이 되는 형태로 결정된다. 그렇지 않은 경우에는 메인쿼리가 실행되면서 서브쿼리를 확인하는 필터형 처리가 되거나 각각의 집합을 액세스한 후 머지하거나 해쉬조인으로 수행한다.

```
SELECT *
FROM emp
WHERE sal > (SELECT AVG(sal) FROM emp WHERE deptno = 20) ;
```

3.1.4.2. 뷰병합(View Merging)

이번에는 인라인뷰나 뷰를 최적화하기 위해 사용하는 뷰와 관련된 변환에 대해서 좀더 상세하게 알아보자. 조금 난해하기는 하지만 여기에 대한 이해는 앞으로의 실행계획을 깊이 있게 이해할 수 있는 중요한 단초가 될 것이다. 뷰를 사용하는 쿼리는 크게 뷰쿼리와 액세스쿼리로 나누어진다.

여기서 말하는 뷰쿼리란 우리가 뷰를 생성할 때 사용한 SELECT 문, 즉 딕셔너리에 저장되어 있는 SELECT 문을 말하며, 액세스쿼리란 이 뷰를 수행하는 SQL 을 말한다. 이는 물론 인라인뷰일 때도 거의 동일하게 적용된다. 즉, FROM 절에 괄호로 묶어 둔 SELECT 는 뷰쿼리이며, 인라인뷰의 바깥에 있는 SELECT 를 액세스쿼리라고 할 수 있다.

뷰의 액세스를 최적화하기 위해서는 뷰쿼리에 사용된 원래의 테이블을 액세스하도록 문장을 변환시켜야 한다. 이를 위해 뷰쿼리와 액세스쿼리를 병합하는 방법은 다음과 같이 두 가지 형식이 있다.

- ➢ 뷰병합(View Merging)법 : 뷰쿼리를 액세스쿼리에 병합해 넣는 방식
- ➢ 조건절 진입(Pushing predicate)법 : 뷰병합을 할 수 없는 경우를 대상으로 뷰쿼리 내부에 액세스쿼리의 조건절을 진입시키는 방식

뷰쿼리를 액세스쿼리로 병합시키기 위해서 옵티마이져는 액세스 쿼리에 있는 뷰의 이름을 뷰쿼리의 원래의 테이블로 이름을 바꾸고, 뷰의 WHERE 절에 있는 조건절을 액세스쿼리의 WHERE 절에 추가시킨다. 다음과 같은 예를 살펴보면 쉽게 이해할 수 있을 것이다.

```
CREATE VIEW emp_10 (e_no, e_name, job, manager, hire_date, salary,
                    commission, deptno) AS
  SELECT empno, ename, job, mgr, hiredate, sal, comm, deptno
  FROM   emp
  WEHRE deptno = 10;
```

이제 이 뷰를 액세스하는 다음 쿼리를 살펴보자.

```
SELECT e_no, e_name, salary, hire_date
FROM   emp_10
WHERE salary > 1000000;
```

앞서 설명했던 방법대로 뷰쿼리를 액세스쿼리에다 병합시켜 보자. 이 병합은 액세스쿼리가 기준이 된다. 즉, 액세스쿼리를 기준으로 뷰쿼리에 있는 대응인자들을 병합한다. 먼저 액세스쿼리에 있는 뷰를 원래의 테이블인 emp 로 변환하고, 남아있는 조건절을 다시 액세스쿼리에 병합해보자. 이때 컬럼들도 대응되는 원래 테이블의 컬럼들로 병합되는 것은 당연하다. 다음의 SQL 은 이러한 병합이 완료된 모습이다.

```
SELECT empno, ename, sal, hiredate
FROM emp
WHERE deptno = 10
  AND sal > 1000000;
```

만약 EMP 테이블에 DEPTNO+SAL 로 구성된 인덱스가 있었다면 변환된 SQL 에 의해 완벽한 실행계획을 갖게 될 것이다. 이처럼 뷰쿼리가 액세스쿼리로만 병합될 수 있다면 마치 약어를 사용하듯이 공통적으로 사용되는 부분을 뷰로 생성해 두었다가 언제나 짧은 액세스쿼리를 간편하게 사용할 수 있다.

그러나 항상 이와 같은 병합이 일어날 수는 없다. 만약 다음과 같은 형태가 뷰쿼리 내에 사용되었다면 이러한 형식의 병합은 불가능하게 된다.

- 집합 연산 (UNION, UNION ALL, INTERSECT, MINUS)
- CONNECT BY
- ROWNUM 을 사용한 경우
- SELECT-List 의 그룹함수(AVG, COUNT, MAX, MIN, SUM)
- GROUP BY (단, Merge 힌트를 사용했거나 관련 파라메터가 Enable 이면 뷰병합 가능)
- SELECT-List 의 DISTINCT (단, Merge 힌트를 사용했거나 관련 파라메터가 Enable 이면 뷰병합 가능)

만약 인라인뷰나 뷰에 이와 같은 형태가 포함되어 있다면 옵티마이져는 액세스쿼리에 있는 조건들을 뷰쿼리에 진입시킨다. 이해를 돕기 위해 다음의 사례를 통해서 알아보기로 하자.

```
CREATE VIEW emp_union_view (e_no, e_name, job, mgr, hiredate, sal, comm, deptno)
AS  SELECT empno, ename, job, mgr, hiredate, sal, comm, deptno FROM regular_emp
    UNION ALL
    SELECT empno, ename, job, manager, hiredate, salary, comm, 90 FROM temporary_emp;
```

이 뷰를 이용하여 다음과 같은 액세스쿼리를 실행시켰다고 생각해보자. 이러한 병합은 뷰쿼리가 기준이 되어 뷰쿼리의 구조에 액세스쿼리의 조건들을 진입시키는 방식으로 변환이 일어난다.

```
SELECT e_no,e_name,mgr,sal
FROM   emp_union_view
WHERE  deptno = 20;
```

이 액세스쿼리를 실행시키면 다음과 같은 변환이 발생한다.

```
SELECT empno,ename,mgr,sal
FROM ( SELECT empno,ename,mgr,sal FROM regular_emp WHERE deptno = 20
UNION ALL
SELECT empno,ename,manager,salary FROM temporary_emp WHERE 90 = 20);
```

변환된 쿼리를 살펴보면 액세스쿼리에 있는 조건들이 각 SELECT 문의 조건절 속으로 파고들어(Pushing) 갔다. 이들은 각기 원래의 대응되는 컬럼으로 머지된다. 임시직 사원은 부서코드를 가지지 않아서 '90'을 지정했으므로 두 번째 SELECT 의 조건절은 상수값을 서로 비교하는 모습을 하고 있다.

실행계획을 수행할 때는 가장 먼저 상수값의 조건이 체크되므로 위의 액세스쿼리에서는 임시직사원(temporary_emp)은 전혀 액세스를 시도하지 않는다. 이번에는 실전에서 가장 자주 활용되는 형태인 GROUP BY 를 사용한 뷰에 대해서 좀더 살펴보기로 하자.

```
CREATE VIEW emp_group_by_deptno
AS SELECT deptno, AVG(sal) avg_sal, MIN(sal) min_sal, MAX(sal) max_sal
   FROM emp
   GROUP BY deptno;
```

위의 뷰는 조건절을 가지고 있지 않으면서 GROUP BY 를 하고 있으므로 마치 전체 테이블을 대상으로 GROUP BY 를 해 둔 것처럼 보인다. 그러나 뷰 최적화를 위한 변환에 의해 나타나는 쿼리에는 액세스쿼리에 부여한 조건들이 진입될 수 있다. 다음과 같은 액세스쿼리를 실행시키면 그 아래의 변환된 문장이 생성된다.

```
SELECT *
FROM emp_group_by_deptno
WHERE deptno = 10;

SELECT deptno, AVG(sal) avg_sal,MIN(sal) min_sal,MAX(sal) max_sal
FROM emp
WHERE deptno = 10
GROUP BY deptno;
```

뷰병합의 기본적인 이해를 바탕으로 이제 좀더 중요한 개념에 대해서 알아보기로 하자. 만약 뷰병합과 관련된 파라메터(Complex_view_merging, optimizer_secure_view_merging)가 작동상태(Enabled)로 되어 있으면 복잡한 뷰 내부에 GROUP BY 나 DISTINCT 를 사용했더라도 액세스쿼리의 조건들이 뷰쿼리에 파고들어 갈 수 있다.

사실 이것은 매우 중요한 사항이다. 뷰를 생성할 때는 가변적으로 발생하는 조건들을 넣을 수가 없다. 그러므로 생성되는 뷰는 거의 조건절을 가지지 못해 겉으로 보기에는 매우 넓은 처리범위를 가지고 있게 된다. 가령, 1 억 건의 로우를 가진 테이블을 조건절없이 일자 별로 GROUP BY 하는 뷰가 있다고 생각해보자.

만약 액세스쿼리에서 특정일을 조건으로 주었지만 이 조건이 병합되지 못하여 모든 테이블을 액세스하여 일자 별로 GROUP BY 를 한 결과에서 그 날짜의 데이터를 선별한다면 실로 엄청난 일이 아닐 수 없다. 그러나 반대로 액세스쿼리에서 부여한 특정일자의 조건이 병합되어 하루 분만 액세스하여 처리하였다면 그 차이는 설명할 필요도 없을 것이다.

다음과 같은 액세스 쿼리가 병합이 된 경우와 그렇지 못한 경우의 실행계획을 비교해 보자. 여기에 사용된 뷰는 앞서 소개했던 EMP_GROUP_BY_DEPTNO 뷰이다.

```
SELECT d.loc,v.avg_sal
FROM   dept d, emp_group_by_deptno v
WHERE  d.deptno = v.deptno
  AND  d.loc = 'London';
```

만약 이 액세스쿼리가 정상적인 병합이 되었다면 다음과 같은 변환 문장과 실행계획이 나타날 것이다.

```
SELECT dept.loc, AVG(sal)
FROM dept, emp
WHERE dept.deprtno = emp.deptno
  AND dept.loc = 'London'
GROUP BY dept.rowid, dept.loc;
```

```
SORT (GROUP BY)
 NESTED LOOPS
  TABLE ACCESS (FULL) OF 'EMP'
  TABLE ACCESS (BY INDEX ROWID) OF 'DEPT'
   INDEX (RANGE SCAN) OF 'PK_DEPT'(UNIQUE)
```

위의 결과를 자세히 살펴보면 참으로 놀라운 것을 발견할 수 있다. 그것은 원래 뷰쿼리에 있었던 'GROUP BY DEPTNO'는 없어지고, 스스로 동일한 의미인 dept.rowid 로 대체하였으며, 모든 범위의 액세스가 완료된 후에 SORT(GROUP BY)를 한다는 사실이다. 이것은 바로 사용자의 SQL 을 다시 해석하여 보다 양호한 문장으로 재작성을 해 준다는 것을 의미한다. 더구나 이 형태는 가능한 모든 조건이 먼저 적용된 후에 2 차 가공을 하므로 가장 최적의 문장이 되었다.

이러한 특징은 병합이 일어나지 않도록 하여 실행계획을 비교해 보면 확연한 차이가 난다. 다음의 액세스쿼리는 힌트를 사용하여 일부러 병합이 발생하지 않도록 한 것이다. 뷰병합이 일어나지 않은 경우는 먼저 뷰를 처리하여 결과를 생성해 둔 다음 DEPT 테이블과 조인을 한다. 물론 이러한 실행계획이 항상 비효율적인 것은 결코 아니다.

```
SELECT /*+ NO_MERGE(v) */
       d.loc, v.avg_sal
FROM dept d,emp_group_by_deptno v
WHERE d.deptno = v.deptno
  AND d.loc = 'London' ;
```

```
HASH JOIN
 TABLE ACCESS (FULL) OF 'DEPT'
 VIEW OF 'EMP_GROUP_BY_DEPTNO'
  SORT (GROUP BY)
   TABLE ACCESS (FULL) OF 'EMP'
```

다만 액세스쿼리에서 부여한 조건이 뷰의 처리범위를 줄여주지 못함으로 주의해야 한다는 것을 명심하기 바란다. 우리가 실행계획을 분석해 보았을 때 병합이 제대로 되어 있지 않아 문제가 발생했다면 'MERGE' 힌트를 사용하여 병합으로 유도할 수 있다.

뷰병합은 IN 을 사용한 서브쿼리도 가능하다. 물론 이러한 경우는 서브쿼리가 먼저 수행되어 제공자 역할을 한다면 매우 유용하다. 만약 서브쿼리가 먼저 수행되어 그 결과를 메인쿼리에 제공하여 처리범위를 줄여야 하는데, 그렇지 못하고 나중에 수행되는 확인자 역할을 하였다면 실로 엄청난 부하가 발생할 수 있다. 이처럼 뷰병합은 실전에서 대용량의 데이터를 처리할 때는 매우 커다란 영향을 미칠 수 있다.

```
SELECT emp.ename, emp.sal
FROM emp, dept
WHERE (emp.deptno, emp.sal) IN (SELECT deptno, avg_sal
                                FROM emp_group_by_deptno)
  AND emp.deptno = dept.deptno
  AND dept.loc = 'London' ;
```

위의 SQL 을 문장만 보고 얼핏 생각을 해보면 서브쿼리에 조건절도 없이 GROUP BY 를 한 뷰가 먼저 수행하여 메인쿼리에 결과를 제공하여 조인을 수행하는, 상당히 문제가 심각해 보인다. 그러나 이러한 경우에도 뷰병합이 발생하여 다음과 같은 변환 SQL 을 생성한다.

```
SELECT e1.ename, e1.sal
FROM  emp e1,dept d,emp e2
WHERE e1.deptno = d.deptno
  AND d.loc = 'London'
  AND e1.deptno = e2.deptno
GROUP BY e1.rowid,d.rowid,
         e1.ename,e1.salary
HAVING e1.sal = AVG(e2.sal);
```

```
FILTER
 SORT (GROUP BY)
  TABLE ACCESS (BY INDEX ROWID) OF 'EMP'
   NESTED LOOPS
    NESTED LOOPS
     TABLE ACCESS (FULL) OF 'DEPT'
     TABLE ACCESS (BY INDEX ROWID) OF 'EMP'
      INDEX (RANGE SCAN) OF 'EMP_X1'
    INDEX (RANGE SCAN) OF 'EMP_X1'
```

위의 변환 SQL 은 상당히 난해하고 고급 수준의 SQL 임을 알 수 있다. 실행계획을 보면 모든 조건들이 먼저 처리된 후 마지막에 SORT(GROUP BY)가 수행되었다. 뷰쿼리에 있는 AVG_SAL 과의 비교를 HAVING 절에서 처리하였고, 이것이 실행계획에 'FILTER'로 나타나고 있다.

우리는 실세계에서 뷰보다 인라인뷰를 더 많이 사용한다. 인라인뷰를 사용할 때 뷰병합을 적용해야 할 때와 하지 않아야 할 때를 판단하는 한 가지 사례를 살펴보기로 하자.

```
SELECT /*+ MERGE(v) */ e1.last_name, e1.sal, v.avg_salary
FROM emp e1, (SELECT deptno, avg(sal) avg_salary
              FROM emp e2
              GROUP BY deptno) v
WHERE e1.deptno = v.deptno
  AND e1.sal > v.avg_salary;
```

이 SQL 은 부서별 평균급여를 구한 후 평균 이상의 급여를 받는 사원들을 찾고 있다. 이를 위해서는 먼저 부서별 평균급여를 구해 그 결과를 사원에 적용해야만 하므로 위의 SQL 은 너무나 당연한 표현이다. 그러나 우리는 SQL 을 통해 결과의 집합을 요구했을 뿐이지 처리과정을 정의한 것이 아니므로 실행계획을 수립하는 입장에서 보면 반드시 평균급여를 미리 구해야 할 필요는 없다.

가령, EMP 테이블을 DEPTNO 만으로 조인하여 카티젼 곱을 만들고, GROUP BY 의 조정을 통해서 한번에 처리할 수 있는 방법도 논리적으로는 가능하다. 과거에는 이러한 방식의 처리를 위해서는 사용자가 직접 그러한 SQL 로 바꾸어 주어야 했지만 뷰병합은 옵티마이져 내부에서 스스로 이를 생성해 낸다. 위의 SQL 은 뷰병합이 일어나도록 했기 때문에 다음과 같은 실행계획이 나타난다.

```
FILTER
 SORT (GROUP BY)
  HASH JOIN
   TABLE ACCESS (FULL) OF 'EMP'
   TABLE ACCESS (FULL) OF 'EMP'
```

이 실행계획을 분석해보면 동일 테이블을 조인(deptno 를 연결고리로)해서 카티젼 곱의 집합을 만든 후 SORT(GROUP BY)을 통해 한 쪽은 부서별 평균급여를 구하고, 다른 쪽은 이에 대응시켜 FILTER(having 절)를 이용해 골라내는 작업을 하였다는 것을 알 수 있다. 이번에는 'NO_MERGE' 힌트로 바꾼 경우의 실행계획을 살펴보자.

```
HASH JOIN
 TABLE ACCESS (FULL) OF 'EMP'
 VIEW
  SORT (GROUP BY)
   TABLE ACCESS (FULL) OF 'EMP'
```

이 실행계획은 먼저 인라인뷰를 수행하여 결과를 생성하고 그 결과와 EMP 테이블을 조인했다는 것을 알 수 있다. 위 사례에 국한해서 따져본다면 이 경우는 뷰병합을 하지 않는 것이 더 유리하다. 이처럼 뷰병합의 유무에 따라 실행계획은 크게 차이가 난다. 그렇다면 과연 우리는 여기서 어떤 적용기준을 얻을 수 있을까?

결론부터 내려보자. 만약 처리범위를 줄일 수 있는 조건들이 많이 있어 그것이 인라인뷰로 파고들어 가는 것이 일량을 줄일 수 있다면 뷰병합이 유리하고 그렇지 못하다면 병합을 하지 않는 것이 유리하다. 상식적으로 생각해 보아도 위에 사례와는 달리 처리범위를 줄일 수 있는 조건들이 좀더 있어서 이들이 인라인뷰의 처리범위를 확실히 줄일 수 있다면 응당 이들이 최대한 먼저 반영되는 것이 당연히 유리하다.

일반적으로 실전에서 사용되는 쿼리는 전체 집합을 대상으로 하는 경우보다 특정한 집합들을 대상으로 하는 경우가 훨씬 많기 때문에 조건들이 인라인뷰에 파고드는 것이 유리할 때가 많다.

과거에는 이러한 경우의 튜닝을 위해서 상당히 난해한 SQL을 사용하여 조건을 파고들게 하였지만 이제는 뷰병합의 조정으로 가능하게 되었다. 여러분이 이러한 판단의 기준을 가지고 실전에서 뷰병합의 적용에 따라 달라지는 현상을 비교해 본다면 어렵지 않게 적용기준을 완벽하게 이해할 수 있을 것이다. 이러한 부분에 대한 보다 고급 활용은 2권에서 다시 다루도록 하겠다.

SQL을 이용해 집합적인 접근을 할 수 있는 고급 수준이 되면 인라인뷰의 활용이 급격하게 늘어난다. 이 경우에 가장 큰 영향을 미치는 부분이 바로 조건들이 인라인뷰에 어떻

SQL의 실행계획(Explain Plan)

게 파고들어 가느냐에 대한 문제라 할 수 있다. 그러므로 여러분이 이 개념에 대해 확실히 이해하는 것은 SQL 의 고급활용에 중요한 영향을 미치게 될 것이다.

    뷰병합의 적용에 관련된 파라메터는 기본값을 'TRUE'에 두는 것이 바람직하며, 위의 적용기준을 이용하여 필요하다면 NO_MERGE 힌트를 적용하는 방법이 좋은 실행계획을 얻을 확률이 높다.

3.1.4.3. 사용자 정의 바인드 변수의 엿보기(Peeking)

이 기능을 이해하기 전에 우선 알아 두어야 할 사항이 있다. 바인드 변수를 사용한 쿼리는 먼저 파싱과 최적화가 이루어진 후에 바인드 변수에 바인딩이 이루어진다는 사실이다. 이 말은 곧 최적화가 이루어지는 시점에는 변수로 제공되는 컬럼은 바인딩값에 대한 통계정보를 사용할 수 없다는 것을 의미한다.

그렇다면 어쩔 수 없이 값들이 균일하게 분포되어 있다는 가정을 세운 후에 최적화를 수행할 수 밖에 없다. 그러므로 만약 분포도가 균일하지 못한 컬럼(Highly skewed column)에 바인드 변수를 사용하게 되면 최악의 실행계획이 생성될 수도 있다.

우리는 파싱의 부하를 줄이기 위해 바인드 변수를 사용하는 것이 좋다는 것을 알고 있다. 그러나 실전에서는 데이터의 분포가 균일하지 않은 경우가 많기 때문에 억지로 동적 SQL을 사용해야 할 때가 종종 있었다.

이러한 한계를 극복하기 위해 새롭게 제공되기 시작한 것이 'PEEKING'이라는 기능이다. 이 단어를 사전에서 찾아보면 '몰래 엿보다'라는 뜻을 가지고 있다. 이 기능은 바인드 변수를 사용한 쿼리가 처음 실행될 때 옵티마이저는 사용자가 지정한 바인드 변수의 값을 '살짝 커닝'함으로써 조건절의 컬럼값이 상수값으로 제공될 때와 마찬가지로 선택도를 확인하여 최적화를 수행하도록 한다.

커서가 계속 실행되어 다른 값이 바인딩 되더라도 더 이상 PEEKING은 발생하지 않고 앞서 생성된 실행계획을 그대로 사용한다. 즉, 최초에 실질적인 파싱이 일어날 때만 단 한 번 변수의 값을 엿본다는 것이다. 여기서 첫 번째 파싱이란 공유 SQL 영역에 처음 등록될 때를 의미한다.

이처럼 처음 바인딩 되는 값에 따라 실행계획이 고정된다는 것은 애플리케이션을 개발하는 입장에서는 매우 중요한 특징이 아닐 수 없다. 이 기능이 도입되어 컬럼의 실질적인 분포를 고려하지 않고 평균값을 이용하는 과거 최적화 방식의 한계를 일부 극복했다고 할 수도 있겠지만 비효율의 가능성을 여전히 안고 있다.

전체를 평균적인 분포도로 보는 것이나 최초의 단 한 가지 경우만으로 전체를 대신할 수 있다는 것이나 논리적인 확률은 그다지 다르다고 할 수는 없다. 그러나 이들은 분명히 다른 결과를 가져올 수 있다. 가령, '성별' 컬럼에 'M'이 99%, 'F'가 1% 들어있고, 이 조건만 가진 쿼리가 있다고 가정해보자.

　평균적인 접근방법으로는 이 컬럼은 좀처럼 인덱스를 사용하지 않을 것이다. 그러나 만약 PEEKING 이 적용되었다면 'M'이 첫 번째일 때는 전체테이블스캔, 'F'일 때는 인덱스 스캔이 선택되었을 것이다. 이처럼 두 가지 방법은 다른 실행계획을 가져올 수 있다.

　평균을 적용하는 경우는 전체적인 희석현상이 발생하여 특정한 어떤 경우를 무조건 호도시킬 수도 있다. 그러나 한 가지 경우를 직접 참조하면 그러한 현상은 피할 가능성이 높다. 그러나 이 방법은 어느 한 가지의 유형으로 극단적인 편견이 발생할 수 있다는 것에 심각성이 있다.

　물론 현실을 감안해 보면 평균을 적용시켜 애당초 사용불가를 만드는 것은 근본적인 문제가 있다. 어차피 하나를 선택해야 한다면 사용된 것을 기준으로 할 수 밖에 없다는 것에는 수긍이 간다. 그러나 또 다른 현실을 생각해 볼 때 자신도 모르게 원하지 않는 실행계획으로 굳어져 버렸다는 것도 적은 부담이라고만 볼 수 없다. 즉, 이러한 기능을 어떻게 잘 사용해서 가장 효과적이고 효율적인 애플리케이션을 개발할 것이냐는 사용자의 몫일 수 밖에 없다는 것이다.

　PEEKING 의 적용 여부는 _OPTIM_PEEK_USER_BINDS 파라메터 값에 따라 정해지지며 기본값은 'TRUE'로 지정되어 있다. 물론 적용을 원하지 않는다면 'FALSE'로 지정하면 된다. PEEKING 을 적용하되 언제 만들었는지 알 수 없는 초기값으로 인해 적용상의 부담을 느낀다면 가장 좋은 방법은 해당 애플리케이션이 수행되면서 새롭게 PEEKING 을 하도록 하는 것이다. 이렇게 할 수만 있다면 얼마간의 부담을 줄일 수는 있겠지만 현재로서는 마땅한 방법이 없다.

　한 가지 더 알아 두어야 할 것이 있다. 여러분이 별도로 쿼리의 실행계획을 확인했을 때와 실제로 수행된 실행계획이 다를 수 있다는 것이다. 이 개념을 모르는 사람이 봤을 때는 참으로 황당한 일이 아닐 수 없다. 실행계획을 확인했을 때는 분명히 정상이었는데 애플리케이션이 수행할 때는 문제가 발생하니 참으로 이상하게 보일 수도 있다. 그러므로 실제 수행 시의 실행계획을 정확히 알아보기 위해서는 SQL TRACE 를 확인할 수 밖에 없다.

3.1.5. 개발자의 역할

이미 사용한 SQL 의 실행계획을 개선시켜 수행속도를 향상시키는 것도 중요하지만 무엇보다도 먼저 우리는 SQL 을 잘 활용하는 방법을 익혀 두는 것이 필요하다. SQL 을 잘 사용한다는 사실은 상당히 많은 의미를 내포하고 있다.

제대로 SQL 을 활용한다는 것은 어쩌면 지금까지 구현해왔던 거의 모든 처리 방법의 근본적인 변화를 의미한다. 처리과정에 대한 접근방법뿐만 아니라 사고의 혁신이 필요하다. 그렇지 않으면 결국 SQL 은 과거의 READ 나 WRITE 를 대신하는 역할만을 하게 된다. 그것은 어쩔 수 없이 처리과정을 복잡하게 하고, 과거에 비해 오히려 오버헤드를 훨씬 증가시킨다.

그러나 대부분의 개발자들은 처음 정보시스템을 접하면서부터 지금까지 절차형으로 처리하는 방법만 주로 접해왔기 때문에 비절차형이면서 집합적으로 처리하는 방법에 대해서는 매우 낯설어 한다. 그들은 애플리케이션이라면 당연히 한 레코드씩 차례로 읽어 가면서 경우에 따라 마치 곡예를 하듯이 일일이 자신이 모든 처리 방법을 기술해야만 한다는 그릇된 책임감을 버리지 못하고 있다.

우리가 이제 이러한 생각을 버리지 않는다면 결코 참다운 관계형 데이터베이스의 세계에 들어 올 수 없을 것이며 그 위력이나 가치 또한 경험할 수도 없을 것이다. SQL 은 우리가 지금까지 사용해 왔던 단순한 명령어가 아니다. 그 자체가 하나의 애플리케이션이다.

오랫동안 개발에 종사해 온 사람들은 "현실의 업무는 대단히 복잡하다. 각각의 레코드가 가진 값에 따라 처리 방법은 달라질 수 밖에 없고, 사용자의 요구에 따라서도 당연히 다양한 처리 경우가 발생하게 된다. 그러므로 필연적으로 일정량 이상의 코딩을 하지 않을 수가 없다. SQL 의 성능이 아무리 우수하다고 하더라도 결코 복잡한 현실의 업무를 단 몇 줄로 모든 경우를 처리하지는 못할 것이다." 라고 말한다. 물론 충분히 이해가 되는 말이다. 그러나 그것은 과거에 처리했던 처리 방법을 그대로 고수했을 때의 일이다.

다음과 같은 비유를 들어 보자. 자동차를 타고 육로를 이용하여 목적지로 가고자 하는 경우는 운전 실력의 차이나 지름길을 이용했느냐에 따라 얼마간의 효과를 볼 수가 있다. 그러나 그 차이는 그렇게 크게 나지 않을 것이다. 아주 우수한 선수라면 좀 더 차이가 날 수도

SQL의 실행계획(Explain Plan)

있겠지만 모든 사람들이 일류 카레이서가 될 수는 없다.

그렇다면 보통 사람들이 현재보다 수십 배, 수백 배의 향상을 얻을 수 있으려면 어떤 방법을 사용해야 할 것인가? 방법은 한 가지밖에 없다. 그것은 비행기를 타고 하늘을 날아서 가는 것이다. 하늘을 날아서 이동한다면 육로에서와 같이 길의 모양에 따라 좌회전, 우회전을 할 필요가 없다. 즉, 육로를 이용할 때는 누가 운전을 하든 길의 모양에 따라 방향을 전환해야 하지만 하늘을 날아갈 때는 아예 그런 경우의 수가 나타나지도 않는다.

물론 자동차를 타고 갈 때는 마음대로 쉬어 갈 수도 있고, 원하는 길을 골라서 다닐 수도 있다. 그 만큼 자유롭게 운전자의 의지를 살릴 수가 있다. 이와 마찬가지로 단순한 명령어들을 이용해 절차형으로 기술하는 방법에서는 개발자가 필요에 따라 마음대로 처리방법을 기술할 수가 있다. 그렇지만 목적지에 도달하기 위해서는 많은 시간이 소요되고, 운전자는 피곤하다.

이와는 반대로 비행기를 타고 가면 우리가 직접 조종을 하지 않는다. 이미 정해진 조종사가 정해진 항로에 따라 다수의 사람들을 단시간에 목적지로 이동시킨다. 대신에 탑승자 마음대로 쉬어갈 수도 없고, 각자가 원하는 길로 갈 수도 없다. 여기서 비행기 조종사는 관계형 데이터베이스라 할 수 있으며 탑승자는 개발자라고 할 수 있겠다. 그러므로 탑승자(개발자)는 항공사(데이터베이스)의 규정과 규칙을 준수하여야 한다.

지금까지 우리는 주로 운전자의 위치에서 개발하였지만 이제부터는 탑승자의 입장에서 개발하여야 한다. 우리가 비행기를 탔으면서도 육로에서 운전을 할 때처럼 길의 모양에 따라 일일이 방향 전환을 해야 한다면 마음대로 되지도 않을 뿐더러 불필요한 오버헤드가 급격히 증가할 것이다. 마찬가지로 관계형 데이터베이스를 이용해서 일일이 절차형으로 처리한다면 오히려 불편한 일도 많이 생기고 오버헤드도 크게 증가할 것이다.

그러나 불행히도 대개의 개발자들은 이와 같은 잘못을 저지르고 있다. 그것은 비행기를 타고서도 아직은 자신이 운전자로 생각하여 필요에 따라 함부로 핸들을 꺾으려고 하기 때문이다. 우리는 하루 빨리 이러한 절차형 사고 방식에서 벗어나야만 한다.

비행기의 핸들이 자동차에서처럼 자유롭게 조절할 수 없다고 불평만 할 일은 결코 아니다. 만약 목적지가 공항에서 떨어져 있다면 탑승자는 공항까지만 비행기를 이용할 수 있으므로 나머지 부분은 각자 다른 이동 수단을 빌려야 한다. 이와 같이 SQL(비행기)을 어떻게 이용하였느냐에 따라서 바로 목적지(결과)로 갈 수도 있고 또 다른 이동수단(추가적인 사용자의 처리)을 이용해야 할 수도 있다.

이것이 바로 SQL을 잘 활용해야 하는 중요한 이유라 하겠다. 우리의 목적과 원하는 시간을 잘 감안해서 비행기(관계형 데이터베이스)를 이용한다면 보다 먼 거리(많은 데이터)를 자동차(절차형 처리)보다 빠른 시간에 이동(수행)할 수가 있다.

SQL은 집합의 개념과 비절차형 처리를 근간으로 하고 있다. 이것은 그 동안 오로지 이 길밖에 없다고 생각하며 개발해 온 많은 개발자들이 쉽게 적응할 수 없도록 하는데 일조(?)를 하고 있다. 대부분의 사람들은 집합개념에 익숙해져 있지 않다. 복잡하고 어려운 미분.적분 문제는 쉽게 해결하면서도 집합 문제는 손을 대지 못하는 경우가 대부분이다.

대학을 졸업한 사람들이라도 초등학교 고학년에 있는 집합 문제를 자신 있게 해결할 수 있는 사람은 많지 않을 것이다. 저자는 순수 수학을 전공했는데 3학년까지는 강의 내용은 이해를 했으면서도 정작 집합을 이용해서 자신의 논리를 펴보려고 하면 어디서부터 어떻게 풀어 가야 할지 막연했다. 공식을 이용하여 숫자를 풀어 가는 것은 어떻게 해서라도 풀 수가 있겠으나 집합을 이용하여 풀어 가는 것은 도대체 방향조차 잡기가 어려워 수업 시간마다 소화불량에 걸릴 지경이었다.

그러나 기초를 확실하게 하고 많은 응용문제를 해결해 보면서 집합을 이용하는 눈을 뜨게 되었다. 이와 같이 처음에는 어렵더라도 많은 생각을 통해 그 원리를 정확히 이해하게 되면 자신이 원하는 대로 복잡한 처리라도 집합을 이용하여 간단하게 해결할 수가 있는 것이다.

SQL만 잘 활용한다고 해서 문제가 모두 해결되는 것은 아니다. 자신이 작성한 SQL이 개략적으로라도 어떤 형식으로 수행하며, 어느 정도의 처리량으로 수행될 것인지 파악할 수 있는 힘이 바탕이 되어야 한다. 실제로 수행될 때의 심각성을 전혀 고려하지 않은 상태에서 결과가 나오도록 하는 것에만 집착한다면 너무 현실성 없는 접근을 하는 것이다.

옛말에 '누울 자리를 보고 다리를 뻗어라'는 말이 있다. 무작정 접근하지 말고 최소한의 상황판단을 한 후에 실행하라는 의미이다. 아무리 막강한 권력을 가진 사람이라고 하더라도 그 명령을 수행할 사람들의 기본적인 것조차 무시하고 이상적이고 일방적인 지시를 내린다면 그는 포악한 독재자일 것이다.

우리는 어렵지 않게 독재자처럼 SQL을 사용하는 사람들을 만날 수 있다. 처음에는 단순 조건에 대한 처리에만 적용하더니 점차 욕심이 생겨 과욕을 부린다. 기초 데이터만 액세스해 두고 자신이 일일이 절차형으로 처리하려니 이제 짜증이 나기 시작한다. SQL 로 구현하기만 하면 무조건 원하는 결과를 얻을 수 있게 되다 보니 이제는 SQL 내에서 모든 것을 다 해결하려고 덤벼든다.

가령, SQL 에 처리 내용을 작성하다가 다른 테이블의 컬럼이 필요하면 무조건 FROM 절에 추가하여 조인을 시킨다. 이들을 이용해 처리하다가 결과 집합의 단위가 달라져야 한다면 GROUP BY 를 한다. 아직도 처리할 내용이 남아 있으면 양쪽 끝을 괄호로 묶고 인라인뷰를 만들어 버린다. 필요하다면 여기에 다시 조인을 추가한다.

뿐만 아니다. 더 보충해야 할 것이 있으면 UNION ALL 로 또 다른 SQL 을 결합한다. 필요하다면 전체를 인라인뷰로 다시 묶는다. 경우에 따라 다르게 처리해야 한다면 SELECT-List 에 CASE 문을 얼마든지 나열한다. 처음에는 이렇게 하는 것 조차 어려워 할지 몰라도 경험이 쌓여 요령이 붙으면 이러한 접근은 정말 쉽다. 만약 실행계획을 전혀 염두에 두지 않는다면 적어도 그렇다.

옵티마이져에 무지한 상태에서 어설픈 방법으로 복잡한 SQL 을 작성하는 것을 자랑이라고 우쭐대는 사람이 되어서는 안 된다. 초보자에게는 중요한 일을 맡기지 않듯이 옵티마이져를 이해하지 못한 사람이 함부로 지나치게 복잡한 SQL 을 사용하는 것은 바람직하지 못하다. 조직의 구성원 모두가 전문가일 수는 없겠지만 이들을 통제하고 이끌어 줄 수 있는 사람이 최소한 한 명 이상은 반드시 필요하다.

3.2. 실행계획의 유형

실행계획은 테이블에서 데이터를 추출해서 쿼리가 원하는 결과를 생성해 가는 경로이다. 실행계획의 가장 기본적인 형태는 실제로 물리적인 데이터를 찾아서 액세스하는 것이며, 이를 스캔(Scan)이라고 한다. 하나 이상의 테이블에서 스캔을 하여 서로 연결하는 처리를 조인이라고 하며 다양한 방법이 있다. 이렇게 찾은 데이터는 각종 연산에 의해 다양한 방법으로 가공처리를 한다. 이것 또한 실행계획의 한 단위가 된다.

여기서는 이러한 단위 실행계획의 기본형을 설명하기로 한다. 마치 여러 가지의 부속품이 결합되어 제품을 만드는 것과 같이 여러 가지의 단위 실행계획이 모여 전체 실행계획이 된다. 여러분은 앞으로 이 책의 시리즈 전편에 나오는 고급 수준의 개념을 익히려면 먼저 기본적인 실행계획의 형태부터 정확히 이해하여야 한다.

이런 의미에서 이 장에서는 실행계획의 형태별 기본형에 대한 개념과 내부의 처리과정을 정확히 이해하도록 하는데 초점을 맞추어 설명하겠다. 보다 종합적이고 고급 활용에 대해서는 이 책의 전편에서 소개될 것이므로 너무 특별한 형태에 대해서는 최대한 배제를 하도록 하겠다.

실행계획의 유형을 크게 나누어 다음의 네 가지로 구분하여 설명하기로 한다.

- 스캔을 위한 실행계획
- 데이터 연결을 위한 실행계획
- 각종 연산을 위한 실행계획
- 기타 특수한 목적을 처리하는 실행계획

3.2.1. 스캔(Scan)의 기본유형

물리적으로 저장되어 있는 테이블에서 로우를 찾아 액세스하는 방법은 거의 모든 실행계획의 가장 안쪽 깊은 곳에 있기 마련이다. 또한 대부분의 실행계획에서 수행속도에 가장 많은 영향을 미치는 부분이기도 하다. 우리는 이러한 형태 중에서 한 가지를 선택할 수 있는 경우도 있지만 테이블의 저장된 구조나 처리방법에도 영향을 받는다.

그 중에서 어떤 방법이 항상 유리한 것은 결코 아니라 처리할 범위나 모여 있는 정도(클러스터링 팩터), 처리하고자 하는 목적에 따라 최적은 달라진다. 마치 트럭으로 운반하느냐 오토바이로 운반하느냐를 두고 최적을 비교했을 때 주어진 상황에 따라 달라지는 것과 유사하다. 스캔의 기본 유형에는 다음과 같은 것들이 있으며, 각각에는 더 세부적인 유형이 존재하기도 한다.

- 전체테이블 스캔(Full Table Scans)
- 로우식별자 스캔(Rowid Scans)
- 인덱스 스캔(Index Scans)
- 클러스터 액세스(Cluster Access)
- 해쉬 액세스(Hash Access)
- 표본 테이블 스캔(Sample Table Scans)

3.2.1.1. 전체테이블 스캔

이 형태의 스캔은 말 그대로 테이블에 있는 모든 로우들을 읽어내는 방법이다. 물론 액세스를 하면서 WHERE 절에 기술된 조건들을 확인하여 골라내는 과정을 거친다. 이러한 스캔을 하는 동안에 테이블에 표시된 최고 수위선(High Water Mark) 내에 있는 모든 블록들을 스캔한다. 만약 기존에 존재하던 많은 데이터들이 삭제되어서 대부분의 블록이 비어 있더라도 최고 수위선이 수정되어 있지 않으면 불필요한 블록에도 스캔이 발생한다.

최고 수위선이란 사용된 저장공간의 총합계나 데이터를 넣기 위해 포맷된 영역을 표시하는 것이다. 전체테이블 스캔은 다중 블록 단위로 메모리에 옮겨지며, 이 블록들은 순차적으로 읽혀진다. 일반적으로 블록들은 서로 인접되어 있기 때문에 여러 개의 블록이 한번의 I/O 에서 처리되며, 이것은 로우당 소요되는 운반단가를 매우 저렴하게 만든다.

마치 택시로 한 사람씩 찾아서 운반하는 것보다 모여 있는 사람들을 무조건 기차에 태워서 운반하는 것이 훨씬 비용이 절약되는 것과 같다. 한 번에 액세스하는 블록의 양을 정의하려면 DB_FILE_MULTIBLOCK_READ_COUNT 초기화 파라미터에서 지정한다.

전체테이블 스캔은 특히 대용량의 테이블에서는 더욱 진가를 발휘한다. 만약 소량의 테이블일 때 인덱스 스캔과의 손익분기점이 15%였다면 테이블이 매우 커졌을 때는 5% 이하가 될 수도 있다. 초 대형인 경우는 1%에 이르는 것도 나타날 수가 있다. 즉, 인덱스로 1%를 액세스하는 것보다 전체 테이블을 스캔하는 것이 유리할 수도 있다는 것이다.

이러한 상황이 발생하는 이유는 나날이 발전하고 있는 디스크 장비도 한 몫을 하고 있다. 이미 디스크의 캐시화 기능들이 이러한 현상을 가속화 시키고 있다. 논리적인 면에서도 생각해보자. 소량의 테이블은 인덱스를 경유하여 랜덤하게 액세스하더라도 대부분이 단 몇 개의 블록에 나누어져 있으므로 이미 액세스된 블록에서 찾을 확률이 높다. 또한 이미 디스크 캐시에 이들이 위치하고 있으므로 랜덤에 대한 부하가 적을 수 밖에 없다.

그러나 초대형의 테이블이라면 이미 액세스된 블록을 공유할 수 있는 확률이 매우 낮아지고 디스크에 캐시된 정보도 다시 활용할 가능성이 낮으므로 한 번의 랜덤에 대한 부하는 매우 높아진다. 뿐만 아니라 광범위하게 퍼져 있기 때문에 디스크 팔(Arm)이 앞서 액세스했던 위치와 매우 동떨어진 위치를 찾아가야 할 확률이 급격하게 증가한다.

특히 병렬처리를 활용하면 전체테이블 스캔의 수행속도는 더욱 크게 향상되기 때문에 초대형의 테이블을 처리할 때는 인덱스 스캔이 넓어지지 않도록 특별히 주의를 해야 한다. 이 말은 초대형 테이블을 처리하는 경우에는 어설픈 인덱스가 오히려 부하를 가중시킬 수도 있으므로 인덱스 구성을 매우 전략적으로 수립해야 할 것이며, 처리 범위가 일정량을 넘어서면 전체테이블 스캔을 활용하도록 해야 함을 뜻하고 있다.

이처럼 시스템 환경의 차이가 비용에 큰 영향을 줄 수 밖에 없기 때문에 옵티마이져는 시스템 환경까지 감안해서 최적화를 하려고 애를 쓰고 있는 것이다. 이번에는 옵티마이져가 전체테이블 스캔을 선택하게 되는 경우들을 살펴보기로 하자.

- **적용가능 인덱스의 부재** : 어떤 쿼리가 존재하고 있는 인덱스를 전혀 사용할 수 없을 때 이 스캔이 사용된다. 조건절의 컬럼이 전혀 인덱스에 포함되어 있지 않거나, 결합인덱스의 선두(Prefix) 컬럼이 존재하지 않을 때, 또한 인덱스를 가졌지만 가공이 발생하여 인덱스를 사용할 수 없을 때 적용된다. 물론 함수기반(Function_based) 인덱스를 사용했다면 인덱스 사용이 가능하다. 경우에 따라서는 선두 컬럼은 없지만 인덱스 스킵 스캔(Index Skip Scan)이 적용되면 인덱스 사용이 가능하다.

- **넓은 범위의 데이터 액세스** : 옵티마이져는 비록 적용 가능한 인덱스가 존재하더라도 처리 범위가 넓어서 전체테이블 스캔이 보다 적은 비용이 든다면 인덱스 스캔을 포기할 수 있다.

- **소량의 테이블 액세스** : 만약 최고수위 표시 내에 있는 블록이 DB_FILE_MULTIBLOCK_READ_COUNT 이내에 있다면 전체테이블 스캔이 일어날 수 있다. 그러나 이 파라메터 내의 블록을 가지고 있다고 해서 항상 인덱스를 사용하지 않는 것은 결코 아니다.

- **병렬처리 액세스** : 병렬처리는 전체테이블 스캔을 더욱 효과적으로 수행하게 되므로 옵티마이져는 병렬처리로 수행되는 실행계획을 수립할 때는 항상 전체 테이블 스캔을 선택한다. 만약 여러분이 테이블 정의에서 너무 높은 병렬단계를 지정하면 좀처럼 인덱스 스캔을 하지 않는 방향으로 왜곡된 결정을 할 수도 있으므로 주의해야 한다.

- **'FULL' 힌트를 적용했을 때** : 쿼리 내에서 'FULL(table_alias)' 힌트를 사용하면 옵티마이져

는 전체테이블 스캔으로 실행계획을 생성할 수 있다. 물론 적절하지 않은 힌트는 무시되므로 이러한 힌트를 사용했다고 해서 언제나 전체 테이블을 스캔하는 것은 아니다.

전체 테이블을 스캔하는 실행계획은 다음과 같은 형태로 나타난다. 여러분이 좀더 깊이 있는 이해를 위해서 다양한 처리유형에서 발생하는 형태들의 실제 사례들을 모았다. 특히 내부적인 처리까지 설명하기 위해 각 단계별로 처리된 로우 수를 함께 표시한다. 로우 수의 표시는 버전에 따라 큰 차이가 나기 때문에 혼란이 발생할 수 있다. 오라클 v9i 이전에는 해당 단계에서 액세스한 로우 수가 나타났지만 이 후부터는 최종 결과 로우 수가 나타난다.

이것은 실행계획을 이해하고 문제점을 찾는데 매우 나쁜 상황이 되었다. 필자는 그들의 결정에 커다란 불만을 가지고 있다. 왜냐 하면 과거처럼 액세스한 로우 수가 있으면 전후 단계를 비교해 보면 액세스한 로우 수와 최종 결과를 모두 알 수 있었지만 이렇게 변경된 후에는 실질적으로 액세스한 로우 수를 알 수 없기 때문이다.

예를 들어보자. 1억 건을 전체테이블 스캔을 하여 조건을 체크했더니 1건이 나왔다고 하자. 기존의 TRACE에서는 이 사실을 모두 알 수 있었지만 변경된 버전에서는 1건만 로우 수에 표시되고 있어 도대체 얼마의 액세스가 발생했는지를 알 수가 없다. 사실 1억 건을 액세스하여 체크를 했더니 1건의 결과가 나왔던 100,000건이 나왔든 처리한 일의 량은 거의 동일하다.

다시 말해서 이미 액세스를 했기 때문에 자원을 사용한 것을 어떻게 버리게 되었더라도 이미 할 일은 해버렸다는 것이다. 우리는 일을 한 분량을 알고 싶다. 앞으로 설명된 내용을 보면 알 수 있겠지만 전후 관계를 통해 액세스를 한 로우 수와 체크를 통해 버린 로우 수, 다음 단계로 얼마 만큼이 이월되는지 모두 알 수가 있다.

변경된 TRACE 정보를 참조할 때는 우리가 사전에 테이블과 인덱스에 대한 정보를 소상히 알고 있던지, 해당 단계의 우측에 괄호 내에 표시된 처리시간이나 처리블록 정보 등을 통해 부하의 정도를 추측해 보는 방법밖에 없다. 과거의 실행계획에서는 나타난 로우 수를 통해서 내부적에서 처리되는 절차와 수행 원리를 쉽게 분석할 수 있었고, 이를 통해 비효율이 발생한 위치와 원인을 정확하게 찾아 해결할 수 있었다.

SQL의 실행계획(Explain Plan)

그러나 변경된 후에는 이것이 너무 힘들게 되었다. 물론 실행계획을 확실히 이해하지 못하는 사람들은 전후 관계의 파악을 통해 처리된 결과를 파악하는 것이 어렵기 때문에 이들을 위해서 그렇게 했다고도 볼 수도 있다. 만약 진정 그것이 그러한 사람들을 위한 배려였다면 해당 단계에서 오른쪽에 괄호 내에서 표시해 주는 곳에서 이를 추가하는 것이 훨씬 현명했을 것이라 생각된다. 변경된 버전에서의 TRACE 표기법은 조금 뒤에 별도로 설명하기로 하겠다.

여기서 여러분의 이해를 돕기 위해 제시한 실행계획의 로우 수는 과거 버전의 표기법을 사용했다. 그 이유는 실행계획이 내부적으로 어떠한 절차에 의해 진행되는지를 여러분이 좀더 상세하게 이해할 수 있도록 하기 위함이니 오해가 없기를 바란다.

다음과 같은 아주 단순한 쿼리의 실행계획을 TRACE 를 통해 살펴보기로 하자.

```
SELECT *
FROM TF02NGT
WHERE ITEM_NAME LIKE '%BF%'


call     count      cpu    elapsed       disk      query    current       rows
-----   ------   ------   --------   --------   --------   --------   --------
Parse        1     0.01       0.01          0          0          0          0
Execute      1     0.00       0.00          0          0          0          0
Fetch        1     1.47       2.52      12740      12754          3          9
-----   ------   ------   --------   --------   --------   --------   --------
total        3     1.48       2.53      12740      12754          3          9
                         액세스한 로우 수                              최종결과
Rows     Row Source Operation
------   -----------------------------------
 51005   TABLE ACCESS (FULL) OF 'TF02NGT'
```

위의 사례는 전체 테이블을 스캔하는 가장 단순한 형태이다. 하단에 있는 'Rows'가 51005 라는 것은 이 테이블을 액세스한 로우의 개수 – 즉, 전체 테이블의 총 로우 수 – 를 의미하며, WHERE 절을 체크를 통해 선별된 최종 결과의 로우 수는 TRACE 결과에 나타나 있는 '9'이다.

그러나 최종결과의 수를 확인 하기 위해서 항상 그 위치를 확인할 필요는 없다. 뒤에서 여러 번 나타나겠지만 대부분의 경우는 액세스를 종료한 후 추가적인 가공이 있기 때문에

실제로 테이블을 액세스한 결과는 실행계획 내에서 찾을 수 있다.

이번에는 정렬처리를 했을 때 나타나는 실행계획을 살펴보자.

```
Rows     Row Source Operation
------   ----------------------------------------
  3548   SORT ORDER BY
 51005     TABLE ACCESS (FULL) OF 'TF02NGT'
```

이 TRACE 의 결과는 51005 건을 전체테이블 스캔으로 액세스하여 체크조건을 적용하였더니 3548 건이 결과로 추출되었으며, 이것을 정렬한 후에 최종 결과를 리턴하겠다는 것을 의미한다. 이러한 경우는 굳이 그 위의 실행통계를 참조하지 않아도 내부적인 처리 내용을 알 수 있다.

이번에는 데이터를 입력(INSERT)하거나 갱신(UPDATE), 삭제(DELETE)를 하는 경우에 나타나는 실행계획을 분석해 보자.

```
call     count    cpu      elapsed    disk     query    current    rows
-----    -----    ------   --------   ------   ------   --------   ------
Parse      1      0.03     0.04         0        0          0        0
Execute    1     50.73    60.25      10073    40726     962822     2658
Fetch      0      0.00     0.00         0        0          0        0
-----    -----    ------   --------   ------   ------   --------   ------
total      2     50.76    60.29      10073    40726     962822     2658


Rows     Execution Plan
------   ----------------------------------------
     0   INSERT STATEMENT
150842     TABLE ACCESS (FULL) OF 'BT_REG_BASE'
```

이 실행계획은 'BT_REG_BASE' 테이블을 전체테이블 스캔으로 150842 건을 액세스하여 조건절을 체크하였더니 2658 건이 되었고 이를 다른 테이블에 입력하였다는 것을 의미한다. 이때 입력을 위해 SELECT 한 테이블은 실행계획에 나타나지만 입력된 테이블은 해당 SQL 에서만 확인할 수 있다.

또한 이러한 경우는 실행통계에서 두 번째 라인인 'Execute' 란에만 숫자가 나타난다는 것을 알아두기 바란다. 실제로 수행한 처리를 생각해보면 입력을 위해 데이터를 제공한 테이블은 액세스를 하였고, 입력이 일어나 테이블에는 'INSERT'가 발생하였다.

엄밀한 의미에서 보면 액세스를 한 테이블에 대해서는 'Fetch'가 발생한 것이 틀림없지만 실행통계에는 액세스와 입력 작업에서 발생한 것을 모두 합해서 두 번째 라인에 기록하고 있다. 이러한 현상은 갱신이나 삭제 시에도 동일하게 나타나므로 따로 소개를 하지 않겠다. 물론 'INSERT' 대신에 'UPDATE'나 'DELETE'가 나타나는 것은 당연하다.

이번에는 조인에서 발생한 전체테이블 스캔에 대해 알아보기로 하자. 대표적인 형태인 Nested Loops 조인에서 선행 처리 시에 발생하는 경우와 그 반대의 경우에 대해 각각 살펴보기로 한다. 다음은 선행 처리 시에 나타난 경우이다.

```
     Rows      Execution Plan
     ------    ----------------------------------------------
④    7701     NESTED LOOPS
①  148046       TABLE ACCESS (FULL) OF 'ITEM_BASE'
③    7719       TABLE ACCESS (BY INDEX ROWID) OF 'CS_SPEC'
②    7724        INDEX (UNIQUE SCAN) OF 'PK_CS_SPEC'
```

이 실행계획의 각 처리단계의 로우 수를 분석해 보면 내부적인 처리과정이 정확하게 나타난다. 굳이 수행된 쿼리를 보지 않아도 우리는 여기서 많은 것을 파악할 수 있다.

① 'ITEM_BASE'을 전체테이블 스캔으로 액세스한 로우 수는 148046 건이다. 이 중에서 조건절을 통과한 로우 수는 7724 건이다. 이것은 ②에서 'CS_SPEC' 테이블과의 연결을 시도한 회수를 보고 알아낼 수 있다.

② 선행 테이블의 조건을 통과한 7724 건이 'CS_SPEC' 테이블의 기본키를 이용하여 연결을 시도하였고, 그 중에서 5 건은 실패를 하였다. 이것은 ③에 나타난 7719 라는 숫자를 보고 알 수 있다. 그 이유는 인덱스를 성공적으로 액세스한 것만 테이블을 액세스하러 갔기 때문이다.

③ 기본키의 ROWID 로 테이블을 액세스 하였다. 그런데 나중에 수행된 'CS_SPEC'테이블에도 체크조건이 있음을 짐작할 수 있다. 그 이유는 ④에 나타난 숫자인 7701 을 보면 체크조건에 의하여 18 건이 걸러졌다는 것을 알 수 있기 때문이다.

④ 이 조인의 최종 결과가 7701 건이라는 것을 의미한다.

이번에는 조인에서 나중에 수행한 테이블에 전체테이블 스캔이 발생한 경우를 분석해 보자. 사례에서 좀더 많은 경우를 설명하기 위해 아우터 조인인 경우를 소개하겠다.

```
      Rows     Execution Plan
     --------  -----------------------------------------------
④      280    NESTED LOOPS (OUTER)
②    74861      TABLE ACCESS (BY INDEX ROWID) OF 'BAL_ITEM'
①   210991        INDEX (RANGE SCAN) OF 'PK_BAL_ITEM' (UNIQUE)
③    53200      TABLE ACCESS (FULL) OF 'TPF_INFO'
```

① 'BAL_ITEM' 테이블의 기본키를 범위처리로 스캔하면서 인덱스에 있는 ROWID 로 테이블을 액세스한다. 이렇게 스캔한 것은 총 210991 건이지만 실제로 테이블을 액세스한 것은 74861 건이다. 이것은 인덱스를 스캔하면서 일부를 버렸다는 것을 의미한다. 이런 현상이 나타난 이유는 최소 두 개 이상의 컬럼에 조건이 부여되었지만 이들이 결합 인덱스로 구성된 기본키에서 연속된 순서를 가지고 있지 않다는 것을 나타낸다. 즉, 이 컬럼들 사이에 조건으로 부여하지 않은 하나 이상의 컬럼이 존재한다는 것이다.

② 이 테이블을 액세스한 74861 건 중에서 체크조건에 의해서 다시 걸러지고 남은 것은 몇 건일까? 이것을 바로 알아낼 수 있는 사람이라면 상당한 수준에 있다고 할 수 있다. 결과부터 말한다면 280 건이 정답이다. 선행 테이블이 이미 범위처리를 했기 때문에 나중에 연결되는 집합은 원래는 그 테이블의 기본키로 유일하게 액세스 되어야 한다. 그러나 연결고리에 인덱스가 없기 때문에 연결대상마다 매번 전체테이블 스캔을 하였다. 이 조인은 아우터 조인이기 때문에 설사 연결에 실패했더라도 조인은 언제나 성공이므로 조인결과 집합인 280 과 동일하다.

③ 이 테이블을 스캔한 로우 수는 53200 이지만 이 테이블과의 연결을 시도한 횟수는 280 이다. 그렇다면 이 테이블의 총 로우 수는 190(=53200/280)건이라는 계산이 나온다.

④ 연결을 시도한 280 건이 아우터 조인에 의해서 모두 성공하게 되므로 최종결과는 280 건이다.

이 밖에도 병렬처리를 했을 때나 파티션을 전체 스캔했을 때 등의 더 많은 형태가 있지만 이러한 실행계획은 나중에 그것들을 다룰 때 소개하도록 하겠다.

여기서 잠시 v9i 이후의 TRACE에 나타나는 실행계획의 표기법을 살펴보기로 하자.

```
call     count      cpu    elapsed      disk      query    current       rows
-----   ------  -------  ---------  --------  ---------  ---------  ---------
Parse        1     0.00       0.00         0          0          0          0
Execute      1     0.00       0.00         0          0          0          0
Fetch        2     0.00       0.78       273     131445          0          1
-----   ------  -------  ---------  --------  ---------  ---------  ---------
total        4     0.00       0.78       273     131445          0          1

Rows     Row Source Operation
-------  ---------------------------------------------------
      1  SORT AGGREGATE ( cr=131445 pr=273 pw=0 time=786827 us)
  32768    FILTER  (cr=131445 pr=273 pw=0 time=754086 us)
  65536      TABLE ACCESS FULL PW01T (cr=373 pr=273 pw=0 time=50 us)
  32768      INDEX UNIQUE SCAN PW01T_PK (cr=131072 pr=0 pw=0 time=297190 us)
```

괄호 내에 표시된 내용의 표시는 다음과 같은 의미를 가지고 있다

```
Row Source Operation
-------------------------------------------
cr=131445 pr=273 pw=0 time=786827 us)
cr   - Number of buffers retrieved for CR reads
pr   - Number of Physical Reads
pw   - Number of Physical Writes
time - Elapsed time, Microsecond (us)
```

3.2.1.2. ROWID 스캔

ROWID 는 그 로우를 포함하고 있는 데이터파일과 데이터 블록, 그리고 블록 내에서의 위치를 가지고 있다. 그러므로 이러한 스캔은 단 하나의 로우를 테이블에서 추출하는 가장 빠른 방법이다. 이 스캔을 위해서는 먼저 ROWID 를 확보하고 있어야 한다. 우리가 조건절에서 직접 기술하는 방법을 사용하려면 사전에 데이터를 액세스(Fetch)하면서 보관해 두었다가 갱신이나 삭제를 위해 적용할 수 있다.

물론 이러한 적용에서도 ROWID 값을 리터럴값으로 직접 사용하지 말고 바인드 변수로 사용하는 것이 올바른 방법이다. 그 이유는 한번 생성된 로우는 영원히 동일한 ROWID 를 가진다는 보장이 없고, 버전에 따라 형태가 변경될 수도 있기 때문이다. 가령, 로우의 이주(移住, Migration)이나 체인(Chain)이 발생할 수 있고, 임포트(Import), 익스포트(Export)에 의해서도 변경이 발생한다.

이 방법은 주로 배치처리 애플리케이션에서 많이 적용하고 있다. 먼저 'DECLARE CURSOR'로 선언된 쿼리에 대해 FETCH 를 하면서 같이 저장해 두었다가 여러 가지 추가적인 가공을 한 결과를 갱신해 넣는 경우에 주로 적용하게 된다.

대부분의 ROWID 스캔은 인덱스를 경유하여 테이블을 액세스하는 과정에서 발생한다. 그렇다고 해서 모든 인덱스 스캔에서 ROWID 스캔이 발생하는 것은 아니다. 여러분이 잘 알고 있듯이 쿼리에서 요구하는 모든 컬럼이 인덱스에 존재한다면 테이블 액세스는 발생하지 않기 때문이다.

```
Rows     Execution Plan
-------  -------------------------------------------------
   2000  TABLE ACCESS (BY INDEX ROWID) OF 'BAL_ITEM'
   2001    INDEX (RANGE SCAN) OF 'PK_BAL_ITEM' (UNIQUE)
```

위의 실행계획은 인덱스를 경유한 테이블 액세스에서 나타나는 ROWID 스캔을 보여주고 있다.

3.2.1.3. 인덱스 스캔

이 스캔은 실제적으로 가장 많이 발생하는 방식이라고 할 수 있다. 인덱스를 스캔하는 내부적인 방법은 인덱스의 구조를 설명할 때 이미 충분히 언급했기 때문에 추가적인 설명을 하지 않겠다.

우리가 인덱스를 경유해서 어떤 로우를 추출할 때 결과를 보면 로우를 찾는 것이지만 실제적으로 내부적인 I/O 는 언제나 블록을 액세스한다. 메모리로 액세스된 블록의 헤더(Header) 정보를 참조하여 해당 로우를 식별한다. 따라서 옵티마이져가 비용을 산정할 때도 역시 로우가 아니라 블록을 기준으로 계산을 하게 된다.

만약 극단적으로 가정해서 하나의 블록에 하나의 로우가 들어 있다면 로우 수와 블록 수는 같아지게 된다. 그러나 우리가 찾고자 하는 로우들이 하나의 블록 내에 모두 들어 있다면 로우 수에 상관없이 액세스할 블록은 동일하게 된다. 이처럼 블록 내에 로우들이 어떻게 존재하느냐는 I/O 양에 직접적인 영향을 미치게 된다.

다시 말해서 우리가 찾고자 하는 로우들이 몇 개의 블록 내에 잘 모여 있다면 훨씬 적은 블록을 액세스할 수 있다는 것이다. 이것을 다른 말로 표현하면 '운송단가'와 유사한 의미라 할 수 있겠다. 이 개념을 클러스터링 팩터라 부른다고 하였다. 하나의 테이블은 여러 개의 인덱스를 가질 수 있다. 이미 한번 저장되어 있는 테이블은 필요에 따라 저장형태를 변경할 수는 없기 때문에 인덱스의 컬럼값에 따라 클러스터링 팩터는 차이가 난다.

이것은 매우 중요한 개념이다. 동일한 테이블을 모체로 모시고 있지만 인덱스에 따라 클러스터링 팩터는 크게 달라질 수 있다는 것은 액세스 효율에 영향을 미칠 수 밖에 없다. 인덱스는 구성 컬럼의 값으로 정렬이 되어 있기 때문에 그 정렬 형태가 테이블에 저장된 로우와 얼마나 유사하게 저장되어 있느냐에 따라 클러스터링 팩터는 달라진다.

운송단가가 낮을수록 유리하듯이, 낮은(Lower) 클러스터링 팩터는 소수의 블록에 데이터가 밀집되었음을 뜻하고, 반대로 높은(High) 클러스터링 팩터는 다수의 블록에 로우가 산재되어 있음을 의미한다. 그러므로 우리는 인덱스 스캔에서 클러스터링 팩터가 액세스 효율에 커다란 영향을 미치게 된다는 것에 유의할 필요가 있다.

인덱스 스캔을 좀더 세부적으로 분류하면 여러 가지 형태로 구분할 수 있다. 이들은 각각 매우 뚜렷한 특징을 가지고 있어서 이를 이용하면 다양한 방법의 효율화를 얻을 수 있으므로 개념을 잘 이해해 두기 바란다.

- 인덱스 유일 스캔(Index Unique Scan)
- 인덱스 범위 스캔(Index Range Scan)
- 인덱스 역순 범위 스캔(Index Range Scans Descending)
- 인덱스 스킵 스캔(Index Skip Scan)
- 인덱스 전체 스캔(Full Scan)
- 인덱스 고속 전체 스캔(Fast Full Index Scan)
- 인덱스 조인(Index Join)
- 비트맵 인덱스(Bitmap Index)

가) 인덱스 유일 스캔(Index Unique Scan)

이 스캔은 대부분 단 하나의 ROWID 를 추출한다. 이러한 스캔을 위해서는 인덱스가 기본키나 유일 인덱스(Unique Index)로 생성되어 있어야 하며, 여기에 구성된 모든 컬럼들이 모두 조건절에서 '='로 비교되어야 한다. 그렇지 않으면 비록 유일한 값으로 구성된 인덱스라 할지라도 범위 스캔을 할 수 밖에 없다.

여러분은 이 스캔으로 유도하는 힌트가 있기는 하지만 대부분의 경우는 특별히 힌트를 부여할 필요는 없다. 옵티마이져는 만약 이러한 스캔이 가능하다면 여러분의 도움 없이도 예외 없이 이것을 선택할 것이다. 가능하지 않은 데도 불구하고 힌트를 부여했다면 여러분의 힌트를 무시하게 될 것이다.

그러나 특별한 경우에는 여러분의 도움이 필요할 때도 있다. 가령, 데이터베이스 링크(Database Link)를 사용했을 때 유일 인덱스의 사용이 가능함에도 불구하고 옵티마이져가 이를 선택하지 못했다면 힌트를 부여하여 바로잡을 수 있다. 또한 원격에 있는 테이블을 액세스하거나 테이블이 너무 작아서 옵티마이져가 전체테이블 스캔으로 결정을 해버린 경우에 힌트를 사용하여 이 스캔으로 조정할 수 있다. 힌트는 별도로 있는 것이 아니라 특정 인덱스 사용을 권고하는 'INDEX(table_alias index_name)'을 적용한다.

나) 인덱스 범위 스캔(Index Range Scan)

인덱스 범위 스캔은 가장 보편적인 데이터 액세스 형태이다. 이것은 시작과 종료를 가진 경우와 하나 이상이 끝을 가지지 않은 경우가 있다. 이 스캔을 경유하여 추출되는 로우는 인덱스 구성 컬럼의 정렬 순서와 동일하게 나타난다. 만약 여러분이 쿼리에서 ORDER BY 를 했더라도 옵티마이져는 사용 인덱스의 정렬 순서에 따라 추가적인 정렬작업을 하지 않을 수 있다.

인덱스 범위 스캔은 최초의 시작점을 찾을 때만 랜덤 액세스를 사용하고 그 다음부터 종료 시까지는 스캔을 한다. 좀더 정확하게 표현한다면 브랜치 블록(Branch Block)을 경유하여 시작 리프 블록(Leaf Block)을 찾은 후 계속해서 연결된 다음 리프 블록을 스캔하다가 종료점을 만나면 멈춘다.

인덱스 블록은 상대적으로 테이블 블록에 비해 적은 양이며, 연속된 블록을 액세스하므로 상당히 낮은 운송단가를 가진다고 할 수 있다. 범위가 넓어짐에 따라 부하가 증가하는 것은 인덱스 스캔 탓이 아니라 인덱스의 ROWID 로 테이블을 랜덤 액세스해야 하는 높은 운송단가를 가진 액세스가 증가하기 때문이다. 그러므로 만약 인덱스로 액세스되는 테이블의 로우들이 유사하게 모여 있다면 이러한 부하는 현격하게 감소할 수 있다. 이것이 앞서 언급한 클러스터링 팩터이다.

옵티마이져가 인덱스를 범위 스캔할 수 있는 경우는 하나이상의 인덱스 선행컬럼에 상수나 변수로 조건이 부여되어 있어야 한다. 비교연산자는 '=, <, <=, >, >=, BETWEEN, LIKE' 등이 가능하다. 단, LIKE 연산자는 비교값의 선두에 '%ABC'처럼 와일드카드가 있으면 인덱스 범위 스캔을 할 수 없다.

인덱스 범위 스캔은 유일 인덱스나 비유일 (Non-unique) 인덱스 모두에서 발생할 수 있다. 인덱스를 사용할 수 있음에도 불구하고 전체 테이블을 스캔하는 실행계획에서나 원하는 다른 인덱스를 사용하도록 하기 위해서 'INDEX(table_alias index_name)' 힌트를 사용할 수 있다. 이 스캔의 형태는 이미 우리가 잘 알고 있으며, 앞에서 몇 번 소개한 적이 있기 때문에 별도의 설명을 하지 않겠다.

다) 인덱스 역순 범위 스캔(Index Range Scan Descending)

인덱스 역순 범위 스캔은 역순으로 데이터를 액세스한다는 것을 제외한다면 인덱스 범위 스캔과 동일하다. 인덱스는 기본적으로 순차적으로 정렬되어 저장된다. 이 스캔은 스캔의 시작점은 최대값이 되고, 역순으로 리프 블록을 스캔하여 최소값이 될 때까지 수행된다.

현실세계에서는 지속적으로 데이터가 발생하기 때문에 가장 최근에 발생한 내용을 먼저 보기를 원하는 경우가 많이 있다. 이런 경우의 대부분은 과거에 발생한 데이터에 대한 범위를 제한하지 않는 경우가 많기 때문에 처리할 범위가 매우 넓다. 만약 이렇게 넓은 범위를 순차적으로 범위 스캔하여 역순으로 정렬을 해야 한다면 많은 부하가 발생하게 될 것이다.

이러한 경우에 인덱스를 역순으로 범위 스캔을 하여 정렬을 생략할 수 있다면 매우 효율적인 처리가 가능하다. 이러한 부분을 보다 체계적으로 활용하는 방법은 '제 2 부 액세스의 최적화'단원에서 '부분범위(Partial Range) 처리'의 개념을 통해 설명하기로 하겠다.

이 스캔이 발생하는 경우는 쿼리에서 'ORDER BY … DESC'를 할 때 옵티마이져의 판단에 따라 일어나거나, 여러분이 인덱스 범위 스캔을 하는 실행계획에 힌트를 적용해줌으로써 나타나게 된다. 힌트는 'INDEX_DESC(table_alias index_name)'을 사용한다. 다음은 이 스캔이 발생한 실행계획의 두 가지 사례이다.

```
Rows        Execution Plan
-------     ------------------------------------------------
    526     TABLE ACCESS (BY INDEX ROWID) OF 'STN_CODE'
  12150      INDEX (FULL SCAN DESCENDING) OF 'STN_CODE_PK' (UNIQUE)
```

이 사례는 전체 인덱스가 역순으로 범위 스캔한 경우를 보여주고 있다. 인덱스를 스캔한 로우 수와 테이블을 액세스한 로우 수가 차이가 많이 난다는 것은 이 인덱스가 결합 인덱스이고 선행 컬럼이 조건을 부여받지 못했으며, 적어도 하나 이상의 인덱스 컬럼에 조건이 부여되어 인덱스 스캔에서 체크하여 성공한 것들(526 건)만 테이블을 액세스하러 갔기 때문이라는 것을 알 수 있다.

또한 옵티마이져가 스스로는 이러한 결정을 하지 않았을 것이므로 사용자가 힌트를 적용하여 수행시켰다는 것도 알 수 있다.

```
Rows     Execution Plan
-------  -------------------------------------------------
      5  TABLE ACCESS (BY INDEX ROWID) OF 'SBJ_PRGS'
      6    INDEX (RANGE SCAN DESCENDING) OF 'SBJ_PRGS_IDX1' (NON-UNIQUE)
```

위의 사례에서 나타난 모습은 이 스캔의 표준적인 형태라고 할 수 있겠다. 좌측의 로우수를 보면 인덱스 스캔은 6건이고 테이블 액세스는 5건이다. 이것은 인덱스에 구성된 컬럼이 적어도 하나 이상 선행컬럼부터 연속해서 조건을 부여받았기 때문에 인덱스 스캔을 한 후에 버리는 것이 하나도 없었다는 것을 의미하고 있다.

테이블 액세스 보다 1건이 많은 것은 마지막 건을 읽어 보아야 범위가 끝났다는 것을 알 수 있기 때문이다. 다시 말해서 마지막으로 읽어본 것은 이미 범위를 벗어난 것이므로 테이블을 액세스하러 가지 않는다.

라) 인덱스 스킵 스캔(Index Skip Scan)

이 스캔 방식은 기존의 인덱스 사용 원칙의 근본을 바꾸게 한 중요한 스캔 방식이다. 여러분이 잘 알고 있듯이 기존에는 인덱스의 선행 컬럼이 사용되지 않으면 무조건 인덱스 스캔은 불가능하였다. 이로 인해 우리는 보다 많은 인덱스를 보유하지 않으면 안 되었다.

결합 인덱스의 선행 컬럼이 사용되지 않으면 아예 적용을 할 수 없었던 문제와 중간에 위치한 일부의 컬럼이 사용되지 않았을 때 많은 양의 인덱스 스캔이 증가하게 되는 문제를 해결하기 위하여 우리는 수많은 액세스 유형을 종합적으로 도출해서 조건에 사용된 컬럼이 최대한 연속된 '='로 사용되도록 전략적인 인덱스 구성에 심혈을 기울여야 했다.

물론 인덱스 스킵 스캔이 가능하다고 해서 이러한 전략이 필요없게 되는 것은 결코 아니다. 다만, 카디널러티가 높지 않은 컬럼이 사용될 때와 되지 않는 경우를 일일이 나누어서 인덱스를 구성하지 않을 수 있기 때문에 그 만큼 적은 수의 인덱스로도 최적의 전략을 수립할 수 있게 되었다는 것이다.

인덱스 스킵 스캔의 원리는 의외로 매우 간단하다. 우리는 B-Tree 인덱스가 마치 나무가 줄기와 가지를 가지고 있고 거기에 잎사귀가 달려 있는 구조와 동일하다는 것을 잘 알고 있다. 인덱스 범위 스캔은 최초의 시작 리프 블록을 찾아갈 때만 브랜치 블록을 사용하고, 이후에는 계속해서 끝날 때까지 리프 블록을 스캔해 간다.

결합 인덱스의 앞부분에 있는 컬럼들이 무조건 모두 브랜치 블록에 속한다고는 할 수 없지만 브랜치 블록의 속성상 상위의 카디널러티가 낮은 컬럼들의 값들로 브랜치 블록이 구성되어 있을 수 있는 것은 충분히 가능한 일이다. 예를 들어 세 개의 컬럼 COL1, COL2, COL3 를 연결(Concatenate, ||)하여 하나의 COL4 컬럼으로 만들어서 인덱스를 만들었다고 생각해 보자.

만약 선행컬럼인 COL1 이 매우 높은 카디널러티를 가지고 있고 COL2 와 COL3 는 아주 낮은 카디널러티를 가지고 있다고 가정해 보면 브랜치 블록은 COL1 의 앞자리의 값들로 주로 구성될 것이다. 그러나 반대의 경우를 가정해 보자. COL1, COL2 는 아주 카디널러티가 낮고 COL3 가 높다면 브랜치 블록의 상당부분은 COL1 과 COL2 가 차지할 것이다.

이러한 브랜치 블록의 정보들을 논리적인 개념에서 본다면 일종의 서브인덱스(인덱스를 찾아내는 인덱스) 라는 의미로 이해할 수가 있겠다. 인덱스 스킵 스캔은 선행컬럼이 사용되지 않더라도 상위의 각각의 분기된 가지 별로 주어진 조건컬럼을 스캔해낸다. 예를 들어보자.

어떤 테이블에 인덱스가 'sal_typ(매출유형) + item_cd(상품코드) + sal_dt(매출일자)'로 구성되어 있으며 쿼리의 조건에는 item_cd 와 sal_dt 만 사용되었다고 하자. Sal_typ 는 'D(내수), E(수출), L(로컬)' 세 종류만 있다고 가정한다. 만약 인덱스 스킵 스캔이 적용되었다면 마치 여러분이 조건절에 'sal_typ IN ('D', 'E', 'L')' 을 추가한 것과 동일한 효과를 얻을 수 있다. 다시 말해서 다음과 같은 쿼리가 수행된 것과 유사한 효과가 난다는 것이다.

```
… WHERE sal_typ = 'D' and item_cd …… UNION ALL
… WHERE sal_typ = 'E' and item_cd …… UNION ALL
… WHERE sal_typ = 'L' and item_cd ……
```

여기서 'D, E, L'을 논리적 서브 인덱스라고 부른다. 인덱스 스킵 스캔은 이러한 서브인덱스의 종류가 많지 않고, 뒤에 오는 컬럼은 종류가 많을 때 가장 좋은 결과를 얻을 수 있다. 즉, 이러한 경우가 아니라면 원하는 만큼의 효과를 얻을 수 없다는 것이다. 물론 아예 인덱스를 사용하지 못하는 것에 비한다면 나쁠 것은 없지만 제대로 된 인덱스가 구성되어 있는 경우나 직접 조건을 부여한 경우에 비해 효과적이지 못하다. 그러므로 옵티마이져는 인덱스 스킵 스캔을 쉽게 선택하려 하지 않는다.

여러분은 이 스캔 방식에 너무 의존해서는 안 된다. 이 기능을 너무 과신해서 선행컬럼이 잘 사용되지 않는 인덱스를 함부로 만드는 것은 좋은 생각이 아니다. 뿐만 아니라 잘 사용되지 않는 컬럼이 중간에 들어 있다거나 '='이 아닌 연산자를 사용하는 컬럼을 앞에 위치시키는 것도 좋은 선택이 아니다. 이런 결정에 대한 좀더 상세한 적용기준은 뒤에서 인덱스 전략 수립을 설명하면서 언급하도록 하겠다.

인덱스 스킵 스캔으로 일부러 유도하는 방법은 몇 가지 힌트를 적용함으로써 가능하다. 여기에 적용할 수 있는 힌트는 'INDEX_SS, INDEX_SS_ASC, INDEX_SS_DESC'가 있다. 물론 형식은 'INDEX_SS(table_alias index_name)'이다. 이러한 힌트는 인덱스 범위 스캔에서처럼 정순과 역순으로 스캔하는 것이 가능하다. 개념적으로는 거의 유사하기 때문에 특별히 별도의 설명은 하지 않겠다.

만약 인덱스 스킵 스캔을 하지 않도록 하고 싶다면 'NO_INDEX_SS'힌트를 사용한다. 다음은 인덱스 스킵 스캔이 나타난 실행계획의 예이다.

```
Execution Plan
----------------------------------------------
SELECT STATEMENT Optimizer=ALL_ROWS
  TABLE ACCESS (BY INDEX ROWID) OF 'ST001T'
    INDEX (SKIP SCAN) OF 'IDX_ST001T' (NON-UNIQUE)
```

만약 인덱스가 COL1+COL2+COL3 로 되어 있을 때 COL2 만 조건을 부여하지 않았다면 이러한 경우에도 인덱스 스킵 스캔은 발생할 것인가? 결론은 힌트를 사용하지 않는 경우는 대부분 인덱스 범위 스캔을 하지만 힌트를 사용하면 이러한 경우에도 인덱스 스킵 스캔은 일어난다.

이처럼 반드시 선행컬럼이 아니더라도 인덱스 스킵 스캔을 하도록 유도할 수는 있지만 이들의 카디널러티가 높아지면 현저하게 수행속도가 저하될 수 있으므로 현재의 적절하지 못한 결합인덱스의 순서를 이 방법으로 무조건 해결하겠다는 생각은 버리는 것이 좋다.

마) 인덱스 전체 스캔(Index Full Scan)

인덱스 전체 스캔은 조건절에서 그 인덱스의 컬럼이 적어도 하나이상 사용되었을 때 적용이 가능하다. 즉, 반드시 선행컬럼이 사용되어야 할 필요는 없다는 것이다. 만약 다음과 같은 두 가지 조건을 모두 만족한다면 조건절에 전혀 사용된 컬럼이 없어도 적용 가능하다.

- 쿼리 내에 사용된 어떤 테이블들의 모든 컬럼들이 그 인덱스에 모두 존재하고,
- 인덱스 컬럼 중에서 최소한 NOT NULL 인 컬럼이 하나는 존재할 때

이러한 경우는 테이블을 대신하여 사용될 수 있다. 만약 NOT NULL 인 컬럼이 하나도 없다면 최악의 경우 어떤 인덱스 로우는 모두 NULL 값을 가지게 되어 인덱스에 저장되지 않을 수 있기 때문에 전체 테이블과 로우 수가 달라지므로 테이블을 대신할 수 없다.

가령, 'SELECT count(*) FROM user_table'을 수행시켰을 때 많은 블록을 가진 테이블을 액세스하지 않고, 최소한 하나이상의 NOT NULL 컬럼을 가진 소량의 블록을 가진 어떤 인덱스를 전체 스캔하여 결과를 구할 수 있다. 이 밖에도 만약 어떤 쿼리에서 ORDER BY 를 하려는 요구를 어떤 인덱스를 사용함으로써 가능하다면 이 스캔을 사용할 수 있다.

바) 인덱스 고속 전체 스캔(Index Fast Full Scans)

만약 쿼리를 위해 사용된 어떤 테이블의 컬럼이 모두 그 인덱스에 포함되어 있다면 인덱스 고속 전체 스캔은 전체테이블 스캔의 대안으로 사용될 수 있다. 단, NOT NULL 제약조건이 정의된 컬럼이 인덱스에 반드시 하나이상 존재해야 한다. 그 이유는 앞서 설명했던 것과 동일하다.

이 스캔은 인덱스만을 스캔할 뿐이지 테이블을 액세스하러 가지 않는다. 특기할 사항은 앞서 설명한 인덱스 전체 스캔과는 다르게 마치 테이블 액세스처럼 한 번의 I/O 에 다중 블록(Multi-block)을 액세스한다는 것이다. 물론 병렬처리를 사용할 수도 있기 때문에 인덱스 전체 스캔이나 테이블 전체 스캔에 비해 훨씬 빠르다. 그러나 이 스캔 방식은 비트맵 인덱스에서는 적용할 수 없다.

여러분은 'INDEX_FFS(table_alias index_name)' 힌트를 사용하여 필요 시 이 스캔으로 유도할 수 있고, 'NO_INDEX_FFS(table_alias index_name)' 힌트로 해제할 수가 있다.

이 밖에 아직 언급하지 않은 인덱스 조인(Index Join)은 별도의 장에서 상세하게 설명하도록 하겠다.

3.2.1.4. B-Tree 클러스터 액세스(Cluster access)

클러스터링을 한 테이블의 형태는 두 가지가 있다고 했다. 한 가지는 대량의 범위처리의 효율화를 목적으로 한 단일 테이블 클러스터링이고, 다른 한 가지는 조인의 효율적인 연결을 위해 두 개 이상의 테이블을 하나의 클러스터에 저장하는 방법이다.

만약 1:M 관계를 가진 두 테이블을 클러스터링을 하면 동일한 클러스터 키값을 가진 두 테이블의 모든 로우는 같은 클러스터 내에 저장된다. 이러한 경우에 만약 '1'쪽의 테이블을 클러스터 키로 액세스하면 하나의 로우가 나타나겠지만 'M'쪽을 액세스하면 여러 개의 로우가 나타날 것이다. 아래의 실행계획은 'M'쪽을 클러스터로 액세스한 경우를 보여주고 있다.

```
Rows     Execution Plan
-------  ------------------------------------------------
   1593  NESTED LOOPS
    145    TABLE ACCESS (BY INDEX ROWID) OF 'OBJ$'
    146      INDEX (RANGE SCAN) OF 'I_OBJ2' (UNIQUE)
   1593    TABLE ACCESS (CLUSTER) OF 'COL$'
    145      INDEX (UNIQUE SCAN) OF 'I_OBJ#' (CLUSTER)
```

이 실행계획을 분석해 보자. 클러스터 인덱스인 'I_OBJ#'를 'UNIQUE SCAN'으로 145 건을 액세스하였는데도 COL$ 테이블을 클러스터로 액세스한 것은 1593 건이다. 또한 클러스터 키인 OBJ#은 OBJ$ 테이블의 식별자이기 때문에 결국 OBJ$와 COL$ 테이블은 이 클러스터 키를 통해 다중 테이블 클러스터링이 되어 있다는 것을 알 수 있다.

COL$테이블은 'M'쪽이므로 하나의 클러스터 키에 여러 개의 로우가 존재하므로 145 개의 클러스터 키를 통해 1593 건을 액세스하게 되었다. 이번에는 단일 테이블 클러스터링을 사용한 경우의 실행계획을 살펴보자.

```
Rows     Execution Plan
-------  ------------------------------------------------
    318  NESTED LOOPS
   3207    TABLE ACCESS (CLUSTER) OF 'BPM500T'
     10      INDEX (RANGE SCAN) OF 'BPM500T_CLX' (CLUSTER)
    318    TABLE ACCESS (BY ROWID) OF 'BPM01T'
    318      INDEX (UNIQUE SCAN) OF 'BPM01T_PK' (UNIQUE)
```

나중에 연결되는 'BPM01T'가 기본키로 318 건을 'UNIQUE SCAN'하여 테이블을 318 건 액세스하였으며, 클러스터 액세스를 한 'BPM500T'의 클러스터 키와 같지 않으므로 이들은 서로 다중 테이블 클러스터링을 하지 않은 것이 분명하다. 즉, 범위처리의 효율화를 위해 단일 테이블 클러스터링을 한 것이므로 하나의 클러스터 키에는 여러 개의 로우들이 존재할 것이다.

 클러스터 인덱스를 범위 스캔한 10 건으로 테이블을 클러스터 액세스를 하였더니 3207 건이 되었다. 클러스터 키당 약 320 건이 한 곳에 모여 있으므로 테이블을 액세스하기 위한 랜덤은 10 회에 불과하다. 또한 그때마다 테이블 액세스는 스캔방식으로 처리되었기 때문에 비록 3207 건을 액세스했지만 일반적인 인덱스 스캔 방식으로 10 여건을 처리한 속도와 유사하다.

3.2.1.5. 해쉬 클러스터 액세스(Hash cluster access)

클러스터는 데이터의 클러스터링 팩터를 높여 물리적인 I/O 의 효율을 향상시키기 위한 방법이다. 해쉬 클러스터는 해쉬함수에 의해서 만들어진 해쉬값을 이용하여 클러스터링을 하는 방법이다. 즉, 동일한 해쉬값을 가진 데이터를 동일한 블록 내에 저장하여 클러스터링 팩터를 높인다.

인덱스를 이용하여 데이터를 액세스하는 방법은 반드시 인덱스 I/O 와 테이블 I/O 를 거쳐야 하지만 해쉬클러스터의 데이터 접근경로는 해쉬함수를 생성하는 것과 테이블 I/O 로만 구성되므로 그만큼 I/O 를 줄일 수 있다. 따라서 넓게 산포된 테이블의 액세스에서 디스크 I/O 를 줄임으로써 시스템 성능향상을 기대할 수 있다.

만약 테이블의 크기가 작아서 메모리 적중률이 높다면 유일 인덱스 스캔이 약간 더 유리할 수도 있지만 적중률이 낮은 대용량의 테이블의 랜덤 액세스에서는 약 30% 정도의 개선효과가 있다.

해쉬 클러스터는 생성 시에 부여한 'HASHKEYS * SIZE'에 의해서 초기 저장공간의 크기 (Extents)가 결정된다. 일반 테이블의 디스크영역의 이용 방법은 데이터가 발생될 때마다 추가적인 저장공간이 할당되지만 해쉬 클러스터는 생성 시에 미리 물리적 디스크 공간을 확보한다. 따라서 지속적인 데이터의 증가가 심하게 발생하는 경우에는 적절하지 않다.

해쉬값의 개수는 클러스터 생성 시에 부여한 'HASHKEYS'에 의해서 결정되며, 이 값보다 크면서 가장 작은 소수(素數, prime number)가 해쉬값의 개수가 된다. 클러스터 생성 시에 처음 할당된 해쉬값의 블록을 루트 블록(Root Block)이라고 한다. 만약 해쉬값이 같은 로우가 추가되면서 초기에 할당된 데이터 블록에 더 이상 저장할 수 없을 때는 초과블록 (OverFlow Block)이 발생된다.

해쉬키값이 적절하지 않아도 서로 다른 값들이 같은 해쉬값을 가질 수 있으므로 이러한 초과블록이 더 많이 발생한다. 이것은 클러스터링 팩터를 나쁘게 하여 수행속도를 저하시킨다. 이러한 현상이 많이 발생한다면 테이블을 재생성할 필요가 있다.

이 스캔은 해쉬함수를 통해서 데이터를 액세스해야 하므로 만약 비교 연산자가 'LIKE, <>, >, >=, <, <=' 등을 사용했다면 함수에 적용이 불가능하므로 해쉬 액세스를 할 수 없다. 그러므로 여러분들은 액세스 형태가 다양하지 않고 주로 '='이나 'BETWEEN', 혹은 'IN'으로

적용할 수 있는 테이블에 적용해야 한다. 또한 해쉬키로 지정된 컬럼이 자주 수정되지 않는 것이 좋고, 데이터가 대량으로 증가하지 않는 것이 바람직하다. 해쉬 클러스터를 적용할 수 있는 예를 들어보자. 물론 해쉬 클러스터링을 한 테이블이라고 해서 별도의 기존 인덱스를 가질 수 없는 것은 아니다.

- 우편번호 테이블

대부분의 정보시스템은 우편번호를 관리하는 테이블을 가지고 있다. 특별한 경우에 가끔 수정이나 증가가 있을 뿐 거의 고정된 사이즈와 평균적인 로우 길이를 가지고 있다. 또한 대부분의 액세스가 '='로 발생한다.

- 시스템 사용자 정보

사용자 ID 의 비밀번호를 확인하는 작업처럼 데이터 로우 수는 많고 넓게 분포되어 있으나 평균길이가 일정한 경우에는 해쉬 클러스터링을 이용하여 I/O 를 줄일 수 있다. 만약 인덱스 액세스를 하는 경우라면 몇 바이트에 불과한 데이터를 한 번 수행에 두 번(인덱스+테이블)씩 디스크 블록 I/O 를 발생하게 된다.

이 외에도 로우의 길이의 편차가 심하지 않고 크기에 대한 예측이 가능한 테이블에 아주 빈번하게 랜덤 액세스가 발생한다면 해쉬 클러스터를 적용할 수 있다. 만약 하나이상의 컬럼으로 구성된 결합 해쉬 인덱스를 지정한 경우에는 항상 2 개의 조건으로 조회를 실시해야 한다. 1 개의 조건만 사용한 것은 마치 'LIKE'을 사용한 것과 동일한 개념이 되므로 전체테이블 스캔을 수행한다. 해쉬 스캔이 발생한 실행계획은 다음과 같이 나타난다.

```
NESTED LOOPS
  TABLE ACCESS (BY INDEX ROWID) OF 'EMP'
    INDEX (RANGE SCAN) OF 'DEPT_IDX' (NON-UNIQUE)
  TABLE ACCESS (HASH) OF 'EMP_HASH'
```

해쉬 액세스는 인덱스를 경유하지 않기 때문에 이와 같이 바로 테이블을 해쉬로 액세스했다는 표현으로 나타난다.

3.2.1.6. 표본 테이블 액세스(Sample table scan)

전체테이블 스캔은 모든 로우를 스캔하기 위하여 테이블에 관련된 모든 블록을 차례로 읽고, 각 로우마다 조건절을 만족하는지 확인한다. 인덱스 스캔은 인덱스를 이용하여 처리할 범위를 스캔하여 테이블에 관련된 블록을 랜덤하게 읽는다. 그러나 표본 테이블 스캔 방식은 테이블의 데이터 중에서 사용자가 부여한 비율 만큼의 데이터를 읽고, 그 중에서 조건을 만족하는 로우들을 리턴한다.

테이블의 표본 데이터를 스캔하는 방식을 사용하기 위해서 아래와 같이 기술한다.

```
SELECT .....
FROM table_name SAMPLE {BLOCK option} (Sample Percent)
WHERE ....
GROUP BY ....
HAVING ....
ORDER BY ....
```

- 'SAMPLE BLOCK (sample_percent)'를 사용하면 전체 액세스 대상 블록에서 지정한 비율(Sample Percent) 만큼의 블록을 읽은 후 조건을 만족하는지 확인한다. 여기서 지정한 숫자는 단지 그 정도가 나타날 수 있다는 확률값을 의미할 뿐으로 수행할 때마다 다른 블록이 나타날 수 있다. 추출 대상이 된 블록의 모든 로우들이 나타난다.
- 'SAMPLE(sample percent)'를 지정하면 모든 블록이 액세스되지만 각각의 블록에서 지정한 비율만큼의 로우들을 임의로 선택한 후 이를 대상으로 조건을 체크하여 결과를 리턴한다. 이때도 지정한 비율은 단지 확률값에 불과하므로 항상 일정한 값이 나타나지는 않는다.
- 비율(Sample Percent)는 0.000001 와 99.999999 값을 지원하며, 0 또는 100 을 지원하지 않는다.
- 주의할 사항은 로우 수가 작은 테이블에서 견본 데이터를 액세스하면 일정 비율의 데이터가 리턴되지 않을 수도 있다. 동일 SQL 을 반복해서 수행해도 항상 같은 블록이나 같은 수가 아닐 수 있으며 동일한 로우를 리턴하는 것도 아니다.
- 과거에는 이 기능이 하나의 테이블에서 쿼리를 할 때만 사용 가능하였고, 조인이나 뷰, 또는 원격(Remote) 테이블에서는 사용할 수 없었다. 그러나 인라인뷰에서 이 옵션을 사용한 다음 다른 테이블과의 조인은 가능했다. 그러나 버전이 증가(V10g)하면서 이런 제한이 없어졌다.

▫ 이 기능을 사용하면 비용기준 옵티마이져를 사용하게 되며, 규칙기준은 지원되지 않는다. 만약 굳이 'RULE' 힌트를 사용하더라도 비용기준으로 수행된다.

여러분이 'SAMPLE BLOCK'옵션을 사용하면 전체 대상 블록 중에서 일부만 액세스를 하게 되므로 스캔량을 대폭 감소할 수 있다. 그러나 이를 위해서는 반드시 전체테이블 스캔 방식이나 인덱스 고속 전체 스캔 방식으로 처리될 때만 가능하다. 이 스캔이 적용되면 다음과 같은 형식으로 실행계획에 나타난다.

```
SELECT STATEMENT
  TABLE ACCESS (SAMPLE) OF 'EMP'
```

실전에서 표본 테이블 스캔을 이용하여 활용하는 형태는 몇 가지가 있다. 첫 번째는 데이터 마이닝(Data Mining)에서 활용하는 것이고, 두 번째는 데이터 정제(Cleansing)을 위해 데이터의 오류 패턴을 찾아내는데 활용하는 경우이며, 세 번째는 테스트를 위해 표본 데이터를 생성할 때 적용하는 경우이다.

데이터 마이닝은 잠재적으로 유효하고, 새롭고 타당성 있으면서 궁극적으로 데이터에서 이해할 수 있는 패턴을 찾아내는 단순하지 않은 프로세스라고 할 수 있다. 데이터 마이닝은 말 그대로 땅속에서 광맥을 찾듯이 수많은 데이터들 속에서 유용한 것을 찾아내는 것이다. 이는 곧 많은 데이터들간에 숨겨져 있는 유용한 상관관계를 발견하고 분석하는 것을 뜻한다.

숨겨진 패턴과 관계를 찾아내어 의미있는 정보를 발견해 내는 데이터마이닝의 특징은 주로 마케팅에 매우 유용하게 활용된다. 좀더 과학적인 방법으로 정확한 정보를 발견해 낸다는 것은 데이터에 고급 통계 분석과 모델링 기법을 적용하여 유용한 패턴과 관계를 찾아내는 과정을 뜻한다.

따라서 데이터마이닝의 필수 요소는 우선 신뢰도가 높은 충분한 자료이다. 이것은 바로 신뢰도가 높은 충분한 자료가 있어야 정확한 예견이 가능하기 때문이다. 그러나 너무 많은 자료는 오히려 데이터마이닝의 예견 능력을 떨어뜨릴 수 있으므로 최적의 결과를 산출할 수 있는 의미있는 자료의 확보가 필요하다.

방대한 데이터 사이에 숨어있는 지식 패턴을 발견하는 일은 상당한 시간을 요하는 작업이다. 많은 데이터를 반복적으로 검사하여 가능한 수많은 연관성들 중에서 일정 수준이상의 신뢰도와 지지도를 가지는 규칙들만을 뽑아내는 일은 많은 메모리와 많은 디스크 액세스, 그리고 많은 시간을 필요로 하는 일이다.

데이터의 양이 늘어남에 따라 발생할 수 있는 연관성의 경우의 수는 대부분 지수(Exponential) 단위로 증가하기 때문에 이를 해결하는데 상당한 어려움이 있다. 연구실에서는 알고리듬적인 측면과 시스템 구조적인 측면, 그리고 경험적인(Heuristic) 측면에서의 탐색공간 축소(Pruning) 기법 등으로 이러한 문제에 접근하고 있다.

그렇다면 신뢰도에 영향을 미치지 않는 범위 내에서 전체 데이터를 일정부분 축소할 수 있는 방법은 이러한 작업을 위한 가용성 측면에서 매우 의미있는 일이다. 여러분은 여론조사에서 사용되는 '표본오차'라는 말을 자주 들은 적이 있을 것이다. 물론 전체를 모두 정확히 조사하는 것이 가장 좋겠지만 거기에는 나름대로 나쁜 점도 여러 가지가 있다. 만약 잘 선정된 훨씬 소량의 표본으로도 우리의 목적을 충분히 달성할 수 있다면 너무 큰 데이터에 집착할 이유가 없다.

앞서 우리는 표본 데이터 액세스가 다양한 조건을 부여할 수도 있으며, 조인이나 뷰와 같이 복잡한 쿼리에서도 적용할 수 있다는 것을 알았다. 이를 통해 우리는 잘 엄선된 보다 적은 표본을 추출하는 것이 가능하다. 물론 어떠한 집합을 선정하느냐는 사용자의 몫이지만 적은 표본오차로 데이터를 축소할 수 있는 것은 적절하게 산포된 랜덤에 의한 데이터의 추출이다.

이번에는 데이터 정제를 위해 표본 데이터 액세스를 활용하는 경우에 대해 알아보기로 하자. 데이터 웨어하우스를 구축하면서 예상치 못한 어려움에 빠질 수 있는 부분이 바로 데이터를 정제하는 작업이다. 과거에 우리가 너무 데이터를 홀대해 왔기 때문에 실제로 정제 작업을 해보면 예상보다 훨씬 문제가 많다는 것을 발견할 수 있다.

문제는 오류 데이터의 유형을 찾아내기가 쉽지 않다는 것이다. 원래 논리적인 면에서 생각해 보더라도 올바른 것은 몇 가지에 지나지 않지만 잘못된 것은 천문학적으로 발생할 수 있다. 마치 '1'인 것을 찾는 것은 쉽지만 '1'이 아닌 것을 찾으려면 일일이 유형을 찾아내어야 하는 것과 같다.

오류 유형도 일종의 데이터가 발생하는 패턴이다. 이러한 패턴을 찾는 작업은 반드시 전체 집합을 대상으로 할 필요는 없다. 잘 엄선된 표본을 생성할 수만 있다면 우리는 훨씬 적은 데이터를 이용하더라도 충분히 우리의 목적을 달성할 수 있다. 이러한 경우에 표본 테이블 액세스를 활용하는 것은 우리에게 많은 도움을 줄 것이다.

이번에는 테스트를 위해 활용하는 경우에 대해 알아보기로 하자. 우리가 시스템을 개발하거나 유지보수를 위해 테스트를 실시할 때 가능하다면 최대한 실제 데이터를 활용하는 것이 가장 좋다. 그러나 테스트 환경을 운영환경과 완전히 동일하게 유지하는 것은 많은 비용이 들어간다. 만약 거의 동일한 효과를 얻을 수 있는 축소판을 만들 수만 있다면 그것은 우리에게는 상당히 매력적인 일이 아닐 수 없다.

필자는 군 시절에 전차소대장을 역임한 적이 있었는데 그 당시 실제 전차포 사격 훈련 대신에 '축사포 사격'이라는 훈련을 했었다. 실제 포탄으로 사격훈련을 하기 위해서는 사거리가 1km 가 훨씬 넘는 사격장이 필요하지만 축사포 사격장은 수십 분의 일로 줄인 몇 십 미터의 장방형에 산과 강, 길 모양을 모형으로 만들어 작은 표적을 설치해 두었다.

포신에는 소총을 단단히 장착하여 두고 실제처럼 사격을 하면 포탄이 날아가는 것이 아니라 소총탄이 날아간다. 그러나 훈련병이 느끼는 효과는 거의 동일하다. 포탄과 소통탄의 가격 차이는 1,000 배가 넘는다. 이 밖에도 소요 시간이나 위험도 등을 따져보면 그 투자대비효과는 굉장하다. 물론 최대의 과제는 정말 얼마나 실제와 유사한 효과를 얻을 수 있느냐에 있다.

이것만 보장될 수 있다면 매우 큰 의미가 있다. 많은 개발 프로젝트들이 제대로 준비되지 않은 데이터를 가지고 개발을 진행한다. 허술한 데이터는 애플리케이션의 완성도를 떨어뜨리는 주된 요인이기도 하다. 여러분이 현명한 사람들이라면 견본 데이터 액세스를 이용하여 좋은 테스트 환경을 준비할 수 있을 것이다.

3.2.2. 데이터 연결을 위한 실행계획

테이블, 뷰, 혹은 인라인뷰로 가공된 중간집합들은 주로 조인을 통하여 연결된다. 여기서 말하는 조인이란 우리가 알고 있는 일반적인 조인뿐만 아니라 서브쿼리와 같은 세미조인까지를 모두 포함하는 말이다. 조인은 조건절에 연결을 위한 논리적인 연결고리(조인키)를 가지고 있다. 여러 개의 집합을 조인하는 문장에서도 어느 한 순간에는 반드시 두 개의 집합이 연결되고 있다.

인간은 '사회적 동물'이기 때문에 주변과 더불어 살아가듯이 데이터 또한 주변의 관련 정보와 연결되어 사용되는 것이 대부분이다. 물론 실전에서는 단일 테이블만 액세스하는 쿼리가 많이 나타나고 있지만 그렇다고 애플리케이션에서 그 테이블의 정보만을 요구하는 경우는 극히 드물다. 사실은 별도로 액세스한 결과를 사용자의 절차형 처리를 통해 연결하고 있는 것이다.

이러한 의미에서 본다면 만약 우리가 SQL을 분리하지 않고 통합을 했다는 것은 그들이 더불어 함께 처리되어야 할 부분까지도 SQL에 맡겼다는 것을 의미하며, 바로 그만큼 많은 부분을 직접 처리하지 않고 데이터베이스에게 위임했다는 것을 뜻한다. 이것을 다른 말로 하면 조인을 많이 적용할수록 그만큼 고급적인 활용을 하는 우수한 사용자임을 나타낸다고 할 수 있다는 것이다.

조인을 깊이 이해하는 것은 어렵다. 동일한 결과를 얻을 수 있는 조인 방법은 많이 있지만 주어진 상황에 따라서 효율적인 측면에서는 커다란 차이가 난다. 그런 의미에서 이 책의 2절 2장에서는 '조인의 최적화'를 별도의 단원으로 상세하게 설명하고 있다. 이 장에서는 실행계획을 이해하여 각 조인의 기본적인 처리절차를 먼저 파악해둠으로써 장차 조인을 깊이 있게 이해하기 위한 사전준비를 하려는 것일 뿐이다.

따라서 아래 기술한 조인들에 대해 간략한 개념과 실행계획에 나타난 처리절차를 설명하는 정도로만 다루기로 하겠다.

- 내포 조인(Nested loops Join)
- 정렬병합(Sort Merge Join)
- 해쉬 조인(Hash Join)

SQL의 실행계획(Explain Plan)

- 세미 조인(Semi Join)
- 카티젼 조인(Cartesian Join)
- 아우터 조인(Outer Join)
- 인덱스 조인(Index join)

3.2.2.1. 내포 조인(Nested loops Join)

이 형태의 조인은 어쩌면 가장 고전적인 형태의 조인방식이면서도 현실적으로는 가장 많이 적용되고 앞으로도 그러할 수 밖에 없는 가장 기본적인 조인이다. 이 조인은 먼저 처리되는 어떤 범위의 집합(Outer)의 각 로우에 대하여 연결고리를 통해 반복적으로 다른 집합(Inner)의 대응되는 로우를 탐침(Iteration)한다.

이 조인의 핵심적인 특징은 먼저 수행되는 집합의 처리범위가 전체의 일량을 좌우한다는 것과, 나중에 반복 수행되는 연결작업이 랜덤 액세스로 발생한다는 점이다. 그러므로 소량의 범위를 연결할 때는 매우 유용하지만 대량의 범위는 커다란 부하를 가져올 수 있다. 이러한 경우에는 앞으로 설명할 다른 조인 방식을 검토해야 할 것이다.

이 조인을 '내포 조인' 또는 '중첩루프 조인'으로 번역을 하고 있지만 실세계에서는 이런 용어는 잘 사용을 하지 않고 대부분은 Nested Loops 조인이라고 부르고 있으므로 앞으로는 영어식 표현을 그대로 사용하기로 한다. 이 조인은 다음과 같은 단계로 수행된다.

- 옵티마이져는 먼저 수행될 외측 집합을 결정한다. 이것을 선행(Driving) 집합이라 부르기로 하겠다. 선행집합의 처리범위에 있는 각 로우에 대해 내측 집합을 연결하게 된다.
- 선행 집합이 액세스되면 그들의 모든 컬럼은 상수값을 가지게 되며, 이미 존재하던 상수값을 가진 조건까지 감안해서 나머지 집합들 중에서 다음 수행할 내측 집합을 선택한다.
- 만약 이 방법으로 조인될 집합이 더 있다면 위의 방법으로 나머지 순서도 결정한다. 물론 이러한 결정에는 연결고리의 인덱스 구조가 중요한 영향을 미친다. 이와 같은 방법으로 옵티마이져는 조인의 순서를 결정한다.
- 실제로 조인이 수행될 때는 외측 집합의 각각의 로우에 대해 내측 집합의 대응되는 모든 로우가

액세스된다. 그러나 나중에 설명하겠지만 만약 부분범위 처리를 할 수 있다면 중간에 연결을 멈출 수도 있기는 하다. 즉, 다음과 같이 외측 루프마다 내측루프가 수행되는 방식으로 처리된다.

```
NESTED LOOPS
  outer_loop
  inner_loop
```

이번에는 실전에서 발생한 사례를 살펴보기로 하자.

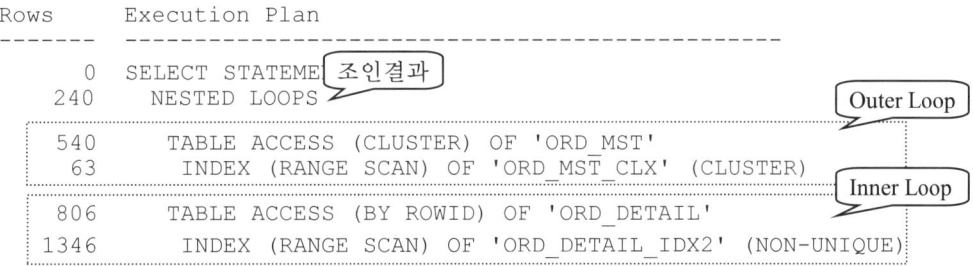

```
Rows        Execution Plan
-------     -------------------------------------------
      0     SELECT STATEME  조인결과
    240       NESTED LOOPS                                    Outer Loop
    540         TABLE ACCESS (CLUSTER) OF 'ORD_MST'
     63           INDEX (RANGE SCAN) OF 'ORD_MST_CLX' (CLUSTER)
                                                              Inner Loop
    806         TABLE ACCESS (BY ROWID) OF 'ORD_DETAIL'
   1346           INDEX (RANGE SCAN) OF 'ORD_DETAIL_IDX2' (NON-UNIQUE)
```

위의 실행계획의 외측 루프는 클러스터 키를 범위 스캔하면서 테이블을 클러스터 스캔을 하고 있다. 이 클러스터는 단일 테이블 클러스터링되어 있으며 각각의 단위 클러스터에는 약 80 개의 로우들이 존재하고 있음을 알 수 있다. 물론 이 부분은 어떠한 스캔 방식도 올 수 있다.

이렇게 액세스된 각각의 로우에 대해 내측 루프가 수행된다. 외측 루프에서 액세스한 로우 수보다 내측 루프의 인덱스 스캔량이 많은 것과 'RANGE SCAN'을 한 것을 보면 내측 루프 액세스는 'M' 쪽 집합인 것을 알 수 있다. 이 인덱스를 경유하여 테이블을 액세스한 것이 806 건인 것은 앞서 인덱스 스캔에서 540 건이 걸러졌다는 것도 알 수 있다.

이렇게 조인이 완료된 결과가 240 건이라는 것은 내측조인에서 테이블 액세스까지 완료한 후 다시 조건에 의해 걸러졌기 때문이다. 여러분이 여기에 나타난 실행계획의 각 단계별 처리 순서와 각 단계에서 나타난 처리 로우 수를 정확히 이해할 수 있다면 이 조인의 실행계획의 기본 개념은 이제 확실하게 이해한 것이다.

여러분은 'USE_NL(table1, table2)' 힌트를 이용하여 필요하다면 이 조인 방식으로 유도할 수 있다. 물론 이 방식으로 처리하면서 적용하고 싶은 스캔 방식이 있다면 같이 기술할 수 있다. 만약 논리적으로 문제가 있다면 그 중에서 일부의 힌트는 무시될지도 모른다.

다음은 여러 번 중첩된 Nested Loops 조인의 모습이다.

```
SELECT STATEMENT
 NESTED LOOPS 3
  NESTED LOOPS 2 (outer loop 3.1)
   NESTED LOOPS 1 (outer loop 2.1)
    outer  loops 1.1 - #1
    inner  loops 1.2 - #2
   inner loops 2.2 - #3
  inner loops 3.2 - #4
```

두 개 이상의 테이블이 모두 Nested Loops 조인으로 수행한다면 위와 같은 형식으로 나타난다. 이 때 가장 안쪽에 있는 조인이 먼저 수행되고 성공한 것들만 다음 조인을 수행한다. 물론 중간에서 연결을 실패하면 해당 로우의 연결을 종료하고, 선행집합의 다음 로우에 대해서 조인이 계속 진행된다.

그러므로 가장 바깥쪽에 위치한 조인에 나타난 결과는 모든 단계의 조인이 성공한 결과가 된다. 보다 상세한 내용을 알기를 원한다면 '제 2 부, 2 장 조인의 최적화' 단원에서 Nested Loops 조인을 참조하기 바란다.

✧ **진보된 내포 조인**(Advanced Nested loops Join)

아래의 SQL 과 실행계획은 아주 단순한 Nested Loops 조인의 모습이다. 그런데 자세히 살펴보면 무엇인가 달라진 내용을 발견할 수 있을 것이다.

```
SELECT e.*, d.DNAME
FROM EMP e, DEPT d
WHERE e.DEPTNO = d.DEPTNO
  AND d.LOC = 'SEOUL'
  AND e.JOB = 'CLERK';

Execution Plan
---------------------------------------------------
TABLE ACCESS (BY INDEX ROWID) OF 'EMP'
 NESTED LOOPS
  TABLE ACCESS (BY INDEX ROWID) OF 'DEPT'
   INDEX (RANGE SCAN) OF 'DEPT_LOC_IDX'(NON-UNIQUE)
  TABLE ACCESS (BY INDEX ROWID) OF 'EMP'
   INDEX (RANGE SCAN) OF 'EMP_DEPTNO_IDX' (NON-UNIQUE)
```

내측 루프의 테이블 액세스 부분이 제일 위로 이동하고, 그 자리에 인덱스를 액세스하는 부분이 차지하고 있다. 굳이 이러한 형식으로 Nested Loops 조인을 표현한 이유가 무엇일까? 실행계획을 좀더 상세하게 분석해 보면, 외측 루프는 '1'쪽 집합이고 내측 루프는 'M' 쪽 집합이라는 것을 발견할 수 있을 것이다.

여기에는 매우 중요한 변화가 숨어 있다. 개념을 정확하게 이해하기 위해 이 실행계획의 세부적인 처리 절차를 살펴보도록 하자.

① 'DEPT_LOC_IDX' 인덱스를 이용하여 LOC = 'SEOUL'인 DEPT 테이블의 첫 번째 로우를 액세스한다.
② 액세스한 DEPT 테이블의 DEPTNO 를 이용하여 EMP 테이블의 인덱스를 범위 스캔하면 DEPT 테이블의 DNAME 과 연결한 결과의 집합이 만들어진다.
③ 이제 ROWID 를 이용하여 EMP 테이블의 블록을 액세스하여 PGA 버퍼에 저장한다.
④ 앞서 ②에서 만들어진 집합에 있는 해당 블록을 가진 로우와 ③에서 액세스해 둔 PGA 버퍼를 이용하여 대응되는 로우를 찾아서 JOB = 'CLERK' 조건을 체크하고, 성공하면 운반단위로 보낸다. 바로 이 단계가 이 방식의 핵이다. 각각의 ROWID 마다 테이블 액세스를 시도하는 것이 아니라

한 번 액세스한 블록에서 계속 연결을 시도한다는 것에 유의하기 바란다.

⑤ PGA 버퍼와의 연결이 완료되면 다시 ②에서 만들어진 집합의 ROWID 에서 다음 블록을 찾아 EMP 테이블의 블록을 액세스하는 ③의 작업을 수행한다.

⑥ PGA 버퍼에 새로운 블록이 등장했으므로 다시 ④의 작업을 수행한다.

⑦ 앞서 ①에서 수행한 'DEPT_LOC_IDX' 인덱스에서 두 번째 로우를 액세스하여 위의 ②~⑥까지의 작업을 반복해서 수행한다.

⑧ 이러한 방식으로 계속해서 수행하다가 'DEPT_LOC_IDX' 인덱스의 처리 범위가 끝나면 쿼리를 종료한다.

진보된 Nested Loops 조인은 이러한 방식으로 수행하기 때문에 클러스터링 팩터가 양호하다면 보다 많은 부분을 한 번의 블록 액세스에서 연결할 수 있기 때문에 물리적, 논리적 블록 액세스 량이 크게 감소함으로써 효율성이 크게 높아지게 되었다.

이러한 방식의 조인은 DBMS 나 버전에 따라 지원하는 것에 차이가 있다. 기능의 지원 여부를 쉽게 알 수 있는 방법은 1:M 의 Nested Loops 조인에서 내측 루프가 'M' 쪽일 때 위에서 소개한 형태의 실행계획이 나타나는지 확인하는 것이다.

'M' 쪽 집합이 내측 루프에서 수행될 때만 적용되는 이유는 같은 블록에 조인 대상이 여러 개 존재해야만 가치가 있기 때문이다. 만약 '1' 쪽 집합이 내측 루프에 있다면 이미 선행 테이블의 액세스 결과가 내측 루프에서 수행되는 테이블의 ROWID 로 모여 있을 가능성이 희박하기 때문이다.

3.2.2.2. 정렬 병합 조인(Sort Merge Join)

이 형태의 조인도 고전적인 형태에 속하며, Nested Loops 조인이 가진 문제를 해결하기 위한 일종의 대안으로 나타났다. 즉, 조인의 대상 범위가 넓을 때 발생하는 랜덤 액세스를 줄이기 위한 경우나 연결고리에 마땅한 인덱스가 존재하지 않을 때를 해결하기 위한 대안으로 사용되었다.

이 조인 방식이 가진 가장 큰 특징은 연결을 위해 랜덤 액세스를 하지 않고 스캔을 하면서 이를 수행한다는 것이다. 이를 위해서는 반드시 먼저 두 개의 집합이 연결을 할 수 있는 구조로 정렬되어야 한다. 이로 인해 연결작업은 훨씬 효과적으로 수행하게 되었지만 먼저 정렬을 해야 한다는 또 다른 부담을 안게 되었다.

정렬은 메모리에서 수행되기 때문에 정렬을 위한 영역(Sort Area Size)에 따라 효율은 큰 차이가 난다. 대부분의 정렬이 메모리 내에서 한번에 이루어질 수만 있다면 상당히 빠른 수행속도를 보장받을 수 있다. 그러나 시스템 환경에 따라 차이가 있겠지만 이 영역을 확장에는 분명히 한계가 있다. 또한 대용량 데이터를 처리해야 하는 경우는 실로 엄청난 정렬의 부담이 따른다.

어느 한계를 넘으면 우리가 그토록 피하고 싶은 랜덤을 이용한 조인보다 더 나쁜 수행속도를 가져올 수도 있다. 이런 문제를 해결하기 위해 다음에 설명할 해쉬조인이 등장하게 되었다. 대부분의 경우는 해쉬조인이 상대적으로 유리하지만 만약 이미 정렬이 된 집합이 준비되어 있거나 인덱스를 활용하여 정렬을 대신할 수 있다면 이 조인이 더 유리할 수도 있다.

또한 조인 연결고리의 비교 연산자가 '='이 아닌 경우(LIKE, BETWEEN, <, <=, >, >=)일 때는 Nested Loops 조인보다 유리한 경우가 많다. 해쉬 조인은 이런 경우에는 사용할 수 없다. 정렬 병합 조인이라는 말은 잘 사용하지 않으므로 앞으로 이 조인을 '소트머지'나 'Sort Merge' 조인으로 부르기로 하겠다.

Sort Merge 조인은 Nested Loops 조인과는 달리 선행집합이라는 개념이 없다. 이 말은 먼저 어떤 집합이 먼저 정렬작업을 하더라도 그 결과가 다음에 정렬할 집합의 처리에 아무런 영향을 미치지 못하는 독립적인 처리라는 것을 의미한다. 연결을 위한 준비작업은 연결고리 컬럼값으로 정렬된다. 물론 이미 정렬되어 있거나 정렬을 대신할 수 있는 인덱스를 사용한다면 별도의 정렬작업은 수행되지 않는다.

정렬이 완료된 양쪽 집합은 스캔방식을 통해 연결을 시도한다. 그러므로 설사 인덱스가 존재하더라도 연결을 위해서는 결코 사용되지 않는다. 이것은 연결고리에 인덱스가 존재하지 않을 때도 전혀 영향을 받지 않는다는 것을 의미한다. 다음은 Sort Merge 조인의 실제 사례이다.

```
Rows     Execution Plan
-------  -----------------------------------------------
   1080  MERGE JOIN
     76    SORT (JOIN)
     76     TABLE ACCESS (BY ROWID) OF 'CODE_T'
     87      INDEX (RANGE SCAN) OF 'CODE_T_PK' (UNIQUE)
   1018    SORT (JOIN)
   1121     TABLE ACCESS (FULL) OF 'APP_ACCOUNT'
```

위의 실행계획을 살펴보면 한 쪽은 인덱스를 경유하여 액세스한 결과를 정렬하였고, 다른 쪽은 전체 테이블을 스캔하여 정렬을 하였다는 것을 알 수 있다. 이렇게 정렬된 결과를 병합(Merge)하여 연결을 수행하였더니 일부는 실패를 하고 1,080 건이 성공하였다.

인덱스를 스캔한 로우 수와 테이블 스캔한 로우 수가 다른 것은 인덱스 스캔에서 걸러졌기 때문이며, 전체 테이블을 스캔한 로우 수와 정렬을 한 로우 수가 다른 것도 같은 이유 때문이다. 이번에는 조금 다른 경우를 한 번 살펴보기로 하자.

```
Rows     Execution Plan
-------  -----------------------------------------------
    128  MERGE JOIN
    132    TABLE ACCESS (BY ROWID) OF 'AA107T0'
    133     INDEX (RANGE SCAN) OF 'AA107T0_PK' (UNIQUE)
    161    SORT (JOIN)
   1427     TABLE ACCESS (FULL) OF 'AA001T3'
```

이 실행계획은 한 쪽 집합은 병합을 위한 정렬이 발생하지 않았다. 그 이유는 인덱스를 경유하는 처리를 통해 이미 정렬이 보장되었기 때문이다. 이처럼 별도의 정렬작업을 하지 않고도 Sort Merge 조인이 수행될 수 있음을 보여주고 있다. 여러분이 일부러 이 조인 방식으로 유도하려면 'USE_MERGE(*table1*, *table2*)' 힌트를 사용할 수 있다.

3.2.2.3. 해쉬 조인(Hash Join)

해쉬 조인은 해싱함수 기법을 활용하여 조인을 수행하는 방식이다. 함수란 원래 어떤 값을 받아서 함수를 통과하면 하나의 상수값을 리턴하는 것이다. 해싱함수란 컬럼의 값을 받아서 이 함수를 경유하면 로우의 저장위치를 리턴하는 것이며, 이를 활용한 것이 해쉬 클러스터라는 것을 우리는 잘 알고 있다.

이러한 개념은 조인의 연결작업에 활용할 수 있다. 우리는 조인의 범위가 넓어질 때 랜덤 액세스로 연결하는 것은 큰 부하가 발생하기 때문에 그 대안으로 Sort Merge 조인을 선택하였다. 그러나 정렬에 대한 부담은 데이터 양이 늘어날수록 크게 증가하기 때문에 대용량의 처리에서는 이 또한 해결책이 될 수가 없었다. 해쉬 조인은 바로 이러한 경우의 해결 대안으로 등장하게 되었다.

그렇다면 그 대안이 가져야 할 필수요건은 부하 부담이 많은 랜덤 액세스가 발생하지 않으면서도 정렬의 부담을 해결할 수 있는 방법을 가져야 한다. 굳이 정렬을 하지 않으면서 연결할 대상을 주변에 위치시킬 수 있는 방법은 바로 해싱함수를 활용하는 것이다. 그러나 해싱함수는 직접적인 연결을 담당하는 것이 아니라 연결될 대상을 특정 지역에 모아두는 역할만을 담당한다.

이렇게 동일한 해쉬값을 가진 데이터들을 모아둔 공간을 파티션(Partition)이라고 하고, 이들 중에서 서로 조인해야 할 것들을 연결하게 되는데 이것을 파티션 짝(Pair)이라고 부른다. 실제 연결작업은 이러한 짝들을 대상으로 일어난다. 연결작업을 위해 작은 파티션을 메모리 내에 임시적인 해쉬 테이블로 만든다. 큰 파티션의 로우들이 외측 루프가 되고 해쉬 테이블 액세스는 내측 루프가 되어서 조인을 수행한다.

해싱함수를 이용해 필요한 위치에 저장을 하는 방법은 일반적으로 정렬에 비해 훨씬 유리하다. 실제 연결이 수행될 때는 마치 랜덤 액세스가 발생하는 것처럼 보이지만 이미 연결대상 짝들만 모아둔 상태이고, 메모리 내에서 그것도 해쉬 액세스를 하기 때문에 한 건의 연결을 위해 하나의 블록이 액세스될 수도 있는 Nested Loops 와는 근본적으로 다르다.

만약 조인의 어느 한 쪽 집합이 해쉬 영역보다 작아서 인-메모리(In-memory) 해쉬 조인이 가능하게 되면 수행속도는 매우 빨라진다. 이러한 장점 때문에 최근의 옵티마이져는 대부분의 조인을 해쉬 조인을 선택하려는 경향이 있다.

그러나 각 조인 방식들은 분명히 장.단점을 가지고 있기 때문에 해쉬 조인만으로 모든 것을 해결하겠다는 발상은 버려야 한다. 좀더 상세한 개념과 적용 기준은 '제 2 부 2 장 조인의 최적화' 단원에 있는 '해쉬 조인'을 참조하기 바란다.

해쉬 조인은 해쉬 개념을 이용하기 때문에 조인의 연결조건 연산자에 대한 제약이 있다. 해쉬 조인은 동치조인(Equijoin)일 때만 가능하며, 대량 범위에 대한 조인이나 테이블이 너무 많은 조각으로 산재되어 있을 때 특히 유리하다. 다음은 해쉬 조인의 아주 단순한 사례이다.

```
  Rows     Execution Plan
 -------   -----------------------------------------------
  23421    HASH JOIN
   5467      TABLE ACCESS (BY INDEX ROWID) OF 'SBJ_PRGS'
   5468        INDEX (RANGE SCAN) OF 'SBJ_PRGS_IDX2' (UNIQUE)
 617174     TABLE ACCESS (FULL) OF 'SBJ_GRADE'
```

이 사례는 인덱스 스캔으로 처리된 집합과 전체테이블 스캔으로 처리된 집합이 해쉬 조인으로 수행되고 있는 것을 보여주고 있다.

```
  Rows     Execution Plan
 -------   -----------------------------------------------
    823    HASH JOIN
   4530     HASH JOIN (OUTER)
     21       VIEW
    265        SORT (GROUP BY)
    265          INDEX (RANGE SCAN) OF 'BPM01T_IDX1' (NON-UNIQUE)
   6348      TABLE ACCESS (FULL) OF 'BPM50T'
   2106     INDEX (FULL SCAN) OF 'BPM38T_IDX2' (NON-UNIQUE)
```

이 사례는 인라인뷰에서 가공된 결과를 다른 테이블과 해쉬 조인을 수행하고, 다시 그 결과를 인덱스 전체 스캔으로 액세스한 집합과 중첩된 해쉬 조인으로 수행되고 있다. 이처럼 해쉬 조인은 인덱스를 가질 수 없는 가공된 집합과의 조인에서도 매우 효과적인 조인을 수행할 수 있고, 여러 단계에 걸쳐서 수행될 때도 매우 유용하게 사용된다. 해쉬 조인으로 유도하기 위해서는 'USE_HASH(table1, table2)' 힌트를 사용한다.

3.2.2.4. 세미 조인(Semi Join)

여기서 말하는 세미 조인은 각종 다양한 비교연산자에 의해서 사용된 서브쿼리가 메인쿼리와 연결되는 모든 경우를 뜻하는 광의의 세미 조인을 말한다. 우리가 비록 여러 형태의 서브쿼리를 사용했더라도 결국은 메인쿼리와 서브쿼리의 집합을 연결해야 하는 일종의 조인일 수 밖에 없다.

실제로 많은 경우의 서브쿼리는 조인 형식으로 실행계획이 나타난다. 그러나 일반적인 조인과는 분명히 다른 점이 있다. 조인은 집합의 연산이므로 조인되는 집합간에는 어느 것이 먼저 수행되느냐에 상관없이 논리적으로는 수평적 관계에 있다. 수평적인 관계라 함은 마치 곱셈을 할 때 '교환법칙'이 성립하듯이 역할을 교환하더라도 논리적인 결과에는 영향을 미치지 않아야 한다.

그러나 서브쿼리는 메인쿼리와 수평적인 관계가 아니라 수직적(종속적)인 관계에 있다. 이는 서브쿼리의 집합이 어떤 형태이든 간에 메인쿼리의 집합을 변형시켜서는 안 된다는 것을 의미한다. 우리는 1:M 관계의 집합을 조인하면 'M' 집합이 된다는 것을 알고 있다. M:1 의 관계를 조인해도 동일하다. 그러나 서브쿼리에서는 그렇지 않다.

만약 메인쿼리가 'M'쪽 집합이고, 서브쿼리가 '1'쪽 집합이라면 조인과 동일한 방식으로 연결할 수 있다. 일반적인 조인을 하더라도 결과는 메인쿼리 집합과 동일한 'M'집합이 되기 때문이다. 그러나 만약 서브쿼리가 'M'집합일 때 일반적인 조인 방식으로 처리한다면 메인쿼리의 집합이 달라지게 되므로 잘못된 결과를 얻게 된다.

이런 문제를 해결하기 위한 방법은 매우 간단하다. 그것은 바로 서브쿼리의 집합을 언제나 '1'집합이 되도록 하는 방법이다. 우리는 어떤 숫자에 아무리 1 을 곱하더라도 원래의 숫자를 변형시키지 않는다는 것을 잘 알고 있다. 옵티마이져는 메인쿼리의 집합을 훼손하지 않기 위해서 이러한 개념을 도입하여 조인으로 처리한다.

서브쿼리가 이미 '1'집합이라는 것이 증명되면 옵티마이져는 조인과 완전히 동일한 실행계획을 수립하므로 별도의 사례를 들지 않겠으며 앞으로 설명하는 경우는 서브쿼리가 모두 'M' 집합인 경우만 설명하도록 하겠다. 서브쿼리가 'M'집합인 채로 조인을 시도하지 않도록 하기 위해서 옵티마이져는 서브쿼리를 '1'집합으로 만들기 위한 중간처리를 하게 된다. 이때 수행되는 순서나 조인 방식에 따라 처리하는 방법이 다르다.

만약 서브쿼리가 먼저 수행하여 메인쿼리에 결과를 제공하는 Nested Loops 방식이라면 서브쿼리는 먼저 수행되어 'SORT(UNIQUE)'처리를 하여 메인쿼리에 '1'집합을 조인하게 한다. 만약 Sort Merge 조인이나 해쉬 조인으로 수행된다면 서브쿼리는 언제나 이러한 처리를 해야 한다. 다음 사례는 먼저 수행되는 'M'집합을 가진 서브쿼리를 Nested Loops 조인으로 수행하기 위해 'SORT(UNIQUE)'을 수행하는 모습을 보여주고 있다.

```
SELECT EMP_ID, EMP_NM, JOIN_DT, AMT
FROM BPM01T
 WHERE ORG_CD = :org_cd
   AND PAY_CD IN (SELECT PAY_CD        ← 먼저 수행되는
                  FROM BPM40T             서브쿼리
                  WHERE TYPE_CD = '3'
                    AND S_YYMM = :arg_yymm)

Rows      Execution Plan
-------   ----------------------------------------------
     91   NESTED LOOPS
    248    VIEW
    786     SORT (UNIQUE)
    786      TABLE ACCESS (BY ROWID) OF 'BPM40T'
    787       INDEX (RANGE SCAN) OF 'BPM40T_IDX1' (NON-UNIQUE)
     91    TABLE ACCESS (BY ROWID) OF 'BPM01T'
     92     INDEX (RANGE SCAN) OF 'BPM01T_IDX2' (NON-UNIQUE)
```

만약 'M'집합을 가진 서브쿼리가 나중에 수행되는 Nested Loops 조인으로 수행된다면 어떤 방식으로 처리되어야 할까? 이 방식은 메인쿼리가 외측 루프가 되고 서브쿼리가 내측 루프가 되는 방식이다. 내측 루프에서 'M' 집합이 언제나 '1'집합이 되게 하는 방법은 의외로 간단하다. 그것은 바로 첫 번째 연결에 성공하면 해당 내측 루프를 즉시 종료하는 방법이다.

즉, 내측 루프에 'M' 개의 집합이 존재하더라도 대응되는 하나를 만나면 더 이상의 연결 작업을 진행하지 않으므로 언제나 '1' 집합을 유지할 수 있다. 이러한 처리를 실행계획에서는 '필터(Filter) 형 처리'라고 부른다. 'IN'을 사용한 서브쿼리라고 해서 항상 먼저 수행되는 것은 아니다.

그러나 'EXISTS'를 사용한 경우가 Nested Loops 형으로 수행된다면 언제나 나중에 수행된다. 그 이유는 먼저 처리하여 결과의 집합을 만들어도 메인쿼리에 제공할 수가 없기 때

문이다. 만약 위에서 예를 들었던 쿼리의 서브쿼리가 나중에 수행된다면 다음과 같은 형식으로 나타나게 될 것이다.

```
Rows     Execution Plan
-------  -----------------------------------------------------
    91   FILTER
  2860     TABLE ACCESS (BY ROWID) OF 'BPM01T'
  2861       INDEX (RANGE SCAN) OF 'BPM01T_IDX2' (NON-UNIQUE)
    91     TABLE ACCESS (BY ROWID) OF 'BPM40T'
  2860       INDEX (RANGE SCAN) OF 'BPM40T_IDX1' (NON-UNIQUE)
```

이 실행계획에 있는 'FILTER'란 단어를 'NESTED LOOPS'로 바꾸어 보면 우리가 잘 알고 있는 Nested Loops 조인 형식과 동일하다. 그러나 실제 처리되는 방법은 약간 다르다. 조인은 연결조건을 만족하는 모든 로우를 찾아 리턴하지만 필터는 하나만 성공하면 더 이상 연결을 시도하지 않는다.

부정형 조인(Anti Join)은 별도의 조인이라기 보다는 정상적인 세미 조인의 연결고리에 'NOT' 연산자가 추가되어 있는 형태를 말하므로 이 또한 광의의 세미 조인에 속한다고 보는 것이 옳다. 과거에는 이를 구분하여 별도의 조인으로 인정하고, 별도의 힌트를 가지고 있었지만 그러한 구분이 의미없는 것으로 변해가고 있다.

최초의 세미 조인은 옵티마이져의 알고리듬이 Nested Loops 형을 기본으로 하였기 때문에 특별히 Sort Merge 나 해쉬 조인 형식으로 유도하기 위해서 'MERGE_SJ, MERGE_AJ, HASH_SJ, HASH_AJ' 등의 힌트를 사용했지만 버전이 증가(v10g)하면서 그냥 서브쿼리에 일반적인 조인과 같이 'USE_MERGE'나 'USE_HASH' 힌트를 사용하도록 변경되었다.

아래의 실행계획은 이러한 힌트를 사용하여 세미 조인을 해쉬 조인 형식으로 유도한 사례이다. 서브쿼리를 '1' 집합으로 유지하기 위하여 'SORT(UNIQUE)'이 들어가 있음을 확인할 수 있다.

```
Rows     Execution Plan
-------  -----------------------------------------------------
  2678   HASH JOIN
  2678     VIEW
 11717      SORT (UNIQUE)
 11717        INDEX (RANGE SCAN) OF 'BPM100T_IDX5' (NON-UNIQUE)
  8430     INDEX (RANGE SCAN) OF 'ITEM_IDX1' (NON-UNIQUE)
```

SQL의 실행계획(Explain Plan)

3.2.2.5. 카티젼 조인(Cartesian Join)

협의의 의미에서 말하는 카티젼 조인은 조인되는 두 개의 집합 간에 연결고리 조건이 전혀 없는 경우를 말한다. 물론 연결고리 이 외의 조건들은 상관없다. 그러나 광의의 개념에서 보면 M:M 조인을 의미한다. 실제로 실행계획에 'CARTESIAN'으로 명기되는 조인은 Sort Merge 조인뿐이다. 다른 조인은 내용적으로 그렇게 실행되어 원하는 결과가 나타나더라도 정상적인 조인과 동일한 모습으로 실행계획이 나타난다.

먼저 실 사례를 통해 카티젼 조인이 발생된 경우를 살펴보기로 하자.

```
 Rows       Execution Plan
 -------    ----------------------------------------
   ......   ........................................
     360    MERGE JOIN (CARTESIAN)
     180      VIEW
   57886        SORT (GROUP BY)
   90272          TABLE ACCESS (FULL) OF 'HPE001T'
       2      SORT (JOIN)
       3        INDEX (RANGE SCAN) OF 'COPY_T_UK' (UNIQUE)
   ......   ........................................
```

만약 실전에서 실행계획에 이와 같이 'MERGE JOIN (CARTESIAN)'이 나타났다면 분명히 주변에 다른 처리단위들이 더 있을 것이다. 즉, 전체 실행계획 중에서 일부분일 것이다. 그것은 이러한 조인은 최종결과가 아니라 처리과정에서 발생되는 일종의 중간과정의 집합일 것이기 때문이다.

쿼리를 생성한 사람의 실수가 아니었다면 이러한 조인이 발생하는 경우는 크게 두 가지로 나눌 수 있다. 한 가지는 사용자가 특별한 목적을 가지고 고의적으로 카티젼 곱을 만드는 경우이며, 다른 한 가지는 3 개 이상의 집합을 조인할 때 조인 순서의 잘못으로 인해 연결고리의 부재 현상이 발생하는 경우이다.

먼저 고의적인 카티젼 집합을 생성하는 경우를 살펴보자. 이 경우도 좀더 상세하게 나누면 다시 두 가지로 구분할 수 있다.

첫 번째는 이 책의 2 권에서 소개할 '카티젼 곱을 이용한 조인' 단원에서 여러 가지의 활용 방법을 소개하겠다. 하나의 로우에 나열된 컬럼들을 여러 개의 로우로 변형하는데 사용하거나 마치 절차형 언어에서처럼 Loop 형으로 처리할 수 있는 활용 방법이 있다. 여러 개의 SQL에서 발생하는 유일 스캔 쿼리들이 비록 전혀 관계를 가지고 있지 않지만 하나의 SQL로 통합하기 위해 사용할 수도 있고, '소계'를 구하는 데 적용할 수도 있다. 구체적인 활용 방법들을 많은 설명이 필요하므로 여기서는 더 이상 언급하기 곤란하다.

두 번째는 '제2부 2장 조인의 최적화' 단원에 있는 '스타 조인'을 위해 관계를 갖지 않는 디멘전 테이블들을 먼저 조인시켜 카티젼 곱을 만들고 이들을 팩트 테이블과 조인할 때 적용하는 방법이다. 자세한 내용은 '스타 조인' 단원을 참조하기 바란다.

이번에는 조인 순서의 잘못으로 인해 발생되는 경우를 살펴보자. 좀더 이해를 쉽게 하기 위해서 실전에서 나타났던 한 가지 사례를 소개하겠다.

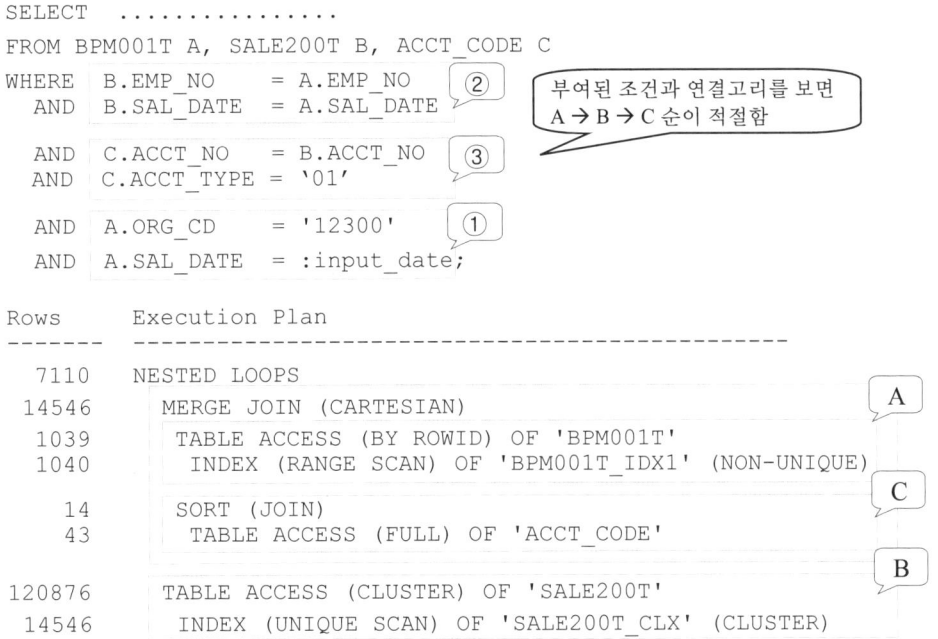

그림에 나타나 있듯이 조건절에 부여된 상수값과 조인의 연결고리를 살펴보면 가장 많은 범위를 줄여줄 수 있는 'A'테이블이 먼저 수행되어 컬럼값들이 상수값이 되면, 이것을 제공받을 수 있는 'B'테이블이 조인되고, 다시 상수값이 된 'B.ACCT_NO'를 이용하여 'C'테이블을 연결하도록 해야 제대로 연결이 가능하다.

그러나 실행계획을 보면 연결고리가 직접 연결되지 않은 'A'와 'C'테이블을 먼저 조인하고 있다. 이들은 연결고리를 가지지 않으므로 'CARTESIAN'이 발생하게 되었다. 얼핏 생각하면 이해하기 어려운 방식의 실행계획이 나타난 것처럼 보이지만 아마 이 쿼리를 작성한 사람은 여기저기서 보고 들은 것은 많지만 정확히 알지는 못하는 사람이었다는 생각이 든다.

그는 자신이 대량의 범위를 빠르게 처리할 수 있는 비책으로 'B' 테이블을 클러스터링 시켰다. 이 자랑스러운(?) 무기를 활용할 욕심에 'C' 테이블이 매우 작으므로 카티젼 곱을 만들더라도 'SALE_DATE_ACCT_NO'로 구성된 클러스터로 액세스하고 싶어서 이렇게 유도한 것으로 보인다. 그러나 액세스된 로우 수를 분석해보면 A,B,C 순서로 처리되는 것이 더 효율적이었을 것으로 보인다.

어쨌든 의도적이든 실수이든 간에 조인 순서에 따라 이와 같이 카티젼 조인이 발생할 수 있음을 알 수 있다. 카티젼 조인의 실행계획은 여러분이 사용하고 있는 버전에 따라 약간 다른 형태로 나타날 수 있다. 아래의 실행계획은 보다 향상된 버전에서 나타난 카티젼 조인의 모습이다.

```
MERGE JOIN (CARTESIAN)
  TABLE ACCESS (FULL) OF 'EMP'
  BUFFER (SORT)
    TABLE ACCESS (FULL) OF 'COPY_T'
```

다음 실행계획을 보면 부여된 연결고리가 없지만 어느 한 쪽이 유일한 값을 액세스 한다는 보장이 있다면 비록 형식은 카티젼 조인의 모습을 나타내지만 연결할 집합에 대해서는 추가적인 정렬을 수행하지 않는다는 것을 알 수 있다.

```
MERGE JOIN (CARTESIAN)
  TABLE ACCESS (BY ROWID) OF 'HPE001T'
    INDEX (UNIQUE SCAN) OF 'HPE001T_PK' (UNIQUE)
  INDEX (RANGE SCAN) OF 'BPD07D_UK1' (UNIQUE)
```

아래 실행계획은 Nested Loops 조인으로 카티젼 조인이 실행될 때는 'CARTESIAN'이란 단어가 실행계획에 나타나지 않는다는 것을 보여주고 있다.

```
NESTED LOOPS
  TABLE ACCESS (FULL) OF 'COPY_T'
  TABLE ACCESS (FULL) OF 'DEPT'
```

3.2.2.6. 아우터 조인(Outer Join)

아우터 조인이란 어떤 대상 집합을 기준으로 거기에 아우터 조인되어 있는 집합에 대응되는 로우가 없더라도 기준 집합의 모든 로우들을 리턴하는 조인이다. 실 세계의 업무를 처리하다 보면 대응되는 상대가 없더라도 기준 집합은 그대로 보존되기를 원하는 경우가 많이 나타난다. 그것은 어떤 대상이 대응되는 것이 '없다'는 사실도 때론 중요한 정보가 되기 때문이다.

논리적으로 생각해 볼 때 어떤 대상을 기준으로 대응집합의 존재 여부를 확인하는 것은 가능한 일이지만 대응집합에서 자신이 가지지 않은 상대를 찾는다는 것은 불가능한 일이다. 이러한 논리적인 면으로 인해 조인 방식에 따라 몇 가지 특별한 상황이 발생하게 된다. 아우터 조인이라 불리는 이유는 외측 루프는 언제나 보존되고 내측 루프는 선택적인 조인 - 즉, 아우터 루프가 보존되는 조인 - 이기 때문이다.

또 한 가지의 우려는 양쪽 모두에 아우터 조인이 발생하는 경우의 처리이다. 이런 경우는 양쪽이 모두 기준이 되기 때문에 위에서 언급한 논리적인 문제를 해결할 수 있어야 한다. 이러한 아우터 조인을 위해서 먼저 어느 한 쪽을 기준으로 아우터 조인을 수행한 결과와 다른 쪽을 기준으로 부정형 조인을 한 결과를 결합해서 결과를 만들게 된다.

조인의 형식에 따라 몇 가지 특징적인 일이 발생하므로 조인 유형별로 설명하기로 하겠다. 먼저 Nested Loops 조인에서 나타나는 아우터 조인에 대해 알아보자.

◇ Nested Loops 아우터 조인

이 조인은 반드시 기준(보존) 집합이 외측 루프로써 먼저 수행되어야 하며 내측 루프가 수행될 때 연결에 실패를 하더라도 외측 루프의 로우를 탈락시키지 않는 방식으로 수행된다. 이것은 절대적인 준수사항이기 때문에 만약 여러분이 필수적인 목적없이 함부로 아우터 조인을 시키면 조인의 방향이 고정되므로 주의하여야 한다.

실제로 실전에서는 시스템 개발 단계에서 이러한 잘못을 범하는 경우가 아주 많이 있다. 많은 개발 프로젝트에서는 새로운 시스템으로 데이터 이행(Migration)이 프로젝트 종료 시점에 가서야 겨우 완료되고 있는 실정이다. 그러므로 대부분의 개발자들은 데이터 일관성을 제대로 준수한 실전과 다름없는 품질의 테스트 데이터를 준비하지 않은 채 개발을 진행해 가고 있다.

정확한 데이터였다면 아우터 조인으로 실행할 이유가 없는 경우까지도 문제있는 데이터로 테스트를 하려다 보니 아우터 조인을 하지 않고서는 도저히 원하는 결과를 확인할 수가 없다. 이렇게 테스트 단계에서 추가한 아우터 조인을 수정하지 않고 그대로 운영환경으로 넘어가고 있다.

실 세계 환경은 아무래도 Nested Loops 조인이 많이 발생한다. 정상적인 조인이었다면 주어진 각종 옵티마이징과 관련된 요소들을 종합적으로 검토해서 생성한 비용 산정에 의해 실행계획이 유연하게 결정되겠지만 아우터 조인으로 인해 이 모든 것이 무용지물이 되어 버린다.

옵티마이져는 외측 테이블의 루프처리를 통해 효과적인 방법으로 내측 루프를 수행시킬 수 있다면 이 방식을 채택한다. 그러나 데이터 량이 많으면 다른 형식을 고려하게 된다. 이 방식으로 유도하는 힌트는 기존의 'USE_NL(table1, table2)'를 사용하며 실행계획은 동일하지만 'NESTED LOOPS (OUTER)'로 표현되는 것만 다르다.

◇ 해쉬 아우터 조인

이 방식으로 아우터 조인이 수행되는 경우는 옵티마이져가 Nested Loops 조인으로는 부담이 되는 대량의 데이터이거나 인덱스 등의 문제로 Nested Loops 조인으로 수행에 문제가 있을 때 선택될 수 있다. 이 방식에서도 기준 집합은 무조건 빌드입력(Build Input)을 담당하게 되고, 내측 조인 집합이 해쉬 테이블로 생성되어 연결작업이 수행된다.

해쉬 조인에서는 이처럼 역할이 고정되더라도 Nested Loops 조인에서와 같은 부담은 크게 발생하지 않는다. 그것은 해쉬 조인이 가지는 특징 때문이다. 좀더 상세한 내용을 알고 싶다면 이 책의 '제 2 부 2 장 조인의 최적화' 단원에 있는 '2.3.4 해쉬 조인(page 565~579)' 부분을 참고하기 바란다.

다음은 해쉬 아우터 조인으로 수행된 실행계획이다.

```
SELECT last_name, nvl(sum(ord_amt), 0)
FROM customers c, orders o
WHERE c.credit_limit > 1000
  AND c.cust_id = o.cust_id(+)
GROUP BY last_name;

HASH (GROUP BY)
 HASH JOIN (OUTER)
   TABLE ACCESS (FULL) OF 'CUSTOMERS' ----------- Outer table
   INDEX (RANGE SCAN) OF 'ORD_CUST_IDX1' -------- Inner table
```

어떠한 형식으로 수행되었든 아우터 조인은 모든 외측 테이블의 집합은 보존되며, 만약 내측 테이블에 대응 집합이 존재하지 않으면 그 테이블의 모든 컬럼을 NULL 로 리턴한다. 만약 여러분이 조인뷰나 조인 인라인뷰와 아우터 조인을 수행한다면 일반적인 조인에서와 같이 뷰의 병합이나 조건절 진입이 허용되지 않고 뷰의 전체 집합이 독립적으로 수행된 결과와 아우터 조인을 수행한다.

다음의 쿼리를 살펴보자.

```
SELECT c.customer_id, c.last_name, sum(revenue)
FROM    customers c,
        (SELECT l.prod_id, SUM(l.qty*unit_price) revenue,
                order_id, o.cust_id
         FROM orders o, order_items l
         WHERE o.order_id = l.order_id
         GROUP BY l.prod_id, o.order_id, o.cust_id) o
WHERE c.credit_limit > 2000
  AND c.cust_id = o.cust_id(+)
GROUP BY c.customer_id, c.last_name;

HASH (GROUP BY)
 HASH JOIN (OUTER)
  TABLE ACCESS (FULL) OF CUSTOMERS
  VIEW
   HASH (GROUP BY)
    HASH JOIN
     TABLE ACCESS (FULL) OF 'ORDERS'
     TABLE ACCESS (FULL) OF 'ORDER_ITEMS'
```

> 인라인뷰의 실행결과 집합과 아우터 조인을 수행

이러한 특징이 있으므로 불필요한 아우터 조인을 함부로 지정하면 경우에 따라 뷰 내로 조건들이 파고 들어갈 수 없으므로 심각한 부하를 발생시킬 수 있다. 그러나 경우에 따라서는 이러한 성질을 역으로 이용해야 할 때도 있다. 여러분이 '(+)'을 사용하여 아우터 조인을 기술할 때는 한가지 중요한 문제가 일어날 수 있다.

그곳은 바로 내측 테이블의 조건에 사용된 또 다른 조건을 기술해야 할 때의 문제이다. 지금까지 소개한 사례들은 내측 테이블 전체를 대상으로 연결을 시도하였다. 만약 내측 테이블의 특정 조건을 만족하는 집합과 아우터 조인을 시도한다면 주의해야 할 것이 있다. 예를 들어 다음과 같은 아우터 조인을 생각해보자.

```
SELECT last_name, nvl(sum(ord_amt), 0)
FROM customers c, orders o
WHERE c.cust_id = o.cust_id(+)
  AND c.credit_limit > 1000
  AND o.odr_type in ('01', '03')   --------- 내측 테이블의 범위 조건
GROUP BY last_name;
```

불행하게도 이 쿼리의 결과는 정상적인 조인의 결과만 나타난다. 이러한 현상이 나타나는 이유는 추가된 조건은 아우터 조인의 연결조건이 아닌 결과에 대한 체크 조건이므로 일단 정상적인 아우터 조인이 생성되었다가 이 조건에 의해서 다시 버려지게 되었기 때문이다. 즉, 아우터 조인에 의해서 구제된 외측 집합들은 모두 ORD_TYPE 이 NULL 이므로 이 조건을 만족할 수 없다.

그렇다고 해서 o.ord_type(+) in ('01', '03')으로 기술하면 구문적 에러(Syntax Error)가 발생한다. 이러한 경우의 해결 방법은 다음과 같이 인라인뷰를 활용하여 쉽게 해결할 수 있다.

```
SELECT c.last_name, nvl(sum(o.ord_amt), 0)
FROM customers c,
     (SELECT cust_id, ord_amt
      FROM orders
      WHERE odr_type in ('01', '03')) o
WHERE c.cust_id = o.cust_id(+)
  AND c.credit_limit > 1000
GROUP BY c.last_name;
```

만약 여러분 중에서 앞 부분에서 설명한 많은 내용들을 전부 이해하고 있다면 한 가지

걱정이 생길 것이다. 그것은 만약 인라인뷰가 다른 도움을 전혀 받지 못하고 독자적으로 처리범위를 줄여야 한다면 스스로 처리할 범위가 크게 증가할 수 있다는 생각 때문이다. 그러나 위의 예에서처럼 단일 테이블인 경우는 아우터 조인일 때도 '조건절 진입(Pushing Predicates)'이 가능하다. 다시 말해서 쿼리 변형(Transforming)이 발생하여 'CUSTOMERS' 테이블에서 액세스한 결과를 액세스에 반영할 수 있다.

```
SORT (GROUP BY)
 NESTED LOOPS (OUTER)
  TABLE ACCESS (FULL) OF 'CUSTOMERS'
  VIEW PUSHED PREDICATE
   TABLE ACCESS (BY INDEX ROWID) OF 'ORDERS'
    INDEX (RANGE SCAN) OF 'ORD_CUST_IDX1' (NON-UNIQUE)
```

그러나 앞에서 설명했던 조인된 인라인 뷰인 경우에는 조건절 진입이 불가능하게 되므로 인라인뷰 내에서 충분히 처리범위를 줄일 수 없다면 아우터 조인으로 인해 심각한 수행 속도 저하를 가져올 수 있다는 것에 유의해야 한다.

만약 여러분이 ANSI 표준 SQL 을 사용할 수 있다면 이러한 문제는 아주 쉽게 해결할 수 있다.

```
SELECT c.last_name, nvl(sum(o.ord_amt), 0)
FROM customers c LEFT OUTER JOIN orders o
  ON (c.cust_id = o.cust_id AND o.odr_type in ('01', '03'))
WHERE c.credit_limit > 1000
GROUP BY c.last_name;
```

◆ Sort Merge 아우터 조인

이 방식의 아우터 조인은 옵티마이져가 Nested Loops 조인으로는 부담이 되는 대량의 데이터이거나 인덱스 등의 문제로 Nested Loops 조인으로 수행에 문제가 있을 때 선택할 수 있다. 또한 조건 연산자로 인해 해쉬조인이 불가능할 때이거나 이미 다른 처리에 의해 조인을 위한 정렬이 선행되어 있어서 더 유지해질 때 적용된다.

내부적인 처리절차는 정상적인 Sort Merge 조인과 동일하지만 머지를 수행하면서 기준집합에 대응하는 집합이 존재하지 않더라도 결과를 리턴하는 부분만 다를 뿐이다. 다음은 인덱스 스캔과 SORT(GROUP BY)에 의해 생성된 집합이 모두 조인이 원하는 정렬과 일치하였기 때문에 별도의 정렬작업이 발생하지 않는 Sort Merge 아우터 조인을 보여주고 있다.

여기에 있는 조인 집합들은 각자 독립적으로 자신의 처리범위를 줄인 것이며, 조건절 진입이 일어난 것은 아니다.

```
  Rows     Execution Plan
-------    ------------------------------------------------
  2637     MERGE JOIN (OUTER)
  3355       TABLE ACCESS (BY ROWID) OF 'ITEM_T'
  3356         INDEX (RANGE SCAN) OF 'ITEM_PK' (UNIQUE)
  2628       VIEW
  2881         SORT (GROUP BY)
 33246           TABLE ACCESS (BY ROWID) OF 'ITEMPRICE_T'
 37836             INDEX (RANGE SCAN) OF 'ITEMPRICE_PK' (UNIQUE)
```

다음에 있는 실행계획은 한 쪽 집합이 유일 인덱스로 스캔되어 별도의 머지 작업이 필요하지 않으므로 대응되는 집합도 정렬을 하지 않고 전체테이블 스캔을 하면서 조인 조건을 체크하는 방식으로 수행되고 있다.

```
  Rows     Execution Plan
-------    ------------------------------------------------
     0     MERGE JOIN (OUTER)
     1       TABLE ACCESS (BY ROWID) OF 'BPR01T'
     1         INDEX (UNIQUE SCAN) OF 'BPR01T_PK' (UNIQUE)
  9983       FILTER
  9983         TABLE ACCESS (FULL) OF 'BPR05T'
```

✧ 전체 아우터 조인

전체 아우터 조인이란 양쪽 집합이 모두 기준집합이면서 대응집합이 되는 아우터 조인을 말한다. 이 조인은 어느 한쪽만을 기준으로 상대를 체크하는 방법으로는 이미 논리적으로 불가능하다. 이러한 조인을 가능하게 하는 방법은 먼저 어느 한쪽을 기준으로 아우터 조인을 수행한 결과와 다른 쪽을 기준으로 부정형 조인을 한 결과를 결합해서 리턴하는 방법이다.

즉, 어느 한쪽을 외측 테이블로 하여 아우터 조인이 완료되었으면, 이제는 오직 내측 테이블의 집합에만 존재하는 것을 찾아서 추가하면 우리가 원하는 집합을 찾을 수 있다는 것이다. 전체 아우터 조인은 두 집합의 '최소 공배수' 집합을 찾는 것이다. 최소 공배수란 양쪽 모두에 있는 것과 어느 한쪽에만 있는 것을 합한 집합이다. 다음은 전체 아우터 조인이 발생한 실행계획의 사례이다.

```
Execution Plan
-------------------------------------------------
0      SELECT STATEMENT
1 0      VIEW
2 1        UNION-ALL
3 2          HASH JOIN (OUTER)
4 3            TABLE ACCESS (FULL) OF 'EMP'
5 3            TABLE ACCESS (FULL) OF 'EMPLOYEE'
6 2          HASH JOIN (ANTI)
7 6            TABLE ACCESS (FULL) OF 'EMPLOYEE'
8 6            TABLE ACCESS (FULL) OF 'EMP'
```

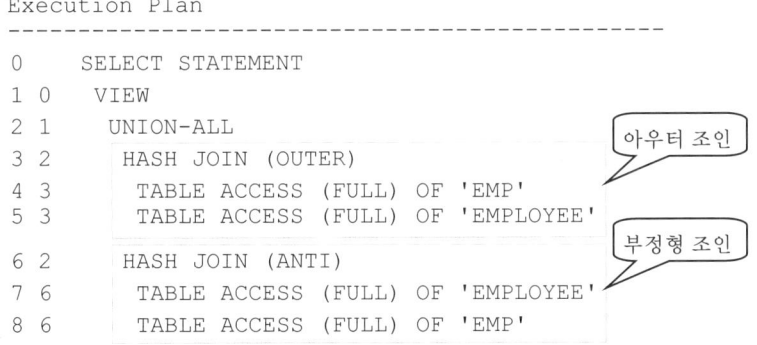

전체 아우터 조인이라고 해서 위의 예에서처럼 전체테이블 스캔만이 발생하는 것은 결코 아니다. 적절한 인덱스가 있다면 기존의 다양한 액세스 형태가 모두 나타날 수 있다. 조건의 형태나 인덱스의 구조에 따라서 아우터 조인을 주관하는 테이블과 부정형 조인을 주관하는 테이블의 순서가 달라지면 수행속도가 좋아질 수도 있다.

이와 같은 전체 아우터 조인이 나타나는 이유는 물론 정상적인 상황도 있기는 하겠지만 대개의 경우 설계상의 문제나 데이터의 일관성에 대한 문제가 원인이 되는 경우가 많다. 논리모델에서는 하나의 엔터티였던 것을 물리모델로 설계하면서 함부로 수직분할을 하여 분리하면 각 테이블의 집합이 서로 일치하지 않게 되는 경우가 현실에서 매우 많이 발생한다.

그들은 이러한 문제를 데이터 구조 개선이나 데이터 품질 향상으로 해결하지 않고 애플리케이션에서 특별 처리를 하여 손쉽게 해결하려고 한다. 이러한 조인은 대개의 경우 심각한 수행속도의 문제를 동반하기도 한다.

여러분은 이러한 형태의 처리를 반드시 조인으로만 해결하려고 하는 것은 좋은 생각이 아니다. 2권에서 '데이터 처리의 다양한 방법' 단원에서 여러 가지 방법을 소개하겠지만 상황에 따라 수행속도를 보장 받을 수 있는 많은 대안들이 있다. 가령, 'UNION ALL'로 합집합을 만들고 GROUP BY 를 이용하여 최소 공배수 집합을 만드는 방법이라든지, 인라인뷰, 사용자 지정 저장형 함수 등을 활용하는 방법이 있다.

3.2.2.7. 인덱스 조인

인덱스 조인이란 어떤 쿼리에서 특정 테이블에 사용된 모든 컬럼을 하나 이상의 인덱스들에 존재할 때 그 인덱스들 간의 해쉬 조인을 통해 액세스를 하는 기법이다. 다시 말해서 하나 이상의 인덱스들을 결합하여 모든 처리를 할 수 있을 때 테이블을 액세스하지 않고 인덱스들로만 처리하는 방법이다.

인덱스는 테이블에 비해 상대적으로 크기가 작고, 부여된 조건으로 필요한 부분만 범위 스캔을 할 수 있기 때문에 유리한 점이 많다. 지금까지는 주어진 조건을 주관(Driving)할 수 있는 인덱스는 경쟁(비용 산정을 통한 선택)을 통해 제일 유리한 하나만을 선택하였다. 물론 뚜렷이 처리범위에 차이가 난다면 가장 효율적인 것만 이용하고 나머지 조건은 테이블을 액세스한 다음에 체크하는 것이 일반적으로 유리하다.

그러나 우리가 인덱스 병합에서 살펴 보았듯이 어느 하나에게 모든 것을 의지할 만큼 뚜렷한 것이 없다면 비슷한 범위를 가진 인덱스를 병합하여 범위를 줄이는 것이 유리하다고 했다. 인덱스를 경유해서 테이블은 액세스할 수 있지만 인덱스를 경유해서 다른 인덱스를 액세스하는 것은 불가능하다.

그러므로 인덱스들을 병합하는 방법은 ROWID 로 액세스하는 Nested Loops 형식으로는 할 수 없고 머지나 해쉬 조인으로만 가능하다. 기존의 인덱스 병합은 머지 방식만 사용했지만 인덱스 조인에서는 해쉬 조인을 사용한다. 인덱스 조인을 적절하게 활용하기 위해서는 알아 두어야 할 사항들이 많이 있지만 우선 기본적인 개념부터 살펴보기로 하자.

```
SELECT /*+ INDEX_JOIN(t) */
       A2, B3, C1
FROM table1 t
WHERE A1 = '10'
  AND B1 LIKE 'AB%'
  AND C2 > 100

VIEW OF 'index$_join$_001'
 HASH JOIN
  HASH JOIN
   INDEX (RANGE SCAN) OF 'IDX1' (NON-UNIQUE)
   INDEX (RANGE SCAN) OF 'IDX2' (NON-UNIQUE)
  INDEX (FAST FULL SCAN) OF 'IDX3' (NON-UNIQUE)
```

| IDX1 : A1 + A2 + A3 |
| IDX2 : B1 + B3 |
| IDX3 : C1 + C2 + C3 |
| IDX4 : D1 |

위에서 소개한 사례를 자세히 분석해 보면 인덱스 조인이 가지고 있는 많은 특징들을 찾아낼 수 있다. 여러분이 이해하기 쉽도록 정리해보기로 하겠다.

- 사용된 모든 컬럼이 어떤 인덱스에라도 존재해야 한다.
- 비교 연산자가 '='이 아니어도 인덱스 조인에 참여한다.
- 반드시 인덱스의 선두 컬럼이 아니어도 인덱스 조인에 참여할 수 있다. 상기 예에 있는 마지막 조건인 'C2 > 100'을 보면 두 번째 인덱스 컬럼이지만 조인에 참여하고 있다. 물론 인덱스 고속 전체 스캔 방식으로 처리된다.
- 조건절을 기준으로 인덱스 조인을 결정한다. 즉, 조건절에 기술된 컬럼을 기준으로 인덱스 적용 여부를 결정한다는 것이다. 만약 조건절에 D1 = '10'이란 조건을 줄 때는 인덱스 조인을 하지만 SELECT-List 에만 D1을 주면 인덱스 조인은 수행되지 않는다.
- 현재 상태가 '_INDEX_JOIN_ENABLED = TRUE'로 지정되어 있지만 굳이 힌트를 적용해야 인덱스 조인으로 수행되고 있다. 이것은 인덱스 조인이 논리적으로 가능하다고 해서 항상 발생되는 것은 아니라는 것을 의미한다. 비용 산정을 통해 충분히 효율적이라고 판단할 때만 인덱스 조인으로 수행한다.
- 실행계획을 살펴보면 해쉬 조인으로 수행되고 있음을 알 수 있다.
- 만약 선두 컬럼이 비교되지 않았다면 기술된 위치에 상관없이 최대한 나중에 조인이 수행된다. 'IDX3'가 맨 나중에 조인된 것을 확인하기 바란다.
- 인덱스 조인으로 수행된 것을 확인하는 방법은 실행계획에 VIEW OF 'index$_join$_001'을 보고 알 수 있다. 이것은 인덱스 조인으로 수행한 결과를 표현한 것이다.

인덱스 병합에서 설명했듯이 인덱스를 조인한다고 해서 항상 유리한 것은 결코 아니다. 특별한 경우가 아니라면 여러분들은 함부로 인덱스 조인으로 유도하지 말아야 한다. 만약 인덱스 조인을 너무 과신하여 인덱스에 많은 컬럼들을 추가하는 방법도 그리 권장하고 싶지 않다.

물론 축구에서 포지션에 따라 일부의 후보선수를 둘 수 있는 것처럼 자주 같이 액세스되며, 특정 컬럼 때문에 테이블을 액세스해야 하는 경우가 많이 발생한다면 인덱스 조인을 활용 할 수 있다.

한 가지 중요한 특징이 더 있다. 인덱스 조인은 하나의 테이블 액세스에서 발생하는 현상이지만 다른 테이블과 조인하는 경우에도 상기 조건을 만족하면 적용이 가능하다. 다음의 사례를 살펴보자.

```
SELECT /*+ INDEX_JOIN(x) */
       x.A2, x.B3, y.D2
FROM table1 x, table2 y
WHERE x.D1 = y.D1      ---------------- IDX4
  AND x.A1 = '10'      ---------------- IDX1
  AND x.B1 LIKE 'AB%'; -------------- IDX2

TABLE ACCESS (BY INDEX ROWID) OF 'TABLE2'
 NESTED LOOPS
  VIEW OF 'index$_join$_001'
   HASH JOIN
    HASH JOIN
     INDEX (RANGE SCAN) OF 'IDX1' (NON-UNIQUE)
     INDEX (RANGE SCAN) OF 'IDX2' (NON-UNIQUE)
    INDEX (FAST FULL SCAN) OF 'IDX4' (NON-UNIQUE)
  INDEX (UNIQUE SCAN) OF 'PK_TABLE2' (UNIQUE)
```

조인 연결고리로 사용된 x.D1 은 상수값을 조건으로 가지지 않지만 테이블 액세스를 하지 않고 y.D1 에 결과를 제공해 주기 위해 인덱스 조인에 참여하였다. 이때 인덱스 고속 전체 스캔을 하는 것을 주목하기 바란다.

필자는 이 인덱스 조인방식에 불만이 많다. 굳이 테이블 액세스를 절대로 하지 않겠다고 인덱스 고속 전체 스캔을 하도록 하는 것은 잘못된 것이다. 필자가 생각하는 가장 이상적인 방법은 인덱스 조인으로 효율적인 역할을 할 수 있는 것들만 – 즉, 효율적으로 처리범위를 줄일 수 있는 것들만 – 인덱스 조인을 하여 테이블을 액세스한 후 나머지 조건들을 체크하는 것이다.

원래 인덱스의 역할은 가장 유리한 것을 통해 액세스하고 나머지는 테이블 액세스 후에 체크하는 것이다. 혼자에게 맡길 만큼 뛰어난 것이 없다면 괜히 끼어들어 오히려 비효율을 내는 것들을 제외하고 유효한 것들로만 액세스를 주관하게 하는 것이 당연히 옳다. 우리는 인덱스 병합에서 좋은 것과 나쁜 것이 병합하면 나쁜 쪽으로 평준화 된다는 것을 알아 보았다.

현재의 이러한 문제를 해결하기 위해 논리적으로 생각해 보면 인덱스 조인에 참여하는 것이 유리한 것들로만 서브쿼리를 만들고 그렇게 해서 감소한 처리범위를 메인쿼리에게 제공하도록 하는 방법을 생각해 볼 수 있다. 그러나 불행히도 현재로서는 불가능하다. 서브쿼리에서 제공하는 결과는 ROWID 어야 하는데 SELECT-List 에 ROWID 를 기술하면 무조건 인덱스 조인이 수행되지 않는다.

굳이 테이블 액세스를 하지 않아도 인덱스에서 ROWID 를 얻을 수 있으며, 어차피 해쉬 조인은 ROWID 로 수행할 수 밖에 없으므로 논리적으로는 인덱스 조인을 마다할 이유가 없다. 어쨌든 이러한 문제가 발생하므로 인덱스에 우리가 원하는 컬럼이 존재한다고 해서 함부로 인덱스 조인을 남용하지 않도록 하기 바란다.

3.2.3. 연산방식에 따른 실행계획

실행계획은 우리가 사용한 연산 방식에 따라서도 다양하게 나타날 수 있다. 해당 연산이 가지는 특수성은 그 결과를 얻도록 하기 위해 나름대로 독특한 처리를 요구한다. 때로는 보다 나은 실행계획을 얻도록 하기 위해서 어떤 연산을 다른 형태로 변형하기도 한다.

우리는 이 장에서 다음과 같은 연산들이 가지는 실행계획의 형태와 특성들을 이해하게 된다.

- IN-List 탐침 실행계획
- 연쇄(Concatenation) 실행계획
- 원격(Remote) 실행계획
- 정렬 처리(Sort Operation)
- 합집합 (Union, Union-All) 실행계획
- 교집합(Intersection) 실행계획
- 차집합(Minus) 실행계획
- COUNT(STOPKEY) 실행계획

3.2.3.1. IN-List 탐침(Iterator) 실행계획

비교 연산자 중에서 'IN'을 사용한 경우는 상황에 따라 실행계획에 큰 영향을 미칠 수 있다. 'BETWEEN'은 '선분'을 의미하지만 'IN'은 여러 개의 '점'을 의미한다. 선분 개념은 범위처리(Range Scan)를 하게 되지만 점의 개념은 '='을 사용할 수 있다. 이러한 개념의 차이는 경우에 따라 매우 큰 차이가 될 수도 있다.

가령, 선분 '1'과 '2' 사이에는 엄청난 점이 존재할 수 있지만, 점 '1', '2'는 두 개만 존재한다. 이미 논리적인 집합에서 큰 차이가 난다. 만약 '1 과 2 사이에 있는 정수'라고 한다면 결과는 동일하다. 그럼에도 불구하고 실행계획에서는 아주 큰 차이가 있다. 우리는 앞서 결합 인덱스를 알아 보면서 '='이 미치는 영향을 살펴 보았다. 컬럼의 결합된 순서로 정렬이 되어 있는 B-Tree 인덱스에서는 중간에 위치한 컬럼이 '='로 사용되지 않으면 어쩔 수 없이 해당

범위를 모두 스캔해야 한다.

  액세스를 하고 난 후에 알게 된 것과 하기 전에 알고 있는 것은 분명히 차이가 있다. 비교 연산자로 '='을 사용하지 않은 경우에는 액세스한 후에야 어떤 값이 있는지 알 수 있다. 'IN'은 여러 개의 '='을 의미한다. 가령, 'COL1 IN (1, 2) AND COL2 = 10'는 '(COL1 = 1 AND COL2 = 10) OR (COL1 = 2 AND COL2 = 10)'으로 표현할 수 있다. 이러한 형태는 결합 인덱스의 처리범위를 매우 효율적으로 처리할 수 있게 한다.

  IN-List 탐침은 바로 이러한 형태로 실행계획을 만든 것을 말한다.

```
SELECT  order_id, order_type, order_amount
FROM    orders
WHERE   order_type IN (1,2,3);

Execution Plan
-------------------------------------------------
SELECT STATEMENT
  INLIST ITERATOR
    TABLE ACCESS (BY INDEX ROWID) OF ORDER_ITEM
      INDEX (RANGE SCAN) OF 'ORDER_ITEM_IDX1' (NON-UNIQUE)
```

  이 실행계획은 'INLIST ITERATOR' 아래에 있는 처리를 IN 조건에 나열된 각각의 비교값만큼 반복 수행한다는 것을 의미한다. 만약 여러분이 조건절에 'OR'를 사용하여 나열시켰더라도 동일한 형태의 실행계획이 나타난다. 그 이유는 옵티마이져가 'IN' 연산을 'OR' 형태로 변형시킨 후에 실행계획을 수립하기 때문이다. 실행계획을 이렇게 표현할 수 있는 이유는 비교값만 다를 뿐이지 처리 형태는 동일하기 때문이다.

  이 말은 우리가 'OR'를 사용했을 때 서로 다른 컬럼을 비교했다면 이러한 형태로 표현할 수 없다는 것을 의미한다. 이 형태는 조금 뒤에서 곧 언급될 것이다. 'IN'을 사용했더라도 비교값이 하나만 있는 경우에는 'INLIST ITERATOR'가 나타나지 않는다. 또한 처리주관 인덱스에 적용된 경우가 아니어서 단지 체크 기능만 담당한다면 이러한 실행계획은 나타나지 않는다.

  뿐만 아니라 인덱스 구성에서 IN 을 사용한 컬럼의 앞에 위치한 컬럼들이 모두 '='로 사용되어야 이러한 실행계획이 나타난다. 만약 IN 조건이 연속으로 나타났다면 경우에 따라 다르다. 결합된 컬럼의 개수에도 영향을 받으며 IN 조건에 사용된 비교값이 상수나 변수값일 때와 서브쿼리일 때에 따라서도 달라진다.

이 실행계획의 개념이나 기본 형태는 매우 간단하지만 처해진 상황에 따라 큰 차이가 나기 때문에 깊이 이해한다는 것은 생각보다 매우 어렵다. 그렇지만 처리할 범위의 결정에 커다란 영향을 미칠 수 있으므로 상당히 중요하다고 할 수 있다. 좀더 상세한 내용은 2권에서 다루고 있다.

이번에는 조인에서 나타난 경우를 살펴보자.

```
SELECT o.order_id, i.item_id, i.item_type, item_qty
FROM orders o, order_item i
WHERE i.order_id = o.order_id
AND i.item_type IN (1,2,3)
AND I.act_dept = '12300'
AND o.order_date = :b1;
```

ITEM_IDX2 : order_id + item_type + act_dept

ORDER_IDX3 : order_date + order_dept

```
Execution Plan
-------------------------------------------------
SELECT STATEMENT
 NESTED LOOPS
   TABLE ACCESS (BY INDEX ROWID) OF 'ORDERS'
     INDEX (RANGE SCAN) OF 'ORDERS_IDX3' (NON-UNIQUE)
   INLIST ITERATOR
     TABLE ACCESS (BY INDEX ROWID) OF 'ORDER_ITEM'
       INDEX (RANGE SCAN) OF 'ITEM_IDX2' (NON-UNIQUE)
```

위의 실행계획은 Nested Loops 조인의 내측 루프에서 'INLIST ITERATOR'가 수행되고 있음을 보여 주고 있다. 만약 이처럼 여러 개로 분기된 각각의 처리가 인덱스 구조에 문제가 있어서 불필요한 범위를 스캔하게 된다면 오히려 처리량이 훨씬 늘어날 수 있으므로 유의해야 한다.

이러한 실행계획으로 유도하도록 하는 별도의 힌트는 존재하지 않는다. 굳이 필요하다면 기존의 'INDEX(table_alias index_name)' 힌트를 적용하여 IN 조건을 사용한 컬럼이 속한 인덱스를 사용하도록 할 수 있지만 적용여부는 옵티마이져가 결정한다.

3.2.3.2. 연쇄(Concatenation) 실행계획

연쇄 실행계획이란 'OR'로 연결된 서로 다른 컬럼을 사용한 조건을 별도의 실행단위로 분리하여 각각의 최적의 액세스 경로를 수립하여 이를 연결하는 실행계획을 말한다. 물론 우리가 조건절에 'OR'를 사용했다고 해서 항상 이러한 실행계획이 나타나는 것은 아니다. 당연히 'OR'조건이 처리주관 조건의 역할을 하는 경우에만 그렇게 되며, 그렇지 않은 경우는 단순히 체크 조건으로서만 사용된다.

'OR'는 논리적으로 몇 가지 중요한 특징을 가지고 있다. 우리는 먼저 이러한 면들을 이해할 필요가 있다. 우선 'AND'와 'OR'를 비교해 보자.

```
SELECT *                              SELECT *
FROM table1                           FROM table1
WHERE A = '10' AND B = '123' ;        WHERE A = '10' OR B = '123' ;
```

만약 'A' 조건을 만족하는 것이 10,000 건이고 'B' 조건을 만족하는 것이 1 건이었다면 'AND'를 한 결과는 1 건이지만 'OR'를 한 결과는 10,001 건이 될 수 있고 적어도 10,000 건이 된다. 만약 이 컬럼들이 각각 인덱스로 생성되어 있다면 수행속도는 크게 차이가 난다. 그러나 이들이 처리주관 조건이 되지 못하여 전체테이블 스캔을 하면서 단지 체크 기능만 담당한다면 수행속도에는 거의 차이가 없다. 이처럼 상황에 따라서 큰 차이를 낼 수 있는 것이 'OR'이다.

또 다른 중요한 특징을 한 가지 더 살펴보기로 하자. 어떤 로우가 'OR' 조건을 만족한다는 의미는 양쪽 모두에 만족하거나 어느 한쪽만 만족해도 되는 최소 공배수 집합이라는 것을 뜻한다. 만약 각각의 조건을 만족하는 집합을 그대로 결합하면 양쪽 모두를 만족하는 것은 두 번에 걸쳐서 나타나게 된다. 그렇다면 중복된 로우를 제거하는 처리가 필요하다. 이것은 (B = '123' AND A <> '10')으로 수행하면 간단하게 해결된다. 물론 이때 A <> '10'조건은 단순히 체크기능만 담당한다.

마지막으로 한 가지 특징을 더 살펴보기로 한다. 분기된 두 개의 처리는 어느 것이든 먼저 처리하는 것이 있다. 어느 것이 먼저 처리되느냐는 추출되는 로우의 순서에 영향을 줄 수 있으므로 우리에게는 의미가 있다. 결론부터 말한다면 나중에 기술된 조건부터 수행하는 실행계획을 세운다. 아마 그 이유는 SQL 이 파싱될 때 뒷부분의 조건부터 체크하는 그들의 알고리듬 때문일 것이라고 추측된다.

이제 이 실행계획의 기본형을 살펴보자.

```
CONCATENATION
 TABLE ACCESS (BY INDEX ROWID) OF 'TABLE1'
  INDEX (RANGE SCAN) OF 'B_IDX' (NON-UNIQUE)
 TABLE ACCESS (BY INDEX ROWID) OF 'TABLE1'
  INDEX (RANGE SCAN) OF 'A_IDX' (NON-UNIQUE)
```

두 번째 실행단계에는 첫 번째 수행한 결과를 제거하는 조건이 추가되었지만 액세스 형태에는 영향을 미치지 않으므로 실행계획에는 별 다른 차이가 나타나지 않는다. 만약 아래의 사례에서처럼 조인의 연결고리에 'OR' 조건이 들어 있다면 다음과 같은 연쇄 실행계획이 나타날 수 있다. 물론 해쉬 조인 형태로 나타날 수도 있다.

```
SELECT o.header_id, i.line_id, i.revenue_amount
FROM order_item i, orders o
WHERE i.item_group = :b1
  AND (o.s_order_id = i.order_id
  OR  o.m_order_id = i.order_id);

Execution Plan
-------------------------------------------------------
SELECT STATEMENT
 CONCATENATION
  NESTED LOOPS
   TABLE ACCESS (BY INDEX ROWID) OF 'ORDER_ITEM'
    INDEX (RANGE SCAN) OF 'ORDER_ITEM_IDX1' (NON-UNIQUE)
   TABLE ACCESS (BY INDEX ROWID) OF 'ORDERS'
    INDEX (UNIQUE SCAN) OF 'ORDER_PK' (UNIQUE)
  NESTED LOOPS
   TABLE ACCESS (BY INDEX ROWID) OF 'ORDER_ITEM'
    INDEX (RANGE SCAN) OF 'ORDER_ITEM_IDX1' (NON-UNIQUE)
   TABLE ACCESS (BY INDEX ROWID) OF 'ORDERS'
    INDEX (UNIQUE SCAN) OF 'ORDER_U1' (UNIQUE)
```

그러나 언제나 이러한 연쇄 실행계획이 나타난다는 보장이 없기 때문에 함부로 연결고리의 조건에 'OR'를 사용하는 것은 매우 주의를 해야 한다. 만약 이러한 실행계획으로 유도하고 싶다면 'USE_CONCAT' 힌트를 적용하면 가능하다. 반대로 연쇄 실행계획을 원하지 않는다면 'NO_EXPAND' 힌트를 적용하여 해제할 수 있다. 다음의 실행계획은 이 힌트를 이용하여 연쇄 실행계획이 나타나지 않도록 했을 때의 모습이다.

```
Execution Plan
-----------------------------------------------------
SELECT STATEMENT
 HASH JOIN
  TABLE ACCESS (BY INDEX ROWID) OF 'ORDER_ITEM'
   INDEX (RANGE SCAN) OF 'ORDER_ITEM_IDX1' (NON-UNIQUE)
  TABLE ACCESS (FULL) OF 'ORDERS'
```

'OR' 조건은 주어진 상황에 따라서 연쇄 실행계획이 유리할 수도, 불리할 수도 있으므로 가능하다면 실행계획을 확인해 보는 습관을 들일 필요가 있다. 함부로 힌트를 이용하여 연쇄 실행계획으로 유도하는 것은 위험하다. 특히, 다음과 같은 경우에는 적용하지 않는 것이 바람직하다.

- 조인의 연결고리가 'OR' 조건을 가질 때 조인의 상대방이 넓은 처리범위를 가질 때
- 동일 컬럼의 'OR' 조건 : 이때는 IN-List 탐침이 유리하기 때문이다.
- 보다 효율적으로 처리범위를 줄일 수 있는 다른 액세스 경로가 있을 때
- 'OR' 조건들 중에서 너무 넓은 처리범위를 가진 것들이 존재할 때

3.2.3.3. 원격(Remote) 실행계획

원격 실행계획이란 다른 데이터베이스의 테이블을 '데이터베이스 링크(Database Link)로 액세스하는 액세스 형태를 말한다. 분산 데이터베이스는 비록 물리적으로는 다른 데이터베이스이지만 논리적으로는 마치 같은 데이터베이스처럼 사용할 수 있는 기능이다. 물론 논리적으로는 그렇지만 물리적으로는 결코 동일할 수 없다.

그것은 마치 유럽 공동체(EU)가 마치 확장된 하나의 국가처럼 왕래가 자유롭다고 하더라도 많은 면에서 자국 내에서 하는 것과는 분명히 얼마간의 차이는 존재할 수 밖에 없는 것과 유사하다. 이러한 제약은 동일 데이터베이스에서 처리하는 것보다 상대적으로 높은 비용을 가질 수 밖에 없으므로 옵티마이져의 결정에 영향을 미친다. 다음 사례를 살펴보자.

```
SELECT c.cust_name, count(*)
FROM   customers c, orders@crm_db o
WHERE  c.cust_id = o.cust_id
  AND o.order_number = :b1
GROUP BY c.cust_name;

Execution Plan
-------------------------------------------------
SELECT STATEMENT
 SORT (GROUP BY)
  NESTED LOOPS
   REMOTE
   TABLE ACCESS (BY INDEX ROWID) OF 'CUSTOMERS'
    INDEX (UNIQUE SCAN) OF 'CUSTOMERS_PK' (UNIQUE)
```

이 실행계획은 원격 테이블이 선행 집합이 되어서 외측 루프를 수행하고 로컬 테이블이 내측 루프를 수행하고 있다. 원격 테이블의 상세한 실행계획은 나타나지 않기 때문에 이것만으로는 어떤 방법으로 액세스했는지 알 수 없다. 우리는 원격 실행계획의 세부 내용을 '라이브러리 캐시(Library Cache)'에서 얻을 수 있다. 다음은 라이브러리 캐시에서 찾은 실행계획의 원격 액세스 내용이다.

```
SELECT "ORDER_NUMBER","CUST_ID"
FROM "ORDERS" "O"
WHERE "ORDER_NUMBER"=:"SYS_B_0";
```

위의 사례에 있는 실행계획은 부담이 많은 원격 테이블이 외측 루프에서 수행되었기 때문에 양호한 수행속도를 얻을 수 있다. 그러나 만약 원격 테이블이 내측 루프에서 수행된다면 매우 큰 부담이 된다. 위의 사례에서처럼 원격 테이블이 중요한 처리주관 조건을 가지고 있는 경우에는 문제가 없지만 로컬 테이블이 처리주관 조건을 가질 때는 심각한 문제나 나타날 수도 있다.

물론 처리범위가 넓지 않다면 충분히 감수할 수도 있겠지만 그렇지 않을 때는 별도의 대안이 필요하다. 원격 테이블 액세스는 랜덤이 아닌 범위처리에는 큰 부담이 없으므로 이와 같은 경우에는 Sort Merge 조인이나 해쉬 조인으로 나타나는 경우가 많다.

```
SELECT c.cust_name, o.order_number
FROM   customers c, orders@crm_db o
WHERE  c.cust_id = o.cust_id
  AND  c.customer_name LIKE :b1;

Execution Plan
---------------------------------------------------------
SELECT STATEMENT
 MERGE JOIN
  REMOTE
  SORT JOIN
   TABLE ACCESS (BY INDEX ROWID) OF 'CUSTOMERS'
    INDEX (RANGE SCAN) OF 'CUSTOMERS_IDX1' (NON-UNIQUE)
---------------------------------------------------------
SELECT "ORDER_NUMBER","CUST_ID"
FROM "ORDERS" "O"
WHERE "CUST_ID" IS NOT NULL
ORDER BY "CUST_ID";
```

위의 실행계획을 보면 랜덤을 피하기 위해 Sort Merge 조인으로 수행되었음을 알 수 있다. 머지를 위한 정렬을 하기 위해 원격 액세스에서는 'ORDER BY'가 수행되었음을 확인할 수 있다. 약간이라도 불필요한 데이터를 제거하기 위해 'NOT NULL' 조건을 추가한 것에 주목하기 바란다.

원격 테이블이 포함된 실행계획에서 원격 액세스가 'REMOTE'로만 나타나는 것에 주의하기 바란다. 원격 데이터베이스에서 수행되는 실행계획을 표시하지 않는 이유는 로컬 데이터베이스가 원격 데이터베이스의 실행계획을 강제하지 못하기 때문이다. 과거의 규칙기준 옵티마이져에서는 아예 원격 데이터베이스의 딕셔너리를 직접 참조하지 않았기 때문에 단지 요구서(SQL)만 던져주는 형식일 수 밖에 없다.

이런 경우에는 극단적으로 말한다면 원격에 던진 쿼리가 하나의 로우만 찾을 수 있는 조건이라 하더라도 원격 데이터베이스가 전체테이블 스캔으로 결정했다면 어쩔 수 없는 일이라는 것이다. 그러므로 우리가 원격 액세스를 시도할 때는 그들이 보유한 인덱스 구조를 미리 알고 있었어야 했다.

규칙기준 옵티마이져 입장에서 생각해 본다면 자신이 통제할 수 없고 예측할 수 없는 상대의 비용을 감안해서 최적화를 수행해야 한다는 것이 매우 부담스러울 것이다. 더구나 내측 루프에서 반복 수행된다면 가급적이면 피하고 싶을 것이다. 이러한 이유로 인해 원격 액세스는 좀처럼 내측 루프에서 실행하지 않는 실행계획을 수립하였다.

아직도 완전한 비용기준 옵티마이져를 적용하지 않고 있는 많은 사람들은 '하나 이상의 동일한 원격테이블의 조인'을 할 때 많은 문제를 일으키고 있다.

```
SELECT c.cust_name, o.order_number, i.revenue_amount
FROM   customers c, orders@crm_db o, orders_item@crm_db i
WHERE c.cust_id = o.cust_id
  AND o.order_id = i.order_id
  AND o.order_date = :b1;

Execution Plan
-----------------------------------------------------
SELECT STATEMENT
 NESTED LOOPS
  NESTED LOOPS
   REMOTE
   REMORE
  TABLE ACCESS (BY INDEX ROWID) OF 'CUSTOMERS'
   INDEX (UNIQUE SCAN) OF 'CUSTOMERS_PK' (UNIQUE)
```

이 실행계획은 상당히 심각한 문제를 안고 있다. 원격 액세스를 하는 두 개의 테이블이 모두 같은 데이터베이스에 있지만 이 실행계획은 마치 서로 다른 데이터베이스에 있는 원격 테이블을 조인하는 것처럼 수행되고 있다. 외측 루프 원격 테이블(orders)을 수행하여 받은 결과를 다시 내측 루프 원격 테이블(order_item)에 보낸다. 참으로 억울한 수행방식이 아닐 수 없다.

논리적으로 가장 이상적인 방법은 먼저 원격에서 두 테이블이 조인을 하고 그 결과를 로컬에서 받는 것이다. 이렇게 처리되도록 할 수 있는 방법은 원격 데이터베이스에 미리 이들이 조인된 뷰를 생성해 두는 방법이다. 로컬에서 뷰를 수행한 쿼리는 원격 데이터베이스에게 뷰를 액세스하는 쿼리를 던지게 되고, 원격 데이터베이스는 이것을 해결하기 위해 자신이 먼저 조인을 하는 실행계획을 수립하게 될 것이다. 이때 로컬 데이터베이스는 그것이 뷰였는지 조차 알지 못한다.

비용기준 옵티마이져에서는 원격 테이블의 액세스가 포함되어 있으면 그들의 옵티마이징 팩터들을 고려한다. 적용 가능한 인덱스 구조를 참조하고, 그들의 통계정보뿐만 아니라 원격 액세스에 의한 추가적인 비용도 고려하고 있다. 그러나 단지 그들을 고려해서 자신의 실행계획을 결정할 뿐이지 원격 데이터베이스가 해야 할 실행계획까지 수립하는 것은 결코 아니다.

만약 로컬에서 수행한 쿼리에 사용된 테이블이 모두 같은 원격 데이터베이스에 존재한다면 전체 쿼리를 원격에 던지고 결과만 리턴 받는다. 만약 앞의 사례처럼 일부가 같은 원격 데이터베이스에 위치한다면 이들을 결합한 조인 SQL을 만들어 원격에 던진다.

원격 데이터베이스를 액세스하는 것은 아무래도 부담이 크기 때문에 항상 실행계획을 확인하는 습관을 가지는 것이 바람직하다. 우리는 주변 상황을 잘 알고 있는 인간이기 때문에 상황에 따라서 최적화에 개입할 필요가 있다.

가령, 랜덤이 부담되기는 하지만 처리범위가 넓지 않기 때문에 충분히 감수할 수 있을 때도 있을 것이고, 범위가 넓을 때라도 부분범위 처리(다음 단원에서 설명)를 목적으로 한다면 내측 루프에서 수행시킬 수도 있을 것이다. 이를 위해 우리는 'USE_NL' 힌트를 사용하여 원하는 실행계획으로 유도할 수 있다.

3.2.3.4. 정렬 처리(Sort Operation) 실행계획

액세스된 데이터는 사용자의 요구를 충족시키기 위해 다양한 가공을 하게 된다. 이러한 가공에는 상당부분 정렬이 필요한 경우가 많다. 정렬처리는 다양한 형태의 처리를 위해 사용되며, 우리가 겉으로 보기에는 대동소이한 방법으로 처리될 것처럼 보이지만 내부적인 처리방법은 상당히 차이가 있다. 실행계획에 나타나는 정렬작업의 종류에는 다음과 같은 것들이 있다.

- SORT (UNIQUE)
- SORT (AGGREGATE)
- SORT (GROUP BY)
- SORT (JOIN)
- SORT (ORDER BY)

각 정렬 형태별로 처리방법의 차이가 있다는 것은 발생하는 부하의 정도가 다르다는 것을 의미하므로 좀더 상세한 내용을 알아보기로 하자.

✧ SORT (UNIQUE)

이 정렬은 SELECT-List 에 기술된 컬럼들로 구성된 해당 쿼리의 추출 로우에 대하여 유일한 집합을 생성하는 작업이다. 이러한 정렬이 나타나는 경우는 두 가지가 존재한다. 하나는 'DISTINCT'를 사용했을 때에 나타난다. 다른 하나는 앞서 언급한 적이 있었던 서브쿼리에서 제공자 역할을 할 때 나타난다.

[DISTINCT 함수를 사용했을 때의 SORT(UNIQUE)]
```
SELECT DISTINCT deptno, ename
FROM   emp
WHERE  job = :b1;
```

```
Execution Plan
----------------------------------------------------------
SELECT STATEMENT
SORT (UNIQUE)
 TABLE ACCESS (BY INDEX ROWID) OF 'EMP'
  INDEX (RANGE SCAN) OF 'EMP_IDX2' (NON-UNIQUE)
```

[서브쿼리에서 제공자 역할을 할 때의 SORT(UNIQUE)]

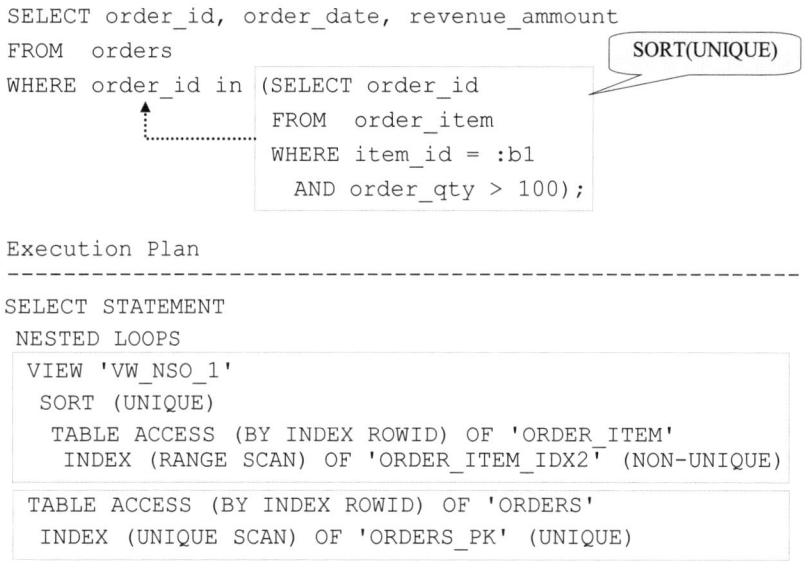

```
Execution Plan
----------------------------------------------------------
SELECT STATEMENT
 NESTED LOOPS
  VIEW 'VW_NSO_1'
   SORT (UNIQUE)
    TABLE ACCESS (BY INDEX ROWID) OF 'ORDER_ITEM'
     INDEX (RANGE SCAN) OF 'ORDER_ITEM_IDX2' (NON-UNIQUE)
  TABLE ACCESS (BY INDEX ROWID) OF 'ORDERS'
   INDEX (UNIQUE SCAN) OF 'ORDERS_PK' (UNIQUE)
```

서브쿼리는 메인쿼리의 집합을 보존해야 하므로 위의 예처럼 서브쿼리가 'M' 집합인 경우는 '1' 집합을 만들어야 하기 때문에 'SORT(UNIQUE)'을 수행한다는 것은 이미 설명한 적이 있다. 물론 서브쿼리가 나중에 수행되는 경우는 필터처리 형태로 나타나기 때문에 'SORT(UNIQUE)'이 발생하지 않는다.

✧ SORT (AGGREGATE)

SORT(AGGREGATE)는 GROUP BY 를 하지 않은 상태에서 전체 대상에 대해 그룹함수로 계산을 할 때 나타난다. SUM, COUNT, MIN, MAX, AVG 등을 할 때 나타나며, 실제로는 우리가 알고 있는 일반적인 정렬을 하지는 않는다. 먼저 SUM 그룹함수를 사용했을 때를 살펴보자.

```
SELECT SUM(revenue_amount)
FROM   order_item
WHERE order_date = :b1;

Execution Plan
-------------------------------------------------------
SELECT STATEMENT
 SORT (AGGREGATE)
  TABLE ACCESS (BY INDEX ROWID) OF 'ORDER_ITEM'
   INDEX (RANGE SCAN) OF 'ORDER_ITEM_IDX2' (NON-UNIQUE)
```

이 실행계획을 그대로 해석해 보면 인덱스를 범위 스캔하여 테이블을 액세스하여 정렬을 하여 SUM 을 구하는 것처럼 보인다. 그러나 실제로는 별도의 정렬 작업을 하지 않고 액세스 하는 각 로우를 대상으로 집계를 할 뿐이다. 만약 AVG 나 COUNT 를 했더라도 액세스한 각 로우에 대해 계산작업을 반복할 뿐이다.

만약 MIN 이나 MAX 를 했다면 어떻게 처리될 것인가? 물론 방법적으로는 위에서 언급한 그대로 이다. 즉, MIN 이라면 최초에 액세스한 값을 등록해 놓고 다음 액세스를 할 때마다 그 이하인 것이 나오면 갱신하고 그렇지 않으면 그대로 통과한다. MAX 는 그와 반대의 처리를 한다. 그러나 이러한 방법은 처리주관 인덱스를 활용할 수 있으면 달라진다. 다음 사례를 살펴보자.

```
SELECT MIN(order_id)
FROM   orders
WHERE order_id = :b1;

Execution Plan
-------------------------------------------------------
SELECT STATEMENT
 SORT (AGGREGATE)
  INDEX (FULL SCAN (MIN/MAX)) OF 'ORDERS_PK' (UNIQUE)
```

이 실행계획은 인덱스 전체 스캔으로 되어 있지만 실제로는 인덱스의 첫 번째 블록만 액세스하고 더 이상의 스캔을 하지 않는다. 만약 MAX 를 사용했다면 마지막 블록만 액세스하고 멈춘다. 이러한 실행계획을 얻고 싶다면 WHERE 절이나 GROUP BY 등이 없어야 한다. 물론 처리할 컬럼이 인덱스의 선두 컬럼이어야 하며, SELECT-List 에 다른 표현을 하지 않아야 한다.

✧ SORT (GROUP BY)

이 처리는 여러 개의 다른 그룹으로 집결(Aggregate)을 수행한다. 즉, GROUP BY 를 사용한 구문에 의해서 발생한다. 이 처리를 위해서는 정렬을 수행할 수 밖에 없다. 그러므로 그룹의 개수가 많을수록 부담이 커진다.

```
SELECT item_id, SUM(revenue_amount)
FROM   order_item
WHERE order_date = :b1
GROUP BY item_id;

Execution Plan
-------------------------------------------------------
SELECT STATEMENT
 SORT GROUP BY
  TABLE ACCESS (BY INDEX ROWID) OF 'ORDER_ITEM'
   INDEX (RANGE SCAN) OF 'ORDER_ITEM_IDX2' (NON-UNIQUE)
```

대용량의 데이터를 GROUP BY 하여 수 천만 개의 그룹을 만드는 처리를 해 본 사람들이라면 초대형 데이터를 GROUP BY 할 때의 부담을 충분히 느껴보았을 것이다. 정렬작업은 데이터 량이 일정 수준을 초과하면 매우 부담이 많은 처리 방법이다. 이런 문제를 해결하기 위해서 등장한 것이 'HASH(GROUP BY)' 기능이다.

이미 오래 전부터 모든 GROUP BY 를 해쉬를 이용해 처리한 DBMS 도 있지만, 오라클은 'V10g'에 와서야 이 기능을 삽입하게 되었다. 해쉬는 대용량 데이터를 처리할 때 정렬처리보다 훨씬 유리하다.

이번에는 SORT(GROUP BY NOSORT)가 나타나는 실행계획을 살펴보자.

```
SELECT DEPTNO, SUM(SAL)
FROM EMP
WHERE DEPTNO > 10
GROUP BY DEPTNO;

Execution Plan
-------------------------------------------------------
SELECT STATEMENT Optimizer=FIRST_ROWS
 SORT (GROUP BY NOSORT)
  TABLE ACCESS (BY INDEX ROWID) OF 'EMP'
   INDEX (RANGE SCAN) OF 'DEPTNO_IDX' (NON-UNIQUE)
```

이 쿼리는 처리주관 인덱스가 DEPTNO 를 선행 컬럼으로 보유하고 있어 GROUP BY 컬럼과 동일하기 때문에 GROUP BY 를 위한 추가적인 정렬이 필요하지 않다. 이러한 경우에는 정렬을 하지 않으므로 실행계획에 SORT(GROUP BY NOSORT)가 나타난다.

이 밖에도 Sort Merge 조인에서 나타나는 'SORT(JOIN)'과 'ORDER BY'를 사용했을 때 나타나는 'SORT(ORDER BY)'는 앞서 이미 설명되었기 때문에 여기서는 더 이상 언급하지 않겠다.

3.2.3.5. 집합 처리(Set Operations) 실행계획

SQL은 집합을 처리하는 언어이다. 집합을 액세스하여 집합을 가공하고 집합을 출력한다. 그러므로 우리가 수학에서 알고 있었던 여러 가지의 집합처리를 아주 쉽게 구현할 수 있다. 집합을 처리하는 형태는 다음과 같은 것들이 있다.

- 합집합 (Union, Union-All)
- 교집합(Intersection)
- 차집합(Minus)

◇ 합집합 (Union, Union All) 실행계획

집합을 '합한다'는 의미는 서로 다른 쿼리에서 처리한 결과를 다시 모은다는 것을 뜻한다. 이 말은 곧, 한 곳에서 복잡하게 처리해야 할 것을 몇 개로 분리함으로써 단순하게 처리할 수 있다는 것을 의미한다. 여기서 말하는 '복잡'의 진정한 의미는 집합의 가공적인 측면보다는 액세스의 복잡성을 말한다.

가령, 다음과 같은 쿼리를 가정해 보자.

```
SELECT order_id, order_date, status
FROM   orders
WHERE  order_date > :b1
   OR  order_id IN (SELECT order_id
                    FROM   order_item
                    WHERE  item_group = 'A001');

Execution Plan
-------------------------------------------------------
SELECT STATEMENT
 FILTER
  TABLE ACCESS (FULL) OF 'ORDERS'
  TABLE ACCESS (BY INDEX ROWID) OF 'ORDER_ITEM'
   INDEX (RANGE SCAN) OF 'ODER_ITEM_IDX2' (NON-UNIQUE)
```

이 쿼리를 분석해 보자. 조건절에 'OR' 조건연산자로 연결된 'ORDER_DATE'는 상수값으로 비교되어 있다. 그러나 'ORDER_ID'는 서브쿼리를 가지고 있으므로 이들은 서로 선행처리 되는 테이블이 다르다. 옵티마이져는 어쩔 수 없이 위의 실행계획처럼 'ORDERS' 테이블을 전체 스캔하여 서브쿼리를 체크하는 실행계획을 수립하게 된다.

만약 각각 다른 형태의 단위 실행계획을 수립하고, 이를 연결(Concatenation)해 주는 실행계획을 수립해 준다면 좋겠지만 옵티마이져는 이 경우에는 그러한 실행계획을 만들지 못한다. 그러나 우리가 직접 이들을 나누어 다음과 같은 단순한 액세스 형태를 제공해 준다면 옵티마이져는 매우 쉽게 그러한 실행계획을 생성할 수 있다.

```
SELECT order_id, order_date, status
FROM   orders
WHERE  order_date > :b1
UNION
SELECT order_id, order_date, status
FROM   orders
WHERE  order_id IN (SELECT order_id
                    FROM   order_item
                    WHERE  item_group = 'A001');

Execution Plan
---------------------------------------------------------
SELECT STATEMENT
 SORT (UNIQUE)
  UNION-ALL
   TABLE ACCESS (BY INDEX ROWID) OF 'ORDERS'
    INDEX (RANGE SCAN) OF RA_CUSTOMERS_N2
   NESTED LOOPS
    VIEW
     SORT(UNIQUE)
      TABLE ACCESS (BY INDEX ROWID) OF 'ORDER_ITEM'
       INDEX (RANGE SCAN) OF 'ODER_ITEM_IDX4' (NON-UNIQUE)
    TABLE ACCESS (BY INDEX ROWID) OF 'ORDERS'
     INDEX (UNIQUE SCAN) OF 'ODER_PK' (UNIQUE)
```

쿼리를 분리할 때 UNION 을 사용할 것인지 UNION ALL 을 사용할 것인지 확실하게 결정할 필요가 있다. UNION 은 최소 공배수 집합을 구해야 하기 때문에 두 집합을 단순하게 결합한 다음 반드시 다시 'SORT(UNIQUE)'을 수행해야 한다. 그러나 UNION ALL 은 그런 처리가 나타나지 않는다. 당연히 UNION ALL 이 유리하지만 분리된 집합들 간에 공통으로 존재할 수 있는 로우가 있다면 어쩔 수 없이 UNION 을 사용해야 한다. 그렇지 않다는 확신이 있다면 당연히 UNION ALL 을 사용해야 한다.

이 집합 연산에는 특별히 적용할 힌트가 없다.

✧ 교집합(Intersection) 실행계획

교집합이란 양쪽 집합 모두에 속하는 공통집합- 즉, 최대 공약수 집합 - 을 말한다. 이 집합을 구하기 위해서는 먼저 각각의 집합에서 유일한 집합을 구해야 한다. 그 '유일'을 체크하는 대상은 SELECT-List 에 나타난 모든 컬럼들이다. 여기서 말하는 컬럼은 테이블의 컬럼만을 의미하는 것이 아니다.

```
SELECT regist_no FROM employees WHERE dept_no = :b1
INTERSECT
SELECT social_no FROM billboard WHERE cre_date = :b2;

Execution Plan
-------------------------------------------------------
SELECT STATEMENT
 INTERSECTION
  SORT (UNIQUE)
   TABLE ACCESS (BY INDEX ROWID) OF 'EMPLOYEES'
    INDEX (RANGE SCAN) OF 'EMPLOYEES_IDX2' (NON-UNIQUE)
  SORT (UNIQUE)
   TABLE ACCESS (BY INDEX ROWID) OF 'BILLBOARD'
    INDEX (RANGE SCAN) OF 'BILLBOARD_IDX1' (NON-UNIQUE)
```

마치 Sort Merge 조인과 유사한 방법을 사용하여 양쪽 집합을 유일하게 정렬한 다음 이들을 머지하고 있는 것을 확인할 수 있다. 물론 이 머지작업은 양쪽에 모두 존재하는 것들만 선별하는 처리가 될 것이다.

◇ **차집합(Minus) 실행계획**

차집합이란 어느 한쪽 집합을 기준으로 다른 집합의 요소들을 제거하는 집합이다. 이것은 'NOT EXISTS' 서브쿼리를 사용한 것과는 다른 집합이다. 모든 집합 연산이 그러하듯이 유일한 집합을 대상으로 하기 때문이다. 물론 서브쿼리, 인라인뷰, DISTINCT 등을 이용하여 동일한 결과를 얻도록 할 수 있겠지만 집합 연산을 활용하면 매우 단순해진다.

이 집합을 구하기 위해서는 먼저 각각의 집합에서 SELECT-List 에 나타난 모든 컬럼들의 유일한 집합을 구해야 한다. 그 결과는 일종의 머지작업과 유사한 형태로 처리된다.

```
SELECT regist_no FROM employees WHERE dept_no = :b1
MINUS
SELECT social_no FROM billboard WHERE cre_date = :b2;

Execution Plan
-------------------------------------------------------
SELECT STATEMENT
 MINUS
  SORT (UNIQUE)
   TABLE ACCESS (BY INDEX ROWID) OF 'EMPLOYEES'
    INDEX (RANGE SCAN) OF 'EMPLOYEES_IDX2' (NON-UNIQUE)
  SORT (UNIQUE)
   TABLE ACCESS (BY INDEX ROWID) OF 'BILLBOARD'
    INDEX (RANGE SCAN) OF 'BILLBOARD_IDX1' (NON-UNIQUE)
```

실행계획은 앞서 소개했던 집합처리와 거의 유사한 모습으로 나타난다. 물론 이 머지작업은 어느 한쪽을 기준으로 다른 쪽에 존재하면 제거하는 형식으로 선별하는 처리가 될 것이다.

집합연산에서 만약 SELECT-List 의 컬럼이 그 테이블의 기본키였다면 논리적으로 유일성이 보장되지만 그래도 'SORT(UNIQUE)'은 발생한다. 물론 WHERE 절에 부여된 조건이 기본키를 '='로 액세스한 경우는 'SORT(UNIQUE)'이 발생하지 않는다.

3.2.3.6. COUNT(STOPKEY) 실행계획

이 실행계획은 쿼리의 조건절에 ROWNUM 을 사용했을 때 나타난다. ROWNUM 은 쿼리가 진행되는 과정에 잠정적으로 저장되는 집합에서나 최종적으로 추출되는 결과에 자동으로 부여되는 '로우의 순서'를 의미하는 '가상(Pseudo)' 컬럼이다. 여기서 말하는 가상컬럼이란 FROM 절에 있는 테이블에 존재하지는 않지만 SQL 내에서 마치 자신의 컬럼처럼 마음대로 사용할 수 있는 DBMS 가 우리에게 제공한 컬럼이다. 우리가 자주 사용하는 가상 컬럼에는 SYSDATE, USER, ROWID, LEVEL(connect by 사용 시) 등이 있다.

ROWNUM 을 잘 활용하면 내부적인 진행단계를 제어할 수도 있다. 그러나 내부적인 진행 단계에 따라 ROWNUM 이 생성되기 때문에 보다 높은 활용을 위해서는 좀더 깊은 이해가 필요하다. 좀더 상세한 내용은 이 책의 '제 2 부 1.4 부분범위처리로의 유도' 단원에 있는 '1.4.5. ROWNUM'의 활용(page 442~449)을 참조하기 바란다.

```
SELECT *
FROM   orders
WHERE  order_date = :b1
  AND act_deptno = :b2
  AND ROWNUM <= 20;

Execution Plan
-------------------------------------------------------
SELECT STATEMENT
 COUNT (STOPKEY)
   TABLE ACCESS (BY INDEX ROWID) OF 'ORDERS'
    INDEX (RANGE SCAN) OF 'ORDER_IDX2' (NON-UNIQUE)
```

이 실행계획은 인덱스 범위 스캔을 하여 테이블을 액세스하고, 나머지 조건을 체크해 성공한 로우들에게 차례대로 순번을 부여(Count)하다가 20 개가 되는 순간에 처리를 종료한다. 우리가 실전에서 자주 활용하는 형태는 기본키의 일련번호를 만들기 위해 가장 큰 순번을 찾는 경우이다. 인덱스를 역순으로 스캔하여 로우를 찾는 순간 처리를 종료하게 함으로써 매우 효율적인 처리를 할 수 있다.

다음 사례를 살펴보면 인덱스를 역순으로 스캔하여 단 하나의 인덱스 로우만 액세스 한 후 실행을 종료한다는 것을 알 수 있다.

```
SELECT /*+ index_desc (s, subject_prgs_pk) */
       Subject_seq
FROM   subject_prgs s
WHERE  subject_id  = :b1
  AND  subject_seq <= :b2
  AND  ROWNUM = 1;

Rows     Row Source Operation
-------  ---------------------------------------------------------------
      1  COUNT (STOPKEY)
      1   INDEX (RANGE SCAN DESCENDING) OF 'SUBJECT_PRGS_PK' (UNIQUE)
```

이번에는 ROWNUM 이 매우 복잡하게 사용된 경우의 실행계획을 소개하겠다. 각 단계에서 사용된 ROWNUM 이 모두 다르므로 주의 깊게 살펴보기 바란다.

```
SELECT MIN(DECODE(ROWNUM,1,rnum2)), plan_time
FROM (SELECT rnum1 * - 1 rnum2, MIN(plan_time) plan_time
      FROM (SELECT ROWNUM rnum1, plan_time     ①
            FROM   subjects
            WHERE  role_cd = '1007'
            GROUP BY SUBSTR(plan_time,3,4),ROWNUM)
      GROUP BY rnum1 * - 1)
WHERE ROWNUM <= 10;   ②
                 ③

Execution Plan
---------------------③-----------------------------------
 COUNT (STOPKEY)
  VIEW              ②
   SORT (GROUP BY STOPKEY)
    VIEW
  ①  SORT (GROUP BY)
     COUNT
      TABLE ACCESS (BY INDEX ROWID) OF 'SUBJECTS'
       INDEX (RANGE SCAN) OF 'SUBJECT_IDX3' (NON-UNIQUE)
```

쿼리의 ①에서 사용한 ROWNUM 은 실행계획(①)에 있는 'COUNT'로 나타났다. 이 값을 사용자가 지정한 별도의 값(rnum1)으로 치환하여 ②에서 GROUP BY 를 하는데 사용하였다. 이 부분은 실행계획(②)에서 나타난 'SORT (GROUP BY STOPKEY)'이다. 쿼리의 ③에서 다시 ROWNUM 을 사용했는데 이것은 실행계획(③)에 나타나 있다.

3.2.4. 비트맵(Bitmap) 실행계획

비트맵 실행계획은 단일 테이블의 입장에서만 살펴보도록 하겠다. 설사 비트맵 인덱스를 가진 테이블이 다른 테이블들과 다양한 방법으로 조인을 했다고 하더라도 비트맵 때문에 특별하게 달라진 형태를 가진 실행계획은 거의 없다. 다만 스타변형 조인(page 617~630 참조)은 비트맵의 특성을 이용한 특별한 조인 방식이므로 비트맵과 아주 밀접한 관련이 있다.

조건절에 있는 컬럼은 다른 테이블이 먼저 수행한 결과를 받았을 수도 있고, 쿼리에서 직접 상수값(바인드변수 포함)을 부여 받았을 수도 있다. 인덱스 액세스의 결정은 자신의 테이블이 수행될 차례에 이렇게 부여 받은 조건들을 토대로 이루어진다. 이것은 비트맵 인덱스라고 해서 예외일 수는 없다. 즉, 비트맵 인덱스의 실행계획은 테이블이 수행 순간에 확보한 모든 상수값을 가진 컬럼들의 비교 연산자의 형태에 따라 결정된다.

비록 복잡한 조건 연산자들이 사용되었더라도 각각의 연산자들의 실행계획이 결합된 것과 크게 다르지 않다. 따라서 이 장에서는 각 연산자들의 단위 실행계획 위주로 설명하겠다. 물론 그 외에도 몇 가지 특별한 형태에 대해서도 다루게 될 것이며, 특히 B-Tree 인덱스와 연합하여 비트맵 연산을 하는 형태는 매우 특이하다. 데이터 웨어하우스에서 필수적으로 활용되는 스타변형 조인은 별도의 장에서 다루게 될 것이다.

- 조건 연산자별 비트맵 실행계획
  - 동치(Equal) 비교 실행계획
  - 범위(Range) 비교 실행계획
  - AND 조건 실행계획
  - OR 조건 실행계획
  - 부등식(Not equal) 실행계획
  - NULL 비교 실행계획
- 서브쿼리 실행계획
- B-Tree 인덱스와의 연합(Combine) 실행계획

3.2.4.1. 조건 연산자별 비트맵 실행계획

비트맵 인덱스는 B-Tree 인덱스와 달리 거의 모든 형태의 조건 연산자에 대해 인덱스를 사용할 수가 있다. 그것은 바로 비트맵 인덱스가 비트를 연산하는 방식으로 처리되기 때문이다. 다시 말해서 조건 연산자는 단지 비트 연산의 방식만 다르게 할 뿐이기 때문에 조건 연산자의 형태에 따라 처리 방법이 크게 달라지지는 않는다.

가) 동치(Equal) 비교 실행계획

비트맵 실행계획 중에서 가장 단순한 형태의 실행계획은 하나의 컬럼을 '='로 비교한 경우이다. 앞서 IN-List 실행계획에서 언급했듯이 'IN'을 사용한 경우는 단지 여러 개의 '='을 사용한 것과 동일하므로 같이 설명하도록 하겠다.

```
SELECT *
FROM   SALES_SUM
WHERE  TIME_CD = '201512';

Execution Plan
---------------------------------------------------------
SELECT STATEMENT
 TABLE ACCESS (BY INDEX ROWID) OF 'SALES_SUM'
  BITMAP CONVERSION (TO ROWIDS)
   BITMAP INDEX (SINGLE VALUE) OF 'TIME_BIX'
```

비트맵 인덱스 블록 내에서 하나의 키 값에 대한 비트맵을 검색하는 처리는 'SINGLE VALUE'로 나타난다. 이번에는 'IN'을 사용한 경우를 살펴보자.

```
SELECT *
FROM   SALES_SUM
WHERE  TIME_CD IN ('201505', '201507', '201510');

Execution Plan
---------------------------------------------------------
INLIST ITERATOR
 TABLE ACCESS (BY INDEX ROWID) OF 'SALES_SUM'
  BITMAP CONVERSION (TO ROWIDS)
   BITMAP INDEX (SINGLE VALUE) OF 'TIME_BIX'
```

나) 범위(Range) 비교 실행계획

범위를 나타내는 BETWEEN, LIKE, >, <, >=, <= 연산자를 사용하면 여러 개의 키 값에 대한 비트맵의 검색을 의미하는 'RANGE SCAN'이 나타난다.

```
SELECT *
FROM    SALES_SUM
WHERE TIME_CD BETWEEN '201505' AND '201507';

Execution Plan
-------------------------------------------------------
SELECT STATEMENT
 TABLE ACCESS (BY INDEX ROWID) OF 'SALES_SUM'
  BITMAP CONVERSION (TO ROWIDS)
   BITMAP INDEX (RANGE SCAN) OF 'TIME_BIX'
```

만약 NUMBER 타입으로 정의된 컬럼에 LIKE 를 사용하였다면 비교를 하기 위해 컬럼에 내부적인 변형이 발생하기 때문에 B-Tree 인덱스에서는 인덱스를 사용하지 않는다. 그러나 비트맵 인덱스에서는 인덱스를 'FULL SCAN'하는 실행계획이 나타난다. 여기서는 SALE_DEPT 가 NUMBER 타입으로 정의되었다고 가정하자.

```
SELECT *
FROM    SALES_SUM
WHERE SALE_DEPT LIKE '1250%';

Execution Plan
-------------------------------------------------------
SELECT STATEMENT
 TABLE ACCESS (BY INDEX ROWID) OF 'SALES_SUM'
  BITMAP CONVERSION (TO ROWIDS)
   BITMAP INDEX (FULL SCAN) OF 'SALE_DEPT_BIX'
```

범위를 처리하는 경우는 만약 다른 조건 연산자와 같이 사용하면 범위 스캔을 한 비트맵을 먼저 머지하는 실행계획이 수립된다. 이 실행계획은 다음에 소개할 AND 조건 연산자의 실행계획에서 언급하기로 하겠다.

다) AND 조건 실행계획

각각 비트맵을 가지고 있는 컬럼들을 AND 조건으로 사용하면 각각의 비트맵을 액세스하여 'AND 연산'을 실시한다.

```
SELECT *
FROM   SALES_SUM
WHERE  SALE_DEPT = '12500'
  AND  TIME_CD = '201510';

Execution Plan
-------------------------------------------------------
SELECT STATEMENT
 TABLE ACCESS (BY INDEX ROWID) OF 'SALES_SUM'
  BITMAP CONVERSION (TO ROWIDS)
   BITMAP AND
    BITMAP INDEX (SINGLE VALUE) OF 'TIME_BIX'
    BITMAP INDEX (SINGLE VALUE) OF 'SALE_DEPT_BIX'
```

만약 다음과 같이 비트맵을 범위 스캔하는 경우가 나타나면 이들을 먼저 비트맵 머지를 수행하여 그 결과와 'AND 연산'을 수행한다.

```
SELECT *
FROM   SALES_SUM
WHERE  SALE_DEPT = '12500'
  AND  TIME_CD BETWEEN '201510' AND '201512';

Execution Plan
-------------------------------------------------------
SELECT STATEMENT
 TABLE ACCESS (BY INDEX ROWID) OF 'SALES_SUM'
  BITMAP CONVERSION (TO ROWIDS)
   BITMAP AND
    BITMAP INDEX (SINGLE VALUE) OF 'SALE_DEPT_BIX'
    BITMAP MERGE
     BITMAP INDEX (RANGE SCAN) OF 'TIME_BIX'
```

만약 'NOT EQUAL' 조건과 같이 AND 조건이 사용되면 'BITMAP MINUS' 연산이 발생한다. 이 경우는 그 컬럼이 NULL 을 허용하는지 여부에 따라 약간 다른 실행계획이 나타난다. 이 실행계획은 'NOT EQUAL 실행계획'에서 다루기로 하겠다.

라) OR 조건 실행계획

OR 조건으로 연결된 각각의 컬럼들은 자신의 단위 액세스를 생성하고 그 결과의 비트맵으로 'OR 연산'을 실시한다.

```
SELECT *
FROM    SALES_SUM
WHERE TIME_CD = '201510'
   OR ITEM_CD LIKE 'ABC%'
   OR SALE_DEPT = 12500;

Execution Plan
-------------------------------------------------------
SELECT STATEMENT
 TABLE ACCESS (BY INDEX ROWID) OF 'SALES_SUM'
  BITMAP CONVERSION (TO ROWIDS)
   BITMAP OR
    BITMAP INDEX (SINGLE VALUE) OF 'TIME_BIX'
    BITMAP MERGE
     BITMAP INDEX (RANGE SCAN) OF 'ITEM_BIX'
    BITMAP INDEX (SINGLE VALUE) OF 'SALE_DEPT_BIX'
```

위의 예에서 LIKE 를 사용한 ITEM_CD 는 범위 스캔이 발생하였기 때문에 먼저 비트맵 머지를 수행하여야 한다. 이번에는 복잡한 OR 조건이 사용된 경우를 살펴보자.

```
SELECT *
FROM    SALES_SUM
WHERE TIME_CD = '201510'
   OR ((ITEM_CD LIKE 'ABC%' OR SALE_DEPT = 12500) AND COUNTRY = 'USA');

Execution Plan
-------------------------------------------------------
SELECT STATEMENT
 TABLE ACCESS (BY INDEX ROWID) OF 'SALES_SUM'
  BITMAP CONVERSION (TO ROWIDS)
   BITMAP OR
    BITMAP INDEX (SINGLE VALUE) OF 'TIME_BIX'
    BITMAP AND
     BITMAP INDEX (SINGLE VALUE) OF 'COUNTRY_BIX'
     BITMAP OR
      BITMAP MERGE
       BITMAP INDEX (RANGE SCAN) OF 'ITEM_BIX'
      BITMAP INDEX (SINGLE VALUE) OF 'SALE_DEPT_BIX'
```

비트맵 인덱스는 B-Tree 인덱스와는 다르게 이와 같은 복잡한 OR 조건이 사용된 경우에도 정상적으로 인덱스를 사용한다. 그러나 다음과 같은 부정형 조건이 OR 로 사용되면 하나의 비트맵 인덱스만 사용한다.

```
SELECT *
FROM   SALES_SUM
WHERE  SALE_DEPT <> 12500
   OR TIME_CD = '201512';

Execution Plan
-------------------------------------------------------
SELECT STATEMENT
 TABLE ACCESS (BY INDEX ROWID) OF 'SALES_SUM'
  BITMAP CONVERSION (TO ROWIDS)
   BITMAP INDEX (FULL SCAN) OF 'TIME_BIX'
```

마) 부등식(Not equal) 비교 실행계획

비트맵 인덱스는 부등식이 사용되면 'BITMAP MINUS' 연산을 수행한다. 다시 말해서 등식 조건으로 액세스한 후에 먼저 수행한 비트맵에서 제거하는 처리를 한다. 이때 부등식으로 비교된 컬럼이 'NOT NULL' 제약조건을 가진 경우와 그렇지 않은 경우의 처리는 달라진다. 아래의 예는 단일 컬럼만 존재할 때 부등식을 사용한 경우이다.

```
SELECT *
FROM   SALES_SUM
WHERE  TIME_CD <> '201510';

Execution Plan
-------------------------------------------------------
SELECT STATEMENT
 TABLE ACCESS (BY INDEX ROWID) OF 'SALES_SUM'
  BITMAP CONVERSION (TO ROWIDS)
   BITMAP INDEX (FULL SCAN) OF 'TIME_BIX'
```

위의 쿼리를 힌트를 사용하여 억지로라도 비트맵 인덱스를 사용하게 하면 전체 인덱스를 스캔하는 실행계획이 나타난다. 이번에는 다른 조건과 같이 사용되는 경우를 살펴보자.

여기서 SALE_DEPT 는 NOT NULL 제약조건을 가졌다고 가정한다.

```
SELECT *
FROM   SALES_SUM
WHERE  TIME_CD = '201512'
  AND  SALE_DEPT <> 12500;

Execution Plan
-------------------------------------------------------
SELECT STATEMENT
 TABLE ACCESS (BY INDEX ROWID) OF 'SALES_SUM'
  BITMAP CONVERSION (TO ROWIDS)
   BITMAP MINUS
    BITMAP INDEX (SINGLE VALUE) OF 'TIME_BIX'
    BITMAP INDEX (SINGLE VALUE) OF 'SALE_DEPT_BIX'
```

이처럼 SALE_DEPT 가 NOT NULL 제약조건을 가졌다면 단순하게 'BITMAP MINUS' 연산을 한 번만 거치게 된다. 다음은 SALE_DEPT 가 NULL 을 허용하는 경우일 때 나타나는 실행계획이다.

```
Execution Plan
-------------------------------------------------------
SELECT STATEMENT
 TABLE ACCESS (BY INDEX ROWID) OF 'SALES_SUM'
  BITMAP CONVERSION (TO ROWIDS)
   BITMAP MINUS
    BITMAP MINUS
     BITMAP INDEX (SINGLE VALUE) OF 'TIME_BIX'
     BITMAP INDEX (SINGLE VALUE) OF 'SALE_DEPT_BIX'
    BITMAP INDEX (SINGLE VALUE) OF 'SALE_DEPT_BIX'
```

> SALE_DEPT IS NULL 인 경우를 제거하는 작업

바) NULL 비교 실행계획

비트맵 인덱스에서는 조건절 컬럼에 'IS NULL'이나 'IS NOT NULL'로 비교를 하면 NULL 을 마치 정상적인 값들과 동일하게 취급하여 각종 비트맵 연산에 참여시킨다. 이것은 앞서 설명했던 컬럼이 'NOT NULL' 제약조건을 가진 경우와는 다른 것이니 오해가 없기를 바란다.

다음 사례는 'IS NULL'로 비교한 경우의 실행계획이다.

```
SELECT *
FROM    SALES_SUM
WHERE TIME_CD = '201512'
  AND COUNTRY IS NULL;

Execution Plan
-----------------------------------------------------
SELECT STATEMENT
 TABLE ACCESS (BY INDEX ROWID) OF 'SALES_SUM'
  BITMAP CONVERSION (TO ROWIDS)
   BITMAP AND
    BITMAP INDEX (SINGLE VALUE) OF 'TIME_BIX'
    BITMAP INDEX (SINGLE VALUE) OF 'COUNTRY_BIX'
```

이 실행계획을 살펴보면 마치 COUNTRY = 'KOREA'로 사용된 경우와 동일하게 처리되고 있음을 알 수 있다. 이것은 비트맵 인덱스에서는 NULL 을 일반 값들과 동일한 형식으로 인덱스에 저장하고 있기 때문이다. 다음은 'IS NOT NULL'을 사용한 경우이다.

```
SELECT *
FROM    SALES_SUM
WHERE TIME_CD = '201512'
  AND COUNTRY IS NOT NULL;

Execution Plan
-----------------------------------------------------
SELECT STATEMENT
 TABLE ACCESS (BY INDEX ROWID) OF 'SALES_SUM'
  BITMAP CONVERSION (TO ROWIDS)
   BITMAP MINUS
    BITMAP INDEX (SINGLE VALUE) OF 'TIME_BIX'
    BITMAP INDEX (SINGLE VALUE) OF 'COUNTRY_BIX' ------- (a)
```

이 실행계획은 마치 COUNTRY != 'KOREA'로 사용된 경우와 유사하게 처리되고 있음을 알 수 있다. 물론 약간의 차이는 있다. 앞서 NULL 을 허용하는 컬럼이 부등식으로 사용되면 NULL 값을 가진 경우를 제거해야 했다. 그러나 여기서는 그러한 작업이 필요 없다. 그 이유는 이 처리 자체가 이미 (a)에서 COUNTRY 가 NULL 인 것을 찾아 MINUS 연산을 수행하는 것이기 때문이다.

3.2.4.2. 서브쿼리 실행계획

사실은 비트맵 인덱스라고 해서 서브쿼리를 포함한 어떠한 조인에서도 B-Tree 인덱스일 때와 크게 달라지는 것은 없다. 비트맵으로 처리되는 테이블이 먼저 수행되어 그 결과를 다른 테이블에 제공을 하든, 다른 테이블이 먼저 수행된 결과를 제공 받아 비트맵 인덱스가 사용되든 지금까지 제시한 원칙에 어긋나는 것은 없다.

다음과 같이 B-Tree 인덱스를 사용하는 서브쿼리가 먼저 수행되어 그 결과를 비트맵 인덱스에 제공하는 실행계획을 살펴보자.

```
SELECT *
FROM    SALES_SUM
where ITEM_CD IN (SELECT ITEM_CD FROM ITEM_T
                  WHERE CATEGORY_CD = 'ABC') ;

Execution Plan
------------------------------------------------------
SELECT STATEMENT
 TABLE ACCESS (BY INDEX ROWID) OF 'SALES_SUM'
   NESTED LOOPS
    SORT (UNIQUE)
     TABLE ACCESS (BY INDEX ROWID) OF 'ITEM_T'
      INDEX (RANGE SCAN) OF 'ITEM_IDX2' (NON-UNIQUE)
    BITMAP CONVERSION (TO ROWIDS)
     BITMAP INDEX (SINGLE VALUE) OF 'ITEM_BIX'
```

제공 받은 값으로 비트맵 액세스

물론 이러한 방식의 처리는 비트맵이 사용되었다고 해서 달라진 것은 없다. 그러나 정작 문제점으로 제기하려는 것은 다음과 같이 여러 개의 서브쿼리가 동시에 사용될 때의 실행계획이다.

```
SELECT *
FROM SALES_SUM
WHERE ITEM_CD IN (SELECT ITEM_CD
                  FROM   ITEMS
                  WHERE CATEGORY_TYPE = 'Clothes')
  AND COUNTRY IN (SELECT COUNTRY_CD
                  FROM   COUNTRYS
                  WHERE AREA = 'EUROPE');
```

```
Execution Plan
-------------------------------------------------------
SELECT STATEMENT
 NESTED LOOPS (SEMI)
  NESTED LOOPS
   SORT (UNIQUE)
    TABLE ACCESS (BY INDEX ROWID) OF 'ITEMS'
     INDEX (RANGE SCAN) OF 'ITEMS_IDX2' (NON-UNIQUE)
   TABLE ACCESS (BY INDEX ROWID) OF 'SALES_SUM'
    BITMAP CONVERSION (TO ROWIDS)
     BITMAP INDEX (SINGLE VALUE) OF 'ITEM_BIX'
  TABLE ACCESS (BY INDEX ROWID) OF 'COUNTRYS'
   INDEX (UNIQUE SCAN) OF 'COUNTRY_PK' (UNIQUE)
```

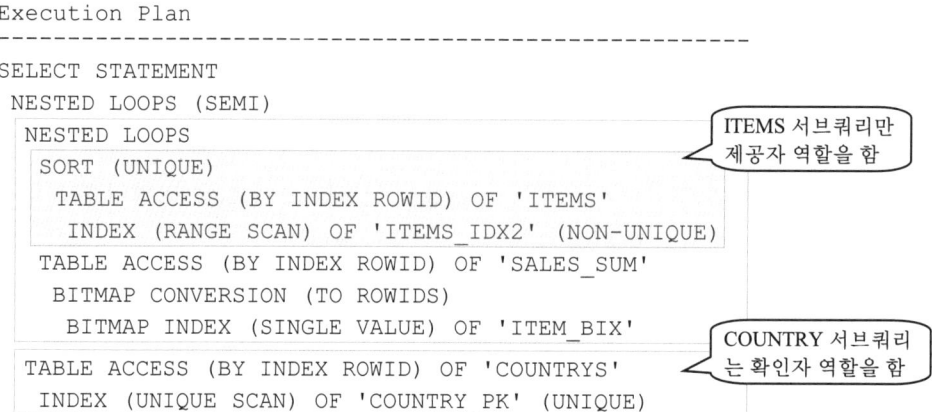

이처럼 하나 이상의 서브쿼리에서 상수값의 결과를 제공해 줄 수 있다고 하더라도 그 중에서 한 가지만 먼저 수행되고 나머지는 확인자의 역할만 수행한다. 물론 이러한 문제는 비트맵 인덱스에서만 발생하는 것은 아니다. 다만 이 쿼리가 데이터 웨어하우스에서 수행되는 것이라면 문제는 좀더 심각하다.

분포도가 좋지 않는 수많은 디멘전 테이블들이 팩트 테이블(여기서는 SALES_SUM)에 연결되어 있다고 생각해보자. 사용자는 디멘전 테이블에 있는 컬럼에 조건을 다양하게 부여했을 때 그 중에서 하나만 제공자 역할을 하고 나머지는 모두 확인자 역할을 한다면 도저히 수행속도를 감당할 수 없게 될 것이다.

가장 이상적인 방법은 모든 서브쿼리가 먼저 수행되어 처리범위를 충분히 줄인 다음 팩트 테이블을 액세스하는 것이다. 이를 가능하게 하기 위해 등장한 개념이 스타변형 조인이다. 위의 쿼리를 조인 형식으로 변형시키고 스타변형 조인이 수행되도록 해보자.

```
SELECT /*+ STAR_TRANSFORMATION */
       I.ITEM_CD, SUM(S.AMOUNT) SAL_AMOUNTS
FROM SALES_SUM S, ITEMS I, COUNTRYS C
WHERE S.ITEM_CD = I.ITEM_CD
  AND S.COUNTRY = C.COUNTRY_CD
  AND I.CATEGORY_TYPE = 'Clothes'
  AND C.AREA = 'EUROPE'
GROUP BY I.ITEM_CD;
```

이 쿼리는 옵티마이져가 디멘전 테이블들을 서브쿼리로 만들어 기존의 쿼리에 추가하는 쿼리변형을 수행한다. 그 결과 다음과 같은 실행계획이 나타나게 된다.

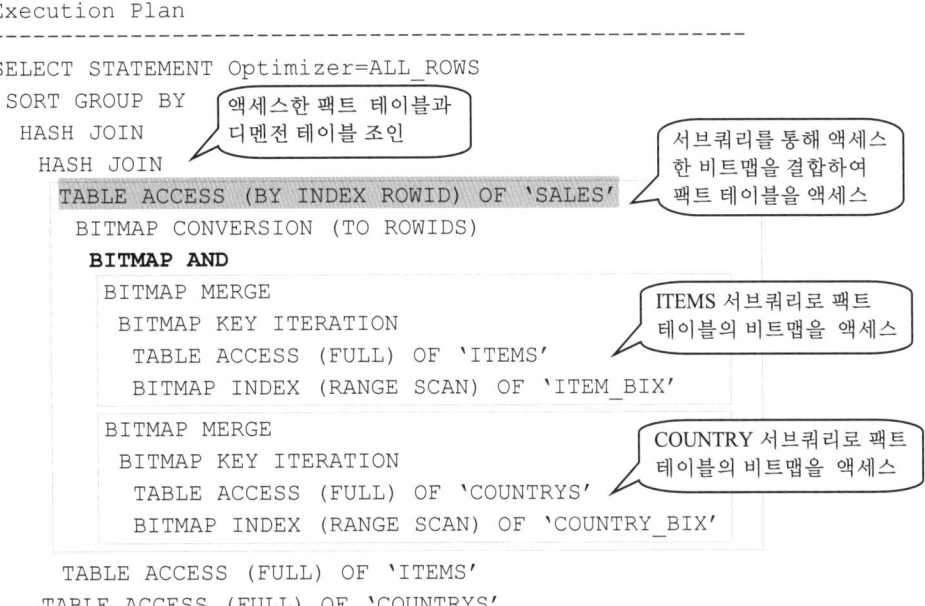

```
Execution Plan
------------------------------------------------------
SELECT STATEMENT Optimizer=ALL_ROWS
  SORT GROUP BY
    HASH JOIN
      HASH JOIN
        TABLE ACCESS (BY INDEX ROWID) OF 'SALES'
          BITMAP CONVERSION (TO ROWIDS)
            BITMAP AND
              BITMAP MERGE
                BITMAP KEY ITERATION
                  TABLE ACCESS (FULL) OF 'ITEMS'
                  BITMAP INDEX (RANGE SCAN) OF 'ITEM_BIX'
              BITMAP MERGE
                BITMAP KEY ITERATION
                  TABLE ACCESS (FULL) OF 'COUNTRYS'
                  BITMAP INDEX (RANGE SCAN) OF 'COUNTRY_BIX'
      TABLE ACCESS (FULL) OF 'ITEMS'
    TABLE ACCESS (FULL) OF 'COUNTRYS'
```

이 실행계획은 대용량의 데이터를 가진 팩트 테이블을 액세스하기 전에 먼저 주어진 디멘전 테이블의 조건이 모두 반영되었다는 것을 보여주고 있다. 이것은 매우 중요한 의미를 가지고 있다. 기존의 실행계획으로는 도저히 나타날 수 없는 한계를 극복한 것이다. 물론 거기에는 비트맵 인덱스의 특성이 있기 때문에 가능한 일이었다.

좀더 상세한 내용을 알고 싶다면 '제 2 부 제 2 장 조인의 최적화' 단원의 '2.3.7 스타변형(Star Transformation) 조인(page 617~630)'을 참조하기 바란다.

3.2.4.3. B-Tree 인덱스와의 연합(Combine) 실행계획

비트맵을 ROWID 로 전환할 수 있고, 다시 ROWID 를 비트맵으로 전환할 수 있는 특성을 이용해 B-Tree 인덱스를 비트맵으로 전환하여 비트맵 연산을 수행할 수 있다. 다음과 같은 쿼리를 실행시켜 보자. 여기서 ITEM_CD 는 비트맵 인덱스로 생성되어 있고, PRICE 는 B-Tree 인덱스로 생성되어 있다고 가정한다.

```
SELECT /*+ INDEX_COMBINE(SLAES) */ *
FROM   SALES
WHERE ITEM_CD = 'PA100'
  AND PRICE >= 100000;

Execution Plan
-------------------------------------------------------
SELECT STATEMENT
  TABLE ACCESS (BY INDEX ROWID) OF 'SALES'
    BITMAP CONVERSION (TO ROWIDS)
      BITMAP AND
        BITMAP INDEX (SINGLE VALUE) OF 'ITEM_BIX'
        BITMAP CONVERSION (FROM ROWIDS)
         SORT (ORDER BY)
           INDEX (RANGE SCAN) OF 'PRICE_IDX' (NON-UNIQUE)
```

> B-Tree 인덱스를 비트맵으로 전환

비트맵 인덱스가 전혀 없는 경우에도 INDEX_COMBINE 힌트를 적용하면 비트맵 액세스를 할 수 있다.

```
SELECT /*+ INDEX_COMBINE(EMP) */ *
FROM EMP
WHERE EMPNO < 8000
  AND DEPTNO = 10;

Execution Plan
-------------------------------------------------------
SELECT STATEMENT
  TABLE ACCESS (BY INDEX ROWID) OF 'EMP'
    BITMAP CONVERSION (TO ROWIDS)
      BITMAP AND
        BITMAP CONVERSION (FROM ROWIDS)
         SORT (ORDER BY)
           INDEX (RANGE SCAN) OF 'DEPT_IDX' (NON-UNIQUE)
        BITMAP CONVERSION (FROM ROWIDS)
         SORT (ORDER BY)
           INDEX (RANGE SCAN) OF 'EMP_PK' (UNIQUE)
```

이 개념이 가지고 있는 진정한 의미는 테이블 액세스를 하기 전에 최대한 인덱스 간에 머지를 할 수 있다는 것에 있다. 따라서 인덱스 머지의 유·불리에 대한 적용기준과 크게 다르지 않다. 다시 말해서 B-Tree 인덱스를 비트맵으로 전환을 해서라도 인덱스를 이용하여 최대한의 처리범위를 줄일 필요가 있을 때 적용해야 한다는 것이다.

　B-Tree 인덱스에서는 처리를 주관하는 인덱스에 같이 결합되어 있지 않은 컬럼은 비록 인덱스를 가지고 있더라도 체크 기능의 역할만 수행할 수 있었다. 이로 인해 테이블을 액세스한 후에 선별하게 되므로 결합 인덱스를 조정하지 않고서는 액세스를 효율화 시킬 수 있는 방법이 없었다.

　이 개념을 활용하면 충분히 처리 주관 인덱스를 도와 줄 수 있는 컬럼이 결합 인덱스에 빠져 있더라도 동참을 할 수 있는 길이 열리게 되었다. 그러나 비트맵으로 전환할 인덱스의 처리 범위가 너무 넓다면 전환에 대한 오버헤드뿐만 아니라 비트맵 연산을 통해 머지를 하더라도 처리 범위를 별로 줄여 줄 수 없을 것이므로 함부로 적용하지 말기 바란다.

SQL의 실행계획(Explain Plan)

3.2.5. 기타 특수한 목적을 처리하는 실행계획

지금까지 설명한 실행계획 외에도 특정한 처리를 위해 생성되는 실행계획들이 더 있다. 실행계획을 모두 이해하였다는 것은 데이터베이스가 처리하는 모든 형태를 이해하고 있다는 것이나 다를 게 없다. 이 장에서는 아직 언급하지 않았던 다음과 같은 몇 가지 형태의 실행계획들을 살펴보기로 한다.

- 순환(Recursive) 전개 실행계획
- UPADET SET 절 서브쿼리 실행계획
- 특이한 형태의 실행계획
- 종합 실행계획 사례 연구

여기서 언급하지 않은 실행계획 중에는 비트맵 실행계획과 병렬처리, 파티션 실행계획이 있다. 비트맵 실행계획은 앞서 비트맵의 구조를 설명하면서 충분히 언급했기 때문에 여기서는 생략했다. 병렬처리 실행계획과 파티션 실행계획은 3권에서 다루게 될 것이다.

3.2.5.1. 순환(Recursive) 전개 실행계획

순환전개란 순환구조를 가진 테이블에서 어떤 점을 시작점으로 해서 하위의 구조를 전개하는 순전개(Implosion)이나 역전개(Explosion)을 할 때 발생하는 실행계획이다. 다시 말해서 쿼리 내에 'CONNECT BY··· START WITH' 구문을 사용했을 때 나타나는 실행계획을 말한다. 이 책 시리즈의 3권에서 순환전개를 활용하는 구체적인 방법을 제시할 것이므로 여기서는 실행계획의 형태와 처리 절차에 대해서만 설명할 것이다.

먼저 기본적인 순전개가 발생했을 때의 실행계획을 살펴보자.

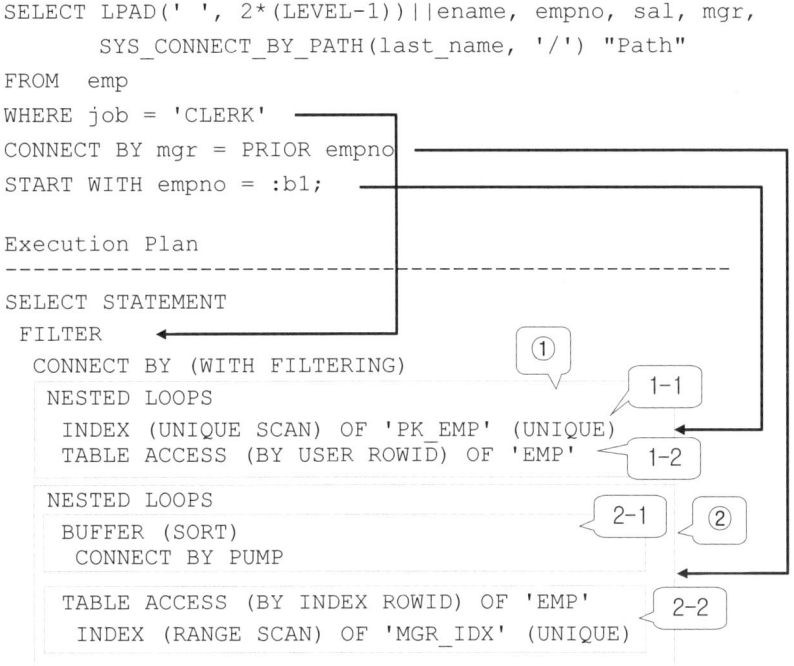

1) START WITH 에 있는 조건을 만족하는 모든 로우를 액세스하여 버퍼에 저장(1-1)한다. 이들은 각 구조의 루트(Root)가 된다.

2) (1-1)에 의해 저장된 루트 로우들은 하나씩 선발되어 (1-2)를 수행한다. 즉, 저장되어 있던 ROWID 를 이용(by user rowid)하여 테이블을 액세스한다. 이로써 루트의 테이블 액세스가 완료 되었다.

3) 이제 하위 구조를 전개하는 처리가 ②에서 본격적으로 시작된다. 이 작업은 일반적인 Nested

Loops 조인처럼 외측루프와 내측루프를 가진다. (2-1)은 외측루프이고 (2-2)는 내측루프이다. 버퍼에 저장된 로우를 '전(prior) 로우'라 하는데 이들이 외측루프의 대상이다. 버퍼에 있다는 것은 이미 액세스가 되었다는 것이므로 여기에 있는 EMPNO의 컬럼값(즉, PRIOR EMPNO)을 상수값으로 하여 CONNECT BY 절에 기술된 연결조건인 MGR을 인덱스 범위 스캔으로 액세스한다.(2-2)

먼저 액세스한 EMPNO를 MGR로 가진 로우를 찾는다는 것은 앞서 액세스 해둔 사원을 상사로 모시고 있는 사람, 즉 부하사원을 찾는다는 의미가 된다. 내측루프인 (2-2)를 수행하면 하나 이상이 나타날 수 있으며 이들을 다시 버퍼의 해당 위치에 저장한다.

4) 버퍼에 저장된 로우들은 다시 ③의 작업을 반복하며, 더 이상 연결이 되지 않을 때까지 수행한다. 버퍼에서 외측루프를 처리하는 순서는 아래 [그림 1-3-2]에 나타나 있다.

5) 이렇게 연결된 결과들은 WHERE 절에 있는 조건을 체크(FILTER)하여 최종 결과로 리턴한다. 실행계획에 있는 ③은 이 처리를 의미한다. 여러분들은 다른 쿼리에서와는 다르게 WHERE 절이 가장 나중에 단순한 체크기능으로서만 작용한다는 것에 유념하기 바란다.

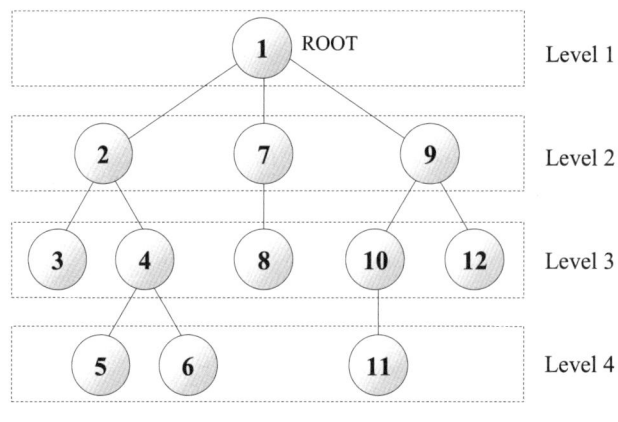

[그림 1-3-2]

위의 그림에 있는 동일 레벨에 있는 로우들은 일종의 '형제'라고 할 수 있다. 실전에서는 이들의 리턴되는 순서를 지정하고 싶어하는 경우가 많이 있다. 순환전개에 의한 추출된 결과는 구조적인 모습을 하고 있으므로 함부로 ORDER BY를 사용하면 구조가 깨어질 수가 있다.

과거에는 이런 문제를 해결하기 위해 CONNECT BY 에서 연결을 주관하는 인덱스에 정렬하고자 하는 컬럼을 추가하여 인덱스 스캔을 통해 자연스럽게 정렬이 되도록 하였다. 그러나 이 방법은 우리가 경우에 따라 임의의 컬럼으로 정렬하도록 할 수는 없다. 이런 문제를 해결하기 위해 다음과 같은 ORDER BY 가 추가되었다.

```
SELECT LPAD(' ',2*(LEVEL-1))||ename, empno, sal, mgr,
       SYS_CONNECT_BY_PATH(last_name, '/') "Path"
FROM   emp
WHERE job = 'CLERK'
CONNECT BY mgr = PRIOR empno
START WITH empno = :b1
ORDER SIBLINGS BY ename;
```

이 구문은 별도의 정렬작업을 동반하지 않는다. 내측루프를 수행한 결과를 버퍼에 저장할 때 여기에 기술된 순서로 할뿐이기 때문에 실행계획에는 별도의 처리 단계가 나타나지는 않는다.

이번에는 순환전개 실행계획에서 나타나는 또 다른 형태를 살펴보자. 만약 CONNECT BY 의 연결에 사용할 인덱스가 제대로 준비되지 않았거나 테이블의 크기가 충분하게 적다면 옵티마이져는 해쉬조인을 이용해 내측루프를 수행한다.

```
Execution Plan
-----------------------------------------------------
SELECT STATEMENT
 FILTER
  CONNECT BY (WITH FILTERING)
   NESTED LOOPS
     INDEX (UNIQUE SCAN) OF 'PK_EMP' (UNIQUE)
     TABLE ACCESS (BY USER ROWID) OF 'EMP'
   HASH JOIN
    CONNECT BY PUMP
    TABLE ACCESS (FULL) OF 'EMP'
```

위의 실행계획에서 전개를 수행하는 해쉬 조인 부분을 좀더 상세하게 살펴보자. 해쉬 조인에는 연결을 위해 먼저 액세스하여 필요한 준비를 해두는 처리를 빌드입력(Build Input)이라 하고, 나중에 액세스하여 해쉬키를 만들고 이를 통해 연결을 수행하는 처리를 검색입력(Prove Input)이라고 한다. Nested Loops 조인과 비교해 본다면 빌드입력은 외측 루프 역할을 하고, 검색입력은 내측루프 역할을 한다고 할 수 있다.

외측루프인 'CONNECT BY PUMP'는 해쉬영역 내에 있는 빌드입력 역할을 하는 버퍼를 의미한다. 이 버퍼는 전개된 구조를 담고 있으며 내측루프에 값들을 제공(Pump)한다. 내측 루프는 전체테이블 스캔을 하고 있다. 이것은 전체테이블을 스캔하여 해쉬키로 생성해 두고 전개가 수행될 때 내측루프에서 해쉬키를 액세스하겠다는 것이다.

이 테이블의 크기가 적을 때는 매우 유용한 방법이지만 전체테이블을 스캔하기 때문에 테이블의 크기가 부담이 될 수도 있다. 가능하다면 순환전개에 사용되는 연결고리는 인덱스를 생성해 두는 것이 바람직하다.

이번에는 좀더 복잡한 형태의 실행계획을 살펴보기로 하자. 만약 서브쿼리가 여러 위치에 존재했다면 어떤 일이 발생할까? 가령, WHERE 절에 서브쿼리가 있는 경우와 START WITH 절에 있는 경우를 확인해 보기로 하자. 먼저 WHERE 절에 위치한 경우를 살펴보자.

```
SELECT * FROM emp
WHERE deptno IN (SELECT deptno FROM dept WHERE loc = 'BOSTON')
CONNECT BY mgr = PRIOR empno
START WITH empno = 7698;

Execution Plan
-------------------------------------------------------
SELECT STATEMENT
 FILTER
  CONNECT BY (WITH FILTERING)
   NESTED LOOPS
    INDEX (UNIQUE SCAN) OF 'PK_EMP' (UNIQUE)
    TABLE ACCESS (BY USER ROWID) OF 'EMP'
   HASH JOIN
    CONNECT BY PUMP
    TABLE ACCESS (FULL) OF 'EMP'
  TABLE ACCESS (BY INDEX ROWID) OF 'DEPT'
   INDEX (RANGE SCAN) OF 'PK_DEPT' (UNIQUE)
```

우리가 이미 예상하고 있었듯이 순환전개에서 내측루프를 수행하여 나타난 로우들을 필터처리로 체크하고 있음을 확인할 수 있다. 순환구조의 처리에서는 WHERE 절이 단지 수행된 결과를 체크하는 기능을 할 따름이기 때문이다. 이번에는 START WITH 절에 사용되었을 때를 살펴보자.

```
SELECT  * FROM emp
CONNECT BY mgr = PRIOR empno
START WITH empno IN (SELECT mgr_empno
                    FROM department
                    WHERE LOC = 'HQ');

Execution Plan
-------------------------------------------------------------
SELECT STATEMENT
 CONNECT BY (WITH FILTERING)
  NESTED LOOPS
   HASH JOIN (SEMI)
    INDEX (FULL SCAN) OF 'PK_EMP' (UNIQUE)
    TABLE ACCESS (BY INDEX ROWID) OF 'DEPARTMENT'
     INDEX (RANGE SCAN) OF 'DEPARTMENT_LOC_IDX' (NON-UNIQUE)
   TABLE ACCESS (BY USER ROWID) OF 'EMP'
  HASH JOIN
   CONNECT BY PUMP
   TABLE ACCESS (FULL) OF 'EMP'
  TABLE ACCESS (BY INDEX ROWID) OF 'DEPARTMENT'
   INDEX (RANGE SCAN) OF 'DEPARTMENT_X1' (NON-UNIQUE)
```

> 이해할 수 없는 처리단계

위의 실행계획을 분석해 보자. 먼저 루트를 찾기 위해 서브쿼리와 조인을 수행했다는 것을 알 수 있다. 처리할 루트들이 선택되어 버퍼에 저장되었다면 나머지 처리는 앞서 설명했던 것과 다를 것이 전혀 없다. 그런데 이 실행계획의 하단을 보면 바로 앞에서 설명했던 WHERE 절의 서브쿼리처럼 다시 서브쿼리를 액세스하는 단계가 추가되어 있다.

논리적으로 이 단계가 처리할 수 있는 내용은 두 가지로 예상해 볼 수 있다. 한 가지는 WHERE 절 서브쿼리처럼 전개된 결과를 체크하는 용도이며, 다른 하나는 루트의 정보를 체크하는 경우이다. 그러나 상식적으로 생각해 볼 때 이러한 처리가 발생해야 할 이유를 찾을 수 없다.

만약 전개된 결과를 체크한다면 그것은 논리적으로 맞지 않는다. 왜냐하면 서브쿼리는 루트를 찾기 위해서 부여한 것이지 전개 결과를 체크하라는 것이 아니기 때문이다. 또한 루트 정보를 위해 다시 서브쿼리를 액세스했다는 것도 논리적으로 이해할 수 없다. 왜냐하면 이미 해쉬세미 조인을 통해 이들은 연결되었기 때문에 별도로 다시 액세스해야 할 이유가 없기 때문이다.

이번에는 특정버전(v10.2)에서 발생하는 특별한 실행계획을 살펴보자. 이 실행계획은 앞서 소개했던 기본형을 수행시킨 결과이다.

```
Execution Plan
----------------------------------------------------
SELECT STATEMENT
  CONNECT BY (WITH FILTERING)
    TABLE ACCESS (BY INDEX ROWID) OF 'EMP'
      INDEX (RANGE SCAN) OF 'PK_EMP' (NON-UNIQUE)
    NESTED LOOPS
      BUFFER (SORT)
        CONNECT BY PUMP
      TABLE ACCESS (BY INDEX ROWID) OF 'EMP'
        INDEX (RANGE SCAN) OF 'MGR_IDX' (NON-UNIQUE)
    TABLE ACCESS (FULL) OF EMP
```
← 추가된 부분

전개를 수행하는 부분은 동일하지만 루트를 찾는 부분은 달라져 있다. 이미 액세스가 되어 있는 루트를 찾기 위해 다시 전체 테이블을 액세스하였다는 것은 이해가 가지 않는다. 실제 TRACE를 이용하여 분석해 보았더니 실행단계에서는 분명히 전체테이블 스캔을 하는 것으로 나와 있지만 전혀 이 단계를 거치지 않는 것으로 확인되었다.

다음 사례를 살펴보면 이를 확인할 수 있다.

```
Rows       Row Source Operation
-----  ---------------------------------------------------------
    6  CONNECT BY WITH FILTERING (cr=16 pr=0 pw=0 time=370 us)
    1   TABLE ACCESS BY INDEX ROWID EMP (cr=2 pr=0 pw=0 time=34 us)
    1    INDEX UNIQUE SCAN PK_EMP (cr=1 pr=0 pw=0 time=16 us)(PK_EMP)
    5   HASH JOIN  (cr=14 pr=0 pw=0 time=212 us)
    6    CONNECT BY PUMP  (cr=0 pr=0 pw=0 time=31 us)
   28    TABLE ACCESS FULL EMP (cr=14 pr=0 pw=0 time=90 us)
    0   TABLE ACCESS FULL EMP (cr=0 pr=0 pw=0 time=0 us)
```

이번에는 조인 쿼리를 순환전개시키는 경우의 실행계획을 살펴보자.

```
SELECT e.*, d.loc
FROM   emp e, dept d
WHERE  e.deptno = d.deptno
CONNECT BY mgr = PRIOR empno
START WITH empno = 7839;

Execution Plan
---------------------------------------------------
SELECT STATEMENT
 CONNECT BY (WITH FILTERING)
   FILTER
    COUNT
     NESTED LOOPS
      TABLE ACCESS (FULL) OF 'EMP'
      TABLE ACCESS (BY INDEX ROWID) OF 'DEPT'
       INDEX (UNIQUE SCAN) OF 'PK_DEPT' (UNIQUE)
   HASH JOIN
    CONNECT BY PUMP
    COUNT
     NESTED LOOPS
      TABLE ACCESS (FULL) OF 'EMP'
      TABLE ACCESS (BY INDEX ROWID) OF 'DEPT'
       INDEX (UNIQUE SCAN) OF 'PK_DEPT' (UNIQUE)
```

> START WITH 조건을 처리주관 조건으로 하는 조인을 하지 않고 전체를 조인한 다음 필터처리를 통해 루트를 선택

> 전체를 조인한 결과와 해쉬 조인을 통해 전개를 수행

두 테이블을 조인하는 방법은 해쉬 조인으로 나타날 수도 있다. 이 실행계획은 우리가 부여한 START WITH 의 조건을 무시하고 전체 조인을 수행한 다음 루트들을 선별했다는 것과 전체 테이블을 먼저 조인한 다음 전개를 수행하였다. 이것은 경우에 따라 매우 심각한 부하가 발생할 수도 있다.

물론 이러한 방법으로 수행되는 것에는 피치 못할 이유가 있다. 그것은 순환전개의 연결고리의 조건에 사용된 컬럼이 만약 서로 다른 테이블에 있었다면 먼저 조인을 수행한 집합이 있어야 순환전개가 가능하기 때문이다. 이것은 같은 테이블 내에 순환관계가 존재하지 않는 경우에도 순환전개를 가능하게 하기 때문에 경우에 따라서는 매우 유용하다.

그러나 실세계에서 발생하는 순환전개의 대부분은 연결고리 컬럼이 같은 테이블에 있다. 이러한 경우라면 다음과 같이 인라인뷰에서 전개를 하고, 그 결과를 조인하는 방식으로 접근하는 것이 바람직하다.

```
SELECT e.*, d.*
FROM (SELECT *
      FROM emp
      CONNECT BY mgr = PRIOR empno
      START WITH empno = 7839) e,
     dept d
WHERE e.deptno = d.deptno;


Execution Plan
-------------------------------------------------------
SELECT STATEMENT
 HASH JOIN
   VIEW
    CONNECT BY (WITH FILTERING)
     NESTED LOOPS
      INDEX (UNIQUE SCAN) OF 'PK_EMP' (UNIQUE)
       TABLE ACCESS (BY USER ROWID) OF 'EMP'
     HASH JOIN
      CONNECT BY PUMP
      TABLE ACCESS (FULL) OF 'EMP'
   TABLE ACCESS (FULL) OF 'DEPT'
```

- 인라인뷰에서 먼저 순환전개를 처리
- 순환전개 결과와 해쉬조인을 수행

3.2.5.2. UPDATE 서브쿼리 실행계획

UADATE 문에는 SET 절과 WHERE 절에 서브쿼리를 사용할 수 있다. SET 절에 사용된 서브쿼리를 스칼라(Scalar) 서브쿼리라고 부른다. 스칼라 서브쿼리란 하나의 값 - 즉, 하나의 로우에 하나의 컬럼값 - 을 리턴하는 서브쿼리이다. 이 값은 일반적으로 SELECT-List 항목의 한 값을 표현하는데 사용한다. SELECT 문에서의 SET 절은 갱신할 특정 컬럼의 값을 지정하는 구문이므로 일종의 SELECT-List 항목이라 할 수 있다.

만약 스칼라 서브쿼리를 수행한 결과가 존재하지 않는다면 그 결과는 NULL 을 가지며, 하나 이상의 값이 리턴되면 에러로 인정한다. 스칼라 서브쿼리에 대한 상세한 활용 방법은 2 권에서 다루게 될 것이다. 여기서는 나타나는 실행계획만 조명해 보기로 하겠다. 다음과 같은 SQL 을 실행시켜 보자.

```
UPDATE employee e
SET sal = (SELECT AVG(sal) * 1.2
           FROM bonus b
           WHERE b.empno = e.empno
             AND b.pay_date between :b1 and :b2)
WHERE deptno IN (SELECT deptno
                 FROM dept
                 WHERE loc = 'BOSTON');

Execution Plan
--------------------------------------------------------
UPDATE STATEMENT
 UPDATE OF 'EMP'
  TABLE ACCESS (BY INDEX ROWID) OF 'EMP'
   NESTED LOOPS
    TABLE ACCESS (BY INDEX ROWID) OF 'DEPT'
     INDEX (RANGE SCAN) OF 'LOC_IDX' (NON-UNIQUE)
    INDEX (RANGE SCAN) OF 'EMP_DEPTNO_IDX' (NON-UNIQUE)
  SORT (AGGREGATE)
   TABLE ACCESS (BY INDEX ROWID) OF 'BONUS'
    INDEX (RANGE SCAN) OF 'BONUS_PK' (UNIQUE)
```

(주석: 서브쿼리를 먼저 수행하여 메인쿼리에 결과를 제공)
(주석: SET 절의 스칼라 서브쿼리 수행단계)

WHERE 절에 사용된 서브쿼리의 실행계획 원리는 일반적인 SELECT 문에서와 동일하다. 다시 말해서 비록 UPDATE 문이라고 해서 언제나 서브쿼리가 나중에 수행되는 Nested

Loops 조인만을 고집하는 것은 아니라는 것이다. 아래의 실행계획은 WHERE 절의 서브쿼리가 해쉬조인으로 수행되고 있는 경우를 보여주고 있다.

```
Execution Plan
--------------------------------------------------------
UPDATE STATEMENT
  UPDATE OF 'EMP'
    HASH JOIN
     TABLE ACCESS (BY INDEX ROWID) OF 'DEPT'
       INDEX (RANGE SCAN) OF 'LOC_IDX' (NON-UNIQUE)
     TABLE ACCESS (BY INDEX ROWID) OF 'EMP'
       INDEX (RANGE SCAN) OF 'PK_EMP' (UNIQUE)
    SORT (AGGREGATE)
     TABLE ACCESS (BY INDEX ROWID) OF 'BONUS'
       INDEX (RANGE SCAN) OF 'BONUS_PK' (UNIQUE)
```

그러나 SET 절에 있는 스칼라 서브쿼리는 언제나 나중에 수행된다. 마치 사용자 지정 저장형 함수를 사용한 것과 유사한 개념으로 생각할 수 있다. 여러분이 이러한 서브쿼리를 사용할 때 매우 조심해야 할 것이 있다. 메인쿼리에서 제공받은 연결고리 값으로 서브쿼리가 수행된 결과가 'No data found'였다면 NULL 값으로 인정되기 때문에 기존의 값이 보존되지 못하고 NULL 로 갱신될 수 있다는 것이다.

쿼리에서 조건을 만족하는 로우가 없는 것을 '실패(Fail)'이라고 한다. 이것은 '에러(Error)'와는 근본적으로 다르다. 쿼리가 정상적으로 실행되지 않은 것은 '에러'이지만 정상적으로 실행된 결과가 존재하지 않는 것은 '실패'라 하며, NULL 값을 결과로써 리턴한다. 쿼리가 실패하면 SELECT-List 가 작동하지 않으므로 아무리 'NVL'등을 사용하여도 결과는 역시 NULL 이 된다.

다만 SUM, MIN, MAX, COUNT, AVG 등과 같은 그룹함수가 들어가 있으면 언제나 '실패'가 발생하지 않는다. 이러한 경우에는 SELECT-List 에 'NVL, NVL2, COALESCE' 등을 사용하여 NULL 값으로 갱신되는 것을 막을 수 있다. 그러나 만약 스칼라 서브쿼리가 너무 많이 실패를 한다면 불필요한 UPDATE 가 증가하므로 이런 경우에는 WHERE 절에 다시 한번 서브쿼리를 사용하여 갱신대상을 줄여주는 것이 좋다.

그러나 이 방법은 동일한 서브쿼리가 두 번이나 수행되어야 하므로 '수정가능 조인뷰(Modifiable Join View)'를 사용하면 이것을 방지할 수 있다. 이 방법을 사용하면 UPDATE 되는 테이블과 정보를 제공하는 테이블이 모든 종류의 조인방식을 이용할 수 있을 뿐만 아니라 불필요하게 여러 번 동일한 서브쿼리를 수행하지 않게 된다. 보다 상세한 내용은 제 2 권에서 'UPDATE 문의 확장' 단원에서 다루기로 한다. 다만 여기서는 이러한 경우에 나타나는 실행계획만 소개하기로 하겠다.

```
CREATE or REPLACE VIEW EMP_DEPT_VIEW as
 SELECT x.EMPNO, x.ENAME, x.JOB, x.SAL, y.LOC, y.DNAME
 FROM EMP x, DEPT y
 WHERE x.DEPTNO = y.DEPTNO;
```

먼저 두 개의 테이블을 조인한 뷰를 생성하였다. 조인뷰를 생성할 때 몇 가지 원칙을 지키지 않으면 UPDATE 는 불가능해 진다. 이제 뷰를 직접 UPDATE 하는 SQL 의 실행계획을 살펴보자.

```
UPDATE EMP_DEPT_VIEW e
  SET SAL = DECODE(DNAME, 'SALES',1.2, 1,1) * SAL
WHERE LOC LIKE 'AB%';

Execution Plan
-------------------------------------------------
UPDATE STATEMENT
 UPDATE OF 'EMP'
  HASH JOIN
    TABLE ACCESS (BY INDEX ROWID) OF 'DEPT'
     INDEX (RANGE SCAN) OF 'LOC_IDX' (NON-UNIQUE)
    TABLE ACCESS (FULL) OF 'EMP'
```

SQL 을 보면 갱신 테이블이 아닌 'DEPT' 테이블의 컬럼이 SET 절에도 사용(dname)되었고, WHERE 절에도 사용(loc)되었다. 그러나 실행계획을 보면 한 번의 해쉬조인을 통해 모든 것이 해결되었음을 확인할 수 있다.

3.2.5.3. 특이한 형태의 실행계획

이제 마지막으로 지금까지 언급하지 않았던 특이한 유형의 실행계획들을 소개하기로 하겠다. 이들 중에서 대부분은 새롭게 등장한 처리방법들이다. 아직은 그리 많이 사용하고 있지는 않지만 활용할 부분이 무궁무진한 좋은 기능들이다. 여기서 그 개념들을 모두 소개하고 활용방법까지 언급하는 것은 이 장이 너무 길어질 것 같아 나중에 별도의 장에서 그러한 부분들을 상세하게 설명하기로 한다.

여기서는 실행계획의 내부적인 처리절차에 대한 분석을 통해 여러분이 기본 개념을 정확히 이해할 수 있도록 하는 수준에서 간략하게 다루기로 하겠다. 여기서는 다음 항목들이 언급된다.

- 서브쿼리 팩토링(Factoring)
- 특이한 DELETE 문 서브쿼리
- 다중 테이블 입력(Multi-table Insert)
- HAVING 절 서브쿼리
- CUBE 처리
- GROUPING SETS 처리
- ROLLUP 처리
- MERGE 문

가) 서브쿼리 팩토링 실행계획

서브쿼리 팩토링이란 WITH 절을 사용하여 생성한 복잡한 쿼리 문을 임시 테이블이 실제로 저장을 해 두었다가 거의 테이블과 동일하게 사용할 수 있는 기능을 말한다. 개념적으로 보면 인라인뷰와 거의 동일하지만 서로 장.단점을 가지고 있다. 일단 사용된 사례를 살펴보기로 하자.

```
WITH total_sal AS
    (SELECT D.deptno, D.loc, E.job, sum(E.sal) tot_sal
     FROM  emp E, dept D
     WHERE E.deptno = D.deptno
       AND E.hiredate > :b1
     GROUP BY D.deptno, D.loc, E.job )
SELECT e.empno, e.ename, e.sal, e.sal/t.tot_sal sal_percent
FROM  emp e, total_sal t
WHERE e.deptno = t.deptno
  AND e.sal > (SELECT max(tot_sal)
               FROM  total_sal
               WHERE job = 'CLERK');

Execution Plan
------------------------------------------------------
SELECT STATEMENT
  RECURSIVE EXECUTION OF 'SYS_LE_2_0'
  TEMP TABLE TRANSFORMATION
    TABLE ACCESS (BY INDEX ROWID) OF OF 'EMP'
      NESTED LOOPS
        VIEW
          TABLE ACCESS (FULL) OF 'SYS_TEMP_0FD9D6616_165207A'
        INDEX (RANGE SCAN) OF 'EMP_DEPTNO_IDX' (NON-UNIQUE)
      SORT (AGGREGATE)
        VIEW
          TABLE ACCESS (FULL) OF 'SYS_TEMP_0FD9D6616_165207A'
```

(임시 테이블과 EMP 테이블 조인)
(WHERE 절 서브쿼리 필터링)

실행계획을 살펴보면 먼저 임시 테이블을 생성하기 위해 WITH 절의 쿼리를 내부적으로 실행(Recursive Execution)시킨다. 이 결과는 자동으로 명칭이 부여된다. 임시테이블을 선행 테이블로 하여 조인을 실시한다. 이제 확인자 역할을 하는 서브쿼리를 수행하여 필터링을 한다.

여기서 'TEMP TABLE TRANSFORMATION'단계는 기존의 쿼리를 새로 생성된 임시 테이블로 변형하겠다는 것을 의미한다. 인라인뷰의 단점은 위의 예에서 WITH 절 쿼리를 인라인뷰로 대체시켜 보면 명백히 드러난다. 인라인뷰를 사용하면 두 번 모두 수행된다. 만약 넓은 범위의 처리를 해서 매우 소량의 결과를 얻었다면 그 차이는 매우 크게 나타날 수도 있다.

그러나 이 방법을 사용하면 '쿼리 변형'이 불가능해지므로 불리한 경우도 많이 있다. 특히 이렇게 생성된 임시 테이블은 인덱스를 가질 수 없으므로 처리된 결과가 소량이 아니라면 비효율이 발생할 가능성이 있다. 이 형태의 가장 큰 자랑은 한 번 복잡한 가공을 한 결과를 하나의 쿼리에서 여러 번 사용해야 할 때 빛을 발한다는 것이다.

또한 다음 사용 예처럼 미리 여러 개의 팩토링을 생성해 두고 처리하는 것이 유리한 경우에도 매우 유용하다. 이들은 인덱스를 가질 수 없으므로 선행처리 되어 처리범위를 줄이는데 기여할 수 있다면 Nested Loops 조인, 그렇지 않으면 해쉬 조인이 되어야 할 것이다.

다음 팩토링의 사용예를 보면 WITH 절에 하나 이상의 쿼리를 사용할 수 있음을 알 수 있다. 쿼리를 자세히 살펴보면 WITH 절에 분명히 두 개의 쿼리를 기술하였지만 실행계획에는 단 하나의 임시 테이블만 생성되었다는 것을 확인해 보기 바란다. 팩토링 쿼리를 분석해 보면 두 번째의 쿼리는 첫 번째 쿼리의 결과를 이용한 것임을 알 수 있다. 이런 경우에는 논리적으로 하나의 임시 테이블만 생성해도 가능하므로 새로운 임시 테이블을 생성하지 않는다.

```
WITH
   dept_costs AS
      (SELECT dname, SUM(sal) dept_total
       FROM   emp e, dept d
       WHERE  e.deptno = d.deptno
       GROUP BY dname),
   avg_cost AS
      (SELECT SUM(dept_total)/COUNT(*) avg_sal
       FROM dept_costs)
SELECT *
FROM   dept_costs
WHERE  dept_total > (SELECT avg_sal
                     FROM avg_cost)
ORDER BY dname;
```

이것이 바로 '쿼리 변형' 기능의 묘미이다. 앞서 설명했듯이 일단 임시 테이블을 생성한 후 그 결과를 이용하는 쿼리로 변형하면서 이러한 결과가 나타나는 것이다.

```
Execution Plan
----------------------------------------------------------
SELECT STATEMENT
  RECURSIVE EXECUTION OF 'SYS_LE_2_0'
  TEMP TABLE TRANSFORMATION
   SORT (ORDER BY)
    FILTER
     VIEW
      TABLE ACCESS (FULL) OF 'SYS_TEMP_0FD9D6618_165207A'
     VIEW
      SORT (AGGREGATE)
       VIEW
        TABLE ACCESS (FULL) OF 'SYS_TEMP_0FD9D6618_165207A'
```

> 동일한 임시 테이블을 사용하고 있음

나) 특이한 DELETE 문 서브쿼리

이번에는 우리가 자주 사용하지는 않지만 잘 이해하고 있으면 경우에 따라 유용하게 활용할 수 있는 특이한 DELETE 문의 사용예를 살펴 보기로 하자.

```
DELETE FROM (SELECT * FROM EMP
             WHERE job  = 'CLERK'
               AND comm > 10000
               AND deptno IN (SELECT deptno
                              FROM   dept
                              WHERE  loc = 'BOSTON'));

Execution Plan
----------------------------------------------------------
DELETE STATEMENT
 DELETE OF 'EMP'
  NESTED LOOPS
   TABLE ACCESS (BY INDEX ROWID) OF 'EMP'
    INDEX (UNIQUE SCAN) OF 'PK_EMP' (UNIQUE)
   TABLE ACCESS (BY INDEX ROWID) OF 'DEPT'
    INDEX (UNIQUE SCAN) OF 'PK_DEPT' (UNIQUE)
```

> SELECT 문처럼 조인을 사용하여 삭제대상을 액세스하고 있음

다) 다중 테이블 입력(Multi-table Insert) 서브쿼리

다중 테이블 입력이란 하나의 쿼리에서 액세스한 로우를 여러 개의 테이블에 동시에 입력할 수 있는 기능이다. 과거에는 'INSERT INTO table_name SELECT …' 형식으로만 사용할 수 있었기 때문에 여러 테이블에 입력하려면 SQL 을 분리하였다. 이 방법은 입력을 할 때마다 동일한 쿼리를 다시 수행해야 하므로 매우 비효율적이었다.

이를 피하기 위해서는 'DECLARE CURSOR'로 쿼리를 선언하고 이를 패치한 후에 별도의 INSERT 문을 수행시켰다. 우리는 하나의 SQL 에서 여러 로우를 처리하는 것과 하나씩 처리하는 SQL 을 여러 번 수행시키는 것은 상당한 차이가 있다는 것을 잘 알고 있다.

이 방법은 INSERT 문에 패치 행위마다 수행해야 한다는 단점을 가지고 있다. 물론 이런 문제를 해결하기 위해 '다중처리(Array Processing)'을 기법을 사용하는 방법이 있다. 이 방법은 2 권에서 상세하게 다루게 될 것이다. 다음과 같은 구문을 활용하면 매우 쉽게 이런 문제를 해결할 수가 있다.

```
INSERT ALL
  WHEN order_total < 1000000
       THEN INTO small_orders
  WHEN order_total > 1000000 AND order_total < 2000000
       THEN INTO medium_orders
  WHEN order_total > 2000000
       THEN INTO large_orders
SELECT order_id, order_total, sales_rep_id, customer_id
FROM orders;

Execution Plan
-----------------------------------------------------------
INSERT STATEMENT
MULTI-TABLE INSERT
   INTO OF 'SMALL_ORDERS'
   INTO OF 'MEDIUM_ORDERS'
   INTO OF 'LARGE_ORDERS'
      TABLE ACCESS (FULL) OF 'ORDERS'
```

> 한번 액세스한 결과를 여러 테이블에 제공

아래의 사례처럼 VALUES 절을 통해 대응 컬럼을 지정할 수 있으며, SELECT 절에서는 어떠한 처리도 가능하다.

```
INSERT ALL
  WHEN ottl < 100000
       THEN INTO small_orders VALUES(oid, ottl, sid, cid)
  WHEN ottl > 100000 and ottl < 200000
       THEN INTO medium_orders VALUES(oid, ottl, sid, cid)
  WHEN ottl > 200000
       THEN into large_orders VALUES(oid, ottl, sid, cid)
  WHEN ottl > 290000
       THEN INTO special_orders
SELECT o.order_id oid, o.customer_id cid, o.order_total ottl,
       o.sales_rep_id sid, c.SAL cl, c.job cem
FROM   orders o, emp c
WHERE  o.customer_id = c.empno
   AND o.order_date between :b1 and :b2;


Execution Plan
--------------------------------------------------------
INSERT STATEMENT
 MULTI-TABLE INSERT
   INTO OF 'SMALL_ORDERS'
   INTO OF 'MEDIUM_ORDERS'
   INTO OF 'LARGE_ORDERS'
   INTO OF 'SPECIAL_ORDERS'
    HASH JOIN
      TABLE ACCESS (FULL) OF 'EMP'
      TABLE ACCESS (BY INDEX ROWID) OF 'ORDERS'
       INDEX (RANGE SCAN) OF 'ORDERS_IDX2'(NON-UNIQUE)
```

> 다양한 방법의 조인이 가능함

이러한 처리방법이 가장 효율적으로 적용될 수 있는 일은 파일 시스템으로 구성되었던 과거 시스템 데이터를 관계형 데이터베이스 구조로 이행(Migration)할 때 특히 유용하다. 파일 시스템에서는 배열을 많이 사용하기 때문에 하나의 로우에 길게 나열되어 있다. 관계형 데이터베이스에서는 이들이 정규화에 의해 하나 이상의 테이블로 분리된다. 물론 기존 파일 구조를 그대로 로드(Load)하거나 외부 테이블(External Table)을 이용하여 미리 준비를 해두는 것이 필요하다.

또 한 가지의 활용 형태는 데이터 웨어하우스를 구축할 때 적용하는 경우이다. 이러한 시스템에서는 OLTP의 데이터 구조와는 상당히 달라진 형태로 나타난다. 이들은 취합되고 가공되어 다양한 목적을 가진 집합으로 이동하게 된다. 이러한 처리에서는 SELECT 문은 취합과 가공을 담당하고, 이를 다중 입력 기능을 이용하여 다양한 목적 테이블로 적절하게 이동시킬 수 있다.

라) HAVING 절 서브쿼리 실행계획

HAVING 절은 GROUP BY 에서 생성된 결과에 다시 조건을 부여하기 위해 사용하는 구문이다. 이제는 여기서도 거의 제약없이 모든 기능을 사용할 수 있다. 다음에 소개할 사례는 HAVING 절에 서브쿼리를 사용했을 때 나타나는 실행계획을 보여주고 있다.

```
SELECT department_id, manager_id
FROM employees
GROUP BY department_id, manager_id
HAVING (department_id, manager_id) IN (SELECT e.deptno, e.mgr
                                       FROM   emp e, dept d
                                       WHERE  e.deptno = d.deptno
                                         AND  d.loc = 'BOSTON');

Execution Plan
---------------------------------------------------------
SELECT STATEMENT
 FILTER
  SORT (GROUP BY)
   TABLE ACCESS (FULL) OF 'EMPLOYEES'

  NESTED LOOPS
   TABLE ACCESS (BY INDEX ROWID) OF 'DEPT'
    INDEX (RANGE SCAN) OF 'LOC_IDX' (NON-UNIQUE)
   AND-EQUAL
    INDEX (RANGE SCAN) OF 'EMP_MGR_IDX' (NON-UNIQUE)
    INDEX (RANGE SCAN) OF 'EMP_DEPTNO_IDX' (NON-UNIQUE)
```

> 먼저 수행된 메인쿼리에서 받은 두 조건을 인덱스 머지로 조인

마) ROLLUP, CUBE, GROUPING SETS 처리 실행계획

ROLLUP 과 CUBE 는 매우 유사하다. 이들은 우리가 GROUP BY 한 결과에 대해 여러 가지 형태의 '소계(Sub Total)'을 아주 쉽게 구해준다. 사실 이러한 기능이 없다면 단일 쿼리 내에서 이들을 구해 적절한 위치에 삽입하는 것이 결코 쉽지 않다. 일단 패치한 결과를 첨자를 사용하여 배열에 삽입하는 방법은 매우 번거롭다.

만약 GROUP BY 한 항목이 여러 단계를 가지고 있다면 각 단계별로 소계를 구해야 한다. 이들은 데이터의 형태에 따라 일정한 개수를 가지고 있지 않다. 과거에는 이런 문제를 하나의 쿼리에서 처리하기 위해 GROUP BY 한 집합을 복제하여 가공하는 방법으로 해결(여기에 대한 상세한 구현방법은 2권에서 소개한다)하였다. 그러나 이제는 이 기능을 활용함으로써 간단하게 처리할 수 있다.

ROLLUP 과 CUBE 는 동일한 결과를 추출하는 순서만 다를 뿐이므로 두 가지를 소개하는 정도로만 언급하겠다. 다음은 ROLLUP 을 했을 때 나타나는 실행계획이다.

```
SELECT co.country_region, co.country_subregion,
       SUM(s.amount_sold) "Revenue",
       GROUP_ID() g
FROM   sales s, customers c, countries co
WHERE  s.cust_id = c.cust_id
  AND  c.country_id = co.country_id
  AND  s.time_id = :b1
  AND  co.country_region IN ('Americas', 'Europe')
GROUP BY ROLLUP (co.country_region, co.country_subregion);

Execution Plan
--------------------------------------------------------
SELECT STATEMENT
  SORT (GROUP BY ROLLUP)
    NESTED LOOPS
      NESTED LOOPS
        PARTITION RANGE (SINGLE)
          TABLE ACCESS (BY LOCAL INDEX ROWID) OF 'SALES'
            BITMAP CONVERSION (TO ROWIDS)
              BITMAP INDEX (SINGLE VALUE) OF 'SALES_TIME_BIX'
        TABLE ACCESS (BY INDEX ROWID) OF 'CUSTOMERS'
          INDEX (UNIQUE SCAN) OF 'CUSTOMERS_PK' (UNIQUE)
      INDEX (UNIQUE SCAN) OF 'COUNTRY_C_ID_PK' (UNIQUE)
```

> 아주 일반적인 조인 실행계획

이 실행계획에서 확인할 수 있듯이 ROLLUP 은 조인된 결과에 대해 ROLLUP 을 위한 처리만 추가된다. 위의 조인 실행계획에 나타나 있는 BITMAP 액세스나 PARTITION 처리는 ROLLUP 과는 직접 관계가 없다.

그런데 만약 여러분이 다음과 같이 GROUP BY 의 둘 째 단계로써 ROLLUP 을 수행시키면 전혀 다른 형태의 실행계획이 나타난다.

```sql
SELECT deptno, job, SUM(sal) "Revenue", GROUP_ID() g_type
FROM   emp
WHERE  deptno > 10
GROUP BY deptno,
ROLLUP (deptno, job)
ORDER BY 1,2;
```

DEPTNO	JOB	Revenue	G_TYPE
20	ANALYST	20	0
20	CLERK	20	0
20	MANAGER	10	0
20		50	0
20		50	1
30	CLERK	10	0
30	MANAGER	10	0
30	SALESMAN	40	0
30		60	0
30		60	1
40	PRESIDENT		0
40			0
40			1

```
Execution Plan
--------------------------------------------------------------
SELECT STATEMENT
 RECURSIVE EXECUTION OF 'SYS_LE_2_0'
TEMP TABLE TRANSFORMATION
  VIEW
   VIEW
    UNION-ALL                    이들을 결합하여
     TABLE ACCESS (FULL) OF 'SYS_TEMP_0FD9D6610_165207A'
     TABLE ACCESS (FULL) OF 'SYS_TEMP_0FD9D660F_165207A'
     TABLE ACCESS (FULL) OF 'SYS_TEMP_0FD9D660F_165207A'
```

이 쿼리의 수행결과는 회색으로 표시된 부분이 다른 구분(g_type)을 가지고 추가로 생성된다. 이와 같이 앞서 소개했던 사례보다 한 단계의 집계가 더 필요하게 되면 옵티마이져는 임시 테이블을 스스로 생성하고 이를 이용해 결과를 생성한다. 이번에는 CUBE 를 사용했을 때의 결과를 살펴보자.

```
SELECT deptno, job, SUM(sal) "Revenue", GROUP_ID() g_type
FROM   emp
WHERE deptno > 10
GROUP BY CUBE (deptno, job);
```

DEPTNO	JOB	Revenue	G_TYPE
		110	0
	CLERK	30	0
	ANALYST	20	0
	MANAGER	20	0
	SALESMAN	40	0
	PRESIDENT		0
20		50	0
20	CLERK	20	0
20	ANALYST	20	0
20	MANAGER	10	0
30		60	0
30	CLERK	10	0
30	MANAGER	10	0
30	SALESMAN	40	0
40			0
40	PRESIDENT		0

이와 같이 CUBE 는 GROUP BY 결과와 그들의 각각의 소계, 전체 총계를 모두 생성해낸다. 만약 3 개의 항목에 대해 요구하면 이들이 생성할 수 있는 모든 분류를 생성하므로 로우 수가 크게 증가한다.

```
Execution Plan
-----------------------------------------------------------
SELECT STATEMENT
  SORT (GROUP BY)
    GENERATE (CUBE)
      SORT (GROUP BY)
        TABLE ACCESS (FULL) OF 'EMP'
```

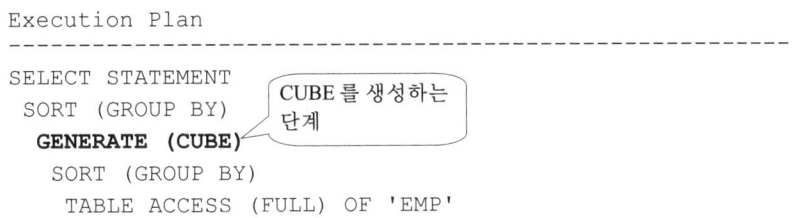
CUBE 를 생성하는 단계

SQL의 실행계획(Explain Plan)

이번에는 GROUPING SETS 처리를 알아보자. 결과를 통해 쉽게 알 수 있듯이 이 처리를 하면 GROUPING SETS 에서 정의한 그룹 단위마다 하나씩의 그룹이 생긴다.

```
SELECT DEPTNO, JOB, ENAME,
       SUM(SAL) AS sum_SAL
FROM EMP
WHERE DEPTNO > 10
GROUP BY GROUPING SETS ( (DEPTNO, JOB),
                         (ENAME, DEPTNO) );
```

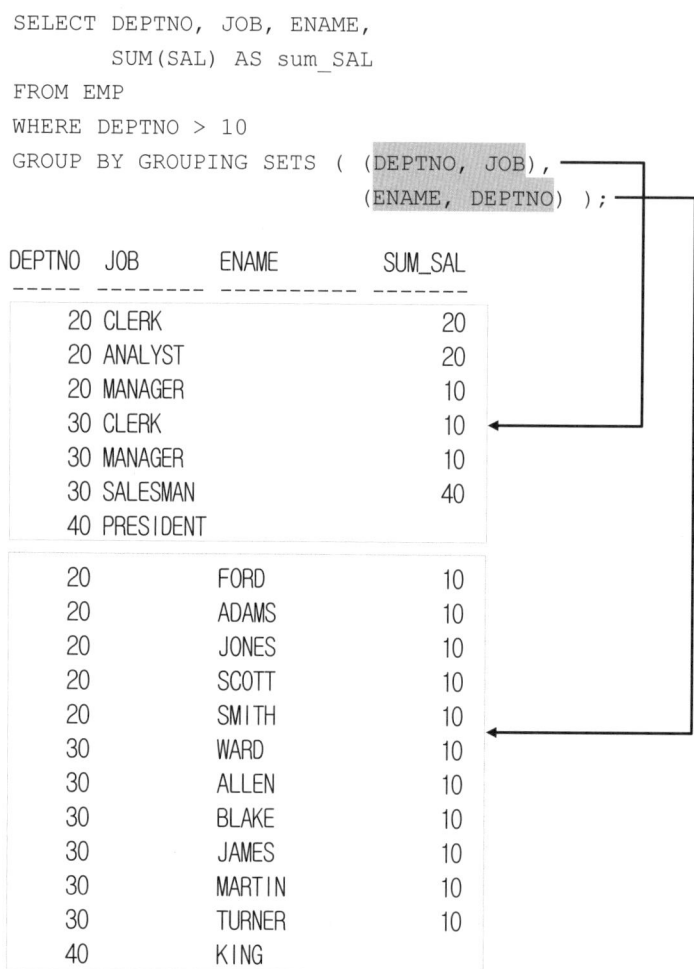

```
Execution Plan
-------------------------------------------------
  SELECT STATEMENT
    RECURSIVE EXECUTION OF 'SYS_LE_4_0'
    RECURSIVE EXECUTION OF 'SYS_LE_4_1'
    RECURSIVE EXECUTION OF 'SYS_LE_4_2'
  TEMP TABLE TRANSFORMATION
    VIEW
      TABLE ACCESS (FULL) OF 'SYS_TEMP_0FD9D6643_165207A'
```

GROUPING SETS 만큼 다시 임시테이블을 GROUP BY 하는 쿼리를 실행

바) MERGE 문 실행계획

우리가 어떤 테이블에 데이터를 처리(Manipulation)할 때 처리할 대상에 따라 갱신, 삭제, 입력 등이 복합적으로 발생할 수 있다. 그러나 지금까지의 DML 은 SELECT, INSERT, UPDATE, DELETE 로만 기술할 수 있었기 때문에 하나의 SQL 에서 이들을 동시에 처리하는 것이 이미 구조적으로 불가능하였다.

기껏해야 SELECT 문을 다른 구문에 비교적 자유롭게 사용할 수 있도록 허용되었을 뿐이다. 이것은 우리가 공을 들여 만든 집합이라도 그것으로는 DELETE, UPDATE, INSERT 중에서 한 가지 밖에 할 수 없었기 때문에 SELECT 로 만든 집합을 DECLARE 한 후 패치한 각각의 대상들에 대해 매번 UPDATE 를 시도해 보고 대응(Match)되는 것이 있으면 갱신, 없으면 INSERT 를 해야 하는 문제가 발생하였다.

이러한 문제를 해결하기 위해 마련된 대책이 처리대상 집합과 정보제공 집합을 아우터 조인하여 조인에 성공한 것은 UPDATE, 실패한 것은 INSERT 를 하도록 하고 I/O 의 효율을 위해 다중처리(Array Processing) 기법을 활용하였다. 그러나 이젠 MERGE 문을 활용하여 이를 매우 간편하게 처리할 수 있게 되었다. 먼저 활용 사례를 살펴보자.

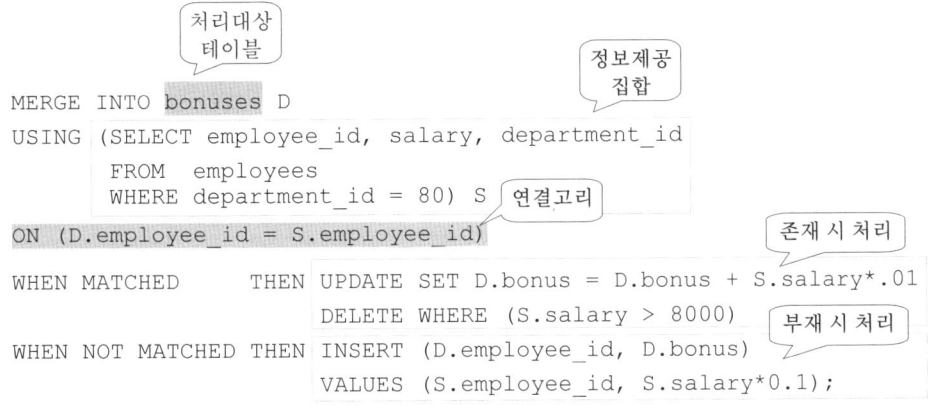

MERGE 할 대상 테이블과 USING 절에 정보제공 테이블(이 테이블은 SELECT 문에서 표현할 수 있는 거의 모든 형식이 가능)을 지정하고, ON 절에 이들간의 연결조건을 기술한다. WHEN 절에는 'MATCH'인 경우에는 UPDATE 절과 필요하다면 DELETE 절을 기술한다. 이 때 SET 절의 갱신값을 찾기 위해 스칼라 서브쿼리를 사용할 수도 있다.

그러나 버전에 따라 UPDATE 의 WHERE 절 사용이나 DELETE 를 적용할 수 없을 수도 있다. 우리가 어떤 처리대상 집합의 로우를 찾았을 때 할 수 있는 일은 UPDATE 만이 아니다. 논리적으로 생각해 볼 때 처리할 수 있는 일들은 조건을 만족하는 것들에 대해서만 어떤 컬럼들을 갱신할 수도 있고, 삭제해 버릴 수도 있는 것이다.

그럼에도 불구하고 무조건 UPDATE 나 INSERT 만 가능하게 한 것은 아마 초기 버전에서 일단 기본적인 기능만 반영했다가 이제서야 모든 기능을 가능하게 한 것이 아닌가 하는 생각이 든다. 이제 이러한 처리를 할 때의 실행계획을 살펴보기로 하자.

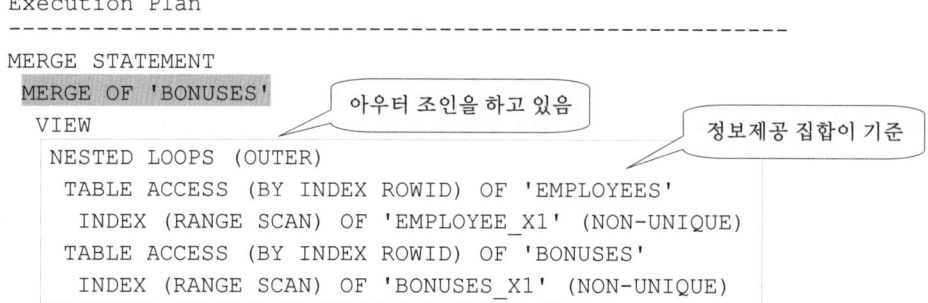

MERGE 문의 실행계획은 이외로 간단하다. 물론 스칼라 서브쿼리나 정보제공 집합이 복잡한 처리를 한다면 실행계획도 복잡해지겠지만 순수하게 MERGE 처리를 위한 내용은 아주 단순하다. 여러분이 주의해서 봐야 할 것은 우리의 의지와 상관없이 정보제공 집합을 기준으로 하여 아우터 조인을 하고 있다는 사실이다.

데이터 처리란 정보를 제공해 주는 쪽이 기준이 되어야 한다. 준비한 집합의 로우가 처리대상에 존재할 수도 존재하지 않을 수도 있다. 존재하면 UPDATE 나 DELETE, 그렇지 않으면 INSERT 를 해야 한다. 이렇게 준비한 집합에 대한 처리가 완료되면 우리가 해야 할 일도 종료되므로 정보제공 집합이 기준이 되어야 한다.

사실 우리는 이미 이러한 방법을 사용하여 대량의 배치처리를 매우 효과적으로 수행해 왔다. 이 책의 전신인 '대용량 데이터베이스 솔루션 I'의 '다중처리의 활용' 단원에서 이러한 방법의 해결책을 제시하여 많은 사람들이 실전에 활용해 왔다.

3.3. 실행계획의 제어

우리는 앞 장에서 다양한 형태의 실행계획을 살펴보았다. 실행계획을 모두 이해하고 있다는 것은 데이터베이스가 수행하는 내부 처리절차를 모두 이해하고 있다는 것을 의미한다. 내부에서 실제로 수행하고 있는 내용들을 소상히 알고 있다면 어떻게 사용하는 것이 최선인지도 알고 있다는 것이다. 원리를 알고 사용하는 사람과 겉으로 들어난 사실만 알고 사용하는 사람은 근본적으로 다르다. 바로 이러한 접근이 우리를 다른 차원의 세계로 들어갈 수 있게 하는 첩경이 될 것이라 믿는다.

여러분이 옵티마이져를 충분히 이해하고 있다면 이제 어떤 쿼리에 대해 가장 최적의 실행계획이 무엇인지를 판단하는 능력을 가지게 되었으며, 좋은 실행계획이 나타날 수 있도록 하는 다양한 방법을 알게 되었다. 이를 바탕으로 좋은 옵티마이징 팩터(데이터 및 인덱스 구조, 통계정보 등)을 마련해 두고, 높은 품질의 SQL 을 사용한다면 남들과는 근본적으로 다른 차원의 활용이 가능하다.

이는 마치 현실 세계에서 관리자는 비록 직접 실무를 수행하지는 않지만 실무를 정확히 이해하고 있어야 조직이 제 역할을 할 수 있도록 이끌어 나갈 수가 있는 것과 마찬가지라 하겠다. 실무를 이해하지 못하고 단지 명령만 내린다면 그들의 능력을 최대한 발휘하도록 할 수 없을 것이다. 그들은 보다 높은 판단력을 가지고 상황에 따라 적절한 통제를 한다. 이처럼 우리가 데이터베이스에 대한 높은 이해도를 바탕으로 데이터베이스가 하는 일을 적절하게 통제하는 것은 당연히 필요하다.

옵티마이져는 많이 발전해 왔지만 분명히 한계를 가질 수 밖에 없다고 했다. 우리가 그 결정의 적절성을 판단하기도 어렵지만 설사 적절한 처리방법을 알고 있더라도 우리의 의도대로 유도하는 것도 쉽지 않다. 자동차를 운전할 때도 액셀러레이터만 있는 것이 아니라 때로는 브레이크를 밟는 것도 필요하다. 운전에 서툰 사람과 카레이서는 확연한 차이가 있다.

이 장에서 우리는 상황에 따라 옵티마이져를 적절한 방법으로 제어하는 방법을 제시하고자 한다. 옵티마이져를 제어하기 위해서는 힌트를 사용하는 방법과 직접적으로 SQL 형태에 변화를 주는 방법이 있다.

SQL의 실행계획(Explain Plan)

3.3.1. 힌트(Hint)의 활용 기준

힌트는 우리의 요구를 옵티마이져에게 전달할 수 있는 중요한 수단이다. 최초에 힌트가 탄생한 이유는 옵티마이져의 실수를 보완해 주기 위해서였다. 마치 일정 수준에 올라있지 못하는 선수의 실수를 바로잡아 주는 코치가 필요한 것과 유사하다. 재미있는 사실은 타이거우즈가 선수로 육성될 때도 코치가 필요했지만 세계 제일의 선수가 되었지만 아직도 코치가 있다는 사실이다.

아마 지금의 코치는 사사건건 지도를 하지는 않을 것이다. 중요한 잘못이나 조언 정도를 할 것임에 틀림없다. 이와 마찬가지로 초기의 옵티마이져는 문제가 많았기 때문에 자주 힌트를 사용하여 바로잡아 주어야 했다. 그러나 이제 많이 발전했기 때문에 특별한 경우에만 조언을 하는 정도로 힌트를 사용해야 한다. 즉, 잘못을 바로잡아 주는 용도보다는 옵티마이져가 가지고 있지 못하는 정보를 우리가 더 많이 알고 있을 때나 우리의 특별한 목적을 관철하고자 할 때 사용하게 된다.

또 다른 의미에서 보면 힌트는 바둑이나 장기를 둘 때 주변 사람이 하는 '훈수'와 매우 유사하다. 훈수는 말 그대로 '주변 사람의 의견'일 뿐이다. 즉, 절대적으로 준수해야 할 규정이 아니라는 것이다. 바둑 두는 사람은 훈수를 참조할 뿐이다. 도움이 된다고 판단되면 받아 들이지만 가치가 없다고 생각되면 무시할 수 있는 것이 훈수이다. 따라서 훈수는 에러가 없다. 맘에 들지 않을 때는 무시하면 그만이다.

옵티마이져는 바둑을 두는 당사자이고, 힌트는 주변 사람들의 훈수라 할 수 있다. 옵티마이져는 사용자의 힌트를 참조만 할 뿐이다. 맘에 들지 않으면 과감히 무시해 버린다. 필자가 보기에는 최근의 옵티마이져는 매우 자존심이 강하다. 자신에게 주는 힌트를 코치의 조언으로 받아 들이지 않고 주변 사람의 훈수로 받아 들인다.

바둑에서 패했을 때 훈수하는 사람에게 책임을 물을 수 없는 것처럼 실행계획의 책임을 SQL 작성자에게 물을 수 없다는 것일까? 분명히 최선의 길을 제시하는 힌트인데도 불구하고 자주 묵살되는 경우가 자주 발생하고 있다. 물론 최선의 실행계획을 미리 알지 못하는 사람들에겐 옵티마이져의 판단이 큰 문제가 없어 보일 수도 있다. 그러나 실행계획에 통달한 사람의 눈에는 더 좋은 실행계획이 많이 보인다.

그러나 한사코 우리의 요구를 거부하는 것을 보면 정말 답답할 때가 많다. 특히 복잡한 쿼리에서 군데군데 여러 종류의 힌트를 주었을 때는 더욱 그러한 현상이 많이 나타난다.

그러나 여러 번의 시행착오를 거쳐 힌트를 잘 조합하다 보면 대부분의 경우에는 결국 우리가 원하는 실행계획으로 유도할 수 있고, 그 결과도 분명 우수하게 나타나고 있다.

아마 이러한 현상은 옵티마이져의 아집이라기 보다는 앞서 설명했던 옵티마이져의 '자습적(Heuristic) 기법에 의한 초기치 선택(Cutoff)을 하는 전략' 때문일 것이다. 즉, 거의 최적이거나 최소한 아주 좋은 실행계획일 것이라고 판단되는 실행계획들의 일정량을 선별하고 정렬한 후에 그 중에서 가장 양호한 것을 선택하기 때문이다.

우리가 각 단계에서 다양하게 제시한 힌트를 기준으로 맞춤형 실행계획을 수립하는 것이 아니라 양호한 것을 선택할 때 참조할 뿐이기 때문에 그러한 현상이 나타날 수 밖에 없다. 그러나 까다로운 장비를 처음 다룰 때에는 맘대로 제어하기 힘들지만 어느 정도 숙달과정을 거치면 자신의 의지대로 다룰 수 있듯이 여러분의 노력 여하에 따라 옵티마이져를 제어하는 것이 쉬워질 수도 있다.

버전이 증가할수록 새로운 힌트가 추가되고, 어떤 힌트는 다른 것으로 대체되거나 없어지기도 한다. 여러분이 힌트를 숙지하는 것은 중요하다. 그 이유는 힌트가 있다는 것은 곧 그러한 유형의 액세스가 있다는 것을 의미하는 것이기 때문이다. 만약 새로운 힌트가 태어났다면 깊이 연구해 보기 바란다. 여러분에게 새로운 형태의 실행계획이 제공되었다는 것이므로 숙지하여 활용해야 할 것이다.

마찬가지로 힌트가 다른 것으로 대체되었다면 좀더 나은 방법으로 실행계획이 개선되었음을 의미한다. 힌트가 삭제되었다면 이제 더 이상 그러한 방법의 실행계획은 제공하지 않겠다는 것을 의미하므로 우리가 영향을 받게 되는지에 대해 연구해 볼 필요가 있다.

실전에서 너무 많은 쿼리에 힌트를 사용하고 있다면 그것은 분명 정상적인 상태가 아닐 것이다. 상식적으로 생각해 보더라도 훈수나 조언은 가끔씩 하는 것이지 온통 그것으로 점철되는 것이 아니다. 만약 10% 이상의 쿼리에 힌트가 적용되고 있다면 그 원인을 찾아 보는 것이 좋을 것이다. 옵티마이져 모드의 선택이 잘못되었거나 인덱스 구성이 전략적이지 못했을 가능성이 높다.

설마 여러분들은 그렇지 않겠지만 일전에 필자는 놀라운 것을 보았다. 조인도 하지 않은 쿼리에 'ordered' 힌트가 있어서 왜 그렇게 했느냐고 질문했더니 놀랍게도 그 대답은 "어떤 SQL 에 이 힌트를 사용했더니 너무나 놀라운 속도 향상을 얻었기 때문에 혹시나 해서 그렇게 했다"는 것이었다. 그는 말 그대로 'ordered 의 광신도'가 되어 있었다.

SQL의 실행계획(Explain Plan)

어느 한 업체를 방문했더니 더 놀랍고 낯 뜨거운 광경을 목격할 수 있었다. 모든 SQL 에 'FIRST-ROWS'라는 힌트를 무조건 삽입해 두었기에 그 연유를 물었더니 DBA 가 그렇게 하라고 했다는 대답이었다. 적용을 할려면 철자라도 제대로 'FIRST_ROWS'로 해야지 틀린 단어를 사용하면서 모든 쿼리에 의무적으로 기술하고 있다면 도대체 그들은 어떤 수준에 있는 사람들이겠는가?

열심히 튜닝을 했다고 자랑하는 어떤 업체에서는 거의 모든 쿼리에 다양한 힌트가 사용되어 있었다. 그들이 하는 튜닝 방식은 자신이 최적의 실행계획을 알고서 그렇게 되도록 유도하기 위해 힌트를 사용한 것이 아니었다. 단지 이것저것 힌트를 넣어서 실행시켜 보고 빠른 것을 선택하는 그야말로 '시행착오법'으로 하는 튜닝이었다. 그렇게 해둔 실행계획이 변동될지도 모른다는 생각 때문에 모든 쿼리에 힌트가 들어가 있었던 것이다.

불필요한 힌트는 액세스 경로의 결정에 악영향을 미치는 경우도 많다. 너무 많은 힌트를 사용하게 되면 인덱스 구성이 변하였을 때 애플리케이션을 찾아 일일이 수정을 해야 할지도 모른다. 더 좋은 실행계획을 자연스럽게 옵티마이져가 찾을 수 있음에도 불구하고 힌트로 인해 액세스 경로가 고정됨으로써 융통성이 크게 저하될 수도 있다.

여기서 여러 가지의 잘못된 적용 형태를 소개하는 이유는 역으로 어떤 기준으로 힌트를 적용하여야 하는가를 여러분에게 제시하기 위함이다. 다음에 소개하는 힌트는 버전에 따라 적용할 수 없는 것도 있을 것이다. 이 책은 특정 DBMS 의 매뉴얼이 아니므로 지속적으로 변하고 있는 버전까지 감안할 수 없음을 양지하시기 바란다.

3.3.2. 최적화 목표(Goal) 제어 힌트

우리는 앞서 초기화 파라미터에서 옵티마이져 모드를 지정하는 기준과 그 개념에 대해서 이미 상세하게 알아 보았다. 어떤 쿼리에서 실행계획을 수립할 때 적용하는 옵티마이져 모드는 단위 쿼리에서도 힌트로써 지정할 수 있다. 물론 그 개념은 동일하다. 가장 바람직한 적용방법은 앞서 '3.1.2 옵티마이져의 형태'에서 제시한 옵티마이져 목표(Goal)의 선택기준을 준수해 옵티마이져 모드를 정하고, 필요 시에 해당 쿼리에서 다음의 힌트를 적용하는 것이다.

다음의 힌트들을 자주 사용할 필요는 없다. 어떤 쿼리에서 기본적으로 생성된 실행계획이 만족스럽지 못할 때 일단 옵티마이져 모드를 바꾸어서 그 결과를 살펴보는 것을 목적으로 하는 정도로 적용하는 것이 좋다. 만약 옵티마이져 모드를 바꾸었을 뿐인데 아주 양호한 실행계획이 나타났다면 더 이상 복잡한 힌트를 적용할 필요가 없을 것이다.

ALL_ROWS

쿼리의 전체 결과를 모두 수행하는 것에 대한 최적화(Best throughput)를 목표로 최저 비용의 실행계획을 수립하도록 유도한다. (Minimum total resource consumption)

예) `SELECT /*+ ALL_ROWS */ ...`

CHOOSE

SQL 에서 액세스하는 테이블들에 대한 통계정보 유무에 따라 규칙기준이나 비용기준을 적용하여 최적화를 수행한다. 만약 CHOOSE 모드에서 테이블의 통계정보를 참조할 수 있는 경우에는 ALL_ROWS 방식으로 처리된다.

예) `SELECT /*+ CHOOSE */ ...`

FIRST_ROWS

최적 응답시간(Best response time)을 목표로 최저 비용의 실행계획을 수립하도록 유도한다.(Minimum resource usage to return first or first n rows)

예) `SELECT /*+ FIRST_ROWS */ ...`
    `SELECT /*+ FIRST_ROWS(10) */ ...`

RULE

규칙기준 옵티마이져를 이용한 최적화를 요구한다. 즉, 조건구문에 사용된 컬럼들의 인덱스 형태나 연산자 형태 등에 의한 우선순위 규칙에 근거하여 실행계획을 수립하도록 유도한다.

예) SELECT /*+ RULE */ ...

3.3.3. 조인 순서 조정을 위한 힌트

아래의 힌트는 조인의 순서를 조정하기 위해 사용하는 것들이다. 조인 방식에 따라 차이는 있지만 조인의 순서는 수행속도에 많은 영향을 미친다. 조인 순서를 조정하기 위해 아래의 힌트만을 사용하는 것은 아니다. Nested Loops 조인에서는 처리주관이 되는 인덱스를 사용하도록 힌트를 부여하는 방법으로도 가능하며, 오히려 이 방법은 적용할 인덱스와 조인 순서를 함께 요구하게 되는 효과가 있다.

이 힌트는 다수의 테이블을 조인하는 경우에 조인 순서에 혼선이 있을 때 적용하는 것이 가장 일반적이다. Sort Merge 조인이나 해쉬 조인에서는 적은 테이블을 먼저 처리하도록 유도할 때 사용하는 것이 좋다.

ORDERED

FROM 절에 기술된 테이블 순서대로 조인을 수행하도록 유도한다. 만약 LEADING 힌트와 함께 사용하면 LEADING 힌트는 무시된다.

예) SELECT /*+ ORDERED */ ...
    FROM TAB1, TAB2, TAB3
    WHERE ...

ORDERED 힌트는 엑세스 순서만 제시할 뿐이고, 조인 방법과는 무관하기 때문에 조인방법을 유도하기 위한 USE_NL, USE_MERGE 등의 힌트와 함께 사용하는 것이 일반적이다.

예) SELECT /*+ ORDERED USE_NL(A B C) */ ...
    FROM TAB1 a, TAB2 b, TAB3 c
    WHERE ...

LEADING

FROM 절에 기술한 테이블의 순서와 상관없이 조인 순서를 제어하는 힌트로서 ORDERED 힌트와는 달리 FROM 절을 변경할 필요 없이 사용할 수 있다. ORDERED 힌트와 함께 사용되면 무시된다.

예) SELECT /*+ LEADING(b c) */ ...
    FROM CUST a, ORDER_DETAIL b, ITEM c
    WHERE a.cust_no = b.cust_no
      AND b.item_no = c.item_no
      AND ...

3.3.4. 조인 방법 선택용 힌트

조인 방식을 선택하기 위해 적용하는 힌트를 사용하는 것은 먼저 조인 방식에 대한 확실한 이해가 바탕이 되어야 한다. 각 조인 방식들은 나름의 장·단점이 명확하다. 이 말은 언제나 유리한 것이 아니라 주어진 상황에 따라서 최적의 조인 방식은 달라질 수 있다는 것을 의미한다.

부분범위 처리의 가능 여부나, 인덱스의 구성 상태, 처리범위나 사용 빈도, 메모리의 가용상태와 작업영역(hash_area_size, sort_area_size 등)에도 영향을 받는다. 뿐만 아니라 쿼리가 수행되는 시간대나 시스템의 유형(OLTP, OLAP 등)에도 영향을 받을 수 있다. 조인 방식의 구체적인 개념과 선택 기준은 '제 2 부 제 2 장 조인의 최적화' 단원에 상세하게 언급되어 있으니 참조하기 바란다.

USE_NL

Nested Loops 방식을 사용하여 조인을 수행하도록 유도하는 힌트이다. 이 힌트는 대상 집합 간의 조인 방식을 지칭할 뿐이며, 조인 순서에는 영향을 미치지 않는다.

예) SELECT /*+ USE_NL(a b c) */ ...
    FROM TAB1 a, TAB2 b, TAB3 c
    WHERE ...

NO_USE_NL

USE_NL 힌트가 옵티마이져에게 지정한 테이블에 대한 조인 방식을 제시하는 것인데 반해, NO_USE_NL 힌트는 옵티마이져에게 지정한 테이블에 대해 Nested Loops 조인 방식을 제외한 다른 방식의 조인- 해쉬 조인이나 Sort Merge 조인 등 - 을 사용할 것을 제시한다. 옵티마이져의 실행계획 수립에 대해 USE_NL 이 적극적인 개입이라면 NO_USE_NL 은 소극적인 개입라고 할 수 있다.

Nested Loops 조인이 최적이라 판단되는 상황에서는 옵티마이져가 이 힌트를 무시할 수도 있다.

```
예) SELECT /*+ NO_USE_NL(l h) */ …
    FROM orders h, order_items l
    WHERE l.order_id = h.order_id
      AND l.order_date >= '20150101';
```

USE_NL_WITH_INDEX

Nested Loops 조인에서 선행 처리되는 외측루프의 처리주관 인덱스를 지정할 때 사용하는 힌트이다. 과거에는 USE_NL 과 INDEX 힌트를 같이 사용하였지만 이 힌트는 이들을 하나로 통합한 것이다.

```
예) SELECT /*+ USE_NL_WITH_INDEX(l item_prod_ix) */ …
    FROM orders h, order_items l
    WHERE l.order_id = h.order_id
      AND l.order_item like 'ADEN%'
      AND h.order_dt between '20151001' and '20151015';
```

만약 이 힌트에서 인덱스를 지정하지 않았다면, 내측 루프의 연결고리 인덱스가 정상이어야 외측 루프(선행 테이블)의 어떤 인덱스가 처리주관 인덱스로 사용될 수 있다. 만약 특정 인덱스를 지정하였다면, 내측 루프의 연결고리가 정상일 때 지정한 인덱스가 적용될 수 있다. Nested Loops 조인에서 '연결고리 정상'에 대한 상세한 개념은 제 2 부에 있는 '2.2 연결고리 상태가 조인에 미치는 영향(page 517~523)' 편을 참조하기 바란다.

USE_HASH

해쉬조인 방식으로 조인이 수행되도록 유도하는 힌트이다. 해쉬조인은 어느 한쪽 테이블이 작아서 인-메모리 해쉬조인으로 수행될 수 있다면 매우 양호한 속도를 갖는다. 대부분의 경우는 옵티마이져가 통계정보를 토대로 빌드입력과 검색입력을 결정하므로 일부러 'ordered' 힌트를 주어 함부로 순서를 결정하는 것은 바람직하지 못하다. 그러나 옵티마이져의 판단에 문제가 있을 때나 인라인뷰에서 가공한 결과 집합처럼 적절한 통계정보를 가질 수 없는 경우에는 활용 가치가 있다.

예) SELECT /*+ USE_HASH(a b) */ …
    FROM sale a, pre_order b
    WHERE a.order_id = b.order_id
    AND a.sale_dt LIKE '2015%';

이와는 반대로 NO_USE_HASH 힌트는 옵티마이져가 지정한 테이블들을 조인하는데 있어서 해쉬 조인을 제외한 다른 방식의 조인을 고려하도록 유도한다.

예) SELECT /*+ NO_USE_HASH(m d) */ …
    FROM member m, dept d
    WHERE m.deptid = d.deptid;

USE_MERGE

Sort Merge 방식으로 조인을 수행하도록 유도하는 힌트이다. 필요하다면 'ordered' 힌트와 같이 사용할 것을 추천한다.

예) SELECT /*+ USE_MERGE(a b) */ …
    FROM sale a, pre_order b
    WHERE a.order_id = b.order_id
    AND a.sale_dt BETWEEN '20150701' AND '20150930'
    AND b.cust_no = '101';

이와는 반대로 NO_USE_MERGE 힌트는 옵티마이져가 지정한 테이블들을 조인하는데 있어서 Sort Merge 조인을 제외한 다른 방식의 조인을 고려하도록 유도한다.

3.3.5. 병렬처리 관련 힌트

병렬처리에 관련된 힌트들은 시스템 자원을 많이 사용하게 되므로 사용자의 요구에 따라 결정되어야 한다. 이런 유형의 힌트는 처리방법을 개선하여 일의 량을 줄이는 것이 아니라 시스템 자원을 최대한 사용하더라도 결과를 얻는 절대 시간을 줄이겠다는 것이 목적이다. 옵티마이져 입장에서는 가능한 모든 수단을 총동원해서라도 단위 SQL 의 최적화를 하고 싶겠지만 현실 상황에 따라 판단이 달라져야 하므로 사용자의 의지에 의해서 결정되어야 한다.

신제품 경쟁이 치열한 업종에서는 수많은 사람들을 동원하여 철야작업을 하더라도 공사기간을 줄이는 것이 최고의 목표겠지만, 그렇지 않은 경우에는 경비를 절약하는 것이 더 중요할 수도 있다. 병렬처리는 시스템에 부하를 주더라도 수행시간을 당기는 것이 더 필요할 때 적용하는 처리방법이다. 그러므로 가능하다면 기본값(Default value)을 사용하지 말고, SQL 단위에서 힌트를 사용하여 적용하는 것이 바람직하다.

병렬처리 힌트는 병렬처리에서 나타나는 병렬 프로세서들의 개수를 지정하거나 내부 처리 방법에 대한 우리의 요구를 전달하기 위해 사용한다. 특히 병렬 프로세스의 개수는 수행시간 및 시스템의 부하에 직접적인 영향을 미치므로 매우 중요하다.

병렬처리에 대한 상세한 설명은 제 3 권에서 다루게 될 것이므로 여기에서는 힌트에 대한 기본적인 개념만 소개하겠다.

PARALLEL

대량의 데이터에 대한 테이블을 액세스 할 때와 DML 을 처리할 때 SQL 의 병렬처리를 지시하는 힌트이다. 일반적으로 병렬 스레드(Parallel threads) 를 나타내는 숫자와 함께 사용하고 있다. 만약 힌트에 병렬도(Parallel Degree)를 나타내는 숫자를 정의하지 않으면 옵티마이져는 PARALLEL_THREADS_PER_CPU 파라메터에 정의된 값을 이용하여 자동으로 계산해서 적용한다.

만약 테이블 정의할 때 'PARALLEL'을 지정하였다면, 힌트를 사용하지 않아도 병렬처리가 가능한 경우에는 이 병렬도를 적용한다. 그러나 DELETE, INSERT, UPDATE, MERGE 등의 DML 문장을 병렬로 수행하기 위해서는 반드시 해당 세션을 'ALTER SESSION ENABLE PARALLEL DML'로 지정해야만 병렬처리가 가능하다. 한 번 지정한 병렬도는 내부적으로 GROUP BY 나 정렬처리 등의 단위 작업에도 재차 적용될 수 있다. 만약 병렬처리에 어떤 제한요소가 발생하게 되면 이 힌트는 무시된다.

예)
```
SELECT /*+ FULL(sales) PARALLEL(sales) */
       SUBSTR(sale_dt,1,6), SUM(qty)
FROM sales
WHERE sale_dt BETWEEN '20130101' AND '20151231'
GROUP BY SUBSTR(sale_dt,1,6);

SELECT /*+ FULL(sales) PARALLEL(sales, 8) */
       SUBSTR(sale_dt,1,6), SUM(qty)
FROM sales
WHERE sale_dt BETWEEN '20130101' AND '20151231'
GROUP BY SUBSTR(sale_dt,1,6);
```

NOPARALLEL

테이블을 정의 시에 PARALLEL 옵션을 부여하면 쿼리에 직접 힌트를 주지 않아도 옵티마이져는 병렬처리가 가능하다고 판단되면 병렬처리 실행계획을 수립한다. 이때 SQL 에 이 힌트를 적용하면 옵티마이져는 해당 테이블의 PARALLEL 파라메터를 무시하고 병렬처리를 하지 않는 실행계획을 수립하게 된다.

예)
```
SELECT /*+ NOPARALLEL(m) */ member_name
FROM members m;
```

NOPARALLEL 힌트는 버전에 따라 NO_PARALLEL 힌트로 대체되어 사용되기도 함.

PQ_DISTRIBUTE

병렬 조인의 속도를 향상시키기 위해 슬레이브 프로세스 - 생산자(Producer) 와 소비자(Consumer) 프로세스 - 사이에서 조인할 테이블의 로우를 서로 주고 받는 할당작업(Distribution)을 하는 방법을 정의하는 힌트이다.

표현형식 : /*+ PQ_DISTRIBUTE(table, outer_distribution,inner_distribution) */

- *outer_distribution* : 외측 테이블에 대한 할당 방법을 기술
- *inner_distribution* : 내측 테이블에 대한 할당 방법을 기술
- 할당 방법 :
  - HASH : 조인 키 컬럼에 대해 해쉬 함수를 수행한 결과값을 이용하여 소비자 프로세스에 로우들을 할당.
  - BROADCAST : 외측 테이블의 전체 로우를 모든 Consumer 프로세스로 보냄
  - PARTITION : 상대편 조인 대상 테이블이 조인 키 컬럼으로 파티션되어 있는

경우 파티션 키 값을 이용하여 로우들을 Consumer 프로세스에 할당.
- NONE : 조인 대상 로우들을 랜덤하게 파티셔닝함

예) SELECT /*+ ORDERED PQ_DISTRIBUTE(b HASH, HASH) USE_HASH(b)*/ …
FROM TAB1 a, TAB2 b
WHERE a.col1 = b.col2;

SELECT /*+ PQ_DISTRIBUTE(b BROADCAST, NONE) USE_HASH(b) */ …
FROM TAB1 a,TAB2 b
WHERE a.col1 = b.col2;

PARALLEL_INDEX

파티션 인덱스(Partitioned Index)에 대한 인덱스 범위 스캔을 병렬로 수행하기 위한 병렬도를 지정하는 힌트이다.

예) SELECT /*+ PARALLEL_INDEX(table1, index1, 3) */ …

NOPARALLEL_INDEX

인덱스 생성(Create)이나 변경(Alter)에 의해 PARALLEL 파라미터가 적용되어 있는 경우, SQL 에서 이 힌트를 적용하면 옵티마이져는 해당 인덱스에 대한 PARALLEL 파라메터를 무시하여 병렬 인덱스킵 스캔을 하지 않게 된다.

예) SELECT /*+ NOPARALLEL_INDEX(m mem_join_idx) */ …
FROM members m
WHERE join_date BETWEEN '20140101' AND '20151231';

NOPARALLEL_INDEX 힌트는 버전에 따라 NO_PARALLEL_INDEX 힌트로 대체되어 사용되기도 한다.

3.3.6. 액세스 수단 선택을 위한 힌트

여기에서 소개하는 힌트들은 우리가 앞서 '3.2 실행계획의 유형'단원의 '3.2.1 스캔의 기본유형(page 184~210)'에서 액세스 수단을 설명하면서 대부분의 내용이 언급되었기 때문에 간략하게 정리하는 정도로만 다루기로 하겠다.

FULL

힌트 내에 정의된 테이블을 전체테이블 스캔 방식으로 유도하는 힌트이다.

예)
```
SELECT /*+ FULL(t) */ ...
   FROM big_tab t
   WHERE cre_date >= '20150101';
```

HASH

해쉬 클러스터 테이블을 액세스할 때 해쉬 스캔 방식으로 액세스하도록 유도하는 힌트이다.

예) `/*+ HASH(table_name) */`

CLUSTER

클러스터링 테이블을 액세스할 때 클러스터 인덱스를 통해 스캔하도록 유도하는 힌트이다.

예) `/*+ CLUSTER(table_name) */`

INDEX

인덱스 범위 스캔에 의한 테이블 액세스를 유도하는 힌트이다. 뷰를 액세스하는 쿼리의 경우 뷰 쿼리 내에서 있는 테이블에 대한 인덱스 스캔을 지정할 수도 있다.

예)
```
SELECT /*+ INDEX(s sales_pk) */ ...
   FROM sales s
   WHERE sale_date = '20151015';

SELECT /*+ INDEX(cust_v cust cname_idx) */ ...
   FROM cust_v
   WHERE cust_name = 'TOMCAT';
```

여기서 cust_v 는 cust 테이블 액세스를 포함하고 있는 View 이름이며, cname_idx 는 cust 테이블의 cust_name 컬럼에 대해 정의된 인덱스임.

NO_INDEX

옵티마이져가 실행계획을 수립할 때 지정한 인덱스는 제외하고, 다른 액세스 방법을 고려하도록 유도하는 힌트이다.

예) SELECT /*+ NO_INDEX(m member_pk) */ ...
    FROM members m
    WHERE member_id > 10200;

여기에 지정한 인덱스를 제외한 나머지 인덱스들을 액세스 수단으로 고려한다. 그러나 만약 인덱스들을 지정하지 않고 테이블만 정의하면 해당 테이블의 모든 인덱스들을 힌트 내에 정의한 것으로 인정하여 모든 인덱스를 고려 대상에서 제외한다.

동일한 인덱스를 NO_INDEX 힌트와 함께 INDEX, INDEX_ASC, INDEX_DESC, INDEX_COMBINE, INDEX_FFS 등에 사용하면 옵티마이져는 두 힌트 모두를 무시한다. 이런 특성을 이용해 여러분이 튜닝을 위한 테스트를 할 때 기존에 부여했던 힌트를 지우지 않고 잠시 무시하도록 하기 위해 사용할 수 있다. 또한 뷰쿼리에 삽입한 힌트를 무시하고자 할 때도 적용할 수 있다.

INDEX_ASC

인덱스를 경유하여 테이블을 액세스할 때 힌트에 지정한 인덱스를 인덱스 컬럼 값의 오름차순(정순)으로 범위 스캔하도록 유도하는 힌트이다.

예) SELECT /*+ INDEX_ASC(a idx01) */ ...
    FROM tab1 a
    WHERE col1 LIKE 'ABC%';

INDEX_DESC

인덱스를 경유하여 테이블을 액세스할 때 힌트에 지정한 인덱스를 인덱스 컬럼 값의 내림차순(역순)으로 범위 스캔하도록 유도하는 힌트이다.

예) SELECT /*+ INDEX_DESC(a idx01) */ ...
    FROM tab1 a
    WHERE col1 LIKE 'ABC%';

INDEX_COMBINE

2개 이상의 인덱스를 비트맵 인덱스로 변경/결합하여 테이블을 액세스하는 방식으로 유도하는 힌트이다. 해당 인덱스는 일반 인덱스, 비트맵 인덱스 모두 가능하며, 서로 다른 타입의 인덱스에서도 변경/결합이 가능하다.
INDEX_COMBINE 힌트에서 테이블 이름만 부여하고 인덱스 이름을 명시하지 않으면
옵티마이져가 해당 테이블에서 가장 적합한 인덱스를 선택하여 처리한다.

예) SELECT /*+ INDEX_COMBINE(e sal_bix hiredate_bix) */ …
　　FROM emp e
　　WHERE sal > 3000 AND hiredate < '20150715';

INDEX_FFS

전체 테이블을 스캔하는 것과 유사한 방법으로 인덱스 전체범위를 스캔하는 방식으로 유도하는 힌트이다. 비록 인덱스를 스캔하지만 다중블록을 스캔한다.

예) SELECT /*+ INDEX_FFS(table_name index_name) */ …

이와 반대로 NO_INDEX_FFS 힌트는 힌트에서 지정한 테이블의 인덱스에 대해 '고속 전체 인덱스 스캔' 방식을 제외한 다른 액세스 방법을 사용하도록 유도한다.

INDEX_JOIN

2개 이상의 인덱스들만으로 조인을 수행하도록 유도하는 힌트이다. 이때 인덱스를 구성하는 컬럼이 해당 질의에서 필요로 하는 모든 컬럼을 포함하고 있어야 한다. 즉, 테이블을 전혀 액세스하지 않고 인덱스들만으로 쿼리를 처리할 수 있어야 한다.
인덱스 조인은 2개 이상의 인덱스를 범위 스캔한 결과를 ROWID로 해쉬 조인을 수행하여 결과를 얻는다.

예) SELECT /*+ INDEX_JOIN(e SAL_BMP HIREDATE_IX) */ sal, hiredate
　　FROM emp e
　　WHERE hiredate < sysdate AND sal > 2000;

INDEX_SS

인덱스 스킵 스캔 방식으로 인덱스를 액세스하도록 유도하는 힌트이다.

예) SELECT /*+ INDEX_SS(e emp_idx) */ …
　　FROM emp e
　　WHERE hiredate = sysdate;

이와 반대로 NO_INDEX_SS 힌트는 힌트에서 지정한 테이블의 인덱스에 대해 스킵스캔을 제외한 다른 액세스 방법을 사용하도록 유도한다.

INDEX_SS_ASC

인덱스 스킵 스캔 방식으로 범위 스캔하는 경우 오름차순으로 인덱스를 읽도록 하는 힌트이다.

INDEX_SS_DESC

인덱스 스킵 스캔 방식으로 범위 스캔하는 경우 내림차순으로 인덱스를 읽도록 하는 힌트이다.

예) SELECT /*+ INDEX_SS_DESC(e ename_ix) */ ...
    FROM employees e
    WHERE first_name = 'Steven';

3.3.7. 쿼리형태 변형(Query Transformation)을 위한 힌트

우리는 앞서 옵티마이져의 최적화 단계에서 '질의 변환기'가 수행하는 쿼리의 변형에 대해 알아 보았다. 질의 변환기의 주된 임무는 보다 양호한 실행계획을 얻을 수 있도록 적절한 형태로 SQL 의 모양을 변환하는 것이다. 많은 부분에 대해 옵티마이져가 스스로 변환을 수행하지만 이 단계에서 우리가 부여하는 힌트는 좀더 효율적인 실행계획을 수립하는데 큰 도움이 될 것이다.

USE_CONCAT

조건절에 있는 OR 연산자 조건(또는 IN 연산자 조건)을 별도의 실행단위로 분리하여 각각의 최적의 액세스 경로를 수립하여 이를 연결(Concatenation)하는 실행계획을 수립하도록 유도하는 힌트이다. 반드시 처리주관 조건이 OR 로 나누어졌을 때 적용해야 하며, 잘못 사용하면 비효율이 발생할 수 있으므로 주의해야 한다.

예) SELECT /*+ USE_CONCAT */ ...
    FROM emp
    WHERE job = 'CLERK' OR deptno = 10;

NO_EXPAND

조건절에 있는 OR 연산자 조건(또는 IN 연산자 조건)을 연쇄 실행계획으로 처리되지 않도록 할 때 사용하는 힌트이다. 즉, USE_CONCAT 의 반대 개념이다.

예) SELECT /*+ NO_EXPAND */ …
   FROM CUSTOMER
   WHERE CUST_TYPE IN ('A', 'B');

REWRITE

대량의 데이터를 대상으로 하는 조인이나 그룹함수 사용하여 가공집합을 얻고자 할 때 수행속도 향상을 위해 미리 생성된 실체뷰(Materialized View)를 생성할 수 있다. 우리가 어떤 쿼리를 수행하였을 때 옵티마이져는 원래의 테이블을 액세스하는 방법과 실체뷰를 액세스하는 방법 중에서 유리한 것을 선택하도록 쿼리를 변형할 수 있다. 이것을 '쿼리 재작성 (Query rewrite)'이라고 하는데 이 힌트는 이러한 과정을 실행하도록 하는 힌트이다.

만약, 힌트 내에 특정 실체뷰가 지정되어 있으면 비용에 상관없이 해당 실체뷰를 사용하게 된다. 이때 힌트 내에 포함되지 않은 실체뷰는 고려대상이 아니다. 만약 힌트 내에 실체뷰를 지정하지 않으면 적용 가능한 실체뷰를 찾아서 비용에 상관없이 그 실체뷰를 사용한다.

예) SELECT /*+ REWRITE (sales_mv) */
       c.cust_id, MIN(c.cust_name), COUNT(distinct order_id)
   FROM sales s, order o, customer c
   WHERE s.order_id = o.order_id
     AND o.order_cust = c.cust_id
   GROUP BY c.cust_id;

NOREWRITE

이 힌트는 QUERY_REWRITE_ENABLED 파라메터가 TRUE 로 정의되어 있더라도 이를 무시하고 쿼리 블록에 대한 쿼리 재생성을 하지 않도록 유도한다.

예) SELECT /*+ NOREWRITE */ sum(s.amount_sold) AS dollars
   FROM sales s, times t
   WHERE s.time_id = t.time_id
   GROUP BY t.calendar_month_desc;

이것은 실체뷰를 통해 쿼리 수행결과를 미리 저장하고 있는 경우에도 원래의 테이블로부터 직접 재계산을 유도함으로써 최신의 값으로 결과를 출력하도록 할 때 유용하게 사용된다. 버전에 따라 NO_REWRITE 로 사용되기도 한다.

MERGE

뷰나 인라인뷰의 액세스를 최적화하기 위해서는 뷰쿼리에 사용된 원래의 테이블을 최적으로 액세스하도록 문장을 변환시켜야 한다. 이 과정을 뷰병합이라고 하며, 주어진 상황에 따라 다양한 현상이 나타난다. 이 힌트는 뷰병합이 가능함에도 불구하고 뷰병합이 일어나지 않을 때 적용할 수 있다. 주로 복잡한 뷰나 인라인뷰일 때 가끔 적용해 보면 상당한 효과를 얻는 경우가 많이 있다.

예) SELECT /*+ MERGE(table_name) */ ...

NO_MERGE

뷰쿼리 병합이 일어나지 않도록 요구하는 힌트이다. 주어진 조건이나 처리형태에 따라 뷰 병합을 하지 않고 먼저 뷰를 수행한 결과를 이용해 다음 처리를 하는 것이 유리한 경우도 많이 있다. 이러한 경우에 뷰 병합을 방지하기 위해 사용하는 힌트이다.

예) SELECT /*+ NO_MERGE(table_name) */ ...

STAR_TRANSFORMATION

스타 변형 조인(Star transformation join)을 수행하도록 요구하는 힌트이다. 이 조인은 소량의 데이터를 가진 여러 개의 디멘전 테이블과 팩트 테이블의 개별 비트맵 인덱스를 이용하여 처리범위를 줄이는 조인방식이다. 이 조인은 내부적으로 옵티마이져가 질의를 변형하여 실행계획을 생성하게 한다.

이 조인에 대한 상세한 내용은 '제 2 부 조인의 최적화' 단원에 있는 '스타변형 조인 (page 617~630)'을 참조하기 바란다.

```
예) SELECT /*+ STAR_TRANSFORMATION */
          d.dept_name, c.cust_city, p.product_name,
          SUM(s.amount) sales_amount
     FROM SALES s, PRODUCTS t, CUSTOMERS c, DEPT d
     WHERE s.product_cd = t.product_cd
       AND s.cust_id = c.cust_id
       AND s.sales_dept = d.dept_no
       AND c.cust_grade between '10' and '15'
       AND d.location = 'SEOUL'
       AND p.product_name IN ('PA001', 'DR210')
     GROUP BY d.dept_name, c.cust_city, p.product_name;
```

NO_STAR_TRANSFORMATION 힌트는 옵티마이져로 하여금 스타변형 조인을 하지 않도록 유도한다.

FACT

스타변형 조인에서 팩트 테이블을 지정하기 위해서 사용하는 힌트이다. 대부분의 경우는 옵티마이져에게 맡기는 것이 바람직하지만 팩트 테이블 선정에 오류가 있어서 원하지 않는 실행계획이 나타났을 때 사용할 수 있다. NO_FACT 힌트는 지정한 테이블을 팩트 테이블로 인정하지 말아 달라는 요구를 하는 힌트이다.

NO_FACT 힌트는 STAR TRANSFORMATION 상황에서 옵티마이져가 지정한 테이블을 FACT 테이블로 고려하지 않도록 유도한다.

UNNEST

서브쿼리와 메인쿼리를 합쳐 조인 형태로 변형하도록 하는 실행계획을 생성하도록 유도하는 힌트이다.

```
예) SELECT /*+ UNNEST(@qb) */ ...
    FROM emp e
    WHERE e.deptno IN ( SELECT /*+ QB_NAME(qb) */ d.deptno
                        FROM dept d
                        WHERE d.loc = 'DALLAS' );
```

NO_UNNEST 힌트는 UNNESTING 을 하지 않도록 유도한다.

3.3.8. 기타 힌트

지금까지 적용 목적별로 분류하여 소개한 힌트에서 누락된 10여 종의 힌트를 여기서 소개하고자 한다. 단편적으로 적용할 수 있는 힌트들이므로 간략하게 개념만 소개하기로 하겠다.

APPEND

데이터를 입력하는 INSERT 문에서 사용하는 힌트이다. 이 힌트는 데이터 입력작업을 'DIRECT-PATH' 방식으로 수행되도록 하여 SGA 를 거치지 않고 직접 저장공간으로 입력이 되도록 함으로써 매우 빠른 입력 처리를 보장한다. 한 가지 유의할 점은 반드시 최고 수위점(High water mark) 다음 위치에 데이터를 저장한다는 것이다.

```
예) INSERT /*+ APPEND */ INTO TAB2
    SELECT *
    FROM TAB1
    WHERE COL1 >= '20150101' ;
```

NOAPPEND 힌트는 INSERT 문을 처리할 때 'CONVENTIONAL-PATH' 방식으로 수행하도록 유도하기 위해 사용한다. 이 방식은 기본적으로 직렬모드(Serial mode)로 수행되고, 'DIRECT-PATH' 방식은 병렬모드로 수행된다.

CACHE

전체테이블 스캔 방식으로 읽혀진 블록을 데이터베이스의 버퍼 캐쉬를 관리하는 LRU 리스트의 최근 사용 위치(Most Recent Used End)에 머물도록 하여 계속해서 메모리 내에 머물 수 있도록 하는 힌트이다. 크기가 작은 테이블에 유용하게 사용될 수 있다. 이 힌트를 사용하면 옵티마이져는 테이블에 이미 정의되었던 기본 캐쉬(Default Caching) 정의를 무효화 한다.

```
예) SELECT /*+ FULL(t) CACHE(t) */ last_name
      FROM tech_spec t;
```

NOCACHE

전체테이블 스캔 방식으로 읽혀진 블록을 데이터베이스 버퍼 캐쉬의 LRU 리스트의 끝에 위치하도록 유도함으로써 메모리 내에서 우선적으로 제거되도록 하는 힌트이다. 이것은 데이터베이스 버퍼 캐쉬에서 옵티마이져가 블록을 관리하는 일반적인 방법이기도 하다.

예) SELECT /*+ FULL(m) NOCACHE(m) */ member_name
      FROM members m;

CARDINALITY

옵티마이져에게 해당 쿼리 전체나 일부 구성에 대한 카디널러티 예상 값을 제시하여 실행계획 수립에 참조하도록 하는 힌트이다. 힌트에 테이블을 지정하지 않으면 이때의 카디널러티는 전체 쿼리를 수행한 결과로 얻어진 총 건수로 간주한다.

예) SELECT /*+ CARDINALITY(s 9999) */ …
      FROM sale s, prod p
      WHERE s.sale_date >= '20150901'
      AND p.prod_id LIKE 'ABEC%';

CURSOR_SHARING_EXACT

만약 CURSOR_SHARING 초기화 파라메터가 'EXACT'로 지정되어 있다면 리터럴 값을 바인드변수로 변경하지 않고 있는 그대로 파싱을 한다. FORCE 와 SIMILAR 를 지정하면 SQL 조건절에 상수값을 지정했더라도 옵티마이져는 변수로 인정하여 실행계획을 수립하므로 실행계획의 공유비율을 높일 수 있다. 또한 우리는 경우에 따라서 'ALTER SESSION …' 명령을 이용하여 이 파라메터를 조정하기도 한다.

그러나 SQL 에서 지정한 상수값에 따라 미묘하게 달라지는 실행계획을 얻을 수 없으므로 이 힌트를 이용하여 CURSOR_SHARING 파라메터를 'EXACT'로 지정한 것과 동일한 상태로 만들 수 있다.

예) SELECT /*+ CURSOR_SHARING_EXACT */ *
      FROM EMP
      WHERE ENAME = 'SCOTT';

DRIVING_SITE

원격(Remote) 테이블과의 조인(분산쿼리)을 할 때 쿼리가 수행될 사이트를 지정하여 분산쿼리를 최적화하는데 적용하는 힌트이다.

예) SELECT /*+ DRIVING_SITE(b) */ …
      FROM cust a, order@ord_svr b
      WHERE a.join_date >= '20150101'
      AND b.order_date >= TO_CHAR(SYSDATE-7,'YYYYMMDD');

DYNAMIC_SAMPLING

우리가 통계정보를 생성해 두지 않았더라도 언제나 비용기준으로 작동할 수 있게 하기 위한 동적 표본화(Dynamic sampling)는 앞서 옵티마이져를 설명하면서 소개 (page 137~138)한 적이 있다. 이 기능은 통계정보를 가지고 있지 않거나, 에러 등의 문제로 사용할 수 없게 되거나, 너무 오래되어 더 이상 신뢰할 수 없을 때 적용한다. 샘플링 레벨은 0 ~ 10 사이로 줄 수 있으며, 값이 클수록 더욱 정확한 통계정보를 수집하게 된다. 이 힌트는 바로 이 기능을 단위 SQL 에 적용할 수 있기 위해 탄생되었다.

예)
```
SELECT /*+ DYNAMIC_SAMPLING(e 1) */ …
  FROM EMP
 WHERE ENAME = 'SCOTT';
```

어떤 테이블에 대한 카디널러티 통계가 있을 때 만약 테이블 하나만 엑세스하는 쿼리에 조건절이 없는 상태에서 이 힌트를 사용하면 옵티마이져는 현존하는 통계정보를 선택하고 이 힌트를 무시한다.

예)
```
SELECT /*+ DYNAMIC_SAMPLING (e 1) */ count(*)
  FROM employees e;
```

반대로, 이 상황에서 조건절이 존재하면 옵티마이져는 현존하는 카디널러티 통계를 이용하여 조건문의 선택도를 추정함으로써 이 힌트를 적용하게 된다.

PUSH_PRED

뷰나 인라인뷰의 외부에 있는 조인 조건을 뷰 쿼리 내로 삽입하도록 하는 힌트이다. 즉, 아래 SQL 은 인라인뷰가 수행된 결과와 조인을 하는 것이 아니라 마치 직접 조인을 한 것처럼 외부의 조인조건에 의해 조인을 수행한 후 체크기능이 수행된다.

예)
```
SELECT /*+ NO_MERGE(v) PUSH_PRED(v) */ …
  FROM member m,
     ( SELECT carrier_name, carrier_duration
         FROM member_carrier
        WHERE carrier_type IN ('1', '2', '4') ) v
 WHERE m.member_id = v.member_id(+)
   AND m.member_type = '1001';
```

NO_PUSH_PRED

뷰나 인라인뷰의 외부에 있는 조인 조건을 뷰 쿼리 내로 삽입하지 않도록 하는 힌트이다. 아래 SQL 은 인라인뷰가 먼저 수행한 결과와 조인이 수행된다.

예)
```
SELECT /*+ NO_MERGE(v) NO_PUSH_PRED(v) */ *
  FROM employees e,
       (SELECT manager_id
          FROM employees) v
 WHERE e.manager_id = v.manager_id(+)
   AND e.employee_id = 100;
```

PUSH_SUBQ

이 힌트는 머지되지 않은 서브쿼리를 최대한 먼저 수행할 수 있도록 실행계획을 수립하기를 요구한다. 머지가 된 서브쿼리는 먼저 수행되어 그 결과를 메인쿼리의 처리범위를 줄이는 '제공자' 역할을 한다. 그러나 일반적으로 머지가 불가능해지면 '확인자' 역할을 해야 하기 때문에 실행계획의 마지막 단계에서 수행된다.

만약 머지를 할 수 없는 서브쿼리가 상대적으로 적은 로우를 가지고 있거나 처리범위를 줄여 주는데 중요한 역할을 할 수 있다면 이 힌트를 이용하여 최대한 앞 부분에서 수행되도록 함으로써 수행속도 향상을 얻을 수 있다.

예를 들어 어떤 쿼리가 선택한 결합 인덱스에서 중간에 있는 컬럼에 조건이 부여되지 않았을 때 '='조건을 공급하기 위해서 서브쿼리를 추가했는데 우리의 생각과는 달리 서브쿼리가 확인자의 역할을 하도록 실행계획이 수립된다면 이 힌트를 이용하여 제공자 역할을 하도록 할 수 있다.

예)
```
SELECT /*+ PUSH_SUBQ(@qb) */ ...          INDEX : ITEM + SALTYPE + SALDATE
  FROM   sales
 WHERE item = :b1
   AND saltype IN (SELECT /*+ QB_NAME(qb) */ code_id
                     FROM code_table
                    WHERE code_type = 'SALTYPE' )
   AND saldate between :b2 and :b3;
```

그러나 그 서브쿼리가 원격 테이블이거나 Sort Merge 조인의 일부로써 수행될 때는 이 힌트는 아무런 역할도 하지 못한다.

NO_PUSH_SUBQ 힌트는 옵티마이져가 머지되지 않은 서브쿼리를 제일 나중에 수행되도록 한다. 만약 이러한 서브쿼리가 처리범위를 거의 줄여주지 못하거나 상대적으로 부담이 된다면 가능한 가장 마지막에 처리하는 것이 유리하다. 다시 말해서 다른 조건들이 최대한 적용되어 가장 많이 줄여진 다음에 수행되는 것이 유리하다는 것이다.

QB_NAME

쿼리 블록에 이름을 부여하여 해당 쿼리 블록 외부의 다른 힌트에서 지정한 쿼리 블록을 참조할 수 있도록 하는 힌트이다.

```
예) SELECT /*+ UNNEST(@qb) */ ...
    FROM emp e
    WHERE e.deptno IN (SELECT /*+ QB_NAME(qb) */ d.deptno
                       FROM dept d
                       WHERE d.loc = 'DALLAS');
```

쿼리 블록에 대한 명칭은 전체 쿼리 내에서 유일하게 부여되어야 하며, 동일한 쿼리 블록은 다른 이름으로 여러 힌트에서 반복 사용될 수 없다. 이 힌트를 사용하면서 명명하지 않은 쿼리 블록은 옵티마이져가 쿼리 블록명을 자동 생성하며, 사용된 쿼리 블록명은 PLAN_TABLE 에서 확인할 수 있다.

REWRITE_ON_ERROR

적합한 실체뷰가 존재하지 않아서 옵티마이져가 쿼리 재생성을 실행할 수 없는 경우 만약 이 힌트가 지정되어 있으면 ORA-30393 에러를 유발하여 쿼리 수행을 중단시키도록 하는 힌트이다.

```
예) SELECT /*+ REWRITE_OR_ERROR */ p.prod_subcategory,
           SUM(s.amount_sold)
    FROM sales s, products p
    WHERE s.prod_id = p.prod_id
    GROUP BY p.prod_subcategory;

    ORA-30393: a query block in the statement did not rewrite.
```

제4장
인덱스 수립 전략

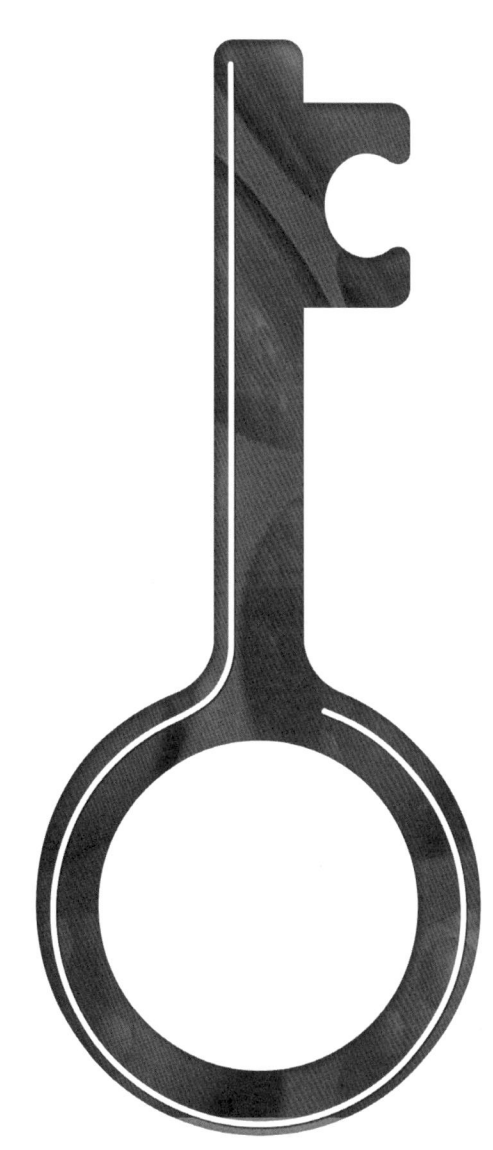

제 4 장
인덱스 수립 전략

아무리 우수한 전략가라 하더라도 그가 사용할 수 있는 무기가 제대로 제공되지 않는다면 자신의 능력을 충분히 발휘할 수 없다. 그러나 능력이 있는 사람에게 최적의 요소를 충분히 공급해 준다면 그들의 능력을 극대화시킬 수 있다. 최적화 시뮬레이션이란 주어진 요소들을 이용해서 가장 이상적인 수행방법을 찾아내는 것이다. 이미 논리적으로 불가능한 것을 스스로 만들어 낼 수는 없다.

또한 그들의 능력을 우리가 마음대로 향상시킬 수 없다면 우리가 해야 할 일은 그들이 최대한의 능력을 발휘할 수 있도록 최선의 요소들을 제공하는 일이다. 옵티마이져가 결정하는 최적화의 경로는 단지 논리적으로 적용가능한 액세스 경로들을 찾아서 그 중에서 한 가지를 선택할 뿐이다. 그들은 결코 이미 대상에서 제외되어 있는 경로들을 선택할 수 없다.

그렇다면 가장 우선적인 것이 무엇인지는 분명해 진다. 최적화 단계에서 경쟁할 액세스 경로들이 최대한 우수한 것들로 채워질 수 있도록 해야 한다. 1 등이라고 해서 다 같을 수는 없다. 어떠한 집단에서 1 등을 했느냐에 따라 그 차이는 매우 크다. 누가 뭐라고 해도 우수한 집단에서 선택된 것이 더 나은 결정일 확률이 높은 것은 사실이다.

단 몇 개의 인덱스로서 수 십 가지의 액세스 형태를 만족할 수 있도록 해야 한다. 최소의 인덱스로 최대의 액세스 형태를 모두 만족할 수 있도록 하는 전략이 필요하다. 인덱스의 증감은 곧 최적화 요소의 변화를 의미하므로 전체 최적화에 커다란 영향을 미칠 수 있다. 좋은 요소의 추가는 여러 곳에 좋은 영향을 미치지만 나쁜 요소가 추가되면 다른 것까지 나쁘게 할 수도 있다. 이러한 전략이 얼마나 중요한지는 굳이 강조할 필요도 없다.

전략은 아무나 세울 수 있는 것이 아니다. 관련된 많은 내용을 이해하고 있는 전문가를 필요로 하며, 판단에 필요한 요소들을 적절히 준비하는 것 또한 매우 중요하다. 이를 위해 앞서 우리는 모든 실행계획의 유형들을 이해하였고, 인덱스가 가지고 있는 다양한 특징들까지 파악하였다. 이를 토대로 이 장에서는 인덱스 결정에 필요한 추가적인 요소들을 좀더 규명해 보고, 최적의 인덱스 구성을 위한 종합적인 전략을 수립하는 절차에 대해 설명하게 될 것이다.

4.1. 인덱스의 선정 기준

우리는 앞서 옵티마이져가 최적화를 할 때 먼저 논리적으로 적용 가능한 액세스 형태를 선별한다고 했다. 인덱스 구조와 조건절에 사용된 컬럼의 적용 형태에 따라서 이러한 선택은 직접적인 영향을 받는다. 새로운 인덱스가 생성되었다는 것은 옵티마이져가 최적의 처리경로를 판단하기 위해 사용하는 요소가 추가되었다는 사실을 의미한다.

이것은 특정 쿼리에만 영향을 미치는 것이 아니라 그 컬럼을 사용하는 대부분의 경우에 영향을 미칠 수 있다는 것을 의미한다. 인덱스의 구조가 추가되면 어떤 유형의 쿼리에게는 매우 유용하지만 또 다른 어떤 쿼리에게는 상대적으로 덜 유용할 수도 있다. 마치 입시요강이 변경되었을 어떤 사람에게는 매우 유리해지지만 어떤 사람에겐 큰 영향이 없거나 오히려 불리해질 수도 있는 것과 유사하다.

우리가 애써 구성한 인덱스의 혜택을 받는 경우가 극소수이거나 악영향을 받는다면 좋은 결정이라 할 수 없다. 가능하다면 최소 개수의 인덱스로 최대의 처리유형에 효율적으로 사용될 수 있도록 전략적인 구성을 하는 것이 가장 중요하다.

어떤 집단이 목표달성을 위해서 가장 먼저 해야 하는 일은 업무를 수행하는 조직부터 잘 정비해야 한다. 각 단위 조직은 그 역할이 분명해야 하며, 서로 간에 역할의 중복이 되지 않으면서도 유기적인 협력이 가능해야 한다. 불필요하거나 무능한 조직은 오히려 나쁜 영향을 끼친다. 조직 구조의 혁신을 통해 새로운 조직력을 만들어 가듯이 인덱스의 전략적인 구성은 해당 테이블의 수많은 액세스 형태를 혁신적으로 개선할 수 있도록 해준다.

그러나 인덱스가 액세스의 효율을 높여 주는데 기여하는 것은 틀림없지만 적절한 구성이 되지 못하면 많은 문제를 일으키는 온상이 될 수도 있다. 문제가 많은 조직은 조직간의 알력이 극심하고, 역할 분장이 애매하여 역할이 중첩되어 있으면서도 관리의 사각지대가 존재한다.

이처럼 인덱스는 많이 있지만 구조상의 문제로 인해 최선의 기능을 발휘하지 못하거나 역할이 중복되어 있으며, 인덱스의 반영이 누락된 액세스 형태가 많이 나타나는 경우를 자주 접할 수 있었다.

어떤 기업이 조직의 혁신을 통해서 새로운 기업으로 거듭나듯이 관계형 데이터베이스는 인덱스 구조의 혁신만으로도 놀라운 성능향상을 가져올 수 있다. 사실 그것은 너무나 당연한 결과라 할 수 있다. 액세스되는 모든 형태들이 최적의 실행계획을 얻을 수 있도록 인덱스 체계에 대한 구조개혁을 단행했다면 그 대가로 수많은 액세스 형태가 최적화되는 효과를 얻을 수 있는 것은 당연한 귀결이다.

조직의 목표를 달성하기 위해서는 경영여건의 종합적인 분석을 토대로 조직의 역량을 강화시키고, 이상적인 역할 분담을 통해 수많은 도전에 최상의 응전을 할 수 있도록 조직력을 키우는 것뿐이다. 이처럼 모든 액세스 형태의 효율화를 위해서는 모든 액세스 형태의 분석을 토대로 이상적인 컬럼 구성과 순서 결정을 통해 단위 인덱스의 역량을 강화시키고, 최소의 인덱스로 모든 액세스 형태를 만족할 수 있도록 역할분담을 시켜야 한다.

그러므로 막연한 추측이나 특정한 액세스 경우만을 위해 인덱스를 함부로 생성해서는 안 된다. 가능한 실측자료(액세스 형태 수집, 분석, 액세스의 빈도, 처리범위의 크기, 분포도, 테이블의 크기, 액세스 유형 등)를 활용하여 종합적이고 전략적인 결정을 해야 한다.

4.1.1. 테이블 형태별 적용기준

먼저 테이블의 형태에 따른 인덱스 전략 수립의 적용 기준들을 살펴보자. 테이블의 형태를 구분하는 방법은 많이 있겠지만 여기서는 다음과 같이 구분해서 설명하고자 한다.

- 적은 데이터를 가진 소형 테이블
- 주로 참조되는(Referenced) 역할을 하는 중대형 테이블
- 업무의 구체적인 행위를 관리하는 중대형 테이블
- 저장용(Log 性) 대형 테이블

가) 적은 데이터를 가진 소형 테이블

여기서 테이블의 크기가 적다는 것은 한 번의 I/O 에서 액세스되는 블록 이내의 크기를 가진 - 즉, DB_FILE_MULTIBLOCK_READ_COUNT 에 지정된 숫자 이하의 블록을 가진 - 테이블을 말한다. RDBMS 는 멀티블럭 I/O 를 하기 때문에 한번 I/O 로 처리될 수 있는 양은 인덱스 없이 전체 테이블을 스캔하더라도 인덱스를 통해 처리하는 것과 거의 차이가 없기 때문에 인덱스를 생성하지 않아도 문제가 없다.

사실 소형 테이블에 인덱스를 생성할 필요가 없다는 조언이 잘못 이해되는 경우가 많이 있다. 보다 정확하게 말한다면 인덱스가 없을 수도 있다는 것이지 인덱스를 생성하지 않는 것이 더 유리하다는 의미로 해석하지 말아야 한다. 굳이 인덱스를 경유하는 것이 특별히 유리할 것이 없다는 의미를 '인덱스를 생성하는 것이 나쁜 결정이다'라는 뜻으로 오해하지 말라는 것이다.

오히려 소형 테이블에서도 인덱스를 구성하는 것이 현실적으로는 좀더 바람직하다는 것이 필자의 생각이다. 소형 테이블은 인덱스를 생성하더라도 워낙 데이터가 적기 때문에 이로 인한 부담이 거의 없다. 전혀 부담을 가질 필요가 없는 것을 가지고 문제를 일으킬 소지를 만들 필요가 어디 있겠는가?

액세스가 소형 테이블만을 처리한다면 인덱스 유무는 수행속도에 거의 영향을 미치지 않는다. 그러나 다른 테이블들과 다양한 방법으로 연결을 해야 하는 경우에는 인덱스 유무

가 옵티마이져에게 생각보다 많은 영향을 미친다. 앞서 조인의 실행계획에서 살펴 보았듯이 인덱스는 옵티마이져의 결정에 매우 큰 영향을 미친다. 약간의 관련 팩터들에도 영향을 받는다. 특히 인덱스는 가장 큰 영향요소이므로 괜히 평지풍파를 일으킬 소지를 제공할 필요가 없다.

여러분은 조인의 실행계획이 적절하지 못할 때 얼마나 큰 부하가 발생하는지 잘 알고 있을 것이다. 저장공간을 조금 절약하겠다고 이러한 부담을 감수하겠다는 생각에는 동조할 수 없다. 소량의 테이블에 인덱스를 생성하지 않는다고 해서 우리가 대단한 것을 얻거나 특별히 절약할 것도 없다. 마찬가지로 생성을 한다고 해서 크게 부담이 될 것도 없다. 그렇다면 결론은 명확하다.

아무리 적은 소량의 테이블이라도 기본키는 반드시 인덱스를 가지도록 해야 한다. 기본키는 조인의 실행계획이나 각종 무결성(Integrity) 정의에 영향을 미친다. 특히 이런 테이블들은 조인에서 내측루프를 주로 수행하므로 실로 엄청난 회수가 수행된다. 티끌도 모이면 태산이 된다는 말이 있듯이 반복 수행되는 처리에서는 약간의 차이가 눈덩이처럼 커질 수가 있다.

이런 유형의 테이블들은 아예 인덱스 일체형 테이블(IOT)로 구성하는 것도 검토해 볼 만 하다. 내측 루프에서 반복되는 액세스는 약간의 개선만 되더라도 대량의 반복이 발생할 때는 상당한 효과를 얻을 수 있다.

나) 주로 참조되는 역할을 하는 중대형 테이블

이 테이블은 트랜잭션 데이터들의 행위의 주체나 목적이 되는 개체들로 구성된 테이블들을 말한다. 데이터 모델링에서 주로 키 엔터티(Key Entity)로 분류되는 집합들로써 대표적으로 '고객' 테이블을 들 수 있겠다. 이런 테이블들의 액세스 형태를 수집해 보면 주로 좁은 범위를 스캔하거나 조인 등에 의해서 내측루프에서 기본키에 의해 연결되는 유형이 대부분이다.

테이블 내의 개체들은 독립성이 강하기 때문에 특별한 조건을 만족하는 일부분만 액세스하는 경우가 많다. 가령 '고객' 테이블을 생각해 보자. CRM 에서처럼 고객을 다양하게 분석하는 경우를 제외한다면 일반적인 경우에는 고객번호, 성명, 주민등록번호, 사업자번호, 전화번호 등의 주로 고객을 식별하는 형태의 액세스가 발생한다.

고객번호가 비슷하다고 해서 그들간에 어떤 연관이 있는 것도 아니고, 등록된 시점이 유사하다고 해서 무슨 관련이 있는 것도 아니다. 그러나 데이터는 상당히 많고 많은 랜덤 액세스가 발생하지만 주기적으로 대량의 데이터가 입력되는 경우는 거의 없다.

다시 말해서 검색 조건의 형태가 뚜렷하고, 데이터 증감이 별로 없으며, 검색 위주의 액세스가 발생한다는 것이다. 다양한 액세스 형태를 만족하기 위해서 보다 많은 인덱스를 보유하는데 가장 큰 걸림돌이 되는 데이터 증감에 대한 부담이 없기 때문에 과감한 초기투자를 할 수 있다.

처음에 한 번 고생해서 인덱스를 생성해 두는 비용(Cost)을 지불하면, 앞으로는 계속해서 검색의 이득(Benefit)을 얻을 수 있다. 사실 시스템 자원을 사용할 때는 아무리 부담이 되더라도 한 번 투자를 하여 그 다음부터는 지속적인 효과를 볼 수 있다는 것이 보장만 된다면 전혀 망설일 것이 없다.

이런 테이블의 인덱스는 설사 인덱스 개수가 좀 많아진다 하더라도 역할에 좀더 잘 맞는 구성으로 과감하게 결정할 수도 있다. 이런 테이블의 인덱스 생성 작업은 먼저 인덱스 없이 테이블을 완성해 두고, 일거에 인덱스를 만드는 것이 좋다. 블록 내에 최대한 조밀하게 인덱스를 채우기 위해서 인덱스 생성 시에 'PCTFREE'를 '0'에 가깝게 부여하는 것도 괜찮다.

인덱스는 테이블과는 달리 값의 길이에 변화가 발생할 확률이 매우 낮다. 테이블에서 특별한 파라메터를 지정하지 않아 기본값인 10으로 부여하듯이 인덱스 생성 시에도 이 파라메터를 지정하지 않아 블록당 10%를 허비하지 않기를 바란다. 만약 시간이 많이 흘렀거나 대량의 입력이 발생한 적이 있었다면 인덱스 재생성(Rebuild)을 해 주는 것이 좋다.

인덱스는 일반적인 테이블처럼 값과 상관없이 데이터를 채우는 것이 아니기 때문에 새로운 데이터가 들어왔을 때 기존에 사용 중인 블록을 다시 사용하는 비율이 무척 낮다. 만약 테이블과 같이 인덱스를 생성해 두고 대량의 입력을 하면, 테이블에 비해 훨씬 적은 컬럼을 가지고 있음에도 불구하고 사용된 저장공간이 거의 테이블의 크기에 육박하게 된다.

물론 이런 테이블들은 데이터 증감이 적기 때문에 특별한 경우가 아니라면 너무 자주 재생성을 해야할 필요는 없다.

다) 업무의 구체적인 행위를 관리하는 중대형 테이블

조인에서 주로 외측루프를 담당하는 테이블은 일반적으로 시간이 지남에 따라 데이터가 지속적으로 증가한다. 이런 유형의 테이블은 가령 '매출정보' 테이블처럼 업무의 구체적인 수행 내용을 담고 있는 트랜잭션들을 저장한다. 대부분 다양한 컬럼들을 가지고 있으며, 액세스 조건도 다양하다. 지속적으로 데이터가 증가하므로 인덱스 구성이 약간만 잘못되어도 처리 범위가 크게 증가할 수가 있다.

특정한 하나의 컬럼만으로는 처리범위를 줄이기 어렵기 때문에 대부분의 인덱스가 여러 컬럼으로 만들어진 여러 개의 결합 인덱스로 구성되는 경우가 많다. 데이터가 지속적으로 증가하고 있기 때문에 비트맵 인덱스 보다 B-Tree 인덱스가 주로 사용된다. 또한 비교 연산자의 형태가 '='이 아닌 경우도 자주 등장하게 되므로 결합 인덱스의 컬럼이 구성된 순서에 따라 효율성이 크게 달라진다.

이런 유형의 테이블은 경우에 따라서 파티션을 적용하거나 클러스터링을 해야 할 수도 있다. 테이블 구조를 어떻게 하느냐에 따라 인덱스 전략도 영향을 받는다. 데이터가 지속적으로 증가한다는 것은 데이터 입력 시의 부하를 무시할 수 없다는 것을 뜻한다. 지나치게 많은 인덱스는 입력 시의 부하뿐만 아니라 저장공간에도 적지 않은 부담으로 작용한다. 우리가 해야 할 일은 최소의 인덱스로 최대한의 액세스 유형을 만족시킬 수 있도록 이상적인 인덱스 구조를 구성하는 일이다.

이러한 유형의 테이블은 특히 곧 이어서 언급할 인덱스 전략 수립을 위한 절차를 충실히 지켜야 한다. 가장 우선적으로 해야 할 일은 그 테이블을 액세스하고 있는 모든 유형을 수집하는 일이다. 그 다음은 이 유형들을 가장 이상적으로 만족시킬 수 있는 인덱스 조합을 찾아내어야 한다. 아마 여러분들은 이런 유형의 테이블에 대한 인덱스 구조의 개선만으로도 상당한 전과를 올릴 수 있을 것이다.

기존에 사용된 액세스 형태뿐만 아니라 앞으로 예상되는 형태까지도 감안한 인덱스 구성 전략이 필요하며, 사용자의 실수에 의해 시스템 전체에 악영향을 미칠 수 있으므로 쿼리를 생성할 때 항상 인덱스 구조를 확인하는 습관이 필요하다. 새로운 액세스 유형이 나타났다고 해서 개발자가 해당 쿼리의 최적화만을 위해서 함부로 인덱스를 추가하도록 해서는 안 된다.

이것은 마치 특정한 경우를 위해 함부로 자신에게 유리한 법이나 규칙을 제정해서는 안 되는 것과 같다. 전체에게 영향을 미치는 법과 규범은 소정의 발의 절차를 거쳐 전문조직의 검토를 거쳐 탄생하는 것처럼 인덱스는 개인의 사유물이 아니라는 점을 명심하고 이러한 관리체계를 체계적으로 운영할 필요가 있다.

이런 유형의 테이블에서 우리가 특히 심혈을 기울여야 하는 일은 반복적인 액세스가 발생하는 경우와 넓은 범위의 처리를 하는 경우에 대한 대비책을 세우는 일이다. 이것은 여러분들이 결코 소홀하게 다룰 수 없는 매우 중요한 임무이다. 이러한 면이 해결되지 않는 상태에서 시스템 최적화란 존재할 수가 없다는 점을 명심하기 바란다.

이 형태의 테이블은 업무처리 내용에 따라 처음에는 인덱스없이, 혹은 일부의 인덱스만 생성하였다가 대량의 데이터가 입력된 후 필요한 인덱스를 다시 생성시키는 방법을 사용해야 할 때도 있다. 여러 개의 인덱스가 있는 상태에서 동시에 많은 양의 데이터가 입력, 수정, 삭제된다면 심각한 수준의 부하가 발생할 수도 있으므로 인덱스의 생성시점에 대한 전략도 필요하다.

데이터 웨어하우스에서 사용되는 팩트 테이블들은 대량의 데이터를 보유하고 있으면서 주기적으로 대량의 입력이 발생한다. 그러나 배치 형태로 발생하기 때문에 OLTP에서와는 상황이 다르다. 이러한 테이블들은 다양한 디멘전들을 가지고 있고 이들이 어떠한 조합으로 검색될지 알 수 없기 때문에 이런 경우에 강점을 가지는 비트맵 인덱스를 활용해야 한다.

물론 카디널러티가 높은 컬럼은 B-Tree 인덱스가 더 적당하다. 굳이 데이터 웨어하우스가 아니더라도 배치처리로 대량의 데이터가 추가되고, 다양한 액세스 형태가 발생한다면 그 중에서 일부분은 비트맵 인덱스를 고려해 볼 수도 있다.

라) 저장용 대형 테이블

여기서 말하는 저장용이란 우리가 흔히 말하는 로그(Log)성 데이터를 관리할 목적으로 생성된 테이블을 말한다. 이런 유형의 테이블은 대량의 데이터를 가지고 있으며 지속적으로 대량의 데이터가 입력된다. 반면에 다양한 액세스 형태를 가지고 있지 않는 편이다. 일단은 저장을 목표로 하지만 추후 특정한 부분을 직접 액세스할 수도 있고 보다 가공된 집합을 생성하는 원료(Source)로 사용되기도 한다.

저장이 가장 우선이기 때문에 입력 시의 부하가 부담이 되어서는 곤란하다. 갱신이 거의 발생하지 않기 때문에 여유공간(PCTFREE)을 전혀 부여하지 않을 수도 있다. 기본키를 보유하는 것도 부담이 될 수 있기 때문에 가능하다면 'PRIMARY KEY' 제약조건을 사용하지 않는 것이 좋다. 물론 'DISABLE'을 시켜 두었다가 'ENABLE'을 시키는 방법도 있겠지만 굳이 그렇게 할 이유가 없다. 식별자에 대한 키가 필요하다면 나중에 별도로 'UNIQUE INDEX'를 생성해 주면 된다.

이런 테이블은 먼저 파티션을 고려해 보는 것이 좋다. 지속적으로 데이터가 증가하므로 언젠가는 앞 부분을 떼어내야 하기 때문이다. 이런 테이블일수록 오래된 데이터는 참조할 기회가 줄어든다. 파티션을 적용했을 때 파티션마다 로컬 인덱스를 다르게 사용할 수 있다면, 자주 참조하는 최근의 파티션은 좀더 많은 인덱스를 생성하고, 그렇지 않은 것은 아주 최소한의 인덱스만 생성할 수만 있다면 좀더 효과적일 것이다.

그러나 불행하게도 특정 파티션에만 인덱스를 생성하는 것은 불가능하다. 하지만 간단한 방법으로 해결할 수 있다. 만약 특정한 몇 개의 파티션에만 추가적인 인덱스를 가져가고 싶다면 로컬 인덱스를 먼저 'UNUSABLE' 상태로 생성한다. 이때는 단지 인덱스가 정의만 되어 있을 뿐이지 실제로 인덱스에 데이터가 저장되는 것은 아니다. 여러분은 추가적인 인덱스를 가져갈 파티션에 대해 인덱스 재생성을 하여 'USABLE'상태로 바꿀 수 있다.

그렇지만 적용상에 주의할 사항이 있다. 만약 여러분이 UNUSABLE 상태에 있는 파티션이 액세스되는 쿼리를 실행시키면 에러가 발생한다. 이를 방지하기 위해서 가능하다면 FROM 절에 특정 파티션을 지정하는 방법을 사용하는 것이 좋다. 굳이 그렇게 하지 않더라도 파티션 키를 사용된 조건에 부여하여 옵티마이져가 어떤 파티션을 읽어야 하는지 알게 해주면 해결된다. 파티션에 대한 보다 상세한 설명은 3권에서 할 것이다.

4.1.2. 분포도와 손익분기점

우리가 인덱스를 생성시키는 이유는 전체 집합에서 특정부분만 선별적으로 액세스하고자 하는 것이다. 조건에는 처리범위를 주관하는 것과 단순히 체크 기능만을 담당하는 조건이 있다. 물론 우리에게 나타나는 결과는 이들을 모두 통과한 최종결과이다. 따라서 이들이 어떤 역할을 담당했느냐에 따라 결과는 동일하지만 내부적인 처리량에는 큰 차이가 난다는 것을 잘 알고 있다.

최선의 방법은 가장 처리범위가 적은 것을 처리주관 조건으로 하는 것이다. 처리범위가 적다는 것은 전체에서 차지하는 분포가 적다는 것을 의미한다. 결국 어떻게 인덱스를 구성해야 가장 최소의 범위를 처리할 수 있는가에 달려있다. 물론 특정 액세스 형태에 가장 유리한 인덱스는 상수값을 조건으로 받고 있는 모든 컬럼이 모두 처리주관 조건으로 사용될 수 있도록 묶어 주는 것이다.

그러나 현실은 너무나 많은 액세스 형태를 가질 수 있기 때문에 특정한 경우마다 인덱스를 생성할 수는 없다. 최소의 인덱스로 최대의 액세스 형태를 만족하도록 하기 위해서 전략적인 구성이 필요하다고 했다. 어떤 컬럼은 혼자만으로도 충분히 처리범위를 줄일 수 있지만 그렇지 못한 경우가 훨씬 많다. 그렇다면 적절한 결합을 통해 이들이 합심하여 처리범위를 줄일 수 밖에 없다.

결국 문제의 핵심은 인덱스를 많이 생성하는 게 중요한 것이 아니라 얼마나 제 역할을 충실할 수 있도록 만들어졌느냐에 있다. 충실한 정도를 판단할 수 있는 근거는 얼마나 처리범위를 효율적으로 줄여 줄 수 있는가에 달려 있다. 즉, 분포도는 이러한 판단에 직접적인 영향을 미친다는 것이다.

관련 서적들을 살펴보면 컬럼의 분포도가 전체 테이블의 10~15%를 넘지 않아야 인덱스로서의 가치가 있다는 설명이 나온다. 그러나 이 말의 진정한 의미를 정확히 알아야 한다. 인덱스 컬럼의 분포도가 10~15%가 기준이라는 것은 그 이상인 경우는 차라리 전체 테이블을 스캔하는 것이 유리하다는 것을 의미한다.

왜냐하면 인덱스를 경유하여 액세스를 하는 일은 처리할 범위의 인덱스 로우에 있는 ROWID 정보를 이용하여 실제 테이블에 있는 로우를 일일이 랜덤하게 액세스해야 하므로 스캔방식보다 훨씬 불리하기 때문이다. 따라서 기준으로 제시한 퍼센트(%)는 단지 전체 테이블을 액세스하는 것과의 손익 분기점을 의미할 뿐이다.

다시 말해서 전체테이블 스캔을 하는 것보다 효율이 같거나 유리해지기 시작하는 분기점일 뿐이라는 것이다. 물론 조금이라도 유리하다면 그나마 없는 것보다는 났다고 할 수도 있다. 전체를 모두 액세스해서 찾아내지 못할 것은 없다. 어떻게 보면 전체를 모두 스캔하는 방법은 최악의 상황이자 마지막 대응방법이다.

우리의 목표는 최악의 상황보다 좋기만 하면 되는 정도는 아니다. 그 보다 훨씬 양호하기를 바라고 있다. 아직도 인덱스에 대한 잘못된 인식을 가진 사람들이 있다. 인덱스란 좋은 것이며, 분포도가 손익분기점 이내에 들어 간다면 자격을 통과한 것이니 좋은 것이 많이 있으면 더 좋아질 것이라고 막연히 생각하는 사람들이 있다.

인덱스의 손익 분기점은 대학입시의 커트라인이 아니다. 어느 기준내에 들어가기만 하면 나름대로 그 역할을 잘 할 것이라고 생각하지만 양호하지 않은 인덱스는 없는 것보다 오히려 나쁜 영향을 미치게 되는 경우가 더 많이 발생한다. 우리는 전체 테이블을 모두 액세스하는 경우와는 비교할 수 없을만큼 더 유리해지는 인덱스를 목표로 한다.

만약 어떤 컬럼의 분포도가 1% 이내라 한다면 손익 분기점 보다 훨씬 유리한 것이 분명하다. 그러나 상황에 따라 이 정도로는 만족하지 못 할 수도 있다. 만약 테이블의 크기가 매우 크다면 비록 1%라고 하더라도 로우 수는 이미 적지 않다. 그것은 이미 우리가 온라인에서 처리하기에는 큰 부담이 될 수 있는 범위가 될 수도 있다.

하나의 컬럼으로 구성된 인덱스만으로는 원하는 목표를 달성할 수 없다면 부득이 몇 개의 컬럼이 힘을 합쳐야 한다. 단합된 힘이란 때로는 우리가 상상하는 것 이상의 효과를 가져온다. 각 컬럼의 분포도는 양호하지 못하더라도 이들이 적절한 결합을 통하여 시너지 효과를 낼 수 있다면 놀라운 효과를 얻을 수 있다. 세상에는 독불장군은 없다. 서로의 힘을 적절하게 모으면 엄청난 힘을 얻을 수 있듯이 적절한 결합 인덱스를 전략적으로 수립하는 것은 매우 중요하다.

현실 세계에서 물류비용을 개선하여 기업의 이익을 창출하는 방법이 있듯이 운송단가에 해당하는 클러스터링 팩터를 향상시키면 손익 분기점은 훨씬 높아진다. 과거에는 생산원가의 절감만을 외쳤지만 요즘에는 물류개선을 중요시 하는 것처럼 클러스터링 팩터의 향상은 인덱스 액세스의 비용을 크게 낮출 수 있게 한다.

지금까지의 설명은 만약 손익분기점 이상의 분포도를 가진 인덱스는 절대로 생성해서는 안 되는 것처럼 오해를 줄 수도 있기 때문에 이번에는 손익 분기점 이상인 경우에도 인덱스를 생성하는 경우를 살펴보기로 하자.

손익 분기점이란 우리가 액세스할 범위의 전체를 인덱스를 경유하여 액세스하는 경우에 적용되는 말이다. 즉, 주어진 조건을 만족하는 모든 로우들을 액세스할 때 전체테이블 스캔과의 손익을 따져본 것을 의미한다. 가령, 30%의 손익분기점을 가진 인덱스를 이용해 어떤 범위를 스캔하다가 1/100 만 액세스하고 멈추었다고 가정해보자.

진행된 결과만으로 손익을 따져보면 0.3%를 인덱스로 액세스했으므로 실질적인 처리량은 손익 분기점 보다 훨씬 낮으므로 충분히 목적을 달성하였다. 이처럼 전체 범위 처리를 기준으로 했을 때는 손익 분기점을 초과하더라도 부분범위만 액세스를 할 목적이라면 이런 경우에도 인덱스를 생성할 수 있다.

이것을 가능하게 하는 방법이 바로 다음 단원에서 설명할 '부분범위 처리'의 개념이다. 그러나 이러한 경우의 적용은 매우 특별한 경우에 국한해서 적용하는 것이 좋다. 다시 말해서 인덱스를 이용한 부분범위 처리를 활용하지 않고서는 별다른 해결책이 없을 때만 적용하는 것이 좋다.

인덱스는 다양한 형태의 쿼리에 사용될 수 있으므로 그 인덱스를 사용하는 경우가 항상 부분범위 처리를 한다는 보장을 하기 어렵다. 이와 같은 넓은 범위의 처리는 부분범위로 처리될 때는 문제가 없지만 전체범위 처리로 수행하면 심각한 부하가 발생할 수 있기 때문이다. 따라서 이런 형태의 인덱스를 생성할 때는 반드시 특정한 목적으로만 사용해야 함을 명시하고 필요하다면 적절하게 힌트를 적용해야 할 것이다.

4.1.3. 인덱스 머지와 결합 인덱스 비교

어떤 테이블의 다양한 형태의 액세스를 최소의 인덱스로 모든 경우를 만족할 수 있도록 역할을 분담하기 위해서는 각 인덱스의 활용도를 높여야 한다. 이를 위해서는 두 가지 측면에서 고려되어야 한다. 첫 번째는 좋은 분포도를 가진 컬럼은 가능하다면 독립적인 인덱스를 만들어 적용의 유연성을 높여야 한다. 두 번째는 그렇지 못한 컬럼들은 유연성은 감소하지만 시너지 효과가 높일 수 있도록 적절한 결합을 하여야 한다.

탁월한 능력을 가진 사람은 어떠한 상황에서도 남다른 능력을 발휘하듯이 아주 좋은 분포도를 가진 컬럼을 인덱스로 생성해 두면 어떤 쿼리에서 사용되더라도 항상 좋은 영향을 미치게 되므로 활용의 유연성이 크게 증가한다. 그러나 마치 그런 사람을 특정 조직이나 역할에 부속시켜 엄격한 제약을 가한다면 능력을 제대로 발휘할 수 없듯이 좋은 분포도의 컬럼을 결합 인덱스의 일부로 부속을 시키면 활용도가 크게 감소한다.

그러나 그러한 능력을 갖지 못한 사람은 다수의 협력에 의한 시너지 효과로써 개인이 아니라 조직의 역량을 키우는 방식으로 접근해야 하듯이 분포도가 낮은 컬럼들은 설사 여러 인덱스에 부속되어 활용도가 낮아 지더라도 결합 형태를 이룰 수 밖에 없다. 좋은 분포도의 컬럼으로 구성된 인덱스는 경우에 따라 자신과 비슷한 수준의 또 다른 인덱스와 경쟁할 수가 있다.

물론 쉽게 우열을 가릴 수 있다면 그 중에서 가장 유리한 것이 액세스를 주관하면 된다. 그러나 우열을 가리기 어렵다면 아무 것이나 하나를 선택하는 것이 아니라 협력하여 같이 액세스를 주관할 수 있다. 이것을 인덱스 머지(Index merge)라고 한다.

가령, 다음과 같은 SQL 을 실행시켜 보자.

```
SELECT  *
FROM TAB1
WHERE  COL1 = 'ABC' AND COL2 = 123;
```

INDEX1 : COL1
INDEX2 : COL2

만약 인덱스 머지를 하지 않고 어느 하나의 인덱스만 액세스를 주관한다면 나머지 조건은 인덱스를 사용하지 않고 단지 액세스를 한 다음의 체크기능으로만 사용된다. 그러나 다음과 같이 인덱스 머지를 한다면 두 개의 인덱스가 모두 액세스를 주관하게 되고 체크기능은 없어지므로 매우 효율적인 처리가 가능해진다.

위의 SQL 의 실행계획이 INDEX1 과 INDEX2 를 머지하는 방법으로 수립되었다면 다음과 같은 방법으로 처리된다.

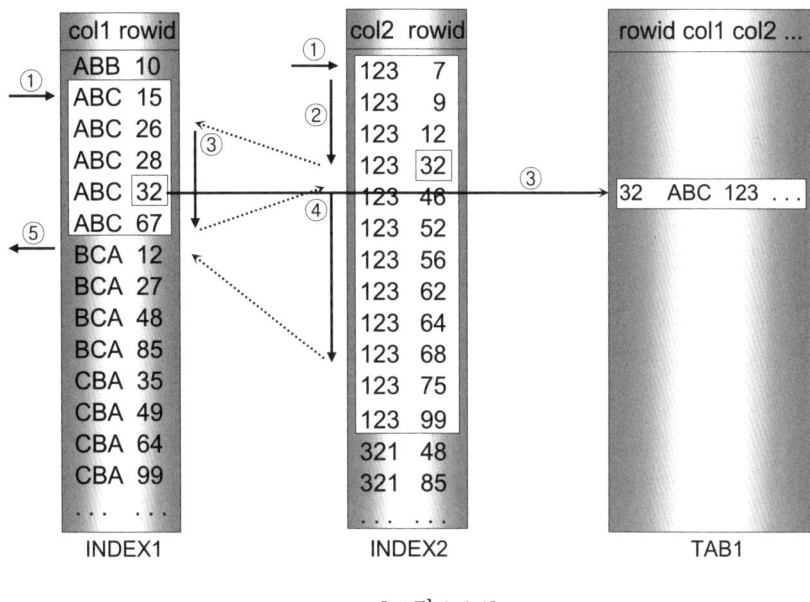

[그림 1-4-1]

이 그림은 여러분의 이해를 돕기 위해 ROWID 를 개념적으로 표시한 것이다. 물론 테이블에도 각 로우가 ROWID 를 가지고 있는 것이 아니라 블록 헤더의 슬롯에서 찾게 되겠지만 개념적으로 그려둔 것이니 오해하지 말기 바란다.

① 랜덤으로 COL1 인덱스에서 'ABC'인 첫번째 로우와 COL2 인덱스에서 123 인 첫번째 로우를 찾는다.
② 각 로우에 있는 ROWID 를 비교하여 적은 값을 가진 쪽을 차례로 스캔해 내려가면서 좌측의 15 와 비교한다. 만약 ROWID 를 찾지 못했다면 15 보다 커질 때까지 스캔해 내려간다.
③ 이번에는 우측의 32 를 기준으로 좌측을 스캔해 내려간다. 만약 같은 것을 찾으면 테이블의 로우를 액세스하고 다시 32 보다 커질 때까지 스캔한 후 멈춘다.
④ 같은 방법으로 다시 우측을 스캔해 내려가다가 67 보다 크면 멈추고 좌측을 스캔한다.
⑤ 좌측을 스캔했더니 컬럼값이 'ABC'가 아니므로 머지를 중단한다.

이 방법은 테이블 액세스를 일으키기 전에 먼저 인덱스간에 머지를 통해 처리범위를 최대한 줄인 다음에 액세스를 하고 있다. 그러나 인덱스들 사이에는 머지가 발생한 것이므로 과연 얼마나 일량이 줄어 들었는지는 한 번 따져보아야 한다. 물론 인덱스 머지는 스캔 방식으로 처리되었고, 테이블 액세스는 랜덤방식으로 처리되므로 단위 처리에 대한 부하의 정도는 다르다.

이번에는 다른 각도에서 한 번 살펴보기로 하자. 만약 위의 그림에서 COL1 = 'ABC'를 만족하는 로우는 5 개에 불과하지만 COL2 = 123 을 만족하는 로우는 그보다 훨씬 많은 1,000 건이라고 가정해 보자. COL1 의 처리범위인 5 개의 로우를 체크하기 위해 최악의 경우 COL2 를 1,000 건이나 스캔해야 한다. 이렇게 할 바에는 차라리 INDEX1 만 사용하여 5 건을 추출하고, 테이블을 액세스한 다음 COL2 조건을 체크하는 것이 누가 봐도 유리하다.

이처럼 인덱스 머지는 머지할 대상이 서로 비슷한 분포도를 가지고 있을 때 유리한 것이지 어느 하나가 넓은 범위를 가지고 있다면 머지를 하지 않는 것이 좋다. 경제학에서 '악화(惡貨)가 양화(良貨)를 구축(驅逐)한다'는 말처럼 나쁜 것으로 인해 오히려 하향 평준화가 발생할 수 있다는 것에 주의해야 한다.

이러한 이유 때문에 옵티마이져는 차이가 많이 나는 인덱스간에는 결코 인덱스 머지를 선택하지 않는다. 특히 어느 한쪽이라도 '='을 사용하지 않는 경우는 거의 이러한 실행계획을 수립하지 않는다. 과거에는 사용자가 'END_EQUAL'이라는 힌트를 사용하여 인덱스 머지로 유도했지만 이제 이 힌트는 없어지고 있다.

그것은 무엇을 의미하는가? 이러한 결정은 굳이 사람의 도움을 받을 필요없이 스스로 충분히 적절한 선택을 할 수 있다는 것이다. 이와 같이 특별한 경우를 제외하고는 일반적으로 인덱스 머지를 하는 것보다는 분포도가 좋은 하나의 인덱스만 사용하는 것이 유리하다는 것을 알 수 있다.

분포도가 좋지 않은 경우에 인덱스를 사용하면 오히려 나쁜 영향을 미친다는 것은 인덱스를 어떻게 적절하게 생성하느냐가 수행속도에 아주 중요한 영향을 미치게 된다는 것을 의미한다. 그러므로 분포도에 따른 인덱스 컬럼의 선정은 지극히 중요하다.

현실에서는 분포도가 아주 양호하지 않더라도 인덱스를 생성해야만 하는 경우가 많이 있다. 이런 경우를 해결하기 위해서 결합 인덱스(Concatenated Index)를 생성하게 된다. 결합 인덱스란 여러 개의 컬럼을 모아 하나의 인덱스로 생성시키는 것을 말한다. 결합 인덱스는 인덱스 머지가 일어 났을 때 머지가 성공한 로우들만 미리 모아 둔 것이므로 인덱스 머지에 비해 액세스 속도가 향상된다.

다음의 그림을 통해 인덱스 머지와 결합 인덱스의 차이를 비교해 보자.

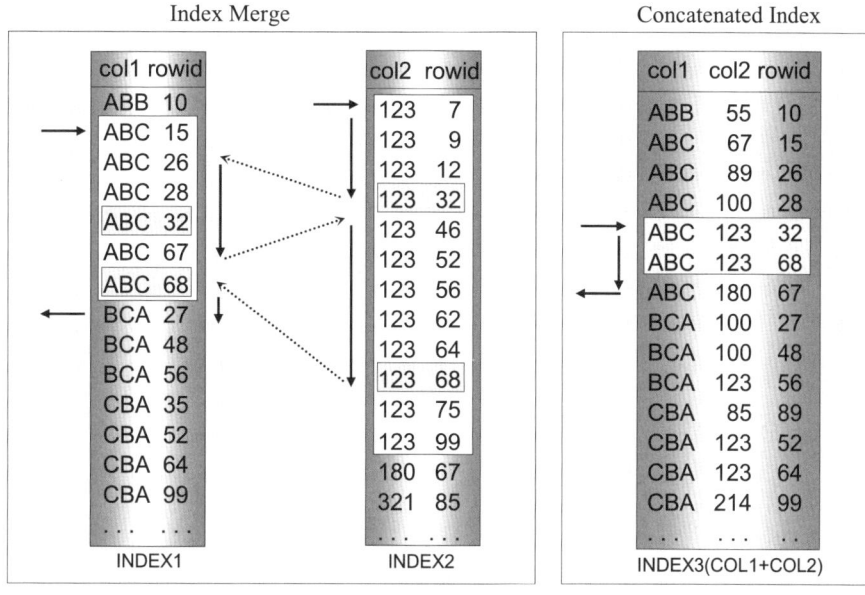

[그림 1-4-2]

위의 그림에서 확인할 수 있듯이 인덱스 머지는 두 개의 인덱스를 같은 ROWID 로 머지해야 하므로 머지를 수행한 양과 머지에 성공한 양에는 차이가 생길 수 있다. 그것은 그 만큼 불필요한 일을 했다는 것을 의미한다.

그러나 결합 인덱스는 각 인덱스 컬럼의 값들과 ROWID 로 정렬되어 있다. 위 그림의 좌우측을 비교해 보면 결합 인덱스는 인덱스 머지를 수행하여 성공한 결과들을 저장하고 있는 것과 동일한 형태가 된다는 것을 알 수 있다. 그러므로 머지를 하는 것보다 이미 머지된 결과에서 찾는 것이 그 만큼 유리한 것은 너무나 당연하다.

그렇다고 해서 인덱스 머지가 항상 결합 인덱스보다 불리한 것은 아니다. 물론 결합인덱스의 컬럼이 '='로 사용되었다면 결합인덱스가 언제나 유리하겠지만 그렇지 않다면 오히려 불리해 질 수도 있다. 결합 인덱스는 어떤 컬럼의 앞에 위치한 컬럼이 조건을 제대로 받지 못하면 효과가 급감하므로 유연성과 활용도가 크게 나빠진다.

4.1.4. 결합 인덱스의 특징

모든 일에는 반드시 반대 급부가 따르게 되듯이 결합 인덱스는 거기에 상응하는 단점 또한 가지고 있다. 결합 인덱스의 여러 가지 특징을 자세히 알아보기로 하자.

만약 결합 인덱스의 첫 번째 컬럼이 조건절에 없다면 일반적으로 인덱스는 사용되지 않는다. 물론 선행컬럼이 없는 경우에 '인덱스 스킵 스캔'이 발생하도록 한다면 적용이 가능할 수도 있겠지만 많은 제약과 불이익이 따른다. 이는 특정한 액세스 형태에 대해서만 효과가 있다는 의미이므로 다양한 액세스 형태에서 활용하기 어렵다.

결합 인덱스의 최대의 단점은 컬럼 중 일부만 조건을 받거나 '='이 아닌 연산자가 많이 있으면 급격하게 처리범위가 증가하여 효율이 크게 저하된다는 점이다. 이것은 곧 '어떤 컬럼들로 인덱스를 구성해야 하는가'에 대한 문제와 '어떤 순서로 하여야 하는가'에 대한 매우 치밀한 전략이 필요하다는 것을 의미한다.

이러한 특성이 나타나는 이유를 보다 상세하게 이해하는 것은 앞으로 종합적인 전략 수립에 많은 도움을 줄 것이므로 몇 가지 중요한 개념들에 대해 좀더 살펴 보기로 하자. 여기서 설명하는 모든 기준은 B-Tree 인덱스인 경우를 다루고 있으므로 오해없기를 바란다.

먼저 많은 사람들이 착각하고 있는 '분포도가 좋은 컬럼이 선두에 위치하는 것이 좋다'는 속설에 대한 진위를 가려보기로 한다. 또한 비교 연산자가 인덱스 결합 순서에 어떠한 영향을 미치는지 알아보게 되며, 마치 후보선수를 예비로 가져가듯이 결합 인덱스의 뒷부분에 필요에 따라 어떤 컬럼을 추가하는 것이 좋은지를 결정하는 원칙에 대해서도 살펴보기로 하겠다.

가) 분포도와 결합순서의 상관관계

많은 사람들은 무조건 분포도가 좋은 컬럼이 인덱스 컬럼의 순서 결정에 최우선이 될 것이라고 막연하게 믿고 있다. 우리가 보다 효율적인 인덱스를 생성하기 위해서는 컬럼의 결합 순서를 정하는 기준을 보다 정확히 알고 있어야 한다. 먼저 가장 기본이라 할 수 있는 원칙을 세우기 위해 다음과 같은 상황을 가정해 보자.

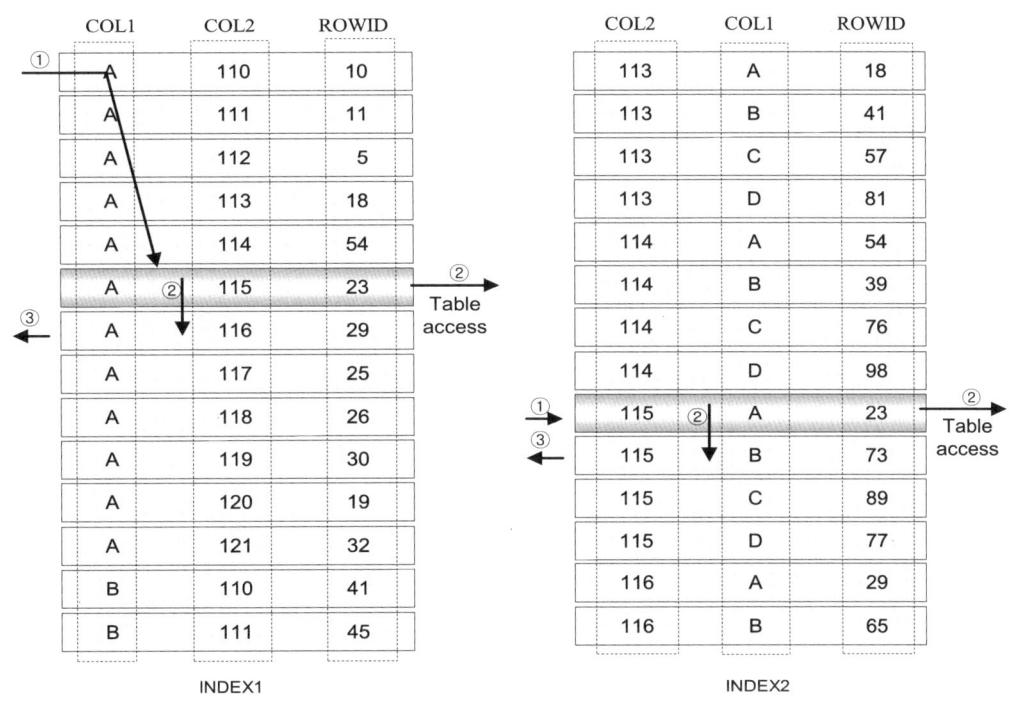

[그림 1-4-3]

이 그림은 '분포도와 결합 순서'가 비교 연산자를 모두 '='로 사용했을 때 어떤 상관 관계를 가지고 있는 지를 알아보기 위한 그림이다. 왼쪽은 분포도가 좋지 않은 컬럼이 선행 되었을 때이고, 오른쪽은 그 반대의 경우이다. 먼저 결론부터 내린다면 '='로 비교되기만 하면 분포도는 순서에 별다른 영향을 미치지 않는다는 것이다. 좀더 자세하게 살펴보기로 하자.

이 그림에 사용된 SQL 은 다음과 같다.

```
SELECT *
FROM   TAB1
WHERE  col1 = 'A'
  AND  col2 = 123;
```

INDEX1 : COL1 + COL2
INDEX2 : COL2 + COL1

좌측의 그림은 분포도가 넓은 COL1 이 앞에 위치하고, 분포도가 좁은 COL2 가 뒤에 위치한 경우로써 다음 순서로 작업이 수행된다.

① B-Tree 방식으로 COL1 = 'A'이고 COL2 = 115 인 첫번째 로우를 바로 찾는다. 인덱스 구조를 설명하면서 살펴 보았듯이 인덱스의 브랜치 블록을 경유해서 리프 블록을 찾아 첫 번째 로우에 도달하는 속도는 결합 인덱스의 컬럼 분포도에 거의 영향을 받지 않는다.
② ROWID 를 이용하여 테이블의 로우를 액세스한다.
③ 다음 로우를 차례로 스캔하여 조건을 만족하면 다시 테이블의 로우를 액세스하고, 그렇지 않으면 스캔을 종료한다. 이로 인해 이 방식의 처리는 한 번의 랜덤, 2 개의 인덱스 로우를 스캔하였다.

우측의 그림은 분포도가 좁은 COL2 가 앞에 위치하고, 분포도가 넓은 COL1 이 뒤에 위치한 경우로써 다음 순서로 작업이 수행된다.

① B-Tree 방식으로 COL2 = 115 이고 COL1 = 'A'인 첫번째 로우를 바로 찾는다.
② ROWID 를 이용하여 테이블의 로우를 액세스한다.
③ 다음 로우를 차례로 스캔하면서 조건을 비교하여 조건을 만족하면 테이블의 로우를 액세스하고 그렇지 않으면 작업을 종료한다. 이 방식의 처리에서도 한 번의 랜덤, 2 개의 인덱스 로우를 스캔하였다.

이상에서 알아본 바와 같이 분포도가 넓은 컬럼이 앞에 있거나 분포도가 좁은 컬럼이 앞에 있거나 모두 '='(Equal)로 사용한 경우에는 실제 처리한 일량에 차이가 없다는 것을 알 수 있다. 이것은 바로 분포도보다 더 중요한 요소는 '='의 사용여부라는 사실을 의미한다.

나) 이퀄(=)이 결합순서에 미치는 영향

이제 결합 인덱스의 순서를 결정하는 중요한 원칙이 한 가지 결정되었다. 이제 우리는 어떠한 컬럼순으로 인덱스를 생성해야 보다 많은 '=' 조건이 연속해서 사용될 것인지에 대해 초점을 맞추어야 할 것이다.

그러나 실무상에서 일어나는 다양한 액세스는 항상 모든 컬럼이 '='로 비교되지는 않는다. 첫번째 컬럼만 비교되거나 컬럼들이 'LIKE', 'BETWEEN', '>', '<' 등과 같은 다양한 비교 연산자가 사용된다. 실제로 수행속도에 영향을 주는 것은 이처럼 '='이 아닌 비교 연산자를 사용한 경우들이므로 우리는 여기에 대한 적절한 대비를 하지 않으면 안 된다.

이번에는 결합 인덱스는 첫 번째 컬럼이 '='이 아닌 경우와 뒤에 있는 컬럼이 '='이 아닌 경우에 발생하는 액세스 량의 차이를 그림을 통해 살펴보자.

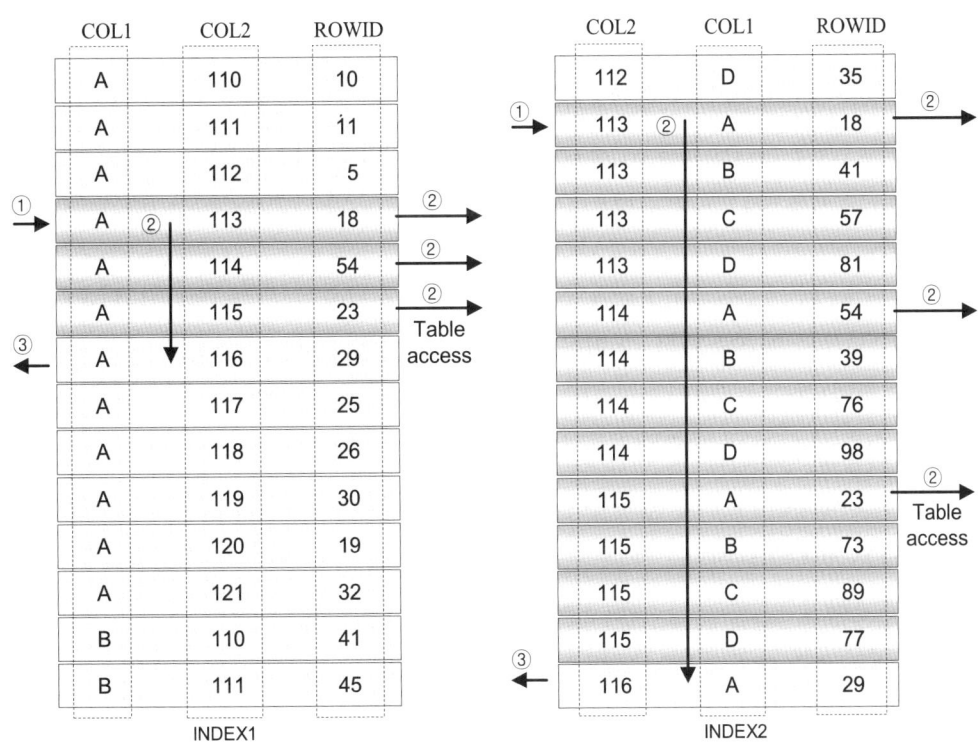

[그림 1-4-4]

결합 인덱스의 앞선 컬럼이 '='로 사용되지 않았을 때는 비록 그 뒤의 컬럼이 '='로 사용되었더라도 처리할 범위는 줄어들지 않는다. 왜 이러한 현상이 나타나는지 위의 그림을 통해 살펴보기로 한다. 다음 SQL 이 위의 두 가지 인덱스로 각각 처리될 때 어떠한 일이 발생하는지 알아보자.

```
SELECT  *
FROM    TAB1
WHERE   col1 = 'A'
  AND   col2 BETWEEN 113 AND 115;
```

INDEX1 : COL1 + COL2
INDEX2 : COL2 + COL1

좌측의 그림은 분포도가 넓지만 '='로 사용된 COL1 이 앞에 위치하고, 분포도는 좁으나 'BETWEEN'으로 사용된 COL2 가 뒤에 위치한 결합 인덱스를 생성시킨 경우로써 다음 순서로 작업이 수행된다.

① B-Tree 방식으로 COL1 = 'A'이고 COL2 = 113 인 첫번째 로우를 바로 찾는다.
② ROWID 를 이용하여 테이블의 로우를 액세스한다.
③ 다음 로우를 차례로 스캔하면서 COL1 이 'A' 가 아니거나 COL2 가 115 보다 클 때까지 테이블의 로우를 액세스하고 그렇지 않으면 처리를 종료한다.

이 처리방식은 인덱스의 첫번째 컬럼이 '='로 사용되었으므로 COL2 가 113 과 115 사이에 있는 로우만 액세스한다. 그 이유는 COL1 으로 정렬된 후 다시 COL2 가 정렬되어 있기 때문이다. 다시 말해서 COL1 이 '='로 사용된 범위 내에서는 반드시 COL2 가 차례대로 정렬되어 있다는 것이 보장된다.

이러한 사실은 115 보다 큰 것을 만나는 순간에 뒤에는 결코 115 보다 적은 값이 존재하지 않는다는 것을 의미한다. 그러므로 115 보다 큰 값을 만나면 더 이상 스캔을 할 필요없이 처리를 종료할 수 있다.

이번에는 우측 그림에 있는 인덱스로 처리되는 경우를 생각해 보자. 이 인덱스는 첫번째 컬럼인 COL2 가 'BETWEEN'으로 사용되었고, 두 번째 컬럼인 COL1 이 '='로 사용된 경우로써 다음 순서로 처리된다.

⑨ B-Tree 방식으로 COL2 = 113 이고, COL1 = 'A'인 첫 번째 로우를 바로 찾는다.
⑩ ROWID 를 이용하여 테이블의 로우를 액세스한다.
⑪ COL2 가 115 보다 큰 값이 나올 때까지 계속해서 스캔한다. 스캔한 로우는 COL1 이 'A'인지를 체크하여 성공하면 ROWID 를 이용하여 테이블을 액세스한다.
⑫ COL2 가 115 보다 커지면 처리를 종료한다.

이 처리방식을 살펴보면 선행 컬럼인 COL2 의 조건에 있는 전체범위를 모두 스캔하였다는 것을 발견할 수 있다. 또한 COL1 은 인덱스에 포함되어 있는 컬럼이면서도 처리범위를 줄이는 데는 전혀 사용되지 못하고 단지 조건을 체크하는 역할만 했다. 왜 이런 일이 발생하게 되었는가?

그것은 바로 그림에서 확인할 수 있듯이 선행컬럼인 COL2 가 '='이 아닌 처리범위에서는 COL1 이 정렬되어 있지 않기 때문이다. 이러한 사실은 COL2 의 범위를 스캔하다가 COL1 이 'A'가 아닌 값을 만나더라도 처리를 종료할 수 없다. 이유는 그 뒤에 다시 'A'가 존재할 수 있기 때문이다.

이러한 논리적인 문제 때문에 인덱스의 첫 번째 컬럼이 '='로 사용되지 않으면 뒤에 있는 컬럼이 비록 '='을 사용되었더라도 처리범위는 줄어들지 않는다. 이것이 우리가 결합 인덱스의 컬럼 순서를 결정하는 매우 중요한 판단요소가 된다. 물론 이것은 첫 번째 컬럼과 두 번째 컬럼만의 문제가 아니라 어떤 위치에 있는 컬럼이든지 자기보다 앞에 있는 컬럼이 '='로 사용되지 않으면 자신의 역할은 체크기능으로 전락한다.

결론적으로 인덱스 컬럼 순서의 결정에는 분포도보다 '='이 더 우선적으로 감안되어야 한다는 것이다. 따라서 양호한 분포도를 가진 컬럼을 첫 번째로 하더라도 사용되는 조건이 얼마나 '='로 사용되는 지를 잘 감안해야 할 것이다. 그러므로 우리가 결합 인덱스를 생성하고자 할 때 그 분포도 및 사용 조건들을 감안하여 어떤 순서로 할 것인지 판단하는 것은 매우 중요하다 하겠다.

다) IN 연산자를 이용한 징검다리 효과

이번에는 조금 다른 입장에서 생각을 해보자. 만약 TAB1 테이블에서 수행되는 COL1 과 COL2 를 함께 사용하는 액세스 형태를 조사해 보았더니 대부분은 COL2 를 '='로 사용하고 COL1 은 '='을 사용하지 않을 때가 많다면 COL2+COL1 으로 결합인덱스를 생성하는 것이 당연히 유리하다.

그런데 가끔씩 COL2 는 LIKE 나 BETWEEN 을 사용하고 COL1 은 '='로 사용하는 경우가 나타난다면 이러한 경우를 최적화 시키기 위해 다시 COL1+COL2 로 인덱스를 생성해야 한다. 그러나 이것은 아무래도 중복투자인 것처럼 보인다. 최소의 인덱스로 최대의 액세스 형태를 만족하고자 하는 우리의 목적을 위해서는 어떻게든 COL2+COL1 인덱스를 사용하면서도 비효율이 없도록 하는 방법을 찾아야 한다.

만약 [그림 1-4-4]의 우측 그림에서 처음의 조건인 COL2=113 이고 COL1 ='A'인 로우를 찾은 다음 바로 건너 뛰어서 다음 조건인 COL2=114 이고 COL1='A'인 로우를 액세스하는 방법이 가능하다면 불필요한 스캔은 일어나지 않을 것이다. 그러나 논리적으로 볼 때 이미 그것은 불가능하다.

만약 COL2 가 문자타입이라면 '113A'가 있을 수도 있고, 숫자타입이라면 '113.01'이 있을 지도 모른다. 그러므로 COL2 가 114 이면서 COL1 이 'A'인 다음 로우로 건너뛸 수가 없다. 결국 그림과 같이 COL2 가 113 과 115 사이에 있는 모든 로우를 스캔할 수 밖에 없는 것이다. 그러나 생각을 바꾸면 방법이 보인다.

다음과 같은 수식을 생각해 보자. 수식 (A+B)*C 는 AC + BC 로 전개된다. 이와 유사하게 COL2 IN (111, 222) AND COL1 = 'A'는 다음과 같은 조건절로 전개될 수 있다. 우리는 앞서 옵티마이져의 쿼리변형에서 이미 이 사실을 언급한 적이 있다.

```
WHERE (COL2 = 111 and COL1 = 'A')
   OR (COL2 = 222 and COL1 = 'A')
```

이 형태는 우리가 원하는 '='만으로 구성된 조건이므로 옵티마이져는 위의 그림과 같이 각각의 처리범위를 '='로 액세스하여 결합한다. 마치 필요한 부분만 건너 뛰면서 스캔하는 현상이 일어난다.

아래 그림을 살펴보자.

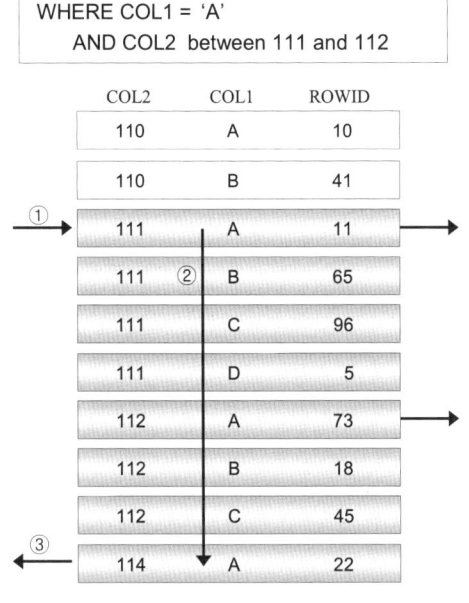
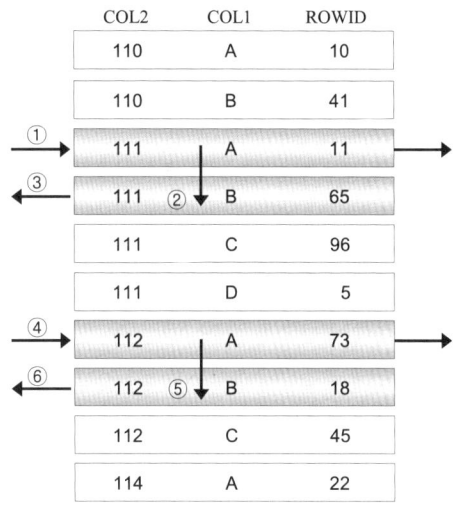

[그림 1-4-5]

결합인덱스의 첫 번째 컬럼인 COL2 가 'BETWEEN'으로 사용되었으므로 비록 COL1 을 '='로 사용하였더라도 처리범위는 그림과 같이 COL2 의 범위를 모두 스캔하여야 한다. 이 SQL 의 실행계획은 그림의 하단에 나타나 있다.

이번에는 우측 그림과 같이 'BETWEEN'을 'IN'으로 바꾸어 보자. 아래 실행계획을 살펴보면 'INLIST ITERATOR'로 수행되고 있음을 알 수 있다. 우리는 앞서 '제 3 장 SQL 의 실행계획' 단원에서 이 실행계획에 대해 상세하게 설명한 적이 있다. 이 실행계획은 IN 절의 리스트에 있는 값만큼 인덱스를 탐침한다. 이때 각각의 단위 액세스는 COL2 와 COL1 이 모두 '='을 가지게 된다.

개념적으로 생각해 보더라도 BETWEEN 이나 LIKE 는 '선분'의 개념이지만 IN 은 '점'의 개념이다. 논리적으로 선분은 무한대의 점을 가지므로 '='을 만들 수 없다. 이 '점'은 마치

'징검다리' 처럼 필요한 부분만 액세스할 수 있게 도와준다.

이번에는 이러한 현상을 좀더 깊이 이해하기 위해서 다음과 같은 상황에 대해 살펴보기로 하자.

```
SELECT  *
FROM    TAB1                INDEX : COL1 + COL3 + COL2
WHERE COL1 = 'A' and COL2 = '222';
```

위의 SQL 은 COL3 가 사용되지 않았으므로 분포도가 좋은 COL2 조건이 '='로 사용되었지만 COL1 = 'A'인 범위를 모두 스캔하게 된다. COL3 조건이 없다는 것은 COL3 LIKE '%'를 추가한 것과 동일하다. 결국 COL2 앞에 있는 COL3 가 '='이 아니므로 COL2 조건은 체크기능만 담당할 수 밖에 없다. 그러나 만약 COL3 의 종류가 '1, 2, 3' 밖에 없다고 가정한다면 다음과 같은 조건을 추가함으로써 이 문제를 해결할 수 있다.

```
SELECT   *
FROM    TAB1
WHERE COL1 = 'A' and COL2 = '222'
  AND COL3 IN (1, 2, 3);
```

이렇게 추가된 조건으로 인해 다음과 같은 쿼리변형이 일어나서 모든 단위 액세스가 '='만을 가지게 된다. 이 결과는 앞서 수행한 쿼리와는 비교할 수 없을 만큼 효율적이다.

```
WHERE (COL1 = 'A' and COL3 = 1 and COL2 = '222')
   OR (COL1 = 'A' and COL3 = 2 and COL2 = '222')
   OR (COL1 = 'A' and COL3 = 3 and COL2 = '222')
```

우리가 굳이 이렇게 하지 않아도 동일한 효과를 얻을 수 있게 하는 것이 바로 '인덱스 스킵 스캔'이라는 것을 앞서 설명한 적이 있다. 위의 방법과 인덱스 스킵 스캔은 대동소이 하지만 약간의 장·단점이 있다. 앞서 인덱스 스킵 스캔을 설명할 때 언급했던 주의사항을 다시 한 번 읽어보기 바란다.

이와 같은 징검다리 효과로 '='을 채우는 방법은 경우에 따라서 서브쿼리를 동원하기도 한다. 만약 카디널러티가 높은 컬럼을 사용하지 않았을 때 인덱스 스킵 스캔을 사용하면 서브쿼리를 활용했을 때보다 효과적이지 않다. 그러나 서브쿼리를 사용했을 때 만약 먼저 수행하여 결과를 제공하지 못하게 되면 오히려 엄청난 부하를 가중시킬 수 있다. 그러므로 인덱스의 중간에 있는 컬럼이 조건을 받지 못했다고 해서 함부로 서브쿼리로 채워 넣으면 심각한 일이 발생할 수 있으므로 매우 주의하여야 한다. 보다 상세한 설명은 2권에서 다루기로 한다.

라) 처리범위에 직접적인 영향을 주지 못하는 컬럼의 추가 기준

이상에서 살펴본 결과에 비추어 보았을 때 가령 어떤 인덱스가 'COL1 =, COL2 LIKE, COL3 >, COL4 BETWEEN(인덱스도 같은 순서로 가정)'으로 사용되었다면 COL1, COL2 까지는 처리범위를 줄이는데 직접적인 영향을 주지만 COL3 와 COL4 는 앞에 위치한 컬럼이 '='이 아니므로 직접적인 영향을 주지 못한다.

그러나 COL3 나 COL4 처럼 처리범위를 직접적으로 줄이는데 기여하지 못하지만 이들을 뒷부분에 추가시킬 필요는 없는 것일까? 그들이 가지고 있는 존재가치는 구체적으로 무엇일까? 과연 어디까지를 인덱스에 추가해 주어야 하는지 그 기준은 무엇인가?

이들은 마치 스타팅 멤버로 출전하지 못하는 후보선수도 경우에 따라서는 나름대로의 존재가치를 가지고 있는 것처럼 분명히 존재가치를 가진다. 다음 그림을 서로 비교해 보자

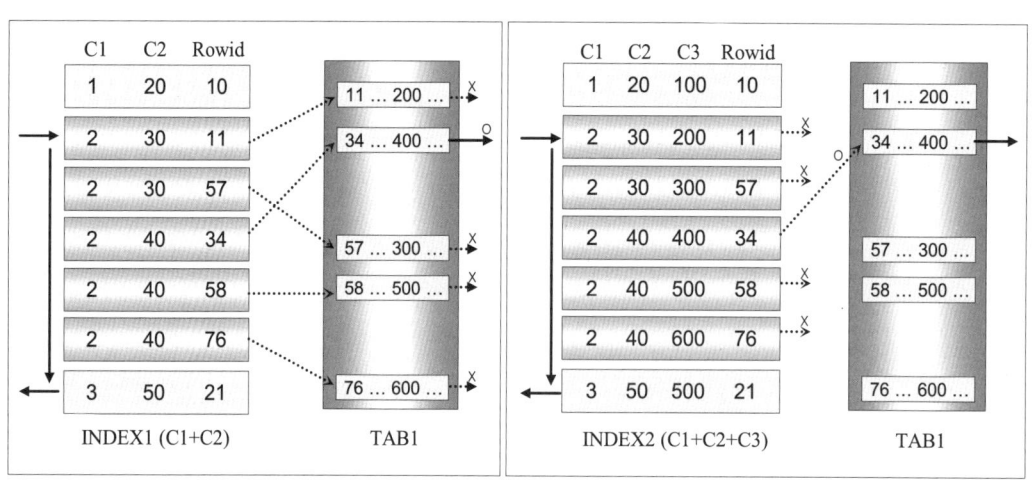

[그림 1-4-6]

위의 그림은 다음과 같은 SQL 을 수행했을 때 인덱스 컬럼의 구성에 따라 발생하는 처리방법의 차이를 보여주고 있다.

```
SELECT *
FROM TAB1
WHERE C1 = 2  and  C3 = '400';
```

위의 예처럼 'C2' 컬럼이 사용되지 않은 경우에는 'C1+C2'로 결합된 좌측의 인덱스나 'C1+C2+C3'로 결합된 우측의 인덱스는 모두 처리하는 범위가 동일하며 처리된 결과도 동일하다. 그러나 좌측은 'C3' 컬럼이 인덱스에 존재하지 않으므로 'C3'의 값을 확인하기 위해 테이블을 액세스하지 않을 수 없다. 결국 'C1 = 2'인 처리범위를 모두 인덱스 스캔하고 테이블까지 액세스를 하여 'C3'의 값을 비교한 후 성공한 로우만 추출한다.

그러나 우측의 그림은 비록 인덱스 처리범위는 동일하지만 'C3' 컬럼이 인덱스 내에 있기 때문에 인덱스를 스캔하면서 'C3'를 비교하여 성공한 것만 테이블을 액세스한다. 인덱스 액세스는 스캔 방식이므로 부하 부담이 적지만 테이블 액세스는 랜덤 방식이므로 부하 부담이 많다. 그러므로 우측 그림의 처리방식이 훨씬 유리하다.

이처럼 비록 인덱스의 처리범위를 줄이는 데는 기여하지 못했지만 이러한 컬럼이 나름대로 중요한 역할을 담당했음을 알 수 있다. 이것은 어떤 결합 인덱스를 구성할 컬럼들을 선정할 때 먼저 직접적으로 처리범위를 줄여 주는 주요 컬럼들을 선정한 후 부가적으로 어떤 컬럼을 추가하는 것이 좋을 것인지를 심사숙고해 보아야 한다는 것을 의미한다.

이러한 측면에서 컬럼을 추가하는 경우를 검토해야 하는 것은 비단 위의 예처럼 조건으로 사용되었을 때만이 아니다. WHERE 절과 전혀 상관없이 SELECT-List 에만 사용된 컬럼도 경우에 따라서는 감안할 필요가 있다. 그것은 바로 '인덱스 조인'으로 유도할 목적을 가진 경우이다.

우리는 앞서 실행계획에 대해 알아볼 때 '인덱스 조인'에 대해 살펴본 적이 있으므로 필요하다면 다시 한 번 참조하기 바란다. 그러나 이미 당부하였듯이 인덱스 조인을 지나치게 과신하여 함부로 인덱스 컬럼에 많은 컬럼을 추가하지 말기 바란다.

만약 여러분이 어떤 결합 인덱스에 부가적인 컬럼을 추가하였다면 단지 인덱스의 크기가 늘어나는 것만 아니라 경우에 따라서는 실행계획에 영향을 미치게 되므로 전가의 보도처럼 닥치는 대로 달아두려는 생각은 아주 위험한 발상이다.

4.1.5. 결합 인덱스의 컬럼순서 결정 기준

앞서 살펴보았듯이 결합 인덱스는 '어떤 컬럼들로 결합되었는가?'와 '어떤 순서로 결합되었는가?'에 따라 처리할 범위에 많은 영향을 미친다. 어떤 컬럼들로 결합할 것인가에 대해서는 전략적인 차원에서 접근하는 방법을 뒤에서 상세하게 다루기로 하고, 먼저 컬럼 순서를 결정하는 방법부터 살펴보기로 하자.

결합 인덱스의 컬럼 순서를 결정하는 우선순위를 먼저 나열해 보자.

- 1단계 : 항상 사용하는가?
- 2단계 : 항상 '='로 사용하는가?
- 3단계 : 어느 것이 더 좋은 분포도를 가지는가?
- 4단계 : 자주 정렬되는 순서는 무엇인가?
- 5단계 : 부가적으로 추가시킬 컬럼은 어떤 것으로 할것인가?

순서 결정 단계에서 주의할 사항들을 좀더 상세하게 알아보기 위해 어떤 상황을 가정하고 인덱스의 컬럼 순서를 결정해보자. 다음은 어떤 테이블을 액세스하고 있는 형태들을 나열한 것이다. 괄호 안은 그 컬럼이 조건절에서 사용하고 있는 비교 연산자이다.

① C1(=), C2(BETWEEN), C3(=)
② C2(=), C3(BETWEEN), C4(>)
③ C1(=), C2(=), C3(LIKE)
④ C1(=), C2(=), C4(>)

실제 상황이라면 각 액세스의 사용 빈도나 중요도, 컬럼들의 분포도 등에 따라 하나의 인덱스로 할 수도 있고, 투자가치가 있다면 2개나 3개의 인덱스를 만들어 보다 적극적인 최적화를 할 수도 있다. 그러나 여기서는 단지 인덱스 순서 결정에 대한 개념을 설명하려 하는 것이므로 한 개의 인덱스를 생성한다고 가정했을 때 컬럼 순서를 결정하는 방법을 생각해 보기로 하자.

◆ 1단계 : 항상 사용되는가?

결합 인덱스에서 선행 컬럼의 역할은 매우 중요하다. 마치 어떤 조직에서 팀장의 역할은 팀의 능력에 가장 큰 영향을 미치는 것과 유사하다. 팀장의 능력도 중요하겠지만 그 보다 우선적인 것은 팀장의 임무를 수행할 수가 있어야 한다는 것이다. 아무리 대단한 능력의 소유자라고 하더라도 활동을 하지 않아 그 역할을 수행할 수 없다면 이미 팀장으로서의 자격이 없다. 이것은 팀의 존재가치에 해당하는 문제이기 때문에 가장 우선적인 기준이 될 수 밖에 없다.

그러므로 팀장은 일단 임무를 수행할 수 있는 사람들 중에서 선정되어야 할 것이다. 이와 마찬가지로 결합 인덱스에 있어서 첫 번째 컬럼은 조직의 팀장과 같다. 일반적으로 결합인덱스의 선행 컬럼을 조건에서 사용하지 않으면 그 인덱스는 사용되지 않는다. 물론 특수한 경우에는 조건에 사용하지 않더라도 사용되는 것으로 간주될 수도 있다. 그것은 '인덱스 스킵 스캔'의 활용이 가능한 경우에 그러하다.

위에서 제시한 네 가지 액세스 형태에서 가장 많이 사용된 컬럼 순으로 나열해 보면, C2(4 회), C1(3 회), C3(2 회), C4(2 회)인 것을 확인할 수 있다. 그렇다면 1 위는 너무나 분명하게 C2 인 것처럼 보인다. 그러나 여기서 한 가지 주의할 것이 있다. 만약 C1 이 카디널러티가 높지 않아 인덱스 스킵 스캔으로 유도해도 문제가 없다면 ②번 액세스 형태도 C1(=)을 여러 개 가진 것과 동일하게 취급해야 한다는 것이다.

아니면 ②번 액세스 경우만 별도의 인덱스로 만족시키겠다고 결정하여 일단 이 시뮬레이션에서는 제외시켰다면 C1 과 C2 는 공히 3 번씩을 사용한 것이 된다. 이처럼 무조건 사용 여부만 따질 것이 아니라 인덱스 스킵 스캔을 감안한다거나 특정 액세스 형태를 그 인덱스에서 감안하지 않겠다는 결정에 따라 '항상 사용하는가?'에 대한 판단은 달라질 수도 있다.

여기서는 인덱스 스킵 스캔을 활용하기로 결정했기 때문에 C1 과 C2 가 동일한 사용횟수를 가진 것으로 가정하기로 한다. 그렇다면 이제 C1 과 C2 가 결선에 올랐다. 이들 중에서 최종 우승자를 가리기 위해서는 2 라운드 판정 기준인 항상 '='로 사용하는가에 대한 검토가 필요하다. 물론 여기서도 결판이 나지 않으면 3 라운드로 넘어가야 한다. 자! 2 라운드의 결전 상황을 살펴보자.

◇ **2단계 : 항상 '='로 사용되는가?**

만약 항상 사용되는 컬럼들이 하나 이상이라면 우리가 다음에 적용해야 할 기준은 항상 '='로 사용되는가?를 확인하는 것이다. 앞서 우리는 선행 컬럼이 '='로 사용되지 않으면 뒤에 있는 컬럼이 설사 '='로 사용되었더라도 처리범위를 줄여주지 못한다는 사실을 알아 보았다.

위의 예에서 ②번 액세스는 인덱스 스킵 스캔을 활용한다고 가정했으므로 C1 은 언제나 '='을 사용하고 있다. 그러나 C2 는 BETWEEN 을 사용한 경우가 있으므로 이제 순서는 결정되었다. 지금까지 검토한 결과 C1+C2 의 순서가 가장 유리하다는 것으로 판명되었다.

◇ **3단계 : 어느 것이 더 좋은 분포도를 가지는가?**

일반적으로 위의 두 가지 요건을 검토해 보면 대부부의 경우는 1, 2 위는 판가름이 난다. 그러나 경우에 따라서는 아직도 우열을 가리기 어려울 때도 있다. 가령 위의 예에서 ①번 액세스 형태인 'C1(=), C2(BETWEEN), C3(=)'에 있는 C2 의 BETWEEN 을 IN 으로 바꾸어 여러 개의 '='로 처리할 수 있다면 C1 과 C2 는 항상 '='을 사용하게 된다.

만약 C1 보다 C2 가 훨씬 분포도가 좋다면 이번에는 C2+C1 순서로 하는 것이 더 좋은 결정이다. '같은 값이면 다홍치마'란 말이 있듯이 이왕이면 분포도가 좋은 컬럼이 앞에 오는 것은 최소한 불리할 것은 없다. 처리범위를 보다 빨리 줄여줄 수 있으며 향후에 예상치 않게 'LIKE, BETWEEN, <, >' 등을 사용하여 처리범위가 넓어지는 경우가 발생할 때를 위해서도 나쁠 게 없다.

한 가지 주의할 것이 있다. 여러분이 지금 수집한 액세스 형태가 앞으로 늘어나지 않는다는 보장은 없다. 업무적인 요구로 인해 새로운 형태의 액세스는 얼마든지 추가될 수 있다. 그렇다고 해서 그때마다 인덱스 구성을 변경시킨다는 것은 매우 큰 부담이다. 마치 구성원들의 특성에 맞추어 조직을 구성했다면 그 구성원 중의 일부에 변동이 생길 때마다 조직을 바꾸어야 하는 것과 다름없다.

여기에 대처하는 방법은 크게 두 가지로 나눌 수 있다. 한 가지는 액세스 형태를 수집할 때 현재 사용되고 있는 액세스 형태뿐만 아니라 앞으로 등장할 것으로 예측되는 액세스 형태도 같이 추출하는 것이다. 이러한 액세스 형태가 추가됨으로써 자연스럽게 인덱스 순서 결정에 반영될 수 있다.

다른 한 가지 방법은 우열을 가리기 힘든 상황이 발생했을 때 앞으로 어떤 컬럼이 '='이 아닌 다른 연산자를 사용할 가능성이 높은 지를 평가해 보는 방법이다. 컬럼이란 어떤 업무내용을 담고 있는 것이기 때문에 업무적인 시각에서 살펴보면 현실에서는 그리 어렵지 않게 이러한 판단을 할 수 있다.

◇ 4단계 : 자주 사용되는 정렬의 순서는 무엇인가?

지금까지의 검토 단계를 적용했음에도 불구하고 아직도 '='로 사용된 것의 우열을 구분하기 어렵다면 사용자가 원하는 정렬 순서를 감안해서 결정하는 것도 상당히 중요한 의미를 가진다. 경우에 따라서는 3단계의 분포도 보다 우선적으로 적용될 수도 있다.

다음 단원인 '부분범위 처리' 단원에서 설명하겠지만 원하는 정렬 순서와 인덱스 컬럼의 순서가 동일하면 전체범위를 액세스하지 않고 일부분만 액세스하여 원하는 결과를 리턴할 수 있다. 이러한 처리 방법은 매우 효율적이다. 아무리 주어진 전체 처리범위가 넓어도 아주 빠른 수행속도가 보장되기 때문에 인덱스 전략을 수립할 때 당연히 감안되어야 할 요소라 하겠다.

어떤 때는 의도적으로 부분범위 처리로 유도하여 정렬처리를 하지 않도록 하는 경우에는 정렬 순서가 최우선 요소가 될 수도 있다. 이를 위해서 여러분들은 액세스 형태를 수집하는 단계에서 자주 사용하는 정렬 순서도 같이 조사해 둘 필요가 있다. 또한 예상되는 정렬 순서도 미리 감안해 두는 것도 좋은 전략이 될 것이다.

◇ 5단계 : 부수적으로 추가시킬 컬럼은 어떤 것으로 할것인가?

위에서 제시한 단계를 거치면 대부분의 경우는 앞부분에 위치할 컬럼들의 순서가 거의 결정된다. 이제 남은 것은 연속적인 '='을 자신의 앞에 둘 수 없는 컬럼들이 남게 된다. 가령, 위의 예에서는 C3와 C4 컬럼은 이미 자신의 앞에 올 컬럼들이 '='을 가지지 않는 경우가 있기 때문에 직접적으로 처리범위를 줄이는 데는 기여하지 못하고 인덱스 내에서 체크

기능을 담당하게 된다.

　논리적으로 보면 이들은 어느 것이 앞에 오든 별 상관이 없다. 그러나 자세히 살펴보면 이들 간에도 분명 우선순위가 나타난다. 다시 한 번 앞에서 제시한 액세스 형태를 살펴보면서 평가를 해보자.

① C1(=), C2(BETWEEN), C3(=) : *C3가 C4 앞에 오는 것이 유리하다.*
② C2(=), C3(BETWEEN), C4(>) : *어느 것이 앞에 오든지 상관이 없다.*
③ C1(=), C2(=), C3(LIKE) : *C3가 C4 앞에 오는 것이 유리하다.*
④ C1(=), C2(=), C4(>) : *C4가 C3 앞에 오는 것이 유리하다.*

　위에서 분석한 결과만 놓고 생각하면 분명히 C3가 C4 앞에 오는 것이 유리해 보인다. 그러나 실전에서는 보다 다양한 검토가 필요하다. 만약 C1+C2 만으로도 처리범위를 충분히 줄일 수 있다면 가볍게 생각할 수 있다. 이런 경우라면 C3가 앞에 오는 것이 조금이라도 많은 경우에 도움이 되므로 C1+C2+C3+C4로 인덱스를 생성하는 것이 좋다.

　그러나 C1+C2 만으로는 충분하지 않다면 이제 C3나 C4가 도움을 줘야 한다. 만약 4번 액세스 형태가 C4 조건의 간접적인 지원으로도 어느 정도 만족할 수 있다면 C1+C2+C3+C4로 인덱스를 구성하여 ①, ②, ③번 액세스는 확실하게 만족시키게 한다. ④번 액세스는 약간 불만족스럽기는 하지만 새로운 인덱스를 만들지 않는다는 것에 위안을 삼을 수 있다.

　만약 ④번 액세스가 매우 빈번하게 사용되고 중요하여 이에 강한 불만을 제기한다면 아깝기는 하지만 C1+C2+C4 인덱스를 추가하는 것이 현실적인 선택일 것이다. 필요하다면 인덱스 조인을 활용하기 위한 전략으로 SELECT-List에 있는 컬럼도 인덱스 컬럼으로 추가하는 것을 검토할 수 있지만 아주 특별한 경우에만 적용하기를 당부한다.

　이처럼 부수적으로 추가할 컬럼을 적절히 판단하는 것은 인덱스 전략에 있어서 상당히 중요하다. 이들을 추가할 때는 항상 투자대비 효과를 따져 봐야 한다. 주전선수들만으로는 팀을 꾸려나갈 수는 없다. 기술과 기능은 주전에 비해 부족하지만 필요할 때 요긴하게 사용할 후보선수가 반드시 필요하듯이 처리범위를 줄이는 데는 직접적인 기여를 하지 못하지만 랜덤 액세스를 줄여 주거나 인덱스만 액세스하도록 유도하는 등의 목적으로 추가시킬 컬럼을 찾아보기 바란다.

4.1.6. 인덱스 선정 절차

관계형 데이터베이스로 작성된 애플리케이션은 과거처럼 애플리케이션의 로직(Logic)을 수정하여 수행속도를 향상시키는 경우보다 옵티마이져의 액세스 경로 판단 기준인 인덱스, 클러스터 등을 조정하고 통계정보를 적절히 관리하여, 최적의 실행계획을 얻을 수 있도록 하는 방법으로 수행속도를 향상시킨다.

이것은 옵티마이져가 최적의 액세스 경로를 판단할 수 있도록 적절한 인덱스를 구성하지 않고서는 아무리 애플리케이션 로직을 최적으로 구사하더라도 이미 수행속도의 향상을 기대할 수 없다는 뜻이 된다. 또한 애플리케이션의 수정없이 인덱스의 적절한 전략만으로도 많은 속도향상을 기대할 수 있다는 뜻이기도 하다.

앞서 인덱스를 경유하여 액세스한 경우와 전체 테이블을 액세스 하는 경우의 손익분기점에 대해서 설명하였다. 이것은 단지 전체 테이블을 모두 액세스해야 하는 경우와 비교했을 때를 의미하는 것이므로 실무상에서는 이것보다 훨씬 양호한 것을 목표로 해야 한다. 또한 손익분기점은 인덱스를 구성하는 컬럼 모두를 '='로 사용했을 때를 가정한 것이므로 우리가 인덱스를 구성할 때는 '='이 아닌 경우를 감안해서 판단해야 한다.

뿐만 아니라 인덱스는 용도와 중요도 등에 따라 보장받아야 할 수행속도는 다를 수 있다. 이를테면 엄청난 횟수를 반복하는 액세스는 모든 방법을 총동원해서 가장 빠르도록 하는 방법을 찾아야 할 것이다. 만약 상당히 넓은 범위지만 비교적 빈번하게 사용되는 경우라면 클러스터링이나 좀더 많은 결합 인덱스를 동원해야 할 것이다. 반면에 중요도가 떨어지거나 배치처리에서 가끔씩 활용되는 액세스 형태라면 얼마간의 부담을 감수하더라도 많은 인덱스를 만들지 않도록 해야 할 것이다.

분포도는 인덱스의 적절성을 판단하는 중요한 기준이기는 하지만 단지 비율(%)을 말하는 것일 뿐이므로 사실은 실제로 액세스 할 로우 수가 얼마가 되느냐가 중요하다. 100 개의 로우를 가진 테이블의 1/100 은 1 개의 로우겠지만 100 만개의 로우를 가진 테이블의 1/100 은 10,000 개의 로우가 된다. 이 정도의 범위라면 보통의 H/W 에서는 온라인 애플리케이션이 원하는 수행속도를 보장받을 수 없을 것이다.

그러므로 단지 분포도만으로 판단해서는 안 된다. 보유하고 있는 H/W 의 성능, 사용조건에 따른 처리범위 등을 감안하여 원하는 수행속도를 보장받을 수 있는 절대범위를 확인하여 판단의 기준으로 삼아야 한다. 예를 들어, 보유하고 있는 H/W 에서 테스트해 본 결과 3,000 건 이상 인덱스를 경유하여 액세스하면 이미 온라인 애플리케이션으로서는 문제가 있는 수준이라고 기준선을 정했다면 인덱스를 경유한 처리범위가 이 범위를 넘지 않도록 전략을 세워야 할 것이다.

그러나 절대 범위는 넓지만 부분범위처리를 목적으로 하여 생성한다면 위의 기준을 지키지 않을 수도 있다는 말은 앞서 언급한 적이 있다. 그렇지 않다면 자주 사용되는 컬럼들이 최대한 '='을 사용할 수 있도록 보다 많은 결합 인덱스를 검토하거나 뒤에 설명할 클러스터링이 필요하게 된다.

만약 하나의 컬럼만으로도 양호한 수행속도를 보장받을 수 있다면 독립적으로 인덱스를 생성하여 유연성을 높이는 것도 중요한 전략 중의 하나이다. 그러나 양호하지 않은 인덱스가 존재하면 오히려 좋지 못한 실행계획이 나타날 확률을 높인다. 마치 조직체계에서 볼 수 있듯이 유능하지 못한 사람이 함부로 독립하거나 어떤 조직의 관리자가 되면 오히려 문제만 양산하는 것과 같은 이치라 하겠다.

앞서 수 차례 강조했던 바와 같이 인덱스는 특정 애플리케이션이나 특정 액세스를 위해서만 생성하는 것이 아니다. 현재 발생하고 있는 모든 액세스 형태뿐만 아니라 향후에 예상되는 액세스 형태까지 종합적으로 감안하는 전략이 필요하다. 이처럼 인덱스의 적절한 전략 수립이 중요하다면 보다 체계적인 인덱스 선정 절차를 심도있게 살펴볼 필요가 있다. 다음은 인덱스 선정을 위한 전체적인 접근 절차를 나타내고 있다.

1) 테이블의 액세스 형태를 최대한으로 수집
2) 인덱스 대상 컬럼의 선정 및 분포도 조사
3) 특수한 액세스 형태에 대한 인덱스 선정
4) 클러스터링 검토
5) 결합 인덱스 구성 및 순서의 결정
6) 시험 생성 및 테스트
7) 수정이 필요한 애플리케이션 조사 및 수정
8) 일괄 적용

인덱스를 설계하는 시점은 크게 두 가지로 나눌 수 있다. 한 가지는 애플리케이션을 개발하는 단계이고, 다른 한 가지는 시스템이 운영되고 있는 상태에서 시스템의 최적화 작업을 위해 인덱스를 재구성하는 경우이다.

만약 인덱스가 적절하게 구성되어 있지 않은 상태로 계속해서 개발이 진행된다면 실제 데이터로 운영될 때에는 심각한 수행속도의 문제를 겪게 될 것이다. 특히 실제 데이터와 유사한 환경을 갖추어 개발을 진행하는 경우에는 수행속도 문제로 인해 아예 개발이 불가능할 수도 있다. 그러므로 비록 개발 중인 시스템에서도 인덱스 전략을 같이 수립할 필요가 있다. 물론 모든 액세스 형태가 아직 나타나 있지 않은 상태이므로 지속적인 조정이 필요할 것이다.

인덱스 설계에서 개발이 진행 중인 경우와 이미 시스템인 운영 중인 경우의 차이는 액세스 형태를 수집하는 방법에 차이가 있을 뿐이다. 좋은 재료가 있어야 좋은 제품을 생산할 수 있고, 환자의 건강상태를 정확히 조사해야 올바른 처방을 내릴 수 있듯이 인덱스 설계 단계에서 가장 중요하고 우선적인 작업은 그 테이블을 액세스하고 있는 형태를 제대로 수집하는 일이다.

예를 들어 어떤 테이블을 사용하고 있는 SQL 이 100 가지가 있는데 액세스 형태를 조사했더니 10 가지가 나왔다고 가정해 보자. 우리는 적절한 인덱스를 구성하여 10 가지 형태만 모두 만족시킬 수 있다면 100 개의 SQL 모두를 최적화할 수 있다. 이것이 바로 액세스 형태를 이용해 인덱스 전략을 수립해야 하는 이유이다.

가) 테이블의 액세스 형태를 최대한으로 수집

이 작업은 마치 건물을 지을 때 기초공사를 하는 것과 같으므로 액세스 형태의 수집이 적절하지 않으면 애써 결정한 인덱스들이 부실공사에 불과해질 것이다. 액세스 형태를 조사하는 방법은 개발이 진행 중인 경우와 운영 중인 시스템을 대상으로 하는 경우는 차이가 있을 수 밖에 없다.

개발 중인 시스템에는 아직 등장하지 않은 액세스 형태가 있기 때문에 우리가 예상한 액세스 형태를 보완해 넣어야 한다. 물론 개발이 거의 완료된 시점에 가서는 실제로 사용된 SQL에서 추출한 정확한 액세스 형태를 가지고 다시 인덱스를 결정하여야 한다.

아직 애플리케이션이 작성되지 않은 상태에서 다양하게 나타날 액세스 유형을 파악한다는 것은 결코 쉬운 일이 아니다. 그렇다고 인덱스도 없는 상태에서 시스템을 개발한 후 나중에 지정하겠다는 것도 지극히 위험한 발상이다.

필자가 많은 사용자들의 개발을 지원하면서 매우 놀란 것은 대개의 경우 인덱스를 거의 지정하지 않았거나 기본키만 지정한 채 개발을 진행해 가고 있었다. 그들은 나중에 필연적으로 발생될 수행속도의 저하를 전혀 예측하지 못하고 기껏 수백 건의 테스트 데이터를 대상으로 애플리케이션 개발에만 열중하고 있었다.

소량의 데이터에서는 사용자가 어떤 액세스를 해도 양호한 속도가 보장된다. 문제의 심각성을 피부로 느끼지 못하기 때문에 대부분의 개발자들은 지금까지 적용해 오던 방식을 고집한다. 테스트 중에 수행속도에 문제가 발생하면 다른 액세스 형태와의 종합적인 검토를 거치지 않고 자신에게 맞는 인덱스를 함부로 추가한다. 어떤 프로젝트에 갔더니 이렇게 생겨난 인덱스가 한 테이블에 20개가 넘게 포도송이처럼 달려 있는 것을 본적도 있다.

이런 문제를 피할 수 있는 가장 좋은 방법은 개발 단계에서도 가능하다면 실제 데이터 양에 버금가는 데이터를 생성할 것을 강력하게 권유한다. 대량의 데이터를 가지고 있으면 개발자의 잘못이 확실하게 나타난다. 대부분의 사람들은 겉으로 드러나는 문제에 대해서만 관심을 갖는다. '필요가 발명을 낳는다'는 말처럼 무엇이 문제인지를 느끼게 해주면 사람들의 생각은 바뀐다.

만약 적절치 못한 인덱스 구조를 가지고 개발 시에 억지로 튜닝을 하게 되면 최적의 액세스 경로를 얻을 수 없는 것은 물론이고, 향후에 인덱스를 최적화했을 때 기존에 튜닝해 두었던 것을 다시 수정하지 않으면 오히려 역효과를 낼 수도 있다. 그러므로 개발과정에서도 어느 정도 확실한 인덱스를 구성해 두지 않으면 안 된다.

◇ 개발단계의 액세스 형태 수집

개발 단계에서 만점짜리 인덱스들을 구성하기는 어렵지만 7, 80 점짜리의 인덱스를 생성해 두어야 개발과정에서 적절한 보정을 통해 최적에 도달할 수 있다. 개발 단계의 액세스 유형의 조사는 이미 작성된 SQL 이 있다면 거기에서 액세스 유형을 도출하고, 일부는 다음과 같은 관점에서 예상되는 액세스 형태를 찾는다.

- 반복 수행되는 액세스 형태를 찾는다.
- 분포도가 아주 양호한 컬럼들을 발췌하여 액세스 유형을 조사한다.
- 자주 넓은 범위의 조건이 부여되는 경우를 찾는다.
- 조건에 자주 사용되는 주요 컬럼들을 추출하여 액세스 유형을 조사한다.
- 자주 결합되어 사용되는 컬럼들의 조합형태 및 정렬순서를 조사한다.
- 역순으로 정렬하여 추출되는 경우를 찾는다.
- 통계자료 추출을 위한 액세스 유형을 조사한다.

여기에 제시한 각 항목에 좀더 집중하여 생각해 보면 다양한 액세스 형태를 찾을 수 있을 것이다. 이들을 다음과 같은 양식에 기록한다. 먼저 테이블의 전체 로우 수와 평균 증가량을 판단해 두는 것이 이 작업의 진행에 많은 도움이 될 것이다. 각 항목에 대해서 간략하게 부연 설명을 하겠다.

TABLE_NAME	SALES	매출정보 관리 테이블					TOTAL ROWS	201,500	월 평균 증가량	5,000
No	Access Pattern		Count	Range	Old	New	(1)	(2)	(3)	(4)	(5)	(6)
							현행 인덱스					
							(1)	(2)	(3)	(4)	(5)	(6)
							신규 인덱스					

주요 컬럼 분포도	컬럼명	종류	평균	최대	특 기 사 항	주 의 사 항

[그림 1-4-7]

1) 반복 수행되는 액세스 형태를 찾는다. 반복 수행되는 액세스는 자신의 수행속도에 반복 횟수를 곱한 만큼의 부하를 가져오므로 수행속도에 미치는 영향이 아주 크다.

반복 수행되는 액세스는 대개의 경우 조인이나 서브쿼리, 혹은 루프 내에서 랜덤 액세스를 담당하는 경우를 말한다. 이러한 액세스는 0.001 초 차이가 나도 반복횟수에 따라 큰 부담이 될 수도 있다. 이러한 액세스 유형은 조인의 연결고리가 되는 기본키나 외부키들일 가능성이 높다. 또한 서브쿼리의 SELECT-List 에 올 것으로 예상되는 컬럼이나, 패치(Fetch) 후 루프 내에서 반복 수행되는 경우를 예상해 보면 충분히 찾을 수가 있다.

2) 분포도가 아주 양호한 컬럼들을 발췌하여 액세스 유형을 조사한다. 테이블에는 아주 양호한 분포도를 가진 컬럼이 있기 마련이다.

정도의 차이는 있겠지만 세상 어떤 집단에서나 '군계일학'처럼 우수한 집단이 있기 마련이다. 액세스에서도 이러한 현상이 나타난다. 분포도가 매우 좋아서 그 컬럼이 사용되기만 하면 수행속도가 보장될 수 있는 특출난 컬럼을 먼저 찾아라! 유능한 사람이 많은 부분에서 공헌을 하듯이 분포도가 좋은 컬럼은 많은 액세스에서 요긴하게 쓰이게 된다.

액세스 형태에서 가장 확실한 컬럼들이 주도하는 경우를 미리 선별하면 한결 수월해진다. 마치 축구팀의 스타팅 멤버를 구성할 때 선수들을 포지션에 포진시키는 경우의 수는 엄청나게 많지만 각 포지션별로 확실한 주전선수를 먼저 결정하면 경우의 수가 크게 감소하는 것과 같다.

이러한 사항을 검토할 때 단지 하나의 컬럼만을 대상으로 하지 말고 경우에 따라서는 몇 개 컬럼들의 조합도 같이 검토해 보라! 마치 프로야구에서 특정 투수와 포수가 배터리를 이루었을 때는 매우 양호한 성적을 내는 것을 보았듯이 특정 컬럼들의 결합이 매우 양호한 분포도를 가지고 많은 액세스 형태에서 종횡무진 활약하는 경우도 같이 찾아 보기 바란다. 물론 분포도 입장에서만 보지 말고, 업무적인 시각에서 볼 때 얼마나 같이 활용될 것인가에 대한 결합도를 보아야 한다.

3) 자주 넓은 범위의 조건이 부여되는 경우를 찾는다. 인덱스는 넓은 범위를 처리하게 될 때 많은 부담을 주게 된다.

넓은 범위의 처리가 아니라면 인덱스의 적절한 구성만으로도 거의 모든 액세스의 수행속도는 보장받을 수가 있다. 결국 문제의 핵심은 넓은 범위의 데이터를 어떻게 효과적으로 처리할 것인지에 있다 해도 과언이 아니다. 넓은 범위의 데이터 처리는 두 가지 관점에서 바라보아야 한다.

한 가지는 부분범위의 처리이다. 일반적으로 처리 범위가 넓으면 항상 수행속도가 나쁠 것이라고 생각하지만 어떤 SQL 이 부분범위로 처리된다면 범위가 아무리 넓어도 문제가 되지 않는다. 그것은 수행 중에 일단 추출할 로우수가 운반단위에만 도달하면 수행을 멈출 수 있기 때문이다.

다른 한가지는 전체 범위처리의 관점에서 살펴 보는 것이다. 전체범위처리란 주어진 조건을 만족하는 범위의 전체를 모두 액세스한 후에라야 결과를 추출할 수 있기 때문에 반드시 주어진 조건의 범위가 너무 넓어지지 않도록 대비책을 수립해야 한다. 물론 그 범위는 인덱스의 손익분기점과 사용될 액세스 경로가 온라인인지 배치처리인지에 따라 판단은 달라지게 된다.

넓은 범위의 데이터를 반드시 전체범위를 액세스해야 하는 경우는 주로 그 조건에 '일자'가 포함되어 있는 경우가 많다. 이렇게 액세스한 기초 집합을 GROUP BY 나 그룹함수로 가공하여 새로운 집합을 만드는 경우가 대부분이다. 사실 이러한 가공된 집합은 어떤 기준이 되는 기간을 무시하고서는 의미를 가지기 어렵다. 가령 기간을 무시한 채 어떤 제품에 대해 테이블에 있는 모든 로우를 대상으로 집계나 평균을 하라는 요구는 거의 없을 것이다.

넓은 범위의 액세스 형태를 조사할 때는 처리범위의 최대 크기와 평균 예상 범위, 자주 사용되는 정렬의 순서, 처리 유형(Order by, Group by 등을 표시)을 같이 표시해 두면 나중에 인덱스를 결정할 때 중요한 자료로 활용될 것이다.

4) 조건에 자주 사용되는 주요 컬럼들을 추출하여 액세스 유형을 조사한다. 빈번하게 사용된다는 것은 시스템 전반에 미치는 영향이 그 만큼 크기 때문에 아주 중요하다.

애플리케이션을 많이 작성해 본 사람이라면 테이블에 있는 컬럼들 중에서 조건절에 자주 기술될 수 있는 컬럼인지 SELECT-List 에만 주로 나타나는 컬럼인지 어렵지 않게 구별할 수 있다. 예를 들어 '매출'을 관리하는 테이블이 있다고 생각해보자. 상식적인 수준에서 생각해 보더라도 'SALEDATE', 'SALEDEPT', 'CUSTNO', 'STATUS', 'SALETYPE', 'ITEM', 'AGENTNO' 등은 하나 이상들이 모여 조건절에 사용될 수 있을 것이라는 것을 어렵지 않게 예상할 수 있다.

그러나 SAL_AMOUNT, SAL_QTY, UNIT_PRICE 등의 컬럼은 조건절에 잘 사용되지 않을 것이 분명하다. 물론 이들도 조건절에 사용하지 말라는 법은 없겠으나 그런 예외 경우는 나중에 인덱스를 최종적으로 확정할 때 사용된 SQL 을 통해 실질적인 액세스 형태를 다시 수집할 것이므로 크게 걱정할 것은 없다.

5) 자주 결합되어 사용되는 컬럼들의 조합 및 정렬되는 순서를 조사한다. 업무적인 측면에

서 각 컬럼들간의 상호관계를 잘 파악해 보면 특정 컬럼들끼리 자주 조합하여 사용되는 결합형태를 찾을 수 있다.

예를 들면 "매출 테이블에서 매출일자와 부서코드는 빈번하게 결합하지만, 부서코드와 거래선코드는 같이 사용되는 경우가 거의 없다"는 식의 결합유형을 찾을 수 있다. 그러나 컬럼들간의 결합형태를 찾다 보면 같이 사용되지 않는다는 보장을 할 수 없는 경우가 많이 나타난다. 논리적으로 생각할 수 있는 엄청난 종류의 결합유형을 모두 취하게 되면 우리가 원하는 '자주 사용되는 결합유형'을 찾기가 어려워 진다.

이러한 딜레마에 빠지지 않으려면 가장 중심이 되는 컬럼을 먼저 찾아내는 것이 좋다. 가령, 매출일자를 축으로 해서 이것과 자주 결합될 것으로 예상되는 부서코드, 거래선코드, 매출형태 등과의 결합 형태를 찾는 방법을 사용하라는 것이다. 이때 정렬 순서도 같이 판단해 두는 것이 좋다.

만약 분포도를 예상해 본 결과, 중심이 되는 컬럼이나 그와 아주 절친(?)한 컬럼만으로 결합 인덱스를 만들거나 클러스터링을 함으로써 충분한 수행속도를 얻을 수 있다고 가정해 보자. 이제 그들과 결합되는 어떤 컬럼들이 존재하더라도 더 이상의 액세스 형태를 찾을 필요가 없다. 이러한 방법은 다른 컬럼들과의 결합 인덱스를 감안할 필요가 없으므로 아주 단순·명료한 액세스 유형을 얻을 수 있다.

6) 역순으로 정렬하여 추출되는 경우를 찾는다. 일반적으로 최종 사용자(End user)는 조건의 범위는 넓게 부여하면서 결과는 가장 최근에 발생된 데이터부터 보기를 원하는 경우가 많다. 게다가 빠른 응답까지 요구하는 이중성을 가지고 있다.

주어진 넓은 범위의 데이터를 액세스하여 역순으로 정렬시켜서 결과를 추출하게 되면 이미 빠른 응답 속도를 기대할 수 없다. 이러한 경우는 집계 테이블을 생성하거나 별도의 테이블을 추가시켜도 해결할 수가 없다. 유일한 방법은 힌트를 이용해 인덱스를 역순으로 액세스하여 사용자가 원하는 정렬이 되도록 인덱스를 구성하는 것이다. 이 방법은 부분범위 처리를 가능하게 하여 우리가 원하는 수행속도를 얻을 수 있다.

7) 통계자료 추출을 위한 액세스 유형을 조사한다. 통계자료를 추출하는 경우는 대개 범위가 넓다.

데이터의 처리를 위한 액세스는 처리할 로우가 일반적으로 적기 때문에 적절한 인덱스 구성만으로도 어렵지 않게 해결할 수 있다. 그러나 통계처리를 위한 액세스는 일반적으로 넓은 범위의 처리를 하기 때문에 수행속도에 문제를 일으키는 경우가 많다. 넓은 범위의 처리는 클러스터링이나 잘 조합된 결합 인덱스를 이용해야만 한다.

통계자료를 위해 어떤 액세스가 사용될 것인지를 주의깊게 찾아내는 것은 아주 중요하다. 해당 테이블에서 생성할 수 있는 통계자료를 집중적으로 생각해 보면 어렵지 않게 몇 가지 예상을 할 수 있다. 이전 시스템에서 사용하던 자료를 살펴보는 것만으로도 충분히 원하는 액세스 형태를 찾을 수 있을 것이다.

다음은 위에서 제시한 방법으로 액세스 형태를 찾아본 사례이다. 'COUNT' 란에는 SQL에서 추출한 경우에는 그 액세스 형태가 사용된 SQL의 수를 적고, 예상한 액세스 형태라면 예측치를 적는다. 이 숫자는 나중에 인덱스 구조를 결정할 때 중요도에 대한 가중치로써 적용되므로 백분율로 표시하는 것이 좋겠다.

TABLE_NAME	SALES		매출정보 관리 테이블					TOTAL ROWS	201,500		월 평균 증가량	5,000
No	Access Pattern			Count	Range	Old	New	(1)	(2)	(3)	(4)	(5)	(6)
1	SALENO(=), ITEM(=)			40				현행인덱스					
2	SALEDATE(=), SALEDEPT(=)			10									
3	SALEDATE(like), SALEDEPT(=)			5									
4	CUSTNO(=), SALEDATE(between)			10									
5	SALEDATE(like), STATUS(=60), CUSTNO(like)			3									
6	STATUS(in), [AGENTNO(like)]			5									
7	ITEM(=), SALEDATE(like), SALEDEPT(like)			5				(1)	(2)	(3)	(4)	(5)	(6)
8	SALEDATE(like), STATUS(=), group by CUSTNO			10				신규인덱스					
9	SALEDEPT(=), SALEDATE(like), SALETYPE(=), order by SALEDATE, SALETYPE			5									
10	SALEDATE(between), CUSTNO(=), (STATUS(=) or SALETYPE(=))			5									
11	AGENTNO(=), SALEDATE(between), ITEM(like)			2									
주요컬럼분포도	컬럼명	종류	평균	최대	특 기 사 항				주의사항				

[그림 1-4-8]

◇ 운영단계의 액세스 형태 수집

여기서 운영단계라 하는 것은 이미 대부분의 애플리케이션이 작성되어 있어서 거기에 있는 SQL 을 통해 액세스 형태를 수집할 수 있는 단계를 말하는 것이다. 개발을 거의 완료하여 테스트를 하는 시점일 수도 있고, 정상 가동 중인 시스템의 인덱스를 교정하는 시점일 수도 있다.

SQL 은 수많은 종류의 프로그래밍 언어에서 사용되고 있다. 그러나 각각의 언어들이 가지고 있는 고유한 특징이 있으므로 SQL 만 추출해오는 것이 쉽지는 않다. 가장 좋은 방법은 애플리케이션 소스코드(Source Code)에서 자동으로 추출하는 것이다. 또한 데이터베이스의 공유 SQL 영역에서 추출하는 방법도 있다. 그것도 어렵다면 직접 애플리케이션을 뒤져서라도 액세스 형태는 수집되어야 한다.

1) 애플리케이션 소스코드에서 SQL 을 추출하여 분석용 테이블에 보관한다.

최근에는 시스템 통제(Governance)를 위해 메타 데이터를 관리하려는 시스템이 늘어나면서 애플리케이션을 분석(Parsing)하여 리파지토리(Repository)에 저장하는 S/W 가 많이 등장하고 있다. 이러한 S/W 는 거의 대부분의 언어를 컴파일러 수준으로 파싱하기 때문에 거의 모든 언어에 사용된 SQL 을 추출해 줄 수 있다.

그 중에는 아직 SQL 만 분리해내는 수준에 머물고 있는 것도 있지만, 옵티마이져 수준 정도라고는 할 수 없어도 SQL 까지 상세하게 파싱하는 것들도 있다. 단지 SQL 문장만 추출해 주는 정도라면 여러분들이 그 SQL 에 사용된 테이블이나 컬럼을 찾을 수 있는 애플리케이션을 작성할 필요가 있다. 이러한 노력은 아주 손쉽게 액세스 형태를 찾을 수 있도록 해 줄 것이다.

SQL 의 스트링에서 토큰(Token)을 잘라내어 데이터 딕셔너리에 있는 테이블 정보와 컬럼 정보와 대응시켜 보면 그 SQL 이 사용하고 있는 테이블, 혹은 뷰, 컬럼들을 어렵지 않게 찾아 낼 수가 있다. 이렇게 다시 파싱한 SQL 분석정보와 애플리케이션 분석 정보를 취합하여 그 결과를 테이블을 만들어 보관한다.

이 테이블에는 애플리케이션 명칭, SQL 에 속한 서브루틴과 위치, SQL 유형, SQL 원문, 사용 테이블, 사용 컬럼, ORDER BY 컬럼, GROUP BY 컬럼, 반복 사용 여부 등 가능하다면 상세한 정보를 모두 저장하는 것이 좋다. 여기서 SQL 유형은 SELECT, INSERT, UPDATE, DELETE 를 말하며, 반복사용 여부는 루프 내에서 수행되고 있는지, 아니면 DECLARE CURSOR 에서 선언한 SQL 처럼 한 번만 수행되는지에 대한 구분이다.

애플리케이션 소스코드에서 SQL 을 추출하는 방법은 가장 많은 SQL 을 수집할 수 있는 좋은 방법이기는 하지만 약간의 결함을 가지고 있다. 프로그래밍 언어에 따라서, 혹은 동적 SQL 의 사용 여부에 따라서 애플리케이션에서 잘라낸 SQL 이 완벽한 형태를 가지지 않을 수도 있다는 문제가 있다. 이런 단점을 해소하기 위해 우리는 다음과 같은 몇 가지 추가적인 방법을 적용할 필요가 있다.

2) SQL-Trace 파일을 파싱하여 SQL 문장뿐만 아니라 실행계획, 현재 적용되고 있는 인덱스, 실행횟수, 처리범위 등의 매우 상세한 정보를 획득할 수 있다.

여러분이 잘 알고 있듯이 TRACE 파일에는 실제 수행된 완성된 SQL 문장뿐만 아니라 구체적인 실행계획까지 정확하게 나타나 있다. 어떤 언어로 작성된 애플리케이션에 의해 수행되었든 동일한 형식으로 나타나고 있다. 더구나 동일한 문장이 여러 번 반복되면 하나로 통합되어 실행통계에 나타나므로 SQL 의 중요도를 식별하는데도 유리하다.

실행계획을 분석해 보면 어떤 인덱스가 사용되었으며, 어떤 처리범위를 가지고 있는지도 알아낼 수 있다. 물론 실행계획을 분석하는 애플리케이션을 여러분이 직접 개발해서 적용하는 것이 쉽지는 않다. 최근에는 TRACE 를 종합적으로 분석하여 이러한 정보를 충실하게 제공해 주는 S/W 가 제공되고 있으니 활용하면 많은 도움을 받을 수 있을 것이다.

특히 이러한 솔루션들은 이러한 분석결과를 이용해 자동으로 액세스 형태를 생성하고, 현재 적용되고 있는 인덱스를 찾아준다. 이러한 정보는 문제가 있는 인덱스를 식별할 수 있게 해주며, 우리가 어떤 인덱스를 변경했을 때 혜택을 받게 되는 SQL 을 표시해준다. 만약 SQL 에 어떤 변경을 해야 한다면 그 SQL 이 있는 애플리케이션의 위치정보까지 제공해 줄 수 있다.

TRACE 파일의 파싱은 사용된 언어에 상관없이 SQL 의 상세한 정보를 추출할 수 있는 좋은 방법이지만 TRACE 를 수행한 기간 내에 사용된 SQL 에 대해서만 수집할 수 있다는 단점이 있다. 이런 문제를 해소하기 위해 애플리케이션에서 추출한 SQL 이나 다음에 설명할 공유 SQL 영역에서 획득한 SQL 을 S/W 에서 자동으로 실행시켜 이를 TRACE 파일로 만들어 분석을 하는 방법도 제공되고 있다. 이러한 방법은 보다 많은 SQL 에 대한 상세한 정보를 분석할 수 있도록 한다.

3) 공유 SQL 영역에서 직접 SQL 을 찾아오는 방법은 SQL 수집을 보다 간편하게 할 수 있도

록 도와 준다. 이 방법은 사용 언어에 영향을 받지 않고, TRACE 보다 장기간 수집이 가능하다는 큰 장점을 가지고 있다.

어떤 언어에서 어떤 방법으로 SQL을 사용하든 결국에는 완성된 모습의 SQL이 데이터베이스 내로 들어오게 된다. 수행된 SQL은 결국 공유영역에 남아 있게 되므로 여기에서 SQL을 수집하는 것은 매우 간편하고 확실한 방법이다. 물론 공유영역이 너무 적으면 오래된 SQL은 제거되지만 수집 주기를 조금만 단축시키면 큰 문제가 되지 않는다.

TRACE를 수행하는 것에 비해 시스템에 부하를 훨씬 적게 준다는 것은 큰 장점이라 하겠다. SQL이 공유영역에서 짧은 시간 내에 제거되지는 않으므로 시스템에 부하를 주지 않을 정도로 여유있게 수집을 해도 충분하다. 그러므로 TRACE에 비해 장기간 수집이 가능하므로 SQL이 누락될 위험성이 크게 감소한다.

다만 TRACE에 비해 상세한 정보를 수집할 수 없기 때문에 이렇게 수집된 SQL을 실행계획만 생성되도록 수행시켜 자동으로 액세스 형태를 수집하는 방법을 적용할 필요가 있다. 한 가지 아쉬운 점은 비교적 장기간 이러한 방법으로 SQL을 수집하더라도 모든 SQL이 수집될 수는 없다는 것이다. 그것은 애플리케이션 중에는 월이나 분기, 년간의 특정한 시점에만 수행하는 것들도 많기 때문이다.

이 방법의 최대의 단점은 수집된 SQL이 어떤 애플리케이션에서 작성된 것인지를 알 수가 없다는 점이다. 이런 면에서 애플리케이션에서 수집한 SQL과 대응시켜 보는 작업은 의미가 있다.

제시한 방법 외에도 데이터 딕셔너리에서 뷰나 저장형 프로시져(Stored procedure), 데이터베이스 트리거(Database trigger)에서 SQL을 수집하여 보충할 필요도 있다. 거듭 당부하지만 액세스 형태를 제대로 수집하지 않고서는 결코 적절한 인덱스 전략을 수립할 수 없다. 아무리 유능한 의사도 환자의 건강상태에 대한 정확한 진단정보가 없으면 적절한 처방을 내릴 수 없는 것과 조금도 다르지 않다.

인덱스가 적절하게 구성되어 있지 않은 상태에서 아무리 훌륭한 프로그래머가 높은 품질의 SQL을 구사하고, 옵티마이져가 끝없이 발전해 가더라도 이미 최적화를 달성하기는 어렵다. 이것은 여러분들이 관계형 데이터베이스를 사용하고 있는 한 어쩔 수 없이 감내해야 하는 필연적인 숙명이다.

◇ 수집된 SQL을 테이블 별로 출력하여 액세스 형태 기록

이제 위에서 제시한 방법을 총동원해서 수집한 SQL을 액세스 형태를 찾기 좋은 형태로 출력하여야 한다. 인덱스는 테이블 별로 생성하는 것이기 때문에 그 테이블이 어디에 어떻게 사용되었든 관련이 있다면 모두 집결되어 있어야 할 것이다. 하나의 SQL에는 여러 개의 테이블이 사용될 수 있으므로 어떤 SQL은 여러 테이블에서 다시 나타날 수도 있다.

작업의 효율성과 편의성을 위해 가능하다면 유사한 형태의 SQL들이 정렬되도록 출력하는 것이 좋다. 이때 SQL 문장으로 정렬하는 것보다 조건절에 사용된 컬럼별로 정렬하는 것이 보다 유리하다.

이제 출력물을 통해 액세스 형태를 조사하여 다음과 같은 양식에 기록한다. 물론 자동으로 액세스 형태를 찾아주는 툴을 사용한다면 좀더 쉬운 접근이 가능하다. 액세스 형태란 조건절에 사용된 모든 조건들을 있는 그대로 나열하는 것은 아니다. 그렇게 한다면 너무 많은 액세스 형태가 나타나게 되어 혼란을 가져올 것이다.

인덱스의 존재 이유는 효율적인 처리주관 조건들을 생성하자는 것이므로 원천적으로 체크기능 밖에 할 수 없는 것까지 굳이 액세스 형태에 추가하여 복잡하게 할 이유가 없다. 인덱스 구성 컬럼이 되더라도 제대로 역할을 할 수 없는 컬럼이나 이미 핵심적인 컬럼들로 인해 처리범위를 충분히 줄일 수 있는 경우는 과감하게 제거해도 좋다.

물론 이런 작업을 하는 사람은 SQL에 능통하고 실행계획을 어느 정도 완벽하게 이해하는 사람들이어야 한다. 그렇지 않으면 중요한 것을 버리거나 불필요한 것을 취하게 된다. 이처럼 잘못된 액세스 형태를 이용해 인덱스 전략을 수립하면 현실과 동떨어진 결론을 얻게 될 것이다.

무릇 우리가 어떤 새로운 일을 배우거나 새로운 시도를 할 때 처음에는 어느 것이 중요한지를 식별해내기란 여간 어렵지 않다. 그러나 자신의 능력이 향상됨에 따라 자연스럽게 전체를 바라보는 시각이 달라지게 되고, 판단력이 높이지게 된다. 마치 바둑에서 기력이 향상됨에 따라 과거에는 보이지 않던 수들이 보다 폭넓게 보이는 이치와 유사하다. 여러분들이 인덱스 전략을 수립할 수 있으려면 이 책의 시리즈 전편을 독파하고 실전에서 많은 경험이 쌓는 노력이 필요하다.

SQL을 통해 액세스 형태를 수집하여 양식에 기술하는 방법도 앞서 설명했던 예상 액세스 형태를 기술할 때와 별로 다를 것이 없다. 다만 'COUNT'란에는 해당 액세스 형태가 여러 번 나타났을 때 '바를 정(正)'자 표시를 하여 증가시킨다는 것이 조금 차이가 있다. 여러 번 사용되었다고 해서 항상 중요하다고 볼 수는 없겠지만 아무래도 자주 등장하는 액세스 형태가 그만한 가치를 가지고 있다는 것에는 별 무리가 없을 것이다.

인덱스를 검토할 필요가 전혀 없다고 판단되는 컬럼이나 숫자 타입의 컬럼들은 무시해도 좋으나 액세스에 영향을 줄 수 있는 'OR'를 사용한 경우는 반드시 괄호[( )]를 이용해서 표시한다. 액세스 형태를 좀더 통합된 형태로 모을 수만 있다면 유형도 줄어들고, 전략 수립도 단순해 진다. 만약 대부분의 컬럼은 유사하지만 특정 컬럼이 사용되지 않는 경우가 존재한다면 '[ ]'을 표시해 준다. 이 방법은 유사한 액세스 형태를 통합할 수 있게 해 줄 것이다.

액세스 형태를 조사하다 보면 자주 등장하는 결합 컬럼들이 눈에 띄게 된다. 이들은 내용적으로 매우 친밀해서 자주 같이 사용되는 것들이다. 재미있는 것은 그때마다 약간씩 다른 컬럼들을 바꾸어 가면서 조건절을 구성하고 있다는 점이다. 이런 현상이 나타나면 재빨리 핵심이 되는 결합 컬럼의 각각의 분포도와 결합 분포도를 조사해 보라!

만약 이들만으로 이미 충분히 양호한 분포도를 가진다면 훨씬 액세스 형태를 단순하게 가져갈 수 있다. 즉, 그들과 같이 사용되는 다양한 조건들을 거의 무시할 수 있으므로 액세스 형태를 수집하는 단계나 인덱스 전략 수립 단계까지도 단순해 질 수 있다. 물론 나머지 조건들 중에서 나름대로 충실한 역할을 할 수 있을 것으로 보이거나 특별히 자주 등장하는 컬럼이 있으면 그 정도 까지는 감안해서 액세스 형태는 나누는 것이 나중에 보다 세밀한 결정을 하는데 도움이 될 것이다.

그러나 결합한 컬럼이 우리가 만족하기에는 불충분한 분포도를 가지고 있다면 이들을 보조해줄 역량있는 컬럼들을 찾아보는데 초점을 맞추어 액세스를 조사하는 것이 바람직하다. 예를 들어 'C1+C2'가 매우 자주 등장하고 있어 분포도를 조사해 보았더니 만족할 만한 수준이 아니었다고 가정해보자.

이들과 같이 자주 등장하는 컬럼들 중에서 분포도를 좋게 하는데 직접적인 영향을 줄 수 있는 컬럼들을 찾아 보았더니 'A'와 'B+C'를 발견했다고 하자. 다시 이들과 결합한 분포도, 즉 'C1+C2+A'와 'C1+C2+B+C'를 확인해 보았더니 매우 양호하다면 이런 유형의 액세스 형태는 새롭게 추가할 필요가 없다는 것이다.

조인의 연결고리는 어떻게 액세스 형태를 기술해야 하는가? 조인의 연결고리가 아닌 컬럼은 조건에 사용될 때 상수값이나 바인드 변수를 받고 있지만 연결고리는 대응하는 테이블의 컬럼과 비교되어 있다. 이들은 경우에 따라서 인덱스로 사용될 수도 있고, 단지 먼저 수행되어서 상대 연결고리에게 상수값을 제공하는 역할만 할 수도 있다.

그러므로 생각하기에 따라서는 조인의 방식이나 방향에 따라 액세스 형태가 달라지므로 실행계획에 아주 능통한 사람이 아니라면 정확한 액세스 형태를 수집할 수 없을지도 모른다. 그러나 너무 복잡하게 생각할 것은 없다. 조인의 연결고리에 인덱스가 존재하지 않는 경우가 발생하면 상황에 따른 최적화가 불가능해지기 때문에 아주 특별한 경우가 아니라면 연결고리에 인덱스를 생성하지 않을 수 없다.

당장은 문제가 없더라도 언제 새로운 조인 방식을 요구할지 알 수 없기 때문에 연결고리에 이상(異狀)이 생기도록 하는 것은 좋은 생각이 아니다. 그러므로 여러분들이 액세스 형태를 조사할 때는 조인의 연결고리부분은 무조건 추출하고 연결고리라는 것을 나타내기 위해 '(J)'를 표시한다. 연결고리는 서로 대응 컬럼을 비교하고 있으므로 각각의 테이블 액세스 형태에서 모두 수집된다.

```
SELECT ...
FROM TAB1 x, TAB2 y
WHERE x.KEY1 = y.KEY2
  AND x.COL1 = :b1
  AND x.COL2 LIKE '123%';
```

TAB1 의 Access Pattern : key1(J), col1(=), col2(like)

TAB2 의 Access Pattern : key2(J)

이러한 방식은 비단 일반적인 조인뿐만 아니라 세미조인인 서브쿼리에서도 거의 동일하게 적용한다. 다시 말해서 서브쿼리의 조건절에 조인 연결고리가 표현되어 있는 경우는 완전히 동일하다. 그렇지 않은 경우는 SELECT-List 를 연결고리로 간주하여 액세스 형태를 수집한다. 만약 이 서브쿼리가 절대적으로 먼저 수행되어 제공자 역할을 한다는 확실한 보장이 있다면 액세스 형태로 수집하지 않을 수 있다.

여러분이 이러한 접근 방식에 조금만 익숙해진다면 아무리 많은 종류의 SQL 을 가진 테이블이라 하더라도 어렵지 않게 꼭 필요한 액세스 형태만 수집할 수 있을 것이다.

나) 인덱스 대상 컬럼의 선정 및 분포도 조사

예상되는 액세스 유형의 조사가 완료되었으면 그것을 토대로 인덱스 대상 컬럼들을 선정하고 분포도를 조사한다. 대상 컬럼은 다음과 같은 기준으로 선정한다.

- 액세스 유형에 자주 등장하는 컬럼
- 인덱스의 앞부분에 지정해야 할 컬럼
- 기타 수행속도에 영향을 미칠 것으로 예상되는 컬럼

조건절에 사용된 컬럼이라고 해서 모든 인덱스 구성에 참여할 필요는 없다. 물론 우리는 이미 액세스에 큰 영향을 미치지 않는 경우를 상당부분 배제했기 때문에 액세스 형태에 남아 있는 대부분의 컬럼들은 어떤 형태로든 인덱스의 구성요소가 될 확률은 높다. 그렇지만 인덱스의 특성상 선행하는 컬럼들의 분포도에 따라 결정이 좌우되므로 일단 각 인덱스의 선행컬럼이 될 것으로 예상되는 중요한 컬럼들에 대해서만 좀더 상세한 분석을 하는 것이 좋다.

만약, 특정 컬럼들이 결합된 형태로 자주 나타난다면 각각의 컬럼들뿐만 아니라 결합된 형태의 분포도를 같이 조사해야 한다. 가장 좋은 방법은 각각의 액세스 형태를 살펴보았을 때 가장 핵심적인 역할을 해야할 것으로 보이는 컬럼들을 먼저 조사해 보는 것이다. 그들이 양호한 분포도를 가지고 있다면 더 이상 복잡하게 고민할 것이 없겠지만 그렇지 않을 때는 보다 깊은 분석이 필요하다.

특히 뚜렷하게 핵심적인 역할을 할 컬럼이 보이지 않는 액세스 형태에 대해서는 보다 상세한 분석이 필요하다. 이런 경우에서는 어쩔 수 없이 분포도가 좋지 않은 컬럼들을 아주 전략적으로 결합해야 겨우 목표 달성이 가능할 것이기 때문이다. 그렇게 했는데도 도저히 범위가 줄어들지 않는다면 원래의 SQL이 부분범위 처리를 할 수 있는지 확인해 보기 바란다.

부분범위 처리가 가능하다면 넓은 범위의 처리에서도 충분히 수행속도를 보장받을 수 있기 때문이다. 만약 그것도 불가능하다면 부분범위 처리로 유도가 가능하도록 SQL을 바꿀 수 있는지 연구해 보아야 한다. 여기에 대한 상세한 내용은 다음 절에서 설명할 '부분범위 처리'를 참조하기 바란다.

아래의 그림은 인덱스 대상 컬럼을 선정하고 분포도를 분석한 사례이다.

TABLE_NAME	SALES			매출정보 관리 테이블			TOTAL ROWS	201,500		월 평균 증가량	5,000
No	Access Pattern			Count	Range	Old	New	(1)	(2)	(3)	(4)	(5)	(6)
1	SALENO(=), ITEM(=)			正正									
2	SALEDATE(=), SALEDEPT(=)			下				현행 인덱스					
3	SALEDATE(like), SALEDEPT(=)			正									
4	CUSTNO(=), SALEDATE(between)			下									
5	SALEDATE(like), STATUS(=60), CUSTNO(like)			丁									
6	STATUS(in), [AGENTNO(like)]			正									
7	ITEM(=), SALEDATE(like), SALEDEPT(like)			正				(1)	(2)	(3)	(4)	(5)	(6)
8	SALEDATE(like),STATUS(=),group by CUSTNO			下				신규 인덱스					
9	SALEDEPT(=), SALEDATE(like), SALETYPE(=), order by SALEDATE, SALETYPE			正									
10	SALEDATE(between),CUSTNO(=), (STATUS(=) or SALETYPE(=))			下									
11	AGENTNO(=), SALEDATE(between), ITEM(like)			正									

주요 컬럼 분포도	컬럼명	종류	평균	최대	특 기 사 항	주의사항
	saleno	20,000	11	100		
	saledate	1,500	130	800	월평균(5,000건), 월말에 집중	
	saledept, saledate	11,000	20	180	1개월 평균(500), 주로 1년 이내로 사용	
	status	25	8,000	56000	60,90인 경우가 90%, 나머지:평균300	
	custno	3200	63	300		
	agentno	250	1,000	4,500		

[그림 1-4-9]

위의 사례에는 각 액세스에 자주 등장하는 주요 컬럼들에 대한 분포도가 분석되어 있다. 만약 자주 'LIKE'로 사용되는 컬럼이 있다면(위의 예에서 SALEDATE Like) 해당 컬럼의 분포도와 주로 사용되는 'LIKE'의 범위(가령 SALEDATE 의 월 평균)도 같이 조사한다. 각 컬럼들의 분포도를 조사해 보자.

분포도를 찾기 위해서는 먼저 그 컬럼의 종류를 조사해야 한다. 만약 실제 테이블을 가지고 있다면 SQL 을 이용하여 정확한 분포도를 찾을 수 있다. 그렇지 않다면 다음과 같이 예측을 하는 방법을 사용해야 한다. 위의 테이블이 약 3년간의 데이터를 보관한다고 가정하고 몇 개의 컬럼에 대해서만 분포도를 예상해 보자.

- **매출번호**(SALENO) : 3년동안 몇 건이 발생할 것인지를 예상한다. 과거에 발생한 데이터를 이용한 통계자료를 추출하든지 현업 담당자와 협의한다. 오차를 줄이기 위해 먼저 월평균 얼마나 발생할 것인지를 찾아 36 개월을 곱한 다음 다시 한번 검증해 본다.

- **판매일자**(SALEDATE) : 앞서 예상한 월 평균 발생 건수를 토대로 하거나 3년중에 휴일을 제외한 날짜를 대략적으로 계산해서 총 로우수로 나눈다. 일별로도 데이터가 균등하게 발생하지는 않으므로 가장 많이 발생되는 날짜(예:월말)를 과거 데이터나 현업 담당자와 협의하여 최대치를 찾는다.

- **판매부서**(SALEDEPT) + **판매일자** : 부서의 수는 이미 알고 있으므로 3년간의 데이터(20만건)를 나누어 보면 평균을 산출할 수 있다. 또한 부서별로 발생량에 차이가 날 수 있으므로 최대, 최소 발생 예상부서를 감안해서 최대, 최소치를 구한다.

- **진행상태**(STATUS) : 몇 가지 종류로 구분할지 알고 있고, 또한 어떤 상태에 많은 데이터가 몰릴 것인지 조사해 낼 수 있을 것이다. 예를 들면 '90'인 경우가 '완료'상태라면 70%의 데이터가 '90'을 가지게 될 것이라 판단할 수 있다.

- 위의 예와 유사한 방법으로 나머지 컬럼의 종류 및 평균, 최대 로우수를 판단해 낼 수 있다. 만약 산출한 평균과 최대치를 비교하여 차이가 심하다면 최대치와 유사한 분포도를 가지고 있는 경우를 상세히 조사하여 '특기사항' 란에 기입하여야 한다.

예상되는 액세스 유형의 조사를 통해 인덱스 대상 컬럼의 선정과 그 분포도를 파악하였다면 이제 우리는 어떻게 인덱스를 구성해야 가장 효율적인 액세스를 할 수 있는지 연구해 보아야 한다. 그 전에 한 가지 먼저 해야 할 일이 있다. 그것은 바로 현행 인덱스가 존재하고 있다면 우리가 조사해둔 액세스 형태가 어떤 인덱스를 사용하고 있었느냐를 따져보는 일이다.

'온고지신(溫故知新)'이라는 말이 있듯이 '과거를 제대로 알아야 미래를 대비'할 수 있는 것이다. 여러분이 이 과정을 거치게 되면 과거에 얼마나 비효율적인 인덱스가 우리를 괴롭혔는지 분명하게 나타날 것이다. 다음의 사례를 살펴보자.

TABLE_NAME	SALES	매출정보 관리 테이블					TOTAL ROWS	201,500		월 평균 증가량	5,000
No	Access Pattern		Count	Range	Old	New	(1)	(2)	(3)	(4)	(5)	(6)
1	SALENO(=), ITEM(=)		正下	1	1		SALENO	SALEDATE	STATUS	SALEDEPT	CUSTNO	ITEM
2	SALEDATE(=), SALEDEPT(=)		下	180	2		ITEM	SALEDEPT			SALEDATE	
3	SALEDATE(like), SALEDEPT(=)		正	9000	4			SALETYPE				
4	CUSTNO(=), SALEDATE(between)		下	300	5							
5	SALEDATE(like), STATUS(=60), CUSTNO(like)		下	35000	3							
6	STATUS(in), [AGENTNO(like)]		正下	56000	3							
7	ITEM(=), SALEDATE(like), SALEDEPT(like)		下	5000	6		(1)	(2)	(3)	(4)	(5)	(6)
8	SALEDATE(like),STATUS(=),group by CUSTNO		下	56000	3							
9	SALEDEPT(=), SALEDATE(like), SALETYPE(=), order by SALEDATE, SALETYPE		下	12000	4							
10	SALEDATE(between),CUSTNO(=), (STATUS(=) or SALETYPE(=))		下	650	5							
11	AGENTNO(=), SALEDATE(between), ITEM(like)		正下	24000	2,6							

주요 컬럼 분포도	컬럼명	종류	평균	최대	특 기 사 항	주의 사항
	saleno	20,000	11	100		
	saledate	1,500	130	800	월평균(5,000건), 월말에 집중	
	saledept, saledate	11,000	20	180	1개월 평균(500), 주로 1년 이내로 사용	
	status	25	8,000	56000	60,90인 경우가 90%, 나머지:평균300	
	custno	3200	63	300		
	agentno	250	1,000	4,500		

[그림 1-4-10]

물론 현재의 옵티마이져에 따라 달라질 수 있기 때문에 언제나 위에서 예시한 것처럼 언제나 인덱스가 사용된다고는 할 수 없다. 여기서 강조하고자 하는 것은 인덱스 구성이 모든 액세스 형태를 정확히 조사한 것과 비교해 보았을 때 얼마나 많은 문제점을 가지고 있었는지 살펴보라는 것이다. 만약 문제가 있는 액세스가 일부에만 있다면 누락되거나 조정해야 할 목표가 분명해질 것이다.

가장 최소의 인덱스로 최대의 효과를 얻기 위해서는 어떤 절차로 접근해야 가장 쉽게 결론에 도달할 수 있을 것인지 알아보기로 하자. 먼저 가장 우선적인 액세스 형태부터 결정하는 것이 전략 수립에 유리하다.

다) 특수한 액세스 형태에 대한 인덱스 선정

가장 먼저 우리가 해결해야 할 일은 반복해서 액세스되는 형태(Critical Access Path)를 찾아내는 것이다. 앞서도 언급했지만 반복 수행되는 액세스는 '자신의 수행속도*반복횟수'이므로 반복횟수가 늘어남에 따라 그 배수만큼 증가한다. 반면에 0.02 초를 0.01 초로 줄이는 것만으로도 수십, 수백 초를 줄일 수 있게 되므로 어떤 면에서는 10 초가 소요되는 액세스를 1 초로 줄이는 것보다 더 효과적일 수 있다.

앞서 우리는 반복 수행되는 경우의 액세스를 찾아 두었다. 그러면 어떻게 인덱스를 구성해야 0.001 초라도 줄일 수 있는지 알아보기로 하자. 앞서 결합 인덱스의 컬럼 순서를 결정하는 방법에서 자세하게 살펴보았듯이 '항상 사용되느냐'와 항상 '='로 사용되는 것들을 최대한 앞에 포진시켜야 한다. 물론 동률이라면 분포도가 좋은 것이 앞에 오는 것이 유리하다.

앞의 [그림 1-4-10]에 있는 ①번 액세스 형태인 'SALENO, ITEM'을 검토해 보자. 이 액세스 형태만 본다면 둘 다 '='을 사용하고 있기 때문에 분포도나 정렬순서를 고려해서 결정하면 된다. 그러나 ⑦번 액세스인 'ITEM(=), SALEDATE(like), SALEDPET(like)'와 ⑪번 액세스인 'AGENTNO(=), SALEDATE(between), ITEM(like)'까지 감안한다면 항상 '='로 사용되는 것은 'ITEM'이다.

그러나 좀더 복합적인 생각을 할 필요가 있다. 다음과 같은 고려를 해보자.

- SALENO 는 현재 ①번 액세스에서만 사용하는 것으로 조사되어 있지만 업무적인 면에서나, 분포도 측면에서나 나중에 분명히 혼자서만 사용되는 액세스가 등장할 가능성은 매우 높다. 이것은 SALENO 처럼 중요한 컬럼을 함부로 선두에서 배제하기에는 부담이 있다는 것을 뜻한다.
- ITEM 은 좋은 분포도를 가지고 있고, 업무적으로도 중요하며, 앞으로 좀더 자주 사용될 것으로 보인다. 또한 SALENO 없이 사용되는 경우(⑦번, ⑪번)가 많으므로 SALENO 뒤에만 있을 것이 아니라 독립적인 인덱스에서 선행컬럼이 될 자격이 충분히 있는 컬럼이다.
- ⑪번에 있는 'ITEM'은 이 액세스에서 주도적인 역할을 하는 것으로는 보이지 않는다. 이 말은 이러한 액세스를 위한 인덱스에 'ITEM'에게 특별한 역할을 부여할 필요가 없다는 것을 의미한다.

이러한 복합적인 요소를 감안해 보면 'SALENO + ITEM'으로 인덱스를 구성하는 것이 가장 좋다는 결론을 얻을 수 있다.

컬럼 중에서 혼자만으로도 확실한 수행속도를 보장받을 수 있는 것이 있다면 우선적으로 결정할 필요가 있다. 가장 우선적이고 확실한 액세스에 대해서 먼저 결정을 하고 나면 그 만큼 앞으로 우리가 고민해야 할 것들이 많이 줄어든다. 무릇 방정식을 풀 때에도 가장 확실한 미지수를 먼저 상수로 만들어 대입을 시켜가면 그 만큼 쉽게 문제를 풀어낼 수가 있지 않은가!

여기에 해당하는 컬럼은 바로 'CUSTNO'이다. 평균이 63에 불과하고 최대가 300 정도에 지나지 않으므로 독립적인 인덱스를 생성하여 활용성을 높이는 것이 바람직하다. 내용적으로 볼 때도 'CUSTNO'는 범위처리를 하는 경우는 거의 없다. 예에서는 5번 액세스에 'LIKE'를 사용하였지만 이것은 아마 고객번호를 조건에 부여한 경우와 그렇지 않은 경우를 모두 처리하기 위함일 것이다.

가령 'CUSTNO LIKE '123%'처럼 스트링의 일부분만 같은 것을 찾는 일은 없을 것이다. 고객번호의 앞자리 일부가 동일하다고 해서 그들이 동질성을 갖는 일은 없을 것이기 때문이다. 만약 그러한 액세스를 요구하더라도 그것은 비교할 값을 정확히 알 수 없을 때의 검색일 것이므로 부분범위 처리가 가능하므로 문제될 것이 없다.

물론 앞으로 지금보다 현격하게 데이터 량이 증가할 것으로 예상된다면 같이 자주 사용하고 있는 'SALEDATE'를 인덱스에 추가시키는 것도 검토해 볼만 하다. 아주 우수한 능력을 가진 사람은 가능하다면 독립성을 높여주어 다양한 방면에서 활동하도록 하는 것이 필요하듯이 'CUSTNO' 정도의 좋은 분포도를 가진 컬럼이라면 굳이 여러 개의 컬럼을 결합하여 유연성을 떨어뜨릴 필요는 없을 것이다.

라) 클러스터링 검토

반복 수행되는 핵심적인 액세스 형태에 대한 전략 수립이 완료 되었다면 다음에 우리가 해야 할 일은 넓은 범위의 처리를 좀더 획기적인 방법으로 해결할 수 있는 방법을 찾는 일이다. 야구를 할 때 안타는 여러 번 쳐야 점수가 나지만 홈런은 한 번에 점수를 낼 수 있다. 수십 명이 삽질을 해야 할 일을 포크레인은 금방 해결해 버린다.

이처럼 인덱스로 해결하기 위해서는 여러 개를 동원해야 하지만 클러스터 하나로 상당히 많은 액세스 형태를 해결할 수 있다면 이것이 적용 가능한지부터 따져보는 것이 순서일 것이다. 이러한 결정은 다음에 우리가 해야 할 많은 고민을 해결해 준다.

클러스터링을 한다는 것은 어떤 팀의 수준을 높이기 위해 슈퍼스타를 영입하는 것과 같다. 능력있는 슈퍼스타는 분명히 팀 전력에 상당한 도움을 준다. 그러나 세상에 공짜는 없다. 당연히 반대급부로 많은 비용을 지불해야 한다. 결국 중요한 것은 슈퍼스타 영입에 대한 ROI(Return On Investment, 투자대비효과)를 따져보아야 한다.

인덱스의 최대 단점은 넓은 범위의 데이터를 인덱스를 경유해서 찾아야 하는 경우 대량의 랜덤 액세스가 발생되어 수행속도가 급격히 저하된다는 것이다. 이러한 인덱스의 단점을 해결하기 위해서 클러스터링을 함으로써 넓은 범위의 데이터를 보다 효율적으로 액세스할 수 있다. 클러스터링에 대해서는 앞에서 이미 상세한 설명을 했기 때문에 여기서는 어떤 컬럼을 선정해야 할 것인 지만 간단히 언급하기로 한다.

넓은 범위의 데이터가 자주 액세스되어 별도의 집계 테이블을 만들지 않고서는 다른 방법이 없는 경우에 주로 클러스터링을 사용한다. 여기서 말하는 클러스터링은 대량의 동일 컬럼값을 가진 로우들을 하나의 클러스터에 저장하여 클러스터링 팩터를 향상시키는 '단일테이블 클러스터링'을 말한다. 이러한 형식의 클러스터링은 인덱스와는 반대로 분포도가 넓은 것이 유리하며, 오히려 좋은 분포도의 컬럼을 클러스터링하면 효과가 없다. 그러므로 좁은 분포도를 가진 컬럼은 인덱스의 적절한 지정만으로도 가능하므로 클러스터링을 할 필요가 없다.

클러스터링은 오로지 검색의 속도를 향상시켜 주는 것이며 입력, 수정, 삭제 시는 부하가 증가한다. 특히 하나의 트랜잭션에서 대량의 데이터가 처리되는 경우는 많은 부하가 발생되므로 클러스터링을 하지 않는 것이 좋다. 우리는 앞서 클러스터링을 했을 때 데이터

처리 시의 부하에 대해 상세하게 살펴보았기 때문에 여기서는 이제 더 이상 언급하지 않겠다.

앞의 예에 대한 클러스터링을 검토해 보기로 하자. 넓은 범위의 처리를 자주하는 컬럼은 'SALEDATE'와 'SALEDEPT'가 있다. 여기서 우리는 'SALEDEPT'보다 'SALEDATE'가 보다 자주 'LIKE, BETWEEN'등으로 넓은 범위를 처리하므로 'SALEDATE'로 클러스터링하는 것이 더 유리하다는 것을 알 수 있다. '판매일자'는 일평균 130 건이 발생하며, 월평균 5,000 건이 발생하므로 어느 정도 분포도가 넓어 클러스터링을 하는 효과가 있다.

그러나 여기서 우리는 좀더 고민을 해 볼 것이 있다. 그것은 바로 'SALEDATE'만으로 클러스터링을 할 것인지, 'SALEDEPT+SALEDATE'로 클러스터링을 할 것인지를 결정하는 일이다. 다음과 같은 요소를 고려해보자.

- 만약 'SALEDATE'만으로 클러스터링을 했다면 그 혜택을 받을 수 있는 액세스 형태는 ①번과 ⑥번을 제외한 모두가 가능하다. 이것으로 너무나 과분한 혜택을 받을 수는 있지만 그것이 만족한 수준인지는 더 따져봐야 한다.
- 1 일을 클러스터로 액세스하는 경우는 다른 어떤 도움을 받을 필요가 없을 만큼 양호하다. 1 개월인 5,000 건까지도 클러스터로 액세스하면 괜찮은 수행속도를 얻을 수 있다. 그러나 그 이상이 되면 아무래도 온라인에서는 부담이 된다. LIKE, BETWEEN 을 많이 사용했다는 것은 수 개월을 처리할 수 있음을 나타내고 있으므로 클러스터만으로 대부분의 경우를 해결한다는 것은 무리한 생각이다.
- 수 개월의 처리범위를 가지는 경우는 이미 SALEDEPT, CUSTNO, STATUS, ITEM, AGENTNO 등과 같이 사용되는 경우이다. 어차피 이런 컬럼들이 선행하는 인덱스는 고려되어야 하므로 굳이 클러스터가 담당하겠다고 과욕을 부릴 필요가 없다.
- 'SALEDEPT+SALEDATE'로 클러스터링을 했다면 ②,③,⑦,⑨번이 혜택을 받는다. 이 경우는 비록 혜택을 받는 경우는 줄어들었지만 혜택을 받는 것들의 처리는 보다 효율적이 되었다. 그렇지만 거의 40% 정도의 액세스 형태를 담당하였으므로 투자대비효과는 적지 않다.
- 이렇게 클러스터링을 했을 때의 부담은 'SALEDEPT'를 사용하지 않으면 클러스터 액세스를 할 수 없다는 것이다. 그러나 걱정할 것이 없다. 'SALEDEPT'는 카디널리티가 높지 않으므로 필요하다면 인덱스 스킵 스캔을 활용하여 SALEDEPT 없이도 클러스터 액세스를 할 수 있다.

이러한 종합적인 판단을 해보았을 때 이 사례에서는 'SALEDEPT+SALEDATE'로 클러스터링을 하는 것이 더 좋은 결정이라는 결론에 도달할 수 있다. 클러스터링의 형태를 결정하거나 클러스터 크기의 결정, 기타 활용상의 유의 사항들은 다음 단원에서 별도로 설명하기로 하겠다.

TABLE_NAME	SALES	매출정보 관리 테이블				TOTAL ROWS	201,500		월 평균 증가량		5,000
No	Access Pattern		Count	Range	Old	New		(1)	(2)	(3)	(4)	(5)	(6)
★1	SALENO(=), ITEM(=)		正正	1	1	1	현행 인덱스	SALENO	SALEDATE	STATUS	SALEDEPT	CUSTNO	ITEM
★2	SALEDATE(=), SALEDEPT(=)		下	180	2	2		ITEM	SALEDEPT			SALEDATE	
★3	SALEDATE(like), SALEDEPT(=)		正	3000	4	2			SALETYPE				
★4	CUSTNO(=), SALEDATE(between)		下	300	5	3							
√5	SALEDATE(like), STATUS(=60), CUSTNO(like)		下	15000	3	2							
6	STATUS(in), [AGENTNO(like)]		正下		3								
√7	ITEM(=), SALEDATE(like), SALEDEPT(like)		正下	15000	2	2	신규 인덱스	(1)	(2)	(3)	(4)	(5)	(6)
√8	SALEDATE(like), STATUS(=), group by CUSTNO		正下	15000	3	2		SALNO	SALEDEPT	CUSTNO			
★9	SALEDEPT(=), SALEDATE(like), SALETYPE(=), order by SALEDATE, SALETYPE		正下	3000	4	2		ITEM	SALEDATE (CLUSTER)				
★10	SALEDATE(between), CUSTNO(=), (STATUS(=) or SALETYPE(=))		下	300	5	3							
√11	AGENTNO(=), SALEDATE(between), ITEM(like)		正下	15000		2							

	컬럼명	종류	평균	최대	특 기 사 항	
주요 컬럼 분포도	saleno	20,000	11	100		주의 사항
	saledate	1,500	130	800	월평균(5,000건), 월말에 집중	
	saledept, saledate	11,000	20	180	1개월 평균(500), 주로 1년 이내로 사용	
	status	25	8,000	56000	60,90인 경우가 90%, 나머지:평균300	
	custno	3200	63	300		
	agentno	250	1,000	4,500		

[그림 1-4-11]

이렇게 확정한 인덱스나 클러스터는 위의 그림에서와 같이 '신규 인덱스'란에 기록한다. 'New'란에 액세스 유형이 사용하는 인덱스를 찾아 번호를 기록하고 적절성 여부를 평가해 보자. 물론 경우에 따라 한 개 이상의 인덱스가 사용되는 것으로 기록될 수도 있다. 사용 인덱스가 결정되면 그 인덱스를 사용했을 때 발생하는 예상 처리범위를 'Range'란에 기록한다. 현행 인덱스를 적용했을 때의 범위는 이제 필요가 없으므로 새로운 숫자로 대체해도 상관없다.

범위를 판단할 때는 가능하다면 '최대 처리범위'를 기록하는 것이 좋다. 최대 범위인 경우를 만족할 수 있다면 이미 그 보다 적은 범위는 당연히 양호할 것이다. 그러므로 우리는 가능하다면 최대 처리범위에도 견딜 수 있는 전략을 수립해야 할 것이다. 그렇다고 해서 논리적으로 있을 수 있는 무한정의 값을 최대치로 생각할 필요는 없다.

만약, 'SALEDATE(between)'의 범위는 애플리케이션에서 특별하게 기간을 한정하지 않는다면 사용자는 어떤 기간이라도 입력할 수 있기 때문에 논리적으로 생각할 수 있는 최대 범위는 매우 넓다. 그러한 경우까지 모두 만족하려면 더 많은 인덱스를 가져야 하므로 현실적이지 못하다.

예를 들어, 현실에서는 어떤 액세스 형태에 대해 사용자와 협의를 한 결과 대부분은 3개월 이내를 조건으로 주지만 특별한 경우에만 1년까지 줄 수도 있다는 식의 답변을 얻을 수 있을지도 모른다. 필요하다면 처리범위를 제한하는 방법까지도 강구할 수 있다. 가령, 'SALEDATE'의 년·월까지는 반드시 부여하도록 하거나 12개월 이내로 제한하기로 약속했다면 'Range'에는 이 기간의 처리범위를 기록한다.

기록된 액세스 유형은 '범위'를 참조하여 이 액세스가 우리가 원하는 수행속도를 만족한다면 '★'를 해당 액세스 번호에 표시하고, 다소 불만인 경우나 다른 인덱스를 사용해야 한다고 생각되면 '√'를 표시한다.

이제 우리가 해야 할 일은 위에서 불만족으로 표시된 것과 아직 인덱스를 사용하지 못하는 것들에 대해 적절한 결합 인덱스를 정의하는 것이다.

마) 결합 인덱스 구성 및 순서의 결정

이제 남아 있는 액세스들은 확실하게 책임질 능력있는 컬럼이 없으므로 어쩔 수 없이 평범한 컬럼들로 해결해야만 한다. 이를 위해서는 서로 힘을 합쳐 시너지(Synergy) 효과를 내는 결합 인덱스를 활용할 수 밖에 없다.

우리가 해결해야 할 액세스 유형들을 유사한 형태별로 다시 한 번 살펴보자.

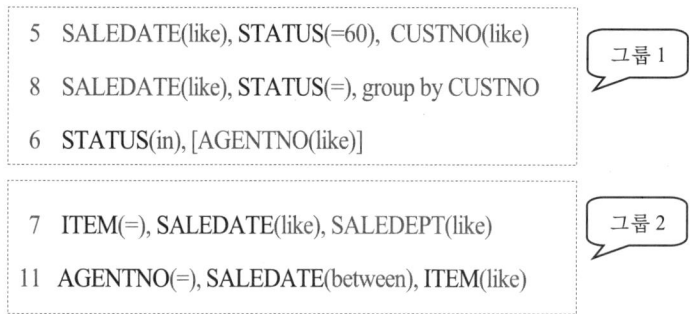

먼저 '그룹 1'부터 살펴보기로 하자.

결합 인덱스의 컬럼 순서를 결정하는 원칙에 입각해서 항상 사용하고 있는 컬럼을 찾았을 때 ⑤, ⑥, ⑧번을 대상으로 했을 때는 'STATUS'뿐이고, ⑤, ⑧번을 대상으로 했을 때는 'STATUS'와 'SALEDATE'가 나타난다. 일단 어떤 액세스를 대상으로 하더라도 가장 선두에 와야 하는 컬럼은 'STATUS'가 분명하다.

어차피 'STATUS' 혼자만으로는 문제가 있으므로 어떤 컬럼이라도 도움을 주어야만 한다. 여기서 생각해 볼 수 있는 방법은 두 가지가 있다. 첫 번째는 'SALEDATE'와의 결합과 'AGENTNO'와 결합하는 두 개의 인덱스를 생성하는 방법이다. 두번 째는 'STATUS+SALEDATE+AGENTNO'로 하나만 생성하는 방법을 생각해 볼 수 있다.

두 가지 모두 큰 무리는 없어보이지만 약간의 차이는 있다. 만약 데이터 입력 시의 부하에 부담이 있거나 인덱스 개수를 최소화 하겠다면 두번 째 방법이 적당할 것이다. 반대로 ⑥번 액세스를 좀더 중시하기 위해 인덱스가 늘어나는 것을 감수하겠다면 첫번째 방법이 보다 적당할 것이다.

이번에는 '그룹 2'를 살펴보자.

항상 사용되는 컬럼을 찾아보면 'ITEM'과 'SALEDATE'가 있다. 항상 '='로 사용하는 것까지 평가해 보면 'ITEM+SALEDATE' 순서가 되어야 한다는 것은 쉽게 알 수 있다. 그러나 이렇게 했을 때 ⑦번 액세스는 매우 만족스럽지만 ⑪번 액세스는 불만이다. 'ITEM'이 LIKE 로 사용되었기 때문에 범위가 넓어질 수가 있으며, '='이 아니기 때문에 뒤에 오는 'SALEDATE(between)'도 제 역할을 할 수 없기 때문이다.

비교적 분포도가 좋은 'AGENTNO'가 '='로 사용되었기 때문에 만약 'SALEDATE'가 도움을 준다면 아주 양호한 인덱스가 될 수가 있다. 또한 앞으로도 충분히 'AGENTNO'는 새로운 액세스 형태가 나타날 가능성이 높아 보이므로 인덱스가 늘어나는 것이 부담이 되더라도 새로운 인덱스를 가져가는 설득력이 있어 보인다.

TABLE_NAME	SALES	매출정보 관리 테이블				TOTAL ROWS	201,500	월 평균 증가량		5,000
No	Access Pattern		Count	Range	Old	New	(1)	(2)	(3)	(4)	(5)	(6)

No	Access Pattern	Count	Range	Old	New		(1)	(2)	(3)	(4)	(5)	(6)
★1	SALENO(=), ITEM(=)	正正	1	1	1	현행인덱스	SALENO	SALEDATE	STATUS	SALEDEPT	CUSTNO	ITEM
★2	SALEDATE(=), SALEDEPT(=)	下	180	2	2		ITEM	SALEDEPT			SALEDATE	
★3	SALEDATE(like), SALEDEPT(=)	正	3000	4	2			SALETYPE				
★4	CUSTNO(=), SALEDATE(between)	下	300	5	3							
★5	SALEDATE(like), STATUS(=60), CUSTNO(like)	下	1200	3	4							
★6	STATUS(in), [AGENTNO(like)]	正下	400	3	4							
★7	ITEM(=), SALEDATE(like), SALEDEPT(like)	下	1400	5	5	신규인덱스	(1)	(2)	(3)	(4)	(5)	(6)
★8	SALEDATE(like),STATUS(=),group by CUSTNO	下	1000	3	4		SALNO	SALEDEPT	CUSTNO	STATUS	ITEM	AGENTNO
★9	SALEDEPT(=), SALEDATE(like), SALETYPE(=), order by SALEDATE, SALETYPE	下	3000	4	2		ITEM	SALEDATE	(CLUSTER)	SALEDATE AGENTNO	SALEDATE	SALEDATE
★10	SALEDATE(between),CUSTNO(=), (STATUS(=) or SALETYPE(=))	下	300	5	3							
★11	AGENTNO(=), SALEDATE(between), ITEM(like)	下	800	6								

주요컬럼분포도	컬럼명	종류	평균	최대	특 기 사 항	주의사항
	saleno	20,000	11	100		. 6번 액세스는 STATUS가 60,90인 경우는 부분범위 처리가 되도록 할 것
	saledate	1,500	130	800	월평균(5,000건), 월말에 집중	. 2,9번 액세스는 최대 12개월 이내로 처리범위를 제한할 것
	saledept, saledate	11,000	20	180	1개월 평균(500), 주로 1년 이내로 사용	
	status	25	8,000	56000	60,90인 경우가 90%, 나머지:평균300	
	custno	3200	63	300		
	agentno	250	1,000	4,500		

[그림 1-4-12]

이처럼 새로 구성한 인덱스가 적용되는 액세스 형태를 찾아 기록하고, 양호한 수행속도를 기대할 수 있는지도 검토하라! 이러한 방법으로 인덱스를 결정해 간다면 가장 이상적인 인덱스 구성이 가능하다. 즉, 모든 액세스에 만족 표시(★)가 되도록 한다면 우리의 목표는 달성될 것이다.

위의 그림의 우측 하단을 보면 '주의사항'을 기술한 사례가 있다. 결정된 인덱스를 적용할 때 사용자가 특별히 주의할 사항이 있거나 기존의 쿼리에 조정을 해야 할 것이 있다면 여기에 기술한다. 가령 특정한 경우에는 어떤 힌트를 사용하도록 요구할 수도 있을 것이다.

지금까지 사례를 통해 인덱스 구성 전략을 살펴보았다. 아쉬운 점은 특정한 사례를 통해 설명하였기 때문에 발생할 수 있는 모든 경우를 나타낼 수가 없었다. 그러나 만약 사례 없이 방법만 설명하였다면 이해하기가 훨씬 어려웠을 것이라 판단하여 그렇게 한 것이다. 몇 번 반복해서 읽어보면 어떤 방식으로 인덱스 전략을 수립해 가야 하는지 충분히 이해할 수 있을 것이라 믿는다.

바) 시험생성 및 테스트

인덱스의 변경은 기존의 실행계획에 혁신적인 변화를 가져오므로 가볍게 다룰 수는 없다. 일단 인덱스 전략이 새롭게 수립되었으면 운영 중인 시스템에 바로 적용시키지 말고 테스트 과정을 거치는 것이 바람직하다.

관계형 데이터베이스는 아주 간단한 방법으로 또 하나의 테이블을 복제하는 것이 가능하다. 다른 이름으로 복제된 테이블을 만들고 새로 구성한 인덱스를 생성한다. 이때 테이블에 데이터를 모두 적재한 다음 인덱스를 만드는 것이 보다 효율적인 방법이다. 만약 클러스터링을 하기로 결정되었다면 먼저 클러스터를 생성하고 거기에 테이블을 생성시켜야 한다.

좀더 정확한 테스트를 위해 이 단계에서 각종 오브젝트 파라메터(Object Parameter)를 확정하여야 한다. 특히 효율적인 저장공간의 할당을 위해서는 'STORAGE'나 'PCTFREE' 파라메터를 적절히 지정해야 할 것이다. I/O를 분산시키기 위해서 인덱스 저장용 테이블스페이스를 별도로 생성하고 'TABLESPACE' 파라메터를 통해 저장시킬 위치를 지정할 필요도 있다.

생성된 클러스터나 인덱스의 검증을 위해 각 액세스 형태를 수집할 때 사용했던 SQL 중에서 적당한 것들을 선별한다. 가능하다면 수행속도뿐만 아니라 실행계획까지 쉽게 확인할 수 있는 툴을 활용하는 것도 좋은 방법이다. 이러한 검증은 수립된 인덱스들의 효과를 직접 확인할 수 있을 뿐만 아니라 결정 과정에서 검토했던 몇 가지 대안들을 비교하여 보다 현실적인 구조로 확정할 수 있다.

만약 우리가 예상했던 실행계획이 쉽게 나타나지 않는다거나, 특정 액세스 형태에 사용할 인덱스를 분명하게 하기 위해 어떤 힌트를 사용해야 한다면 주의사항에 기록해 둔다. 이것은 앞으로 많은 프로그래머들이 양호한 수행속도를 낼 수 있도록 하는데 크게 공헌할 것이다.

사) 수정이 필요한 애플리케이션 조사 및 수정

아직 애플리케이션이 작성되지 않은 단계에서는 적용되지 않은 항목이나 얼마간의 개발이라도 진행되고 있다면 이미 작성된 애플리케이션은 일부 수정이 필요할 수 있다. 물론 여러분들이 적절한 SQL 을 구사하였고, 새로 수립한 인덱스 전략이 양호하다면 옵티마이져에게 맡겨 두어도 거의 문제가 발생하지 않을 것이다.

특정한 액세스 경로로 유도하기 위해 힌트의 사용이 필요하다거나, 인덱스 사용을 제한하거나, 해제시키는 정도의 수정이 발생한다. 이때 수정할 대상 애플리케이션의 어떤 SQL 이 대상인지를 찾는 것이 중요하다.

개발하기 전이라면 '주의사항'이나 '특기사항'을 개발자들에게 정확히 인식시켜 줌으로써 해결된다. 그러나 만약 개발 중이거나 운영 단계라면 액세스 조사를 위해 추출해 두었던 SQL LIST 에 수정할 내용을 표시해 두었다가 그 SQL 을 사용한 애플리케이션을 찾아 수정한다. 만약 여러분이 애플리케이션에서 자동으로 SQL 을 추출하는 S/W 를 사용했다면 보다 쉽게 SQL 의 위치를 찾을 수가 있을 것이다.

아) 일괄적용

관계형 데이터베이스에서는 애플리케이션을 컴파일(Compile)을 할 때 사용자가 기술한 SQL은 같이 컴파일 되지 않는다. 특정 DBMS에서는 같이 컴파일되는 경우도 있지만 대부분은 애플리케이션이 실행되는 순간에 파싱이 수행된다. 이런 현상을 실행시간 파싱(Runtime parsing)이라고 부른다.

그러므로 인덱스를 나중에 변경하였더라도 굳이 애플리케이션을 다시 컴파일할 필요 없이 변경된 인덱스에 의해서 새로운 실행계획이 나타난다. 그러나 실전에서는 이러한 적용 방식에 약간의 문제가 있다. 과거의 문제가 많던 인덱스 구조로 최적화를 하려다 보니 너무 많은 힌트들이 들어가 있고 함부로 컬럼을 변형시켜둔 사례가 많기 때문이다.

우수한 능력을 가진 인덱스 설계자라면 액세스 형태를 수집하기 위해 기존에 사용된 SQL을 조사할 때 문제가 있는 SQL의 수정사항을 같이 표시해 둘 것이다. 잘못된 SQL은 언제라도 수정할 수 있지만 인덱스는 마음대로 바꾸기가 어려운 법이다. 잘못된 SQL로 인해 발생한 액세스 형태를 인덱스로 해결하려는 것은 매우 잘못된 생각이다. 그러므로 액세스 형태를 조사할 때 SQL을 올바르게 조정하는 일은 인덱스 설계자가 갖추어야 할 중요한 역할이다.

이러한 일련의 작업으로 인덱스 설계가 다시 이루어지면 거기에 수반되어 SQL의 수정이 발생한다. 이것이 SQL의 수정과 인덱스의 변경을 동시에 일괄적으로 적용해야 하는 이유이다.

4.2. 클러스터링 형태의 결정 기준

앞서 단일테이블 클러스터링과 다중테이블 클러스터링에 대해서 설명하였다. 넓은 범위의 처리를 스캔방식으로 유도하기 위해서는 단일테이블 클러스터링을 사용하고, 여러 테이블의 조인을 향상시키기 위해서는 다중테이블 클러스터링을 사용한다고 했다. 그러나 현실세계에서 사용되는 테이블들은 그 활용 형태가 실로 다양하므로 흑백논리로 어느 한 가지를 무조건 양자택일하는 방식이어서는 안 된다.

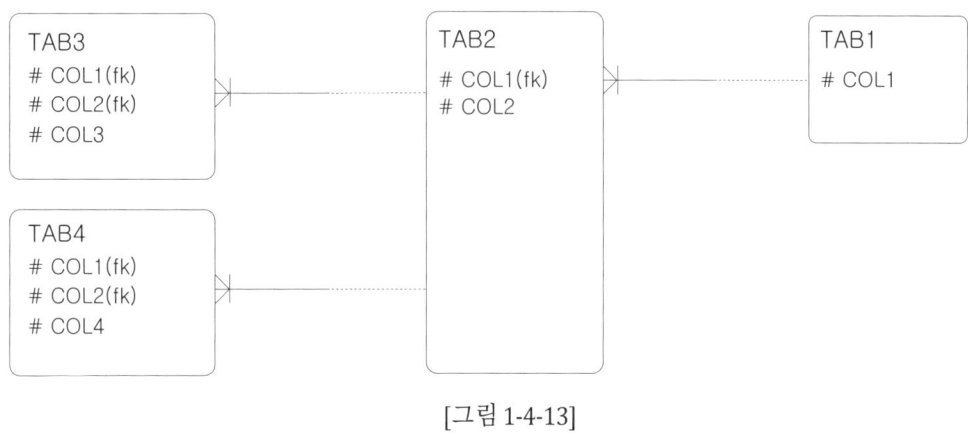

[그림 1-4-13]

위의 그림에 있는 네 개의 테이블은 매우 밀접한 관계를 가지고 있으며, 공통되는 컬럼인 COL1 을 가지고 있다. 여기서 TAB3 와 TAB4 는 대용량의 데이터를 가지고 있고, 특히 TAB3 는 매우 빈번하게 COL3 의 대량의 처리범위에 대해서 TAB2 와 TAB1 을 조인하고 있다고 가정하자. 또한 TAB4 는 COL4 로 자주 넓은 범위처리를 하고 있다고 가정해 보자.

이러한 상황에서 우리가 생각할 수 있는 해결방법은 아주 다양하게 있을 것이다. 가령, 어쩌면 적절한 인덱스를 구성하는 것만으로도 해결할 수 있을 지도 모른다. 경우에 따라서는 'TAB3+TAB2+TAB1'으로 광범위하게 클러스터링을 하거나, 'TAB1+TAB2' 만으로 클러스터링을 하는 것이 가장 좋을 지도 모른다. 어떤 경우에는 TAB3 나 TAB4 를 COL3 나 COL4 로 단일테이블 클러스터링을 해야 한다는 결정이 나타날지도 모른다.

결국 이러한 판단의 적절성은 현실적인 요소를 감안했을 때 어떤 부분에 보다 중점을 두었느냐에 따라 달라지는 것이지 어느 경우가 항상 유리하다고는 말할 수 없다. 우리가 실무상에서 부딪히는 상황은 대개의 경우 애매하다.

그렇다면 어떠한 현실적인 상황을 감안해서 이러한 판단을 해야 할 것인지에 대해 좀 더 구체적인 판단 기준을 알아보기로 하자. 일단 인덱스의 조정만으로 해결되는 경우는 인덱스의 활용에서 충분히 설명했으므로 여기서는 클러스터링 형태별로만 살펴보자.

4.2.1. 포괄적인 클러스터링

우리가 아무리 관련된 테이블들을 포괄적으로 클러스터링을 하겠다고 결정했더라도 수직 계열을 벗어나는 것은 좋은 결정이 아니다. 가령, 위의 그림에서 TAB3 와 TAB4 는 같은 부모 테이블을 가지고 있지만 논리적으로 보면 그들 간에는 M:M 관계를 가지고 있다. 이들을 클러스터링으로 묶는다는 것은 상상할 수 없다. 설사 자주 같이 사용된다고 하더라도 클러스터링이 아닌 다른 대안을 강구해 보는 것이 현명할 것이다.

여기서 '포괄적인 클러스터링'이라고 한 것은 두 테이블 간의 클러스터링이 아니라 그 이상을 결합하는 경우를 그렇게 지칭한 것이다. 만약 'TAB1+TAB2+TAB3'을 같은 클러스터로 결합했다고 가정하면 다음과 같은 모습으로 저장될 것이다.

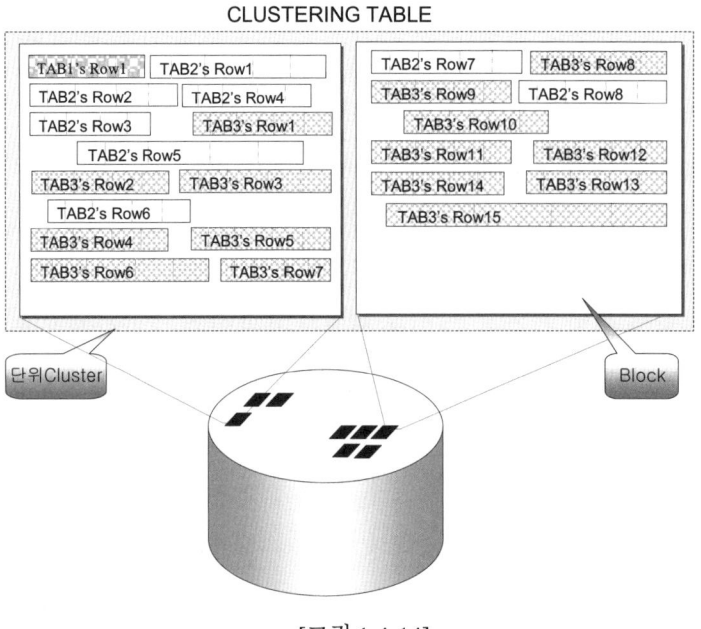

[그림 1-4-14]

그림을 통해서 나타나는 현상을 조명해보자. 수직 계열에 있는 TAB1, TAB2, TAB3 은 하위로 내려 갈수록 데이터 량이 크게 증가한다. 그러므로 이들을 같은 클러스터키로 결합하면 그림에서와 같이 하나의 TAB1 의 로우에 여러 개의 TAB2 의 로우, 그리고 매우 많은 TAB3 가 같이 저장될 것이다.

이미 이들은 한 블록을 훨씬 넘을 것이므로 여러 블록에 걸쳐 저장될 것이다. 만약 데이터가 입력되는 시점에 차이가 있으면 필연적으로 이 블록들은 임의의 위치에 분산될 수 있을 것이다. 이러한 클러스터 체인의 발생은 우리의 원래의 목적인 클러스터링 팩터를 나쁘게 한다. 단위 클러스터에 들어 있는 로우들을 분석해보자.

가장 많은 데이터를 가지고 있는 TAB3 는 높은 밀도를 가진다. 그러나 상대적으로 적은 TAB2 는 TAB3 의 로우 때문에 밀도가 낮아진다. TAB1 은 하나뿐이므로 밀도가 매우 낮다. 물론 이들이 독립적으로 자신만 액세스한다거나 다른 테이블과 연결하는 일이 거의 없다면 크게 문제가 되지 않을 것이다.

블록에 자신의 밀도가 낮은 TAB1, TAB2 테이블이 자신만을 액세스하는 경우를 생각해 보면 TAB3 의 로우들로 인해 클러스터링 팩터가 나빠졌기 때문에 훨씬 많은 블록을 액세스 해야 함을 알 수 있다. 물론 또 다른 테이블들과 조인을 할 때도 액세스 량이 늘어난다. 이처럼 지나치게 강한 결합은 자기들간의 결속력은 강화되지만 자신의 독립성과 다른 집단과의 연결의 유연성은 크게 저하된다.

따라서 다수의 테이블을 클러스터링 하는 것은 현재의 사용형태뿐만 아니라 향후에 예상되는 액세스 형태를 감안할 필요가 있다. 가능하다면 최소한의 테이블이 클러스터링 되도록 다른 대안을 강구해 보는 것이 중요하다. 일반적으로 테이블이란 독립적인 특성을 가지게 마련이다. 그러한 특성은 필연적으로 독립적인 형태의 액세스를 일으키게 되므로 자신의 판단이 지나치게 근시안적이 아닌지를 항상 염두에 두어야 한다.

4.2.2. 부분적인 클러스터링

자주 조인이 된다고 해서 반드시 클러스터링을 해야 한다는 생각은 하지 않는 것이 좋다. 다음 단원인 '조인의 최적화'에서 상세하게 소개하겠지만 조인을 효율적으로 하는 방법은 많이 있다. 조인을 지나치게 두려워하는 사람은 관계형 데이터베이스를 잘 모르는 사람이라고 단언할 수 있다. 교통이 발달되지 않았던 과거에는 가족, 친지들은 가까운 주변에 모여 살았다. 하지만 웬만한 지역이면 1일 생활권에 있는 요즈음에는 떨어져 살아도 큰 불편없이 자유롭게 왕래할 수 있는 것과 유사하다.

이처럼 가능하다면 각 테이블의 독립성을 인정해 주는 것이 바람직하다. 교통이 발달된 현재에도 정말 가까운 사람들은 같은 집에서 살고 있듯이 매우 결합도가 강한 테이블들만 클러스터링을 하는 방법이 바람직하다. 위의 예에서 클러스터링을 하더라도 단위 클러스터가 지나치게 커지지 않고, 저장 밀도도 크게 나쁘게 하지 않으며, 업무적인 결합도도 양호한 TAB1 과 TAB2 만 다중테이블 클러스터링을 하고, 넓은 범위를 자주 스캔하는 TAB3 는 COL3 로 단일테이블 클러스터링을 한다고 생각해보자.

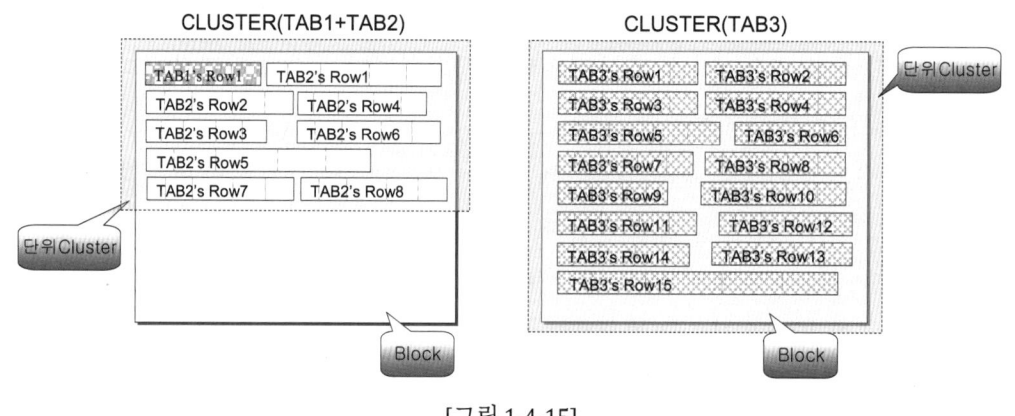

[그림 1-4-15]

위의 그림에서 확인할 수 있듯이 결합도가 높은 TAB1 과 TAB2 를 공통컬럼인 COL1 을 클러스터키로 해서 다중테이블 클러스터링을 하면 하나의 블록에 여러 개의 클러스터가 존재할 수 있는 보다 밀도가 높은 클러스터링이 가능하다. TAB1 은 아직도 밀도가 낮지만 일반적으로 최상위에 있는 테이블들은 크기가 적고, 범위처리를 많이 하지 않기 때문에 크게 문제가 되지 않는다. 그 대신에 상대적으로 많은 데이터를 가지는 TAB2 는 클러스터링 팩터가 크게 향상되었음을 알 수 있다.

그림의 오른쪽은 자주 넓은 범위를 스캔하는 TAB3 를 단일테이블 클러스터링을 하였다. 아주 조밀한 밀도를 가지게 되어 범위처리에 보다 효율적이 되었다는 것을 확인할 수 있다. 만약 TAB1 이나 TAB2 와 빈번한 조인을 일으킨다면 필시 그 중의 몇 개의 컬럼 때문일 가능성이 높다. 보다 현실을 감안한 판단을 한다면 약간의 부담이 되더라도 TAB3 에 이러한 컬럼들을 중복시켜 두는 것도 경우에 따라서는 고려해 볼만 하다.

위에서 소개한 예는 특정한 상황을 가정해서 여러분의 이해를 돕고자 한 것이므로 항상 이러한 형태로 결정되는 것은 아니다. 어쩌면 경우에 따라서는 TAB2 는 단일테이블 클러스터링을 하고 TAB1 와 TAB3 를 결합한 클러스터링이 가장 이상적일 수도 있을 것이다. 여러분은 지금까지 설명한 판단의 기준을 바탕으로 주어진 상황을 면밀하게 검토해 보고, 상황에 맞는 적절한 결정을 하기 바란다.

4.2.3. 단일테이블 클러스터링

앞에서 소개한 내용은 다중테이블 클러스터링과 단일테이블 클러스터링이 어떠한 경우에 적용되어야 하는지를 보여주기 위해 두 가지를 서로 비교해 볼 수 있도록 한 것일 뿐이다. 현실에서는 실제로 인근에 있는 테이블들이 다양하게 클러스터링 되는 경우는 매우 드물다.

아주 특별한 경우에 한해서만 특정한 클러스터링이 나타나는 정도로 활용된다. 조인의 효율성 향상을 위한 다중 클러스터링은 특정한 경우를 제외하고는 가능한 피하는 것이 좋다. 일반적으로 여러 개의 테이블을 조인하는 것이 하나의 테이블을 범위 처리하는 것보다 수행속도가 나빠질 것으로 생각한다. 그러나 이것은 단지 막연히 그럴 것이라는 생각에 지나지 않는다.

어떤 인덱스를 통해 테이블의 로우를 찾게 되면 랜덤 액세스가 발생한다. 어떤 테이블의 정보를 토대로 다른 테이블을 조인하는 것도 마찬가지의 랜덤이 발생한다. 즉, 어차피 랜덤 액세스란 임의의 위치를 찾아가는 것이므로 테이블이 하나든 여러 개든 거의 차이가 없다. 단지 발생되는 랜덤 액세스의 양이 문제가 될 따름이다.

하나의 테이블에서 100건의 범위처리를 하는 것이나 조인으로 인해 발생하는 처리횟수가 100번인 것이나 거의 차이가 없다는 것이다. 다만 조인의 액세스 경로가 최적화되지 못하였다면 불필요한 처리가 발생하므로 조인이 불리한 것처럼 보이는 것일 뿐이다. 그러므로 단지 여러 개의 테이블을 조인하는 경우가 빈번하다고 해서 함부로 다중 테이블 클러스터링을 시키는 것은 또 다른 부하를 초래할 수가 있다.

일반적으로 여러 개의 테이블을 조인하는 처리를 살펴보면 대개의 경우 조인 테이블의 수는 많으나 그 처리범위는 그리 넓지 않은 경우가 대부분이다. 이러한 경우는 조인 액세스 경로를 최적화함으로써 거의 해결될 수 있다. 여러 테이블을 조인했음에도 불구하고 그 처리범위가 넓다면 이미 클러스터링을 했더라도 수행속도를 보장받기는 어렵다. 물론 부분범위처리가 되는 경우라면 넓은 범위의 처리도 문제가 되지 않는다.

수행속도에 문제가 되는 경우는 대부분 넓은 범위의 처리를 할 때에 발생한다. 어떻게 하면 랜덤 방식이 아닌 스캔 방식으로 처리되도록 유도하느냐가 가장 중요한 관건이 된다. 매뉴얼에는 단일테이블 클러스터링은 단지 저장공간을 줄여 주는 용도로 사용하는 것으로 제언하고 있지만 결코 그렇지 않다. 단일테이블 클러스터링이야 말로 넓은 범위의 처리를 스캔방식으로 유도하는, 그래서 우리의 가장 큰 고민을 해결하는 고마운 존재인 것이다.

현실적으로는 대량의 범위를 자주 처리하는 테이블만 클러스터링을 하고, 다른 테이블들은 별도로 생성시키는 것이 가장 좋은 방법인 경우가 많다. 경우에 따라 조인이 많이 발생하더라도 많은 범위가 처리되는 테이블이 클러스터링되어 있으므로 효율적인 조인 액세스 경로로 수행될 수만 있다면 큰 부담이 없을 것이다.

4.2.4. 단위 클러스터의 크기 결정

어떤 테이블을 클러스터링 하기로 결정했을 때 가장 중요한 것은 어떤 컬럼으로 클러스터링 할 것이냐에 대한 것이다. 이에 못지 않게 단위 클러스터의 크기(Size)의 결정 또한 클러스터링의 효율성에 많은 영향을 미친다. 먼저 단위 클러스터의 크기를 결정하는 기준에 대해서 알아보기로 하자.

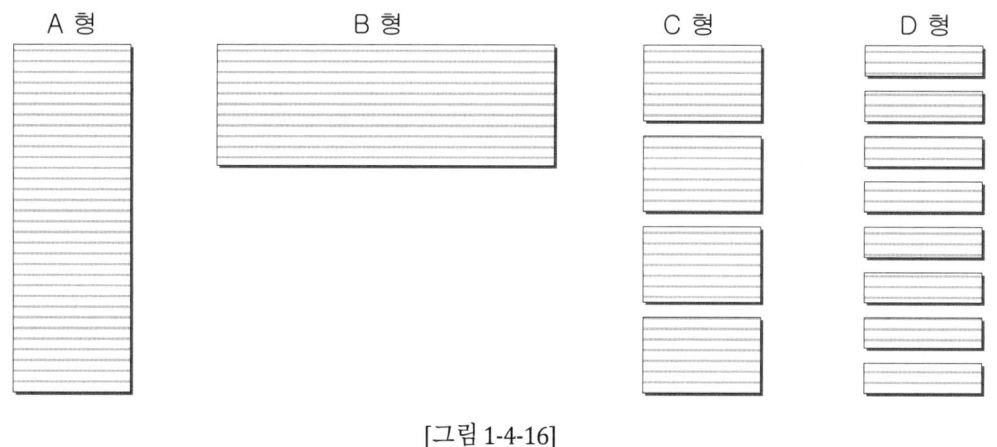

[그림 1-4-16]

A 형은 로우의 길이가 짧고 단위 클러스터에 많은 로우들이 존재하는 형태이다. B 형은 로우의 길이가 길고 단위 클러스터에 적은 수의 로우가 존재하는 형이다. C 형은 A 형에 비해 적당한 크기로 단위 클러스터가 분할되어 있고, D 형은 매우 작은 크기로 단위 클러스터가 생성되고 있다. 다중테이블 클러스터는 당연히 D 형이 적당하므로 단일테이블 클러스터링을 하는 경우에 대해서만 서로 비교해 보기로 하겠다.

- A 형, B 형 : 그림에서 보듯이 면적은 동일하다. 같은 량의 블록을 액세스했을 때 추출되는 로우 수는 큰 차이가 난다. B 형보다 A 형이 훨씬 효율적이다.
- A 형, C 형 : 어떤 범위를 액세스했을 때 A 형이 C 형보다 적은 랜덤이 발생한다. 그러나 클러스터 액세스는 최소한의 크기가 단위 클러스터이므로 A 형은 단위 클러스터의 일부만 요구하더라도 항상 단위 클러스터 전부를 액세스해야 한다. 단지 몇 번의 랜덤이 더 발생하는 것은 거의 차이가 없다. 그 대신 C 형은 특정한 단위 클러스터만 액세스할 수 있으므로 C 형이 보다 효율적이다.

- C형, D형 : D형은 지나치게 작게 만들어진 단위 클러스터를 가지고 있다. 물론 특정한 적은 부분만 액세스한다면 C형보다 유리하겠지만 대부분의 넓은 범위의 처리에서 너무 많은 랜덤이 발생하므로 클러스터링을 하는 효과가 크게 감소하였다.

이와 같은 사실을 바탕으로 판단 기준을 정리해 보면, 클러스터를 하는 테이블은 가능하다면 로우의 길이가 길지 않을수록 좋고, 단위 클러스터의 크기를 지나치게 크지 않도록 하는 것이 바람직하다는 결론을 얻게 된다. 단일테이블 클러스터링의 효과를 얻을 수 있으려면 단위 클러스터에 약 20~100개의 로우가 저장되도록 하는 것이 좋다. 만약 그 이상이 나타난다면 클러스터키에 다른 컬럼을 추가하는 것을 검토해 보기 바란다.

단위 클러스터의 크기는 최대 32K까지 허용하고 있다. 한 가지 주의할 점은 만약 우리가 32K를 주었다고 해서 클러스터키마다 그 저장공간을 미리 확보하는 것이 아니라는 사실이다. 단위 클러스터의 크기를 블록의 크기보다 크게 주는 것은 아무런 의미가 없다. 가령, 8K로 지정된 블록에 32K로 지정하더라도 8K로 지정한 것과 결과는 동일하다.

단위 클러스터의 크기는 단지 하나의 블록에 몇 개의 단위 클러스터를 생성하도록 허용할 것인가를 좌우할 뿐이다. 가령, 8K로 지정된 블록에 단위 클러스터의 크기를 2K로 지정하였다면 3개의 클러스터까지 허용한다. 4개가 아닌 것은 블록헤더 정보가 차지하는 공간이 있기 때문이다.

3개까지 허용한다고 해서 블록마다 항상 3개의 단위 클러스터가 생성되는 것은 아니다. 만약 하나의 단위 클러스터가 생겼을 때 계속해서 그 클러스터키를 가진 로우가 저장된다면 그 블록은 하나의 단위 클러스터만 존재하게 된다. 물론 이 클러스터의 로우의 일부가 삭제되어 빈 공간이 생긴다면 다른 단위 클러스터가 들어올 수는 있다.

만약 어떤 단위 클러스터에 너무 많은 데이터가 들어와 한 블록이 넘었다면 그 클러스터를 위한 체인블록이 생성되어 나머지를 저장한다. 그 체인 블록은 아무도 사용한 적이 없는 블록일 수도 있고, 2개 이하의 단위 클러스터만 생성된 블록일 수도 있다. 그러므로 아무리 블록의 크기보다 큰 8K 이상을 크기로 지정했더라도 결과는 동일하다.

이런 이유 때문에 단위 클러스터의 크기를 결정할 때 평균을 계산해서 나타난 결과로 정의하는 것은 옳지 않다. 다시 말해서 이미 한 블록 이상인 단위 클러스터로 인해 평균이 호도되지 않도록 해야 한다는 것이다. 이를 위해서 한 블록 이상인 경우는 모두 한 블록이라고 보는 것이 좋다. 일단 계산하는 방법을 알아보기로 하자.

① 블록당 유효 저장공간 크기 = (블록 크기 – 블록헤더 크기) * (100 - PCTFREE) / 100
② 로우의 평균 길이 산정
③ 클러스터키 별 로우 수를 구한다.
④ 단위 클러스터의 크기를 계산하고 결정한다.

각 단계에 대한 좀더 상세한 산출 방법을 살펴보자.

- 블록의 유효 저장공간은 정의된 블록의 크기에 블록헤더 부분을 제외해야 한다. 블록헤더부분에는 일반적인 블록의 주소나 세그먼트의 형식(Segment type)을 담고 있는 헤더와 이 블록에 들어 있는 로우들의 테이블 정보가 들어 있는 테이블 디렉토리(Directory)가 있다. 여기에 각 로우별로 약 2바이트 정보씩 차지하는 로우 디렉토리가 있다. 블록마다 가변길이를 가지기는 하지만 여기서는 대략 100 바이트로 정도로 간주하겠다.

- PCTFREE 로 지정된 값은 로우의 길이가 증가했을 때를 위해 남겨두는 공간이므로 새로운 로우를 저장할 수 없는 공간이다. 가령, PCTFREE 를 10 으로 지정했다면 90/100 이 사용 가능한 저장공간이 된다.

- 로우의 평균길이를 산정하는 가장 간편하고 쉬운 방법은 통계정보를 확인하는 것이다. 통계정보를 생성하지 않았다면 다음과 같은 명령을 사용하여 통계정보를 생성하고 참조한다.

    ```
    ANALYZE TABLE table_name COMPUTE STATISTICS;

    SELECT AVG_ROW_LEN
    FROM USER_TABLES
    WHERE TABLE_NAME = 'table_name' ;
    ```

- 클러스터키 별 로우 수를 확인하기 전에 먼저 유효 저장공간에 몇 개의 로우가 들어갈 수 있는지를 확인할 필요가 있다. 만약 위에서 산정한 유효 저장공간의 크기가 (8000-100)*0.9 = 7110 이며, 평균 로우의 길이가 100 바이트라고 가정한다면 블록마다 약 71 개가 저장 가능하다.

- 클러스터키 별로 로우 수를 찾았을 때 71 건 이상을 가진 경우는 71 로 간주하여 클러스터키마다 보유한 평균 로우의 수를 다음과 같은 방법으로 구할 수 있다.

```
SELECT AVG(CASE WHEN row_cnt > 71 THEN 71 ELSE row_cnt END)
       average_row_count
  FROM (SELECT cluster_key_columns, count(*) row_cnt
          FROM table_name
          WHERE sampling_conditions………
          GROUP BY cluster_key_columns );
```

- 단위 클러스터의 크기를 산정한다(AVG_ROW_LEN * average_row_count)
- 만약 평균 로우의 길이가 100 바이트이고, 클러스터키 당 평균 20 개가 존재한다면 2000 이 클러스터 크기가 된다. 블록당 유효 저장공간이 7110 이라고 했다면 7110/2000 = 3.5 가 되므로 블록에는 3 개까지 단위 클러스터가 존재할 수 있다.

위의 절차를 거쳐 클러스터 크기를 선정한 'SALES' 테이블을 'SALE_DATE'를 클러스터 키로 하여 클러스터링을 한다고 가정하고 생성 절차의 예를 살펴보자.

① 먼저 클러스터를 생성한다.

```
CREATE CLUSTER sales_cluster (sale_date varchar2(8))
    STORAGE ( storage_clause……)
    PCTFREE 10 PCTUSED 60
    SIZE  2000;
```

② 테이블을 생성하기 전에 반드시 먼저 클러스터 인덱스를 생성한다.

```
CREATE INDEX sales_cluster_idx ON CLUSTER sales_cluster
    PCTFREE 2
    STORAGE (INITIAL 20K NEXT 10K);
```

③ 기존 테이블의 명칭을 다른 이름으로 바꾼다.

```
RENAME  sales TO  sales_copy ;
```

④ 클러스터 내에 테이블을 생성한다. 이 때 기존의 CREATE TABLE 문장의 마지막에 반드시 저장할 클러스터를 지정해 주어야만 한다.

```
CREATE TABLE sales
( saleno     varchar2(6) not null,
```

```
sale_dept    char(4),
sale_date    varchar2(8) not null,
..................................................... )
CLUSTER   sales_cluster   (sale_date) ;
```

⑤ 생성된 테이블 내에 데이터를 저장시킨다.

```
INSERT INTO sales
  SELECT * FROM sales_copy
  WHERE sale_date >= '20110101';
```

⑥ 기존 테이블을 삭제시키고, 새롭게 생성한 테이블에 다른 인덱스를 추가시킨다.

```
DROP TABLE sales_copy ;

CREATE INDEX  ........................................;
```

4.2.5. 클러스터 사용을 위한 조치

우리가 애써 클러스터링을 하였더라도 경우에 따라서는 필요한 조치를 하지 않으면 클러스터를 사용이 유리함에도 불구하고 이를 사용하지 못하는 경우가 발생할 수도 있다. 거의 대부분은 옵티마이져의 판단에 맡겨도 무리가 없지만 다음과 같은 몇 가지 사항에 대해서는 주의할 필요가 있다.

옵티마이져에 의해서 판단되는 액세스 경로는 옵티마이져 모드나 버전에 따라 다를 수 있으므로 클러스터 사용을 위한 조치도 이에 따라 조금씩 다르기는 하다. 조인의 효율을 향상시키기 위한 다중테이블 클러스터링은 일반적으로 조인키로 클러스터링을 하게 되므로 특별한 조치가 필요없지만 넓은 범위 처리의 해결을 목적으로 생성하는 단일테이블 클러스터링은 다음과 같은 사항에 유의할 필요가 있다.

◇ 클러스터 키 컬럼을 첫 번째로 하는 인덱스를 생성시키지 말 것

우리가 단일테이블 클러스터링을 하게 된 목적은 넓은 범위의 데이터를 효율적으로 처리하고자 했기 때문이다. 그러므로 '='로 사용한 경우는 물론이고, LIKE 나 BETWEEN 등을 사용한 넓은 범위의 처리까지도 클러스터가 담당하기를 원하는 경우가 많이 있다.

그러나 만약 클러스터 인덱스가 있음에도 불구하고 클러스터키 컬럼을 첫 번째로 하는 결합 인덱스가 별도로 존재한다면 경우에 따라 클러스터를 사용하지 않고 결합 인덱스를 사용할 수 있는 실행계획이 나타날 수 있으므로 이런 인덱스는 생성하지 않는 것이 좋다.

한 가지 예를 들어보자. 앞의 예제처럼 SALE_DATE 로 클러스터링이 되어 있는 상태에서 'SALE_DATE + SALE_DEPT'로 구성된 결합 인덱스가 있다고 가정해 보자. 다음과 같은 SQL 을 실행시켰다면,

```
SELECT SUM(count(*))
FROM   sales
WHERE sale_date between '20151201' and '20151225'
  AND sale_dept like '110%';
```

옵티마이져 모드나 버전에 따라 다를 수도 있지만 이 액세스는 대개의 경우 결합 인덱스를 사용하게 되어 클러스터를 사용하는 것에 비해 나쁜 수행속도를 얻게 된다.

✧ **클러스터가 반드시 사용되어지기를 원한다면 액세스 경로를 고정시킨다.**

조건에서 클러스터키 컬럼을 LIKE 나 BETWEEN 등으로 사용하였더라도 반드시 클러스터를 사용하는 것이 유리하다고 판단되면 옵티마이져가 항상 클러스터를 사용하도록 약간의 조치를 취할 필요가 있다. 다음의 SQL 을 보자.

```
SELECT SUM(count(*))
FROM   sales
WHERE sale_date between '20151201' and '20151225'
  AND sale_dept = '11200';
```

만약 'SALE_DEPT + SAL_TYPE + SALE_DATE'로 생성된 결합 인덱스가 있었다면 클러스터가 사용되지 않을 지도 모른다. 물론 인덱스 스킵 스캔을 이용하면 이 인덱스를 사용하는 것이 클러스터 스캔보다 유리할 수는 있다. 그러나 실제로 테스트를 해 보았더니 클러스터를 사용하는 것이 유리하다는 결과가 나타났다면 다음과 같은 힌트를 이용하여 실행 계획을 고정시킬 필요가 있다.

```
SELECT /*+ CLUSTER(sales) */
       SUM(count(*))
FROM   sales
WHERE sale_date between '20151201' and '20151225'
  AND sale_dept = '11200';
```

제2부

액세스 최적화 방안

제 2 부
액세스 최적화 방안

　액세스 최적화를 포괄적으로 정의하면 너무 광범위한 영역이 된다. 이는 I/O 에 대한 물리적인 측면뿐만 아니라 물리적인 저장형태, H/W 나 네트워크 환경까지도 포함되는 말이다. DBMS 환경 설정이나 SQL 의 형태, 실행계획, 인덱스의 유형이나 결합된 컬럼의 순서도 큰 영향을 미치는 요소이다. 여기서 이 모든 부분을 모두 언급할 수는 없으므로 주로 프로그래머로 지칭되는 영역의 사람들이 적용해야 할 사항들에 대해서만 다루기로 하겠다.

　지금까지 우리는 다양한 옵티마이징 요소들에 대해서 알아 보았다. 테이블의 형태를 결정하는 방법과 인덱스와 옵티마이져에 대해서도 자세한 개념을 살펴 보았다. 또한 다양한 형태의 실행계획을 구체적인 내부 처리절차까지 분석해 보았으며, 이들을 제어하는 방법도 알게 되었다. 또한 이를 바탕으로 효과적인 인덱스 구성 전략까지 수립할 수 있게 되었다.

　이제 우리에게 남은 것은 데이터베이스를 이용해 데이터를 처리하는 유일한 방법인 SQL 을 보다 효과적으로 사용하는 일이다. 이를 위해서는 우리의 요구를 가장 이상적으로 처리할 수 있는 SQL 로 표현할 수 있는 방법이 필요하다. 동일한 결과를 얻을 수 있는 SQL 의 표현 방법은 매우 다양하게 존재한다. 그러나 어떠한 SQL 을 구사했느냐에 따라서 처리의 효율은 크게 차이가 난다. 이 절에서는 보다 효율적인 처리를 할 수 있도록 SQL 을 사용하는 비법을 제시한다. 물론 원리와 함께 구체적인 적용방법과 활용기준까지 구체적으로 언급할 것이다.

　우리가 원하는 처리를 가장 효과적으로 처리하는 방법은 이 책의 시리즈 전편을 통해 소개된다. 이 절에서는 그 중에서도 먼저 가장 기본이 되는 부분범위 처리와 조인의 최적화에 대해서 상세하게 언급하도록 하겠다.

최소의 비용으로 최대의 이익을 창출하는 것이 경제의 원칙이듯이 가장 효과적인 방법은 최소한의 액세스로 원하는 결과를 만족시킬 수 있는 방법이다. 전체를 모두 처리하면서 좀더 효율적인 방법을 찾는 것도 중요하지만 무엇보다도 일부분만 처리하고서도 원하는 것을 얻을 수 있다면 이것보다 좋은 방법은 없다. 싸우지 않고 승리하는 것이 최고의 전략이라고 하지 않았는가! 이것을 실현시켜 주는 방법이 바로 부분범위 처리의 개념이다.

부분범위 처리는 말 그대로 주어진 전체를 액세스하지 않아도 원하는 결과를 제공할 수 있기 때문에 경우에 따라서는 수 백배 이상의 효율을 얻을 수 있는 방법이다. 부분범위 처리가 될 수 있도록 실행계획을 적절히 제어함으로써 놀라운 액세스 효율을 얻을 수 있는 다양한 비법들이 소개된다.

무릇 우리가 처리하고자 하는 정보는 다양한 종류의 데이터들이 종합되어서 나타난다. 즉, 여러 테이블에 있는 데이터가 종합적으로 사용(조인, Join)되어 원하는 결과를 얻는 경우가 많다. 종합해야 할 데이터의 처리를 별도의 SQL로 표현하는 순간, 이들을 가공하기 위해서는 사용자의 수많은 절차형 처리가 수반되어야 한다.

그러나 하나의 SQL로 통합되어 표현함으로써 보다 많은 가공처리를 옵티마이져에게 부탁할 수 있다. 이런 방법은 데이터 처리를 단순하게 하여 개발 생산성을 향상시키고 유지보수를 쉽게 한다. 즉, 실세계의 개발과정 전체에 커다란 영향을 미치는 요인이 된다는 것이다. 다만 SQL이 복잡해진 만큼 수행속도에 문제가 발생할 우려가 높아지므로 좀더 깊은 지식을 쌓을 필요가 있다.

자신이 작성한 SQL이 어떻게 수행되는지도 모르고 결과만 얻으면 된다는 식으로 접근하면서 모든 처리를 SQL에 전가시키는 방법에만 익숙해져서는 안 된다. 사실 이런 사람들이 많이 있다. 어떤 경우에 어떤 조인방식이 유리한지도 모르는 사람이 하나의 SQL을 수십, 수백 라인이 넘도록 작성하고 있는 경우도 많이 보았다. 여러분이 그런 무책임한 사람이 되지 않으려면 이 절에 있는 내용을 깊이 이해하고 있어야 한다.

아마 이 책을 접해 본 사람이라면 자신이 그 동안 어떤 잘못을 저지르고 살아왔는지 스스로 알게 될 것이다. 조인을 제대로 알면 새로운 세계가 보인다. 여기서는 단순히 조인의 유형을 나열하거나 실행계획을 소개하는 정도가 아니라 각 조인방식의 내부 처리 절차, 특성과 구체적인 적용 기준을 제시한다. 여러분은 이제 이 단원을 통해 SQL의 고급 활용의 대열에 당당히 합류하게 될 것이다.

제1장
부분범위처리 (Partial range scan)

제 1 장

부분범위 처리(Partial range scan)

부분범위 처리란 WHERE 절에 주어진 조건을 만족하는 전체범위를 모두 처리하는 것이 아니라 일단 운반단위(Array size)까지만 먼저 처리하여 그 결과를 추출시킨 후 다음 작업을 계속하겠다는 사용자의 요구가 있을 때까지 잠정적으로 수행을 멈추는 처리방식을 말한다.

원래 SQL 이란 처리과정을 기술하는 것이 아니라 원하는 집합을 표현한 것이므로 DBMS 는 요구된 모든 결과를 처리해야 할 책임을 가진다. 그럼에도 불구하고 잠정적으로 처리를 멈출 수 있는 것은 DBMS 가 수행속도의 향상을 위해 특별히 제공하고 있는 기능이므로 DBMS 나 개발 툴(Tool)에 따라 이러한 기능을 제공하지 못하는 것들도 있다.

우리가 처리하고자 하는 프로세스에는 전체범위를 모두 처리하여 필요한 가공을 한 후 그 결과를 얻고자 하는 경우도 있지만 온라인 검색처럼 찾고자 하는 범위 중에서 일부라도 먼저 액세스 되어지기를 원하는 프로세스도 아주 많이 있다. 어떤 조건 검색을 해서 눈으로 확인하고자 할 때 가령 조건에 맞는 데이터가 100 만 건이 나왔다면 굳이 모든 것을 모두 액세스한 다음에 보여줄 필요가 어디 있겠는가!

어차피 사람이 눈으로 확인하고자 하는 것이므로 일단 일부분만 제공하고 나머지는 다음 데이터를 원할 때 처리해서 제공하더라도 하등의 문제될 것이 없다. 이러한 처리 방식은 주어진 조건을 만족하는 처리범위가 아무리 넓다고 하더라도 실제로 처리할 데이터는 아주 소량이 되므로 조건범위와 무관하게 처리량을 크게 줄일 수 있는 실로 대단한 장점을 얻을 수 있다.

처리해야 할 범위가 아무리 넓더라도 아주 빠른 수행속도를 얻을 수 있다면 그것은 정말 매력적이다. 부분범위처리는 주어진 모든 데이터를 처리하지 않고 일부만 처리하여 결과를 추출하므로 사용자가 아무리 넓은 범위의 처리를 요구하더라도 아주 빠른 수행속도를 보장받는다. 이 개념이 수행속도에 미치는 영향은 실로 막대하다.

만약 부분범위 처리를 할 수 없다면 원하는 수행속도의 보장을 위해서는 처리범위가 넓어지지 않도록 반드시 어떤 조치를 강구해야만 한다. 그러므로 이 개념은 설계에서부터 애플리케이션 개발에 이르기까지 많은 부분에 커다란 영향을 미치게 된다.

부분범위 처리를 하더라도 결과는 정확히 맞아야 한다. 다시 말하면 일부분만 처리하고서도 옵티마이져의 특성을 이용하여 정확한 결과를 추출하도록 하는 방법을 알아야 한다는 것이다. 이를 위해서 우리가 가장 우선적으로 해야 할 것은 옵티마이져가 수립하는 실행계획을 파악하고 있어야 한다. 특히 부분범위 처리가 어떤 경우에 가능한지, 어떻게 하면 부분범위로 처리되도록 할 수 있는지를 이해하는 것이 급선무라 하겠다.

이 장에서는 바로 이러한 부분을 아주 상식적인 차원에서 설명하고 있다. 부분범위 처리의 개념과 원리, 그리고 적용원칙, 부분범위 처리로 유도하는 갖가지 방법들을 소개하게 될 것이다. 이 개념은 모든 액세스 형태에서 영향을 미치기 때문에 이 책의 전체 시리즈에서 계속해서 조금씩 언급하게 될 것이다.

여러분들은 부분범위 처리의 개념을 잘 파악해서 현재 사용중인 DBMS가 이러한 기능을 보유하고 있는지 반드시 확인해 보아야 한다. 만약 부분범위 처리를 할 수 없다면 온라인 애플리케이션의 양호한 수행속도를 보장하기 위해서 물리적 설계단계에서부터 처리범위가 넓어지지 않도록 필요한 대책을 수립해야 할 것이다.

1.1. 부분범위 처리의 개념

데이터를 처리하면서 가장 우리를 고민스럽게 만드는 것은 바로 처리할 범위가 넓을 때를 위한 대책을 찾는 일이다. 소량의 데이터를 처리할 때에 어떻게 사용하든지 걱정할 것이 없다. 그러나 넓은 범위의 데이터를 처리하려는 순간부터 우리는 많은 고민을 하지 않을 수 없다. 만약 처리범위에 전혀 영향을 받지 않을 수 있는 방법이 있다면 우리는 정말 홀가분하게 데이터를 처리할 수 있다.

처리범위가 넓다는 것은 데이터의 입장에서 보는 것이고, 데이터를 운반하는 입장에서 보면 그 반대가 될 수도 있다. 마치 아인슈타인의 상대성 이론처럼 어느 쪽에서 보느냐에 따라 전혀 다른 상황이 될 수도 있다는 것이다. 아래의 그림을 살펴보자.

[그림 2-1-1]

과거 필자가 도시 근교에 살고 있던 시절, 친구들과 늦게까지 술을 마시고 귀가를 하려면 불법이긴 하지만 목적지가 같은 사람들끼리 합승을 하는 곳이 있었다. 일명 '총알택시'라고도 부르던 택시를 타게 되었는데 그 택시는 수지를 맞추기 위해서 네 명의 손님이 타야만 출발하게 되어 있었다.

그런데 필자가 살던 곳은 약간 외진 곳이라 같은 목적지로 가는 사람이 적어서 항상 오랫동안 기다려야 했기에 아주 한참이 지나서야 택시는 출발할 수 있었다. 반면에 중심가로 가는 사람들은 언제나 북적거렸기 때문에 그쪽 방면으로 가는 택시는 언제나 바로 출발하더라는 것이다. 그것은 기다리는 사람의 입장에서는 사람이 적을수록 일찍 출발하게 되겠지만 택시의 입장에서는 사람이 많을수록 빨리 출발할 수 있기 때문이다.

그림의 우측에는 택시를 기다리고 있는 많은 사람들이 있고, 좌측의 택시에는 세 사람의 손님이 이미 타고 있다. 만약 네 사람이 타면 이 택시가 떠나기로 되어 있다면 지금 막 택시를 타려는 신사가 승차하면 바로 출발할 수 있다. 택시를 타려고 기다리는 사람들이 아무리 많이 남아있다고 해도 택시 입장에서 보면 아무 상관도 없다. 오히려 택시를 기다리는 사람들이 많을수록 택시는 더 빨리 출발할 수 있을 것이다.

이것이 바로 부분범위 처리의 기본 개념이다. 우리는 자기도 모르게 택시를 기다리는 손님 입장에서 생각하지 택시 운전사 입장에서 생각하려 하지 않는다. 그러나 데이터를 쿼리하는 상황에서는 손님의 입장이 아니라 택시의 입장이 좀더 유사하다는 것을 생각해보라!

여기서 택시를 타기 위해 기다리는 사람들은 WHERE 절에 있는 조건을 만족하는 데이터들과 같은 개념이며, 택시는 운반단위에 비유할 수 있다. 이런 경우 만약 택시보다 훨씬 많은 좌석을 가지고 있는 버스가 정원을 채워야 출발한다고 가정해 보자. 비록 한 번에 태울 수 있는 인원이 늘어나 운행회수는 줄어들겠지만 정원을 채우기 위해서는 오히려 택시보다 늦게 출발하게 될 것이다.

택시나 버스와 같은 운송수단을 운반단위(Array size)라고 부른다. 부분범위처리에서는 다중처리를 위한 운반단위의 크기가 오히려 나쁜 영향을 줄 수도 있다. 물론 사람들이 너무 많아 언제나 바로 출발할 수 있다면 택시에 비해 버스는 비용을 절약할 수 있다. 그러나 오히려 승차를 원하는 사람이 가끔씩 모여든다면 출발 시간은 훨씬 더 소요되어야 한다. 이처럼 운반단위와 부분범위 처리 간에는 묘한 상관관계가 있다.

사람들이 아주 많이 모여 있다고 가정해 보자. 그렇지만 정작 택시를 타고자 하는 사람들이 아주 적다면 택시를 타겠느냐고 아무리 물어봐도 정원을 채우기가 쉽지 않을 것이므로 출발은 당연히 늦어질 것이다. 만약 계속해서 정원을 채우지 못했다면 최악의 경우 모든 사람들에게 다 물어본 다음에야 비로소 정원을 포기하고 탑승한 인원만으로 출발하게 될 것이다.

그러나 반대로 몇 명에게만 물어보았는데 대부분이 택시를 탈 사람이었다면 금방 출발할 수 있다. 이와 같이 주어진 범위가 넓더라도(사람들이 많이 있더라도) 운반단위에 채워질 데이터가 많다면(택시를 탈 사람이 많다면) 언제나 빠른 수행속도를 보장받을 수(빨리 출발할 수) 있다. 그렇지 않다면(택시를 탈 사람이 없다면) 모든 처리범위를 수행한 후(모든 사람들이 다 지나간 후)에야 결과를 추출시킬 수가(출발할 수가) 있는 것이다. 이것이 부분범위처리가 수행속도에 영향을 미치는 기본원리이다.

이런 현상은 왜 일어나는 것일까? 그것은 바로 줄을 서서 기다리고 있는 사람들의 유형에 영향을 받는다는 것이다. 도로를 지나가고 있는 사람들을 대상으로 했느냐, 공연티켓을 사기 위해 줄지어 있는 사람들을 대상으로 했느냐, 아니면 택시 정류장에 줄을 서 있는 사람들을 대상으로 했느냐에 따라 크게 달라진다. 이 원리를 좀 더 체계적으로 정리해 보기 위해 다음 그림을 살펴보자.

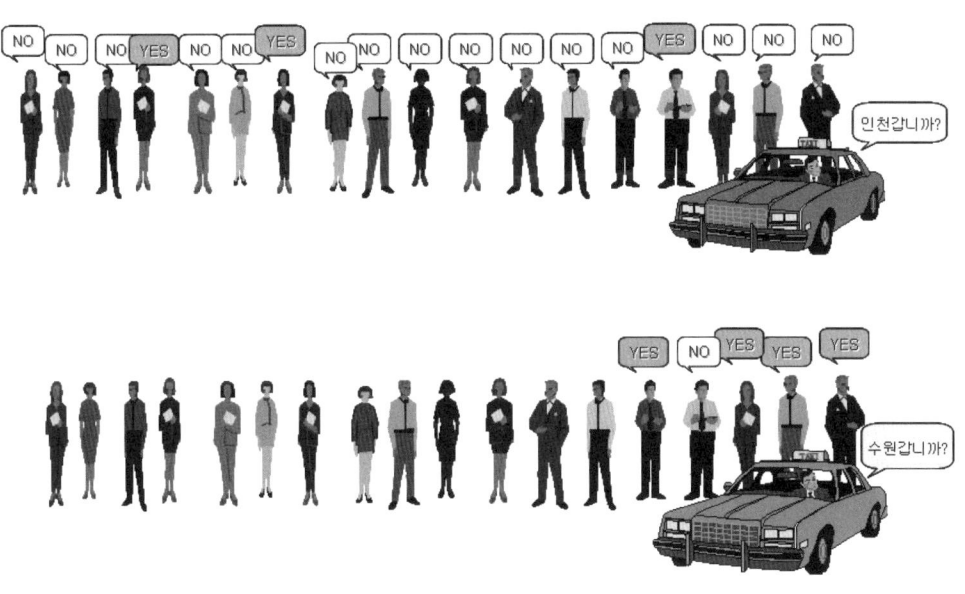

[그림 2-1-2]

여기서 줄을 서고 있는 사람들이란 바로 어떤 액세스에서의 드라이빙 조건을 말한다. 드라이빙 조건이 '전체테이블 스캔'이라는 것은 마치 '그냥 길을 가고 있는 모든 사람들'을 대상으로 한 것과 유사하다. 드라이빙을 '부서코드'로 했느냐, '발생일자', 혹은 '상품+거래일자'로 했느냐에 따라 스캔되는 집합이 달라지듯이 대상을 '공연티켓을 사기 위해 줄을 서고 있는 사람들'로 했느냐, '택시를 타려고 기다리는 사람들'로 했느냐, 아니면 '인천 가는 택시를 타려고 하는 사람들'이냐에 따라서 상황이 크게 달라진다.

위의 그림을 보면 똑 같은 집합을 대상으로 했지만 인천 가는 택시는 모든 사람들을 대상으로 물어보았지만 결국 세 명만 태우고 떠나야 했다. 그러나 동일 집합임에도 불구하고 수원행 택시는 다섯 명에게만 물어보고 출발할 수 있었다. 그것은 대상 집합이 수원행에게 유리한 형태였기 때문이다.

다른 각도에서 한 가지 더 생각해보자. 어떤 택시 운전수가 자기만 항상 늦게 출발하는 것에 불만을 가지고 있다가 재미있는 아이디어 한 가지를 생각해 내었다. 그것은 다음 그림과 같이 아예 표지판을 세워 두는 방법이었다.

[그림 2-1-3]

이제 이 택시는 줄을 서 있는 사람들에게 일일이 물어 볼 필요도 없다. '인천' 표지판에 있는 사람들을 무조건 태우고 가면 된다. 이렇게 하기 전에는 줄을 서 있는 사람들이 '택시를 타려는 사람(드라이빙 조건)'이었고, '인천가는 사람'은 확인을 하는 조건(체크 조건)이었다. 그러나 이제는 '인천가는 택시를 타려는 사람'이 대상(드라이빙 조건)이고, 확인

조건은 '무조건'이다.

　설사 정원인 네 명이 없더라도 일일이 확인해 볼 필요도 없이 있는 사람만 태우고 출발하면 된다. 이처럼 드라이빙 조건과 체크조건은 서로 오묘한 상관 관계를 가지고 있다. 쿼리에서도 이와 다르지 않다. 옵티마이져가 생성한 실행계획에서 어떤 것이 드라이빙 조건이고, 어떤 것이 체크조건이 되었느냐에 따라 운반단위에 태울 수 있는 성공률에는 커다란 차이가 난다.

　이번에는 실제 데이터를 전체범위로 처리하는 경우와 부분범위로 처리하는 경우를 그림을 통해 그 진행과정을 상세하게 알아보기로 하자.

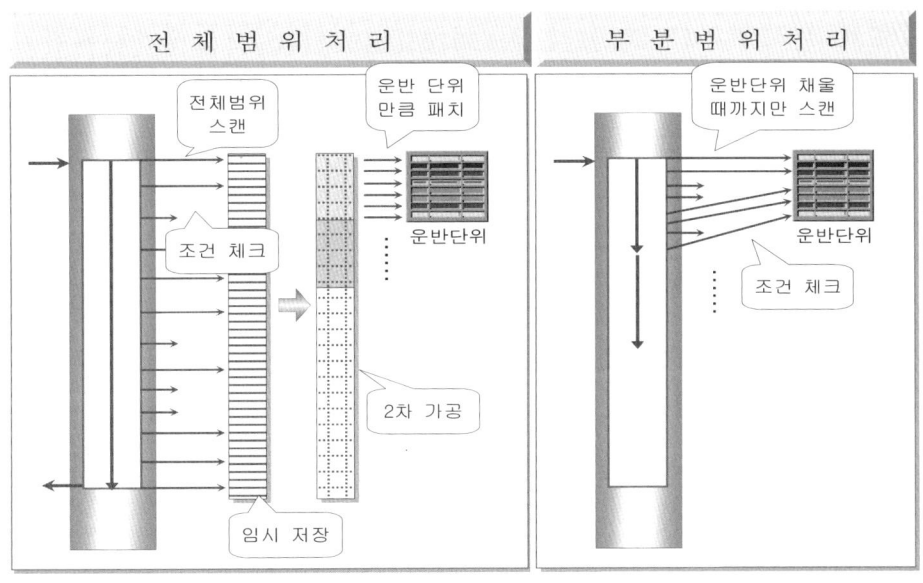

[그림 2-1-4]

　전체범위 처리는 그림의 좌측에 나타나 있듯이 드라이빙 조건을 만족하는 범위를 모두 스캔하여 체크조건으로 검증한 후 성공한 건에 대해 임시 저장공간에 저장한다. 저장이 완료되면 필요한 2차 가공을 한 후 운반단위만큼 추출시키고 다음 요구가 있을 때까지 일단 멈추게 된다. 그러므로 주어진 조건의 범위가 좁은 경우는 문제가 없으나 넓은 경우는 이미 빠른 수행속도를 기대하기 어렵다.

　그림 우측의 부분범위 처리는 드라이빙 조건을 만족하는 범위를 차례로 스캔하면서 체

부분범위 처리(Partial Range Scan)

크조건을 검증하여 성공한 건을 바로 운반단위로 보낸다. 운반단위가 채워지면 수행을 멈추고 결과를 추출시킨다. 그러므로 처리할 범위가 아무리 넓다고 하더라도 그 범위 중의 일부만 처리하므로 빠른 수행속도를 보장받을 수가 있다.

여기서 나타난 또 하나의 특별한 점은 전체범위를 처리했든지, 부분범위를 처리했든지 항상 운반단위만 채워지면 일단은 멈춘다는 점이다. 부분범위 처리는 운반단위를 채우는데 필요한 만큼만 처리했지만, 전체범위처리는 운반단위에 상관없이 전체범위를 모두 처리한 후에 운반단위만큼 추출하고 멈춘 것이므로 이들 간에는 커다란 차이가 있다. 그러므로 운반단위만큼만 추출되었다고 그것이 부분범위 처리를 한 것이라고 단정지어서는 안된다.

이러한 처리방식의 차이는 운반단위에 옮겨지기 전에 일어나므로 우리 눈에 잘 보이지 않는다. 다시 말해서 액세스를 정확히 볼 수 있는 눈이 없으면 알 수가 없다는 것이다. 실행계획을 통해 액세스 경로를 확인해보면 쉽게 알 수 있다. 전체범위 처리를 나타내는 항목은 많이 있으나 대개 실행계획에 'SORT'가 들어있다면 해당 그룹은 전체범위 처리를 하고 있다고 생각하면 된다.

여기서 '해당 그룹'이라고 한 것은 실행계획의 계층구조(Hierarchical structure)를 두고 한 말이다. 다시 말해서 SORT 로 표현되어 있는 것부터 하위에 있는 단계는 모두 전체범위가 된다는 것을 의미한다. 주의할 것은 SORT 가 있다고 해서 전체 SQL 이 모두 전체범위를 처리하는 것은 결코 아니라는 것을 잊지 말기 바란다. 노파심에서 다음의 실행계획을 통해 다시 한 번 살펴보겠다.

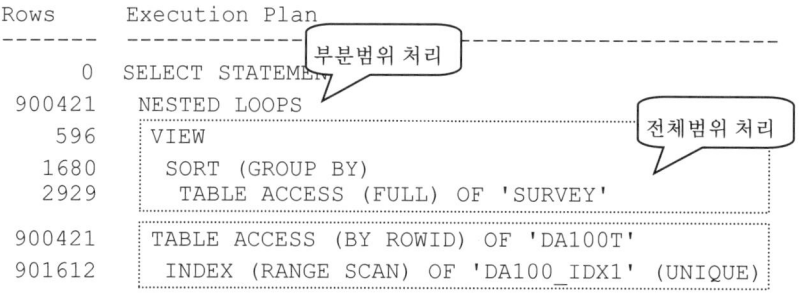

이 실행계획은 'SURVEY' 테이블을 먼저 전체범위를 액세스하여 GROUP BY 를 한 결과

를 이용해 'DA100T' 테이블과 부분범위 처리로 Nested Loops 조인을 하겠다는 것을 보여주고 있다. 이와 같이 전체범위 처리를 하는 부분은 전 영역일 수도 있고 특정한 영역에 국한 될 수도 있다. 만약 우리가 어떤 방법을 사용하여 SORT 가 나타나지 않게 할 수만 있다면 그 영역은 부분범위 처리로 수행된다.

SORT 는 실행계획에서 다양한 형태로 나타난다. 가령, SORT(UNIQUE), SORT(JOIN), SORT(AGGREGATE), SORT(ORDER BY), SORT(GROUP BY) 등으로 나타난다. 이외에도 실행계획에 'VIEW'라고만 나타나 있는 단계는 처리를 하는 중에 내부적으로 임시 저장공간에 쓰기작업을 하였다는 뜻이기 때문에 전체범위 처리를 한다고 보면 된다.

또한 'MERGE JOIN'이라고 표현된 단계 또한 Sort Merge 조인을 하는 것을 말하므로 전체범위 처리를 하고 있음을 뜻한다. 만약 'HASH JOIN'이라고 되어 있다면 이것은 좀 다르다. 뒤에서 '제 2 장 조인의 최적화'에서 해쉬조인을 설명할 때 상세한 언급을 하겠지만 이 조인은 인-메모리 해쉬조인으로 수행되면 부분범위 처리를 하고, 유예 해쉬조인이 되면 전체범위 처리를 하므로 이런 경우는 실행계획을 통해 확인하기가 어렵다.

이런 경우에는 어느 한쪽 집합의 처리범위가 충분히 적으면 부분범위 처리를 한다고 생각하면 된다. 그렇지 않으면 직접 SQL 을 실행시켜 보았을 때 대량의 처리범위를 가졌음에도 불구하고 금방 결과가 추출되기 시작하면 틀림없이 부분범위 처리를 한 것으로 판단하면 될 것이다.

SQL 은 틀림없이 부분범위 처리를 하고 있지만 SQL 을 실행시킨 툴이 '일단정지'를 시키는 기능이 없다면 계속해서 처리범위가 끝날 때까지 결과를 요구함으로써 마치 전체범위를 처리하는 것처럼 보일 수도 있다는 것에 유의할 필요가 있다. 사용하는 툴에 따라 기본값(Default)이 일단멈춤이 'OFF' 상태로 되어 있는 것은 여러분이 'ON' 상태로 지정해 주지 않으면 계속 자동발착(?)이 일어나 전체범위가 끝날 때까지 멈추지 않는다.

여러분이 사용하고 있는 툴이 부분범위 처리를 할 수 있는지를 시험해 보는 것은 아주 중요하다. 가장 쉽게 시험해 볼 수 있는 방법은 대량의 데이터를 가진 테이블을 WHERE 절 없이 수행시켜 보는 것이다. 만약 결과가 즉시 추출되면 부분범위 처리를 하고 있다는 것이며, 한참 기다려야 한다면 전체범위처리 방식으로 수행되고 있는 것이다. 물론 멈춤기능이 'OFF' 상태이기 때문에 그렇게 나타날 수도 있음을 잊지 말기 바란다.

부분범위 처리(Partial Range Scan)

시험하는 테이블은 클수록 좋다. 그러나 최소한 몇 만 건 이상으로 시험해야 보아야 그 차이를 뚜렷이 느낄 수 있다. 다른 한 가지 방법은 SQL_TRACE 를 이용하는 방법이다. 마찬가지 방법으로 WHERE 절이 없는 SQL 을 수행시키고 TRACE 를 출력하여 실행통계에 있는 'Execute'나 'Fetch'라인에 있는 'Query'나 'Disk', 'Current'를 확인하여 전체 테이블의 블록 수보다 훨씬 적으면 부분범위처리를 하고 있는 것이다.

시험 결과 여러분이 사용하고 있는 툴이 부분범위처리를 하지 못한다면 모든 애플리케이션에서 처리범위가 넓어지지 않도록 체크기능을 삽입해야만 한다.

1.2. 부분범위처리의 적용원칙

전체범위로 처리되던 SQL 이 부분범위 처리로 바뀌면 경우에 따라서는 수십, 수백 배 이상의 수행속도 향상을 얻을 수도 있다. 그렇다고 해서 모든 경우의 처리를 부분범위 처리로 수행할 수는 없기 때문에 부분범위 처리로 수행되기 위한 필수 조건을 이해하는 것과 그렇게 처리되도록 유도하는 방법을 아는 것은 매우 중요한 일이 아닐 수 없다.

1.2.1. 부분범위 처리의 자격

부분범위 처리를 할 수 있는 자격을 한 마디로 정의한다면 '논리적으로 보았을 때 반드시 전체범위를 읽어서 가공을 해야만 하는 경우를 제외한 모든 형태에서 가능하다'고 할 수 있다. 즉, 논리적으로도 어쩔 수 없는 경우만 아니라면 언제나 부분범위 처리를 할 수 있다는 것이다. 예를 들어 보자.

```
1) SELECT SUM(ordqty)              2) SELECT ord_dept, COUNT(*)
   FROM   order                       FROM order
   WHERE  ord_date like '201512%'     WHERE ord_date like '201512%';
   GROUP BY ord_dept;
```

위의 SQL 은 SELECT-List 에 SUM, COUNT 가 있으므로 주어진 조건의 일부만 액세스해서 결과를 얻는 것은 이미 논리적으로 도저히 불가능하다. 이와 같이 SELECT-List 나 WHERE 절에 그룹함수를 사용하였다면 부분범위 처리를 할 수 없다. 그러나 그룹함수가 사용되지 않았더라도 다음과 같이

```
SELECT ord_date, ordqty * 1000
FROM   order
WHERE  ord_date like '201512%'
ORDER BY ord_date;
```

ORDER BY 가 사용되었다면 마찬가지로 전체범위를 처리할 수 밖에 없다. 그러나 만약 옵티마이져에 의해 선택되어 처리주관(Driving) 역할을 하는 인덱스와 ORDER BY 에 사용된 컬럼이 동일하다면 비록 ORDER BY 를 사용하였더라도 부분범위로 처리될 수가 있다.

인덱스로 액세스 하는 순서와 ORDER BY 순서가 동일하므로 옵티마이져는 SQL 에 ORDER BY 가 있더라도 이를 무시하고 인덱스로 처리하여 바로 리턴하는 부분범위 처리 방식으로 실행계획을 수립하게 된다.

그러므로 위의 예에서 만약 ORD_DATE 가 선두에 위치한 인덱스가 존재했다면 비록 'ORDER BY ord_date'를 지정했더라도 부분범위 처리 방식의 실행계획이 수립된다. 물론 'DESC'가 있어서 역순으로 정렬을 요구했더라도 옵티마이져는 인덱스를 역순으로 액세스 하는 실행계획을 수립하여 부분범위 처리가 되도록 한다.

이와 같이 ORDER BY 를 사용했다고 해서 반드시 부분범위 처리를 할 수 없는 것은 아니다. 다만 수립된 실행계획에 정렬하겠다는 내용(SORT 로 표현되어 있음)이 있다면 부분범위 처리를 할 수 없다. 주의할 점은 ORDER BY 에 사용된 컬럼의 순서와 개수가 생성된 인덱스의 앞부분과 정확히 동일해야만 ORDER BY 가 무시되므로 굳이 ORDER BY 를 하지 않더라도 원하는 결과가 인덱스의 순서를 따른다면 가능한 ORDER BY 를 기술하지 않는 것이 좋다.

다음과 같이 UNION, MINUS, INTERSECT 를 사용한 SQL 은 부분범위로 처리할 수 없다. 집합 연산은 그 결과가 반드시 유일(Unique, Distinct)해야 하기 때문이다.

```
SELECT deptno, empno
FROM   emp1
WHERE  sal > 1000000
UNION
SELECT deptno, empno
FROM   emp2
WHERE  hiredate between '01-JAN-2015' and sysdate;
```

그러므로 수립된 실행계획에는 반드시 전체범위를 모두 액세스 하여야만 처리할 수 있는 SORT (UNIQUE) 을 수행하는 단계가 있다. SORT 처리는 엄밀히 말하면 경우에 따라 처리방법이 조금씩 다르다. ORDER BY 를 위한 처리, GROUP BY 를 위한 처리, UNION 이나 DISTINCT 등을 위한 처리, SUM, MAX, MIN 을 위한 처리는 각각 다른 방법으로 수행되지만 반드시 전체범위를 액세스하여야 한다.

우리가 자주 사용하고 있는 UNION 에 대해 좀더 자세히 알아보자. {1, 2, 2, 3}을 가지고 있는 집합과 {2, 4, 6}을 가진 집합과의 합집합을 구하면 {1, 2, 2, 2, 3, 4, 6}이 아니라 {1, 2, 3, 4,

6}이 된다는 것을 우리는 알고 있다. UNION 이란 자신의 집합뿐만 아니라 다른 집합에 있는 요소까지 포함한 전체 집합에서 유일한 요소들을 가진 집합을 의미한다.

그러므로 UNION 을 해결하기 위해서는 먼저 두 개의 집합에 있는 모든 요소들을 액세스하여 단순결합(UNION ALL)을 한 후 정렬하여 한 가지씩 선별하는 방식으로 처리한다. UNION 처리에서 가장 먼저 수행되는 작업은 두 집합에 있는 모든 요소들을 일단 모두 액세스하는 작업이다. 즉, 먼저 전체범위를 모두 액세스한 후 다음 처리를 수행하여야 하므로 무조건 부분범위 처리를 할 수 없게 되는 것이다.

이 방식은 모든 UNION 에서 항상 동일한 방법으로 수행된다. 비록 어느 한쪽의 집합이 공집합(φ)이거나 실제로는 전혀 중복되어 있는 부분이 없다고 하더라도 역시 부분범위로 처리할 수 없다.

그러나 수학적인 집합의 개념은 그렇다 하더라도 일반 숫자를 합산(+)하듯이 집합에서도 단순한 합산이 필요한 경우가 많이 있다. 즉, 사용자가 이미 두 개의 집합에 중복되는 요소가 없다는 것을 알고 있으므로 굳이 중복여부를 확인할 필요가 없는 경우라든지 중복이 되더라도 그대로 사용하고자 하는 경우가 실무 상에서는 자주 발생한다.

이러한 형태의 처리를 위해 나중에 'UNION ALL' 함수가 추가되었다. 위의 예를 'UNION ALL'을 했다면 {1, 2, 2, 3, 2, 4, 6}을 추출한다. 이것은 단지 중복을 확인하지 않는다는 의미 외에도 중복을 확인할 필요가 없어졌다는 것을 말한다. 그러므로 미리 양쪽 집합의 전체범위를 굳이 액세스해야 할 필요가 없어졌으며, 이것은 곧 부분범위 처리가 가능하게 되었음을 의미한다.

앞으로 여러분들은 굳이 두 개의 집합에 있는 중복사항을 배제하겠다는 목적이 없다면 반드시 'UNION ALL'을 사용하는 것이 유리하다는 사실을 잊지 말기 바란다. 사실 실전에서 이 집합연산 함수는 매우 요긴하게 사용된다. 복잡한 처리를 SQL 로 구현하다 보면 각 단위 SQL 을 묶어서 다시 새로운 가공을 해야 하는 경우가 많이 발생한다.

아마 복잡한 SQL 을 많이 작성해 본 사람이라면 누구나 겪었을 것이다. 실전에서는 수행속도를 우려해서 너무 많은 테이블을 분리해 두었기 때문에 이러한 처리를 해야 하는 상황이 더욱 많이 발생하고 있다. 앞서 UNION 으로 인해 전체범위 처리를 한 SQL 을 다음과 같이 사용하면 부분범위 처리로 바뀐다.

부분범위 처리(Partial Range Scan)

```
SELECT deptno, empno
FROM   emp1
WHERE sal > 1000000
UNION ALL
SELECT deptno, empno
FROM   emp2
WHERE hiredate between '01-JAN-05' and sysdate;
```

그러나 교집합(Intersect)을 처리하는 실행계획은 먼저 각각의 전체범위를 액세스하여 정렬하는 SORT(UNIQUE)을 수행한 후 머지(Merge)하는 방식으로 처리되므로 부분범위로 처리할 수 없다.

차집합을 구하는 SQL 이 부분범위로 처리되도록 하려면 EXISTS 나 IN 을 사용한 서브 쿼리로 세미조인을 하는 방법이 있다. 그러나 EXISTS 세미조인도 경우에 따라서는 Sort Merge 조인 방식으로 처리될 수 있으므로 항상 부분범위 처리가 되는 것은 아니다.

재미있는 일화가 한 가지 있다. 어떤 사람이 너무나 수행속도가 느려서 여러 가지 시도를 해보다가 EXISTS 를 사용했더니 엄청나게 빨라졌다. 이것이 단지 부분범위 처리방식으로 전환되었기 때문에 나타난 것인지를 모르는 그 사람은 그때부터 EXISTS 의 열렬한 신봉자가 되어서 가능하다면 모든 SQL 에 EXISTS 를 사용했다고 한다. 참으로 웃어야, 울어야 할지 모를 일이 아닌가?

부분범위 처리로 굳이 유도를 할 필요가 없는 경우는 다양한 방법의 부정형(Anti)조인을 사용하여 전체 처리에 대한 최적화를 할 수 있다. 보다 상세한 내용은 다음 단원에서 설명되는 '조인의 최적화'를 참조하기 바란다.

1.2.2. 옵티마이져 모드에 따른 부분범위처리

주어진 SQL 이 논리적으로 부분범위처리를 할 수 있다고 하더라도 옵티마이져 모드에 따라 차이가 날 수 있다. 규칙기준이나, 비용기준의 'FIRST_ROWS'로 지정되어 있는 경우에는 대개의 경우 부분범위 처리를 하지만 비용기준의 'ALL_ROWS'로 지정되어 있다면 전체범위 처리를 하는 경우가 자주 나타난다. 다음의 예를 살펴보자.

```
SELECT ord_dept, ordqty
FROM   order
WHERE  ord_dept > '1000';
```

이 SQL 은 앞서 부분범위 처리를 할 수 없도록 하는 함수를 사용하지 않았으므로 논리적으로 볼 때 부분범위 처리가 가능하다. 그러나 이 SQL 을 수행하는 옵티마이져 목표가 'ALL_ROWS'라면 실행계획 수립에서 차이가 날 수 있다.

통계정보에 따라 차이가 있겠지만 비록 'ord_dept'을 선두컬럼으로 하는 인덱스가 있더라도 손익분기점을 초과한다면, 옵티마이져는 인덱스를 사용하지 않고 전체 테이블을 스캔하는 실행계획을 수립한다. 즉, 규칙기준이거나 비용기준의 'FIRST_ROWS'인 경우와 실행계획이 달라질 수 있다.

만약 우리가 'ord_dept' 인덱스를 사용할 것으로 생각했기 때문에 'ORDER BY ord_dept'를 생략하였다면 이런 경우에는 우리가 원하는 순서대로 데이터가 추출되지 않을 수도 있다는 것에 주의해야 한다. 그렇다고 'ORDER BY'를 무조건 삽입하는 것도 좋은 방법이 아니므로 만약 실행계획을 확인했을 때 전체범위를 처리하고 있다면 힌트를 사용하여 부분범위 처리가 되도록 할 수 있다. 이때 사용할 수 있는 힌트는 'INDEX'나 'FIRST_ROWS'가 가능하다.

옵티마이져 모드를 'ALL_ROWS'로 했을 때 이러한 실행계획이 나타나는 것은 이 방식의 최적화는 전체범위를 모두 처리했을 때의 최적화, 즉 'BEST THROUGHPUT'을 추구하기 때문이다. 반면에 'FIRST_ROWS'는 부분범위 최적화를 추구한다.

만약 동일한 실행계획이 수립되었다면 옵티마이져 모드나 목표에 상관없이 수행되는 시간은 동일하다. 그것은 옵티마이져란 실행계획을 수립하는 순간에 작용하여 최적의 액세스 경로를 찾는 것일 뿐이며, 수행하는 단계에서는 영향을 미치지 않는다는 것을 의미한다.

　여러분의 시스템이 온라인 위주로 처리된다면 옵티마이져의 목표를 'FIRST_ROWS'로 지정하는 것이 좋다. 그러나 'FIRST_ROWS'로 지정되었다고 해서 항상 부분범위 처리 방식으로 실행계획을 수립하지는 않는다. 처리할 SQL 이 어차피 전체범위를 모두 처리할 수 밖에 없다면 'ALL_ROWS'로 수행시킬 때와 동일한 결과를 얻게 될 것이다.

1.3. 부분범위처리의 수행속도 향상원리

일반적인 상식으로 생각해 볼 때 좁은 범위의 처리가 넓은 범위의 처리보다 빠를 수 밖에 없다. 그러나 부분범위로 처리되면 경우에 따라서 오히려 넓은 범위를 가지는 경우가 더 빨라지는 것을 경험하게 된다. 왜 이런 현상이 발생하는 것일까? 그 이유를 밝혀보자.

```
SELECT * FROM ORDER;
```

이 SQL 을 SQL*Plus 에서 수행시켜 보면 ORDER 테이블이 몇 백만 건의 로우를 가지고 있더라도 0.01 초 내에 데이터가 추출된다. 이 SQL 에는 WHERE 절이 없다. 조건이 없다는 것은 곧 '무(無)조건'이므로 이 테이블의 첫 번째 블록을 스캔한 모든 로우들을 그대로 운반단위로 보내서 바로 추출시키는 부분범위 처리를 한다.

그러나 다음 SQL 을 실행시켜 보자.

```
SELECT * FROM ORDER
ORDER BY item;
```

이 SQL 은 오랜 시간이 지나서야 첫 번째 운반단위가 추출된다. 옵티마이져를 잘 알지 못하는 사람들은 이렇게 이야기할 수도 있다. ORDER BY 가 없을 때의 수행속도를 보고 "이렇게 빨리 추출될 수 있는가?" 하고 놀란다. 그러나 ORDER BY 를 삽입했을 때와의 엄청난 수행속도의 차이를 보고 "정렬처리가 왜 이렇게 느릴까?" 라는 생각을 하게 된다. 그러나 자세히 들여다 보면 늦어진 원인이 정렬작업 때문만은 아님을 알 수 있다.

첫 번째 수행시킨 SQL 은 부분범위 처리를 했기 때문에 실제로 수행한 일은 한 운반단위만큼만 처리하고 멈추었다. 두 번째 수행시킨 SQL 은 전체범위를 처리해야 하기 때문에 전체 테이블을 모두 액세스하여 임시 저장공간에 저장하고 정렬시킨 후 하나의 운반단위를 추출하고 멈추었다.

사실 정렬작업은 생각보다 매우 빠르다. 물론 지정된 SORT_AREA_SIZE 나 H/W 의 성능에 따라 크게 차이가 나기는 하지만 있겠지만 정렬작업이 메모리 내에서 한번의 처리로 가능하다면 1,000 건의 로우를 정렬하는데 0.1 초 정도도 걸리지 않는다.

정작 수행속도를 늦게 한 주된 이유는 정렬작업뿐만이 아니라 정렬작업을 위해서 전체 범위를 모두 처리해야 했기 때문이다. 만약 ITEM 을 첫 번째로 하는 인덱스가 있다면 다음과 같이 SQL 을 바꾸어 실행시켜 보자.

```
SELECT * FROM ORDER
WHERE ITEM > ' ' ;
```

이 SQL 은 옵티마이져 목표가 'ALL_ROWS'가 아니라면 ITEM 인덱스를 사용하는 실행계획을 수립하며 부분범위로 처리한다. ITEM 인덱스는 ITEM 의 값으로 정렬되어 있으므로 굳이 'ORDER BY ITEM'을 하지 않았더라도 동일한 결과를 낼 수 있으며, 첫 번째 운반단위가 추출되는 시간은 조금 전과는 엄청난 차이가 난다.

만약 옵티마이져 목표가 'ALL_ROWS'였다면 전체 테이블을 스캔하는 실행계획을 수립하여 부분범위 처리를 하므로 마찬가지로 빠른 수행속도를 낼 수 있으나 우리가 원하는 정렬순으로 추출되지 않는다는 것에 주의하여야 한다.

힌트를 사용하여 인덱스를 사용하게 유도하려면 다음과 같이 사용한다.

```
SELECT /*+ index(order item_index) */ *
FROM   ORDER
WHERE ITEM > ' ';
```

SQL 에 따라 어떤 컬럼의 처리범위가 좁아질수록 수행속도가 향상되는 경우가 있고, 오히려 넓어질수록 수행속도가 향상되는 경우가 있다. 다음의 SQL 을 보자.

```
SELECT *
FROM   ORDER
WHERE ordno between 1 and 1000
   AND custno like 'DN%';
```

ORDER 테이블에는 위의 ORDNO 조건을 만족하는 로우가 1,000 건이 있고, CUSTNO 를 만족하는 로우가 10 건이 있으며, 각각의 컬럼에는 별도의 인덱스가 생성되어 있다고 가정한다. 옵티마이져가 현재 어떤 실행계획을 수립했는가에 상관없이 액세스 형태별로 발생될 수 있는 일 량을 확인해 보자. 여기서 인덱스 조인으로 실행되지 않는다면 두 개의 인덱스를 머지하는 실행계획은 결코 수립되지 않는다.

1) ORDNO 인덱스를 사용한 경우

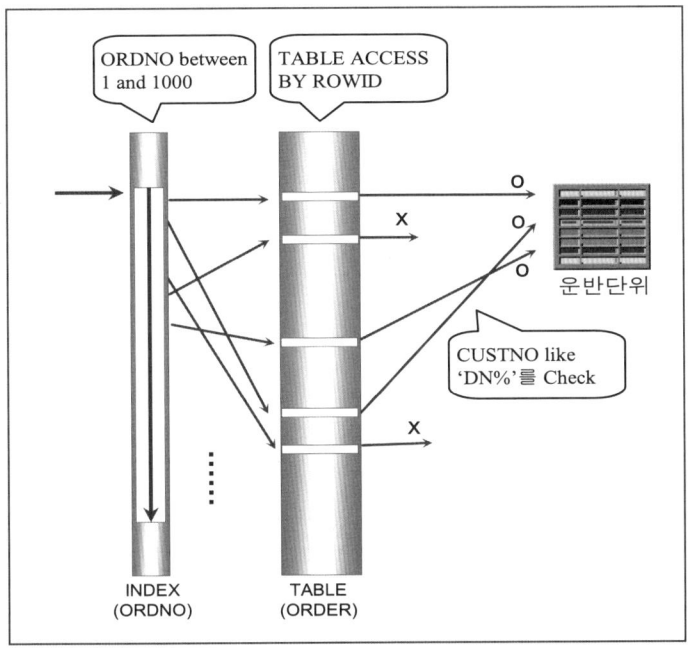

[그림 2-1-5]

① ORDNO 인덱스에서 조건을 만족하는 첫번째 로우를 랜덤으로 찾는다.
② 인덱스에 있는 ROWID 를 이용하여 ORDER 테이블의 해당 로우를 액세스한다.
③ 액세스된 테이블의 로우에 있는 CUSTNO 가 'DN'으로 시작하는지를 검증하여 만족하는 로우만 운반단위로 보낸다. 즉, CUSTNO 는 인덱스를 사용하지 않고 검증 기능으로만 사용되었음에 유의하기 바란다.
④ ORDNO 인덱스의 다음 로우를 액세스하여 ②~③을 반복하여 운반단위가 채워지거나 인덱스의 처리범위가 끝나면 수행을 멈춘다.

앞서 우리는 'ORDNO between 1 and 1000'을 만족하는 로우가 1,000 건이라고 가정했으므로 최대 1,000 회의 처리를 해야 한다. 더구나 'CUSTNO like DN%'를 만족하는 로우는 10 건이라고 가정했으므로 ORDNO 인덱스를 경유해 액세스한 1,000 건의 로우들은 거의가 이 조건을 만족하지 못할 것이다. 그러므로 좀처럼 운반단위를 채울 수가 없어 계속해서 다음 건을 수행해야 하며, 최악의 경우 ORDNO 의 모든 범위(1,000 건)을 완료해야만 멈출 수 있다.

여기서 우리는 처리할 일 량을 줄일 수 있는 두 가지 경우를 발견할 수가 있다. 한 가지는 ORDNO 의 처리범위가 줄어든다면 일량이 줄어든다는 상식적인 경우이다. 다른 한 가지는 CUSTNO 의 조건이 오히려 넓어진다면 ORDNO 인덱스를 경유한 로우들이 훨씬 쉽게 운반단위를 채울 수 있으므로 ORDNO 처리범위를 좁히지 않고서도 일 량을 줄일 수 있는 경우이다.

2) CUSTNO 인덱스를 사용한 경우

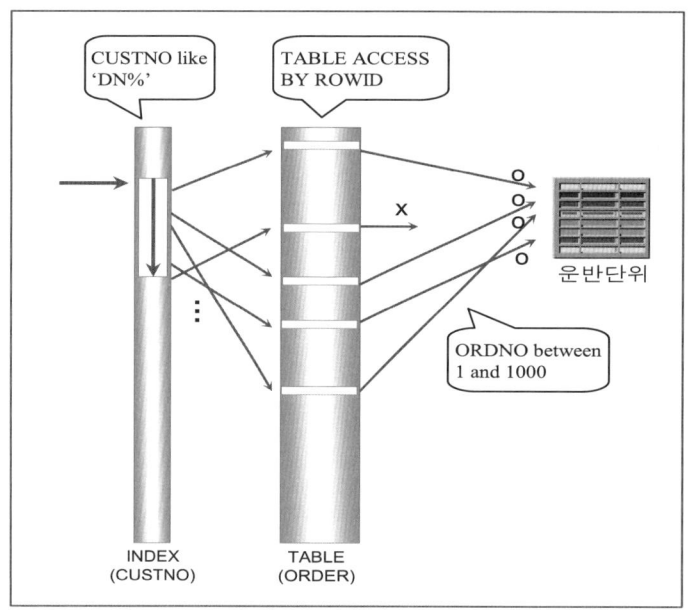

[그림 2-1-6]

① CUSTNO 인덱스에서 조건을 만족하는 첫번째 로우를 랜덤으로 찾는다.
② 인덱스에 있는 ROWID 를 이용하여 ORDER 테이블의 해당 로우를 액세스한다.
③ 액세스된 테이블의 로우에 있는 ORDNO 가 1 과 1,000 사이에 있는지를 검증하여 만족하는 로우만 운반단위로 보낸다. 즉, ORDNO 의 범위는 넓으므로 쉽게 조건을 만족할 수가 있어 운반단위로 보낼 수 있는 확률이 높아지는 것에 유의하기 바란다.
④ CUSTNO 인덱스의 다음 로우를 액세스하여 ② ~ ③ 을 반복하여 운반단위가 채워지거나 인덱스의 처리범위가 끝나면 수행을 멈춘다.

앞서 우리는 'CUSTNO LIKE DN%'을 만족하는 로우가 10건이라고 가정했으므로 최대 10회만 처리하면 된다. 더구나 'ORDNO BETWEEN 1 AND 1000'을 만족하는 로우는 1,000건이라고 가정했으므로 CUSTNO 인덱스를 경유해 액세스한 로우들은 대부분 이 조건을 만족하게 되어 쉽게 운반단위를 채울 수 있다. 최악의 경우 운반단위를 채울 수 없더라도 CUSTNO의 모든 범위는 10건에 불과하므로 언제나 빠른 수행속도가 보장된다.

이와 같이 액세스를 주관하는 조건은 범위가 적을수록 일량이 줄어 들고, 단순히 체크 기능을 담당하는 조건은 오히려 대상범위가 넓을수록 일량이 줄어든다는 사실을 확인할 수 있다.

지금까지 알아 본 내용을 토대로 부분범위처리에서 우리는 다음과 같은 결론을 도출할 수가 있다.

① 액세스를 주관하는 컬럼의 처리범위는 좁을수록 유리하다. 이러한 경우는 나머지 컬럼들의 처리범위에 영향을 적게 받는다. 즉, 언제나 빠른 수행속도를 보장받을 수 있다.
② 액세스를 주관하는 컬럼의 범위가 넓더라도 그 외의 조건을 만족하는 범위가 넓다면 역시 빠른 수행속도를 보장받을 수 있다. 그러나 조건들이 좁은 범위를 가진다면 오히려 늦어진다.
③ 액세스 주관 컬럼의 범위가 넓고, 그외 컬럼의 범위가 좁아서 늦어지는 경우는 처리범위가 좁은 컬럼이 액세스 주관 컬럼이 되도록 하면 해결된다. 대개의 경우 옵티마이져는 주어진 조건에 따라 항상 좁은 처리범위를 가진 컬럼을 사용하도록 실행계획을 수립한다. 그러나 옵티마이져 모드나 비교된 컬럼의 분포도에 따라, 혹은 작성된 SQL에 따라 그렇지 못한 경우가 발생할 수 있다.

이런 경우에는 힌트나 사용제한 기능을 이용하여 옵티마이져를 도와 주면 우리가 원하는 수행속도를 얻을 수 있다. 위의 SQL을 수행시킨 결과가 ORDNO 인덱스를 사용하는 실행계획이 수립된다면 다음과 같이 ORDNO 인덱스를 사용할 수 없도록 사용을 제한하여 해결할 수 있다.

```
SELECT *
FROM   ORDER
WHERE RTRIM(ordno) between 1 and 1000
  AND custno like 'DN%' ;
```

물론 힌트를 사용하여 다음과 같이 해결할 수 있으며 수행속도는 동일하다.

```
SELECT /*+ INDEX(ORDER custno_index) */ *
FROM   ORDER
WHERE  ordno between 1 and 1000
   AND custno like 'DN%';
```

위에서 설명한 부분범위처리의 수행속도 원리를 도표로 그려보면 다음과 같다.

액세스 주관조건의 범위	검증조건의 범위	수행속도	조 치 사 항
좁다	좁다	양호	
	넓다	양호	
넓다	좁다	불량	주관조건과 검증조건 역할 교체
	넓다	양호	

도표에서 알 수 있듯이 부분범위로 처리하는 경우는 필요 시 약간의 조치를 한다면 언제나 양호한 수행속도를 보장받을 수 있다. 그러므로 우리가 현실 업무에서 발생하는 다양한 처리를 부분범위처리로 유도할 수 있는 방법을 알아두는 것은 매우 중요한 일이라고 할 수 있다. 다음 장에서는 부분범위 처리로 유도할 수 있는 다양한 방법을 구체적인 사례 중심으로 살펴보기로 하겠다.

1.4. 부분범위처리로의 유도

부분범위처리를 효과적으로 사용하면 우리가 염려해 온 넓은 범위의 처리도 빠른 수행속도를 얻을 수는 있으나 그렇다고 해서 모든 경우를 부분범위로 처리할 수는 없다고 했다. 그러나 RDBMS 가 가지고 있는 기능을 최대한 활용한다면 우리는 보다 많은 처리를 부분범위처리 방법으로 유도할 수 있다. 우리는 다음과 같은 다양한 방법을 사용하여 부분범위 처리로 유도할 수 있다.

- 액세스 경로를 이용한 SORT 의 대체
- 인덱스만 처리하는 부분범위 처리
- MIN, MAX 의 처리
- FILTER 형 부분범위 처리
- ROWNUM 을 이용한 부분범위 처리
- 인라인뷰를 이용한 부분범위처리
- 저장형 함수를 이용한 부분범위처리
- 쿼리의 이원화를 이용한 부분범위처리
- 웹 게시판에서의 부분범위처리

사실 이 단원에서 소개하는 내용은 개념을 설명하는 정도일 뿐이다. 각각의 부분범위 처리의 형태는 이 책의 시리즈 전편에서 필요할 때마다 약방의 감초처럼 나타나게 될 것이다. 부분범위 처리는 다른 액세스 형태에 우선적으로 검토되어야 하므로 앞으로 설명할 대부분의 액세스 형태와 관련을 가지고 있기 때문이다.

실제 업무에서는 아주 다양하게 활용할 수 있으므로 개념을 이해하는 수준에서 만족하지 말고 자신의 것으로 완전히 소화시켜 활용한다면, 여러분들의 많은 고민을 해결해 줄 수 있는 좋은 무기가 될 것이라 믿어 의심치 않는다.

1.4.1. 액세스 경로를 이용한 SORT의 대체

우리는 일반 인덱스나 클러스터 인덱스가 컬럼값으로 정렬되어 있다는 것을 잘 알고 있다. 앞서 살펴 보았듯이 대개의 'ORDER BY'는 전체범위 처리가 된다. 만약 우리가 정렬하고자 하는 순서와 액세스를 주관하는 인덱스의 컬럼의 앞부분이 같다면 인덱스를 사용하여 부분범위를 처리하도록 유도함으로써 'ORDER BY'를 하지 않아도 동일한 결과를 추출할 수 있다.

힌트를 사용하면 역순으로 정렬하는 경우도 적용이 가능하다. 지금까지 여러 가지를 설명하면서 인덱스를 이용하여 'ORDER BY'를 대신하는 사용 예를 많이 언급했기 때문에 이번에는 역순으로 정렬되기를 원하는 예를 들어 보자.

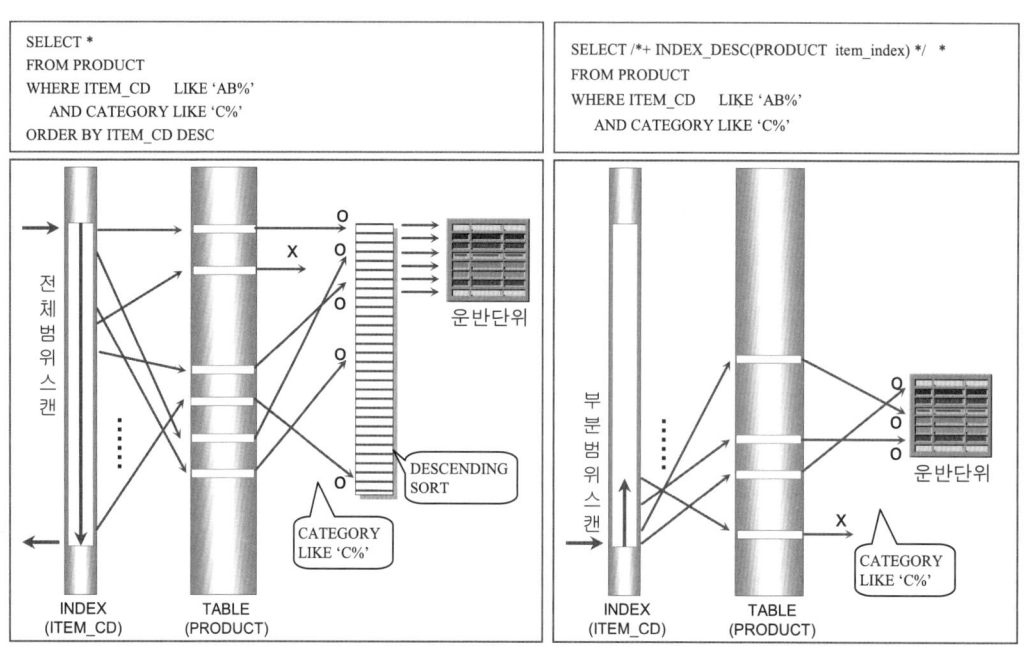

[그림 2-1-7]

양쪽 모두 ITEM_CD 인덱스를 사용하는 실행계획이 수립되었더라도 좌측 그림은 주어진 ITEM 조건에 해당하는 전체범위를 액세스하여 역순으로 정렬(Descending sort)하여 운반단위만큼 추출한다. 그러나 우측의 그림은 ITEM_CD 인덱스를 역순으로 처리하여 테이블을 액세스한 후 다른 조건과 비교하여 만족하는 로우들만 운반단위로 보내며 운반단위가 채워지면 추출시킨다.

규칙기준 옵티마이져인 경우는 좌측의 경우도 인덱스를 역순으로 액세스하는 부분범위 처리로 실행계획이 수립되지만 비용기준일 때는 반드시 그렇게 된다는 보장이 없기 때문에 우측과 같이 힌트를 사용하여 ORDER BY 대신에 인덱스를 이용한 부분범위 처리로 유도하는 것이 바람직하다.

만약 우리가 원하는 정렬이 'ITEM_CD DESC'가 아니라 'ITEM_CD DESC, CATEGORY DESC' 였다면 이런 방식으로는 유도할 수가 없다. 얼핏 생각하면 두 조건이 모두 LIKE 를 사용하였기 때문에 불가능할 것처럼 보이지만 그러나 이런 경우에도 인덱스가 'ITEM_CD + CATEGORY'로 결합되어 있기만 하다면 가능하다. 이처럼 부분범위 처리로 유도하기 위해서는 인덱스를 구성하고 있는 컬럼의 순서가 매우 중요한 결정요소가 된다.

만약 'SAFETY_STOCK'이라는 컬럼이 조건절에는 전혀 사용되지 않지만 'ITEM_CD, SAFETY_STOCK'으로 정렬되는 액세스가 아주 빈번하게 발생하고 있으나 항상 처리할 범위가 넓어서 전체범위 처리로는 큰 부담이 된다면, 'ITEM_CD + SAFETY_STOCK'로 된 결합 인덱스를 생성하여 해결할 수 있다.

이와 같이 액세스의 조건으로 사용되지 않더라도 'ORDER BY'를 없애기 위한 목적만으로 인덱스에 필요한 컬럼을 추가시키는 것도 하나의 좋은 활용 방법일 될 수도 있다.

앞에서 소개한 예는 액세스를 주관하는 컬럼이 'ORDER BY'할 컬럼과 동일한 경우이므로 쉽게 적용할 수 있었다. 그러나 실무에서는 이들 컬럼이 서로 다른 경우가 자주 발생한다. 과연 이러한 경우도 해결할 수 있는 방법이 있을까? 다음 SQL 을 살펴보자.

```
SELECT ord_dept, ordqty * 1000
FROM   order
WHERE  ord_date like '2015%'
ORDER BY ord_dept desc;
```

이 SQL 의 액세스를 주관하는 컬럼은 ORD_DATE 이다. 그러나 'ORDER BY'는 다른 컬럼인 'ORD_DEPT'의 역순으로 정렬되기를 원하고 있다. 물론 ORD_DATE 의 처리범위가 넓지 않다면 이것이 가장 양호한 액세스 경로가 되겠지만 처리범위가 넓다면 부담이 되지 않을 수 없다. 다음과 같이 SQL 을 바꾸어 보자.

```
SELECT /*+ INDEX_DESC(a ord_dept_index) */
       ord_dept, ordqty * 1000
FROM   order a
WHERE  ord_date like '2015%'
  AND  ord_dept > ' ';
```

여기서 AND ord_dept > ' ' 을 추가함으로써 이 SQL 은 액세스를 주관하는 컬럼과 'ORDER BY'할 컬럼이 같아졌다. 우리가 ord_date like '2015%' 인 범위가 아주 넓다고 가정했으므로 부분범위처리 속도향상의 원리인 '액세스 주관 컬럼의 처리범위가 넓어도 다른 조건의 처리범위도 같이 넓으면 빠르다'는 원리에 의해 아주 빠른 수행속도를 얻을 수 있다.

여러분은 힌트를 통해 액세스 주관 컬럼을 ord_dept_index 로 지정한 사실에 주목하기 바란다. "굴러온 돌이 박힌 돌을 뺀다"는 속담처럼 있지도 않은 컬럼을 추가하여 액세스 주관컬럼으로 사용하고, 원래의 조건은 검증 조건으로 바꾸어 부분범위 처리로 유도했다.

이 결과와 최초의 결과는 데이터 량에 따라서 수백, 혹은 수천 배의 차이가 날 수도 있다. 그러나 좀 더 실무적인 입장에서 생각해 보면 또 다른 상황이 발생할 수도 있다. 만약 ord_date like '2015%' 로 사용하지 않고 ord_date like :date 와 같이 변수값을 사용했다면 우리는 좀더 많은 사항을 고려해야 한다. 왜냐하면 실행 시 변수에 주어진 상수값은 경우에 따라 넓은 처리범위를 가질 수도, 그렇지 않을 수도 있기 때문이다.

만약 주어진 상수값이 좁은 범위를 가진다면 위의 예에서처럼 부분범위로 유도한 방법은 오히려 수행속도를 매우 나쁘게 만든다. 만약 1 개월 분량의 데이터가 이러한 방법에 대한 손익분기점이라고 한다면, 동적(Dynamic) SQL 을 사용하거나 SQL 을 별도로 적용시켜야 한다. 가령, SQL*Forms 에서라면 PRE_QUERY 에서 별도의 튜닝을 할 수 있으며, 프리컴파일러(Pre_Compiler)를 사용하고 있다면 동적 SQL 을 사용하거나 별도의 커서(Cursor)를 지정해야 한다. 그 외의 툴이라면 별도의 SQL 로 분리해야 할 것이다.

1.4.2. 인덱스만 액세스하는 부분범위처리

옵티마이져는 사용자의 의도와는 상관없이 인덱스만으로 처리할 수 있다고 판단되면 테이블을 액세스하지 않고 인덱스만 액세스하는 실행계획을 수립한다. 우리가 지금까지 넓은 범위의 처리를 위해 많은 노력을 기울인 주된 이유는 처리할 인덱스의 범위가 넓기 때문만은 아니다. 엄밀하게 말하면 처리범위가 넓어지면 인덱스를 통해 테이블을 액세스 하는 랜덤 처리량이 크게 증가하기 때문이다.

인덱스는 첫 번째 로우를 찾을 때만 랜덤 액세스를 하고 그 다음부터는 스캔을 하지만 테이블을 액세스하는 행위는 항상 랜덤 액세스를 해야 한다. 그러므로 수행속도에 가장 많은 영향을 주는 테이블 랜덤 액세스를 하지 않고, 인덱스로만 처리할 수 있다면 비록 처리 범위가 넓더라도 매우 효율적인 처리를 할 수 있다. 이러한 방식으로 유도하기 위한 최대의 관건은 역시 인덱스가 어떻게 구성되어 있느냐에 달려있다.

조건에 있는 각 컬럼들에 별도의 인덱스가 존재하더라도 항상 모든 인덱스가 사용되는 것은 아니다. 옵티마이져는 주어진 SQL 에서 사용된 컬럼들이 여러 개의 인덱스에 분산되어 있다면 그리 쉽게 인덱스만 사용하는 실행계획을 수립하지 않는다. 인덱스만 사용하는 실행계획이 수립되기 위해서는 다음과 같은 경우에 해당되어야 한다.

- ✧ 쿼리에 사용된 모든 컬럼들이 하나의 인덱스에 결합되어 있거나,
- ✧ 인덱스 머지가 되는 실행계획이 수립되려면 머지되는 두 개의 인덱스 내에 모든 컬럼들이 모두 사용되어야 한다. 우리는 앞서 인덱스 머지에 대해서 상세하게 살펴본 적이 있다.
- ✧ 쿼리에 사용된 전체 컬럼들이 몇 개의 인덱스에 모두 포함될 수 있다면 인덱스 조인이 성립하게 된다. 이런 경우는 인덱스들만 이용해서 조인을 하는 실행계획이 수립된다. 보다 상세한 내용은 '제 1 부 3.2.2 데이터 연결을 위한 실행계획'에 있는 '인덱스 조인(page 235~238)'을 참조하기 바란다.

앞서 우리는 인덱스 구성 전략을 수립하는 방법에 대해서 상세하게 살펴보았다. 친밀도가 높은 컬럼들을 모으고, 사용되는 빈도, 액세스 조건 연산자의 형태와 분포도 등을 통

해 컬럼의 순서를 정하였고, 마지막으로 '후보선수'에 해당하는 컬럼들을 선정하였다. 스타팅 멤버로 출전하지 않는다고 후보의 존재가치가 없는 것은 아니라고 했다. 어떤 후보를 선택하느냐 또한 액세스 효율에 많은 영향을 미치기 때문에 전략적으로 선택해야 한다고 강조했었다.

다시 말해서 인덱스만 액세스하도록 하는 실행계획으로 유도하기 위한 후보컬럼 선정도 중요한 전략 중의 하나라는 것을 강조하는 것이다. 물론 그렇다고 해서 인덱스에 함부로 컬럼을 추가하면 나쁜 실행계획이 나타날 수 있다는 것 또한 유의해야 한다. 다음의 SQL 과 그 실행계획을 살펴보자.

```
SELECT ord_date, SUM(qty)
FROM   order
WHERE  ord_date LIKE '201510%'
GROUP BY ord_date;
```

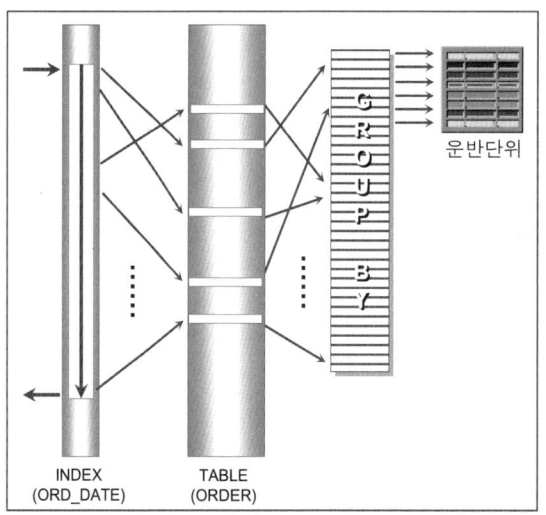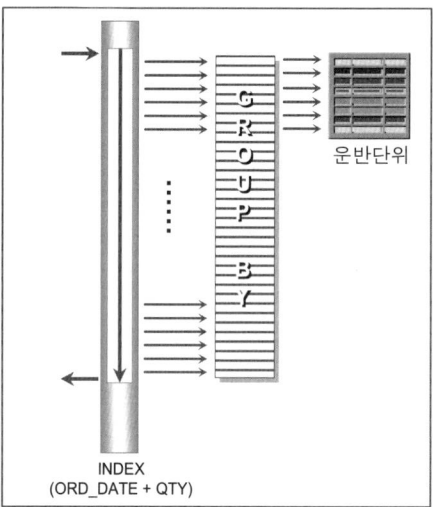

[그림 2-1-8]

그림에서와 같이 ORD_DATE 인덱스에 QTY 를 합친 결합 인덱스를 생성하면 옵티마이저는 인덱스만 사용하는 실행계획을 수립한다. 처리범위 및 클러스터링 팩터에 따라 차이가 있겠지만 좌측에 비해 거의 200 ~ 500% 정도의 수행속도를 향상시킨다.

이 두 가지 경우의 차이가 손익분기점만큼 차이가 나지 않는 것은 'GROUP BY' 처리가 양쪽에 모두 같이 있기 때문이다. 이와 같이 WHERE 절의 조건으로 사용하지 않은 컬럼도

인덱스만 사용하도록 유도할 목적으로 결합 인덱스에 추가할 수 있다

이번에는 조금 다른 사용 예를 한 가지 더 살펴보기로 하자. 현재 ORDER 테이블에는 'ORD_DATE + AGENT_CD'로 결합된 인덱스가 있다고 가정하고, 다음 SQL 을 수행시켜 보자.

```
SELECT ord_dept, COUNT(*)
FROM   order
WHERE  ord_date LIKE '201510%'
GROUP BY ord_dept;
```

이 SQL 은 먼저 'ORD_DATE + AGENT_CD' 인덱스로 전체범위를 스캔하여 랜덤으로 테이블을 액세스하고, GROUP BY 를 한 후 결과를 추출한다. 이번에는 다음 SQL 을 수행시켜 보자.

```
SELECT agent_cd, COUNT(*)
FROM   order
WHERE  ord_date LIKE '201510%''
GROUP BY agent_cd;
```

이 SQL 은 'ORD_DATE + AGENT_CD' 인덱스만 사용하는 실행계획을 수립하므로 훨씬 빠른 수행속도를 얻을 수 있다. 이와 같이 결합 인덱스를 구성할 때 어떤 컬럼들과 결합하느냐에 따라 액세스에 미치는 영향은 아주 다르게 나타나므로 인덱스를 구성할 때는 반드시 액세스 형태를 조사하여 전략적인 결정을 하여야 한다.

인덱스 조인에 관해서는 '제 2 부 조인의 최적화'편에서 상세하게 다루기로 하고 여기서는 언급을 하지 않겠다.

부분범위 처리(Partial Range Scan)

1.4.3. MIN, MAX의 처리

대량의 데이터를 가지고 있는 테이블에서 최대값(Max)이나 최소값(Min)을 찾거나, 기본키(Primary key)에 있는 일련번호를 생성하기 위해 최대값을 찾는 형태의 처리가 자주 발생하고 있다. 특히 기본키의 마지막 일련번호를 찾아 새로운 번호를 부여하는 처리는 실무에서 아주 많이 발생되지만 많은 사용자들이 좋지 못한 방법을 사용하고 있다. 참고로 이를 위한 몇 가지 해결 방안을 언급해 보기로 한다.

① 각 분류단위마다 하나의 로우를 가진 별도의 테이블을 생성해 두고, 트랜잭션마다 읽어서 사용하고 +1 을 하여 저장하는 방법이다. 현재 사용자들이 가장 애용하고 있는 이 방법은 결코 권장할 방법이 못 된다. 왜냐하면 대개의 경우 트랜잭션의 병목현상 및 잠금(Lock)을 발생시키는 원인이 되기 때문이다.

② 시퀀스 생성기(Sequence Generator)를 사용하는 방법이다. 시퀀스는 테이블이나 뷰처럼 일종의 데이터베이스 객체(Object)이며, 사용권한만 있으면 어떤 SQL 내에서도 마음대로 사용할 수가 있다. 여기서는 간단한 사용 예를 소개하겠다. 자세한 생성방법은 관련 매뉴얼을 참고하기 바란다.

```
CREATE SEQUENCE empno_seq    ----------------   시퀀스 명
    INCREMENT BY 1           ----------------   증가 단위
    START WITH 1             ----------------   시작 숫자
    MAXVALUE   100000000     ----------------   최대값 제한
    NOCYCLE                  ----------------   순환 여부
    CACHE 20                 ----------------   메모리 확보 단위
```

생성된 시퀀스는 SQL 내에서 CURRVAL(현재값), NEXTVAL(다음값)을 이용하여 원하는 값을 제공받는다. 시퀀스는 사용자가 생성한 테이블과는 근본적으로 다르다. 메모리 내에서 DBMS 가 자동으로 관리해 주며, LOCK 을 발생하지 않기 때문에 매우 양호한 수행속도를 보장받을 수가 있다.

먼저 사용 방법부터 알아보기로 하자. 이 값들은 다음의 경우에서 사용될 수 있다.

- INSERT 문의 VALUE 절
- SELECT 문의 SELECT-List
- UPDATE 문의 SET 절

몇 가지 사용 예를 소개하겠다.

```
SELECT empno_seq.CURRVAL   FROM DUAL;

INSERT INTO EMP (empno, ename, job, hiredate, sal)
VALUES(empno_seq.NEXTVAL,'James Dean','MANAGER','01-JAN-05', 3000000);

UPDATE EMP
   SET empno = empno_seq.NEXTVAL
WHERE empno = 10001 ;
```

시퀀스가 가지고 있는 몇 가지 흥미로운 특징들을 살펴보고 넘어가기로 하자. 시퀀스는 세션(session) 단위로 관리된다. 사실 서로 다른 세션에서 NEXTVAL 을 요구하든, 자신의 세션에서 계속해서 요구를 하든 무조건 하나씩 증가된 값이 나타난다. 세션이 갖는 특징은 바로 CURRVAL 에서 나타난다.

만약 어떤 세션에서 NEXTVAL 을 하지 않은 채 CURRVAL 을 요구하게 되면 에러가 난다. 그것은 CURRVAL 은 바로 그 세션이 지금 현재 가지고 있는 최종 시퀀스 값을 의미하므로 한번도 NEXTVAL 을 요구한 적이 없다면 보유하고 있는 CURRVAL 값이 없기 때문이다.

만약 어떤 세션이 NEXTVAL 을 요구한 후 다른 세션의 누군가가 다시 NEXTVAL 을 요구했더라도 CURRVAL 을 요구하면 자신이 최종으로 요구했던 NEXTVAL 값을 그대로 리턴한다. CURRVAL 은 아무리 여러 번을 요구해도 자신이 다시 NEXTVAL 을 요구하지 않는 한 동일한 값을 리턴 받게 된다.

시퀀스를 사용하면 수행속도에 매우 유리함에도 불구하고 실전에서는 그다지 많이 활용되지 않고 있다. 나름대로 분명히 이유가 있어서 그렇게 했을 것이다. 만약 우리가 그 이유를 정확하게 알 수만 있다면 활용률을 높일 수 있는 방법을 찾을 수 있을지도 모르는 일이다.

첫 번째 이유는 하나의 컬럼으로 인조 식별자를 만들 때 임의의 값으로 생성되는 것을 매우 싫어하는 경향 때문이다. 어차피 어떤 의미를 담고 있는 값이 아닌데도 불구하고 꼭 규칙을 부여하겠다는 선입견을 가지는 것이 가장 큰 문제라 하겠다. 사실 유명 ERP 패키지들을 보면 시퀀스로 생성한 임의의 번호를 많이 사용하고 있는 것을 발견할 수 있다.

마치 예쁘게 화장을 반드시 해야 남들 앞에 나설 수 있다고 생각하는 공주병(?)이 있는 여인처럼 뭔가 예쁘게 값을 만들어 넣어야 한다는 고정관념을 가진 경우가 그 원인인 경우가 대부분이다. 물론 첫 번째 자리에 있는 값에 의미를 부여하고자 한다거나 값의 범위를 정해 내용에 따라 번호를 부여하고자 하는 경우도 사실은 많이 있다.

그러나 이것도 어떻게 보면 고정관념으로 볼 수도 있다. 가령, 첫째 자리가 1~5 까지는 정규사원, 6 은 임시직 사원, 7 은 협력회사 직원, 8 은 관계사 직원,... 이런 식으로 사원번호를 부여했다고 가정하자. 일단은 사원번호만 보고도 유형을 알 수가 있으니 그다지 나쁘지는 않은 것처럼 보인다.

그런데 문제는 나중에 발생한다. 세월이 지나면서 새로운 유형의 사원이 추가될 수도 있고, 애초에 할당된 범위가 모자라 남의 범위를 침범하는 경우가 발생하는 바람에 처음에 정의했던 규칙이 깨어지는 경우가 많이 있다. 물론 처음의 의도는 좋았지만 나중에 가서 유명무실해지는 바람에 결국 임의의 번호를 부여한 것이나 다를 것이 없게 되었다.

사실 사원유형을 나타내는 속성은 이미 별도로 지정되어 있다. 또한 드물기는 하지만 만약 사원유형이 변경될 수도 있다면 규칙은 깨어질 수 밖에 없다. 물론 새로운 개체를 생성하는 방법을 사용할 수도 있겠지만 그것이 꼭 바람직한 방법이라고 할 수는 없다. 만약 굳이 의미를 부여하여 번호를 부여하거나 어떤 컬럼에 종속적으로 번호를 부여하겠다면 시퀀스를 적용할 수는 없다. 그 해결방법은 다음에 설명할 두 번째 처리 방법이다.

두 번째 이유는 중간에 누락이 되는 번호가 발생되기 때문이다. 시퀀스를 사용하던 사람들은 나중에 확인을 해 보았더니 영문도 모르게 누락되는 번호가 가끔 발생하는 것을 보고 이 문제를 너무 심각하게 받아들여 적용을 포기하는 사례를 많이 보았다. 먼저 이러한 문제가 발생하게 되는 이유를 살펴보기로 하자.

시퀀스 또한 테이블이나 인덱스처럼 일종의 데이터베이스 객체(Object)인 것은 분명하다. 그러므로 생성되면 데이터베이스의 데이터 딕셔너리에 관련정보가 저장된다. 거기에는 시퀀스의 최종값이 저장되어 있다. 그렇다고 해서 사용자가 NEXTVAL 을 했을 때마다 디스크에 저장되지는 않는다. 만약 그렇게 된다면 아무리 DBMS 가 처리한다고 하지만 이 또한 LOCK 을 피할 수는 없었을 것이다.

그들은 간단한 방법으로 이러한 문제를 해결하고 있다. 그것은 바로 저장할 값을 '현재의 최대치'가 아니라 'CACHE'에 있는 값만큼 선행 증가를 시키는 방법이다. 가령, 최초에 생성되었을 때 0 를 저장하는 것이 아니라 20(cache 값을 20 으로 지정했다고 가정했을 때)을 저장한다. 이 후 사용자의 요구에 의해 증가하는 것은 메모리 내에서 관리되다가 20 이 되는 순간 다시 40 을 저장하는 방식이다.

만약 36 인 상태에서 시스템에 이상이 발생하여 비정상 종료(Abnormal shutdown)가 되었다면 시스템이 다시 가동(Startup)되었을 때 41 부터 제공하게 된다. 이로 인해 일부의 값에 누락이 발생하게 되는 것이다. 물론 이것을 방지하려면 CACHE 값을 2 로 주면 된다. 그러나 이렇게 한다면 우리가 시퀀스를 사용하는 장점이 없어지게 되므로 바람직한 방법이라고 할 수 없다. CACHE 값은 괜히 불필요한 저장이 빈번하게 발생하지 않도록 충분히 크게 주는 것이 좋다.

시퀀스가 제공하는 값은 어차피 '임의의 값'이다. 값의 중간에 일부가 누락되었다고 해서 문제가 될 것이라고 생각하는 것은 고정관념이다. 물론 혹자는 이 값을 통해 총 개수를 알 수 있기 때문이라고 항변할 수도 있겠지만 그것은 그리 합당한 주장으로 받아들일 수 없다. 어차피 생성된 데이터 중의 일부를 업무적으로 삭제할 수도 있을 것이며, 취소할 수도 있을 것이므로 이 숫자를 전체 개수로 보는 것은 무리가 있다.

더욱 심한 생각을 하는 사람들도 있다. 그들은 이렇게 누락이 된 숫자가 있으면 불안해서 견딜 수가 없기 때문에 일일이 찾아내어서 반드시 채워주어야 한다고 생각하는 사람들이다. 그러나 얻을 것도 별로 없으면서 그 대가는 생각보다 너무 크기 때문에 좋은 결정은 아니라고 생각한다.

세 번째 이유는 바로 특정 분류단위로 일련번호가 증가하는 경우에는 처리할 수가 없기 때문이다. 가령, 'DEPTNO + SEQ'로 식별자가 구성되어 있다면 부서별로 일련번호가 발생해야 하므로 더 이상 시퀀스를 적용하기가 곤란하다. 이러한 경우에 가장 많이 사용하는 방법은 최종번호를 관리하는 사용자 테이블을 생성해서 번호를 증가시키는 방법이다. 이 방법은 심각한 LOCK 이 발생할 수 있으므로 함부로 사용해서는 안 된다.

일련번호를 관리하는 테이블을 가지지 않고서도 보다 유리한 방법으로 일련번호를 생성시킬 수 있는 방법을 알아보자. 그것은 바로 현재 생성된 최대값을 찾아 1 을 더하는 방법이다. 생성된 값을 일련번호를 관리하는 테이블에 저장할 필요가 없으므로 LOCK 을 피할 수는 있으나 넓은 범위에서 어떻게 효율적으로 최대값을 찾느냐가 관건이 될 것이다. 다음 SQL 과 실행계획을 살펴보자.

```
SELECT MAX(SEQ) + 1
FROM ORDER
WHERE DEPTNO = '12340';

Execution Plan
----------------------------------------------------------
 SELECT STATEMENT
  SORT (AGGREGATE)
   FIRST ROW
    INDEX (RANGE SCAN (MIN/MAX)) OF 'PK_ORDER' (UNIQUE)
```

위의 실행계획을 보면 새로운 처리방법이 나타나 있다. 바로 'FIRST ROW'와 인덱스 처리에 있는 'RANGE SCAN(MIN/MAX)'이다. 과거에는 조건에 있는 처리범위를 모두 액세스하여 정렬(Sort aggregate)하여 결과를 구하는 전체범위 처리를 하였다. 물론 이 부분의 실행계획이 버전에 따라 다르므로 여러분의 시스템 환경에서 테스트해 보기 바란다.

위의 실행계획은 MIN, MAX 에 따라 인덱스를 스캔하는 방법을 달리하여 단 한 건만 액세스하도록 하겠다는 의미이다. 만약 MIN 을 처리한다면 인덱스를 순차적(Ascending)으로 스캔하여 첫 번째 로우만 추출하고 멈추겠다는 것이며, MAX 를 처리한다면 인덱스를 역순(Descending)으로 액세스하여 한 건만 추출하고 멈추겠다는 것이다.

이러한 방법은 완벽한 부분범위 처리를 하므로 주어진 조건을 만족하는 범위가 아무리 넓다고 해도 아주 빠른 속도를 보장받을 수가 있다. 과거에는 옵티마이져가 이러한 처리를 스스로 하지 못했기 때문에 아래와 같이 인위적으로 이러한 절차로 처리되도록 해 주었다.

만약 여러분이 사용하고 있는 버전에서 상기 실행계획이 나타나지 않는다면 마찬가지로 다음과 같은 처리를 해 주어야 한다. 다음의 SQL 은 INDEX_DESC 힌트를 사용하여 인덱스를 역순으로 스캔하도록 한 다음 첫 번째 로우를 액세스하는 순간 즉시 멈출 수 있도록 ROWNUM 조건을 삽입하였다.

```
SELECT /*+ INDEX_DESC(order pk_order) */
       NVL(MAX(SEQ), 0) + 1
FROM   ORDER
WHERE  DEPT_NO = '12300'
  AND  ROWNUM = 1;
```

여기서 ROWNUM 은 앞서 살펴본 실행계획의 'FIRST ROW'와 동일한 효과를 가지고 있다. 이 SQL 의 수행은 인덱스를 한 로우만 액세스하였으므로 마치 기본키를 '='로 적용한 경우와 처리량이 같다. 그야말로 최소한의 액세스만 하였으므로 조금도 불만이 없다.

여기서 잠시 'NVL(MAX(SEQ), 0)'에 대해서 좀더 연구해 보기로 하자. WHERE 절에서 이미 'ROWNUM = 1'을 주었기 때문에 MAX 함수를 사용하지 않아도 되는데 굳이 사용한 이유가 무엇일까? 또한 왜 NVL 함수를 사용해야 하는 것일까?

WHERE 절에 있는 조건을 만족하는 집합이 존재하지 않을 때 만약 MAX 와 같은 그룹함수를 사용하지 않는다면 이 SQL 은 '실패(Failure, no data found)'가 되어 아무런 결과도 리턴하지 않는다. 이것은 분명히 NULL 값을 리턴하는 것과는 다른 것이다. 만약 위의 SQL 에서 MAX 없이 NVL 을 적용해 보면 NULL 값을 리턴하지 않는다는 것을 확인할 수 있다.

그러나 MAX 와 같은 그룹함수를 사용하면 SQL 은 언제나 '성공(Success)'이 된다. 만약 조건을 만족하는 집합이 없다면 이번에는 NULL 값을 리턴한다. 그러므로 위의 SQL 처럼 기술하면 조건을 만족하는 집합이 없을 때는 자연스럽게 '1'을 얻을 수 있다. 이런 부분을 감안해 두지 않으면 최초에 번호가 부여될 때 문제가 발생할 수 있으므로 반드시 잊지 말기 바란다.

이 방법의 활용을 높이기 위해 보다 실무적인 예를 더 들어 보자. 기본키가 일련번호인 경우에는 조건절에 있는 컬럼이나 MAX 에 부여하는 컬럼이 모두 인덱스에 속하는 단순한 형태이지만 실무상에서는 이런 경우보다 좀더 복잡한 형태가 나타날 수도 있다. 위의 예를 보면 마치 반드시 기본키의 일련번호를 찾을 때만 적용할 수 있는 것처럼 오해할 수도 있기 때문에 이번에는 인덱스에 포함되지 않은 조건이 추가된 경우를 소개하기로 하겠다.

```
SELECT /*+ INDEX_DESC(order ord_date_idx1) */
       NVL(MAX(sal_amount), 0)
FROM   order
WHERE  ord_date = :input_date
  AND  agent_cd = 'P01'
```

부분범위 처리(Partial Range Scan)

```
AND ROWNUM = 1;
```

인덱스는 'ORD_DATE + SAL_AMOUNT'로 결합되어 있고, AGENT_CD 는 이 인덱스에 결합되어 있지 않다고 가정한다.

① 주어진 ORD_DATE 조건에 대해 ORD_DATE_IDX1 인덱스를 역순으로 액세스하여 인덱스 로우의 첫 번째를 찾는다.

② 인덱스 로우에 있는 ROWID 로 테이블을 랜덤으로 액세스한다.

③ 읽혀진 로우에 있는 AGENT_CD 가 'P01'이라면 ROWNUM=1 을 만족했으므로 남은 처리를 하여 운반단위로 보내고 작업을 종료한다.

④ AGENT_CD 가 'P01'이 아니라면 아직 ROWNUM=1 을 만족하지 못했으므로 인덱스의 다음 로우를 찾아 ② ~ ③ 의 작업을 반복한다.

이러한 방식으로 처리되므로 설사 AGENT_CD 가 인덱스에 없더라도 이 조건을 만족하는 첫 번째를 찾는 순간 그것이 바로 그 AGENT_CD 의 해당 일자의 최대 SAL_AMOUNT 가 된다. 이처럼 액세스를 주관하는 컬럼과 MAX 를 구하고자 하는 컬럼만 결합 인덱스로 되어 있다면 다른 추가적인 조건들은 영향을 미치지 못한다는 것을 알 수 있다.

1.4.4. FILTER형 부분범위 처리

애플리케이션을 작성하는 과정에서 우리는 어떤 조건을 만족하는 집합의 존재 여부만 확인하여 그 결과에 따라 다음 처리를 진행해야 하는 경우를 자주 접하게 된다. 혹은 이와는 반대로 존재하지 않는 경우를 확인하고자 하는 경우 또한 많이 있을 것이다.

단지 존재의 여부만을 확인하는 작업은 처리된 결과가 한 개만 있거나 수백, 수천 개가 있거나 결과는 다를 것이 없다. 그렇다면 조건을 만족하는 첫 번째를 만나는 순간 실행을 종료하여도 충분하다. 그럼에도 불구하고 단지 존재의 여부를 확인하기 위해 별 생각없이 함부로 사용한 SQL 때문에 전체범위를 모두 처리하는 우를 범하는 경우가 자주 있다.

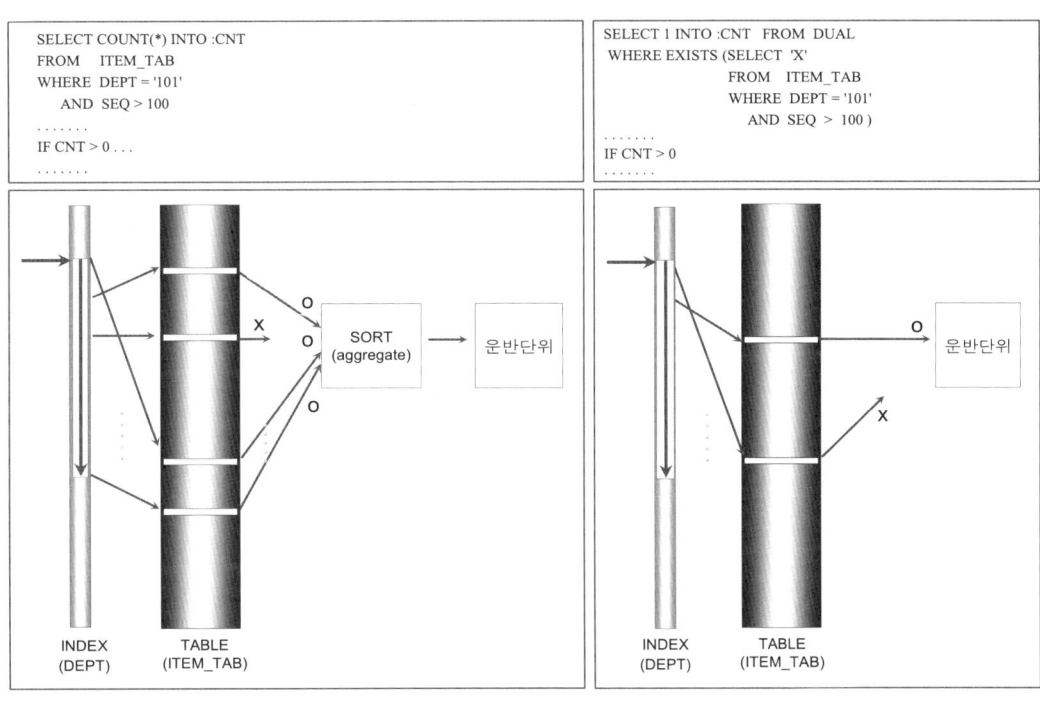

[그림 2-1-9]

이 그림의 좌측부터 자세히 살펴보자. 이 SQL 은 그룹함수를 사용하였기 때문에 논리적으로도 이미 일부분만 액세스하여 처리하는 것이 불가능하다. 먼저 드라이빙 조건인 DEPT 를 액세스하여 검증조건인 SEQ 를 체크한다. 통과한 결과에 대해 COUNT 를 하기 위한 정렬작업을 하여 그 결과를 변수에 저장한 후, 'IF CNT > 0'의 조건으로 다음 처리를 진행하고 있다.

그림에서도 확인할 수 있듯이 이 SQL 은 그 결과가 몇 건이건 간에 전체범위를 모두 처리하여 그룹함수로 가공하여 하나의 결과를 추출한다. 이와 같이 단지 존재 여부를 확인하기 위해 전체범위를 모두 처리했다는 것은 엄청나게 비효율적인 처리를 한 것이다. 그럼에도 불구하고 많은 개발자들은 너무나 당연한 것처럼 별 생각없이 이러한 방식으로 처리를 하고 있다.

이번에는 우측의 그림과 같이 EXISTS 를 사용하여 처리를 해보자. EXISTS 는 서브쿼리의 수행결과의 존재여부를 체크하여 성공과 실패만을 확인하는 불린(Boolean) 함수이다. 그러므로 단 하나라도 성공한 결과가 나타나면 즉시 수행을 멈추고 결과를 리턴한다. 다시 말해서 서브쿼리를 부분범위 처리로 수행하다가 조건을 만족하는 첫 번째 로우를 만나는 순간 서브쿼리의 수행을 멈추고 메인쿼리를 통해 결과를 리턴한다.

위의 그림을 서로 비교해 보면 그 차이를 확연히 알 수가 있을 것이다. EXISTS 를 사용한 실행계획은 다음과 같이 나타난다.

```
Execution Plan
------------------------------------------------------
SELECT STATEMENT
  FILTER
    TABLE ACCESS (FULL) OF 'DUAL'
    TABLE ACCESS (BY INDEX ROWID) OF 'ITEM_TAB'
      INDEX (RANGE SCAN) OF 'ITEM_DEPT_IDX' (NOT UNIQUE)
```

이 실행계획의 형태는 만약 'FILTER' 위치에 'NESTED LOOPS'를 넣어보면 우리가 많이 보아왔던 Nested Loops 조인과 매우 유사하다는 것을 알 수 있다. 실제로 내부적인 실행방법도 매우 유사하다. 다만 수행을 하다가 조건을 만족하면 해당 메인쿼리 대상 로우에 대해 서브쿼리의 수행을 멈춘다. 여기서는 DUAL 테이블이 단 하나의 로우만 가지므로 실제로는 메인쿼리와 서브쿼리가 단 한번씩만 수행된다.

보다 상세한 내용은 '제 2 부 조인의 최적화'에서 설명하는 세미(Semi) 조인 중에서 '필터(Filter)형 세미조인(page 593~596)' 편을 참조하기 바란다. 이번에는 조금 다른 사용 예를 살펴보기로 하자.

```
SELECT ord_dept, ord_date, custno
FROM   order
WHERE  ord_date like '2015%'
MINUS
SELECT ord_dept, ord_date, '12541'
FROM   sales
WHERE  custno = '12541';
```

이 SQL은 대량의 처리범위를 각각의 로우마다 랜덤 액세스로 대응되는 로우를 찾아 확인하는 것을 피하기 위해 '전체처리가 최적화(ALL_ROWS)'되도록 머지 방법으로 유도한 경우이다. 물론 배치처리 애플리케이션인 경우에는 좋은 방법이 될 수도 있겠지만 전체 범위로 처리되므로 온라인에서는 첫 번째 운반단위가 추출되는 시간이 많이 소요된다.

이것을 피하기 위해 EXISTS를 이용해 부분범위 처리로 바꾸어 보자.

```
SELECT ord_dept, ord_date, custno
FROM   order x
WHERE  ord_date like '2015%'
  AND NOT EXISTS (SELECT * FROM sales y
                   WHERE y.ord_dept = x.ord_dept
                     AND y.ord_date = x.ord_date
                     AND y.custno = '12541');
```

이제 이 SQL은 부분범위로 처리하도록 실행계획이 변경되었다. 수행속도를 검증해 보자. 액세스를 주관하는 컬럼인 ord_date like '2015%'를 만족하는 로우들은 아주 많다. 그러나 부분범위 처리는 비록 액세스 주관 컬럼의 처리범위가 넓더라도 체크 조건의 범위가 같이 넓다면 수행속도는 보장되므로 아직 걱정하기엔 이르다.

여기에서 사용된 서브쿼리는 'NOT EXISTS'를 요구했으므로 서브쿼리의 집합이 적을수록 조건을 만족하는 범위는 오히려 넓어지게 된다. 그러므로 CUSTNO = '12541'을 만족하는 로우가 적다면 체크 조건은 넓어져 아주 빠른 수행속도를 보장받을 수가 있으며, 그렇지 않다면 앞서 제시한 'MINUS'를 사용한 SQL이 더 유리해질 것이다.

1.4.5. ROWNUM의 활용

ROWNUM 이란 어떤 테이블 내에 물리적으로 저장되어 있는 컬럼이 아니라 SYSDATE 나 USER 등과 같이 모든 SQL 에 그냥 삽입해서 사용할 수 있는 일종의 가상(Pseudo)의 컬럼이다. 이 값은 SQL 이 실행되는 과정에서 발생하는 일련번호이므로 각 SQL 수행 시마다 같은 로우라 하더라도 서로 다른 ROWNUM 을 가질 수 있다.

그렇다면 이 또한 컬럼이 분명하기 때문에 조건절에 사용하여 우리가 원하는 만큼만 처리가 수행되도록 할 수 있다. 이 방법 역시 전체를 처리하지 않고 일부만 처리하도록 유도하는 방법이므로 일종의 부분범위 처리라고 말할 수 있다.

그러나 SQL 이 실행하는 어떤 과정의 어느 특정 부분에서 ROWNUM 이 결정되는지를 정확히 알지 못하고 사용한다면 우리가 원하지 않는 결과가 추출될 수도 있으므로 조심하여야 한다. ROWNUM 이 결정되는 과정을 그림을 통해 살펴보자.

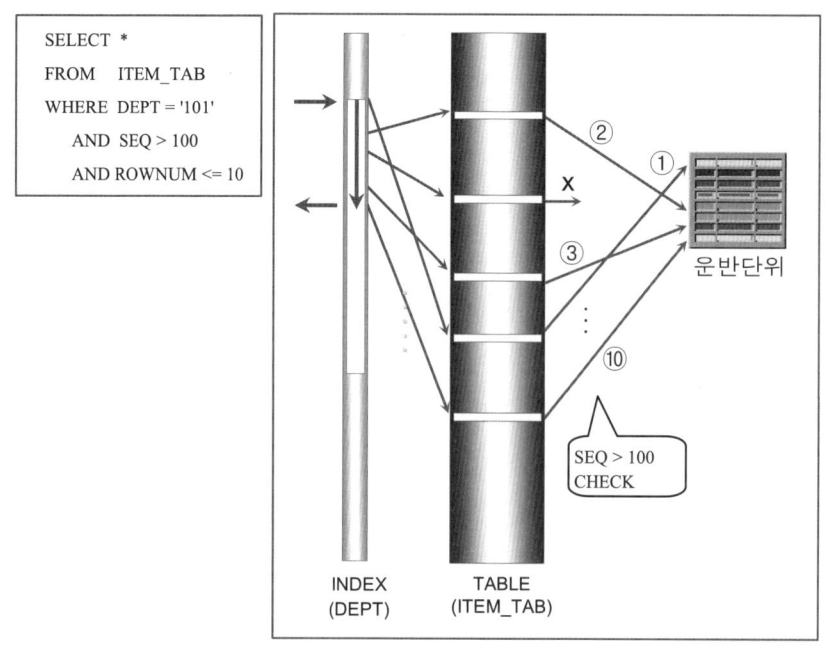

[그림 2-1-10]

위의 그림을 자세히 살펴보면 인덱스를 통해 액세스한 테이블의 로우들 중에 체크 조건을 확인하여 만족하는 로우들만 ROWNUM 이 부여되어 운반단위로 보내진다는 것을 알 수 있다. 그러므로 운반단위가 채워지거나 ROWNUM 이 10 보다 커지는 순간 수행을 멈추게 된다. 만약 액세스는 했으나 조건을 만족하는 로우가 없다면 끝까지 ROWNUM <= 10 을 만족하지 못했으므로 부분범위 처리 방식임에도 불구하고 전체범위가 끝날 때까지 계속 처리하게 될 것이다.

ROWNUM 은 액세스되는 로우의 번호가 아니라 조건을 만족한 '결과에 대한 일련번호' 이므로 우리가 단지 10 건만 요구하였더라도 내부적으로는 그것보다 훨씬 많은 로우가 액세스될 수도 있다. 그러므로 추출되는 로우 중에 10 번째 로우를 찾기 위해 WHERE 절에서 ROWNUM = 10 을 요구했다면 이 조건을 만족하는 로우는 결코 추출될 수가 없다.

원래의 조건을 모두 만족하여 ROWNUM 이 '1'이 될 수 있었다 하더라도 조건에 있는 'ROWNUM = 10'에 의해서 무시되어 ROWNUM 은 아직 '1'이 되지도 못했다. 그러므로 ROWNUM 이 '1'이 되지 않고서는 영원히 ROWNUM 은 '10' 이 될 수 없으므로 이러한 조건을 만족하는 로우는 결코 찾을 수가 없는 것이다. 이처럼 ROWNUM 은 조건으로 사용할 수 있으면서도 결과값이 되기도 하는 묘한 존재이다.

ROWNUM 을 사용했을 때의 실행계획은 앞서 이미 설명한 적이 있지만 부분범위의 개념을 설명하기 위해 다시 한 번 살펴보기로 하자.

```
Execution Plan
-------------------------------------------------
SELECT STATEMENT
  COUNT (STOPKEY)
    TABLE ACCESS (FULL) OF 'PRODUCT'
```

이 실행계획은 테이블을 부분범위 처리로 액세스하여 ROWNUM 을 COUNT 하다가 주어진 ROWNUM 조건에 도달하면 멈춤(Stopkey)을 하겠다는 것을 나타내고 있다. 이로써 확실히 일정 범위만 스캔했다는 것을 확인할 수 있다.

이번에는 SQL 내에 ORDER BY 나 GROUP BY 가 있을 때의 ROWNUM 이 어떻게 생성되는지 알아보기로 하자. 실행과정에 중간 가공을 발생해야 하는 전체범위 처리에서는 부분범위 처리를 할 때와는 많이 달라진다. 어떤 조건에 맞는 데이터를 액세스하여 정렬한 후 10 건만 추출하기 위해서 다음과 같은 SQL 을 수행시킨다면 우리가 원하는 결과를 얻을 수 없다.

부분범위 처리(Partial Range Scan)

```
SELECT ROWNUM, item_cd, category_cd, ……
FROM   product
WHERE  deptno like '120%'
   AND qty > 0
   AND ROWNUM <= 10
ORDER BY item_cd;
```

이 결과는 조건을 만족하는 10 개의 로우를 액세스한 다음 정렬하여 결과를 추출한다. 그것은 비록 ROWNUM 이 SQL 단위로 생성되는 값이기는 하지만 'ORDER BY'가 수행되기 전에 이미 WHERE 절에 있는 조건을 만족하는 로우마다 부여되어 임시공간에 저장된다. 그러므로 'ORDER BY'를 수행하기 전에 이미 'ROWNUM <= 10'이 적용되어 단 10 건만 정렬하여 운반단위로 보낸다. 그림을 통해 ROWNUM 의 생성을 확인해 보자.

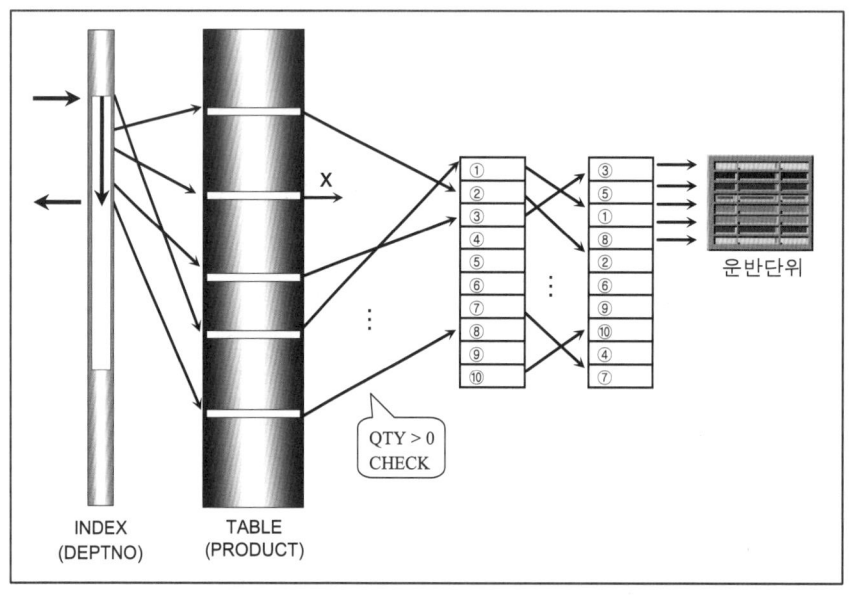

[그림 2-1-11]

이 그림을 살펴보면 추출된 로우들에 있는 ROWNUM 은 순차적 정렬이 되어 있지 않다는 것을 확인할 수 있다. 그렇다면 결과에 나타나 있는 ROWNUM 은 무엇인가? 이 SQL 은 전체범위 처리를 하여야 하므로 일단 조건에 맞는 데이터를 액세스하여 내부적으로 저장한 다음 이를 정렬하게 된다. 그것은 바로 내부적인 저장이 일어날 때 ROWNUM 이 생성되어 같이 저장된다는 것을 알 수 있다.

앞서 소개했던 부분범위 처리는 내부적인 저장을 하지 않으므로 생성한 ROWNUM 과 추출된 순서가 일치한다. 그러나 전체범위 처리를 하는 경우는 중간에 한번 더 가공 단계를 거치게 되므로 최종적으로 추출되는 로우의 순서와 ROWNUM 이 일치하지 않으며, 잘못된 결과를 추출할 수도 있다는 사실을 명심하기 바란다.

이 SQL 을 부분범위 처리가 되도록 바꾸어 줄 수만 있다면 쉽게 원하는 결과를 얻을 수 있다. 즉, ORDER BY 를 없애고 앞서 인덱스를 이용한 부분범위 처리로 유도하는 방법으로 SQL 을 변경시킨 후 'ROWNUM <= 10'을 추가하면 된다.

만약 다중처리(Array Processing)가 되는 툴(Tool)이라면 호스트변수(Host variable)를 배열(Array) 10 으로 지정하여 한 번만 패치(Fetch)하거나 'SELECT ... INTO ...'로 해결할 수 있을 것이다.

또 한 가지의 방법은 버전에 따라 차이는 있지만 다음과 같이 ORDER BY 를 인라인뷰에 넣은 다음 ROWNUM 을 체크하는 방법이다.

```
SELECT ROWNUM, item_cd, category_cd, ......
FROM   (SELECT *
        FROM   product
        WHERE  deptno like '120%'
          AND  qty > 0
        ORDER BY item_cd)
WHERE ROWNUM <= 10;
```

이 방법은 인라인뷰 내에 있는 처리는 전체범위로 수행되므로 불필요한 액세스가 많이 발생할 수 있으므로 주의하여야 한다.

GROUP BY 를 하는 경우는 좀더 큰 차이가 난다. 만약 우리가 앞서 소개한 ORDER BY 경우와 같이 WHERE 절 내에 ROWNUM 을 삽입한다면 동일한 문제가 발생한다. 그렇다면 우리가 GROUP BY 한 결과를 원하는 로우만큼 추출하고자 한다면 어떻게 해야 할까?

먼저, 뷰(View)를 만들어 해결하는 방법에 대해서 알아보기로 하자.

```
CREATE VIEW PROD_VIEW ( deptno, totqty )
AS SELECT deptno, sum(qty)
    FROM product
    GROUP BY deptno;
```

위의 뷰를 보면 전혀 조건절을 가지지 않으면서 DEPTNO 로 GROUP BY 를 하고 있는 것을 주시하길 바란다. 뷰란 원래 물리적인 저장공간을 가지지 않고 단지 자료사전(Data Dictionary)에 SQL 문장이 저장되어 있다가 SQL 을 수행하는 순간, 뷰의 SQL(뷰 쿼리)과 수행시킨 SQL(액세스 쿼리)을 합성(Merge)하여 실행계획을 수립할 뿐이다.

일단 다음과 같이 뷰를 이용해 ROWNUM 을 요구해 보자.

```
SELECT ROWNUM, deptno, totqty
FROM   PROD_VIEW
WHERE deptno like '120%'
  AND ROWNUM <= 10;
```

비록 뷰를 생성한 SQL 에는 조건절이 전혀 없었지만 SQL 을 실행하면서 액세스 쿼리가 뷰 쿼리로 합성되어 다음과 같은 SQL 이 내부적으로 만들어져서 수행된다.

```
SELECT ROWNUM, dept, totqty
FROM ( SELECT deptno, sum(qty) totqty
       FROM    product
       WHERE   deptno like '120%'
       GROUP BY deptno )
WHERE ROWNUM <= 10 ;
```

이 SQL 을 보면 액세스 쿼리에 있는 조건인 deptno like '120%'가 뷰의 조건절에 파고 들어가서 해당 범위만 액세스를 한 후에 GROUP BY 를 수행하고 있다는 것을 알 수 있다. 인라인뷰의 수행 결과를 테이블에 저장하고 그것을 다시 액세스했다고 생각해 보자. 실제로 GROUP BY 를 수행한 결과는 내부적으로 저장이 되며 이때 ROWNUM 도 같이 생성된다.

이와 같은 처리는 마치 두 개의 SQL 이 수행된 것과 유사하며 내부적으로 저장을 하는 단계 또한 두 번에 걸쳐 일어난다. 물론 그때마다 ROWNUM 은 다시 부여되며, 운반단위를 통해 추출되는 ROWNUM 은 두 번째 만든 것이다. 그러므로 당연히 순차적으로 나타난다. 이러한 처리단계를 그림을 통해 다시 한번 살펴보자.

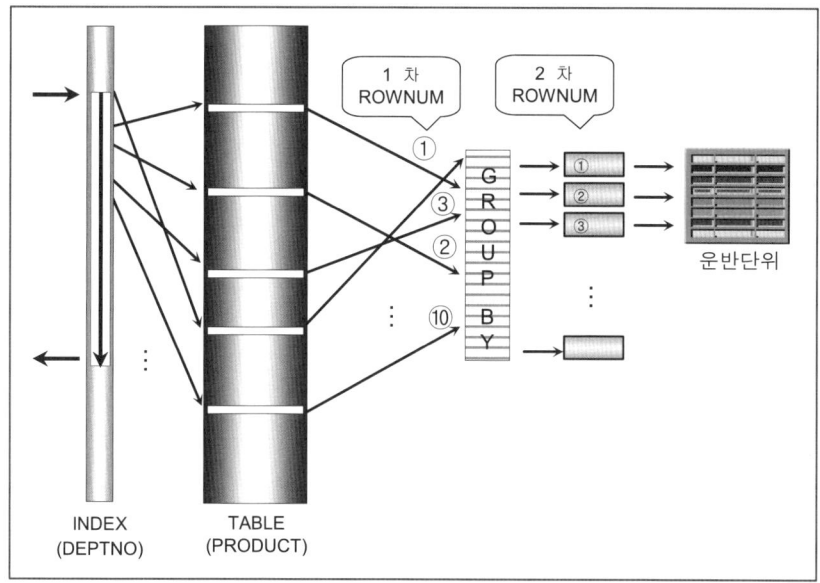

[그림 2-1-12]

그림에서 보는 바와 같이 조건에 맞는 데이터를 액세스할 때 발생되는 ROWNUM(1 차)과 GROUP BY 된 결과에 대한 ROWNUM(2 차)은 분명한 차이가 있다. 다음과 같이 사용한 경우의 ROWNUM 은 그림에 있는 '1 차 ROWNUM'을 이라는 사실을 명심하기 바란다.

```
SELECT deptno, sum(qty)
FROM   product
WHERE deptno like '120%'
   AND rownum <=10   ----------------- (1차 ROWNUM)
GROUP BY deptno;
```

논리적으로 보면 단위 SELECT 마다 하나씩의 ROWNUM 을 가질 수 있다고 생각하면 보다 이해가 쉬울 수도 있다. 다시 말해서 논리적으로 구성되는 단위 집합마다 ROWNUM 을 존재한다. 만약 선행 집합에서 생성된 ROWNUM 을 활용하고 싶다면 다른 이름으로 치환을 해두면 계속 유효하다.

이러한 성질을 잘 이용하면 다음과 같이 특정한 ROWNUM 만 출력시킬 수도 있다. 다음 SQL 은 하나의 SQL 에 존재하는 여러 개의 ROWNUM 이 어떻게 다르게 나타나는지 분명하게 보여주고 있다.

```
SELECT  deptno, totqty                              인라인뷰 2
FROM  ( SELECT   ROWNUM as RNUM, deptno, totqty     ------------ (b)
         FROM   ( SELECT deptno, SUM(qty) as totqty
                  FROM   PRODUCT
                  WHERE  deptno like '120%'         인라인뷰 1
                    AND  ROWNUM <= 100  ------------------------- (a)
                  GROUP BY deptno )
       )
WHERE RNUM = 5
   AND ROWNUM = 1 ;   --------------------------------------- (c)
```

이 쿼리는 GROUP BY 된 최종 결과 중에서 5 번째 로우만 출력한다. 비록 하나의 SQL 내에 사용된 ROWNUM 이지만 위의 (a), (b), (c)는 모두 다르다. (a)에 있는 것은 테이블에서 조건을 만족한 집합의 ROWNUM 이고, (b)에 있는 것은 GROUP BY 가 완료된 결과에 대한 ROWNUM 이며, 이것을 'RNUM'이라는 사용자 별칭(Alias)로 지정함으로써 인라인뷰의 결과값으로 인정받게 되었다.

이 값을 가장 외곽에 있는 SELECT 에서 'RNUM = 5'의 조건으로 찾으면 다섯 번째의 로우만 리턴하게 된다. 이렇게 별칭으로 이름을 치환해야 하는 이유에 대해서는 굳이 설명을 할 필요가 없을 것으로 생각된다. 주의할 사항은 여기서 조건절에 'ROWNUM = 1' 조건을 추가해야만 불필요한 처리를 없앨 수 있다는 점이다. 만약 이 조건이 없다면 'RNUM = 5'인 로우를 찾았더라도 멈추지 않고 인라인 뷰의 모든 로우들이 끝날 때까지 수행하게 될 것이다.

위의 예제와 같이 특정한 로우를 찾는 방법은 만약 많은 사용자가 어떤 범위의 데이터를 우선 순위에 따라 처리해야 하는 작업에 적용한다면 아주 양호한 수행속도를 얻을 수 있다. 이러한 방법은 많은 동시 사용자가 동일한 로우를 처리하기 위해 경합을 벌이는 것을 방지할 수 있으므로 LOCK 을 피할 수 있어 온라인 수행속도를 크게 향상시킬 수 있다.

마지막으로 ROWNUM 에 대한 활용법을 한 가지만 더 살펴보고 넘어가기로 하겠다. 온라인 검색을 하는 쿼리에서 사용자가 어떠한 조건을 부여할지 알 수 없기 때문에 때로는 매우 넓은 범위의 액세스가 발생할 우려가 있다고 가정해 보자.

만약 다음 SQL 처럼 부분범위로 처리되는 것이 확실하다면 사용자의 의지와 상관없는 ROWNUM 을 추가하여 지나친 액세스가 발생하는 것을 방지할 수 있다.

```
SELECT select_list...............
FROM   access_tables,..........
WHERE conditions............
   AND ROWNUM <= 1000 ;
```

엄밀하게 말한다면, 이 SQL 에 추가한 ROWUM 은 사용자가 원하는 조건을 무단으로 제한했다고도 볼 수 있다. 그러나 일반적으로 대부분의 온라인 검색은 사용자는 자신이 부여한 조건을 만족하는 결과가 얼마나 되는지를 알지 못한다. 만약 그 결과가 수만, 수십만이 넘었다고 한다면 먼저 추출된 일부의 로우만 확인하다가 검색 조건을 변경하여 다시 검색을 할 것이다.

수십 만의 결과를 눈으로 일일이 확인하는 사용자는 없다. 그럼에도 불구하고 사용자의 요구라고 해서 너무 고지식하게 모두 추출해 주려고 하는 것은 고려해볼 문제이다. 여기서 부가적으로 부여한 ROWNUM 은 사용자가 인지할 수 없는 충분히 큰 값을 의미하므로 논리적으로는 문제가 될 수는 있어도 현실적으로는 문제될 것이 없다.

어쩌면 이 개념은 만일을 대비한 일종의 보험이나, 방어벽과 유사하다고 할 수도 있다. 물론 'DECLARE… FETCH' 방식으로 적용한다면 사용자가 원할 때마다 패치를 해주는 부분범위 처리의 멈춤(Pause) 개념을 활용하는 방법을 사용할 수도 있다. 그러나 실전에서는 이러한 간단한 아이디어 하나가 심각하게 발생할 수 있는 문제를 미연에 방지해 주는 커다란 효과가 있으므로 상황에 따라 적절히 활용해보기 바란다.

1.4.6. 인라인뷰를 이용한 부분범위처리

인라인뷰를 활용하여 부분범위처리로 유도하는 방법은 여러 가지가 있으며, 앞으로 이 책의 시리즈 전편에서 자주 등장하게 될 것이다. 여기서는 원리와 기본적인 개념을 소개하는 정도에서 언급하기로 하고, 2권에서 자세한 활용법을 다루기로 하겠다.

인라인뷰를 활용하여 부분범위 처리를 유도하는 원리는 전체범위 처리가 되는 부분을 인라인뷰로 묶어서 다른 부분들은 부분범위 처리가 되도록 하겠다는 것이다. 즉, 그대로 두면 전체 쿼리를 전체범위 처리로 만들어 버리는 요인을 인라인뷰로 묶어내어 격리함으로써 다른 처리들을 부분범위 처리가 되도록 하겠다는 것이다.

우리가 작성하는 SQL을 좀더 면밀하게 분석해 보면 반드시 전체범위 처리를 해야 하는 부분과 그렇게 하지 않아도 되는 부분이 의외로 많이 존재한다는 것을 발견할 수 있다.

마치 냉장고에 냄새가 많이 나는 음식이 있어서 전체에 악취가 풍기고 있을 때 밀폐용기에 담아서 넣어둔다면 설사 같이 저장을 하더라도 악취가 제거되는 원리와 매우 유사하다고 할 수 있겠다. 문제의 초점은 어떻게 분리하여 어떤 부분을 인라인뷰로 묶어내느냐에 달려 있다고 할 수 있다. 다음과 같은 SQL을 살펴보자.

```
SELECT a.dept_name, b.empno, b.emp_name, c.sal_ym, c.sal_tot
FROM   department a, employee b, salary c
WHERE  b.deptno = a.deptno
  AND  c.empno  = b.empno
  AND  a.location = 'SEOUL'
  AND  b.job      = 'MANAGER'
  AND  c.sal_ym = '201512'
ORDER BY a.dept_name, b.hire_date, c.sal_ym;
```

이 SQL은 서울에 근무하는 매니저들의 입사일 순으로 급여액을 조회하고자 한다. 이러한 결과를 얻기 위해서 작성한 이 SQL은 일견 너무나 당연해 보인다. 부분범위 처리를 방해하는 정렬처리 컬럼은 세 테이블에 각각 분산되어 있으며, 추출하려는 로우의 단위는 최하위 집합인 'SALARY' 테이블이므로 우리는 어쩔 수 없이 모든 집합을 조인한 후에 정렬을 해야만 한다.

그러나 가만히 따져보면 분명히 무엇인가 불필요한 작업이 들어가 있다. 서울에 근무

하는 매니저들은 크지 않은 집합이 분명하다. 그렇지만 'SALARY' 테이블과 조인하는 순간 로우는 크게 증가한다. 이렇게 증가된 집합을 정렬하여 결과를 추출한다면 좋은 수행속도를 얻을 수 없다.

만약 적은 집합인 'DEPT'와 'EMPLOYEE' 테이블만 먼저 조인시키고 그 결과만 먼저 정렬시킨 다음, 대량의 집합인 'SALARY' 테이블은 기본키인 'empno + sal_ym' 인덱스를 경유하게 하는 방법으로 동일한 결과를 얻을 수 있다면 이것이 가장 이상적인 실행방법이 될 것이다.

다음과 같이 인라인뷰를 활용하여 SQL 을 변형시켜 보자.

```
SELECT /*+ ORDERED, USE_NL(x y) */
       a.dept_name, b.empno, b.emp_name, c.sal_ym, c.sal_tot
FROM ( SELECT a.dept_name, b.hire_date, b.empno, b.emp_name
       FROM   DEPT a, EMPLOYEE b
       WHERE b.deptno = a.deptno
         AND a.location = 'SEOUL'
         AND b.job = 'MANAGER'
       ORDER BY a.dept_name, b.hire_date ) x, SALARY y
WHERE y.empno = x.empno
  AND y.sal_ym = '201512';
```

여기서 힌트를 사용한 것은 반드시 인라인뷰를 먼저 수행한 다음, 그 결과와 'SALARY' 테이블이 Nested Loops 조인이 되도록 하기 위해서 사용했다. 이 SQL 에서 알 수 있듯이 처리 대상이 적은 테이블을 먼저 처리하여 전체범위 처리가 되도록 함으로써 대량의 데이터를 가진 집합은 부분범위로 처리되도록 했다는 것을 알 수 있다.

이번에는 GROUP BY 를 통해 가공된 중간 집합을 생성하고 나머지 참조되는 일종의 디멘전 테이블들을 부분범위 처리로 유도하는 경우를 살펴보자.

```
SELECT a.product_cd, product_name, avg_stock
FROM   PRODUCT a,
     ( SELECT product_cd, SUM(stock_qty) / (:b2 - :b1)  avg_stock
       FROM PROD_STOCK
       WHERE stock_date between :b1 and :b2
       GROUP BY product_cd ) b
WHERE b.product_cd = a.product_cd
  AND a.category_cd = '20';
```

부분범위 처리(Partial Range Scan)

사실 여기서는 매우 단순화 시켜서 개념만 설명을 하지만 정확하게 이해하여 실전에서 활용하면 상당한 효과를 얻을 수 있다. 이 SQL 은 CATEGORY_CD 가 20 인 PRODUCT_CD 들에 대해서 주어진 기간 내의 평균 재고 수량을 구하고 있는 SQL 이다. 만약 이것이 온라인 조회용 쿼리에서 발생한 것이며, CATEGORY_CD 가 20 인 PRODUCT_CD 가 매우 많다고 가정해보자.

사실 대부분의 사람들은 주저없이 이처럼 인라인뷰를 사용하지 않고, 바로 PRODUCT 와 PROD_STOCK 을 조인하여 GROUP BY 하는 방식으로 처리했을 것이다. 물론 가장 당연해 보이는 방법이기는 하지만 언제나 전체범위를 처리해야 하므로 좋은 수행속도를 보장받을 수 없다. 그것은 대량의 처리범위를 가진 PRODUCT_CD 들에 대해 다시 몇 개월 분의 평균 재고를 구해야 하기 때문이다.

어떻게 보면 이미 논리적으로도 그렇게 밖에 처리할 수 없을 것처럼 보이므로 더 이상의 개선사항이 없는 것으로 속단하여 개선을 포기할 수도 있다. 그러나 이러한 경우에도 조금만 생각을 바꾸기만 하면 어렵지 않게 부분범위로 처리할 수가 있어 현격한 수행속도의 향상을 얻게 된다. 최적의 처리가 될 수 있는 수행절차의 시나리오를 만들어 보자.

1) 대량의 처리 대상 범위를 가진 CATEGORY_CD 가 20 인 PRODUCT_CD 를 부분범위 처리 방식으로 첫 번째 로우를 읽는다.

2) 읽혀서 상수값을 가지게 된 PRODUCT_CD 와 이미 상수값을 가진 STOCK_DATE 로 인덱스 (product_cd + stock_date 로 구성되었다고 가정)을 이용해 PROD_STOCK 테이블을 액세스하여 평균 재고수량을 구한다.

3) 두 번째 PRODUCT_CD 에 대해 위의 작업을 반복하다가 운반단위가 채워지면 일단 멈춘다.

만약 이러한 절차로 수행될 수만 있다면, 주어진 모든 PRODUCT_CD 에 대한 평균재고 수량을 구하는 것이 아니라 단지 운반단위에 채울 PRODUCT_CD 에 대해서만 처리를 하게 되므로 첫 번째 운반단위가 리턴되는 시간은 매우 빨라질 것이다. 가령 1 만개의 대상 중에서 10 개만 처리했다면 1/1000 만큼만 처리하고도 일단 결과를 리턴할 수 있으므로 그 효과는 충분히 짐작할 수 있을 것이다.

이 SQL 을 분석해 보면 인라인뷰를 제외한 나머지 부분에는 전체범위 처리를 하게 만드는 것이 전혀 없다는 것을 알 수 있다. 그러나 문제는 이 SQL 에 대한 실행계획이 우리가 원하는 대로 만들어지지 않는다는 것에 있다. 불행히도 이대로는 그러한 실행계획을 만들 수 없다. 이러한 경우를 부분범위처리로 유도하는 방법은 두 가지가 있다. 하나는 사용자지정 저장형 함수를 사용하는 방법이고, 다른 한가지는 SELECT-List 에 인라인뷰 – 즉, 스칼라 서브쿼리 – 를 이용하는 방법이 있다.

저장형 함수를 이용하는 방법은 바로 다음 장에서 소개하게 될 것이므로 여기서는 스칼라 서브쿼리를 활용하는 방법만 알아보도록 하겠다. 물론 버전에 따라 이러한 기능이 제공되지 않을 수도 있으므로 확인해 보기 바란다.

```
SELECT a.product_cd, product_name,
     ( SELECT SUM(stock_qty) / (:b2 - :b1)
       FROM   PROD_STOCK b
       WHERE b.product_cd = a.product_cd
         AND b.stock_date between :b1 and :b2
     ) avg_stock
FROM   PRODUCT a
WHERE category_cd = '20';
```

스칼라 서브쿼리에 대한 상세한 개념과 활용방법은 '2 권'에서 다루게 될 것이다. 우리가 SELECT-List 에서 스칼라 서브쿼리를 사용하는 방법은 이 부분을 그대로 '사용자지정 저장형 함수'로 바꿀 수도 있다. 다음 장에서 설명할 저장형 함수를 이용한 부분범위 처리 방법과 비교해 보기 바란다. 이 두 가지는 서로 장·단점을 가지고 있으므로 반드시 어느 것이 더 좋다고는 할 수 없다.

인라인뷰를 활용하여 부분범위 처리로 유도하는 방법은 이외에도 아주 다양하게 있지만 이 책의 시리즈 전편에서 자주 등장하게 될 것이므로 여기서는 기본적인 원리와 대표적인 활용 사례를 연구해 보는 선에서 끝내도록 하겠다.

1.4.7. 저장형 함수를 이용한 부분범위처리

저장형 함수가 가지고 있는 가장 큰 특징은 SQL 내로 절차형 처리를 끌어들였다는 점이다. 이러한 특징은 매우 커다란 의미를 가진다. SQL 은 비절차형 언어이므로 실무에서 발생하는 복잡한 처리를 하는 것이 쉽지 않은 것이 사실이다. 물론 모든 데이터 처리를 '집합의 연산' 개념으로 접근한다면 보다 많은 처리를 SQL 만으로도 구현해 낼 수도 있다.

그러나 대부분의 개발자들은 절차형 언어에 익숙해져 있기 때문에 집합적이고 비절차형 사고로 전환하는 것이 말처럼 쉽지 않다. 또한 복잡한 처리가 SQL 에서 처리될수록 전체범위로 처리되는 경우가 증가할 수 밖에 없다. 만약 이러한 부분을 저장형 함수로 만들어서 숨겨버린다면 SQL 에는 전체범위 처리를 해야 할 요인을 제공하지 않게 할 수가 있어 부분범위 처리로 유도할 수 있을 것이다.

저장형 함수는 데이터베이스가 제공하는 절차형 SQL 을 이용해 생성한다. 이 저장형 함수 내에는 하나 이상의 SQL 이 존재할 수 있음은 물론이고 다양한 연산이나 조건처리, 반복(Loop) 처리도 할 수 있다. 외부에서 받은 값이나 고정된 상수값을 이용하여 필요한 처리를 하여 단 하나의 결과값만을 리턴한다. 또한 저장형 함수는 처리할 각 집합의 각각의 대상 로우에 대해 한 번씩 수행한다.

그러나 저장형 함수는 장점뿐만 아니라 많은 단점을 가지고 있으므로 정확한 개념을 알지 못한 채 함부로 사용해서는 안 된다. 우선 단일값만 리턴하기 때문에 만약 여러 개의 결과를 얻고자 한다면 반복해서 사용해야 하므로 매우 주의해서 사용해야 한다. 물론 이런 문제를 해결하는 방법이 몇 가지 있기는 하지만 나중에 언급하기로 한다.

특히 해당 집합의 로우마다 실행된다는 것은 처리 속도에 문제가 될 소지가 많기 때문에 매우 주의를 할 필요가 있다. 일반적으로 절차형 처리는 복잡해지는 경향이 있어 아무래도 무거워질 수가 있다. 저장형 함수에서 이러한 처리는 치명적이다. 만약 한번 수행하는 시간이 0.01 초에 불과하더라도 1,000 번만 수행되어도 벌써 10 초가 된다는 계산이 나온다. 그렇다면 이미 온라인에서는 받아 들이기 어렵다.

배치 처리 형태의 애플리케이션이라면 더욱 더 저장형 함수를 사용하지 않는 것이 좋다. 배치 처리는 일반적으로 처리할 데이터가 훨씬 더 많으므로 부하에 대한 부담은 더욱 늘어날 수 있기 때문이다. 배치 처리는 대부분 절차형 언어를 사용하므로 이미 그렇게 하지 않고 다른 방법으로도 얼마든지 해결할 수 있을 것이다. 그러므로 여러분들은 저장형 함수를 이용하면 SQL 내에서 절차형 처리를 할 수 있다는 사실에만 너무 현혹되어 저장형 함수 내에 마치 프로그램을 넣어 둔 것처럼 작성해서는 안 된다.

저장형 함수의 적용기준에 대해서는 조금 뒤에서 다시 언급하기로 하고 일단 저장형 함수를 이용한 부분범위 처리에 대해서 살펴보기로 하자. 앞서 서브쿼리를 이용한 부분범위 처리에서 소개했던 마지막 사례를 저장형 함수를 활용하는 방법으로 바꾸어 보자.

```
CREATE or REPLACE FUNCTION GET_AVG_STOCK
  ( v_start_date in date,
    v_end_date   in date,
    v_product_cd in varchar2 )
  RETURN number IS
  RET_VAL number(14);
BEGIN
  SELECT SUM(stock_qty) / (v_start_date - v_end_date) ) into RET_VAL
  FROM PROD_STOCK
  WHERE product_cd = v_product_cd
    AND stock_date between v_start_date and v_end_date ;
  RETURN RET_VAL ;
END GET_AVG_STOCK ;

SELECT product_cd, product_name,
       GET_AVG_STOCK(product_cd, :b1, :b2) avg_stock
FROM   PRODUCT
WHERE category_cd = '20';
```

위의 SQL을 살펴보면 어디에도 전체범위 처리를 해야 할 요인들을 찾을 수 없기 때문에 부분범위 처리가 되는 것이 확실하다. 설사 저장형 함수에 훨씬 더 복잡한 처리가 들어 있더라도 부분범위 처리에는 아무런 영향을 미치지 못한다. 사실 저장형 함수를 이용해 부분범위 처리를 하는 방법은 너무 간단하므로 굳이 별도의 설명할 필요도 없다. 그러나 보다 분명한 적용방법을 이해하기 위해 몇 가지 형태를 좀더 알아보기로 하자.

가) 확인자 역할의 M 집합 처리를 위한 부분범위처리

우리가 처리하고자 하는 집합과 1:M 관계에 있는 집합을 조인하면 그 결과는 M 집합이 된다고 했다. 만약 M 집합을 연결해야 하는 이유가 단지 확인자 역할이었다면 함부로 조인을 사용하는 것은 바람직하지 못하다. 그것은 다시 원래의 집합으로 돌아오기 위해서는 GROUP BY, DISTINCT 등을 통해 부담이 많은 처리를 추가해야 하기 때문이다.

물론 이러한 경우에 가장 유용하게 사용할 수 있는 것은 서브쿼리를 활용하는 것이다. 그러나 이러한 확인자의 역할의 내용이 매우 복잡하거나 상황에 따라 여러 개의 테이블을 다르게 참조해야 하는 등 서브쿼리를 적용하는데 문제가 있다면 이를 해결할 수 있는 좋은 대안으로써 저장형 함수가 사용될 수 있다. 다음의 사례를 통해 개념을 파악해 보자.

```
SELECT y.cust_no, y.cust_name, x.bill_tot, ...............
FROM ( SELECT a.cust_no, sum(bill_amt) bill_tot
       FROM   account a, charge b
       WHERE a.acct_no = b.acct_no
         AND b.bill_cd = 'FEE'
         AND b.bill_ym between :b1 and :b2
       GROUP BY a.cuat_no
       HAVING sum(b.bill_amt) >= 1000000 ) x, customer y
WHERE y.cust_no = x.cust_no
  AND y.cust_status = 'ARR'
  AND ROWNUM <= 30;
```

이 SQL은 고객의 상태가 '체납(ARR)'인 사람이 보유하고 있는 계정(Account)들의 청구(Charge) 정보에서 주어진 기간 내에 요금(Fee)으로 청구한 총금액이 백만 원이 넘는 30명만 선별하고자 하는 SQL이다.

우리가 추출하고자 하는 데이터는 CUSTOMER 레벨이지만 이를 위해 액세스해야 할 데이터는 그 보다 하위인 ACCOUNT와 CHARGE 테이블이다. 만약 이 SQL의 실행계획이 우리가 바라는 대로 먼저 체납 고객만을 대상으로 서브쿼리 내에서 그들의 청구정보를 처리하다가 30개가 되면 멈추어 준다면 아무런 문제가 없다.

그러나 불행히도 결단코 그러한 실행계획은 나타나지 않는다. 주어진 기간내의 모든 고객의 요금 청구를 액세스하여 GROUP BY 하고 HAVING 으로 체크해 선별한다. 그 결과를

CUSTOMER 와 조인하여 체납 고객만 취하고 그 중에서 30 개만 리턴한다. 만약 체납 고객이 5% 미만이고 그 중에서 30 명은 1/100 이라면 우리가 불필요하게 처리한 일량은 실로 막대하다.

이러한 비효율을 제거하기 위해서 우선 우리가 생각해 볼 수 있는 방법은 앞서 소개했던 EXISTS 서브쿼리를 활용하는 방법일 것이다. 그러나 불행히도 이 서브쿼리는 불린 값만을 리턴할 수 있기 때문에 위의 예에서처럼 고객의 요금청구총액(bill_amt) 를 얻을 수 없어 적용이 불가능하다. 물론 이 금액을 리턴받지 않는다면 다음과 같이 부분범위로 쉽게 유도할 수 있다.

```
SELECT y.cust_no, y.cust_name, ..................
FROM   customer y
WHERE  y.cust_status = 'ARR'
  AND EXISTS ( SELECT 'x'
               FROM   account a, charge b
               WHERE  a.cust_no = y.cust_no
                 AND b.acct_no = a.acct_no
                 AND b.bill_cd = 'FEE'
                 AND b.bill_ym between :b1 and :b2
               GROUP BY a.cust_no
               HAVING sum(b.bill_amt) >= 1000000)
  AND ROWNUM <= 30;
```

그러나 결과를 리턴 받으면서 부분범위를 가능하게 하려면 저장형 함수를 사용함으로써 간단하게 해결할 수 있다. 다음 SQL 을 살펴보자.

```
CREATE or REPLACE FUNCTION CUST_ARR_FEE_FUNC
   (v_costno   in varchar2,
    v_start_ym in varchar2,
    v_end_ym   in varchar2)
RETURN number IS
RET_VAL number(14);
BEGIN
   SELECT sum(bill_amt) into RET_VAL
   FROM   account a, charge b
   WHERE  a.acct_no = b.acct_no
```

부분범위 처리(Partial Range Scan)

```
        AND a.cust_no = v_cust_no
        AND b.bill_cd = 'FEE'
        AND b.bill_ym between v_start_ym and v_end_ym ;
    RETURN RET_VAL ;
END CUST_ARR_FEE_FUNC ;


SELECT CUST_NO, CUST_NAME, CUST_ARR_FEE_FUNC(cust_no, :b1, :b2), …………
FROM CUSTOMER
WHERE CUST_STATUS = 'ARR'
   AND CUST_ARR_FEE_FUNC(cust_no, :b1, :b2) >= 1000000
   AND ROWNUM <= 30 ;
```

이 방법은 EXISTS를 사용했을 때는 얻을 수 없었던 '요금총액'을 추출할 수 있으며 부분범위로 처리될 수 있게 되었다. 그러나 여기에도 약간의 문제점이 있다. 그것은 바로 조건절에 있는 저장형 함수와 SELECT-List 에 있는 저장형 함수는 동일한 함수이지만 각각 별도로 수행되기 때문이다.

논리적으로는 그렇게 처리될 이유가 없지만 저장형 함수의 수행 메커니즘이 이렇게 되어 있는 이상 어쩔 수 없는 노릇이다. 물론 저장형 함수의 중복 수행이 거의 부담이 없는 수준이라면 이렇게 적용할 수도 있겠지만 그렇지 않다면 어떤 방법을 강구해야만 한다. 일차적으로 생각해 볼 수 있는 방법은 절차형 SQL을 사용하는 방법이 있다. 상기 SQL 에서 조건절에 있는 함수를 제거한 상태로 커서를 선언하여 차례로 패치하면서 해당 고객에 대한 요금총액을 체크하여 30 개를 만족할 때까지 수행하는 방법이다.

좀더 간편한 방법이 있다. 그것은 바로 인라인뷰를 활용하는 방법이다. 다음과 같은 인라인뷰를 만들어 보자.

```
SELECT cust_no, cust_name, bill_tot, …………
FROM ( SELECT ROWNUM, cust_no, cust_name,
              CUST_ARR_FEE_FUNC(cust_no, :b1, :b2) bill_tot, ……………
         FROM customer
        WHERE cust_status = 'ARR' )
WHERE bill_tot >= 1000000
  AND ROWNUM <= 30;
```

이 SQL 의 실행계획을 살펴보면 몇 가지 특이한 점을 발견할 수 있다.

```
Execution Plan
---------------------------------------------------
SELECT STATEMENT
  COUNT (STOPKEY)
    VIEW                ..................................................... (b)
      COUNT             ..................................................... (a)
        TABLE ACCESS (BY ROWID) OF 'CUSTOMER'
          INDEX (RANGE SCAN) OF 'CUST_STATUS_IDX'
```

먼저 (a)에 있는 COUNT 가 왜 나타나게 되었는지 알아보기로 하자. 이것은 서브쿼리에 추가한 ROWNUM 때문에 나타난 것이다. 우리는 이 ROWNUM 이 메인쿼리의 WHERE 절에 있는 것과는 다르다는 것을 이미 잘 알고 있다. 그런데 어떻게 보면 이 ROWNUM 은 실제로 특별하게 활용되는 것도 없이 불필요하게 추가되어 있는 것처럼 보인다.

그러나 여기에 바로 비결이 있다. 사용자가 서브쿼리의 ROWNUM 을 확보해 달라고 요구했기 때문에 옵티마이져는 서브쿼리의 결과를 임시 저장공간에 보관하지 않을 수 없다. 위의 실행계획에 나타난 (a)의 'VIEW'는 내부적으로 이 집합이 저장되었음을 의미한다. 이로 인해 서브쿼리에 있던 저장형 함수는 한 번 수행한 후에 저장되며, 메인쿼리는 그 결과에 대해 처리하므로 저장형 함수는 한 번만 수행될 수 있게 되었다.

만약 상기 SQL 에서 서브쿼리에 있는 ROWNUM 을 제거한다면 어떤 일이 일어날 것인가? 겉으로 보기에는 저장형 함수가 서브쿼리에만 있고 메인쿼리는 그 결과를 가져다 쓸 것처럼 보이지만 실제로는 그렇지 않다는 것에 유의하기 바란다.

그러나 이러한 효과를 위해서 반드시 ROWNUM 을 사용해야만 하는 것은 아니다. 가령, ORDER BY 나 GROUP BY 등과 같이 임시 공간에 저장을 하게 되는 경우는 동일한 효과를 얻을 수 있다.

나) 특정 부분만 부분범위처리로 유도

실무에서 온라인 처리를 하다 보면 처리범위는 넓지만 수행속도는 보장받아야만 하는 어려운 상황에 처하는 일이 한두 번이 아니다. 원래의 처리범위는 적은데 단지 액세스 방법의 문제로 인해 수행속도가 저하된 경우라면 액세스 원리를 꽤 뚫고 있는 사람은 쉽게 해결할 수가 있다. 그러나 아무리 액세스를 최적화 하더라도 반드시 액세스해야 할 절대적인 범위가 넓다면 이런 방법만으로는 해결할 수 없다.

이러한 경우에 가장 많이 사용하는 방법은 미리 가공해 둔 집계성 테이블을 만드는 것이다. 어떠한 방법을 사용해도 도저히 수행속도를 개선할 수 없다 보니 어쩔 수 없는 선택이었으리라 생각된다. 그러나 그 중에서 많은 경우들은 부분범위 처리로 유도함으로써 쉽게 해결할 수 있을 때가 생각보다 아주 많이 있다.

여러분이 부분범위 처리의 개념과 원리를 완전히 소화한 상태에서 이러한 문제들을 면밀하게 살펴본다면 처음에는 어쩔 수 없이 전체범위를 처리할 수밖에 없는 것처럼 보이던 경우들도 약간의 창의성만 발휘한다면 충분히 부분범위로 유도할 수 있다는 것을 발견 할 수 있을 것이다. 앞서 서브쿼리를 이용해 부분범위 처리로 유도하는 방법에서도 설명했듯이 전체범위 처리를 하게 만드는 부분만 잘 분리해 낸다면 나머지는 부분범위로 처리할 수 있는 경우가 아주 많다.

이러한 경우라면 원인이 되는 부분만 전체범위로 처리하고, 나머지 처리는 부분범위처리로 유도할 수 있을 것이다. 물론 이렇게 하더라도 수행속도가 이미 온라인 처리로는 받아 들일 수 없다면 또 다른 방법을 강구해야 할 것이다. 그렇지 않다면 이러한 방법을 사용함으로써 별도의 테이블을 추가하지 않고서도 해결할 수 있으므로 매우 구미가 당기는 일이 아닐 수 없다.

저장형 함수는 어떤 경우는 서브쿼리보다 훨씬 효율적으로 이러한 문제를 해결하는데 도움을 줄 수 있다. 좀더 이해를 쉽게 하기 위해 실제 사례를 통해 활용 원리를 알아 보기로 하자.

한 가지 예를 들어보자. 어떤 회사에서는 3,000 여 개의 대리점들을 관리하고 있으며 조건으로 부여한 대리점들에 대해서 지난 1년간의 매출내역을 조회하려고 한다. 단, 정렬 순서는 1월분 매출액의 역순으로 한다. 검색할 대리점의 수는 조건에 따라서 얼마나 될지 알 수 없으며, 대리점의 월 평균 매출 건수는 수백 건이 된다고 가정하자. 이것을 SQL로 해결한다면 다음과 같이 처리할 수 있다.

```
SELECT sal_dept, agent_name, jan_tot, feb_tot, ……… , dec_tot
FROM
  (SELECT sal_dept,
          Sum(decode(substr(sal_date,1,6),:year||'01',sal_amt)) jan_tot,
          Sum(decode(substr(sal_date,1,6),:year||'02',sal_amt)) feb_tot,
          ……………………………………………………………………………………… ,
          Sum(decode(substr(sal_date,1,6),:year||'12',sal_amt)) dec_tot
   FROM  sales
   WHERE sal_date  like :year||'%'
   GROUP BY sal_dept
   ORDER BY jan_tot DESC) s, agent a
WHERE a.agent_no = s.sal_dept
  AND a.loc = :b1 ;
```

이 SQL은 일견 너무나 당연해 보여서 더 이상의 개선의 여지가 없는 것처럼 보인다. 대리점별로 월별 집계를 구하지 않고서는 결과를 도출할 수 없으며, 이 모든 것이 완료된 후에야 정렬을 할 수 있으므로 이렇게 밖에 할 수 없을 것처럼 보인다. 그러나 대략적으로 예상해 봐도 이미 이 SQL은 온라인 용으로는 적당하지 않다. 3,000개 대리점의 일년간 매출 건수는 줄잡아 계산해 보아도 최소한 3,000 * 12 * 100 = 3,600,000이나 된다.

조건으로 부여한 대리점만 처리했다고 하더라도 만약 LOC가 대도시였다면 500 * 12 * 100 = 600,000이 될지도 모른다. 이것은 최소한으로 계산한 것이기 때문에 실제로는 더 큰 부담이 있어 도저히 온라인으로 사용할 수는 없다. 그러나 이러한 경우라도 화면을 통해 제공되는 온라인용 애플리케이션이라면 저장형 함수를 이용하여 부분범위 처리로 유도할 수가 있다.

위의 SQL을 면밀하게 분석하여 반드시 전체범위를 처리해야만 하는 부분을 찾아보기로 하자. 만약 1월분 매출총액의 역순으로만 정렬하지 않는다면 일단 화면에 추출할 몇 개의 대리점에 대해서만 집계하도록 할 수 있을 것이다. 이것은 모든 대리점을 전부 처리하는 것에 비해 처리량이 크게 감소한다. 자세히 살펴보면 대리점별 1월의 매출총액을 제외하면 나머지는 반드시 전체범위를 먼저 처리할 필요가 없어진다는 것을 알 수 있다.

부분범위 처리(Partial Range Scan)

그렇다면 12개월을 모두 처리하지 않고 1월분만 먼저 처리해서 순서를 결정한 후 그 중에서 화면에 일차로 추출할 대리점들에 대해서만 나머지 11개월을 처리하도록 한다면 상당한 양의 처리를 줄일 수 있지 않겠는가?

먼저, 대리점의 월별매출 총액을 구하는 다음과 같은 저장형 함수를 만들어 보자.

```
CREATE or REPLACE FUNCTION GET_AGENT_SALAMT
 (v_agent in varchar2,
  v_year  in varchar2)
RETURN number is
 RET_VAL number(14);
BEGIN
 SELECT nvl(sum(sal_amt),0) into RET_VAL
 FROM   sales
 WHERE sal_dept = v_agent
   AND sal_date  like v_year||'%';
RETURN RET_VAL;
END GET_AGENT_SALAMT;


SELECT sal_dept, agent_name,                    jan_tot,
       GET_AGENT_SALAMT(sal_dept, :year||'02') feb_tot,
       ..............................................................,
       GET_AGENT_SALAMT(sal_dept, :year||'12') dec_tot
FROM ( SELECT sal_dept, nvl(sum(sal_amt), 0) JAN_TOT,
              max(agent_name) agent_name
       FROM   sales s, agent a
       WHERE s.sal_dept = a.agent_no
         AND a.loc = :b1
         AND s.sal_date  like :year||'01'
       GROUP BY sal_dept
       ORDER BY jan_tot DESC);
```

위의 SQL은 먼저 조건으로 주어진 대리점들의 1월분 매출총액을 구하여 역순으로 정렬을 하는 것까지는 전체범위를 처리했지만 그 결과가 부분범위로 처리되면서 일부의 대리점에 대해서만 나머지 11개월 분을 처리하고 있다. 처음에 처리되는 전체범위는 500 * 1 * 100 = 50,000건이 처리되었지만 만약 운반단위가 10이라면 10 * 11 * 100 = 11,000건만 처리되었음을 알 수 있다.

물론 전체범위를 처리한 50,000 건의 처리가 온라인에서는 부담이 되기도 하겠지만 만약 'SAL_DEPT + SAL_DATE'로 클러스터링이 되어 있다면 이 정도는 크게 문제가 되지 않을 것이다. 뿐만 아니라 두 번째 패치부터는 매번 11,000 건만 처리하므로 양호한 수행속도를 얻을 수 있다. 이처럼 굳이 집계 테이블을 추가하지 않고서도 이러한 방법으로 현격한 수행속도의 향상을 얻을 수 있다는 것은 우리가 실전에서 처리할 수 밖에 없는 넓은 범위의 처리에 대해 아주 좋은 솔루션으로 활용할 수 있을 것이다.

그러나 행여 노파심에서 강조하는 말이지만 이 방법이 유리한 것은 어디까지나 현재 실행 환경이 부분범위처리를 지원할 때만 그러하다는 것을 잊지 말기 바란다. 즉, 운반단위까지만 패치가 일어나고 사용자가 다음 요구를 할 때까지 뒷부분의 수행이 멈추어져야만 의미가 있다는 것이다. 만약 계속해서 모든 대리점의 정보가 모두 추출되어야 한다면 유리할 것이 없다는 것을 명심하기 바란다.

이상으로 저장형 함수를 활용하여 부분범위 처리로 유도하는 기본형에 대해 소개를 마치고 좀더 자세한 활용법은 2 권에서 '저장형 함수를 이용한 데이터의 다양한 연결' 편에서 설명하도록 하겠다. 마지막으로 앞서 설명을 남겨 놓았던 저장형 함수를 사용할 때의 주의할 사항에 대해 조금 더 알아보고 넘어가기로 하자.

저장형 함수가 절차형 처리를 할 수 있다고는 하지만 말 그대로 '함수'이기 때문에 입력 파라메터를 제공받아 하나의 리턴값을 생성할 때까지만을 의미한다. 다시 말해서 단 하나의 값을 만드는 처리만을 절차형으로 처리할 수 있을 뿐이지 SQL 의 전반적인 처리 방식을 절차형으로 할 수 있다는 것은 결코 아니라는 것이다.

저장형 함수는 사용자가 임의로 작성할 수 있다는 것을 제외한다면 데이터베이스가 제공하는 SUM, SUBSTR 등과 같은 빌트인(Built-in) 함수와 거의 유사하다. 그러나 저장형 함수는 이들에 비해 부하 부담이 훨씬 크다는 것에 주의해야 한다. 빌트인 함수는 3 세대 혹은 그 이하의 언어로 작성되어 완전한 컴파일이 끝난 실행 모듈인 반면 저장형 함수는 4 세대 언어로 작성한 것이며, 단지 일부만 컴파일된 상태(P-code)로 수행되기 때문에 수행속도에서 훨씬 불리하다.

앞서 잠깐 언급했듯이 저장형 함수의 최대 맹점은 단 하나의 값만 리턴할 수 있다는 점이다. 이러한 특성은 실제로 실무에서 활용하고자 할 때 참으로 안타까움을 안겨준다. 복잡한 처리를 저장형 함수에서 겨우 해결하여 그 결과를 생성했을 때 리턴하고 싶은 값이 어찌 하나만 있겠는가? 그렇다고 해서 그때마다 다시 저장형 함수를 계속해서 수행시킨다는 것은 참을 수가 없다.

물론 이러한 문제를 해결하는 방법이 있다. 추출할 컬럼들을 결합(Concatenation, ||)하여 하나의 컬럼으로 만들어서 리턴시키면 문제는 간단히 해결된다. 즉, 저장형 함수에서 추출할 컬럼값들을 결합하여 하나의 상수값으로 만들어 리턴한 후 이것을 SQL 에서 SUBSTR 으로 분할하여 사용한다. 여기서 주의할 사항이 몇 가지 있다.

첫째, 리턴할 컬럼을 결합할 때 나중에 분할시킬 수 있도록 고정길이로 만들어 주는 것이 좋다는 것이다. 이때 주로 TO_CHAR 나 RPAD 함수를 사용하면 간단히 고정길이로 만들수가 있다. 물론 경계기호(境界記號, delimiter)를 주어서 연결했다가 찾아서 잘라내는 방법을 사용할 수도 있다.

둘째, 리턴된 함수값을 다시 분할하기 위해 저장형 함수의 리턴값을 여러 번에 걸쳐 기술해야 할 때 자칫 저장형 함수가 여러 번 수행될 수 있으므로 매우 주의하여야 한다. 앞서 인라인뷰를 이용하여 ROWNUM 이나 GROUP BY 등을 활용하여 내부적인 저장이 일어나게 한 후에 자르는 처리를 해야 한다는 것을 명심하기 바란다.

저장형 함수는 테이블이나 뷰와 같이 독자적인 기능을 가지는 독립적인 오브젝트이다. 독립적이라는 것은 다른 오브젝트의 도움 없이도 결과를 낼 수 있다는 것을 의미하며 하나의 공통 모듈로서 여러 곳에서 공유할 수 있음을 말한다.

공유 모듈이라면 말 그대로 여러 애플리케이션에서 사용할 수 있어야 한다. 물론 특수한 경우에는 그럴 수도 있겠지만 대개의 경우 특정 SQL 에서 한번만 사용하기 위해 저장형 함수를 만든다는 것은 바람직하지 않다. 그러므로 저장형 함수의 생성은 좀더 전략적이고 설계적인 차원에서 바라보아야 한다.

1.4.8. 쿼리의 분리를 이용한 부분범위처리

SQL 은 분리가 되는 순간 사람이 일일이 연결을 해 주어야 하며, 옵티마이져가 최적화를 수행하는 단위는 SQL 을 넘어설 수 없기 때문에 가능하다면 SQL 을 통합해주는 것이 좋은 활용법이라 할 수 있다. 그러나 드물게는 오히려 SQL 을 별도로 분리함으로써 보다 유리해지는 경우도 존재한다.

이러한 경우는 일반적으로 주부(主部, master)와 술부(述部, detail) 관계를 가진 경우에 사용자가 너무 많은 주부에 대해 검색하고자 할 때 주로 나타난다. 이들의 관계는 당연히 1:M 일 것이고, M 쪽 집합은 데이터 량이 많을 가능성이 높다. 그럼에도 불구하고 주부에 대해 넓은 범위의 조건을 부여한다면 전체를 모두 처리하기에는 부담이 적지 않다.

온라인 검색화면에서라면 사람이 일순간에 모든 결과를 원하지 않기 때문에 부분범위로 주부의 일부를 추출한 후에 거기에 해당하는 술부만 전체범위로 처리할 수만 있다면 우리는 보다 빠른 수행속도를 얻을 수 있을 것이다.

여러분의 이해를 돕기 위하여 다음과 같은 사례를 통해 알아보기로 하겠다.

연간 개인별 급여 현황

부서 12%   기준일 2005 / 12

부서코드	성 명	사원번호	직 책	본 봉	수 당
12100	홍길동	12312	부장	54,200,000	5,124,289
12110	박문수	13221	과장	43,235,000	3,682,120
12110	김태정	13420	대리	38,800,200	2,458,000
12110	손민수	15238	사원	32,102,750	
12120	정만호	16311	과장	28,832,000	2,245,000
12120	홍수경	22120	사원	24,100,200	4,284,000
12200	민지훈	23112	부장	62,120,820	
12210	이수영	12324	과장	46,762,300	3,450,820
12210	최주성	16212	과장	43,270,810	
12210	정명훈	23124	대리	32,530,2000	2,482,000

[그림 2-1-13]

사용자가 특정 부서를 선택하여 검색하는 경우도 있겠지만 위의 그림에서와 같이 부서 코드의 일부만 조건으로 부여('12%')했다고 가정해 보자. 만약 수행속도에 영향을 받지만 않을 수 있다면 임의의 어떤 조건을 주더라도 빨리 검색될 수 있는 것이 훨씬 바람직하지 않겠는가?

우리가 굳이 특정한 범위를 한정하려고 애쓰는 것은 주어진 조건에 따라 지나치게 많은 데이터를 처리해야 할지도 모른다는 우려가 있기 때문이다. 이런 걱정이 없어진다면 굳이 부여할 조건을 제한할 필요가 없을 것이다.

위의 그림에 있는 처리는 부서코드가 '12'로 시작하는 모든 사원들의 년간 급여액을 집계하여 추출하고자 한다. 이 조건에 따라 조회하기 위해 수행되는 SQL 을 생성한다면 다음과 같다.

```
SELECT deptno, y.ename, y.empno, y.job, sal_tot, comm_tot
FROM ( SELECT empno,
              sum(sal_amt) sal_tot,
              sum(comm)    comm_tot
       FROM   salary  s
       WHERE  s.deptno  like '12%'
         AND  s.sal_date between '20150101' and '20151231'
       GROUP BY  empno ) x, employee y
WHERE y.empno = x.empno;
```

여기서 수행속도를 위해 SALARY 테이블에 DEPTNO 를 추출속성으로 추가되어 있고 DEPTNO+SAL_DATE 로 인덱스가 구성되어 있다고 가정한다.

이 SQL 은 물론 전체범위로 처리된다. 많은 부서의 모든 사원에 대해 급여정보를 액세스해야 하므로 부담이 된다. 만약 SALARY 테이블은 각 사원들에 대해 매월 하나씩 발생하는 것이 아니라 급여항목별로 구성되어 있다면 액세스할 데이터는 크게 증가한다. 뿐만 아니라 비록 'DEPTNO + SAL_DATE'로 결합된 인덱스가 존재하기는 하지만 선행컬럼인 DEPTNO 가 '='로 사용되지 않았기 때문에 결합 인덱스의 원리에 의해 인덱스 스캔량이 크게 증가하고 있다.

만약 주어진 부서에 속하는 수천 명의 사원에 대해 처리해 두었지만 그 중에서 일부만 확인하고 프로그램을 종료시켰다고 한다면 참으로 억울한 일이 아닐 수 없다. 이런 비효율을 피하기 위해 다음과 같이 SQL 을 두 개로 나누어 보자.

```
SELECT deptno into :v_deptno
FROM   dept
WHERE  deptno like '12%' ;
```

여기서 :v_deptno 는 배열로 지정한 호스트 변수이며 부서코드는 인덱스를 가짐

일반적으로 SALARY 테이블에 비해서 DEPT 테이블은 현저하게 로우가 적다. 그러므로 '12'로 시작하는 DEPTNO 를 찾는 것은 0.1 초 이하의 수행속도가 보장될 것이다. 위의 SQL 을 수행하여 조건을 만족하는 모든 DEPTNO 를 모두 패치한다. 먼저 가장 앞에 있는 DEPTNO 에 대해 다음 SQL 을 이용해 데이터를 추출한다.

```
SELECT x.deptno, y.ename, y.empno, y.job, x.sal_tot, x.comm_tot
FROM ( SELECT   empno,
                sum(sal_amt) sal_tot,
                sum(comm)    comm_tot
       FROM   salary s
       WHERE  s.deptno  = :v_deptno
          AND s.sal_date between '20150101' and '20151231'
       GROUP BY empno ) x, employee y
WHERE y.empno = x.empno;
```

이렇게 추출된 데이터를 사용자에게 제공하는 방법은 두 가지가 있다. 한 가지는 정해진 크기의 애플리케이션 버퍼를 만들고, 위의 SQL 을 통해 패치하여 채우다가 버퍼를 모두 채우지 못하고 해당 DEPTNO 의 데이터가 끝이 났다면 앞서 추출해 두었던 다음 DEPTNO 를 보내 다시 패치를 시도하게 하는 방법이다.

두 번째 방법은 사용자가 비록 '12%'라는 조건을 주었지만 검색이 시작되면 검색조건을 입력했던 자리에 첫 번째 DEPTNO 가 나타나고 해당 부서의 데이터만 추출해서 보여주다가 'NEXT' 키를 치면 다음 DEPTNO 를 검색하도록 하는 방법이다. 하나의 DEPTNO 내에서는 스크롤 바로 이동한다.

이러한 방법들은 데이터가 많은 SALARY 테이블의 넓은 범위를 전체범위로 처리하던 것을 한 번에 하나의 부서에 대해서만 처리하도록 함으로써 일종의 부분범위 처리를 달성하였다. 특히 DEPTNO 가 LIKE 에서 '='로 연산자가 변경됨으로써 매우 효율적인 인덱스 액

세스가 가능해졌다.

    이러한 방법은 경우에 따라서 애플리케이션에서 약간의 부가적인 처리를 필요로 하기도 하지만 아주 좋은 사용자의 조건범위에 무관하게 좋은 수행속도을 얻을 수 있다는 장점이 있으므로 개념과 원리를 이해하고 적절하게 활용하기 바란다.

    실무상에서는 이처럼 애플리케이션의 내부적인 수행절차를 변경시킴으로써 보다 효율적인 액세스를 할 수 있다는 사실을 명심하고 경우에 따라서는 옵티마이져를 이용한 액세스 경로의 변경이나 인덱스의 추가·변경을 하지 않고도 해결할 수 있는 아이디어를 많이 개발하여야 할 것이다.

1.4.9. 웹 게시판에서의 부분범위처리

최근에 와서 대부분의 개발언어로 사용하고 있는 웹 형태의 애플리케이션에서는 부분범위 처리의 활용이 더욱 절실하게 요구된다. 이 환경에서의 데이터베이스와의 연결은 한 페이지가 처리되고 나면 더 이상 세션을 유지하지 못하고 단절되기 때문에 만약 전체범위 처리로 수행했다면 그 결과를 계속해서 다음 페이지에 제공할 수 없다.

물론 방법이 전혀 없는 것은 아니지만 여러 가지 문제점이 있으므로 대부분의 경우 페이지 단위로 처리가 종료하는 방법으로 적용하게 된다. 그렇다면 논리적으로 생각해 보더라도 한 페이지에 추출할 만큼만 액세스할 수 있다면 그것이 가장 바람직할 것이다. 예를 들어 1만 건을 액세스하여 날짜의 역순으로 정렬을 한 후 첫 번째 페이지에 20건만 패치했다고 가정해보자.

만약 사용자가 다음 페이지를 보고자 한다면 새롭게 1만 건을 액세스하여 다시 정렬을 하고 앞서 제공했던 20건을 제외한 다음 20건을 패치하고 세션은 다시 종료된다. 또 다시 다음을 요구하거나 이미 이전에 제공했던 페이지를 다시 요구해도 마찬가지로 이러한 작업은 반복되어야 한다.

이처럼 전체범위를 처리해야 한다면 이미 처리했던 세션을 그대로 유지할 수 없으므로 앞서 처리했던 결과를 다시 재사용할 수 없다. 비록 최종적으로 추출하는 로우는 적다고 하라도 실제로 내부에서 처리한 데이터 량은 크게 증가하게 된다. 이렇게 페이지마다 전체범위를 처리하도록 할 수는 없는 노릇이므로 대부분의 경우는 이러한 처리를 도와주는 컴포넌트를 사용하여 해결하고 있다.

이러한 컴포넌트들은 한 번에 전체범위의 데이터를 모두 액세스한 후 페이지를 분할하여 관리해 줌으로써 개발자가 쉽게 처리를 할 수 있도록 도와준다. 그러나 이러한 방법은 처리할 범위가 넓지 않은 경우에는 크게 문제가 되지 않겠지만 처리범위가 매우 넓거나 다수의 사용자가 동시에 사용하는 경우라면 심각한 문제를 일으킬 수 있다.

과거에는 웹을 사용하는 경우가 홈페이지를 관리하는 정도에 그쳤지만 이제는 기업의 기반업무에도 적용하고 있다. 다수의 사용자가 다양한 형태의 애플리케이션을 사용하는 경우에는 항상 전체범위를 미리 액세스하는 방법으로는 한계가 있다. 이를 해결할 수 있는 대안인 부분범위로 처리되는 경우에 대해 생각해보자.

만약 정렬을 대신해 줄 적절한 인덱스가 있었다고 가정하자. 옵티마이져 힌트를 이용해 인덱스를 역순으로 액세스하도록 실행계획을 수립하여 첫 번째 20 건을 액세스한 후 세션을 종료시켰다. 사용자가 다음을 요구한다면 앞서 패치했던 마지막 건의 정보를 이용해 그 다음에 있는 20 건만 다시 액세스하였다면 조금의 비효율도 발생하지 않는다. 마치 미리 처리해 두었던 결과를 지속적으로 패치하는 것과 유사한 효과를 얻을 수 있다.

다시 말해서 새로운 세션으로 시작되었음에도 불구하고 마치 기존의 세션이 계속 유지된 것과 같은 효과가 나타난다는 것이다. 그렇다면 웹 애플리케이션에서 사용하는 다양한 형태의 게시판들에 대하여 부분범위 처리를 할 수 있는 모든 방법을 알 수만 있다면 데이터 처리량에 대한 부담을 크게 줄일 수가 있을 것이다.

이러한 해결책을 찾기 전에 웹 게시판의 기본적인 형태들을 먼저 살펴보기로 한다.

번호	제목	작성자	등록일	추천	조회수
12831	대용량 책을 보다가 의문점이 있어서...vi...	이석준	2004-07-13	0	143
12832	┗RE 대용량 책을 보다가 의문점이 있어서...v...	신국남	2004-07-13	0	139
12835	┗RE 대용량 책을 보다가 의문점이 있어서......[2]	김성태	2004-07-13	0	107
12829	고수님들의 조언 부탁드립니다...	김종국	2004-07-13	0	43
12828	좀더 빠른 쿼리문	송민수	2004-07-13	0	109
12830	┗RE 좀더 빠른 쿼리문	엔코아	2004-07-13	0	138
12827	Proc에서 구조체 사용 문제점[7]	정성진	2004-07-12	0	148
12849	┗RE Proc에서 구조체 사용 문제점	정성진	2004-07-14	0	45
12873	┗RE Proc에서 구조체 사용 문제점	이석준	2004-07-19	0	22
12901	┗RE Proc에서 구조체 사용 문제점	권명준	2004-07-22	0	22
12825	[질문]primary key가 5개 이상이 될...	박창민	2004-07-12	0	73

◀이전 | 11 12 13 14 15 16 17 18 19 20 | 다음▶

[그림 2-1-14]

이 그림에 있는 게시판은 웹 게시판의 가장 일반적인 형태라고도 할 수 있다. 이와 같은 게시판은 검색되는 정보가 여러 페이지에 걸쳐 존재할 수 있을 때 주로 사용하며, 페이지 세트 단위로 제공된다. 일단 추출된 목록에 대해서 사용자가 임의의 페이지로 자유롭게 이동하기를 원한다면 이러한 방식이 가장 적절하다.

이러한 방식은 검색할 데이터 양이 많을 수 있기 때문에 부분범위 처리가 되지 않으면 많은 비효율이 발생할 수 있다. 어쨌든 한 페이지에 보여지는 내용은 지극히 적은 일부에 불과하므로 사용자가 임의의 페이지를 선택했을 때 정확히 그 부분만 액세스 할 수 있도록 해야 한다. 경우에 따라서는 그림에서와 같이 '댓글'이 달리기도 하는데 경우에 따라서는 다계층 구조로 나타날 수도 있다.

이처럼 다계층 구조를 가지는 경우의 부분범위 처리는 매우 어렵다. 그렇지만 이러한 경우의 처리를 제대로 할 수 없다면 실전에서 적용할 수 있는 솔루션이라 할 수는 없을 것이므로 뒤에서 상세한 해결방법을 다루기로 하겠다.

만약 굳이 특정 페이지로 이동할 필요없이 검색한 결과의 주변만 확인하는 형식일 때는 아래의 형식으로 처리하기도 한다.

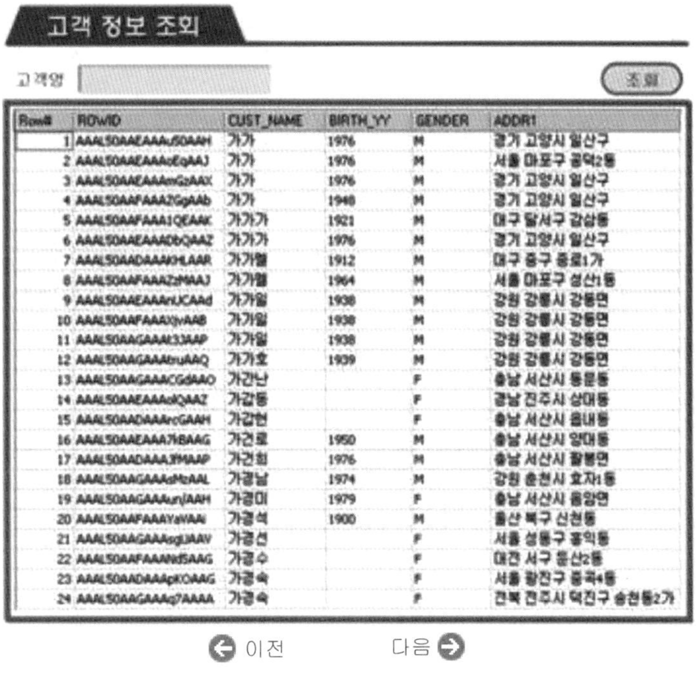

Row#	ROWID	CUST_NAME	BIRTH_YY	GENDER	ADDR1
1	AAAL50AAEAAAu50AAH	가가	1976	M	경기 고양시 일산구
2	AAAL50AAEAAAoEqAAJ	가가	1976	M	서울 마포구 공덕2동
3	AAAL50AAEAAAmGzAAX	가가	1976	M	경기 고양시 일산구
4	AAAL50AAFAAA2GgAAb	가가	1948	M	경기 고양시 일산구
5	AAAL50AAFAAA1QEAAK	가가가	1921	M	대구 달서구 감삼동
6	AAAL50AAEAAADbQAAZ	가가가	1976	M	경기 고양시 일산구
7	AAAL50AADAAAKHLAAR	가가열	1912	M	대구 중구 종로1가
8	AAAL50AAFAAAZzMAAJ	가가열	1964	M	서울 마포구 성산1동
9	AAAL50AAEAAAnUCAAd	가가일	1938	M	강원 강릉시 강동면
10	AAAL50AAFAAAXjvAAB	가가일	1938	M	강원 강릉시 강동면
11	AAAL50AAGAAAt3JAAP	가가일	1938	M	강원 강릉시 강동면
12	AAAL50AAGAAAbruAAQ	가가호	1939	M	강원 강릉시 강동면
13	AAAL50AAGAAACGdAAO	가간난		F	충남 서산시 동문동
14	AAAL50AAEAAAdQAAZ	가갑동		F	경남 진주시 상대동
15	AAAL50AADAAArcGAAH	가갑헌		F	충남 서산시 읍내동
16	AAAL50AAEAAA가BAAG	가건호	1950	M	충남 서산시 양대동
17	AAAL50AADAAA3fMAAP	가건희	1976	M	충남 서산시 팔봉면
18	AAAL50AAGAAAdMzAAL	가경남	1974	M	강원 춘천시 효자1동
19	AAAL50AAGAAAunJAAH	가경미	1979	F	충남 서산시 음암면
20	AAAL50AAFAAAYaVAAi	가경석	1900	M	울산 북구 신천동
21	AAAL50AAGAAAsgUAAV	가경선		F	서울 성동구 홍익동
22	AAAL50AAFAAANdSAAG	가경수		F	대전 서구 둔산2동
23	AAAL50AADAAApKOAAG	가경숙		F	서울 광진구 중곡4동
24	AAAL50AAGAAAq7AAAA	가경숙		F	전북 전주시 덕진구 송천동2가

[그림 2-1-15]

이러한 형식의 게시판은 검색된 내용이 순서대로 확인해야 의미가 있는 경우이거나 굳이 임의의 페이지를 선택할 필요성을 가지지 않는 경우에 적당한 방법이라 하겠다.

웹 게시판의 부분범위 처리를 위해서는 앞서 설명했던 몇 가지의 기본 원리가 활용된다. 그 첫 번째는 인덱스를 활용한 정렬을 통해 전체범위 처리를 하지 않고 추출할 대상에 바로 접근해 가는 것이고, 두 번째는 ROWNUM 을 이용하여 원하는 만큼만 절단해 오는 것이며, 세 번째는 '제 3 장. SQL 의 실행계획'에서 언급했던 '연쇄(Concatenation) 실행계획' 을 활용하는 것이다.

첫 번째와 두 번째는 앞서 충분히 언급되었기 때문에 별도로 설명은 하지 않겠다. 다만 세 번째의 연쇄 실행계획이 왜 필요하고, 여기서는 어떻게 적용되는지에 대해서 좀더 이해를 하고 시작하는 것이 웹 게시판의 부분범위 처리를 활용하는데 크게 도움이 될 것이라 생각된다.

일반적으로 연쇄 실행계획은 처리주관 조건이 OR 나 IN 으로 되어 있을 때 각각의 대상만을 액세스하도록 분리하여 추출하도록 함으로써 그대로 계속해서 스캔을 하는 것에 비해 불필요한 액세스가 발생하지 않도록 하기 위해 사용되는 개념이다. 그러나 이 원리를 이용해서 적용할 수 있는 중요한 형태가 한 가지 더 있다. 그것은 바로 '>='연산 – 즉, 같거나 큰 것(Rather than) – 을 처리하기 위해 사용하는 경우이다.

관계형 데이터베이스 이전에는 우리가 임의의 어떤 값을 찾은 후 그 다음 값을 계속해서 스캔해 갈 수 있는 것은 너무나 당연한 것이었다. 그래서 시작점만 찾은 후 다음을 읽어 가다가 원하는 위치에서 멈추는 방법으로 처리를 해왔다. 그러나 관계형 데이터베이스에서는 너무나 당연해 보이는 이러한 처리를 하기가 매우 어렵다.

그것은 관계형 데이터베이스는 집합을 처리하도록 되어 있기 때문이다. 물론 비교 연산자(>,>=,<,<=, like, between 등)를 사용하면 불가능한 것은 아니지만 큰 차이가 있다. 그것은 바로 시작점을 '='로 찾을 수 없다는 것이다. 이것은 상상 외로 커다란 문제점을 일으킬 수도 있다.

시작점을 '='로 찾고 필요할 때만 다음을 요구하는 것과 처음부터 '>='을 요구하는 것은 실행계획에 커다란 차이를 가져올 수 있다. 물론 아주 단순한 경우에는 차이가 없다. 가령, 'SELECT * FROM CUSTOMER WHERE CUSTNO > 1111'처럼 부분범위 처리가 보장되는 단순한 처리에서는 '1111' 고객을 식별자로 찾은 후 스캔을 하는 경우나 위의 SQL 이 부분범위로 수행되어 필요한 만큼만 액세스하고 멈추는 것이나 별로 다를 것이 없다.

그러나 전체범위로 처리되는 순간 엄청난 차이로 돌변할 것이며, 전체범위가 아니더라도 다음과 같이 하나이상의 컬럼으로 비교가 되기만 해도 실로 엄청난 차이가 난다. 아래의 SALES 테이블의 식별자가 'SAL_DATE + SEQ' 로 구성되어 있다고 가정해 보자.

```
1) SELECT *                          2) SELECT *
   FROM SALES                           FROM SALES
   WHERE SAL_DEPT = '1230'              WHERE SAL_DEPT >= '1230'
     AND SEQ = 111 ;                      AND SEQ >= 111 ;
```

SQL 에서는 1)과 같이 시작점을 찾은 후에 다음 건을 계속해서 스캔할 수 없기 때문에 조건을 2)와 같이 준다고 해도 우리가 원하는 결과를 얻을 수 없을 뿐만 아니라 만약 전체 범위 처리로 변하는 경우엔 심각한 문제가 일어날 수 있다. 억지로라도 결과를 얻으려면 조건절을 '…WHERE SAL_DEPT||SEQ'로 결합한 후에 비교하는 방법도 있지만 인덱스를 사용할 수 없으니 참으로 난감한 노릇이다.

물론 함수기반(Function Based Index)를 생성하는 방법도 생각해 볼 수도 있겠지만 기존의 기본키를 두고 다시 이렇게 생성해야 한다는 것은 견딜 수 없다. 실전에서는 빈번하지는 않지만 일단 사용자가 원하는 결과와 그 다음 데이터들을 참고 정보로써 함께 추출해 주기를 원하는 경우가 가끔 존재한다. 특히 웹으로 제공되는 많은 애플리케이션은 이러한 요구를 가지고 있다.

이런 경우를 문제없이 해결해 주는 방법이 바로 연쇄 실행계획을 이용하는 방법이다. 연쇄 실행계획은 몇 개의 독립적인 액세스 단위로 실행계획이 나누어져 그것들이 결합되어서 전체 실행계획이 되지만 액세스가 진행되는 절차는 부분범위로 처리된다. 우리는 앞서 연쇄 실행계획이 WHERE 절에서 가장 나중에 기술한 조건부터 처리하여 완료되면 다음 실행단위로 넘어간다는 것을 잘 알고 있다.

이러한 특성을 이용하여 위의 SQL 을 다음과 같이 만들어 보자.

```
SELECT *
FROM SALES
WHERE ( SAL_DEPT > '1230' ) ---------------------------- (2)
   OR ( SAL_DEPT = '1230' AND SEQ >= 111 ) ; ----------- (1)
```

이 SQL 은 (1)의 범위가 먼저 부분범위 처리로 수행되다가 처리범위가 종료되었지만

부분범위 처리(Partial Range Scan)

계속 다음 데이터를 요구한다면 (2)의 범위가 다시 부분범위 처리로 수행된다. 이 처리 결과는 SAL_SEPT = '1230' AND SEQ = 111 인 한 건을 찾은 후 다음 건을 계속해서 추출하는 모습을 하고 있다. 게다가 모든 실행단위가 부분범위 처리를 하고 있으므로 전혀 비효율이 발생하지 않았음을 확인할 수 있다.

이제 웹 게시판의 부분범위 처리에 필요한 기본 원리에 대한 이해를 바탕으로 앞서 소개했던 형태들에 대해서 자세한 처리 방법을 살펴보기로 하자.

가) 웹 게시판 부분범위처리 사례 1 (NON-UNIQUE INDEX)

일단 가장 단순한 경우를 먼저 살펴보는 것이 아무래도 이해가 수월할 것이므로 나중에 제시한 [그림 2-1-15]의 형태부터 해결방안을 제시하겠다. 사용자가 고객의 이름을 조건으로 부여하면 그림에서와 같이 '>='것들을 추출한다. '다음' 페이지를 원하거나 '이전' 페이지를 원할 때 페이지에 추출되는 수만큼만 처리되도록 해보자. 여기서 조건을 받는 고객명(cust_name)은 인덱스로 구성되어 있고, 인덱스 명칭은 'CUST_NAME_IDX'로 가정한다. 물론 이 인덱스는 UNIQUE 이 아니다.

```
SELECT /*+ index(w cust_name_idx)   */
       ROWIDTOCHAR(rowid) rid, cust_name,…
FROM cust_table w
WHERE :v2 = 'FIRST' AND cust_name like :v1 || '%'
  AND rownum <= 25
UNION ALL
SELECT /*+ use_concat  index (x cust_name_idx)   */
       ROWIDTOCHAR(rowid) rid, cust_name,…
FROM cust_table x
WHERE :v2 = 'NEXT'
  AND (cust_name > :v3 OR
      (cust_name = :v3 AND rowid > CHARTOROWID(:v4)))
  AND cust_name like :v1||'%'
  AND rownum <= 25
UNION ALL
SELECT /*+ use_concat  index_desc(y cust_name_idx) */
       ROWIDTOCHAR(rowid) rid, cust_name,…
FROM cust_table y
WHERE :v2 = 'PREV'
  AND (cust_name < :v3 OR
      (cust_name = :v3 AND rowid < CHARTOROWID(:v4)))
  AND cust_name like :v1 || '%'
  AND rownum <= 25
ORDER BY cust_name, rid;
```

처음 실행 시

다음 페이지

이전 페이지

위의 SQL 을 좀더 자세하게 살펴보도록 하자. 이 SQL 은 그림에서 알 수 있듯이 3 개의 단위 SELECT 문이 UNION ALL 로 결합되어 있다. 이러한 형태 또한 일종의 연쇄 실행계획 이라고 할 수 있다. 얼핏 생각하면 세 가지의 처리 경우를 하나의 SQL 로 결합되어 있기 때문에 불필요한 처리가 발생할지 모른다는 불안을 느낄지도 모르겠다. 각 단위 SELECT 문의 WHERE 절을 보면 바인드 변수 ':v2'를 'FIRST, NEXT, PREV'의 스트링 값과 비교한 조건이 보일 것이다.

옵티마이져는 데이터베이스 컬럼이 아닌 상수나 변수들의 비교는 먼저 수행하도록 실행계획을 수립한다. 그러므로 동일한 :v2 는 어느 순간에 하나의 값만 가질 수 있으므로 어떤 값이 들어오든 세 개의 SELECT 중에서 하나만 성공하게 되고, 나머지는 전혀 수행을 시도하지도 않으므로 걱정할 것이 없다.

:v2 가 'FIRST'인 경우는 CUST_NAME 인덱스로만 처리되어 ROWNUM 으로 25 개를 절단해 냈으므로 정확히 필요한 부분만 액세스 하였다.

:v2 가 'NEXT'인 경우를 살펴보자. 여기에 주어진 :v3 와 :v4 에는 앞서 액세스한 페이지의 마지막 로우에 있는 CUST_NAME 과 ROWID 를 매번 다시 갱신한 값이다. 힌트를 살펴보면 'USE_CONCAT'가 추가 되어 있음을 알 수 있다. 이 힌트는 WHERE 절에 있는 'OR' 조건들에 대하여 연쇄 실행계획을 수립하게 만든다. 이러한 경우는 그냥 두어도 연쇄 실행계획이 수립되지만 확실히 해두기 위해 힌트를 추가하였다. 여러분은 사용된 'OR' 조건에 대해 특별히 추가적인 설명을 하지 않아도 이해하고 있을 것이다.

이번에는 :v2 가 'PREV'인 경우를 살펴보자. 이제 :v3 와 :v4 에는 현재 페이지의 추출 로우 중에서 제일 앞에 있는 것에 대해 CUST_NAME 과 ROWID 가 저장되어야 한다. 여기에는 INDEX_DESC 힌트가 사용되었다. 그것은 이전 페이지를 추출해야 하므로 인덱스를 역순으로 액세스해야 하기 때문임을 잘 알고 있을 것이다. 마지막에 ORDER BY 가 있는 것은 액세스는 역순으로 했지만 페이지에 추출되는 순서는 정순이므로 이와 같은 정렬이 필요하였다.

이와 같이 어떤 페이지를 요구하더라도 항상 추출할 대상만 액세스하게 되므로 매우 효율적인 처리라 할 수 있다. 이것이 기본형이며 다음에 설명할 형태들은 여기에 약간씩의 응용이 추가되어 있을 뿐이다.

나) 웹 게시판 부분범위처리 사례 2 (UNIQUE INDEX)

이번 사례는 기본키의 순서에 따라 출력하는 경우를 살펴보겠다. 아래의 사례는 게시판에 작성된 글의 생성 역순으로 추출되기를 원하고 있다. 일반적으로 이러한 형식에서는 가장 최근에 작성된 순서를 먼저 보고자 하므로 역순으로 정렬되어야 한다. 여기서 기본키는 '게시판 ID(bbs_id)+작성일자+글번호'로 구성되어 있다고 가정한다.

```
SELECT BBS_ID, 작성일자,글번호, RNUM
  FROM ( SELECT /*+ USE_CONCAT  INDEX_DESC(a billboard_uk) */
                ROWNUM RNUM, BBS_ID, 작성일자,글번호,글내용
           FROM BILLBOARD a
          WHERE :SW = 'NEXT'                            처음 & 다음 페이지
            AND BBS_ID = :BID
            AND ( 작성일자 < :INIT_DT
              OR ( 작성일자 = :INIT_DT AND 글번호 < :V_NUM) )
            AND ROWNUM <= 25
         UNION ALL
         SELECT /*+ USE_CONCAT  INDEX_ASC(a billboard_uk) */
                (26-ROWNUM) RNUM, BBS_ID, 작성일자,글번호,글내용
           FROM BILLBOARD a
          WHERE :SW = 'PREV'                            이전 페이지
            AND BBS_ID = :BID
            AND ( 작성일자 > :INIT_DT
              OR ( 작성일자 = :INIT_DT AND 글번호 > :V_NUM) )
            AND ROWNUM <= 25
       )
 ORDER BY RNUM ;
```

이 SQL 은 2 개의 SELECT 문이 UNION ALL 로 결합되어 있다. '처음'과 '다음'페이지를 처리하는 부분과 '이전' 페이지를 처리하는 부분으로 나뉘어져 있다. 먼저 'NEXT'인 경우부터 살펴보자. 힌트에 USE_CONCAT 를 사용한 것은 앞서 설명했었다. INDEX_DESC 를 한 것은 가장 최근에 작성된 글이 맨 앞에 위치하도록 하기 위함이다.

여기서 주의할 것은 처음에 실행할 때는 :INIT_DT 는 입력받은 일자나 'SYSDATE'를 주고, :V_NUM 은 최대값(예; 999999)로 주어야 한다는 것이다. 물론 그 외의 경우에는 앞서 추출한 페이지의 가장 마지막 로우에 있는 값들을 채워주어야 한다.

이번에는 'PREV'를 처리하는 경우를 살펴보자. 힌트에 INDEX_ASC 를 사용한 것과 조건식에서 부등호가 달라진 것 외에는 특별한 것이 없어 보인다. 물론 입력변수에는 현재 페

부분범위 처리(Partial Range Scan)

이지의 제일 윗부분에 있는 로우의 정보를 채워 넣어야 한다. 여기서 SELECT-List 에 (26-ROWNUM)을 만든 것은 제일 마지막에 수행하는 'ORDER BY RNUM'을 할 때 페이지에 출력할 순서를 정렬하기 위함이다.

이전 데이터를 테이블에서 액세스를 할 때는 아래에서 위로 추출되지만, 결과를 추출할 때는 그 순서가 아니다. 위에 있는 SELECT 는 정순으로 정렬되어야 하고, 아래에 있는 SELECT 는 역순으로 정렬해야 하는데 이것을 동일한 방법으로 처리하기 위해서 26 의 보수(補數, complement)를 취한 것이다.

다) 웹 게시판 부분범위처리 사례 3 (처음-이전-다음-끝)

이번 사례는 앞서 소개한 사례와 거의 동일하지만 임의의 페이지에서 바로 처음 페이지나 마지막 페이지로 점프할 수 있는 방법이 추가된 것이 큰 차이점이다. 아래에서 사용된 테이블의 기본키는 'cid + cseq'이며, 이 방식의 처리를 위해서는 'cday + cid + cseq'로 결합된 인덱스가 추가되어야 한다. 그 이유는 우리가 원하는 정렬을 부분범위 처리를 통해 하도록 하기 위함이다.

```
SELECT cday, cust_nm, cid, cseq, ctext
FROM ( SELECT /*+ INDEX_ASC(a IDX01 ) */
              cday, cust_nm, cid, cseq, ctext
       FROM cstab a                                      처음 페이지
       WHERE :SW = 'FIRST'
         AND cday between :b11 and :b12 )
         AND rownum <= 25
       UNION ALL
       SELECT /*+ INDEX_DESC(a IDX01 ) */
              cday, cust_nm, cid, cseq, ctext
       FROM  cstab a                                     마지막 페이지
       WHERE :SW = 'LAST'
         AND cday between :b11 and :b12
         AND rownum <= 25
       UNION ALL
       SELECT /*+ USE_CONCAT INDEX_ASC(a IDX01 ) */
              cday, cust_nm, cid, cseq, ctext
       FROM cstab a
       WHERE :SW = 'NEXT'                                다음 페이지
         AND ( (cday > :b100)
            OR (cday = :b100 and cid > :b20)
            OR (cday = :b100 and cid = :b20 and cseq > :b27) )
         AND cday between :b11 and :b12
         AND rownum <= 25
       UNION ALL
       SELECT /*+ USE_CONCAT INDEX_DESC(a IDX01 ) */
              cday, cust_nm, cid, cseq, ctext
       FROM cstab a                                      이전 페이지
       WHERE :SW = 'PREV'
         AND ( (cday < :b100 )
            OR (cday = :b100 and cid < :b20 )
            OR (cday = :b100 and cid = :b20 and cseq < :b27) )
         AND cday between :b11 and :b12
         AND rownum <= 25
     )
```

부분범위 처리(Partial Range Scan)

```
ORDER BY cday, cid, cseq ;
```

위의 SQL 의 내용은 지금까지 소개했던 원리들을 종합한 것에 불과하기 때문에 특별하게 추가해서 설명할 것이 별로 없다. 다만 인덱스를 이용하여 우리가 원하는 정렬이 가능하여 부분범위 처리를 할 수 있도록 해야 한다는 것만 강조하고자 한다.

라) 웹 게시판 부분범위처리 사례 4 (SET 단위 처리)

이번에 다루게 될 사례는 세트단위로 처리하는 경우에 대한 처리 방법이다. 이 방법의 개념을 좀더 명확하게 이해할 수 있도록 하기 위하여 답글에 대한 해결이나 실전에서 나타나는 다양한 정렬을 위한 인덱스의 형태에 대해서는 무시하기로 하겠다. 먼저 아래 그림을 살펴보자.

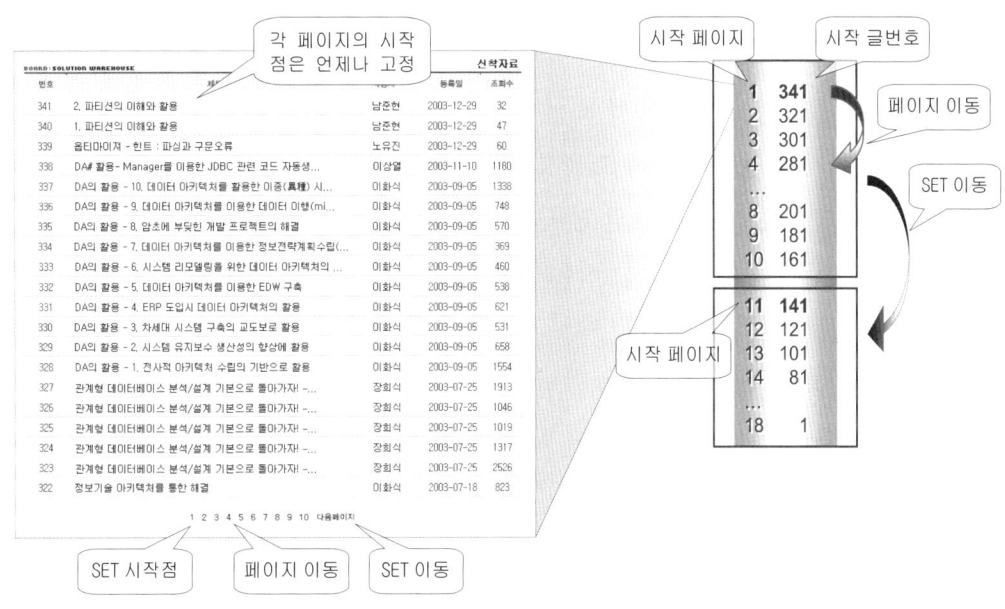

[그림 2-1-16]

그림을 보면서 이 방법의 기본 원리를 파악해 보기로 한다. 사례에서는 총 341 개의 글이 있고 하나의 세트에는 10 개의 페이지가 있으며, 각 페이지에는 20 개씩의 글이 들어간다. 그렇다면 그림에서와 같이 2 개의 세트가 존재하게 되고 첫 번째 세트에는 200 개의 글이 10 개의 페이지에, 두 번째 세트에는 141 개의 글이 8 개의 페이지에 할당된다.

이해를 돕기 위해 잠시 페이지라는 개념을 무시하고 세트를 앞서 설명했던 페이지라고 생각해보자. 다시 말해서 200 개 글이 들어 갈수 있는 대형 페이지가 있다고 생각하라. 이 페이지는 반드시 전후로만 움직일 수 있으므로 '사례 2'와 동일한 개념이다.

그렇다면 우리는 이 대형 페이지 – 즉, 세트(혹은 '페이지 목록 리스트'라고도 할 수 있음) – 간의 이동은 '이전'과 '다음'으로만 이동할 수 있으므로 간단하게 처리할 수 있을 것이다. 물론 이 처리에서는 목록 리스트에 표시할 페이지와 해당 페이지를 액세스하기 위한 시작점을 확보하여야 한다.

시작점이란 바로 각 페이지에 처음에 나타나는 글의 식별정보(여기서는 '게시판번호(bbs_id)+작성일자(cre_dt)+글번호(num)'로 가정함)를 의미한다. 인덱스에 '작성일자'를 삽입한 이유는 우리가 원하는 출력순서가 그러하기 때문인 것으로 가정한다. 우리가 원하는 출력순서를 위해 적절한 인덱스를 지정하는 것에 대해서는 별다른 설명이 필요없을 것으로 생각하겠다.

앞서 페이지를 다음으로 이동할 때는 현재 페이지의 맨 마지막 로우를, 이전으로 이동할 때 현재 페이지의 제일 처음의 로우정보를 호스트 변수에 갱신해 넣었던 것을 기억할 것이다. 다만 여기서는 페이지 간의 전후 이동은 없고, 목록에 있는 특정 페이지를 선택했을 때 그 페이지를 출력하게 되므로 시작점의 로우정보만 알면 충분하다.

페이지의 시작점을 알고 있다면 해당 페이지를 찾는 것은 너무 쉽다. 이제 여러분이 알아야 할 SQL은 두 가지로 함축된다. 하나는 각 세트를 이동하면서 페이지 리스트와 시작점을 찾는 SQL이고, 다른 하나는 특정 시작점을 가진 페이지를 찾는 SQL이다. 이 두 가지 SQL의 기본원리는 모두 앞서 소개했던 개념을 활용한 것일 뿐 특별히 새로운 것은 없다. 먼저 목록 리스트를 처리하는 SQL을 살펴보기로 하자.

```
SELECT rnum, bbs_id, cre_dt, num
FROM ( SELECT /*+ USE_CONCAT INDEX_DESC(a bbs_idx1) */
              ROWNUM rnum, bbs_id, cre_dt, num .................. (a)
       FROM BILLBOARD a
       WHERE :sw = 'NEXT'              ┌─────────┐
         AND bbs_id = :v_bbs           │ 다음 세트 │
         AND ( cre_dt < :v_init_dt     └─────────┘
            OR ( cre_dt = :init_dt AND num <= :v_num) )
         AND ROWNUM <= 201
       UNION ALL                       ┌─────────┐
       SELECT /*+ USE_CONCAT INDEX_ASC(a bbs_idx1) */
                                       │ 이전 세트 │
              ((20*10)+2 - ROWNUM) rnum,bbs_id,cre_dt,num ...... (b)
       FROM BILLBOARD a                └─────────┘
       WHERE :sw = 'PREV'
         AND bbs_id = :v_bbs
         AND (cre_dt > :v_init_dt
           OR (cre_dt = :v_init_dt AND num >= :v_num ) )
         AND ROWNUM <= 201
     )
```

```
WHERE rnum IN (1, 21, 41, 61, 81, 101,121, 141, 161, 181, 201) ········ (c)
ORDER BY rnum ;
```

먼저 '다음 세트'를 처리하는 경우부터 간단하게 살펴보기로 하자. INDEX_DESC 를 사용한 것을 보면 가장 최근의 자료부터 출력하려고 한다는 것을 알 수 있다. 여기서 한 가지 주의깊게 살펴볼 것이 있다. 조건절의 하단에 'ROWNUM <= 201'의 의미를 분석해 보자.

이 SQL 에서 우리가 얻고자 하는 것은 각 페이지의 첫 번째 로우의 정보들이다. 한 페이지는 20 개의 로우로 이루어지므로 추출된 로우를 일렬로 세웠을 때 한 세트의 각 페이지의 첫 번째는 (c)에 나타나 있듯이 1, 21, 41, 61, 81, 101, 121, 141, 161, 181 이며 필요한 전체 로우 수는 200 개이다. 그러나 만약 다음 세트의 시작점을 미리 확보해 두기를 원한다면 1 개의 로우가 더 필요하다.

'이전 세트'로 이동하는 것은 앞서 우리가 보아왔던 것과 큰 차이가 없다. 가장 최근 정보가 먼저 출력되는 정렬이기 때문에 '이전'을 찾는 것이 오히려 INDEX_ASC 가 되는 것도 앞서 많이 보았다. 다만 (b)에 있는 RNUM 을 처리하는 방법이 특이한데 여기서 (a), (b), (c)에 있는 ROWNUM 처리에 대해서 잠시 살펴보고 넘어가기로 하자.

사실 (a)와 (c)는 바로 전에 설명된 것과 진배없기 때문에 여기서는 (b)의 경우만 추가로 설명하겠다. 이해를 돕기 위해서 한 가지 가정을 해보자. 우리는 2 세트에 지금 위치하고 있고, 이전 세트인 첫 번째 세트로 이동하려고 한다. 우리는 현재 세트의 제일 첫 번째 로우와 이전 세트의 200 개를 합한 201 개를 차례로 액세스 하였다.

그렇다면 현재 세트의 첫 번째 로우가 1 번 ROWNUM 이 될 것이고, 201 번째 액세스 되는 로우는 첫 번째 세트의 제일 앞에 있는 로우가 될 것이다. 그러나 우리가 액세스한 정보를 페이지에 출력할 때는 201 번째 액세스한 마지막 로우가 가장 먼저 나타나야만 - 즉, ROWNUM 이 1 이 되어야만 - 하므로 (20*10) + 2 − 201 = 1 과 같은 공식이 필요하게 되는 것이다.

이번에는 어떤 세트에서 특정 페이지를 선택했을 때 해당 페이지를 액세스하는 SQL 을 살펴보기로 하자.

부분범위 처리(Partial Range Scan)

```
SELECT /*+ USE_CONCAT  INDEX_DESC(a  bbs_idx1) */
       bbs_id, cre_dt, num, c_text
FROM BILLBOARD a
WHERE bbs_id = :bbs
  AND ( cre_dt < :v_init_dt
   OR ( cre_dt  = :v_init_dt AND num <= :v_num ) )
  AND ROWNUM <= 20;
```

여기서 변수에 지정하는 값은 앞서 추출해 두었던 각 페이지의 첫 번째 로우의 값이므로 이 SQL 은 세트이동 시의 '다음 세트'를 처리한 SELECT 문과 매우 유사하다는 것을 알 수 있다. 물론 필요하다면 위의 SQL 은 주변의 다양한 테이블들과 조인하여 원하는 정보를 추가할 수 있다. 다만 이러한 조인으로 인해 추출되는 로우의 순서에 문제가 발생하지 않도록 주의해야 한다.

마) 웹 게시판 부분범위처리 사례 5 (계층구조의 처리)

이제 남겨 두었던 계층구조의 처리방법에 대해서 알아보기로 하자. 만약 게시판의 형태가 원본글에 대해 하나의 레벨에만 답글이 달리는 형식이라면 조인을 통해 간단하게 처리할 수 있으므로 여기서는 보다 복잡한 경우에 대해서만 상세하게 다루기로 하겠다.

물론 한 레벨만 관리하는 경우는 앞서 답글이 없을 때의 부분범위 처리와 거의 유사하다. 만약 기본키를 구성할 때 원본글번호에 일련번호를 붙이는 방법을 사용했다면 이미 앞서 설명했던 방법으로 처리 가능하다. 이때 원본글에 붙는 일련번호는 '0'번이고 나머지 답글은 1 부터 시작하게 된다.

또한 최근에 많이 나타나고 있는 게시판에는 원본글과 답글의 개수만 나타나고 본문으로 들어갔을 때 그 아래에 답글이 일렬로 나열되는 형식이라면 이것 또한 별로 어렵지 않게 부분범위로 처리할 수가 있다. 앞서 소개했던 방법으로 원본글로만 부분범위 처리를 할 때 답글의 개수를 찾는 방법은 스칼라 서브쿼리를 이용하거나 저장형 함수를 이용하면 전체범위 처리를 하지 않고서도 쉽게 해결할 수 있다.

정작 우리가 고민해야 할 어려운 형태는 답글에 다시 답글이 달릴 수 있는 진정한 계층구조의 모습을 가졌을 때의 처리이다. 답글이 달리는 시점이 다르고, 기존 답글에 언제 어떻게 다시 답글이 붙을지 알 수 없으며, 그것이 몇 단계까지의 계층으로 나타날지도 알 수 없으므로 결코 쉽지 않는 처리라 하겠다.

그 중에서 가장 우리가 고민해야 할 부분은 하위 계층의 중간 부분에서 페이지가 끝났을 때 다음 페이지의 시작이나 이전 페이지를 부분범위 처리로 찾아 내기가 무척 어렵다는 점이다. 가령, 다음과 같이 계층구조가 펼치지는 부분에서 페이지가 잘렸다고 생각해보자.

```
글번호      내   용
...         ...........................
10          원본글 .................
25           ⤷ 답글 1
32             ⤷ 답글 1-1
34               ⤷ 답글 1-1-1
42               ⤷ 답글 1-1-2
33             ⤷ 답글 1-2
46               ⤷ 답글 1-2-1
```

부분범위 처리(Partial Range Scan)

계층구조의 특성상 위의 32 번 답글의 정보만으로는 다음 페이지를 재현할 수가 없다. 물론 32 번의 하위 계층인 34 와 42 번 글은 찾을 수 있겠지만 같은 레벨인 33 과 그 하위인 46 은 반드시 그들의 조상인 25 번이나 10 번이 있어야만 찾아낼 수가 있다. 그러나 25 번의 정보만으로도 불확실하다. 그것은 아직 처리하지 않은 페이지에 25 번과 동일 레벨이 존재할 수도 있기 때문이다.

그렇다면 지금까지의 부분범위 처리에서 했던 것처럼 페이지의 마지막이나 처음 로우의 정보만으로는 처리가 불가능하게 되므로 새로운 방법이 강구되어야 한다. 일단 가장 먼저 획득해야 할 정보는 페이지가 어느 단계에서 잘렸든 최상위의 원본글 정보를 가지고 있어야 한다는 점이다. 두 번째는 계층구조의 전개를 어떻게 부분범위 처리로 할 것이냐에 대한 방법이 강구되어야 한다는 것이다.

먼저 각 처리 유형별로 간략하게 처리방법의 기본 개념을 살펴보도록 하겠다. 처음 페이지를 처리하는 방법은 매우 간단하다. 원본글들만을 이용해 원하는 순서로 계층구조를 전개해 가다가 페이지가 채워지면 처리를 멈추기만 하면 된다. 여기서 우리는 다음이나 이전 페이지의 계층구조 전개를 위해 항상 자신의 최상위 레벨의 식별자 정보를 보유하도록 해야 한다.

다음 페이지를 처리하는 방법은 약간 복잡해진다. 계층구조의 전개 대상은 현재 페이지의 마지막 정보가 아니라 마지막 건의 원본글부터 전개를 시작해야 한다. 여기서 우리가 미리 획득해 두어야 할 핵심적인 정보는 바로 마지막 글이 원본글부터 몇 번째 순번의 글인지를 알아두는 것이다. 이 정보만 있으면 비록 원본글부터 다시 전개했다 하더라도 다음 페이지에서는 그 순번의 다음 건부터 잘라오면 된다. 물론 우리가 추출할 대상 로우는 페이지보다 그 순번만큼 더 추출해야 하는 것은 당연하다.

또 한 가지 우리가 해결해야 할 것은 계층구조를 전개할 때 정말 우리가 원하는 만큼만 전개하다가 멈추도록 할 수 있느냐에 대한 문제이다. 계층구조를 SQL 내에서 처리할 수 있는 기능을 DBMS 가 어떻게 제공하느냐에 대한 문제도 중요하고, 내부의 처리절차가 과연 부분범위 처리로 수행되고 있느냐에 대한 문제도 해결해야 할 관건이다.

이전 페이지를 처리하는 방법은 매우 어렵다. 얼핏 생각하면 다음 페이지 처리와 유사한 방법을 사용하면 가능할 것으로 보이지만 계층구조의 특별한 성질 때문에 생각처럼 쉽게 해결되지 않는다. 계층구조의 전개에는 자신의 하위 계층을 찾는 순전개(Implosion)와 조상을 찾는 역전개(Explosion)가 있다.

조상을 찾는 것과 순서를 역으로 전개하는 것은 같은 것이 아니다. 우리가 원하는 것은 최근 원본글부터 순전개를 하는 것이다. 논리적으로만 생각해 보면 원본글을 역순으로 액세스하면서 순전개를 하여 원하는 만큼만 추출하면 간단하게 해결될 것처럼 보이지만 DBMS 가 전개를 해가는 메커니즘 상 그러한 실행계획이 나타나지를 않는다.

억지로 그러한 결과가 나타나도록 할 수는 있으나 우리가 원하는 부분범위 처리로는 유도할 수가 없기 때문에 여기서 제시하는 해결방법은 SQL 을 분리하여 약간의 절차형 처리를 가미하는 방법이다.

이제 본격적으로 계층형 구조의 처리 방법에 대하여 상세하게 알아보기로 하자. 일단 하나의 SQL 로 처리할 수 있는 방법을 생각해 보자. 아래의 SQL 은 처음 페이지 처리와 다음 페이지를 처리하는 방법을 하나의 SQL 로 통합한 것이다. 가만히 생각해 보면 처음 페이지와 다음 페이지를 처리하는 근본적인 방법에는 차이가 없다. 다만 마지막 로우에 대한 정보를 호스트 변수에 갱신하는 부분이 다를 뿐이다. 즉, 호스트 변수에 값을 넣어주는 부분만 적절하게 감안해 준다면 동일한 방법으로 처리할 수 있다.

```
SELECT id, pid, c_text, substr(path, 3, 3) * 1 parent_id  ..........................(e)
FROM ( SELECT rownum rnum, id, pid, writer,
              lpad(' ', 2*level-1)||c_text c_text,
              sys_connect_by_path( to_char(id, '999'), '/' ) path  ......(d)
       FROM BILLBOARD
       CONNECT BY pid = PRIOR id
              and rownum <= 10 + :cnt   .................................................................(b)
       START WITH   parent_sw = 1  ..........................................................................(a)
              and  id >= :start_id )
WHERE rnum between :cnt and 10+:cnt    ................................................................(c)
  AND rownum <= 10 ;
```

여기에 사용된 BILLBOARD 테이블은 글번호(id), 상위글번호(pid), 내용(c_text), 작성자(writer), 원본글구분(parent_sw)로 구성되어 있다. 위의 처리를 위해서 필요한 인덱스는 전개를 할 때 사용하는 'pid + id'로 결합된 인덱스와 전개할 대상을 찾는 START WITH 에 지정된 조건을 위한 'parent_sw + id'로 된 인덱스가 필요하다. 여기서 'parent_sw'는 원본글일 때 '1'을 갖는 컬럼이다.

이제 우리가 지정해야 할 호스트 변수값에 대해 알아보자. 여기서 :cnt 는 어떤 페이지를 처리할 때 해당 페이지의 시작 건이 자신의 원본글에서 몇 번째의 순번인가를 지정하는 값이다. 처음 페이지인 경우는 '1'을 지정한다. 가령 앞서 소개했던 계층구조의 그림에서라면 '32 번' 글은 2 가 되고 '34 번' 글은 3 이 된다.

:start_id 는 페이지의 시작 건의 원본글 번호이다. 가령 위의 그림에서라면 32 번, 34 번 글은 모두 10 번 글이 원본글이므로 10 를 지정하게 된다. 물론 처음 페이지인 경우는 '1'을 지정한다. 이 정보는 위의 SQL 에서 (d)와 (e)를 통해 미리 찾아두어야 한다.

과거에는 전개를 할 때 가장 아쉬웠던 것 중 하나는 자신의 상위에 있는 모든 부모들을 찾을 수 없다는 것이었다. 오로지 바로 위의 부모만 알 수 있었기 때문에 추출된 결과를 눈으로는 확인할 수 있었지만 SQL 내에서 처리하는 중에는 알 수가 없어 처리를 하는데 제한이 많았다.

이를 해결하기 위해 새로 등장한 빌트인 함수가 바로 'sys_connect_by_path'이다. 이 함수는 최상위 조상부터 자신에게 이르는 모든 경로를 보여준다. 위의 예에서는 경로의 구분자를 '/'로 지정한 경우이다. 지금 우리에게 필요한 것은 원본글 번호 – 즉, 최상위 경로 – 이다. 이를 찾기 위해 (d)에서 to_char 로 고정길이를 만들고 (e)에서 substr 으로 잘라내었다.

이제 위 SQL 의 처리 경로를 추적해 보자. 가장 먼저 (a)가 수행된다. 시작 대상 원본글 (parent_sw=1)을 시작(START WITH)으로 전개(CONNECT BY)를 수행한다. 여기서 우리가 원하는 수만큼만 전개를 하기 위해 부여하는 조건을 WHERE 절에 넣지 않고 (b)에서와 같이 CONNECT BY 절에 기술한 것에 주의하기 바란다.

순환전개 SQL 에서는 WHERE 절이 가장 나중에 수행된다. 만약 ROWNUM 체크 조건을 여기에 기술하였다면 모든 범위에 대한 전개가 모두 수행한 다음 조건을 체크하게 된다. 그러나 CONNECT BY 절에 기술하면 순환전개를 수행해 가면서 체크가 일어나기 때문에 처리 중간에 멈출 수 있도록 수행된다. 즉, 실행계획에 COUNT(STOP KEY) 단계가 나타난다.

(c)에서는 전개를 하면서 발생한 ROWNUM 을 치환한 RNUM 을 이용하여 우리가 원하는 수만큼 잘라내고 있다. 여기에 다시 ROWNUM 으로 체크한 이유는 앞서 설명한 적이 있다. 이제 이 SQL 의 수행단계를 이해했다면 여기에 숨어 있는 특이한 점을 좀더 알아보기로 하자.

위에서 설명한대로 수행되어 준다면 START WITH 에서 제공하는 원본글의 순서대로 처리되다가 원하는 로우 수가 되면 제대로 멈춰진다면 문제될 것이 없다. 그러나 현재 옵티마이져가 처리하는 방법대로라면 여기에 중요한 문제가 한 가지 발생하고 있다.

결론부터 말한다면 우리가 원하는 만큼만 전개가 일어나지 않고 START WITH 에서 준 전체 원본글에 대해 모두 전개가 수행된다. 그러므로 우리가 START WITH 절에서 부여한 'id >= :start_id' 조건에 해당하는 모든 원본글에 대해서 수행하므로 결국 우리가 원하는 부분범위 처리를 할 수 없다.

물론 억지로라도 범위를 가령 'id between :start_id and :start_id+20' 처럼 조건을 부여한 다면 불가능한 것은 아니다. 그렇지만 여기서 부여한 20 은 혹여 중간에 빠진 글번호가 있을 수도 있으므로 완벽하다고는 할 수 없다. 그렇다고 해서 이 값을 너무 크게 부여하는 것도 액세스 효율 측면에서 볼 때는 손해가 크다.

이러한 문제가 발생하는 원인은 옵티마이져가 수립하는 순환전개의 처리방식에 기인한다. 순환전개의 처리에서는 각 단계(Level)을 전개해 갈 때 액세스하는 즉시 바로 추출할 수가 없다. 일단 추출된 것들을 정렬하여 저장해 두었다가 자기 차례가 오면 하나씩 다시 꺼내어서 처리하는 방식으로 수행할 수 밖에 없다.

다시 말해서 액세스한 것을 정렬하여 일단 버퍼에 넣은 후 알고리듬을 통해 구조적인 연결을 시도할 수 밖에 없기 때문에 데이터를 액세스하는 작업은 전체범위를 대상으로 발생하게 된다는 것이다.

이러한 전개방식에서 오는 특성은 이전 페이지를 처리하고자 할 때는 아주 심각한 문제를 야기시킨다. 이론적으로만 생각해 보면 START WITH 에서 원본글을 인덱스 역순으로 처리하면서 전개를 해간다면 어렵지 않게 이전 페이지를 액세스할 수 있을 것처럼 보이지만 그것은 단지 우리의 희망사항일 뿐이다.

순환전개를 위해서는 아무리 START WITH 에서 역순으로 원본글을 액세스했다 하더라도 버퍼에서 다시 정렬하게 되므로 아무런 소용도 없게 된다. 다시 말해서 역순으로 액세스한 효과가 전혀 없어진다는 것이다. 물론 이 경우에도 START WITH 에 BETWEEN 조건으로 범위를 줄여서 전개를 한 다음 그 결과를 우리가 원하는 순서로 정렬하는 방법을 생각해 볼 수는 있다.

물론 불가능한 방법은 아니지만 상당히 복잡한 문제가 내재되어 있으므로 조금 다른 방법으로 이 문제를 해결해 보자. 그것은 바로 앞서 소개했던 쿼리를 '쿼리를 분리하여 부분범위 처리'를 하는 방법이다. 다시 말해서 원본글을 액세스 하는 부분과 답글을 전개하는 부분으로 쿼리를 분리하여 처리하는 방법이다.

다음 페이지로 이동을 하든, 이전 페이지로 이동을 하든 우리가 원하는 자료는 정순이다. 역순으로 전개되기를 원하는 이유는 단지 이전 페이지를 찾기 위해서일 뿐이다. 각각의 원본글에 대해서 보여줄 계층구조는 언제나 정상적인 순서이며, START WITH 의 조건 때문에 부분범위 처리에 문제가 생기는 것이라면 순환 전개를 하는 부분을 별도로 분리하는 것이 마땅하다.

```
DECLARE
    CURSOR c1(start_id NUMBER) IS                          ← 본문글 액세스 커서
        SELECT /*+ index_asc(a idx1) */
               rownum as rnum, id, pid
        FROM BILLBOARD a
        WHERE sw = 1 and id >= start_id
          and rownum <= 11;
    CURSOR c2(root_id NUMBER) IS                           ← 계층구조 전개 커서
        SELECT rownum as rnum2, id, pid,
               lpad(' ', 2*level-1)||comments as comm,
               sys_connect_by_path(id, '/')   as path
        FROM BILLBOARD
        CONNECT BY pid = PRIOR id
               and rownum <= 11
        START WITH id = root_id;
    TYPE IdTabTyp is TABLE of billboard.id%TYPE            ← 배열(array) 선언
            index by binary_integer;
    TYPE CommTabTyp is TABLE of billboard.comments%TYPE
            index by binary_integer;
    ret_id      IdTabTyp;
    ret_root    IdTabTyp;                                  ← 호스트 변수 선언
    ret_comm    CommTabTyp;
    ret_num     IdTabTyp;         ← INPUT VALUE
    root_id     number;
    first_seq   number := &seq;
    start_id    number := &start_id;
    i           binary_integer := 0;
```

490   부분범위 처리(Partial Range Scan)

```
BEGIN
  FOR c1_rec IN c1(start_id) LOOP
    IF c1_rec.rnum > 11 OR i > 10 THEN EXIT;           본문글 액세스
    END IF;
    root_id := c1_rec.id;                              계층구조 전개
    FOR c2_rec IN c2(root_id) LOOP
      IF i > 10 THEN EXIT;
      END IF;
      IF (c1_rec.id = start_id and c2_rec.rnum2 >= first_seq) OR
         (c1_rec.id <> start_id) THEN                  배열에 저장
         i := i + 1;
         ret_id(i)   := c2_rec.id;
         ret_root(i) := substr(c2_rec.path,2,instr(c2_rec.path,'/',2)-2);
         ret_comm(i) := c2_rec.comm;
         ret_num(i)  := c2_rec.rnum2;
      END IF;
    END LOOP;
  END LOOP;
                                                       화면으로 출력
  FOR i IN 1..11 LOOP
     DBMS_OUTPUT.PUT_LINE(ret_id(i)||' '||ret_root(i)||' '||
                          ret_comm(i)||' '||ret_num(i));
  END LOOP;
END;
```

앞 페이지에 있는 커서선언, 배열 및 호스트 변수를 선언하는 부분은 별도의 설명을 하지 않겠다. 이 장에 있는 처리부도 여러분들이 이해하는데 큰 어려움이 없을 것이므로 간략하게만 설명하겠다. 페이지의 시작이 될 원본글부터 순차적으로 액세스를 해가면서 각 원본글에 대해 순환전개를 수행하고 있다.

위의 사례는 한 페이지에 10개의 글을 게시하며, 다음 페이지 처리를 위해서 11개의 글을 추출하는 것으로 가정하여 처리한 것이다. 배열에 저장할 때 사용한 IF 문은 계층구조의 중간에서 페이지가 시작되는 경우에 시작글보다 먼저 나오는 글은 계층구조는 전개하지만 추출대상은 되지 않도록 하기 위함이다. 배열 저장 중에서 RET_ROOT 에는 해당글의 원본글 번호를 저장하고 있다.

마지막에 있는 LOOP 는 이렇게 배열에 우리가 원하는 정보를 완벽하게 채워둔 것을 화면으로 출력하는 것을 보여주고 있다. 물론 여러분들은 이 정보를 자신의 애플리케이션 버퍼로 이동시켜야 한다는 것은 말할 필요도 없다.

부분범위 처리(Partial Range Scan)

이번에는 이전 페이지로 이동하는 경우에 대해서 살펴보기로 하자.

```
DECLARE
    CURSOR c1(start_id NUMBER) IS                                    ← 본문글 액세스 커서
     SELECT /*+ index_desc(a idx1) */   -------------------------  (a)
            rownum as rnum, id, pid
     FROM BILLBOARD a
     WHERE sw = 1 and id <= start_id
       and rownum <= 11;

    CURSOR c2(root_id NUMBER) IS
     SELECT rownum as rnum2, id, pid,
            lpad(' ', 2*level-1)||comments as comm,
            sys_connect_by_path(id, '/')    as path              ← 계층구조 전개 커서
     FROM BILLBOARD
     CONNECT BY pid = PRIOR id
            and rownum <= 11
     START WITH id = root_id;

    TYPE IdTabTyp is TABLE of billboard.id%TYPE
         index by binary_integer;
    TYPE CommTabTyp is TABLE of billboard.comments%TYPE
         index by binary_integer;                                 ← 호스트변수 선언
    ret_id      IdTabTyp;
    ret_root    IdTabTyp;
    ret_comm    CommTabTyp;
    ret_num     IdTabTyp;       ← INPUT VALUE
    root_id     number;
    last_rnum   number := &seq;
    start_id    number := &start_id;
    i           binary_integer := 0;
    j           binary_integer := 0;
    cnt         number := 0;
BEGIN
    FOR c1_rec IN c1(start_id) LOOP
      IF c1_rec.rnum > 11 OR cnt > 21 THEN EXIT;
      END IF;
      root_id := c1_rec.id;
      FOR c2_rec IN c2(root_id) LOOP                              ← 계층구조 전개
        IF c2_rec.rnum2 <= last_rnum THEN
            i := c2_rec.rnum2;
            ret_id(i)   := c2_rec.id;
            ret_root(i) := substr(c2_rec.path,2,instr(c2_rec.path,'/',2)-2);
            ret_comm(i):= c2_rec.comm;
            ret_num(i) := c2_rec.rnum2;
        END IF;
      END LOOP;
      last_rnum := 999;           ------------------------------------- (b)
```

```
    FOR j IN reverse 1..i LOOP    ----------────────────── (c)
                                                   배열에 저장
        cnt := cnt + 1;           ----------────────────── (d)
        ret_id(112-cnt)   := ret_id(j);
        ret_root(112-cnt) := ret_root(j);
        ret_comm(112-cnt) := ret_comm(j);
        ret_num(112-cnt)  := ret_num(j);
    END LOOP;
  END LOOP;
                                              화면에 출력
  FOR j IN 101..111 LOOP
    BEGIN
      DBMS_OUTPUT.PUT_LINE(ret_id(j)||' '||ret_root(j)||' '||
                           ret_comm(j)|| ' '||ret_num(j));
    EXCEPTION
        WHEN NO_DATA_FOUND THEN i := 1;
    END;
  END LOOP;
END;
```

이전 페이지를 처리하는 것은 다음 페이지를 처리하는 것과 근본적으로는 크게 다르지는 않지만 몇 가지 특이한 처리가 좀더 필요하다. 먼저 원본글을 처리할 때 (a)에서처럼 인덱스를 역순으로 액세스하도록 해야 한다.

계층구조를 전개할 때 페이지에서 잘려나간 부분을 제거하기 위해 조건에서 사용한 last_rnum 은 처음 전개하는 원본글에 대해서만 적용하고, 나머지 본문에서는 체크하지 않기 위해 (b)에서 값을 999 로 변경시킨 것이다.

배열에 저장하는 방법은 많은 차이가 있다. 나중 글을 먼저 옮기면서 전개 순서를 원래의 순으로 해야 하기 때문에 약간의 아이디어를 가미한 것이다. 해당 본문글에 대해 전개가 완료되고 나면 ROWNUM 을 치환한 값인 i 는 전개된 유효 글의 총개수가 된다.

이들을 11 개의 배열에 아래에서부터 채우기 위해 LOOP 를 역(Reverse)로 수행시키고 (112 - CNT)를 하였다. 여기서 +100 을 한 것은 기존에 정의했던 배열을 재활용하기 위해서 그렇게 한 것이다. CNT 는 계속해서 누적이 된다.

부분범위 처리(Partial Range Scan)

제2장
조인의 최적화 방안

제 2 장
조인의 최적화 방안

아주 지극히 단순한 트랜잭션 처리가 아니라면 대부분의 데이터 처리는 하나 이상 테이블의 데이터를 필요로 한다. 특히 관계형 데이터베이스에서는 정규화를 강조하기 때문에 우리가 관리하고자 하는 정보가 필연적으로 다양한 테이블에 나누어져 저장되고 그들간에는 관계를 가지게 된다.

이렇게 저장된 데이터를 다시 액세스 하려면 조인 등의 방법을 통해 다시 결합할 수 밖에 없다. 물론 데이터를 연결하는 방법은 조인뿐만은 아니다. 이 책의 시리즈인 2 권에서 다루게 되겠지만 조인 이외에도 실로 다양한 데이터 연결 방법이 있다. 그러나 누가 뭐래도 가장 큰 비중을 차지하는 것이 조인임에는 틀림이 없다.

과거의 파일 시스템이나 계층형, 망형 데이터베이스에서처럼 배열(Array)을 같은 레코드에 저장할 때는 하나로 결합되어 있었기 때문에 이러한 문제는 크게 대두 되지 않았다. 만약 다른 저장소에 있는 정보를 필요로 한다면 애플리케이션에서 별도로 액세스하여 알고리듬을 이용하여 처리하거나 이미 물리적으로 연결된 포인터에 의해 액세스 되므로 이러한 문제가 크게 부각되지 않았던 것이다. 물론 이러한 문제는 객체지향 데이터베이스에서도 크게 발생하지 않는다. 객체간의 종속성이 이미 클래스를 정의할 때 이루어지므로 우리가 일부러 연결해서 처리할 필요가 없어진다.

그러나 2 차원 테이블 구조로 표현되어야 하는 관계형 데이터베이스에서는 이 문제가 유독 크게 나타날 수 밖에 없다. 다시 말해서 이러한 관계형 데이터베이스의 구조적인 특징으로 인해서 여러분이 관계형 데이터베이스를 사용하는 한 조인은 결코 피해갈 수 없는 필연적인 것이다.

다른 말로 표현해 본다면 관계형 데이터베이스를 효율적으로 활용하기 위해서 반드시 조인을 정복해야만 한다는 것을 의미한다고도 할 수 있겠다. 여러분들은 조인을 두려워할 필요가 전혀 없다. 조인은 바로 우리가 원하는 재료를 마음대로 골라 원하는 고급음식을 만들 수 있는 것과 매우 유사하다. 만약 여러분이 요리 실력이 부족하다면 단순히 재료를 씻어 먹는 정도에 그치겠지만 요리에 자신이 있다면 필요에 따라 다양한 재료를 마음대로 선택하여 자신이 원하는 요리를 얼마든지 만들고자 할 것이다. 분명 어느 쪽이냐에 따라 요리 실력에 차이가 있음을 인정하지 않을 수 없을 것이다.

요리에 자신이 없는 사람들에게 공통적으로 나타나는 현상은 단순한 재료의 가공이나 이미 만들어진 가공식품을 선호한다는 것이다. 이와 마찬가지로 만약 여러분이 단순히 하나의 테이블만 액세스하는 SQL 을 많이 사용한다거나 조인이 싫어서 테이블에 반정규화(De-normalization)를 시켜두었다면 필시 관계형 데이터베이스의 실력자가 아님을 증명하고 있는 것이라고 감히 말할 수 있다.

필자는 조인을 '집합의 연산'이라고 정의한다. 즉, 조인이란 릴레이션쉽으로 정의된 외부키의 해당 데이터를 읽어오는 것이라는 생각을 버려야 한다는 것이다. 그것은 단지 집합간의 연산 중에서 '=(Equal)' 연산을 한 것일 뿐이다. 물론 조인 연산자의 가장 일반적인 형태는 당연히 '='이다. 그러나 언제나 그렇게 하는 것이라는 생각은 하루 빨리 버려야 한다. 여러분들이 이러한 고정관념을 깨는 순간 놀라운 새로운 세계가 보인다.

연산이라는 것은 실로 다양한 형태가 존재하는 것이며, 이는 곧 집합연산을 통하여 매우 다양한 처리를 할 수 있음을 뜻한다. 우리가 알고 있는 상수 10 에다가 임의의 미지수 x 를 어떤 연산자로 처리한다면 그것이 무엇이었느냐에 따라 20 도 만들 수 있고 56 도, 77 도, ... 그 어떤 것도 만들 수 있다. 조인의 원리는 이와 다르지 않다.

우리가 알고 있는 어떤 집합에 임의의 집합을 연결하여 그 조인 연산자를 어떻게 적용하느냐에 따라 실로 다양한 결과를 얻을 수 있다. 뒤에서 설명하겠지만 우리가 어떤 수식을 풀어갈 때 필요하면 '( )'를 이용하여 특정 부분이 먼저 처리되도록 하고, 그 결과를 다시 다른 것과 연산할 수 있는 것처럼 어떤 집합간의 연산결과를 인라인뷰(Inline View)로 묶고, 이를 다시 다른 집합과 조인으로 연산하는 방법을 사용한다면 보다 다양한 처리가 가능하다.

필자는 이러한 집합의 연산을 통해 수천 라인의 코드를 가진 배치처리 애플리케이션을 수십 라인의 SQL 하나로 처리하여 10 시간 이상 걸리던 작업을 10 분 이내로 단축한 사례를 많이 가지고 있다. 물론 직접 보지 않은 사람들은 잘 믿지 못할 수도 있겠지만 이것은 엄연한 사실이다. 여러분들도 이 장을 다 읽고 나면 분명히 적극적으로 이에 동조하리라 믿어 의심치 않는다.

조인은 관계형 데이터베이스에서 가장 기본적이고, 가장 중요한 기능이라고 했다. 관계형 데이터베이스는 테이블 간에 물리적으로 전혀 연결관계가 맺어져 있지 않을지라도 논리적인 관계만으로도 조인을 이용하여 필요하다면 언제든지 원하는 정보를 서로 연결하여 참조할 수가 있다. 이는 사전에 어떤 형식이든 물리적인 연결고리를 만들어 두어야 하는 기존의 데이터베이스와 비교해 볼 때 마치 3 차원 세계와 4 차원 세계의 차이만큼이나 격차가 있다고 할 것이다. 그러나 그것은 물론 수행속도를 배제했을 때의 일이다.

일반적으로 관계형 데이터베이스를 처음 접했을 때는 과거에 가장 고심을 해야 했던 다른 정보와의 연결이 너무나 손쉽게 가능해진 것을 보고 적절한 대책 없이 함부로 사용하게 된다. 그러다가 상상을 초월하는 수행속도의 문제를 경험하고는 결국 '조인이란 이론적으로만 가능한 것이지 실무에서는 마음대로 적용할 수 없는 것'이라는 결론을 내리는 사람들이 많이 있다. 몇 년 전의 일이지만 심지어 어떤 프로젝트를 담당하는 매니저가 개발자들에게 조인을 절대로 사용하지 못하도록 엄명을 내리는 경우를 본 적도 있었다.

물론 이미 물리적으로 연결고리가 만들어져 있는 경우보다 그렇지 않은 경우가 늦을 수 있다는 것은 당연해 보인다. 그러나 관계형 데이터베이스의 특성이 최대한 발휘되도록 SQL을 구사하고, 최적의 액세스 경로를 찾을 수만 있다면 충분히 유사한 처리속도를 얻을 수 있으며, 더 유리한 수행속도를 낼 수 있는 경우는 얼마든지 있다.

논리적인 최적의 처리방법은 이미 정해져 있는 것이다. 단지 옵티마이져가 보다 높은 확률로 그 처리경로를 찾을 수 있도록 하는 것이 최대의 관건이 된다. 그러므로 사용자는 옵티마이져가 최적의 처리경로를 찾을 수 있도록 인덱스, 클러스터 등의 옵티마이징 팩터(Optimizing Factor)를 적절히 지정하고, 경우에 따라서는 힌트나 사용제한 기능을 사용하여 최적의 액세스 경로로 처리될 수 있도록 유도할 수도 있다.

만약 여러분이 논리적으로 가장 유리한 액세스 형태를 미리 알고 있다면, 다르게 나타난 실행계획의 원인을 쉽게 찾아낼 수 있을 것이며, 그 해결방법도 어렵지 않게 얻을 수 있을 것이다. 이 책은 특정 RDBMS의 특성이나, 특정 버전에서 나타나는 현상에는 큰 관심을 두지 않는다. 그것은 이미 논리적으로 존재하는 최적의 처리방법을 얼마나 제대로 찾아주고 있느냐에 대한 문제일 뿐이기 때문이다.

여기서 언급하는 내용들은 단지 조인의 유형을 설명하거나 기본적인 원리 정도를 설명하자는 것이 아니다. 조인 형태별로 내부에서 발생하는 구체적인 처리 절차와 그에 따른 액세스 효율의 맥점을 알아보고, 조인을 집합의 연산으로 확장하여 접근하는 원리에 대해 조명해 보기로 하겠다.

2.1. 조인과 반복연결(Loop query)의 비교

조인을 하지 않고서도 두 개의 테이블을 연결할 수는 있는 방법은 많이 있다. 2 권에서 설명할 'UNION… GROUP BY'나 서브쿼리(Subquery), 저장형함수(Stored function) 등을 사용하는 방법도 있다. 그러나 보다 더 원시적인 방법도 있다. 그것은 바로 우리가 과거 절차형 애플리케이션에서 그렇게 했듯이 먼저 기준 테이블의 처리범위에 있는 로우들을 차례로 읽어서 그 상수값으로 연결해야 할 다른 테이블을 찾는 방법이다.

즉, 'DECLARE CURSOR'를 통해 기준 테이블을 하나씩 패치(Fetch)한 다음 거기서 얻은 상수값을 'FOR LOOP'에서 다시 연결하는 SQL 을 수행시키는 방법이다. 어쩌면 우리가 알고 있는 데이터 처리의 지극히 전형적인 연결방법을 말한다. 여기서는 이 연결방법을 반복연결(Loop Query)방식이라 부르기로 하자. 그 것은 나중에 연결되는 SQL 은 먼저 액세스한 범위만큼 반복적(Loop)으로 연결(Query)이 수행되기 때문에 그렇게 명명한 것이다.

조인을 불신하는 많은 사용자들은 조인보다 이렇게 반복적으로 연결하는 것이 더 유리하다고 믿는다. 그것은 애플리케이션을 개발하면서 테스트했을 때 조인을 한 것보다 실제로 더 빨라지는 경우를 많이 경험하다 보니 그렇게 믿게 되어 버린 것이다. 그러나 만약 그들이 조인을 정확히 알고 제대로 사용하였다면 대부분의 경우에서 조인이 훨씬 유리하다는 것을 알 수 있었을 것이다.

그렇다면 어떠한 연유로 인해 그러한 현상이 발생하게 되었는지 그 원인을 살펴보고 상황에 따라 보다 유리해지는 경우를 판단하는 원칙을 찾아 보기로 하자. 이해를 쉽게 하기 위하여 Nested Loops 조인으로 수행되는 경우와 서로 비교하여 설명하겠다.

일반적으로 조인은 집합의 연산 개념이므로 가령 두 집합을 조인한다고 했을 때 어느 것이 반드시 주(主)가 되고 다른 것은 부(副)가 되는 개념이 아니다. 마치 '2*3'의 연산을 했을 때 그러한 것과 유사하다. 그렇기 때문에 항상 어떤 집합이 먼저 액세스되고, 그 결과로 다른 집합을 연결해야 하는 것이 아니라 옵티마이져의 판단에 따라 먼저 처리되는 집합이 결정된다. 물론 조인 방식에 따라서 달라질 수 있다.

조인이 어떤 절차로 수행되더라도 그 결과는 동일하다. 다만 그 처리 방식에 따라 실제로 행해지는 일의 양에는 매우 큰 차이가 날 수 있다. 그렇기 때문에 때론 우리가 간단한 방법으로 단지 조인의 형태를 바꾸거나 처리되는 순서만 바꾸어 주더라도 놀랄 만큼 커다란 수행속도의 차이를 경험할 수 있다.

물론 이러한 처리에는 SQL의 형태나 인덱스의 구성도 커다란 몫을 차지하게 된다. 결국 액세스 영향 요소들이 어떠하였느냐에 따라 크게 달라지므로 이를 제대로 제어하지 못하는 경우에는 매우 나쁜 수행속도가 나타날 수 있는 소지는 충분히 있다. 대개의 경우 이러한 원리를 정확히 알고 있지 못하기 때문에 필요 이상의 손해를 보는 경우가 많이 있다.

실전에서 SQL을 거의 변경시키지 않고 이러한 액세스 요소들만 간단하게 바꾸어 주는 방법만으로도 액세스를 크게 효율화시키는 것을 보여주면 이러한 원리를 잘 알지 못하는 사람들이 보았을 때는 마치 마술처럼 신기하게 보는 경우를 많이 경험했다.

문제는 이러한 액세스 방식이 원리를 모르는 사람들에게는 잘 보이지 않는다는 사실에 있다. 그것은 그들의 눈에는 단지 최종적으로 처리된 결과만 보일 뿐이기 때문이다. 즉, 처리시간과 결과만 보이기 때문에 결과만 맞는다면 처리시간에 대한 불만은 자신이 아니라 애꿎은 DBMS 에게 화살을 돌린다.

왜 그렇게 엄청난 비효율이 발생되었는지 알지 못하기 때문에 이러한 경험을 몇 번하고 나면 당연히 조인을 불신한다. 자신이 상식적으로 생각해봐도 이 만큼의 데이터를 처리할 때 최소한 이 정도 이상은 걸리지 않을 거라는 자신의 상식이 무참히 깨어졌을 때 그 불신은 더욱 심해진다.

그것은 이미 일반적인 상식선을 훨씬 뛰어넘는 엄청난 비효율이 발생했다는 것을 의미한다. 그들은 제대로 된 방법으로 처리되는 액세스를 알지 못하고, 그렇게 되었을 때 얼마만큼의 시간이면 충분하다는 사실을 전혀 알지 못하기 때문에 온통 그 불만의 화살을 조인에게 돌리는 것이다. 만약 여러분들이 그러했고 나중에 그 원리를 깨달았을 때의 모습을 한번 상기해 보라!

반복 연결은 어떤 면에서는 확실한 장점을 가지고 있다. 다시 말해서 조인의 처리 순서만큼은 확실하다. DECLARE CURSOR 에서 액세스한 결과를 패치하면서 FOR LOOP 에서 연결을 반복함으로써 일종의 Nested Loops 조인의 형태와 매우 유사하게 처리한다. 우리가 조인을 사용했을 때는 자신의 실수로 인해 조인의 방향(처리순서)이 원하지 않은 형태로 바뀔 수도 있지만 반복연결 방식에서는 결코 그런 일이 발생하지 않는다.

이 말은 반복연결 방식에서는 최소한 처리 순서의 잘못으로 인해 발생하는 문제만큼은 발생하지 않는다는 것을 의미한다. 그러므로 최소한 소위 '말도 안 되는' 정도의 나쁜 수행속도를 내게 하지는 않는다. 그러므로 조인이 잘못된 처리경로로 수행되었을 때에 비해 훨씬 빠른 결과를 낼 수도 있었을 것이다. 그러나 이것은 어디까지나 조인이 원죄가 아니라 잘못된 처리절차가 원인이다. 문제의 원인이나 해결방법도 모르면서 무조건 조인을 포기한대서야 말이 되겠는가?

어쩌면 여기서 논하고 있는 이러한 처리방식에 대한 문제는 관계형 데이터베이스에서 데이터를 처리하는 방법에 있어서 가장 근본적인 문제에 해당한다고도 할 수 있다. 오랜 세월이 지났지만 아직도 많은 사람들은 '코볼(Cobol)'이나 'C'계열의 애플리케이션에서 'DECLARE…CURSOR' 방식으로 접근하고 이를 선호하고 있다.

물론 'DECLARE…CURSOR' 방법에서도 당연히 조인을 사용할 수 있다. 여기서 말하는 것은 결국 데이터 처리를 위해서 소요되는 집합들이 가능한 DECLARE 부분에 조인으로 통합되어 수행되도록 할 것인가, 아니면 LOOP 에서 반복 수행되도록 할 것인가에 대한 문제를 다루자는 것이다.

먼저 결론부터 내린다면, 사안에 따라 차이는 나겠지만 데이터 처리의 대부분을 조인을 통해 DECLARE 에서 처리하고, 아주 특수한 경우의 처리만 LOOP 에서 처리하도록 하는 것이 최선의 방법이다. 가령 DECLARE 에서 30%를 처리하였느냐, 70%를 처리하였느냐에 따라서 수행속도뿐만 아니라 단순성, 생산성, 유지보수성에도 영향을 미친다.

조인에 정말 자신이 있는 사람이라면 "누가 작성해 놓은 어떤 애플리케이션이라도 소스코드를 1/10 로 줄이면서 수행속도는 10 배 이상 내도록 바꾸어 줄 수 있다"라고 말 할 수 있다. 이 말은 결코 허언이 아니다. 물론 사용자 인터페이스 위주의 애플리케이션에서라면 힘들지도 모르지만 데이터 처리위주의 애플리케이션이라면 이 보다 더한 차이를 낼 수 있는 경우도 많이 있다.

필자는 몇 해 전 실제로 모 은행의 일배치 처리 프로세스 중에서 6 개의 수천 라인의 소스코드로 구성된 모듈이 하는 일을 하나의 SQL 로 바꾸어 8 시간 수행되던 작업을 20 여분으로 바꾼 적도 있다.

데이터 처리라는 것은 결국 하나 이상의 집합을 액세스하여 필요한 모든 정보를 얻고, 여기에 필요한 가공을 하여 원하는 집합의 형태로 바꾸어 가는 것을 말한다. SQL 을 분리시키는 순간 그 사이의 간격은 사람이 채워야만 한다. 너무 지나칠 필요는 없지만 가능한 최대한으로 SQL 을 분리시키지 않도록 하는 것은 매우 중요한 전략이라 아니할 수 없다.

2.1.1. 전체범위 처리 방식에서의 비교

여기서 증명하고자 하는 것은 배치처리의 SQL 이나 GROUP BY 등이 있어 어차피 전체 범위를 모두 처리해야 하는 SQL 이 수행될 때 그 내부에서 발생하는 구체적인 처리 내용을 살펴보면서 조인이 결코 불리할 수 없다는 것을 보여주고자 하는 것이다.

아래 그림은 Nested Loops 조인 방식과 비교한 그림이다. 먼저 아래 그림을 살펴보자.

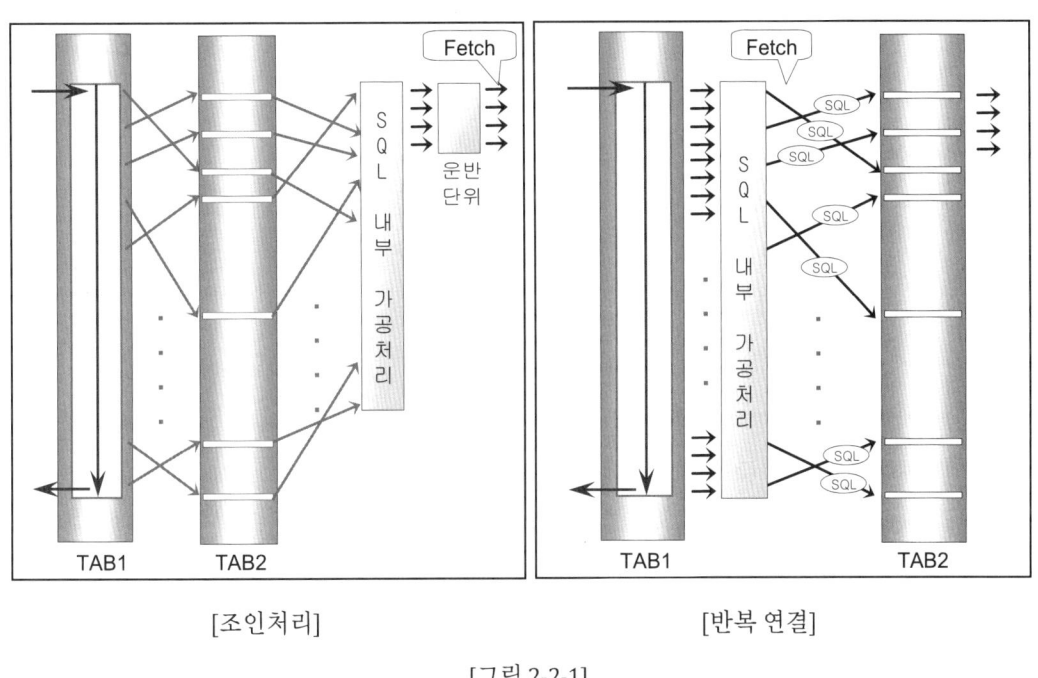

[그림 2-2-1]

위 그림의 좌측에 있는 조인은 전체범위 처리 방식으로 수행되므로 TAB1 에서 처리해야 할 전체범위를 하나씩 스캔하여 대응되는 TAB2 의 로우와 연결한다. 그림에는 나타나 있지 않지만 TAB2 에 있는 인덱스를 경유하여 TAB2 를 연결함은 물론이다. 만약 TAB1 에서 처리해야 할 로우의 범위가 1,000 건이라면 1,000 번의 연결작업이 랜덤 액세스방식으로 수행된다. 두 테이블이 연결된 결과는 수행시킨 SQL 의 내용에 따라 추가적인 내부 가공을 수행한 후 운반단위만큼 추출한다. 그렇지만 1,000 번의 연결을 위해 단 한번의 SQL 만 수행되었다.

우측 그림을 보자. 처리해야 할 TAB1 의 로우 수는 마찬가지로 1,000 건이다. 전체범위

처리를 하는 경우이므로 내부에서 전체 범위를 액세스하여 가공을 한 후 패치(Fetch)를 한다. LOOP 를 돌면서 패치된 각각에 대해 SQL 이 수행되면서 대응되는 TAB2 의 로우들을 랜덤으로 액세스한다. 이 작업은 패치마다 별도의 SQL 이 수행되었기 때문에 연결작업에만 1,000 번의 SQL 이 수행된다는 것을 알 수 있다.

이 작업은 좌측 그림과 결과는 동일하다. 그러나 조인처리 방식은 단 한 번의 SQL 이 수행되었으나 우측 그림은 모두 1,001 번의 SQL 이 수행되었으므로 조인이 불리할 것이 없다. 만약 반복되는 SQL 이 수행될 때마다 매번 파싱을 하게 된다면 그 부담은 실로 엄청나게 증가한다. 물론 반복되는 SQL 이 공유 SQL 영역(Shared SQL Area)에 있는 파싱 결과를 공유한다면 줄어 들기는 하겠지만 아무래도 유리할 것이 없다.

더구나 조인 처리는 SQL 내에서 조인된 테이블의 모든 컬럼을 마음대로 가공하여 사용할 수 있으나 반복연결은 별도의 언어를 통하여 애플리케이션 내에서 추가적인 가공을 하여야 하므로 그 차이는 아주 크다고 하겠다.

RDBMS 에 따라 이처럼 반복 수행되는 SQL 의 부하가 나타나는 정도에는 차이가 있다. 반복연결 처리를 해도 큰 문제가 없던 RDBMS 를 사용하던 사람이 그렇지 않은 RDBMS 를 사용할 때 동일한 방법으로 애플리케이션을 사용한다면 너무나 큰 차이가 발생하여 사용이 불가할 지경에 이르는 경우도 많이 보았다. 이것은 RDBMS 의 구조적인 차이에 기인하는 것일 뿐 특정 RDBMS 가 더 우수하기 때문인 것이 아니다.

이 말은 만약 여러분들이 반복 수행에 약한 RDBMS 를 사용하고 있다면 가능한 더욱 더 조인처리 방식으로 적용해야만 한다는 것을 말해 주고 있다. 그러나 사실은 이러한 접근방법은 분명 독이 아니라 약이라 할 수 있다. 왜냐하면 가공해야 할 집합이 조인에 의해서 SQL 에서 처리됨으로써 앞으로 설명할 수많은 기능들을 제공받을 수 있는 길이 열리기 때문이다. 여러분들이 이 길로 들어서지 않는다면 결코 참다운 RDBMS 의 맛을 느껴볼 수 없을 것이라 확신한다.

하나의 SQL 에 처리를 위해 필요한 모든 집합이 모여 있게 되면 우리가 직접 처리해야 할 많은 부분을 DBMS 에게 맡겨 버릴 수가 있다. 물론 추출된 데이터를 실전에서 발생하는 다양한 업무규칙에 맞도록 어떻게 가공할 것이냐에 대한 문제와 최적의 실행계획으로 처리되도록 하는 부분이 아직도 남아 있기는 하다. 그러나 걱정할 필요는 전혀 없다. 앞으로 이 책의 시리즈 전체에서 이러한 부분에 대한 확실한 해답을 주게 될 것이기 때문이다.

그렇다고 해서 모든 것을 하나의 SQL로 지나치게 묶겠다는 것은 때론 오히려 더 나쁜 결과를 초래하는 경우도 있다. 어쩌면 우리가 이러한 경우를 정확하게 인지한다는 것은 곧 어디까지를 하나의 SQL로 해야 하는가에 대한 해답일 수도 있다.

먼저 이러한 판단에 대한 원리와 기준에 대해 살펴보기로 하자. 어떤 SQL이 전체범위로 처리되어야 한다면 드라이빙을 하는 집합뿐만 아니라 다른 것들까지 모두 전체범위를 처리해야 한다는 것을 의미한다. 만약에 이 중에서 일부를 분리해 냈을 때 그들은 굳이 전체 범위처리를 하지 않아도 된다면 SQL은 보다 가벼워 질 것이다. 즉, 반드시 전체범위 처리를 해야 하는 것들은 묶어 주는 것이 바람직하지만 굳이 그럴 필요없는 것은 분리하는 것이 좋다는 것이다. 물론 분리했을 때 우리가 하고자 하는 처리에 영향을 미치지 않아야 함은 말할 필요도 없다.

또 한 가지의 경우는 일부를 먼저 분리하여 1차 가공을 하여 집합의 양을 줄인 후 그 결과를 가지고 다시 다른 집합을 연결하고자 하는 경우이다. 예를 들어 1만 건을 읽어 가공하여 100건을 만든 후 다른 집합을 연결해도 된다면, 뒤에 연결되는 집합은 100번만 액세스가 발생하게 된다는 것이다. 이 방법은 미리 연결했기 때문에 1만 건을 모두 연결한 후에 나중에 100건으로 줄이는 것에 비해 당연히 유리하다.

이처럼 일부를 분리하여 별도로 수행시키고 그 결과를 이용하여 다시 연결을 시도하는 것이 유리한 경우라면 SQL을 분리하는 것도 나쁠 것이 없다. 그러나 이러한 경우에라도 인라인뷰를 이용하면 전혀 손해를 보지 않고 하나의 SQL로 통합할 수가 있다.

SQL을 분리하는 것이 유리한 또 한 가지의 경우가 있다. 그것은 연결해야 될 대상이 상황에 따라서 달라지는 경우를 처리할 때이다. 만약 이러한 경우에서 억지로 조인을 하고자 한다면 각각의 대상을 모두 조인으로 연결하고 아우터(Outer) 조인을 실시해야 한다. 조인이란 집합의 연산이기 때문에 결과에 상관없이 모든 대상에 대해 조인이 발생해야 하므로 불필요한 비효율이 발생할 수가 있다.

물론 이러한 경우에도 손해없이 하나의 SQL로 통합하는 방법이 있기는 하다. 그러나 SQL의 실행계획을 확실하게 제어하지 않으면 큰 손해를 볼 수도 있음에 유의해야 한다.

지금까지 몇 가지 형태에 대해 간략하나마 소개를 한 이유는 여러분들이 일단 개념적으로라도 우선 이해를 해둘 필요가 있기 때문이다. 사실 쉽지 않은 개념이므로 이 설명만으로는 부족할 것이라 생각된다. 그런 의미에서 몇 가지 SQL을 통해 하나씩 상세하게 살펴 보기로 하자. 다음과 같은 SQL 을 실행시켜 보자.

```
SELECT a.FLD1, .................. , b.COL1, ..................
FROM   TAB2 b, TAB1 a
WHERE  a.KEY1 = b.KEY2
   AND a.FLD1 = '10'
ORDER BY a.FLD2;
```

이 SQL 은 조인 연결고리의 인덱스에 이상이 없고, 드라이빙 역할을 할 TAB1 의 FLD1 에 인덱스가 있다고 하자. 먼저 TAB1 의 a.FLD1 = '10'인 전체범위를 대상으로 TAB2 를 모두 연결하여 결과를 TAB1 의 FLD2 로 정렬한 후 운반단위만큼 추출한다. 가령 a.FLD1 = '10'인 범위가 1,000 로우라면 1,000 회의 연결이 먼저 일어난 후 정렬작업을 수행하게 된다.

그러나 전체범위 처리로 만든 주된 이유는 바로 TAB1 에 있는 FLD2 가 ORDER BY 로 지정되어 있기 때문이다. 물론 인덱스가 'FLD1 + FLD2'로 되어 있었다면, ORDER BY 를 지정했더라도 전체범위로 처리하지 않았겠지만 여기서는 FLD1 으로만 인덱스로 구성되어 있다고 가정한다. 그렇지만 만약 이 SQL 을 다음과 같이 두 개로 나누어 본다면 상황은 좀 달라진다.

- 아래의 (1)번 SQL 처럼 TAB1 만 전체범위를 처리하게 만들어 먼저 수행시키고, 그 결과를 이용해서,
- (2)번 SQL 을 LOOP 내에서 처리하도록 해보자.
- 물론 (1)의 SQL 에서 처리된 결과를 가지고 TAB2 를 연결하는 작업은 먼저 리턴하는데 필요한 만큼만 되도록 해야 한다.

아래 그림을 보고 이 결과를 분석해 보자. TAB1 은 1,000 건을 모두 액세스하여 정렬까지 하였으나 TAB2 의 연결은 운반단위만큼만 수행했다. 비록 연결을 위해 개별적인 SQL 이 수행되었지만 조인으로만 처리한 경우에 비해 TAB2 와의 연결한 작업의 횟수가 현저히 줄어 들었으므로 이것만 놓고 보면 반복 연결방식이 더 유리하다. 그러나 온라인 조회가 아니라 어차피 전체를 모두 처리해야 하는 배치 처리라면 전혀 유리할 것이 없다.

(1) SELECT FLD1, ..., FLDn   (2) SELECT COL1, ..., COLn
    FROM   TAB1   FROM   TAB2
    WHERE FLD = '10'   WHERE KEY2 = :a.KEY1;
    ORDER BY FLD2;

위의 수행절차를 그림으로 표시해 보자.

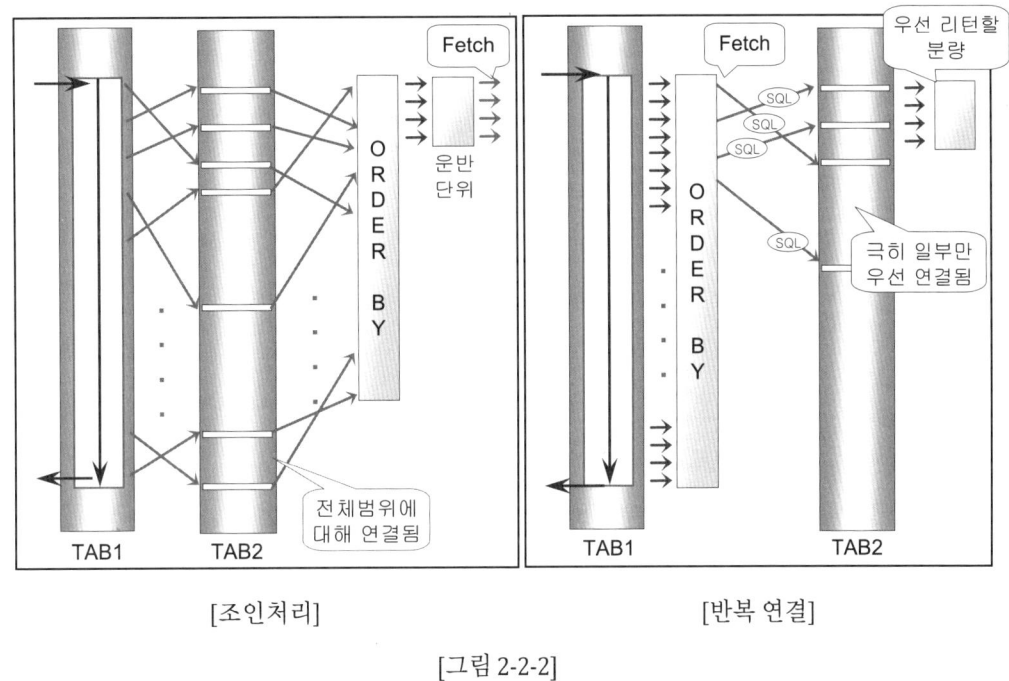

[조인처리]　　　　　　　　　　　[반복 연결]

[그림 2-2-2]

그러나 이러한 경우라 하더라도 반복연결 방식이 항상 유리한 것은 아니다. 앞의 예에서 반복연결 방식이 유리해진 것은 단지 TAB1 은 전체범위를 모두 처리했지만 TAB2 는 극히 일부만 처리했기 때문이다. 온라인 애플리케이션이 아닌 배치처리나 보고서를 출력하는 애플리케이션처럼 어차피 TAB2 전체를 모두 연결해야 한다면 처음 소개했던 그림에서 알 수 있듯이 조인이 유리해 진다.

그러므로 반복연결 방식이 유리해지려면 연결되는 작업의 수행 횟수는 반드시 처리되어야 할 일 량의 일부분씩 처리되는 경우이어야만 한다. 그러나 이러한 경우에도 인라인뷰 개념을 적용하면 다음과 같은 하나의 SQL 로 간단하게 처리할 수 있다.

```
SELECT x.FLD1,..............., x.FLDn, y.COL1,................., y.COLn
FROM (SELECT FLD1, ..................... , FLDn
      FROM   TAB1
      WHERE FLD = '10'
      ORDER BY FLD2) x, TAB2 y
WHERE y.KEY2 = x.KEY1;
```

이번에는 앞서 소개했던 경우 중에서 먼저 일부를 분리해 1차 가공을 하여 집합의 양을 줄인 후, 그 결과를 이용하여 다른 집합을 연결하고자 하는 경우의 예를 들어 보자. 다음 SQL 을 살펴보자.

```
SELECT b.부서명, sum(a.매출액)
FROM   TAB1 a, TAB2 b
WHERE a.부서코드 = b.부서코드
  AND a.매출일 LIKE '201503%'
GROUP BY b.부서명;
```

이 SQL 을 자세히 살펴보면 SELECT-List 에 TAB1 의 컬럼과 TAB2 의 컬럼이 모두 존재하고, GROUP BY 는 TAB2 의 '부서명'으로 하고 있지만 SUM 은 TAB1 의 '매출액'으로 하도록 되어 있다. 위의 SQL 은 먼저 두 개 테이블을 전체범위로 모두 조인한 후 GROUP BY 를 하여 운반단위만큼 추출하게 된다. 일견 당연해 보이는 처리방법이며, 대부분의 사람들이 이렇게 처리하고 있다.

그러나 생각을 조금만 바꾸어 보자. 위의 SQL 에서 TAB1 과 TAB2 는 M : 1 관계를 가지므로 TAB1 에는 동일한 부서코드를 가지는 많은 로우들이 있다. 상식적으로 생각해 보더라도 결과는 부서별로 하나씩 발생하므로 어차피 부서별로 하나씩으로 줄어들 것인데 굳이 TAB1 의 각 추출 로우들마다 부서명을 찾을 필요는 없다. 그러나 위의 SQL 은 먼저 조인이 완료된 후 GROUP BY 를 수행하기 때문에 불필요하게 여러 번 TAB2 의 부서코드와 연결작업을 하게 되었다.

예를 들어, 처리해야 할 범위가 10,000 건인 TAB1 의 로우들이 4 개의 부서로 GROUP BY 된다면 부서명을 찾기 위한 조인은 부서당 평균 2500 번을 수행하여 불필요하게 2499 번을 추가로 수행하게 되었다. 다음과 같이 SQL 을 이원화시켜 보자.

```
(1) SELECT 부서코드, sum(매출액)        (2) SELECT 부서명
    FROM   TAB1                             FROM   TAB2
    WHERE  매출일 like '201503%'            WHERE  부서코드 = :a.부서코드;
    GROUP BY 부서코드;
```

위의 처리절차를 그림으로 표시해 보자.

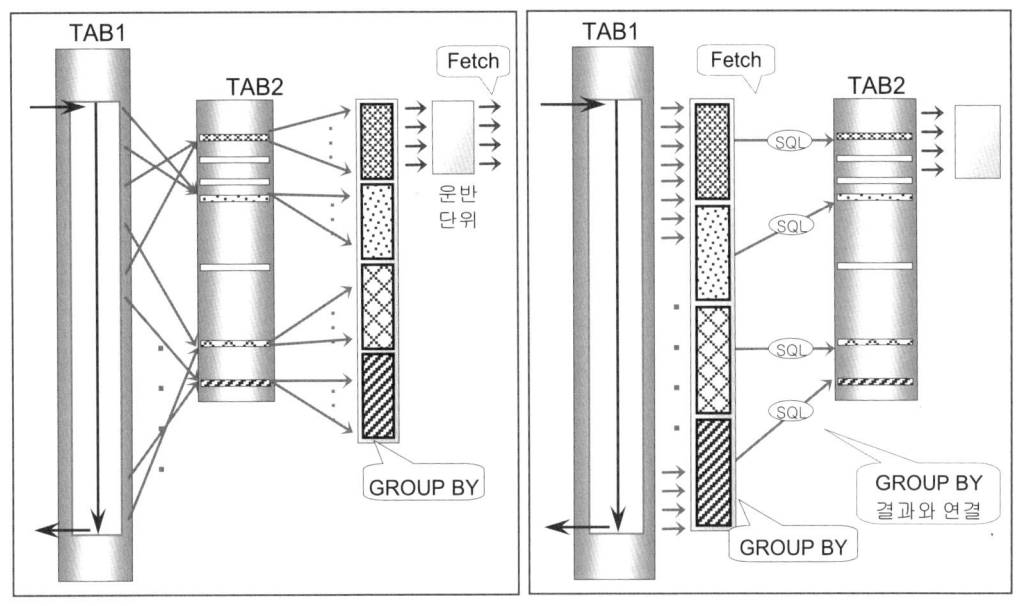

[그림 2-2-3]

'부서코드'와 '부서명'은 1 : 1 이므로 고지식하게 조인을 한 다음 '부서명'으로 GROUP BY를 할 필요가 없다. (1)의 SQL은 TAB1 테이블을 먼저 '부서코드'로 GROUP BY 하였으므로 그 결과는 부서코드 별로 하나씩만 발생하였다. 이 결과에 대해 (2)의 SQL로 대응되는 TAB2의 로우를 연결한다면 TAB2는 최소한의 연결작업만 수행하게 된다.

그림을 통해 알 수 있듯이 좌측 그림은 먼저 조인이 모두 수행된 후 GROUP BY를 하였으므로 TAB2는 모든 TAB1의 처리범위에 있는 모든 로우들에 대해 연결작업이 수행되었다. 그러나 우측의 그림은 TAB1이 먼저 GROUP BY 되어 4개의 로우가 된 후 TAB2가 연결되어 4번만 연결작업이 수행되었음을 확인하기 바란다. 좌측의 그림에서 TAB1의 처리범위가 비록 동일한 TAB2의 부서와 연결되더라도 그 결과는 TAB1의 처리범위와 동일하다는 것에 오해가 없기를 바란다.

그러나 이러한 경우에도 인라인뷰를 활용하면 다음과 같은 하나의 SQL 로 처리할 수 있다.

```
SELECT x.부서코드, y.부서명, 매출액
FROM (SELECT 부서코드, sum(매출액) 매출액
      FROM   TAB1
      WHERE  매출일 like '201503%'
      GROUP BY 부서코드) x, TAB2 y
WHERE y.부서코드 = x.부서코드;
```

인라인뷰는 마치 우리가 수식에서 괄호를 사용하여 원하는 처리가 먼저 수행되게 하고 그 결과를 다음 처리에 제공하는 것과 매우 유사하다. 만약 수식에서 괄호라는 개념이 없다면 수식을 작은 토막으로 분리할 수 밖에 없을 것이다. 이처럼 인라인뷰를 적절히 활용하면 우리가 원하는 집합을 우선적으로 만들어 가면서 점차 최종 결과 집합으로 유도해가는 집합적 프로세싱을 할 수가 있다.

그러나 마치 수식에서 아무렇게나 함부로 괄호를 해서는 안 되듯이 인라인뷰를 사용할 때도 생각보다 유의해야 할 것이 많이 있다. 보다 상세한 내용은 2 권에서 다루고 있다.

마지막으로 이번에는 연결해야 될 대상이 상황에 따라서 달라지는 경우를 처리할 때를 살펴보기로 한다. 다음과 같은 데이터 모델을 가정해 보자.

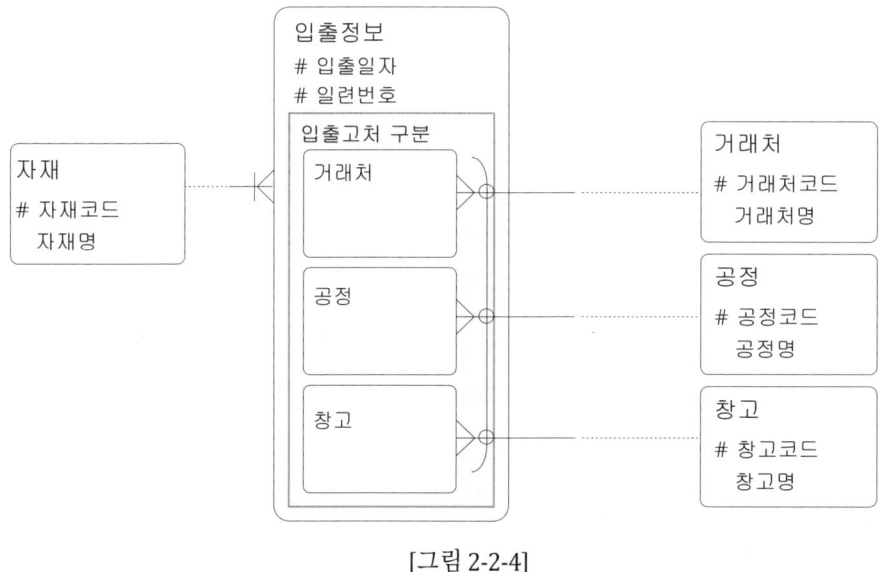

[그림 2-2-4]

만약 이러한 경우에서 억지로 조인을 하고자 한다면 각각의 대상을 모두 조인으로 연결하고 다음 SQL 처럼 아우터 조인을 실시해야 한다.

```
SELECT a.*,
       decode(a.입출고구분, '1', b.거래처명, '2', c.공정명, d.창고명) 입출고처명
FROM 입출정보 a, 거래처 b, 공정 c, 창고 d
WHERE a.입출일자 like '201503%'
  AND b.거래처코드(+) = decode(a.입출고구분, '1', 입출고처코드)
  AND c.공정코드(+)   = decode(a.입출고구분, '2', 입출고처코드)
  AND d.창고코드(+)   = decode(a.입출고구분, '3', 입출고처코드);
```

이 SQL 의 실행계획을 잘 알지 못하는 사람들이 SQL 구문만 보았을 때는 마치 '입출정보' 테이블의 2015 년 3 월 데이터를 액세스해 가면서 '입출고구분'의 값에 따라 해당 테이블을 조인하러 가는 것으로 생각할 수도 있다. 그러나 그것은 큰 착각이다. 조인이란 한번 연결될 때마다 하나씩의 집합과 연결하고 그 결과를 가지고 다음 집합을 연결한다.

가령 입출정보의 처리범위가 10,000 건이라고 한다면 이 집합이 첫 번째 연결할 집합 (예를 들어, 거래처 테이블)과 조인하고 아우터 조인을 하기 때문에 100% 성공하게 되어 그 결과는 다시 10,000 건이 된다.

이 결과와 다시 두 번째 조인을 하게 되고 결과는 마찬가지로 10,000 건이며, 다시 세 번째 조인을 하게 된다. 이것은 어떤 방식으로 조인이 되거나 마찬가지로 나타나는 현상이다. 결국 입출고정보 테이블의 처리범위는 3 회에 걸쳐 처리될 수 밖에 없다. 이러한 경우 다음과 같이 SQL 을 분리하여 LOOP 내에서 처리한다면 얼마간 유리한 점이 분명히 있다.

(1) DECLARE CURSOE …

SELECT *

FROM 입출정보

WHERE 입출일자 like '201503%'

(2) FOR LOOP …

IF :입출구분 = '1'…

SELECT 거래처명 FROM 거래처 WHERE 거래처코드=:입출고처코드 …

IF :입출구분 = '2'...

   　　SELECT 공정명 FROM 공정 WHERE 공정코드=:입출고처코드 ...

   IF :입출구분 = '3'...

   　　SELECT 창고명 FROM 창고 WHERE 창고코드=:입출고처코드 ...

여기서 ':'을 표시한 것은 애플리케이션에 사용된 변수를 의미한다. 다양한 종류의 언어가 있기 때문에 여기서는 특정 언어로 표현하지 않고 개념적으로만 표기한 것으로 이해하기 바란다.

위의 처리방식은 드라이빙 역할을 하는 입출고정보 테이블을 분명히 한 번만 액세스하였고, 패치해서 나타난 입출고구분에 따라 해당 테이블을 연결이 수행되었기 때문에 억지로 조인을 한 것에 비해 유리한 점이 분명히 있다. 그러나 SQL이 LOOP 내에서 계속 반복된다는 것은 그리 탐탁해 보이지 만은 않다.

물론 이러한 경우에도 손해 없이 하나의 SQL로 통합하는 방법은 여러 가지가 있다. 그것은 2권에서 설명할 '저장형함수'를 활용하는 방법과 '스칼라 서브쿼리'를 활용하는 방법, 그리고 'MULTI-SET'을 이용하는 방법이 있다. 이 활용방법을 이해하기 위해서는 너무 많은 설명이 필요하므로 여기서 더 이상 상세하게 다루지는 않겠다. 이 장은 단지 반복연결 처리를 언제 적용해도 좋은가에 대한 경우를 알아보고자 하는 것이므로 여기서 다른 활용법까지 다루는 것은 바람직하지 않다고 생각한다.

만약 이 부분에 대해 깊이 알아보고 싶다면 2권의 '데이터 연결의 다양한 방법' 편을 읽어보기 바란다.

2.1.2. 부분범위 처리방식에서의 비교

부분범위 처리 방식으로 수행되는 SQL 에는 매우 큰 특징이 있다. 그것은 바로 주어진 처리범위가 아무리 크더라도 매우 빠른 수행속도를 얻을 수 있다는 것이다. 어쩌면 이 말은 우리의 상식을 넘는 말일 수도 있다. 처리해야 할 범위가 아무리 넓더라도 수행속도가 빠르다는 것은 참으로 매력적인 말이다.

부분범위 처리가 되는 순간 많은 제약에서부터 자유로울 수 있기 때문에 그만큼 기존의 판단기준과 차이가 있을 수 있다는 것이다. 그렇다면 지금 우리가 증명하고자 하는 반복연결에 대한 적용기준에도 이러한 처리방식이 어떻게 작용하는가에 대해 알아볼 필요가 있겠다. 다음의 그림을 살펴보자.

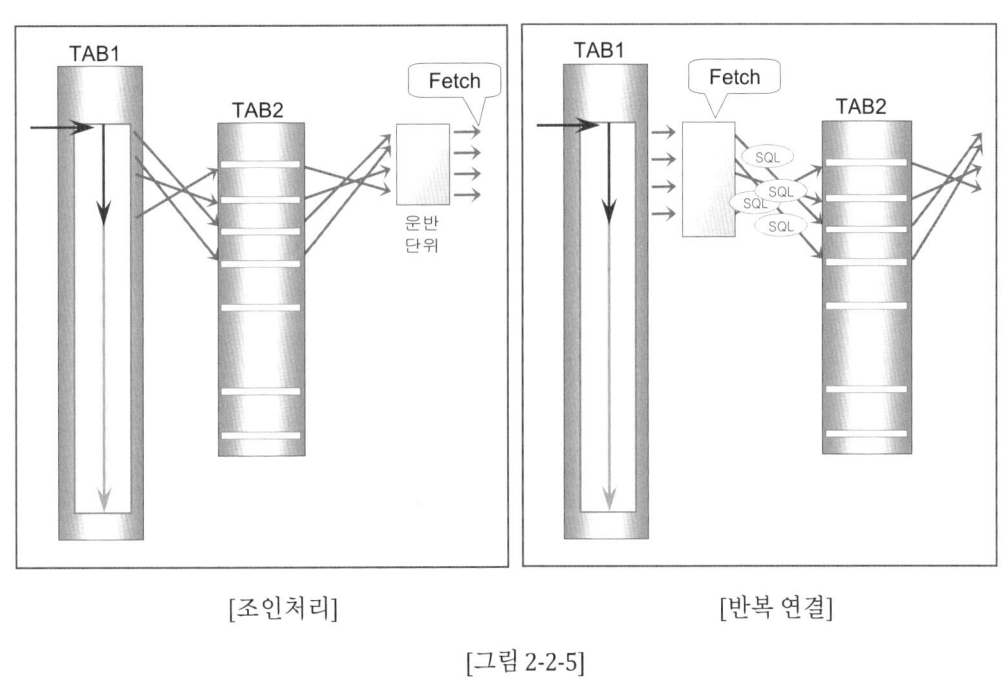

[조인처리]   [반복 연결]

[그림 2-2-5]

처리해야 할 범위가 넓지만 부분범위 처리가 가능하다면 비록 조인을 했더라도 좌측 그림과 같이 운반단위가 채워질 때까지만 연결작업이 일어난다. 물론 우측 그림에서처럼 반복연결 방식을 사용했더라도 마찬가지로 원하는 범위만큼 수행하고 멈출 수가 있다. 이 두 가지 형태를 비교해 보면 그 차이가 매우 미미한 것을 발견할 수 있다. 우측의 반복연결

방식이 약간 더 SQL 수행횟수가 많지만 너무 적기 때문에 거의 차이가 없는 것이나 다름이 없다.

조인 처리는 한 번의 SQL 이 수행되었으나 반복연결 방식은 LOOP 내에서 매번 SQL 이 수행되었으므로 조인이 유리하다. 부분범위 처리는 많은 양의 처리가 발생하지 않기 때문에 큰 차이가 나지는 않겠지만 어쨌든 조인이 더 유리하다는 것만은 부인할 수 없다.

무엇보다 큰 차이점은 조인은 SQL 내에서 연결한 테이블들의 모든 컬럼을 마음대로 가공하여 사용할 수 있지만 반복연결은 별도의 언어를 통하여 추가적인 가공을 하여야 한다는 차이라고 할 수 있다. 사실 이 점은 수행속도 이상의 중요한 의미를 가진다. SQL 이 분리되는 순간 우리가 애플리케이션에 추가로 처리해야 하는 부분이 크게 증가할 수도 있기 때문이다.

또한 DBMS 가 제공해주는 좋은 기능들을 포기해야 할 수도 있다. 가령, 병렬처리를 할 때에도 큰 차이가 난다. 병렬처리는 SQL 단위로 적용되기 때문에 분리되는 순간 LOOP 내에서 수행되는 SQL 은 병렬을 포기해야 한다. 만약 대량의 처리를 한다면 큰 차이가 날 수가 있다. 0.001 초 차이라 하더라도 수천 만, 수억의 데이터를 처리한다면 그 차이는 티끌 모아 태산이 되는 것처럼 결코 무시할 수 없게 될 것이다.

하나의 SQL 로 통합이 되어 있으면 간단한 방법으로 액세스 경로를 변경시켜 주거나 조인방법을 바꾸어 줌으로써 아주 손쉽게 수행속도를 향상시킬 수 있다. 만약, 데이터 모델에 변화가 생기더라도 SQL 의 형태만 바꾸어 주면 해결될 수 있기 때문에 변화에도 매우 유리하다. 또한 소스코드의 코딩량도 현저히 감소하기 때문에 생산성도 향상된다.

이상에서 살펴보았듯이 거의 대부분의 경우 조인 처리가 결코 불리하지 않다. 그러나 정확한 실행계획을 제어할 능력이 없으면서 단지 쉽게 결과를 얻겠다는 욕심으로 함부로 조인을 한다면 상상을 초월한 수행속도의 저하를 가져올 수 있다는 사실을 명심해야 한다.

자! 여러분들은 이제 어떻게 할 것인가? 조인을 정복하는 것이 어렵다고 포기하고 전통적인 반복연결 방식을 택할 것인가, 아니면 새로운 신천지로 나아갈 것인가? 뒤에서 다양한 경우들을 소개하겠지만 조인을 이용하여 집합을 연산한다는 접근 방식은 놀랄 만큼 다양하고 획기적인 접근방법들이 즐비하다.

이러한 한 차원 높은 고급 응용방법들은 주로 2권에서 다루도록 하겠다. 1권에서는 이를 위해 우리가 반드시 알아 두어야 할 근본적인 원리들을 충분히 이해하는데 초점을 맞추게 될 것이다. 많은 활용법들이 상호 밀접한 연관이 있으므로 종합적인 이해가 필요하다. 책의 특성상 평면적으로 순차적 기술을 할 수 밖에 없음을 양지하기 바라며, 여러 번 다시 읽어 보면 이러한 상호연관 관계들의 오묘함을 피부로 느끼게 될 것이다.

앞으로 우리가 심도 있게 조인을 이해하기 위해서는 다양하게 존재하는 조인방식들을 정확히 이해하는 것이 선결과제라 하겠다. 다음 장에서는 현존하는 모든 조인방식에 대한 매우 자세한 처리절차와 그 특성을 알아보게 될 것이다.

2.2. 연결고리 상태가 조인에 미치는 영향

조인이란 결국 집합을 연결고리(조인 조건)를 통해 서로 연결하는 것이기 때문에 연결고리 상태가 조인에 커다란 영향을 미치게 되는 것은 너무나 당연한 일이다. 여기서 말하는 연결고리 상태란 주어진 조인 조건의 연산자의 형태뿐만 아니라 그들이 가지고 있는 인덱스의 상태를 말한다.

어떤 연산자가 사용되었느냐의 문제와 연결을 시도할 때 과연 정상적인 연결이 가능한가에 대한 문제는 실제로 연결 작업이 수행되는 입장에서는 지극히 중요한 문제일 수 밖에 없다. 이해를 돕기 위해 현실에서 나타나는 일들과 비교해서 알아보기로 하자.

나에게는 사랑하는 연인이 있다고 하자. 우리는 서로 떨어져 살고 있으며, 각자가 상호 연락을 위한 휴대전화를 가지고 있다. 이러한 경우라면 누구라도 자신이 필요할 때는 언제라도 상대와의 연결이 가능하다. 연결을 필요로 하는 측에서 상대를 연결하는 데는 아무런 제약이 없다는 것이다. 이러한 경우의 연결은 연결을 원하는 측에서 상대를 호출하는 방식으로 이루어 진다.

이와 마찬가지로 조인의 연결고리에 이상이 없다면 항상 원하는 쪽(초기 처리범위를 줄여 주어 조인이 유리하게 수행될 수 있는 쪽)에서 연결하게 됨으로써 이상적인 조인이 가능해진다.

그러나 그 중 한 사람이 휴대전화를 가지고 있지 않다고 생각해보자. 오히려 휴대전화를 가지고 있지 않은 사람은 휴대전화가 있는 상대를 자신이 원할 때는 언제나 연결이 가능하지만 휴대전화를 가지고 있지 않은 사람과의 연결을 위해서는 그리 간단치 않은 문제가 발생한다.

이런 경우에 여러분이라면 어떻게 하겠는가? 방법은 크게 두 가지뿐이다. 한 가지는 가령 연인이 다니는 학교 앞에서 지나가는 사람들을 하나씩 일일이 살펴보며 그를 찾아내는 방법이다. 다른 한 가지 방법은 상대에게 계속적으로 나에게 연락을 시도하게 요구하는 방법이다.

연결을 원하는 사람은 나이지만 연결을 해 오는 사람은 상대방이다. 그렇게 했을 때 다행이 상호 원하는 연결일 때는 불만이 없겠지만 그렇지 않을 때는 불필요한 연결이 크게 늘어난다. 여러분은 때때로 이와 같이 어느 한쪽에서만 연락이 가능할 때의 애로사항을 많이 겪어 보았을 것이다.

바로 이러한 원리가 조인에서도 그대로 적용된다. 즉, 연결고리가 정상인 곳이 어느 한 쪽 만에만 있다면 어떤 경우의 연결에는 전혀 불편이 없지만 그 반대의 경우에는 커다란 어려움이 따르게 된다. 따라서 만약 조인의 방향이 우리가 원하지 않은 형태일 때는 매우 심각한 상황이 발생하기도 한다.

그래도 이러한 경우라면 문제가 발생하지 않을 때도 있고, 약간의 문제를 감수한다면 억지로라도 연결이 가능하기는 하다. 그러나 양쪽 모두에 연결 방법이 없다고 한다면 문제는 매우 심각해 진다. 물론 이러한 상태가 일어나지 않도록 하는 것이 바람직하겠지만 자의든 타의든 이러한 일이 발생할 수 있는 것이 바로 현실이다.

만약 여러분들이 이러한 상태에 직면하게 되었다면 어떤 방법으로 연락을 시도해 볼 것인가? 양쪽 모두가 연락 하고자 할 때마다 앞서 제시했던 학교 앞에서 오가는 사람들을 일일이 확인하는 방법을 적용할 수는 없다. 앞의 경우처럼 그나마 한 사람이라도 휴대폰을 가지고 있을 때는 그래도 견딜 만 했지만 양쪽이 이렇게 되고서야 도저히 견딜 수 없다.

유일한 방법은 각자 자신의 스케줄을 명확히 정의하고 서로 만나는 교차점을 찾는 방법밖에 없다. 조인에서도 이러한 경우에는 이와 매우 유사한 방법을 적용한다. 마치 스케줄을 정의하듯이 각자가 조인조건에 대해 정렬(Sort)한 후 서로 병합(Merge)하는 방법을 사용하게 되는 것이다. 이런 방법으로 수행되는 조인방식을 정렬병합(Sort merge) 조인이라고 부른다.

또 한 가지 방법이 있을 수 있다. 그것은 바로 특정한 경우마다 자신의 위치를 미리 지정해 두는 방법이다. 가령, 식사를 한다면 항상 'A'식당, 술을 마신다면 'B' 주점, 치료를 받는다면 'C'병원,… 이런 식으로 모든 행위에 대해서 고정된 위치를 서로 약속해 두었다고 가정해 보자. 이렇게 되면 서로가 식사를 해야겠다고 한다면 같은 식당에서 만날 수 있다. 물론 그 위치에 가서 약간의 선별 작업이 필요해 지는 것은 당연하다.

조인에도 이와 매우 유사한 방법이 있다. 그것은 바로 해쉬(Hash) 조인이다. 해쉬란 수학적인 함수를 이용한 것이다. 함수란 어떤 값을 적용시키면 결과값을 리턴한다. 여기서 어떤 값이란 조인 연결고리에 들어가는 값이며, 리턴하는 결과값은 위치정보가 된다. 조인할 집합의 연결고리에 있는 값을 해쉬를 적용하면 위치가 나온다. 상대 집합에도 같은 방법을 적용시키면 유사한 장소에 위치하게 된다. 이렇게 유사한 위치에 집결시킨 후 서로의 위치를 구체적으로 확인해서 찾는 것이다.

이와 같은 방법은 비록 연결고리의 인덱스에 문제가 있더라도 영향을 받지 않는 방법들이다. 그렇다고 해서 항상 Nested Loops 조인이 불가능할 때만 사용하는 대용품으로 만들어진 것은 결코 아니다. 이 방법들은 연결고리의 인덱스 상태에 영향을 받지 않을 뿐만 아니라 랜덤 액세스가 발생하지 않아 대량의 조인을 할 때 매우 유리한 방법이다.

그러나 부분범위 처리가 불가능하게 되고, 특정한 경우가 아니라면 오히려 처리량이 크게 증가할 수도 있으므로 적절한 경우에만 사용해야 할 것이다. 사실 실세계에서 발생하는 대부분의 조인은 특정한 일부분에 대해 주변의 관련 정보를 연결하고자 하는 것이 주류를 이룬다. 그러므로 일단 Nested Loops 방식의 조인에 문제가 없도록 하는 것이 바람직하며, 그 대안으로 이들을 적용하는 것이 보다 현실적이라 생각된다.

이러한 방법들은 연결고리가 정상일 때도 물론 적용할 수 있다. 항상 어떠한 방법을 사용해도 문제가 생기지 않도록 환경을 설정해 두고, 상황에 따라 최선의 방법을 선택하게 하는 것이 현명한 처사일 것이다. 즉, 처음부터 연결고리에 이상을 만들어 특정한 조인 방식이 원초적으로 배제되도록 하는 것은 좋은 방법이 아니라는 것이다.

이제 지금까지 개념적으로 설명한 사실들을 각각의 경우마다 좀더 구체적으로 살펴보기로 하자.

2.2.1. 연결고리 정상(正常)

조인 조건의 연결고리가 '정상'이라는 의미는 조건절에 기술되는 조인의 연결조건(아래 그림에서는 KEY1=KEY2)에 인덱스가 모두 존재하고 있는 상태를 말한다. 여기서 말하는 인덱스가 정상적인 상태라는 말의 정확한 의미는 연결을 시도할 때 SQL의 조건절에서 이미 주어진 상수값이나, 앞서 액세스한 집합의 결과에서 제공받아 상수값이 된 것들을 이용해 대응되는 집합을 액세스할 때 인덱스에 문제가 없는 상태를 말한다.

조금 어려운 말로 들릴 수도 있으나 점차 이 말의 진정한 의미를 충분히 이해하게 될 것이니 너무 걱정할 필요는 없다. 일단 정확한 개념의 이해를 위해서 가장 단순한 경우를 다음 그림을 통해 먼저 살펴보기로 하자. TAB1 과 TAB2 는 조인조건을 'KEY1=KEY2'로 연결하며 각각에는 인덱스가 준비되어 있다고 가정한다.

아래 그림은 Nested Loops 조인인 경우를 나타낸 것이다.

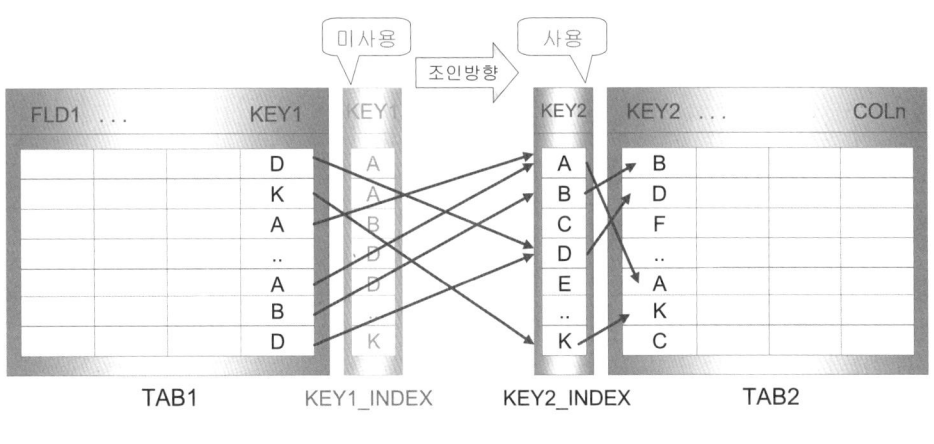

[그림 2-2-6]

위의 그림은 TAB1 이 먼저 액세스되고, TAB2 가 나중에 액세스되었을 때 발생하는 처리경로를 표시한 것이다. 설명을 단순화 시키기 위해 먼저 액세스 되는 TAB1 은 임의의 처리범위가 액세스 되었다고 가정하였다. 위 그림의 내용을 좀더 상세하게 살펴보기로 하자.

1) TAB1 의 처리범위에서 첫 번째 로우를 읽는다. (그 순간 KEY1 의 값은 'D'가 됨)
2) TAB2 의 연결고리가 되는 인덱스(KEY2)가 있으므로 TAB1 의 연결고리의 값('D')에 대응되는 로

우를 KEY2 인덱스에서 찾는다.

3) KEY2 인덱스에 있는 ROWID 를 이용하여 TAB2 의 해당 로우를 찾는다.

4) 다시 TAB1 의 두 번째 로우를 읽어 위의 작업을 반복하게 되며 TAB1 의 처리범위가 모두 끝날 때까지 계속한다.

이 처리절차에서 알 수 있듯이 이와 같은 연결방법에 큰 문제가 있어 보이지는 않는다. 다만 조인조건에 기술된 KEY1 과 KEY2 는 모두 인덱스를 가지고 있지만 이 경우에는 KEY2 만 사용되고 있음을 알 수 있다.

이번에는 같은 조건하 - 양쪽 연결고리에 모두 인덱스가 존재 - 에서 반대방향으로 처리되는 경우를 그림을 통해 살펴보자.

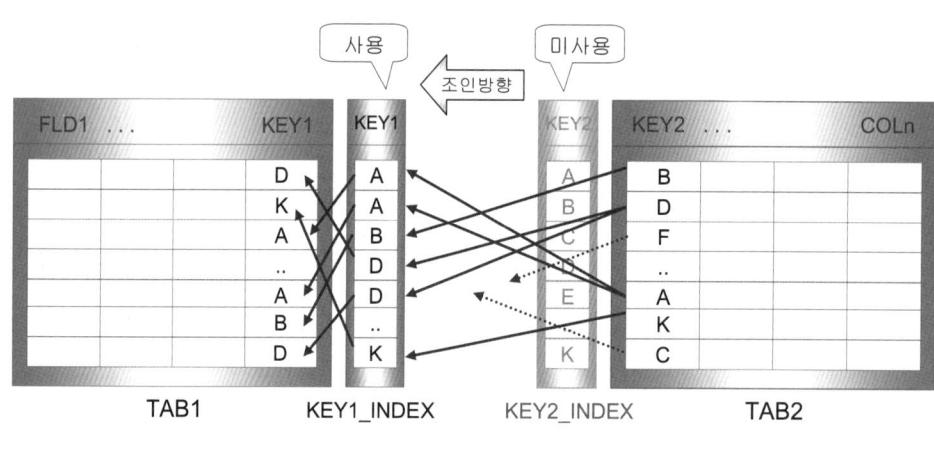

[그림 2-2-7]

이 그림은 TAB2 가 먼저 액세스되고 TAB1 이 나중에 액세스되었을 때 발생하는 처리경로를 표시한 것이다. 설명을 단순화 시키기 위해 앞에서와 같이 먼저 액세스 되는 TAB2 는 임의의 처리범위가 액세스 되었다고 가정하였다. 위 그림의 내용을 좀더 상세하게 살펴보기로 하자.

1) TAB2 의 처리범위에서 첫 번째 로우를 읽는다. (그 순간 KEY2 의 값은 'B'가 됨)

2) TAB1 에 연결고리가 되는 인덱스(KEY1_INDEX)가 있으므로 TAB2 의 연결고리의 값('B')에 대응되는 로우를 KEY1 인덱스에서 찾는다.

3) KEY1 인덱스에 있는 ROWID 를 이용하여 TAB1 을 읽는다.

4) 다시 TAB2 의 두 번째 로우를 읽어 위의 작업을 반복하게 되며 TAB2 의 처리범위가 모두 끝날 때까지 계속한다.

이 처리절차에서 알 수 있듯이 이번에도 이와 같은 연결방법에 큰 문제가 있어 보이지 않는다. 다만 이번에는 KEY2 인덱스만 사용되고 있음을 알 수 있다.

이와 같이 연결고리 양쪽 모두에 인덱스가 존재하는 경우는 어느 방향으로 연결작업이 수행되든지 인덱스를 통해 정상적인 연결작업을 수행할 수가 있다. 이러한 상태를 앞으로 우리는 '연결고리 정상' 상태라고 부르기로 한다. 연결고리가 정상인 상태에서는 어느 방향으로 연결작업이 수행되든 간에 그것이 비록 M:1 의 관계에 있다 하더라도 발생되는 연결작업의 논리적인 양은 동일하다.

얼핏 생각하면 '1'인 쪽에서 'M'인 쪽으로 연결하는 것이 유리할 것 같지만 어차피 연결작업은 인덱스를 통하여 테이블을 연결하는 작업이 랜덤 액세스이므로 발생되는 전체 랜덤 액세스의 총 횟수는 동일할 수밖에 없다. 앞에서 소개한 두 개의 그림을 자세히 살펴보면 이들간의 관계는 M:1 임을 알 수 있다.

그림을 좀더 상세하게 분석해보자. 두 그림에서 실제로 연결에 성공한 화살표를 찾아보면 6 개로 동일하다. 인덱스를 찾은 후에 ROWID 로 테이블의 로우를 액세스하는 화살표에 차이(첫 번째 그림은 4 개, 두 번째 그림은 6 개)가 나는 것은 첫 번째 그림에서 실제로 'A'와 'D'는 2 회에 걸쳐 액세스 되지만 한 번만 그렸기 때문이다.

이것은 연결고리가 정상인 상태에서는 연결고리의 어느 한쪽이 적거나(1:M 이거나) 어느 한쪽 연결고리의 인덱스 랭킹이 높은 것과는 전혀 무관하다는 것을 의미한다. 즉, 연결고리가 정상인 경우에는 연결고리가 더 이상 수행속도를 좌우하는 요소가 아니라는 것을 뜻한다.

그러나 SQL 을 실행시켜 보면 연결고리가 정상일 때도 연결방향에 따라 수행속도에 많은 차이가 나는 것을 실제로 경험하게 된다. 이것은 연결고리가 정상인 상태임에도 불구하고 조인의 수행속도에 영향을 미치는 또 다른 요소가 있다는 것을 뜻한다.

두 번째 그림을 자세히 살펴보면 거기에 그 비밀이 숨어 있다. 두 번째 그림에 있는 점선으로 표시된 화살표('C', 'F'에서 나온)를 주시하기 바란다. 이 화살표는 조인을 시도했으나 찾기를 실패한 경우를 표시하고 있다. 그러나 첫 번째 그림에는 점선으로 된 화살표가 하나도 없다. 결국 이 만큼 불필요한 작업이 더 발생했음을 의미한다.

결국 수행속도란 일의 양에 비례하는 것이다. 하지 않아도 될 일을 더 많이 한 경로는 수행속도가 나쁠 수 밖에 없다. 물론 위의 그림의 예는 실제 사례와는 약간의 괴리가 있다. 일반적으로 M:1 의 관계에 있을 때 데이터가 많은 - 처리범위가 넓은 - M 쪽에서 주로 조인을 실패할 확률이 높기 때문이다. 여기서는 그림을 복잡하게 그리지 않게 하기 위해서 그렇게 한 것이니 이해하기 바란다.

사실 수행속도의 차이가 나는 것에는 더 큰 이유가 있다. 그것은 바로 연결작업의 시도 횟수가 달라질 수 있다는 것이다. 연결을 시도하기 전에 먼저 조건에 부합되지 않는 것들을 버린 다음 연결한 경우와 연결을 한 후에 버린 것은 일의 양에 차이가 날 수 밖에 없다.

결론적으로 연결고리에 이상이 없다면 연결을 시도하기 전에 처리범위를 보다 많이 줄여 줄 수 있는 경로가 유리하다는 것이다. 이 결론을 확인하는 의미에서 다음 SQL 에 대해 서로 다른 방향에서 조인을 수행한 결과를 서로 비교해 보기로 하자.

```
SELECT a.FLD1, ............, b.COL1, ..............
FROM   TAB2 b, TAB1 a
WHERE  a.KEY1 = b.KEY2
   AND b.COL2 LIKE 'AB%'
   AND a.FLD1 = '10';
```

이 SQL 을 살펴보면 조인되는 각각의 집합에 범위를 지정하는 조건을 가지고 있다. 앞서 내린 결론을 기초로 판단해 보면, 수행속도의 관건은 연결할 대상을 어떤 조건이 보다 많이 줄여 줄 수 있겠느냐에 있다. 얼핏 보기에는 'LIKE' 연산자를 사용한 TAB2 의 조건인 b.COL2 LIKE 'AB%' 가 '='연산자를 사용한 TAB1 의 a.FLD1 = '10' 보다 처리범위를 적게 줄여 줄 것 같지만 길고 짧은 것은 따져봐야 알 수 있으므로 섣불리 판단해서는 안 된다.

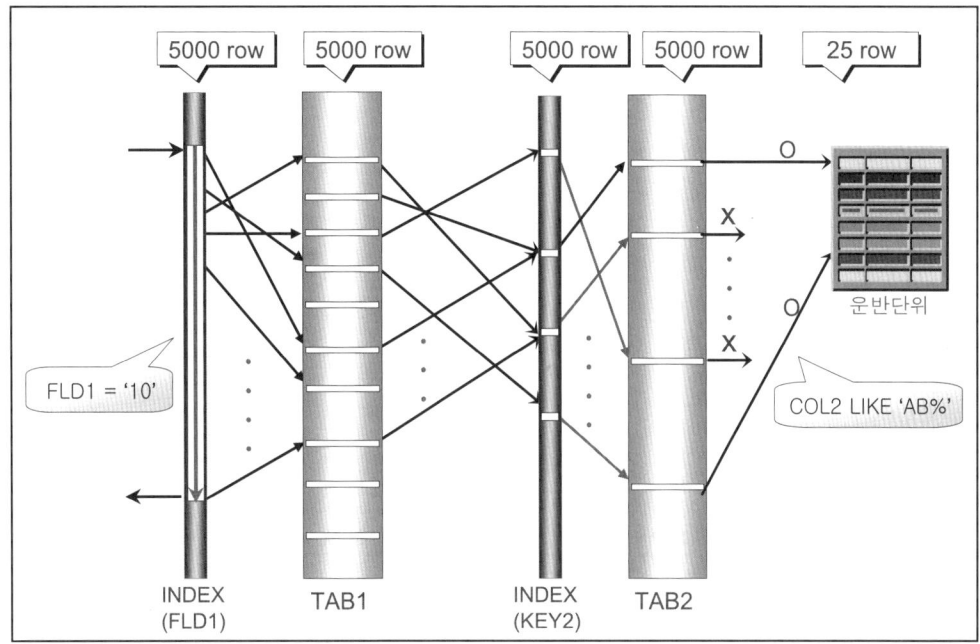

[그림 2-2-8]

이 개념의 이해를 위해서 다소 극단적인 가정을 해보자. TAB1 의 FLD1='10'을 만족하는 범위는 5,000 건이고, TAB2 의 COL2 LIKE 'AB%'를 만족하는 데이터는 100 건에 불과하다고 가정해보자. 이들간의 관계는 M:1 이며, 2:1 로 되어 있다고 하자. 또한 연결고리로 연결했을 때는 모두 연결에 성공한다고 가정한다.

이때 TAB1 이 먼저 수행되는 조인이 발생했다고 한다면 위의 그림에서 볼 수 있듯이 먼저 FLD1 인덱스에서 '10'인 것을 찾아 TAB1 테이블을 액세스하면 조인컬럼인 KEY1 이 상수값이 되므로 KEY2 인덱스가 작동하여 TAB2 를 연결한다. 연결이 100% 성공되므로 처리될 데이터는 계속해서 5,000 건일 것이다.

이제 TAB2 가 액세스되면 COL2 LIKE 'AB%'조건을 적용할 수 있다. 이미 우리는 TAB2 에는 COL2 가 'AB'로 시작하는 것이 100 건에 불과하다고 가정했으므로 이 조건을 통과할 수 있는 것은 최대 100 건을 넘지 못한다. 여기서는 이 조건을 통과한 최종 결과가 25 건이라고 가정하겠다. 사실 최종 결과가 얼마가 되든지 이미 연결작업을 모두 마쳤기 때문에 큰 의미는 없다.

이 처리경로는 계속해서 5,000 건으로 처리를 해 오다가 마지막에서 100 건 이하로 줄어

들었다. 우리에게 리턴되는 결과는 100 건 이내이지만 내부적으로는 5,000 건에 대한 처리를 하게 되었다는 사실에 주목하기 바란다.

여기서 만약 TAB2 의 KEY2 인덱스가 'KEY2 + COL2'로 구성되어 있었다면 TAB2 을 액세스하러 가기 전인 인덱스를 액세스 한 상태에서 체크를 하게 되므로 훨씬 효율적일 수 있다. 물론 KEY2 가 COL2 와 같이 사용되는 경우가 매우 많다면 수용할 수도 있겠지만 연결고리 컬럼에 아무 컬럼이나 함부로 결합해 두는 것은 바람직한 결정이라 할 수 없다.

이번에는 똑 같은 가정하에서 TAB2 가 먼저 액세스 되는 경우를 그림을 통해 살펴보기로 하자.

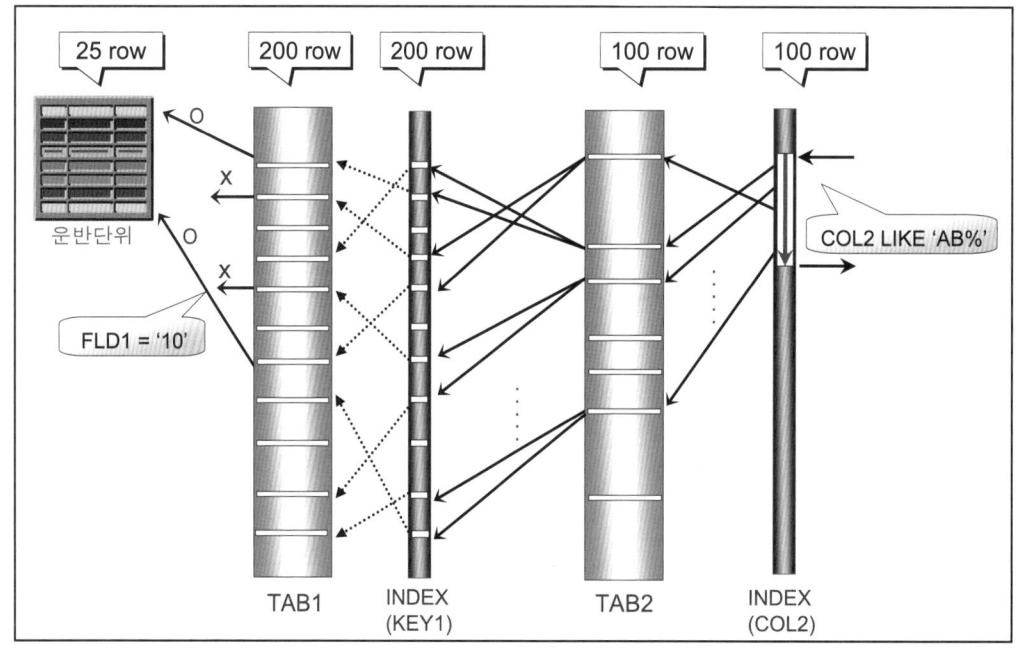

[그림 2-2-9]

먼저 COL2 인덱스에서 'AB'로 시작하는 것을 찾아 TAB2 테이블을 액세스하면 조인컬럼인 KEY2 가 상수값이 되므로 KEY1 인덱스가 작동하여 TAB1 을 연결한다. COL2 의 처리범위는 100 건이고, 앞서 2:1 로 연결되며 연결이 100% 성공된다고 가정했으므로 조인된 결과는 200 건이 된다.

이제 TAB1 이 액세스되면 FLD1='10' 조건을 적용할 수 있다. 이미 우리는 TAB1 에는

FLD1이 '10'인 것이 5,000건이라고 했지만 조인한 결과인 200건에 대해서만 체크를 하므로 모두 성공했다고 하더라도 200건을 넘지 못한다. 이미 우리는 이 SQL의 결과가 25이라고 정의했기 때문에 175건을 버리고 최종적으로 25건이 성공하게 된다.

이 처리경로는 계속해서 100건으로 처리를 시작해서 200건이 되었다가 25건이 되었다. 동일한 결과를 내면서 내부적으로 발생한 일의 양을 비교해 보면 커다란 차이가 있다는 것을 확인할 수 있다.

이상에서 살펴본 바와 같이 조인의 양을 먼저 많이 줄여 줄 수 있는 테이블을 먼저 액세스하면 처리할 양이 줄어든다는 것을 확인할 수 있다. 그러나 만약 부분범위처리가 가능해서 운반단위를 빨리 채울 수만 있다면 넓은 범위의 처리가 먼저 일어나더라도 수행속도는 빨라질 수 있다. 즉, 특정순서로 정렬하기를 원하며 부분범위처리가 가능하다면 비록 넓은 범위부터 처리해도 수행속도를 보장받을 수 있다는 것이다.

위의 예에서 실행계획은 옵티마이져 모드에 따라 다를 수 있다. 만약 규칙기준 옵티마이져 모드였다면 TAB1을 먼저 처리하는 실행계획을 수립했을 것이므로 힌트나 사용제한 기능을 이용하여 TAB2가 먼저 처리되도록 할 수 있다. 물론 비용기준 옵티마이져를 사용했다고 하더라도 적절하지 않은 판단은 자주 나타날 수가 있다. 이를 바로잡기 위해서는 다음과 같은 방법으로 바로잡을 수 있다.

```
1) SELECT a.FLD1,......,b.FLD1,......     2) SELECT /*+ ORDERED */ a.FLD1,......,b.FLD1,...
   FROM  TAB2 b, TAB1 a                      FROM TAB2 b, TAB1
   WHERE a.KEY1 = b.KEY2                     WHERE a.KEY1 = b.KEY2
     AND b.FLD2 LIKE 'ABC%'                    AND b.FLD2 LIKE 'ABC%'
     AND RTRIM(a.FLD1) = '10';                 AND a.FLD1 = '10';
```

만약 비용기준 옵티마이져 모드였고 정상적으로 작동하였다면 b.COL2와 a.FLD1의 분포도에 따라 TAB1이 먼저 액세스되거나 TAB2가 먼저 액세스되도록 실행계획이 수립될 것이다. 그러나 실제 데이터에 따라 달라질 것이므로 어느 방향이라 단언할 수는 없다. 옵티마이져 모드에 관계없이 사용자가 어느 방향이 먼저 처리되는 것이 유리한 지를 알고 있다면 위의 예에서처럼 튜닝을 하는 것이 가장 확실한 방법이 될 것이다.

2.2.2. 한쪽 연결고리 이상(異常)

이번에는 어느 한쪽의 연결고리에 인덱스(혹은 클러스터)가 없는, 즉 '연결고리 이상'인 상태가 연결작업에 미치는 영향을 알아 보기로 하자. 다음 그림은 TAB2 의 연결고리인 KEY2 에는 인덱스가 있으나 TAB1 의 연결고리인 KEY1 에는 인덱스가 없다고 가정했을 때 먼저 TAB1 를 액세스한 후 TAB2 를 처리했다면 조인의 내부 처리 절차가 어떻게 변화하는지를 보여주고 있다.

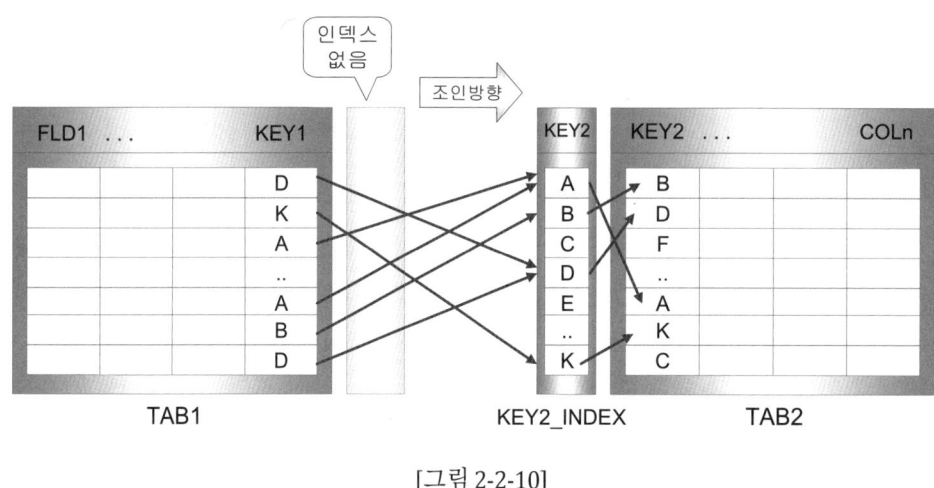

[그림 2-2-10]

이 그림은 앞서 설명했던 연결고리 정상인 상태의 첫 번째 경우([그림 2-2-6])와 거의 동일한 그림이다. 이 방향으로 처리될 때는 어차피 KEY1 은 상수값을 제공하는 역할만 하고 인덱스는 사용하지 않기 때문에 KEY1 이 인덱스로 구성되어 있지 않더라도 하등의 영향을 받지 않는다.

그러나 만약 반대 방향으로 처리하게 된다고 했을 때는 매우 심각한 일이 발생하게 된다. Nested Loops 조인에서는 먼저 액세스 되는 테이블의 조인 조건이 언제나 상수값의 역할만 하게 되므로 그나마 있던 KEY2 인덱스마저 사용하지 못하는 극한 상황이 발생하게 된다. 만약 억지로라도 이 방향으로 처리하고자 한다면 다음 그림과 같은 상황이 발생하게 될 것이다. 사실 '억지로'가 아니라 이러한 이해할 수 없는 실행계획이 나타나는 경우가 실제로 나타나고 있다는 것은 참으로 놀라운 일이다.

아래 그림을 살펴보자.

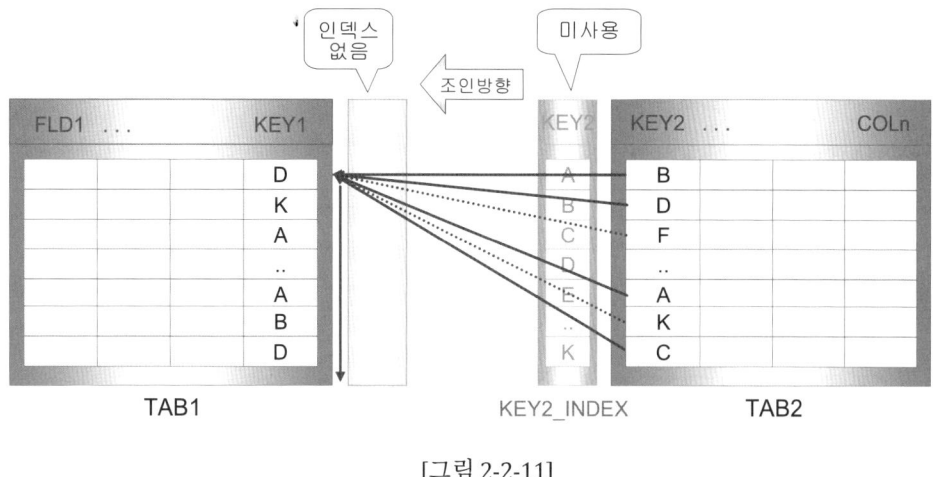

[그림 2-2-11]

1) TAB2 에서 처리해야 할 범위의 첫 번째 로우를 읽는다. (읽혀진 TAB2 의 모든 컬럼들은 모두 상수가 됨)
2) KEY2 의 값이 상수가 되었으나 연결해야 할 TAB1 의 KEY1 에 인덱스가 없으므로 어쩔 수 없이 TAB1 를 전부 스캔하면서 'KEY1 = KEY2'을 만족하는 로우를 찾을 수 밖에 없다.
3) 더욱 심각한 문제는 테이블을 스캔하다가 대응되는 값을 찾았다고 하더라도 멈출 수가 없다는 것이다. 조인이란 대응되는 하나의 값만을 요구하는 것이 아니라 대응되는 모든 로우들을 추출해야 하므로 TAB1 테이블을 끝까지 스캔하여야 한다.
4) 다시 TAB2 의 두 번째 로우를 읽어 또 다시 TAB1 의 전체 테이블을 스캔한다. 이 작업은 TAB2 의 처리범위가 끝날 때까지 계속해서 매번 TAB1 의 전체 테이블을 스캔해야 한다.

이 처리작업은 TAB2 처리범위의 로우 수만큼 TAB1 이 전체 테이블을 스캔해야 하는 무서운 일이 일어나게 된다. 설사 TAB2 의 KEY2 값에 대응되는 것이 없더라도(위 그림에서 점선으로 표현한 'F'와 'C'일 때) TAB1 의 전체 테이블을 스캔해야 한다는 것에 유의하기 바란다.

이와 같은 문제를 피하기 위해서 연결고리의 어느 한쪽에 이상이 있는 경우에는 이상이 발생한 테이블을 반드시 먼저 처리하도록 하거나 아예 양쪽 모두 연결고리의 인덱스를 사용하지 않는 소트머지나 해쉬 조인으로 수행하도록 하지 않으면 안 된다.

　이러한 이유 때문에 과거 규칙기준 옵티마이져에서는 연결고리의 어느 한쪽에 인덱스가 없으면 무조건 없는 쪽을 먼저 처리하도록 실행계획을 수립하였다. 옵티마이져의 이러한 결정을 역으로 이용하여 잘못된 처리경로를 강제로 바꾸어 주기 위해 일부러 어느 한쪽 연결고리를 못쓰게 만드는 방법을 사용할 수도 있다. 옵티마이져의 결정은 DBMS 나 버전에 따라 비록 달라질 수는 있겠지만 중요한 것은 이러한 문제가 발생하지 않도록 적절한 인덱스 환경을 구성해야 하는 것임을 명심하기 바란다.

　연결고리에 이상이 있는 집합을 먼저 수행하는 방법은 일단 연결할 집합이 여러 번 전체 테이블을 스캔하는 것은 피할 수 있다. 그러나 연결고리가 정상인 상태였다면 보다 유리한 처리 방향으로 실행계획이 수립되었을 것이나 연결고리 이상으로 인하여 불리한 방향으로 처리방향이 고정될 수도 있다. 이러한 경우에 발생하는 문제에 대한 경각심을 높이기 위해 다음과 같은 간단한 SQL 을 통해 살펴보기로 하자.

```
SELECT a.FLD1, ............., b.FLD1, .............
FROM   TAB2 b, TAB1 a
WHERE  a.KEY1 = b.KEY2
  AND  a.FLD1 = '20';
```

　연결고리 상태가 정상이었다면 TAB1 에는 처리범위를 줄여줄 수 있는 a.FLD1 = '20'이 있지만, TAB2 에는 아무런 조건이 없어 처리범위를 전혀 줄여 주지 못하므로 TAB1 을 먼저 수행하도록 하는 것이 보다 유리하는 것은 앞서 설명했었다.

　여기서 TAB2 의 연결고리인 KEY2 에 인덱스가 없다고 가정해 보자. 나중에 수행되어야 할 TAB2 의 연결고리에 이상이 발생했으므로 우리가 원하지 않는 TAB2 를 먼저 액세스하는 실행계획이 수립된다. 이 처리경로는 TAB2 의 전체 로우 수만큼 조인이 발생한 후 마지막에 가서야 a.FLD1 = '20' 조건을 처리하여 버리게 했다.

　액세스가 된 후 체크조건으로 버리는 것은 일의 양과는 무관하다. 버리거나 취하거나 어차피 일은 똑같이 했기 때문에 우리 눈에 보이는 결과가 적다고 해서 일이 줄어든 것이 아니다. 결국 위의 예는 두 테이블의 모든 범위를 모두 연결했고 나중에 가서 대부분을 버리게 되었으므로 아주 비효율적인 처리가 되었음을 알 수 있다.

실전에서는 양쪽에 정상적인 연결고리가 정의되어 있는데도 불구하고 연결고리의 이상 상태가 발생되는 경우가 나타나고 있다. 왜 이러한 사태가 발생하게 되는지 몇 가지 사례를 통해 살펴볼 필요가 있을 것 같다.

■ 조인되는 컬럼이 1:1 로 대응되지 않는 경우

다음과 같은 예를 들어보자. 원래의 테이블에는 자세한 내역을 관리하기 위해 'A', 'B', 'C'로 기본키 컬럼을 분리하였으나 그 밖의 다른 테이블에서 이렇게 분리된 컬럼을 주면 너무 많은 컬럼이 발생한다는 것이 부담이 되어 'D'라는 하나로 통합된 외부키(Foreign key)를 만들었다고 해보자. 이런 경우의 조인을 위해서 우리는 두 가지 형태의 SQL 을 사용할 수가 있다.

```
1) SELECT ........, columns, ........      2) SELECT ........, columns, ........
   FROM TABLE1, TABLE2                        FROM TABLE1, TABLE2
   WHERE A ∥ B ∥ C = D;                       WHERE A = substr(D,1,2)
                                                AND B = substr(D,3,1)
                                                AND C = substr(D,4,3);
```

1) 의 경우는 TABLE1 의 컬럼들이 사용제한이 되어 TABLE1 이 먼저 액세스되는 실행계획이 수립될 것이며,
2) 의 경우는 TABLE2 의 컬럼이 사용제한이 되어 TABLE2 가 먼저 액세스되는 실행계획이 수립될 것이다.

이러한 문제가 발생한 근본적인 원인은 물론 데이터 모델의 설계가 있었기 때문이다. 실제로 이러한 잘못은 실전에서 심심찮게 나타나는 현상이기도 하다. 프로그래머의 입장에서는 지금에 와서 함부로 설계변경을 하는 것도 부담이 되지 않을 수 없다. 이러한 경우에 유일한 해법은 우리가 사용할 조인이 어느 방향으로 처리되는 것이 좋은지를 판단하여 위의 두 가지 중에서 하나를 선택하는 방법이다. 물론 이렇게 하면 당장의 심각한 문제는 어느 정도 해결이 되지만 결코 좋은 접근방법이라 할 수는 없겠다.

어느 방법을 선택하든 간에 항상 어느 한쪽의 연결고리에 이상이 생겨서 액세스 경로

가 고정되므로 상황의 변화에 따른 다이나믹한 변화에 대응하기 곤란하기 때문에 이런 유형의 설계는 하지 않도록 하는 것이 바람직하다.

■ 데이터 타입의 차이에 의해 발생되는 경우

예를 들어 어떤 사용자는 판매일자 컬럼을 CHAR 타입으로 생성하고 또 어떤 사용자는 저장공간을 절약할 목적으로 NUMBER 타입으로 지정하였다고 가정해 보자. 이와 같이 서로 다른 데이터 타입을 가진 컬럼을 조인 조건으로 비교하면 앞서 인덱스를 설명했던 '내부적인 컬럼의 변형'에 의해서 우리도 모르는 사이에 어느 한쪽이 연결고리 이상 상태가 되어 버린다.

위의 경우에서는 NUMBER 타입을 기준으로 CHAR 타입을 NUMBER 타입으로 변형시키게 되므로 자동적인 사용제한이 일어나 연결고리에 이상이 발생한다. 이와 유사한 경우는 연결고리가 되는 컬럼을 DATE 타입으로 사용했을 때도 자주 발생한다. 그러므로 설계시에 데이터 타입의 일관성을 유지시키는 것은 매우 중요한 의미를 지닌다.

이 문제는 데이터 모델에 관련된 것이기 때문에 여기서 길게 언급은 하지 않겠다. 다만 최근에 와서 크게 부각되고 있는 '표준화'를 통한 도메인 관리를 철저히 하여 이러한 설계가 나타나지 않도록 체계적인 통제가 선행되어야 한다는 점을 강조하고 싶다.

2.2.3. 양쪽 연결고리 이상(異常)

양쪽 연결고리 모두에 인덱스가 없다면 어느 방향으로 처리하든 연결고리 이상 상태가 되어 억지로라도 Nested Loops 조인으로 연결을 시도한다면 엄청난 횟수의 전체테이블 스캔이 발생하게 된다. 이러한 경우에 옵티마이져는 연결고리의 상태에 영향을 받지 않는 방식인 소트머지나 해쉬 방식으로 실행계획을 수립하게 된다.

이 방식들은 연결을 위해 인덱스를 사용하지 않는다는 특징 이외에도 랜덤이 크게 감소하므로 대량의 범위를 조인하고자 할 때 장점을 가지고 있는 방법이다. 이 방식의 가장 큰 단점은 각각 자신에게 주어진 처리범위만을 가지고 연결을 시도하려고 한다는 것이다. 이 말은 곧 먼저 수행된 집합이 처리범위를 현격히 줄여 줄 수 있다면 그 영향을 받아야 함에도 불구하고 자신의 범위만 처리하기를 고집하는 불합리한 면이 있다.

뿐만 아니라 연결을 시도하기 전에 정렬 등의 선작업이 경우에 따라서는 크게 부담이 될 수도 있으므로 특정한 범위만을 조인하는 방법에서는 불리해지는 경우가 많이 있으므로 조심해야 한다. 조인 방식의 차이에서 오는 여러 가지 특징들과 적용상의 기준은 다음 장에서 아주 상세하게 다룰 것이므로 여기서는 더 이상 언급하지 않기로 한다.

그 대신 연결고리 상태의 이상유무를 판단하는 좀더 실전적인 경우들을 잠시 살펴보기로 하겠다. 다음 SQL 을 살펴보자.

```
SELECT ............
FROM TAB1 x, TAB2 y
WHERE y.KEY1 = x.KEY1
  AND y.KEY2 between '201501' and '201503' ;   ---------- (a)
```

위의 예에서 TAB1 과 TAB2 는 1:M 관계를 가진다. 만약 TAB2 의 연결고리 인덱스가 KEY1+KEY2 순으로 되어 있다면 연결고리에는 이상이 없다. 그러나 KEY2+KEY1 으로 되어 있었다면 어떻게 될까?

(a)에 있는 조건이 '='연산자는 아니지만 상수값이 주어져 있으므로 엄밀한 의미에서 연결고리 이상이라고 할 수만은 없다. 그러나 우리는 앞서 인덱스의 원리에서 결합인덱스의 선두 컬럼이 '='조건을 받지 않았을 때 발생하는 현상을 기억할 것이다. 물론 같은 인덱스 내에서 걸러지기는 하지만 선두 컬럼의 처리범위를 모두 액세스하면서 뒤에 있는 조건

을 체크하는 방법으로 수행되기 때문에 처리해야 할 양이 크게 증가한다.

실전에서는 옵티마이져 모드나 통계정보에 따라 달라지기는 하겠지만 실제로 심각한 수행속도에 문제가 있는 SQL 을 찾아보면 이러한 현상으로 인해 발생한 문제가 적지 않게 일어나고 있다. 제 2 권에서 'IN'을 이용한 연쇄실행계획(Concatenation Plan)에서 상세하게 설명하겠지만 다음과 같이 'IN'을 이용하여 여러 개의 '='을 만들어 주는 방법으로 해결할 수 있다.

```
SELECT ............
FROM TAB1 x, TAB2 y
WHERE y.KEY1 = x.KEY1
  AND y.KEY2 IN ('201501', '201502', '201503') -------------- (b)
```

이처럼 'IN'연산자를 사용하면 TAB2 의 연결고리는 모두 '='을 가지는 3 개의 실행계획으로 분리되므로 앞서 제기되었던 문제가 사라지고 다시 연결고리 정상 상태가 된다. 여기서는 'IN'을 이용한 분할실행계획을 설명하자는 것이 아니라 연결고리 상태를 설명하기 위해 이 개념을 소개하는 것뿐이다.

만약 (a)의 조건의 범위가 입력받은 값에 의해 다양하게 변하거나 일자로 되어 있다면 (b)처럼 일일이 지정해서 사용하는 것은 문제가 있다. 이런 경우를 위해서 다음과 같은 SQL 을 만들어 보자.

```
SELECT ............
FROM TAB1 x, TAB2 y
WHERE y.KEY1 = x.KEY1
  AND y.KEY2 IN (SELECT YMD
                 FROM DATE_DUAL
                 WHERE YMD between :start_date and :emd_date) -----(c)
```

위의 SQL 을 이론적으로만 생각할 때는 (b)의 역할을 (c)의 서브쿼리가 대신했으므로 임의의 범위에 대해서도 연결고리 이상을 만들지 않을 수 있다. 그러나 이처럼 서브쿼리가 등장하는 순간 문제는 그리 간단하지 않다. 그 이유는 TAB2 가 KEY2 에 대해서 상수값을 받기 위해서는 (c)의 서브쿼리가 반드시 먼저 수행되어야 하는데 이러한 제약은 이미 TAB1 과 TAB2 사이의 평등관계에 영향을 미치기 때문이다.

물론 (c)의 서브쿼리가 가장 먼저 수행된 후 대기하고 있다가 언제라도 KEY2 에 제공할 수 있다면 문제가 되지 않겠지만 어떤 옵티마이져라도 그렇게 실행계획을 수립하지는 않는다. 그것은 (c)가 서브쿼리이므로 메인쿼리에 종속적으로 작용하기 때문이다. 이런 원리에 대한 보다 상세한 내용은 제 2 권의 '데이터 연결의 다양한 방법'에서 다루고 있으니 필요하다면 참조하기 바란다.

또 다른 예를 한가지 더 살펴보기로 하자.

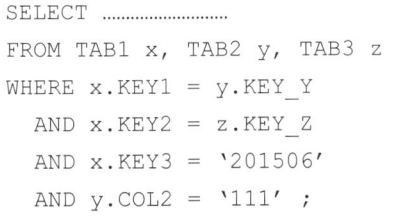
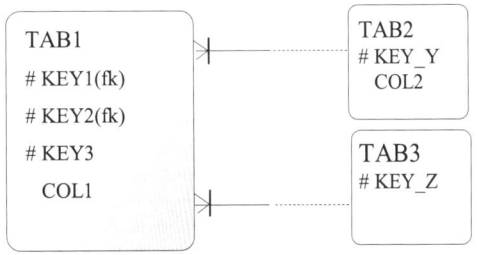

[그림 2-2-12]

여기서 각 테이블의 기본키는 그림의 순서대로 인덱스가 구성되었다고 가정함

위의 우측에 있는 그림은 이 SQL 에 사용된 테이블들의 물리모델을 그린 것이다. 만약 M 쪽인 TAB1 이 먼저 수행된다면 TAB2 나 TAB3 에 상수값을 제공하므로 TAB2 나 TAB3 의 연결고리에는 문제가 없다. 그러나 TAB1 이 두 번째나 세 번째 연결된다고 해보자. 가령 TAB2→TAB1→TAB3 순으로 연결된다면 불행하게도 KEY2 에 상수값을 받지 못했으므로 연결고리에 상처를 입게 된다.

이러한 문제는 TAB3→TAB1→TAB2 가 되어도 동일하다. 그러나 만약 TAB2 와 TAB3 가 먼저 수행될 수만 있다면 TAB1 의 모든 기본키 컬럼은 완벽하게 상수값을 받을 수 있다. 그러나 이것은 우리의 바램일 뿐이다. 그것은 그림에서도 알 수 있듯이 TAB2 와 TAB3 는 서로 연결관계가 전혀 없기 때문에 이들간의 연결이 먼저 수행될 수가 없다.

물론 관계가 없어도 조인이 불가능한 것은 아니다. 관계가 없다는 말은 무조건(無條件)이 조인 조건임을 의미하기 때문에 카티젼 곱의 결과가 나타난다. 만약 우리가 강제로라도 이들을 조인시켰다면 우리가 그토록 원하는 TAB1 이 모든 상수값을 가지는 효과를 얻을 수 있다. 더구나 대부분의 TAB2 나 TAB3 와 같은 테이블들은 데이터 양이 극히 적은 코드성 테이블인 경우가 많으므로 카티젼 곱이 그리 두렵지 않을 수도 있다 이러한 원리를 이용한 것이 바로 다음 단원(1.3 조인 종류별 특징 및 활용방안)에서 별도로 설명할 스타(Star) 조인이다.

이처럼 연결고리 한가지의 개념에도 오묘한 원리들이 복합되어 있다. 여러분들이 이와 같은 개념을 확실하게 이해하고 나면 조인을 통한 집합연산의 개념에 한발 더 나아갈 수 있을 것이다.

마지막으로 연결고리와 관련된 중요한 원칙을 한가지만 더 소개하겠다. 다음 SQL 을 살펴보자.

```
SELECT    .........
FROM TAB3 x, TAB2 y, TAB1 z
WHERE y.KEY1 = z.KEY1  ----(a)
  AND x.KEY1 = y.KEY1  ----(b)
  AND x.KEY2 = y.KEY2
  AND x.COL1 = '201506'
  AND z.COL2 = '111' ;
```

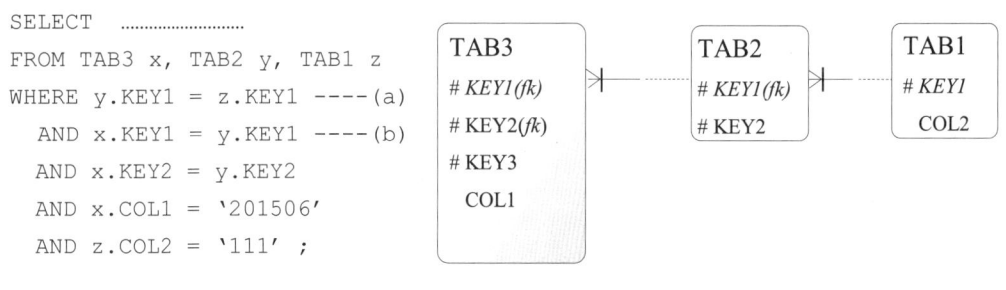

[그림 2-2-13]

위의 그림에 있는 KEY1 은 TAB1 에서 상속 받아 TAB3 까지 이어졌다. 각 테이블에 있는 KEY1 들은 논리적으로는 동일한 값을 가지므로 (a)와 (b)에서처럼 SQL 문의 조건절에 어느 것을 사용해도 상관이 없을 것처럼 보인다. 그러나 그것은 대단히 큰 착각이다. (b)의 조건에서 'x'는 'y'와 비교되어 있다.

이것의 의미는 설사 TAB1 이 먼저 액세스 되어 z.KEY1 이 상수값이 된다고 하더라도 아직 TAB3 는 이를 상수값으로 제공 받을 수 없다. 이때 상수값을 제공 받을 수 있는 것은 (a)에서 지정된 y.KEY1 뿐이다. 이처럼 논리적으로는 동일한 값을 의미한다고 하더라도 조건절에 누구와 비교했느냐에 따라 상대적으로 연결고리 이상 상태가 발생할 수 있다는 점은 매우 중요한 개념이므로 잘 이해해 두기 바란다.

여러분은 앞서 '제 1 부 3 장'에서 옵티마이져의 질의의 변환에 대해 설명(page 165~168)할 때 언급했던 이행성 규칙(Transitivity principle)을 기억하고 있는가? 만약

KEY1이 직접 상수값을 입력 받은 경우라면 이행성 규칙에 의해서 '='로 비교된 'y'와 'z' 테이블의 KEY1도 동일하게 인식하지만 지금은 상수값을 받은 것이 아니므로 이러한 문제가 발생되는 것이다.

이러한 특성을 역으로 이용하면 FROM 절에 테이블의 별칭(Alias)로 지정한 'x, y, z'만 바꾸어 주더라도 전혀 다른 실행계획을 얻을 수 있다. 필자가 실전에서 튜닝을 할 때 이처럼 글자 한자만 바꾸어서 수십 배 빠른 수행속도를 내도록 하면 원리를 모르는 사람이 보았을 때는 마치 마술을 보는 듯 놀라워 했다.

지금까지 소개한 형태 외에도 여러 가지가 더 있지만 앞으로 다른 것을 설명할 때 다양하게 등장하므로 연결고리 상태에 관련된 설명은 여기서 마치기로 하겠다.

2.3. 조인 종류별 특징 및 활용방안

조인은 데이터를 연결하는 가장 기본적인 방법이다. 우리가 원하는 정보를 얻기 위해서는 정규화 되어 있는 정보들을 필요에 따라 다양한 형태로 다시 결합하여야 한다. 이들은 너무나 다양하고 복합적이기 때문에 그 미묘한 상황에 따라 최적의 처리경로를 만들어 내는 일은 결코 쉽지 않다. 더구나 한 두가지의 방식만으로 모든 경우를 만족시키기도 어렵다.

이런 이유 때문에 보다 획기적인 조인 방법들이 생겨났고 앞으로도 더 많이 생겨날 것이다. 그렇지만 크게 분류를 해보면 결국 두 가지로 나눌 수가 있다. 그 중 한가지는 어떤 집합을 먼저 액세스하여 상수값을 만들고 그것을 이용해 대응되는 집합을 찾아가는 것이다. 다른 한가지는 서로 연결하기 좋도록 미리 소정의 선행작업을 수행한 다음 서로를 대응시켜 가는 방법이다. 논리적으로 보면 크게 이 두 가지 범주에 모든 조인들이 속한다고 볼 수 있다.

다만, 그 과정에서 상황에 따라 보다 유리한 대안이 강구되면서 여러 유형의 조인들이 생겨났다고 이해할 수 있겠다. 이 말은 곧 조인의 종류마다 가지고 있는 독특한 장·단점이 있다는 것을 의미하고 있다. 또 다른 의미로 해석해 보면 조인의 특성을 정확히 알고 상황에 맞도록 적절한 방법을 선택하여야 한다는 뜻도 포함되어 있는 것이다.

물론 이것이 모두 옵티마이져의 몫이라고 할 수도 있다. 그러나 옵티마이져가 날이 갈수록 좋아지고 있는 것은 사실이지만 필연적으로 많은 한계를 가질 수 밖에 없기 때문에 우리가 조인을 정확하게 이해하고 필요하다면 옵티마이져의 잘못된 판단을 조정해 줄 수 있어야 한다.

조인에 관한 튜닝이 조인 방식의 변경에만 있는 것은 아니다. 즉, 조인 방식만 바꾼다고 해서 모든 것이 해결되는 것은 아니라는 것을 뜻한다. 옵티마이져는 주어진 SQL 하에서 최적화를 한다. 즉, SQL 문에 문제가 있는 부분까지 최적화 해주지는 않는다는 것이다. 우리가 각각의 조인 유형을 정확히 알고 거기에 맞도록 적절한 SQL 을 작성할 수 있다면 옵티마이져가 훨씬 높은 확률로 최적화를 할 수 있을 것이다.

관계형 데이터베이스를 한 차원 높게 활용을 위해서는 조인의 형태별로 정확한 개념을 확실하게 이해하는 것부터 출발해야 한다. 기본기가 튼튼하게 갖추어져 있으면 획기적인 응용도 가능해진다. 일단 이 장에서는 기본형을 중심으로 설명을 하겠지만 뒷부분에 가면 많은 응용 형태들이 여러분을 기다리고 있을 것이다.

　조인을 이해하기 위해서 여러분들이 가장 먼저 하여야 할 일은 전통적인 조인 형식인 Nested Loops 조인과 Sort Merge 조인을 완벽하게 이해하는 것이다. 여기에 부분범위 처리의 개념을 같이 포함해서 이해를 할 필요가 있다.

　최적화에 대한 시뮬레이션을 한다는 측면에서 보면 일단 일부라도 가장 빨리 추출할 수 있는 것을 목표로 하는 'FIRST_ROWS'와 전체 작업이 최단기간에 끝나기를 원하는 'ALL_ROWS'의 개념이 있다고 했었다. 원래 시뮬레이션이라는 것은 목표(Goal)을 어떻게 두느냐에 따라 달라지는 것이므로 이 개념을 어떻게 적용하느냐에 따라서 판단이 달라질 수 있다.

　'FIRST_ROWS'의 개념은 부분범위 처리와 거의 동일하며, 'ALL_ROWS'는 전체범위 처리 개념과 유사하다. 우리는 앞서 부분범위 처리의 개념에 대해 상세하게 알아 보았기 때문에 조인의 최적화와 접목하여 설명할 때 이해하는데 별 무리가 없을 것으로 생각된다.

　또한 이러한 최적화 목표의 차이에 따라, 처리의 조건, 인덱스의 구성, 처리할 범위, 처리할 내용의 상관관계 등에 따라 최적화의 판단은 매우 다양하게 나타나므로 먼저 조인 형태별 특성을 정확히 이해하는데 역점을 두어야 할 것이다.

2.3.1. Nested Loops 조인

Nested Loops 조인은 가장 전통적인 방법이면서도 가장 보편적으로 사용되는 조인 방식이다. 조인 방식을 결정할 때는 이 방식으로 수행해도 문제가 없는지 먼저 살펴보고, 문제가 있다고 판단될 때 다른 대안을 생각해 보아야 할 만큼 가장 중요한 조인 방식이다.

이 조인 방식이 그러한 역할을 하게 되는 가장 근본적인 이유는 먼저 액세스한 결과를 다음의 액세스에 상수값으로 제공해 줄 수 있다는데 있다. 이것은 매우 중요한 특징이다. 역으로 한번 생각해보자. 먼저 처리한 결과가 범위를 아주 적게 줄여 주었는데도 불구하고 다음에 처리할 집합이 이것을 전혀 활용하지 못한다고 생각해 보라. 그렇다면 그 대안이 무엇이든 간에 이미 효율적일 수는 없다.

실세계에서 발생하는 대부분의 처리는 자신이 원하는 특정한 영역을 처리하고자 하는 것이 일반적이다. 여기서 일반적이라는 말은 곧 보편성을 의미하고, 특정 영역이란 대량의 처리를 의미하지 않는다. 이러한 이유에서 실세계의 상당부분은 Nested Loops 조인으로 수행된다고 해도 과언이 아니다. 그러므로 가장 전통적인 조인 방식임에도 불구하고 여전히 가장 많이 사용되는 조인 방식임에는 틀림이 없다.

그러므로 여러 가지 조인 방식이 존재하지만 가장 먼저 이 조인을 완벽하게 이해하지 않으면 안 된다. 그런 의미에서 이 조인의 기본적인 개념부터 먼저 상세하게 이해한 후에 좀더 구체적인 적용방법에 대해 알아보도록 하겠다.

2.3.1.1. Nested Loops 조인의 기본 개념

이 조인방식은 앞서 간략하게 여러 번 소개되었지만 다시 한번 상세하게 살펴보고, 그 속에 숨어있는 여러 가지 특성을 파악해 보기로 한다. 다음과 같은 쿼리를 실행시켜 보자.

```
SELECT a.FLD1, ................., b.COL1 ...............
FROM   TAB1 a, TAB2 b
WHERE a.KEY1 = b.KEY2
  AND a.FLD1 = '111'
  AND a.FLD2 like 'AB%'
  AND b.COL1 = '10';
```

여기서 TAB1 과 TAB2 는 M:1 관계에 있으며, 연결고리는 정상이고, 상수값을 조건으로 받고 있는 컬럼들은 각각 독립적으로 인덱스를 가진다고 가정한다.

이 SQL 은 다음 그림과 같은 절차로 수행하게 된다.

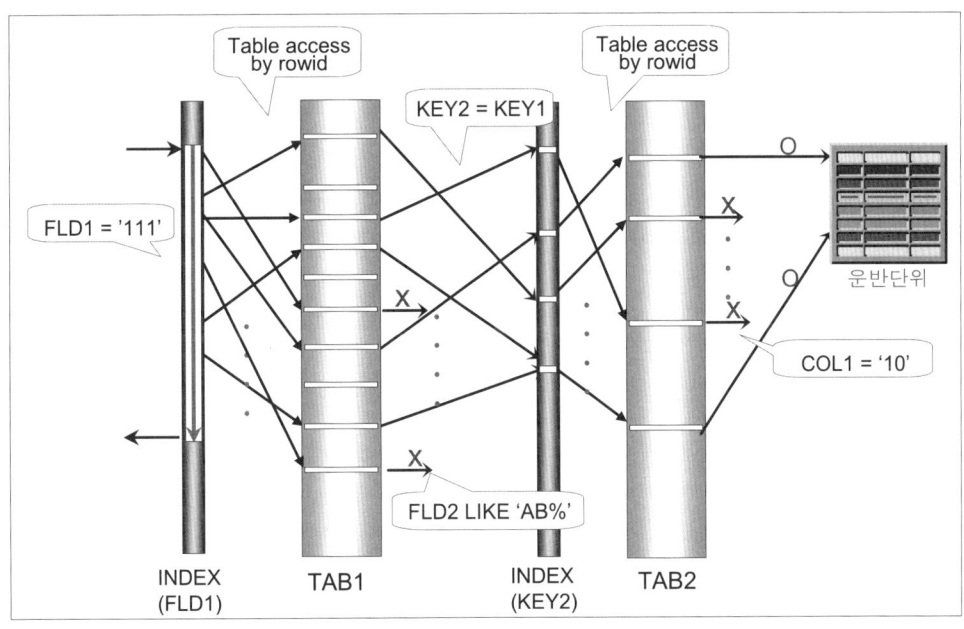

[그림 2-2-14]

1) 먼저 TAB1 의 FLD1 인덱스를 경유하여 FLD1 = '111'인 처리범위 중 첫 번째 로우를 액세스한다.

2) FLD1 인덱스에 있는 ROWID 에 의해 TAB1 의 로우를 액세스한다. 액세스된 로우의 모든 컬럼값들은 상수값이 된다. 이 상수값을 가지고 FLD2 LIKE 'AB%'조건을 체크하여 성공한 것은 다음으로 진행하고 실패하면 1)로 돌아가서 다음 건으로 다시 처리를 시도한다.

3) 여기서 성공한 것들에 대해 TAB1 의 KEY1 의 상수값을 이용하여 TAB2 의 KEY2 인덱스로 대응되는 인덱스 로우를 찾는다. 물론 여기서도 대응되는 로우가 없다면 실패가 되어 1)로 돌아가 다음 건을 시도한다.

4) KEY2 인덱스에 있는 ROWID 에 의해 TAB2 의 로우를 액세스한다. 이때 만약 KEY2+COL1 으로 인덱스가 구성되어 있다면 이 단계에서 COL1 = '10' 조건을 체크하고, 그렇지 않으면 다음 단계로 넘어간다. 물론 액세스된 TAB2 의 모든 컬럼값들은 상수값이 된다.

5) COL1 = '10'의 확인을 위해 테이블에서 추출된 상수값을 가지고 비교하여 조건을 만족하면 최종적인 결과를 운반단위로 보낸다.

6) 이렇게 한 싸이클이 돌았으면 다시 FLD1 인덱스의 두 번째 로우를 읽어 위의 작업을 반복하게 된다. 만약 부분범위처리가 가능하다면 운반단위가 채워질 때까지만 수행되고 일단 멈출 것이며, 전체범위처리라면 FLD1 범위가 끝날 때까지 계속(Nested)해서 반복(Loops) 수행된다.

이상에서 살펴본 상세절차에 나타났듯이 모든 컬럼에 각각 인덱스가 존재했더라도 사용된 인덱스는 드라이빙 범위를 수행한 'FLD1'과 조인의 연결고리 역할을 수행한 KEY2 만 사용되었음을 유의해야 한다. 이처럼 비록 조건에 사용된 모든 컬럼에 각각 인덱스가 있다고 하더라도 수행 절차에 따라서 인덱스가 사용될 수도 있고 단순히 체크 조건 역할만 할 수 있다는 것을 확인하기 바란다.

이 조인 방식의 처리 절차는 몇 번에 걸쳐 소개하였기 때문에 쉽게 이해할 수 있었을 것이다. 그러나 일견 당연하고 평범해 보이는 이 처리과정을 분석해 보면 여러 가지 중요한 적용기준을 정립할 수 있다.

먼저 이 처리 방식이 갖는 주요 특징들을 살펴보자.

가) Nested Loops 조인의 특징

1) 순차적으로 처리된다. 선행 테이블(Driving table)의 처리범위에 있는 각각의 로우들이 순차적으로 수행될 뿐만 아니라 테이블간의 연결도 순차적이다. (순차적)

2) 먼저 액세스되는 테이블의 처리범위에 의해 처리량이 결정된다. 즉, 선행하는 집합의 처리범위가 전체 일의 양을 결정한다. (선행적)

3) 나중에 처리되는 테이블은 앞서 처리된 값을 받아 액세스된다. 즉, 자신에게 주어진 상수값만으로 범위를 줄이는 것이 아니라 이미 가지고 있던 상수값과 제공받은 상수값을 합쳐서 그 중 가장 유리한 방법으로 연결이 진행된다. (종속적)

4) 주로 랜덤 액세스 방식으로 처리된다. 선행 테이블의 인덱스를 액세스하는 방법은 첫 번째 로우만 랜덤 액세스이고 나머지는 스캔이다. 그러나 연결작업은 모두 랜덤 액세스로 수행한다. (랜덤 액세스)

5) 주어진 조건에 있는 모든 컬럼들이 인덱스를 가지고 있더라도 모두가 사용되는 것은 아니다. 연결되는 방향에 따라 사용되는 인덱스들이 전혀 달라질 수 있다. (선택적)

6) 연결고리가 되는 인덱스에 의해 연결작업이 수행되므로 연결고리 상태가 매우 중요하다. 연결고리의 인덱스 유무에 따라 액세스 방향 및 수행속도에 많은 차이가 발생된다. (연결고리 상태, 방향성)

7) 부분범위 처리가 가능하다. 선행하는 집합의 하나씩의 로우를 대상으로 연결을 진행하기 때문에 부분범위 처리 조건을 만족하고 있다면 운반단위가 채워지는 순간에 우선 멈출 수가 있다. 물론 2차적인 가공을 해야 한다면 전체범위 처리를 할 수 밖에 없다. (부분범위 처리 가능)

8) 연결작업을 수행한 후 마지막으로 체크되는 조건은 경우에 따라서 수행속도에 미치는 영향이 달라진다. 부분범위처리를 하는 경우에는 조건의 범위가 넓을수록 빨리 운반단위를 채울 수 있으므로 오히려 빨라질 수 있으나, 2차 가공을 해야 하는 전체범위 처리일 때는 가공해야 할 대상이 많아지기 때문에 수행속도가 나빠진다. (체크조건의 영향력)

이번에는 이러한 특징을 토대로 적용기준을 정의해 보기로 하자.

나) Nested Loops 조인의 적용기준

1) 부분범위처리를 하는 경우에 유리해진다. 대부분의 다른 방식의 조인들은 원천적으로 부분범위 처리가 불가능해지기 때문에 부분범위로 처리하고자 한다면 이 조인 방식을 선택해야 한다. 뒤에서 설명하겠지만 해쉬조인이나 세미조인 등도 특수한 경우에는 부분범위 처리를 할 수도 있다. 그러나 그것은 특별한 경우에만 가능하므로 여러분이 부분범위 처리를 적용하려 한다면 Nested Loops 조인을 선택하는 것이 바람직하다.

2) 조인되는 어느 한쪽이 상대방 테이블에서 제공한 결과를 받아야만 처리범위를 줄일 수 있는 상황이라면 이 조인 방식을 선택해야 한다. 이것은 이 조인 방식을 적용해야 하는 가장 중요한 선택요건이라고 할 수 있다. 무릇 세상만사의 이치가 그렇다. 자기 스스로도 충분히 극복할 수 있다면 남의 도움을 받지 않을 수 있지만 그렇지 못하다면 남의 도움을 받아야 하는 것은 당연하다. 조인의 방식을 결정할 때 가장 먼저 살펴봐야 하는 것은 바로 이와 같이 이해득실을 따져 보는 일이다. 받는 일에는 공짜가 없다. 반드시 그에 상응하는 대가를 지불해야 한다. 그것을 감수하고라도 받는 게 유리한지, 차라리 힘이 들더라도 스스로 해결할 것인지를 판단하라는 것이다. 이러한 판단은 자기 스스로도 얼마나 처리범위를 줄일 수 있느냐에 대한 검토와 제공받았을 때의 효과가 기대에 충분히 미치는지를 정확히 식별하는 것에서 좌우된다.

3) 주로 처리량이 적은 경우(많더라도 부분범위처리가 가능한 경우)라면 대개 이 조인방식이 가장 무난하다. 만약 대량의 범위를 처리해야 한다면 많은 부담이 있다. 그것은 내부 처리과정에서 많은 랜덤 액세스가 발생하므로 티끌 모아 태산이 된다면 부담이 되지 않을 수 없기 때문이다.

4) 이 조인 방식은 연결고리의 인덱스를 이용하기 때문에 연결고리의 상태에 따라 매우 큰 차이가 발생한다. 연결고리에 이상이 없다면 주어진 처리범위에 따라 최적의 조인 방향이 유연하게 선택될 수 있다. 인덱스를 구성할 때 이러한 부분이 적절하게 감안된 전략을 수립하여야 한다.

5) 먼저 수행한 집합의 처리범위의 크기와 얼마나 많은 처리 범위를 미리 줄여 줄 수 있느냐가 수행속도에 많은 영향을 미친다. 이것은 결국 각 집합의 조인되는 순서에 의해서 결정되므로 적절한 조인 순서를 찾는 것은 매우 중요하다. 조인 순서를 결정하는 상세한 방법은 뒤에서 별도로 다루기로 한다.

6) 부분범위처리를 하는 경우에는 운반단위의 크기가 수행속도에 상당한 영향을 미칠 수 있다. 운반단위가 적을 수록 빨리 운반단위를 채울 수 있으나 패치(Fetch) 횟수에서는 불리해지는 이중성

을 가지고 있다. 애플리케이션의 유형이나 사용 언어에 따라 적절한 선택이 필요하다.

7) 선행 테이블의 처리 범위가 많거나 연결 테이블의 랜덤 액세스의 양이 아주 많다면 Sort Merge 조인이나 해쉬조인을 검토해야 한다. 그러나 이러한 방법들은 메모리 사용을 과도하게 요구하므로 시스템 환경에 따라서 큰 부담이 되는 경우도 있다. 이럴 때는 비록 대용량의 처리를 하더라도 메모리 사용에 거의 부담이 없는 Nested Loops 조인이 오히려 유리해질 수 있다. 실전에서는 경우에 따라 이러한 상황도 종합적으로 감안해야 할 필요도 있다는 점을 명심하기 바란다.

2.3.1.2. Nested Loops 조인의 순서결정

이 조인은 먼저 수행된 결과가 다음에 연결할 범위에 절대적인 영향을 미치기 때문에 어떤 순서로 수행되느냐에 따라 조인의 효율은 크게 달라진다. 하나의 테이블을 액세스할 때도 선행조건이 무엇이었느냐에 따라 액세스 효율이 달라지듯이 이 조인에서도 동일한 효과가 나타난다.

물론 가장 큰 영향을 미치는 것은 최초에 수행되는 선행집합이다. 스포츠 시합에서도 기선을 제압하는 것이 무엇보다 중요하듯이 선행되는 집합이 처리범위를 얼마나 줄여줄 수 있느냐에 따라 전체적인 처리량은 크게 달라진다.

앞서 연결고리 상태에 따라 발생하는 현상에 대해 살펴볼 때 나타났듯이 연결고리의 상태가 정상이라면 어느 방향으로 진행하든지 연결에 대한 대가는 동일하다. 그러나 주어진 조건이나 인덱스 구성에 따라 어느 쪽이 먼저 수행되느냐에 따라 연결할 범위는 달라진다. 그러므로 어느 쪽이 보다 초기에 많은 범위를 줄여줄 수 있는지를 따져보는 것이 필요하다.

주어진 조건이나 인덱스의 구성에 따라 최적의 경로는 너무나 다양하게 달라지기 때문에 좀더 이해하기 쉬운 방법으로 접근해 보기로 하자. 일단 먼저 인덱스 구성을 무시한 상태에서 조인의 순서에 따른 논리적인 처리 방법의 변화부터 살펴보기로 한다.

```
SELECT    ...............
FROM TAB1 x, TAB2 y, TAB3 z
WHERE x.A1 = y.B1
  AND z.C1 = y.B2
  AND x.A2 = '10'
  AND y.B2 LIKE 'AB%';
```

No	순서	ACCESS PATH
1	TAB1 TAB2 TAB3	A2 = '10' B1 = A1 and B2 LIKE 'AB%' C1 = B2
2	TAB2 TAB3 TAB1	B2 LIKE 'AB%' C1 = B2 A1 = B1 and A2 = '10'
3	TAB3 TAB2 TAB1	FULL TABLE SCAN B2 = C1 and B2 LIKE 'AB%' A1 = B1 and A2 = '10'
...	....	....

위의 그림은 좌측의 조인 SQL 이 우측의 순서로 조인이 수행될 때 각 테이블들이 받게 되는 상수값의 변화를 보여주고 있다. 어떤 컬럼이 액세스의 조건이 되기 위해서는 반드시

비교되는 값이 '상수값'이어야 한다. 액세스되고자 하는 컬럼은 '미지수'이므로 비교되는 값도 미지수라면 영원히 그 컬럼은 액세스 조건이 될 수 없다. 이것은 방정식의 원리와 동일하다. 각 형태마다 좀더 상세하게 살펴보기로 하자.

(1) TAB1 → TAB2 → TAB3

TAB1을 가장 먼저 액세스한다고 가정했으므로 TAB1의 컬럼 중에 상수값을 가진 컬럼들을 찾아보자. x.A1 = y.B1의 조건에서 x.A1은 아직 TAB2가 액세스되지 않아서 y.B1이 아직 미지수이므로 오직 x.A2 = '10'으로 사용된 A2만 액세스 조건이 될 수 있다. 이제 TAB1은 A2 = '10'인 범위를 액세스하게 되며, 먼저 첫 번째 로우를 읽는다. 로우가 읽혀지는 순간 이제 TAB1의 모든 컬럼들은 '상수값'이 되었다.

두 번째로 처리될 TAB2를 액세스하기 위해 사용될 컬럼을 찾아 보면 y.B1 = x.A1 과 y.B2 = z.C1, 그리고 y.B2 LIKE 'B%'의 세 가지가 있다. 이 중에서 x.A1은 비록 변수로 비교되어 있으나 앞 단계에서 TAB1이 읽혀짐으로써 상수값이 되었기 때문에 y.B1은 액세스의 조건이 될 자격이 생겼다.

그러나 TAB3은 아직 액세스되지 않아 z.C1은 아직 미지수이기 때문에 위의 조건 중에서 y.B2 = z.C1은 액세스의 조건이 될 수 없다. 그러므로 TAB2는 y.B1 = x.A1 과 y.B2 LIKE 'AB%'의 조건으로 액세스가 될 수 있으며 그 결과 TAB2의 모든 컬럼값들은 이제 상수값이 되었다.

이제 마지막으로 액세스 할 TAB3는 조금 전에 y.B2가 상수값이 되었으므로 z.C1 = y.B2가 액세스 조건이 된다.

(2) TAB2 → TAB3 → TAB1

TAB2를 가장 먼저 액세스한다고 가정했으므로 TAB2의 컬럼 중에 상수값을 가진 컬럼만이 액세스 조건이 될 수 있다. TAB2의 조건 중에서 y.B1 = x.A1 과 y.B2 = z.C1은 비교되는 상대 컬럼이 아직 미지수이므로 오직 y.B2 LIKE 'AB%'로만 액세스를 할 수 있다. 이 액세스로 인해 이제 TAB2의 모든 컬럼들은 '상수값'이 되었다.

두 번째로 처리할 TAB3를 액세스하기 위해서 사용될 z.C1은 조금 전에 y.B2가 상수값이 되었으므로 액세스의 조건이 될 수 있다. 이 액세스로 이제 TAB3의 모든 컬럼값들도 상수값이 되었다. 마찬가지로 y.B1 이 이미 상수값이 되어 있으므로 TAB1 의 액세스에는 x.A1 = y.B1 과 x.A2 = '10' 의 조건이 모두 가능하게 되었고, TAB1 의 모든 컬럼값들도 상수값이 되었다.

여기서 잠깐 중간점검을 해보기로 하자. 처리된 결과는 동일하겠지만 (1)과 (2)는 전혀 다른 액세스 조건을 가지고 처리하고 있다는 것을 확인할 수가 있다. 각각의 테이블을 액세스하는 조건들이 전혀 다르고, 그 처리범위 또한 전혀 달라진다는 것이다. 남아 있는 한 가지 경우를 더 살펴보자.

(3) TAB3 → TAB2 → TAB1

이번에는 TAB3 를 가장 먼저 액세스한다고 가정했으므로 TAB3 가 가지고 있는 유일한 조건인 z.C1 = y.B2 로 액세스해야 한다. 그러나 불행하게도 y.B2 가 아직 미지수이므로 액세스에 참여할 수 있는 조건은 아무 것도 없다. 다시 말해서 전체 테이블을 차례로 읽어 가는 방법밖에 없다는 것이다. 이렇게 TAB3 의 첫 번째 로우를 액세스하는 순간 TAB3 의 모든 컬럼값은 '상수값'이 된다.

두 번째로 처리할 TAB2 가 보유한 조건은 y.B1 = x.A1, y.B2 = z.C1, y.B2 LIKE 'AB%'가 있다. 그러나 그 중에서 z.C1 은 상수값이 되었으나, 아직 액세스되지 않은 TAB1 의 x.A1 은 미지수이다. 그러므로 사용 가능한 조건은 y.B2 = z.C1 과 y.B2 LIKE 'AB%'가 된다.

이제 y.B1 까지 상수값이 되었으므로 TAB1 을 액세스하기 위해 사용될 조건은 x.A1 = y.B1 과 x.A2 = '10'이 된다. 이렇게 해서 TAB1 까지 액세스되어 모든 컬럼값들이 상수값이 되었다.

이 형태는 앞의 (1), (2)와는 또다시 전혀 다른 액세스 조건을 가지게 된다는 것을 확인할 수 있다. 이러한 경우의 수는 이외에도 더 많이 존재할 것이며, 그 때마다 또 다른 유형의 처리범위가 나타난다. 그렇다면 이 중에서 과연 어떤 경우가 가장 유리한 액세스 형태라고 할 수 있을까?

결론은 어떤 액세스 유형이 가장 빠를 것이라고 지금으로서는 절대 단정지을 수 없다는 것이다. 위에서 살펴 본 액세스 유형은 단지 논리적인 측면에서만 생각해본 것에 불과하다. 해당 조건을 액세스하기 위한 수단(인덱스, 클러스터 등)이 어떻게 구성되어 있느냐에 따라 실제로 처리해야 할 일량은 전혀 달라질 수 있으므로 그때마다 최적의 경로는 달라진다.

가령, A2 = '10'를 만족하는 로우가 단 10 건에 불과하더라도 A2 를 사용할 수 있는 인덱스가 없다면 A2 = '10'인 것을 찾기 위해서 전체 테이블을 액세스한 후에 선별해낼 수 밖에 없다. A1 = B1 AND A2 = '10' 을 찾을 때도 A1, A2 가 각각 독립 인덱스로 생성되었느냐 결합 인덱스로 생성되었느냐에 따라 수행속도는 많이 달라질 것이다.

언뜻 보기에는 (3)의 경우가 가장 비효율적일 것처럼 보이지만 반드시 그렇다고는 절대로 말할 수 없다. 비록 TAB3 이 전체테이블을 스캔하지만 로우 수가 아주 적다면 (3)이 가장 유리할 수도 있는 것이다. 만약 인덱스가 하나도 없다면 또 다른 액세스 유형이 가장 유리해 질 것이다. 또한 어떤 조인의 형식을 선택했느냐에 따라서도 큰 차이가 날 수 있다.

이와 같이 주어진 환경(인덱스, 클러스터, 분포도 등)에 따라 가장 유리한 경우는 그때마다 달라진다. 옵티마이져는 다만 주어진 환경하에서 최적의 경로를 찾아줄 뿐이다. 우리가 정의한 환경에 문제가 있다면 아무리 훌륭한 옵티마이져라도 좋은 액세스를 찾아 줄 수가 없다. 이것은 수행속도에 대한 일차적인 책임이 옵티마이져가 아닌 바로 우리에게 있다는 것을 의미한다.

그러므로 인덱스의 전략적인 설계는 관계형 데이터베이스를 사용하는 한 그 무엇보다도 중요하다. 인덱스는 특정한 하나의 SQL 만을 위해 만들 수는 없다. 현재 사용되고 있고 앞으로 발생할 수 있는 모든 상황과 데이터의 분포도나 결합도 등을 종합적으로 감안한 전략적인 인덱스 설계는 옵티마이져가 보다 좋은 액세스 경로를 찾을 수 있도록 하는 가장 근본적인 조치라 할 수 있겠다.

마치 그것은 아무리 유능한 지휘관과 잘 훈련된 병사를 가진 군대라고 해도 적절한 무기를 가지고 있지 않다면 결코 싸움에서 이길 수 없는 이치와 같다. 소총, 대포, 전차, 전투기, 항공모함 등이 사전에 준비 되어 있을 때 우수한 지휘관은 상황에 따라 다양한 전술을 펼 수 있는 것이다. 제대로 된 무기가 없다면 아무리 유능한 지휘관이라고 하더라도 백병전을 하든지 줄행랑을 놓는 방법밖에 달리 선택할 길이 없을 것이다.

물론 잘 설계된 인덱스 구조를 가지고 있다고 하더라도 SQL 사용능력이나 옵티마이져의 모드, 버전 등에 따라 최적이 아닌 실행계획은 얼마든지 나타날 수 있다 완벽한 옵티마이져는 있을 수 없으므로 인덱스 구조만 적절하다면 약간의 튜닝만으로도 엄청난 수행속도의 향상을 가져올 수 있다.

결국 액세스 경로를 좌우하는 옵티마이져에게 싸울 수 있는 적절한 무기를 제공하지 않고서는 아무리 숙달된 프로그래머에 의해 개발된 시스템도 결코 양호한 수행속도를 보장받을 수가 없다. 수백 본의 애플리케이션을 개발하는 것보다 이것이 훨씬 더 중요한 일이라는 것을 프로젝트 관리자, 설계자, 개발자 모두가 반드시 명심해야 할 것이다.

조인의 순서에 매우 중요한 영향을 미치는 또 하나의 요소는 조인의 성공률이다. 여기서 말하는 성공률이란 연결고리로 연결할 때의 성공률뿐만 아니라 연결한 후에 추가로 체크하는 조건을 통과한 최종 결과까지 감안한 것을 말한다. 두 개의 집합을 조인할 때는 보다 많은 처리범위를 줄여주는 집합이 선행되는 것만 중요하지만 세 개 이상의 테이블을 조인할 때는 각 조인 단계의 성공률은 다음 단계의 조인량을 결정하게 된다.

두 개의 집합만을 조인할 때는 선행집합의 처리범위에 대해 연결되는 집합이 조인에 성공하였든 실패하였든 어차피 연결작업은 수행되기 때문에 성공률에 큰 영향을 미치지 않는다. 특히 체크 조건은 이미 액세스를 끝마치고 마지막 리턴만을 남겨두고 있기 때문에 리턴을 하든, 하지 않든 일의 양에는 큰 영향이 없다. 물론 그 결과를 이용해 다시 정렬이나 GROUP BY 등을 하는 경우에는 영향이 있지만 그것은 어차피 성공된 집합에 한해서 일어나는 일이기 때문에 조인의 순서와는 무관하다.

세 개 이상의 집합에 대한 조인에서도 선행집합은 전체적인 조인의 처리량을 좌우하기 때문에 가장 중요하다는 것은 말할 필요도 없다. 그러나 나머지 집합들 중에서도 어떤 것을 먼저 조인하도록 하느냐에 따라 일의 양에는 커다란 영향을 미친다. 그것은 먼저 수행된 조인작업에서 성공된 결과만 다음 조인작업을 수행하므로 앞 단계에서 하나라도 처리해야 할 로우 수를 줄여 준다면 그만큼 다음에 처리해야 할 대상은 줄어들 수 밖에 없기 때문이다.

데이터 모델의 릴레이션쉽에 따라서 조인의 성공률(결과 집합)은 달라진다. 여기서 성공률이란 조인되는 집합이 자식(Child) 쪽이어서 '1' 쪽의 집합을 'M' 집합으로 증가시킨다는 것을 표현한 말이다. 우리는 자신과 대응되는 집합이 '1' 쪽이면 기존의 집합을 증가시키지 않지만, 'M' 쪽이면 자신의 집합은 'M' 집합이 된다는 것을 잘 알고 있다.

집합이 증가할수록 다음에 조인할 대상이 증가하는 것은 당연하므로 조인의 순서를 결정할 때 가능하다면 'M' 집합은 나중에 처리될수록 좋다. 물론 항상 그렇다는 것은 아니다. 여기서 '가능하다면'이라는 말의 진정한 의미는 '자신의 처리범위를 줄여줄 수 있는 다른 집합들이 액세스 된 후에'라는 의미와 '자신이 먼저 처리범위를 줄여줄 수 있다면 그들보다 먼저'라는 의미가 함께 포함되어 있다고 생각하면 된다.

조인을 할 때 'M'쪽에 있는 집합을 어떤 위치에 두느냐 하는 문제는 어쩌면 조인의 순서를 결정할 때 가장 중요한 판단이 될 수도 있다. 다음의 사례를 연구해 보면 좀더 이해하기 쉬울 것이다.

```
SELECT ……………………………………
FROM ITEM_MST m, ITEM_MOV v, VENDOR a, DEPT  d
WHERE m.ITEM_CD   =  v.ITEM_CD
  AND a.VENDOR    = v.MANUFACTURE
  AND d.DEPTNO    = v.ACT_DEPT
  AND m.CATEGORY  = :b1
  AND m.PMA       LIKE :b2
  AND v.PATTERN   = :b3
  AND v.MOV_DATE BETWEEN   :b4  AND   :b5
  AND d.LOCATION = :b6;
```

위의 SQL 을 살펴보면 ITEM_MST 와 ITEM_MOV 가 1:M 관계를 가지며, ITEM_MOV 에 VENDOR 와 DEPT 가 '1'쪽 집합으로 연결되어 있다는 것을 알 수 있다. 아래의 실행계획을 분석하여 이 조인의 문제를 파악해 보기로 하자.

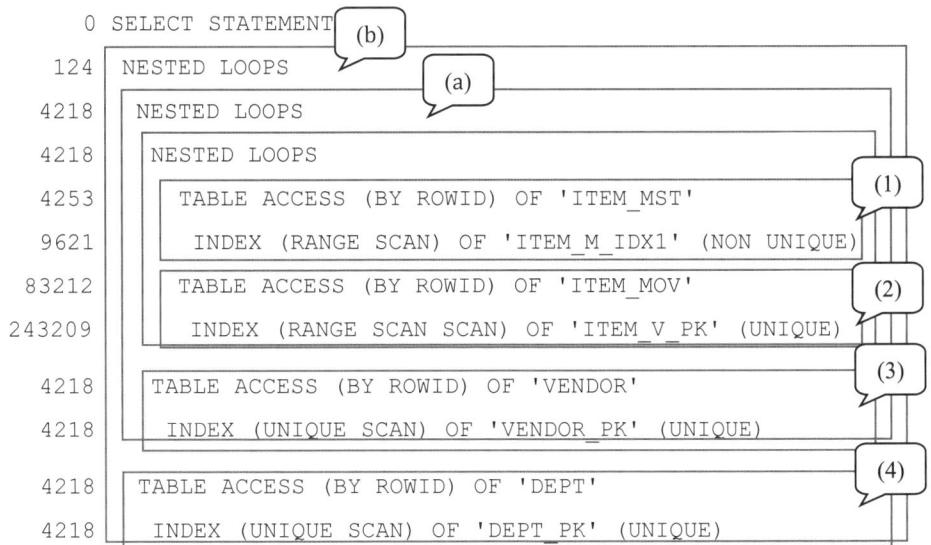

조인의 최적화 방안

이 조인은 ITEM_MST→ITEM_MOV→VENDOR→DEPT 순으로 수행되고 있다. 각 단계를 세부적으로 분석해 보자.

(1) 인덱스를 스캔한 로우 수가 9621 인데 테이블을 액세스한 숫자는 4,253 이다. 이것은 무엇을 의미하는가? 인덱스를 스캔한 개수보다 테이블을 액세스한 숫자가 적다는 것은 인덱스 내부에서 체크하여 걸러졌다는 것을 의미한다. 다시 말해서 'ITEM_M_IDX1'인덱스에는 주어진 조건인 CATEGORY 와 PMA 사이에 또 다른 컬럼이 존재하고 있었기 때문에 CATEGORY 의 처리범위인 9,620 개를 스캔하여 PMA 조건을 체크하니 4,253 개가 되었다는 것이다. 여기서 일단 인덱스 구조의 문제로 약간의 비효율이 발생되었다.

(2) 선행처리되는 ITEM_MST 의 4,253 개에 대해 M 쪽 집합인 ITEM_MOV 가 기본키를 이용해 연결을 하고 있다. 약 1:57 의 비율로 연결이 되어 인덱스를 스캔한 숫자는 243,209 가 되었다. 그러나 이것 역시 테이블을 액세스 한 것이 그 보다 적은 83,212 이었다는 것은 조건을 받은 PATTERN 이나 MOV_DATE 중 하나가 기본키에 포함되어 있기는 하지만 그 사이에 다른 컬럼이 존재하고 있어 인덱스 내에서 체크되었음을 알 수 있다. 이렇게 조인한 결과는 (a)에 나타나는데 4,218 로 크게 감소한 것을 발견할 수 있다. 이것은 곧 기본키에 포함되지 않은 조건(아마 여기서는 MOV_DATE 로 예상됨)으로 체크되었기 때문이다.

(3) 이제 상수값이 된 ITEM_MOV 의 MANUFACTURE 를 이용해 VENDOR 테이블을 연결하고 있다. 물론 기본키로 연결하기 때문에 나타난 숫자는 인덱스, 테이블 스캔 모두 4,218 이다. 이것은 곧 이 연결을 통해서는 아무 것도 줄여주지 못했음을 의미한다.

(4) 마찬가지 방법으로 DEPT 를 연결하였다. 그러나 (b)를 보면 조인에 최종적으로 성공한 것은 124 개에 불과하다는 것을 알 수 있다. 이것은 바로 DEPT 에 부여한 조건인 LOCATION 으로 인한 것임을 쉽게 알 수 있다. 대부분의 처리가 완료된 후에 버리게 되었다는 것은 이유가 어떠하든 간에 비효율 발생한 것은 틀림없다.

위의 실행계획의 분석을 토대로 앞서 조인순서 결정의 원칙을 적용해 보면서 문제점을 해결해 보기로 하자. 실행계획에서 처리를 한 다음에 체크를 해서 버리게 한 것이 가장 많이 나타난 곳은 ITEM_MOV 의 MOV_DATE 와 DEPT 의 LOCATION 이었다. VENDOR 는 전혀 범위를 줄여주지 못했다는 것도 알 수 있다.

그렇다면 논리적으로 생각했을 때의 가장 이상적인 처리방법은 가장 많은 데이터를 가진 ITEM_MOV 테이블을 가장 먼저 최소의 범위를 만드는 일이다. 이를 위해 가장 많이 범위를 줄여주는 조건인 MOV_DATE 와 LOCATION 이 :b6 를 가진 DEPTNO 가 협력해서 처리할 범위를 최소화 시켜주는 것이다. 물론 전혀 처리범위를 줄여주지 못하는 VENDOR 가 제일 나중에 조인되어야 하는 것은 당연하다. 이제 최적의 처리 순서를 결정해 보자.

결론부터 말한다면 DEPT→ITEM_MOV→ITEM_MST→VENDOR 순으로 처리되는 것이 가장 유리하다. 많은 처리범위를 줄여주었던 LOCATION 이 영향력을 발휘하려면 가장 먼저 액세스하여 해당 DEPTNO 만 ITEM_MOV 에 제공해야 한다. 이때 가장 이상적인 인덱스 구조는 'DEPTNO + PATTERN + MOV_DATE'이다. 이제 이들은 모두 상수값을 가지게 되었고 결합인덱스의 원리에 의해 완벽하게 필요한 범위만 스캔하게 된다.

ITEM_MST 가 세 번째로 연결되어야 하는 이유는 여기서도 일부의 범위가 줄어들기 때문이다. 그러나 이 조인은 ITEM_CD 로만 생성된 기본키로 'UNIQUE SCAN'을 하게 되므로 연결이 된 후에 나머지 조건인 CATEGORY 와 PMA 를 체크할 수 밖에 없다. 물론 이 컬럼들이 ITEM_MST 에 조인 인덱스로 구성되어 있다면 그야말로 최적의 조인이 수행될 수 있을 것이다.

위에서 제시한 액세스 경로는 거기에 합당한 인덱스가 구성되었을 때를 전제로 한 것이다. 인덱스 구조를 여기에 맞도록 조정할 수 있다면 문제가 없겠으나 그렇지 못하다면 또 다른 형태의 액세스 경로가 최적일 수 있다. 가령, DEPTNO + PATTERN + MOV_DTAE 로 인덱스를 구성할 수 없고 PATTERN + MOV_DTAE 로 된 인덱스를 사용할 수 밖에 없다면 이번에는 ITEM_MOV→DEPT→ITEM_MST→VENDOR 순으로 조인이 되는 것이 가장 유리하다.

이처럼 인덱스 구성과 조건의 미묘한 변화에 따라 최적의 처리경로는 달라지기 때문에 옵티마이져는 가끔 바람직하지 못한 처리경로를 선택하는 경우가 적지 않다. 물론 전략적인 인덱스 구성이 되어 있으면 그 적중률은 크게 높아진다. 만약 여러분들이 올바른 처리경로를 판단할 수 있는 능력이 있다면 이러한 경우에 약간의 조치만으로도 획기적인 수행속도의 향상을 유도해 낼 수 있을 것이다.

사실 실전에서 이러한 판단을 내리는 것은 쉽지 않다. 복잡한 조인문인 경우에는 실행계획만 수십 라인에 이르고, SQL 이 워낙 길고 복잡한 경우가 많으므로 잘 다듬어진 이론적 배경을 바탕으로 수많은 경우들에 대한 훈련을 해야만 어느 정도 수준에 도달할 수 있다. 물론 처음에는 쉽지는 않겠지만 참고 꾸준히 정진하다 보면 놀라운 세계를 경험하게 될 것이고, 앞으로 작성하는 모든 SQL에 대한 접근방법이 근본적으로 변하게 될 것이라 확신한다.

지금까지의 설명을 토대로 조인의 순서를 결정하기 위한 구체적인 방법을 알아보기로 하겠다. 아래의 데이터 모델은 상당히 복잡한 관계의 조인을 하고 있는 형태를 예시한 것이다. 사실 어떤 조인 쿼리도 이 범주를 벗어나지 않는다고 보아도 무방하다. 물론 아주 복잡한 쿼리도 있겠지만 전체 쿼리가 아니라 조인의 한 단위만 놓고 보면 결국 이러한 형태를 벗어나지 못한다.

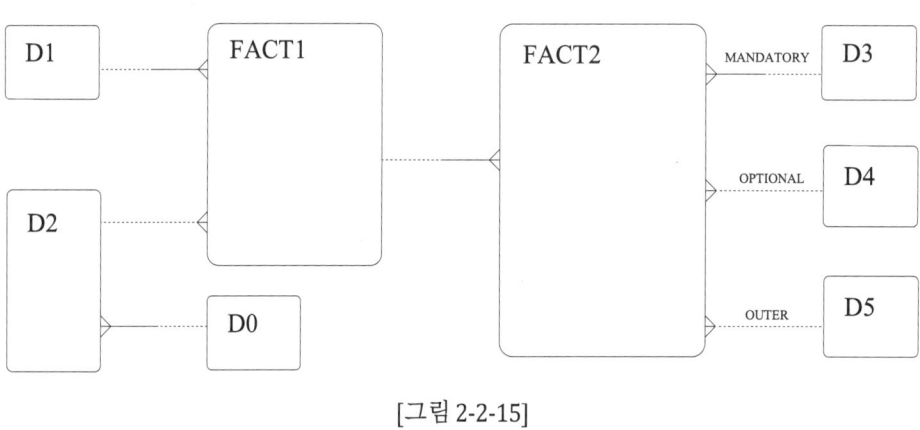

[그림 2-2-15]

위의 그림에 대해 좀더 설명하도록 하겠다. 대부분의 조인쿼리는 몇 개의 트랜잭션 데이터가 들어가 있는 일종의 팩트 테이블이 존재한다. 개념적으로는 하나의 집합이지만 정규화로 인해 이러한 모양이 될 수 있다. 그들의 주변에는 여러 개의 참조 모델들이 관계를 맺게 된다.

그림에도 나타나 있듯이 이러한 참조 모델들은 필수적(Mandatory) 관계를 가지거나, 선택적(Optional) 관계를 가지게 되며, 그 중에서는 아우터 조인으로 연결되기도 한다. 경우에 따라서는 D0 처럼 몇 단계를 걸친 관계의 조인도 발생한다.

조인에 참여하는 테이블들은 연결고리를 가지고 있으며, 경우에 따라 자신의 범위를 줄여 줄 수 있는 상수값으로 비교된 독립적인 조건을 가지기도 한다. 조인의 순서를 결정하기 위해 여러분들이 가장 먼저 해 야할 일은 조인하는 집합 중에서 제일 하위의 집합을 찾아내는 일이다. 위의 그림에서는 바로 FACT2 테이블이라는 것을 금방 알 수 있다.

이 테이블을 기준으로 또 다른 팩트 테이블이 있는지 찾아본다. 그림에서는 FACT1 테이블을 쉽게 찾을 수 있다. 자! 이제 이 두 개의 테이블을 대상으로 그들이 최대한 확보할 수 있는 조건들을 찾아 본다. 처음부터 상수값으로 제공된 조건도 있을 것이고, 연결고리로 비교된 조건도 있을 것이다.

가령, 위의 그림에서라면 FACT1 테이블은 자기에게 부여된 상수조건과 D1, D2, D0 이고, FACT2 테이블은 자기에게 부여된 상수조건과 D3, D4, D5 이다. 이때 D5 와 같은 아우터 조인이 있으면 제외한다. 그 이유는 아우터 조인은 제공자 역할을 할 수 없기 때문이다. 디멘전 테이블 중에서 자신의 조건을 갖지 않는 것도 제외한다. 그것 또한 이미 제공자로서 가치가 없기 때문이다.

이렇게 확보된 모든 조건을 총동원해서 어느 쪽이 보다 처리범위를 많이 줄일 수 있는지 서로 비교해 본다. 대개의 경우 이러한 비교만으로도 유리한 쪽이 어딘지 뚜렷하게 식별된다. 만약 우열을 가릴 수 없다면 Sort Merge 조인이나 해쉬조인으로 수행하는 것이 좋은 경우가 많다.

우열을 가릴 수 없다는 것은 어느 한쪽의 처리 결과를 받아서 처리하지 않더라도 스스로 상당부분 처리범위를 충분히 줄일 수 있다는 뜻이거나, 받아서 처리해도 별로 효과가 없다는 것을 의미한다. 이러한 경우라면 굳이 선행처리 결과를 받아서 랜덤으로 처리하는 Nested Loops 조인으로 처리할 이유가 없다. 물론 부분범위처리를 목적으로 한다면 그렇지 않을 수도 있다.

우열이 가려졌으면 각 테이블이 보유하고 있는 인덱스 구조를 참조하여 다시 한번 평가를 해야 한다. 아무리 많은 조건을 제공 받았더라도 같은 인덱스에 결합되어 있지 않다면 인덱스 머지를 하지 않고서는 그 중 한 가지만 선택되고 나머지는 체크조건 역할만 하게 되기 때문이다.

만약 디멘전 테이블이 먼저 수행된 결과를 제공받는 경우에는 더 큰 제한이 있다. 가령, 수평 관계인 D1 과 D2 가 모두 제공자가 될 수 없기 때문(이것을 가능하게 하려면 뒤에서 설명할 스타조인이 되어야 함)에 이중에서 한 가지만 선택해야 한다. 그러나 수직 관계인

D0 와 D1 을 통해서 제공되는 것은 문제가 되지 않는다.

이 단계에서 현재의 인덱스 구조를 변경해도 좋은지 검토할 필요가 있다. 현실에서는 대개의 경우 모든 액세스 형태를 감안한 전략적인 인덱스 설계가 제대로 되어 있지 않은 경우가 많기 때문에 나중에 문제가 많은 쿼리가 나타났을 때 인덱스 구조 개선을 심도있게 검토할 필요가 있다는 것이다.

이제 인덱스 구조까지 감안하여 평가를 했다면 거의 순서결정의 골격은 잡혔다고 할 수 있다. 사실 WHERE 절에 사용된 조건들은 어떤 수단으로 액세스를 했든지 최종적으로 나타나는 것은 그들을 모두 만족한 결과일 뿐이다. 만약 이 결과가 소량의 집합이 된다면 설혹 이를 최적으로 액세스할 수 있는 적절한 인덱스가 없더라도 선행처리가 되어야 할 충분한 이유가 있다. 그것은 다음 단계의 처리범위를 많이 줄여줄 수 있기 때문이다.

자신은 비록 최적으로 처리범위를 줄이지 못했지만 그 결과가 다른 조인에 좋은 영향을 미칠 수 있다면 선행처리를 할 수도 있다. 이제 우리는 처리범위를 줄일 목표 팩트 테이블이 선정되었고, 만약 이 테이블에 제공자 역할을 할 수 있는 디멘전 테이블이 있다면 그 앞에 위치하게 되었다. 자! 그러면 이제 그 다음 순서가 되어야 할 집합은 어떻게 선정할 것인가?

집합을 증가 시키는 'M' 쪽 집합과의 조인이 남아 있다면 일단 그 집합을 조인하기 전에 남아 있는 연결 가능한 디멘전 테이블과 조인을 우선적으로 검토하는 것이 좋다. 그 중에서도 자신의 범위를 줄여줄 수 있는 조건을 가진 것들이 있다면 보다 많은 양을 줄일 수 있는 것부터 조인을 실시하고, 아우터 조인을 해야 하는 것은 마지막으로 보낸다.

여기까지 순서가 결정되었다면 이제 'M' 쪽 집합을 조인한다. 이 집합까지 액세스한 후에야 조인이 될 수 있는, 즉 남아 있는 디멘전 테이블들의 순서를 결정한다. 이들간의 순서를 결정하는 것도 일단 아우터 조인은 제일 마지막으로 보내고, 가능한 조인한 결과를 체크조건으로 활용하여 조금이라도 줄여줄 수 있는 것들부터 조인을 실시한다.

한 가지 명심해야 할 것은 이러한 순서로 각 단계별 조인을 준비하다가 지금까지 처리된 집합의 결과를 조인하고자 하는 집합에 결과를 제공했을 때 그것을 받는 것이 훨씬 유리하다면 Nested Loops, 그렇지 않으면 Sort Merge 나 해쉬조인으로 해당 조인을 유도해야 한다는 것을 잊지 말기 바란다.

대부분의 어떠한 조인도 이와 같은 방법으로 순서를 결정하면 어렵지 않게 최적의 처리경로를 찾을 수 있을 것이다. 이처럼 언제나 가장 이상적인 조인경로를 발견할 수만 있다면 옵티마이져가 선택한 경로의 문제점을 쉽게 바로잡아 줄 수가 있다. 물론 많은 실전훈련이 필요하겠지만 어느 정도 수준에 도달하기만 한다면 여러분들이 가지고 있는 수많은 조인쿼리를 약간의 조작만으로 획기적인 수행속도의 개선을 얻게 될 수 있을 것이라 확신한다.

최적의 처리경로를 알고 있어도 실행계획을 그렇게 나타나도록 유도하는 것은 처음에는 생각보다 쉽지 않다는 것을 느낄 것이다. 그러나 적절한 힌트를 잘 조합한다거나 인라인뷰를 잘 활용하거나 그래도 안 되면 특정 컬럼의 인덱스 사용을 억제(Suppressing)을 활용하라! 그것도 안 되면 ROWNUM 을 삽입하여 특정 인라인뷰가 먼저 수행되도록 하는 등 갖가지 수단을 동원하면 원하는 실행계획으로 유도할 수 있다.

물론 처음에는 쉽지 않겠지만 꾸준히 훈련을 해보면 요령이 생길 것이다. 어느 정도 지나고 나면 옵티마이져의 특성도 익숙해지게 되고, 마음먹은 대로 실행계획이 생성되는 것을 보면 굉장한 희열을 느낄 수 있을 것이며, 새로운 세계를 만끽하게 될 것이다.

필자는 그 동안 수많은 프로젝트를 해 오면서 많은 사람들이 그렇게 새로운 길을 찾는 것을 정말 많이 보아왔다. 용기와 확신을 가지고 노력해 보기를 진정으로 바란다. 물론 그렇게 되기 위해서는 이 장에서 설명한 내용뿐만 아니라 이 책의 시리즈 전편에 대해 통달하여야만 가능하다는 것을 명심하기 바란다.

2.3.2. Sort Merge 조인

Nested Loops 조인처럼 각각의 연결할 대상에 대해 일일이 랜덤 액세스를 하지 않으려면 어떻게 하는 방법이 있을까? 조인할 집합의 대응되는 대상은 서로 알 수 없는 임의의 장소에 위치하고 있다. 이것을 연결 가능하게 하는 방법은 서로 사전 작업을 통해 연결할 수 있는 모습으로 다시 배치를 하게 해야 한다. 여기서 연결을 할 수 있도록 사전에 하는 재배치를 정렬(Sort) 방식으로 하여, 이들을 서로 연결(Merge)하는 방식이 바로 Sort Merge 조인이다.

이 조인은 정렬을 해야 한다는 부담을 무시하고 생각해 보면 랜덤 액세스를 하지 않고 정렬된 집합을 스캔해 가면서 머지를 하기 때문에 연결을 하는 속도는 매우 빠르다. 문제는 결국 정렬작업에 대한 부담에 달려있다. 보다 상세한 내용을 살펴보기 위해 상세한 절차를 그림으로 나타내 보자.

Nested Loops 조인의 예와 동일한 SQL 을 Sort Merge 조인으로 수행시켜 보자.

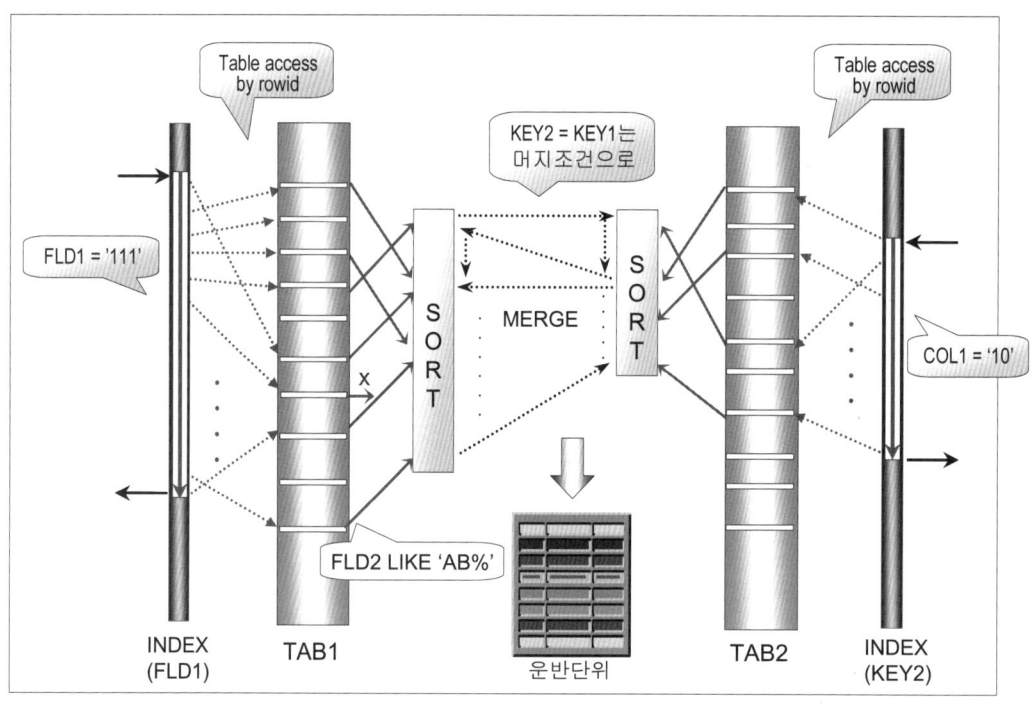

[그림 2-2-16]

1) TAB1 은 FLD1 인덱스를 경유하여 FLD1 = '111'인 범위를 차례로 액세스한 후 체크조건인 FLD2

LIKE 'AB%'를 적용하고 성공한 것들에 대해서만 연결고리인 KEY1 의 값으로 정렬해 둔다.
2) TAB2 도 COL1 인덱스를 경유하여 COL1 = '10'인 범위를 차례로 액세스하고, 연결고리인 KEY2 의 값으로 정렬해 둔다. 이때 TAB2 에는 체크조건이 존재하지 않으므로 액세스한 모든 것에 대해 정렬이 수행된다.
3) 두 개의 정렬된 결과를 스캔하면서 KEY1 = KEY2 를 만족하는 로우를 찾도록 머지하여 운반단위가 채워지면 추출한다. 여기서 말하는 머지란 정렬된 양쪽 값을 서로 비교하며 스캔해 내려가다가 다른 쪽 값이 비교할 값보다 커지면 멈추고, 그 커진 값과 반대편 값을 비교하여 다시 내려가는 방식으로 진행된다. 이 방식은 정렬해 둔 결과를 스캔하면서 연결되므로 연결작업에는 랜덤 액세스가 발생하지 않는다.

이 조인이 사용한 인덱스를 확인해 보면 Nested Loops 조인 때와는 다르다는 것을 알 수 있다. 각각의 컬럼에 인덱스가 있다고 하더라도 사용된 인덱스를 살펴보면 TAB1 은 FLD1 인덱스만 사용되었으며, TAB2 는 COL1 인덱스만 사용되었다. 연결고리인 KEY1, KEY2 의 인덱스는 전혀 사용되지 않았고 단지 머지의 조건으로만 사용되었음을 알 수 있다. 이를 바탕으로 Sort Merge 조인의 특징과 사용기준을 좀더 구체적으로 살펴보기로 하자.

가) Sort Merge 조인의 특징

1) 동시적으로 처리된다. 조인 대상 집합은 각자가 상대 집합의 처리결과와 상관없이 자신이 보유한 처리조건만 가지고 액세스하여 정렬해 둔다. 양쪽 집합이 모두 준비가 완료되어야만 머지를 시작할 수 있으므로 순차적인 처리가 불가능하다. (동시적)
2) 각 집합이 준비작업을 할 때 다른 집합에서 처리한 결과를 제공받지 않는다. 즉, 자신에게 주어진 상수값에 의해서만 범위를 줄인다. 사실은 약간의 예외사항이 있는데 뒤에서 별도로 설명하겠다. (독립적)
3) 정렬 준비가 완료된 후에라야 조인을 시작할 수 있으므로 원초적으로 부분범위처리를 할 수 없어 항상 전체범위처리를 한다. (전체범위 처리)
4) 주로 스캔방식으로 처리된다. 각자의 처리범위를 줄이기 위해서 인덱스를 사용하는 경우만 랜덤 액세스가 발생할 수 있으나, 연결하는 머지작업은 스캔방식이다. (스캔 방식)

5) 주어진 조건에 있는 모든 컬럼들이 인덱스를 가지고 있더라도 모두가 사용되는 것은 아니다. 연결고리가 되는 컬럼은 인덱스를 전혀 사용하지 않는다.(선택적)

6) 조인의 방향과는 거의 무관하다. (무방향성)

7) 스스로 자신의 처리범위를 줄이기 위해 사용되는 인덱스는 대개 가장 유리한 한 가지만 사용된다. 그러나 그 외의 조건들은 비록 인덱스를 사용하지 못하더라도 머지할 작업대상을 줄여 주기 때문에 중요한 의미를 가진다.(Nested Loops 조인과 비교해 볼 것)

여기서 한 가지 짚고 넘어가야 할 중요한 것이 있다. 그것은 과연 Sort Merge 조인에서 선행된 집합의 처리결과를 활용할 수 있는 방법이 없느냐 하는 것이다. 머지를 하려면 두 집합이 모두 정렬된 다음에 할 수 밖에 없지만 이 작업을 준비하는 과정은 어차피 하나씩 하게 된다. 이때 먼저 수행된 작업의 처리결과는 어떤 의미를 가지고 있을까?

연결고리로 정렬을 하기 때문에 정렬이 완료되고 나면 최소값과 최대값을 얻을 수 있다. 만약 이퀄(=)조인을 한다면 다음에 준비할 집합의 연결고리 값들 중에서 어차피 이 범위를 넘어서는 것들은 조인에 실패할 것들이다. 그렇다면 두 번째로 준비하는 집합에는 SQL 문에서 부여한 조건 외에도 선행 처리 결과에서 얻은 최소, 최대값이 추가로 체크조건 역할을 할 수 있다.

이것은 논리적으로는 분명히 가능한 일이다. 문제는 옵티마이져가 그러한 실행계획을 수립하였느냐에 있다. 그러나 이 책은 특정 DBMS의 특정 버전에 대해 설명하자는 것이 아니므로 이러한 실행계획이 수립 여부를 구체적으로 명시하지는 않겠다. 이러한 부분을 확인하는 방법은 실행계획에서 두 집합의 순서가 바뀌도록 한 후에 수행시간을 비교해 보면 어렵지 않게 확인할 수 있다.

물론 판단을 명확하게 하기 위하여 한쪽은 대량의 데이터를, 다른 한쪽은 소량의 데이터를 가지고 테스트 하는 것이 좋으며, 일부러 최대, 최소값을 조정해 보는 것도 좋은 방법일 것이다. 만약 이러한 효과가 나타난다면 여러분은 Sort Merge 조인을 할 때도 처리범위를 먼저 줄여줄 수 있는 집합, 소량의 데이터를 가진 집합이 먼저 정렬을 수행하는 실행계획이 수립되도록 하는 것이 바람직하다.

그러나 이러한 효과를 얻기 위해서는 어느 한쪽 집합의 정렬이 끝난 다음에 다음 집합의 처리를 하기 때문에 가능한 것이므로 두 집합이 서로 독립적으로 처리하게 된다면 불가능한 일이다.

　물론 병렬처리라는 것이 양쪽 집합을 독립적으로 처리한다는 의미는 아니다. 각각을 처리하는 프로세스를 병렬로 처리한다는 뜻일 뿐이다. 그러므로 비록 병렬로 이 조인을 수행시켰다 하더라도 어느 한쪽이 완료된 후 그 결과를 받아서 다른 쪽을 처리하는 절차로 수행하도록 옵티마이져가 실행계획을 수립하는지 확인해 볼 필요가 있다. 이러한 문제는 해쉬 조인에서도 유사하게 나타날 수 있다. 해쉬 조인의 실행 순서를 바꾸어 보아 과연 수행속도에 차이가 나는지 확인해 보기 바란다.

　지금까지 설명한 것을 토대로 Sort Merge 조인의 적용 기준에 대해 정의해 보자.

나) Sort Merge 조인의 적용기준

1) 어차피 전체범위 처리를 할 수밖에 없는 프로세싱에서 검토될 수 있다.

2) 상대방 테이블에서 어떤 상수값을 받지 않고서도 충분히 처리범위를 줄일 수 있다면 상당한 효과를 기대할 수 있다. 상수값을 받아 처리를 했을 때와 스스로 처리범위를 줄여서 처리했을 때를 비교해 보아 상수값을 받더라도 범위를 크게 줄여주지 못한다면 이 조인이 일반적으로 유리하다. 그러나 부분범위처리가 되는 경우라면 전혀 달라질 수 있다. 이런 경우는 처리할 전체범위를 대상으로 비교하지 말고, 첫 번째 운반단위에 도달하기 위해 액세스하는 범위에 대해서만 판단해야 한다.

3) 주로 처리량이 많으면서 항상 전체범위 처리를 해야 하는 경우에 유리해진다. 그 이유는 처리방식이 주로 스캔방식이므로 많은 양의 랜덤 액세스를 줄일 수가 있기 때문이다.

4) 연결고리 이상 상태에 영향을 받지 않으므로 연결고리를 위한 인덱스를 생성할 필요가 없을 때 매우 유용하게 사용할 수 있다.

5) 스스로 자신의 처리범위를 어떻게 줄일 수 있느냐가 수행속도에 많은 영향을 미치므로 보다 효율적으로 액세스할 수 있는 인덱스 구성이 중요하다.

6) 전체범위처리를 하므로 운반단위의 크기가 수행속도에 영향을 미치지 않는다. 가능한 운반단위를 크게 하는 것이 패치(Fetch) 횟수를 줄여준다. 물론 지나치게 큰 운반단위는 시스템에 나쁜 영향을 미친다.

7) 처리할 데이터 량이 적은 온라인 애플리케이션에서는 Nested Loops 조인이 유리한 경우가 많으

므로 함부로 Sort Merge 조인을 사용하지 말아야 한다.

8) 옵티마이져 목표(Goal)가 'ALL_ROWS'인 경우는 자주 Sort Merge 조인이나 해쉬조인으로 실행계획이 수립되므로 부분범위 처리를 하고자 한다면 이 옵티마이져 목표가 어떻게 지정되어 있는지에 주의하여야 한다.

9) 충분한 메모리 활용이 가능하고, 병렬처리를 통해 빠르게 정렬작업을 할 수 있다면 대량의 데이터 조인에 매우 유용하게 적용할 수 있다.

이 방식의 가장 큰 특징은 상대방에게 아무런 값도 받지 않고 자신이 가지고 있는 조건만으로 처리범위가 정해지며, 랜덤 액세스를 줄일 수는 있으나 항상 전체범위처리를 한다는 것이다.

데이터의 처리량이 매우 많은 경우라면 어떤 방식의 조인으로 실행되었느냐에 따라 수행속도에 미치는 영향은 아주 크다는 사실을 명심해야 한다. 대량의 처리범위를 조인시키고자 하는 경우에는 가장 먼저 어떤 방식으로 처리하게 할 것이냐를 결정해야 한다.

최적의 액세스 경로를 낼 수 있도록 인덱스 환경이 조성되어 있는지, 과연 옵티마이져가 원하는 액세스 경로로 실행계획을 수립하는지, 적절한 조치를 취해야 할 것은 없는지 등을 확인하여 사용하여야 할 것이다.

이상으로 전통적이면서 가장 일반적인 두 가지 조인에 대해서 상세하게 살펴보았다. 여러분이 이처럼 뚜렷한 장·단점이 있는 조인방식에 대한 확실한 이해가 선결되지 않으면 앞으로 많은 부분에서 판단이 분명해질 수 없다. 그런 의미에서 이 두 조인의 개념의 차이를 보다 분명하게 하기 위해서 좀더 극단적인 상황을 만들어 설명하기로 하겠다.

2.3.3. Nested Loops 조인과 Sort Merge 조인의 비교

두 가지 조인방식의 차이를 좀 더 분명하게 하기 위해서 앞서 예를 들었던 SQL 에서 다음과 같이 어느 한쪽의 조건을 없앤다면 어떠한 차이가 발생하는지를 살펴보자.

```
SELECT a.FLD1, .........., b.COL1 ..........
FROM   TAB1 a,  TAB2 b
WHERE a.KEY1 = b.KEY2
  AND a.FLD1 = '111'
  AND a.FLD2 like 'AB%'
  AND b.COL1 = '10'     ← 삭제
```

먼저, Nested Loops 조인으로 수행했을 때의 처리절차를 다음 그림을 통해 알아보기로 한다.

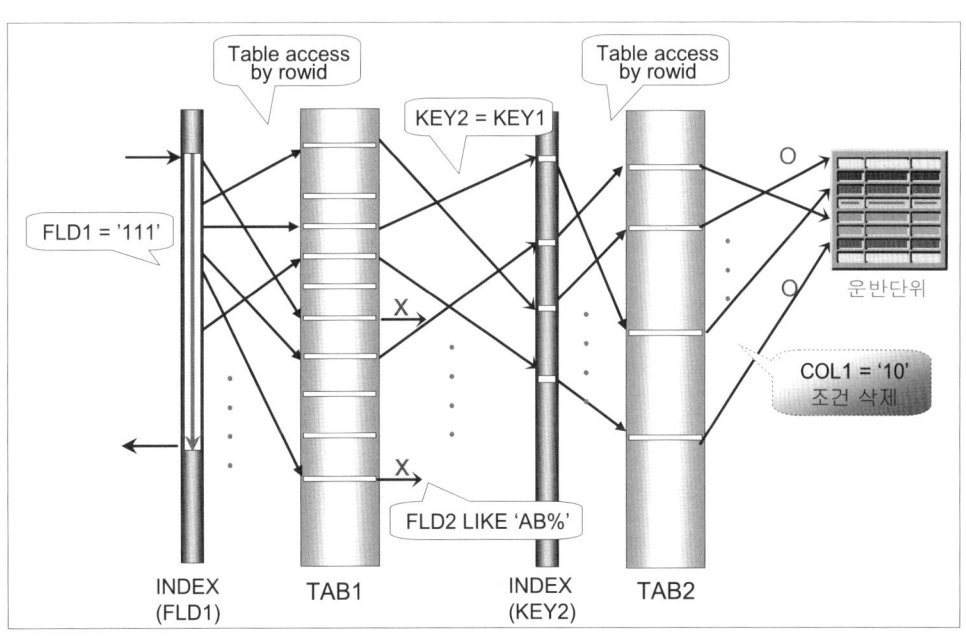

[그림 2-2-17]

위의 그림의 수행절차는 앞서 소개했던 Nested Loops 조인에서와 거의 동일하므로 각각의 단계별 상세 설명은 하지 않기로 하겠다. 다만 우리가 삭제한 조건인 TAB2 의 COL1 = '10'인 조건이 빠짐으로써 발생한 차이만 살펴보도록 하자.

이 조건이 수행했던 일은 모든 조인이 완료된 다음 단지 최종적으로 체크하는 역할을 했을 뿐이다. 이 체크 기능이 없어짐으로써 달라진 일은 성공한 결과가 늘어났다는 것과 보다 빨리 운반단위를 채울 수 있게 되었음을 의미한다. 체크기능이 많은 것을 걸러내었던, 그렇지 않았던 일의 양에는 차이가 없다고 했다. 만약 부분범위 처리가 목표였다면 오히려 더 빨리 첫 번째 운반단위가 리턴된다. 물론 조인이 반대 방향으로 수행된다면 처리해야 할 일의 양은 크게 늘어난다.

이와 같이 Nested Loops 조인에서는 어느 한쪽의 조건이 없어지더라도 영향을 크게 받지 않을 수도 있으며, 경우에 따라서는 오히려 유리해질 수도 있다는 것을 알았다. 그러면 이번에는 동일한 SQL 을 Sort Merge 조인으로 수행시켰을 때는 어떤 차이를 내는지 알아보기로 하자.

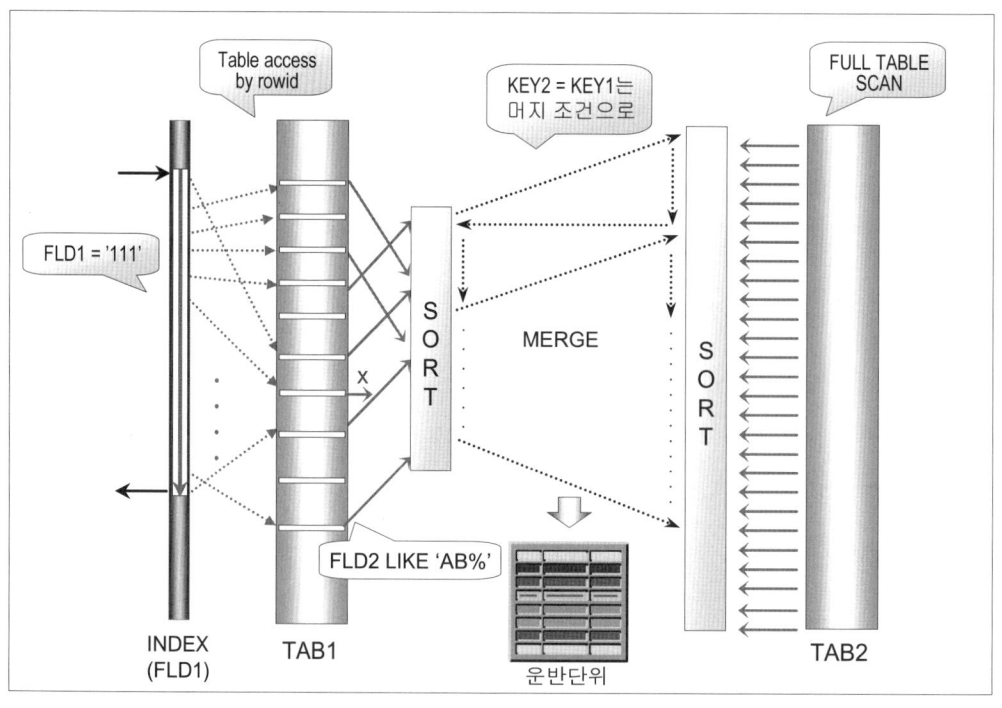

[그림 2-2-18]

위의 그림의 수행절차도 앞서 소개했던 Sort Merge 조인에서와 거의 동일하므로 단계별 상세 설명은 하지 않기로 하겠다. 여기서도 우리가 삭제한 조건인 TAB2 의 COL1 = '10' 인 조건이 빠짐으로써 발생한 차이만 살펴보도록 하자.

앞서 이 조건이 수행했던 일은 TAB2 의 처리범위를 줄여 주는 중요한 역할을 했었지만 이 조건이 없어짐으로써 이제 TAB2 는 전체 테이블을 모두 스캔하게 되었다. 뿐만 아니라 부담이 되는 정렬의 범위가 크게 늘어 났으며 머지할 양도 크게 증가했다.

이와 같이 한쪽에 조건을 삭제해 보았더니 Nested Loops 조인은 거의 영향을 받지 않았으나 Sort Merge 조인은 엄청난 일의 증가를 가져왔다. 이런 경우는 당연히 Nested Loops 조인이 유리하다. 그것은 선행 테이블인 TAB1 에서 상수값을 받았을 때의 TAB2 의 처리범위보다 받지 않았을 때의 처리범위(전체테이블 스캔)가 훨씬 많아졌기 때문이다. 이처럼 상황에 따라 조인 방식의 참으로 커다란 차이를 가져오게 된다는 것을 알 수 있다.

사실 앞에서 들었던 SQL 은 부분범위 처리가 되는 경우였기 때문에 첫 번째 운반단위가 리턴되는 시간은 실제로 수 백배의 차이가 날 것이다. 사연을 모르는 사람이 결과만 두고 보았다면 실로 엄청난 마술처럼 보였을 수도 있지 않겠는가?

이번에는 좀 더 확실한 차이를 알아보기 위해 양쪽 모두에 조건이 없는, 즉 전체 테이블 모두를 조인하는 예를 한번 더 들어보자. 여기서는 전체범위 처리를 하는 경우를 만들어 보자.

```
SELECT  a.FLD1, ............. , b.COL1 .............
FROM    TAB1 a, TAB2 b
WHERE   a.KEY1 = b.KEY2
ORDER BY a.FLD5, b.COL5;
```

이 SQL 은 ORDER BY 를 하였으므로 전체범위처리를 하게 될 것이다. 만약 전체범위처리를 하지 않는 경우라면 다음에 설명하는 내용은 전혀 달라질 수가 있다. 먼저, 이와 같은 SQL 이 전체범위처리를 Nested Loops 조인으로 수행했을 때 처리되는 절차를 다음 그림을 통해 알아보기로 하자.

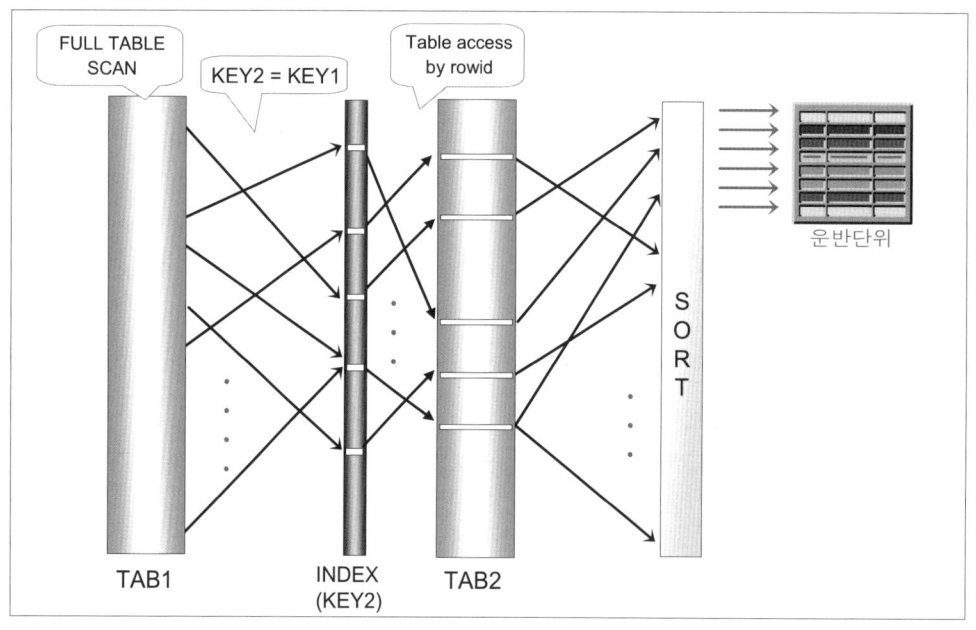

[그림 2-2-19]

조인되는 양쪽에 모두 조건이 없으므로 어느 한쪽(여기서는 TAB1 로 가정함)이 먼저 전체 테이블을 스캔한다. 읽혀진 KEY1 의 상수값에 대응되는 로우를 KEY2 인덱스에서 찾아 ROWID 로 TAB2 의 해당 로우를 액세스한다. 이 처리방식은 선행 테이블이 전체 테이블을 스캔하므로 전체 테이블을 대상으로 랜덤 액세스가 발생한다.

TAB1 의 입장에서 보면 테이블 전체의 로우를 대상으로 TAB2 와 랜덤 액세스를 시도 했고, TAB2 의 입장에서 보면 랜덤 액세스로 읽혀진 로우가 손익분기점을 훨씬 넘었음을 알 수 있다. 물론 경우에 따라서 특정 로우들만 집중적으로 액세스 되었을 수 있겠지만 어쨌든 수많은 랜덤 액세스가 발생하였다. 이와 같이 전체 테이블에 대한 Nested Loops 조인에서는 대량의 랜덤 액세스를 피할 수 없다.

그러나 만약 위의 SQL 에서 ORDER BY 를 사용하지 않았다면 전혀 다른 상황이 발생한다. 이 SQL 은 부분범위처리를 하게 되므로 전체테이블 스캔 방식으로 TAB1 이 하나씩 읽혀지고 각각의 로우에 대해 KEY2 인덱스를 이용하여 TAB2 가 액세스된다. 연결된 모든 로우는 조건을 만족하므로 즉시 운반단위에 채워지고 운반단위에 도달하면 데이터를 추출하고 수행을 멈춘다.

그러므로 비록 전체 테이블에 대해 Nested Loops 방식으로 조인이 수행되었더라도 부분범위처리 방식으로 처리되면 아주 빠른 수행속도를 보장받을 수 있는 것이다. 이처럼 부분범위 처리는 전체범위 처리에서는 최악의 상황이었던 것이 갑자기 최선의 실행계획으로 돌변할 수 있는 마력을 가지고 있다.

이번에는 동일한 SQL 을 Sort Merge 조인으로 수행시켰을 때는 어떤 차이를 내는지 알아보기로 하자.

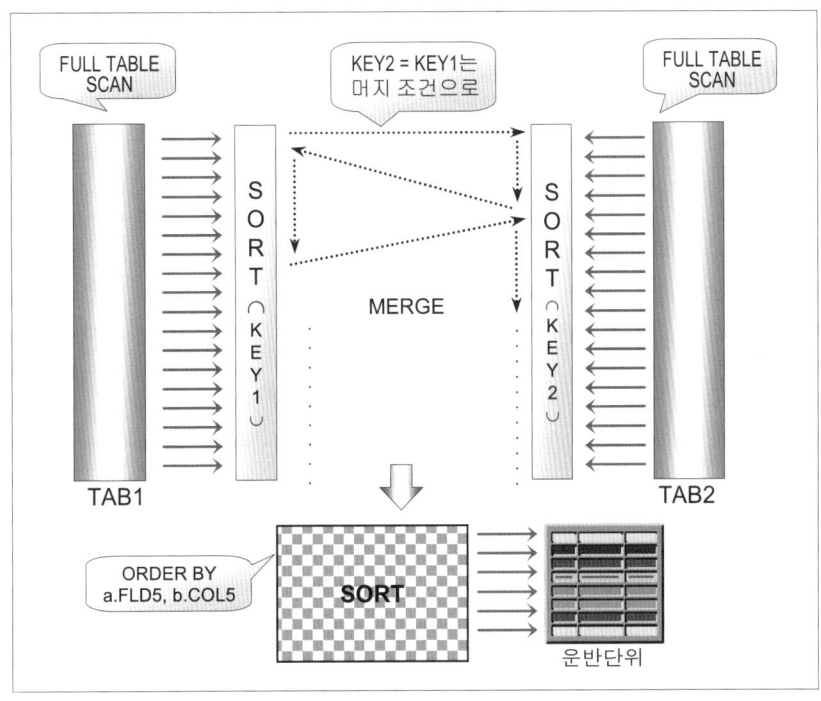

[그림 2-2-20]

조인되는 양쪽에 모두 조건이 없으므로 각각의 테이블마다 전체 테이블을 스캔하여 연결고리가 되는 컬럼으로 정렬한 후 머지한다. 어차피 전체 테이블을 조인해야 한다면 랜덤으로 전체 테이블을 액세스하는 것보다는 스캔방식으로 전체 테이블을 액세스하는 것이 당연히 유리하다. 이와 같이 전체 테이블에 대한 Sort Merge 조인에서는 대량의 랜덤 액세스를 피할 수 있으므로 Nested Loops 조인에 비해 훨씬 더 유리해진다.

Sort Merge 조인에서 가장 중요한 것은 정렬작업이 얼마나 최적화 되었느냐에 있다. 정렬 작업이 수행속도에 가장 많은 영향을 미치는 것은 역시 메모리 내에서 얼마나 많은 정렬작업을 수행하는가에 관련이 있다. 메모리 내 정렬영역(Sort_area_size)의 크기가 적으면 정렬작업에 대한 부하로 인해 오히려 Nested Loops 조인보다 더 늦어질 수도 있다. 만약 아주 많은 데이터를 처리해야 하는 배치처리 애플리케이션이 있다면 야간에 정렬 영역을 증가시킨 다음 작업을 수행하는 것도 좋은 방법이 될 것이다.

2.3.4. 해쉬(Hash) 조인

전통적인 조인방식인 Nested Loops 방식과 Sort Merge 방식은 장·단점이 매우 대조적이어서 서로의 단점을 보완해 주는 대체 수단으로서 활용되어 왔다. 모름지기 어떤 문제점이 중대 사안으로 부각되는 경우는 거기에 따른 손실이나 부담이 얼마나 큰 영향을 미치고 있느냐에 달려 있을 것이다.

영향을 적게 미치는 소량의 처리보다는 대량의 데이터를 처리하는 경우가 문제를 일으킬 가능성이 훨씬 높다. 주로 소량의 특정 범위를 조인하는 용도로 활용하는 Nested Loops 조인은 처리범위만 지나치게 넓지 않다면 간단한 방법만으로도 충분히 해결이 가능하나 대량의 범위를 처리할 때는 그리 녹록하지 않다. 만약 믿었던 Sort Merge 방식으로도 해결이 어렵다고 한다면 그 영향은 시스템 전체에 중대한 문제를 일으킬 수도 있다.

보다 직설적으로 말한다면, 데이터 처리 범위가 날이 갈수록 초대형으로 증가하면서 이제 많은 부분에서 Sort Merge 가 더 이상의 대안이 될 수 없는 지경에 이르렀다는 것이다. 이에 대한 해결책이 필연적으로 요구되었고, 거기에 부응해서 나타난 솔루션이 바로 해쉬 조인이라고 할 수 있다. 해쉬 조인은 대용량 처리의 선결조건인 랜덤과 정렬에 대한 부담을 해결할 수 있는 대안으로서 등장하게 되었다.

그렇다면 우리가 가장 먼저 이해해야 할 것은 해쉬 조인의 구체적인 절차가 아니라 랜덤과 정렬의 부담에서 벗어날 수 있게 되는 원리가 될 것이다. 랜덤의 부담은 최악의 경우 하나의 로우를 액세스하기 위해 한 블록씩 액세스를 해야 하고, 그 블록이 아직 디스크에 위치하고 있을 수도 있다는 점이다. 정렬의 부담은 정렬처리 그 자체의 부담이라기 보다는 메모리 내에 지정한 정렬영역보다 정렬할 크기가 지나치게 큰 경우에 발생하는 기하급수적인 부담을 말한다.

물론 이런 문제는 초대용량 데이터가 아니라면 클러스터링 팩터를 향상시킨다든지, 정렬영역을 늘여 주는 방법으로 상당한 효과를 얻을 수도 있다. 그러나 초대량 데이터라면 이미 그러한 방법으로서는 도저히 버틸 수 없게 된다는 데 문제의 심각성이 있다. 랜덤 방식은 한번의 처리에 대한 부담이 커서 티끌 모아 태산이 될 수 있다는 문제가 있고, 정렬은 정렬영역의 일정 배수 이상에 이르면 실로 엄청난 비효율이 발생한다는 본질적인 한계가 존재한다.

그렇다면 우리의 요구는 바로 랜덤 액세스에 비해 현저하게 건당 연결비용이 적어야 하며, 데이터 량의 증가에 대해 극단적인 상승곡선이 나타나지 않아야 한다는 것으로 집약될 수 있겠다. 해쉬 조인은 바로 이러한 점에서 커다란 강점을 가지고 있다. 해쉬 조인이 이러한 면에서 강점을 가지는 이유는 연결행위마다 인덱스를 경유하여 랜덤을 하지 않고 해쉬함수를 이용한 연결을 한다는 점과 파티션(Partition) 단위로 처리하기 때문에 대량의 처리에도 수행속도가 급격히 상승하지 않는다는 것에 있다.

해쉬 조인의 가장 기본적인 원리는 해쉬함수를 활용하는데 있다. 원래 수학에서 말하는 함수란 어떤 값을 대입하면 어떤 연산을 처리하여 결과값을 리턴하는 것이다. 이와 마찬가지로 데이터의 컬럼에 있는 상수값을 입력으로 받아 '위치값'을 리턴하는 것을 해쉬함수라고 이해하면 된다.

해쉬 기능을 활용하는 것을 해싱(Hashing)이라고 부르는데 이것은 하나의 문자열을 원래의 것을 대신하는 보다 짧은 길이의 값이나 키로 변환하는 것이다. 짧은 해쉬키를 사용하여 항목을 찾는다면 원래의 값을 이용하여 찾는 것보다 유리하기 때문에, 해싱은 데이터베이스 내의 항목들을 색인하고 검색하는데 주로 사용된다.

해쉬 조인은 이러한 해싱기법을 이용하여 액세스한 값에 따라 위치할 파티션을 결정하거나 해쉬테이블을 만들어 연결처리를 하는데 적용한다. 해쉬 조인을 이해하기 위해서 먼저 중요한 용어에 대한 간단한 개념과 설명이 필요할 것이다.

✧ 해쉬 영역(Hash Area)

해쉬 영역이란 해쉬 조인을 수행하기 위해 메모리 내에 만들어진 영역을 말한다. 이 영역은 비트맵 벡터와 해쉬 테이블, 그리고 파티션 테이블 영역으로 구성되어 있다. 바로 이어서 설명하겠지만, 비트맵 벡터는 먼저 액세스 하는 빌드입력의 유일한 값을 생성해 두었다가 나중에 검색하는 검색입력을 필터링하는데 사용한다.

해쉬 테이블에는 파티션들의 위치정보(Address)를 가지고 있으며 조인의 연결 작업을 수행할 때나 디스크에 내려가 있는 파티션 짝들을 찾는데 사용된다. 파티션 테이블에는 여러 개의 파티션이 존재하며, 조인할 집합의 실제 로우들을 가지고 있는 영역이다.

해쉬 영역이 부족하면 디스크를 사용할 수 밖에 없어 수행속도에 지대한 영향을 미치게 되므로 해쉬영역크기를 적절하게 지정하는 것은 매우 중요하다.

✧ 파티션(Partition)

파티션이란 파티션을 결정하기 위해 수행하는 첫 번째 해쉬함수가 리턴한 동일한 해쉬값을 갖는 묶음을 말한다. 즉, 동일한 해쉬값을 가진 로우들의 버켓(Bucket)을 말한다. 특히 빌드입력이 인-메모리에서 작업이 불가능하면 반드시 파티션으로 나뉘어져야 한다. 이렇게 만들어진 파티션 수를 팬아웃(Fan-out)이라 부른다.

하나의 파티션은 여러 개의 클러스터로 분리된다. 2차 해슁을 하면 저장할 클러스터의 위치가 결정되며, 이 단위는 I/O의 단위가 될 뿐만 아니라 검색의 단위로도 활용된다. 파티션 수를 많게 하면 – 즉, 팬아웃을 크게 하면 – 적은 크기의 많은 파티션이 생성되기 때문에 비효율적인 I/O가 발생할 수 있다. 반대로 너무 적게 하면, 지나치게 큰 파티션이 생성되어 해쉬영역과 맞지 않을 수도 있으므로 이에 대한 결정은 해쉬 조인의 효율에 큰 영향을 미친다.

✧ 클러스터(Cluster)

파티션은 적지 않은 크기로 되어 있기 때문에 이를 다시 클러스터(Cluster) 단위로 분할한다. 이 클러스터는 연속된 블록으로 되어 있으며 디스크와 I/O를 하는 단위가 된다. 물론 주어진 파라메터(Hash_multiblock_io_count)에 의해 동시에 I/O 하는 양이 결정된다.

여기서 말하는 클러스터는 오라클의 클러스터링 테이블을 적용할 때 나타나는 클러스터와 개념적으로는 유사한 면이 있다. 특히 해쉬 클러스터링을 했을 때와 매우 유사한 형태로 이해하는 것이 좋다. 해쉬 클러스터링을 했을 때는 해쉬함수에서 생성된 값이 같으면 동일한 클러스터에 저장되고, 이를 검색할 때는 해쉬값으로 해당 클러스터를 찾아 클러스터를 스캔하면서 원하는 로우를 찾는다. 해쉬조인에서는 이와 매우 유사하게 해쉬 테이블을 만들어 해당 클러스터를 찾고 클러스터를 스캔하여 원하는 로우와 연결하게 된다.

이 클러스터를 슬롯(Slot)이라고도 부르며, 마치 캐비닛을 파티션이라고 한다면 슬롯은 서랍이라고 생각하면 이해가 빠를 것이다. 우리가 물건을 찾을 때도 먼저 캐비닛을 결정한 다음 해당 서랍을 열어서 물건을 꺼내는 것과 매우 유사하다고 하겠다.

✧ 빌드입력(Build Input)과 검색입력(Prove Input)

조인을 위해 먼저 액세스하여 필요한 준비를 해두는 처리를 빌드입력이라 하며, 나중에 액세스하면서 조인을 수행하는 처리를 검증 혹은 검색입력이라고 한다. 조인 대상 집합이 이 중에서 어느 역할을 담당했느냐에 따라서 처리 방법이나 수행속도에 많은 차이가 날 수 있다.

물론 그 원인과 원리는 상세한 내부 처리 절차를 언급하면서 설명하기로 한다. 파티션이란 조인 연결고리에 대해 동일한 해쉬값을 갖는 묶음이라고 정의할 수 있다. 동일한 파티션에 위치하게 된다는 것은 나중에 구체적인 연결을 하는 연결처리 단위가 된다는 것을 의미한다.

✧ 인-메모리(In-memory) 해쉬조인과 유예 해쉬조인

해쉬 조인에서는 전체 빌드입력이 해쉬영역(Hash_area_size) 보다 적은 경우와 그렇지 않은 경우에 따라 처리 방식에 큰 차이가 있다. 그러므로 무조건 적은 집합을 가진 것이 빌드입력이 되도록 해야 함은 당연하다.

그러나 실전에서 아무리 적은 집합을 선택하고, 해쉬영역을 최대한 크게 한다고 해도 대량의 처리를 하게 되면 반드시 한계가 있기 마련이다. 빌드입력이 해쉬영역에 모두 위치할 수 있는 때는 인-메모리(In-memory) 해쉬조인을 수행하게 되고, 그렇지 못한 경우에는 유예 해쉬조인을 수행하게 된다.

유예 해쉬 조인은 먼저 전체를 빌드입력과 검색입력을 수행하여 여러 개의 파티션에 분할하고, 해쉬영역을 초과할 때마다 임시 세그먼트(Temporary segment)에 파티션을 저장한다. 해쉬 함수를 이용하여 파티션 하게 되면 각 조인 대상이 동일한 파티션에 위치하는 것이 보장되므로 각 파티션 별로 다시 빌드입력과 검색입력이 동적으로 결정되어 보다 효율적인 연결작업을 수행하게 된다.

✧ 비트맵 벡터(Bitmap Vector)

해쉬 조인을 이해하기 위해서는 또 한 가지 중요한 개념을 알고 있어야 한다. 그것은 바로 '비트맵 백터'라는 것이다. 이것은 빌드입력에 대해 파티션을 구하는 작업 중에 생성되며, 빌드입력값들에 대한 유일한 값(Unique Column Value)을 메모리 내의 해쉬영역에 정의

하는 것을 말한다. 이 값들은 장차 검색입력의 파티션 생성 작업 시에 필터링(Filtering)을 하는데 사용한다.

해쉬영역에 만들어지는 비트맵 벡터는 빌드입력의 전체 집합에 대해서 생성된다. 즉, 처리대상이 커서 해쉬영역을 초과하여 임시 세그먼트에 저장하게 되더라도 처리할 빌드 입력의 모든 집합에 대해 조인 종료 시까지 유지된다.

검색입력에서 액세스한 것이 어차피 빌드입력에 존재하지 않는다면 굳이 파티션에 위치시킬 필요조차 없기 때문에 이를 필터링 하는 중요한 역할을 하게 된다. 이 작업은 파티션을 결정하기 위해 해쉬함수를 적용하기 전에 수행하여 불필요한 대상들을 걸러내므로 실제 조인에 참여할 대상을 경우에 따라 크게 감소시킬 수 있다. 일반적으로 이 영역은 메모리에 정의하는 해쉬영역의 5%로 생성된다.

✧ 해쉬 테이블(Hash Table)

이번에는 '해쉬 테이블'에 대해서 알아보자. 이 테이블은 메모리 내에 만들어지며, 최종적으로 조인의 연결작업에서 대응되는 로우를 찾기 위한 해쉬 인덱스로 사용된다. 마치 Nested Loops 조인에서 나중에 대응되는 로우를 인덱스에서 찾는 것과 유사하지만 물리적인 인덱스가 미리 생성되는 것이 아니라 조인을 수행할 때 임시적으로 생성된다는 것이 다른 점이다. 물론 그 인덱스 구조는 해싱을 활용하는 방법이다.

일반 인덱스에서 인덱스 컬럼값과 ROWID를 가지고 있는 것과 유사하게 해쉬 테이블은 해쉬키값과 해쉬 클러스터의 주소(Address)를 가지고 있다. 일반적인 인덱스는 테이블의 로우만큼의 인덱스 로우를 가지고 있지만 해쉬 테이블에는 실제 테이블의 로우 별로 인덱스를 가지고 있지는 않는다. 이는 마치 해쉬 클러스터링 테이블에서 해쉬 클러스터로 액세스 하는 것과 유사한 개념이다.

데이터가 각 파티션에 해쉬 클러스터 개념으로 저장되어 있으므로 연결작업을 시도할 때 검색입력에 있는 연결고리 값으로 해쉬키 값을 찾고, 거기에 있는 클러스터 주소를 이용해 해당 클러스터를 찾아 스캔하면서 연결을 수행한다.

얼핏 생각하면 기본키로 연결하는 것에 비해 부담이 된다고 생각할 수도 있겠지만 전혀 그렇지 않다. 일반적인 인덱스 연결은 최악의 경우 하나의 연결을 위해 한 블록이 액세스 될 수도 있다. 그러나 해쉬 조인의 연결에서는 파티션 짝(Pair)들간에는 연결에 필요한 데이터가 100% 존재하는 것이 보장되기 때문에 메모리 내에서 해쉬를 적용하여 수행하는 연결은 일반적인 랜덤과는 비교할 수 없이 빠르다.

◈ 파티션 테이블(Partition Table)

만약 빌드입력이 메모리 크기를 초과하여 파티션을 생성하게 되면 '파티션 테이블'에 관련정보가 저장된다. 또한 디스크의 임시 세그먼트로 이동하면 그 위치정보를 갖는다. 이 위치 정보는 나중에 다시 메모리로 올려서 처리할 대상을 선정할 때 활용된다. 또한 빌드입력과 검색입력에서 생성된 파티션 간에 서로 짝(Pair, Duo)을 찾는데도 활용된다.

임시 세그먼트에 있는 파티션들을 어떻게 묶어서 처리할 것이냐는 조인 효율에 상당한 영향을 미치게 된다. 물론 우리는 그 알고리듬까지는 알 필요는 없다. 같은 묶음으로 처리되는 단위마다 파티션들의 크기의 합이 적은 집합을 빌드입력으로 적용하고, 나머지는 검색입력의 역할을 맡게 된다.

그러므로 처리되는 단위마다 동적으로 역할이 변할 수 있으며, 이것을 일컬어 동적 역할 반전(Dynamic Role Reverse)라고 부른다. 이러한 개념을 적용하는 이유는 인-메모리 해쉬 조인의 가능성을 높이기 위한 전략 때문이다.

비트맵 벡터나 파티션 테이블은 설사 처리량이 인-메모리를 초과하더라도 전체 집합에 대한 정보를 가지고 있지만 해쉬 테이블은 해당 처리단위의 빌드입력에 대해서만 정보를 가지고 있다는 것에 차이가 있다. 해쉬 테이블은 해당 처리 단위의 연결작업을 위한 인덱스 개념으로 사용되지만 다른 두 가지는 전체 작업에 필요한 정보를 가지고 있기 때문이다. 이들의 합이 전체 해쉬영역의 15~20%를 넘으면 오버헤드가 발생하므로 이런 경우에는 해쉬영역을 증가시키는 것이 바람직하다.

통계정보에 있는 히스토그램을 이용하여 파티션의 크기나 파티션 내의 데이터 분포를 동적으로 관리하며, 이 결과를 다음 번 수행 시에 활용하여 파티션의 크기를 결정하기도 한다. 물론 이러한 기능은 DBMS 나 버전에 따라 차이가 있다.

2.3.4.1. 인-메모리 해쉬조인

인-메모리 해쉬조인은 빌드입력을 모두 메모리에 저장하고 해쉬 테이블을 만들어 검색입력을 스캔하면서 조인을 수행한다. 비록 모양상으로는 랜덤이지만 거의 부담이 없는 랜덤을 수행하기 때문에 Sort Merge 조인처럼 정렬을 해야 하는 부담이 없어도 대용량 데이터의 조인에 매우 효과적일 수 있다.

뿐만 아니라 Nested Loops 조인만이 가질 수 있는 부분범위 처리도 가능하게 되므로 만약 어느 한쪽의 처리범위가 크지 않는 경우라면 매우 효율적인 조인방법이라고 할 수 있겠다. 좀더 정확한 개념의 이해를 위해 우선 아래 그림을 통해 상세한 처리 과정을 살펴보도록 하자.

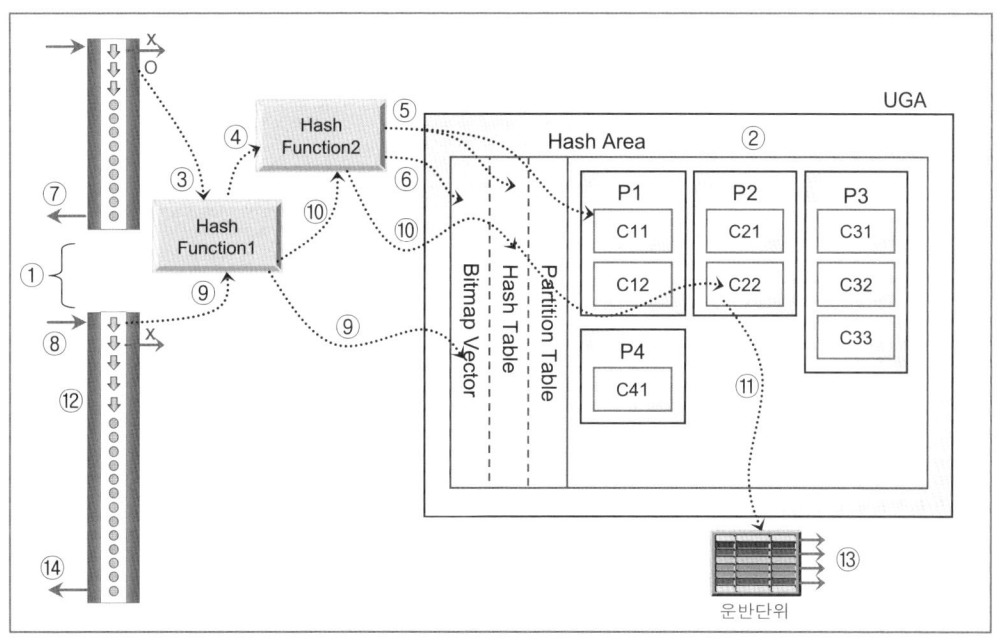

[그림 2-2-21]

① 통계정보를 참조하여 보다 효과적인 카디널러티(基數, 대응수, Cardinality)를 갖는 집합을 빌드입력으로 선택한다. 일반적으로 조인은 1:1 이나 1:M 관계에서 발생하므로 대부분의 경우 '1' 쪽 집합이 빌드입력이 된다.

② 팬아웃, 즉 파티션 수를 결정한다. 파티션의 수와 크기는 성능에 큰 영향을 미치게 되므로 히스

토그램 정보에 입각하여 이를 동적으로 최적화하여 결정하게 된다.
③ 빌드입력의 조인키에 대하여 1차 해싱함수를 적용하여 저장할 파티션을 결정한다.
④ 2차 해싱함수를 적용하여 해쉬값(Hash Value)을 생성한다.
⑤ 이 값을 이용하여 해쉬 테이블을 만들고, 해당 파티션의 슬롯(Slot)에 저장한다. 이때 저장되는 컬럼은 SQL 의 SELECT-List 에 있는 컬럼들도 같이 저장된다. 즉, 조인에 사용될 컬럼들만 저장된다.
⑥ 검색입력의 필터링을 위해 사용할 비트맵 백터를 생성한다. 이 값은 유일한 값으로 만들어지므로 처리할 값을 찾아본 후 없으면 생성하고 있으면 그대로 통과하는 방식으로 생성된다.
⑦ 이러한 방식으로 빌드입력의 처리범위를 모두 처리할 때까지 반복해서 수행한다.
⑧ 이번에는 검색입력의 처리범위를 액세스하기 시작하여 조건을 만족하지 않으면 버리고 그렇지 않으면 다음을 실행한다.
⑨ 첫 번째 해싱함수를 적용하여 비트맵 벡터를 필터링 한다. 물론 여기에서 찾을 수 없다면 해당 처리는 종료되고 다음 검색입력 대상으로 넘어간다.
⑩ 필터링을 통과한 것은 2차 해싱함수를 적용하여 해쉬 테이블을 읽고 해당 파티션을 찾아 슬롯에서 대응 로우를 찾는다.
⑪ 조인이 되면 SELECT-List 에 기술된 로우를 완성하여 운반단위에 태운다.
⑫ 이러한 작업을 반복해서 수행하여 계속 운반단위로 보낸다.
⑬ 정해진 운반단위가 채워지면 리턴한다. 여기서 알 수 있듯이 비록 빌드입력은 전체범위를 모두 처리했지만 검색입력은 운반단위가 채워지면 먼저 리턴을 할 수 있으므로 부분적으로나마 부분범위 처리가 가능해진다. 그러나 실제로는 일반적으로 빌드입력은 크지 않으므로 거의 Nested Loops 조인과 유사한 부분범위 처리가 가능하다고 할 수 있다.
⑭ 이러한 방식으로 검색입력의 처리범위가 끝날 때까지 반복해서 수행한다.

인-메모리 해쉬조인의 처리방식을 이해했다면 이제 이 처리방식이 가지는 특징과 적용기준에 대해서 알아보기로 하자.

가장 먼저 꼽을 수 있는 특징은 조인의 연결을 위해서는 기존에 미리 생성되어 있는 인덱스를 전혀 사용하지 않는다는 것이다. 이는 조인 연결고리에 인덱스가 없어도 영향을 받지 않는다는 것과 그러면서도 오히려 기존의 B-Tree 인덱스 보다 더 유리한 해쉬를 이용한 조인을 할 수 있다는 것이 자랑이다.

물론 대부분의 경우 테이블 간의 단순한 조인에서는 이미 연결고리에 인덱스를 가지고 있을 것이므로 이런 장점이 크게 부각되지는 않겠지만, 만약 인라인뷰에서 GROUP BY 등을 통해 가공한 집합과 조인을 하는 경우라면 그 가치는 크게 달라진다. 고급 SQL을 적용하는 사람들이라면 이에 대해 충분히 공감을 할 것이다.

그들은 조인을 단순히 필요한 집합을 찾아오는 것으로만 이용하지 않는다. 집합의 연산을 이용함으로써 대부분의 처리를 SQL을 통해 실현하고자 한다. 이러한 방식은 처리하고자 하는 내용이 훨씬 단순화 되어 나타나고, 최적화가 쉬워 생산성과 품질 향상에 매우 유리하다. 물론 이러한 능력을 가지게 되기까지는 많은 노력이 필요하겠지만 여기에 숙달되고 매혹된 사람은 접근방식이 차원을 달리한다.

이와 같이 집합의 연산을 하다보면 중간에 생성되는 집합들은 일종의 임시 테이블이라고 할 수 있으므로 당연히 인덱스를 가질 수 없다. 또한 이런 처리의 대부분은 대량의 처리범위를 수행하는 경우이므로 수행속도도 부담이 된다. 이러한 처리에서 해쉬조인이 가져다 주는 가치는 크게 평가 받아야 마땅하다.

인-메모리 해쉬조인의 또 하나의 큰 특징은 부분범위 처리가 가능하다는 점이다. 해쉬조인이 나타나기 전까지는 부분범위 처리를 하려면 랜덤의 부담이 큰 Nested Loops 조인을 어쩔 수 없이 선택했지만 이제는 사정이 좀 달라지게 되었다. 온라인 애플리케이션을 많이 작성해 본 사람이라면 부분범위 처리의 가능 유무가 수행속도에 얼마나 큰 영향을 미치는지 잘 알 것이다.

인-메모리 해쉬조인이 가능하다면 이제 더 이상 '울며 겨자 먹기'로 Nested Loops 조인을 선택하지 않을 수 있다. 그러나 메모리는 여러 프로세스들이 공동으로 사용하는 영역이어서 너무 크게 적용할 수는 없기 때문에 모든 것을 인-메모리 해쉬조인에 맡기려 하는 것은 옳지 못하다. 즉, Nested Loops 조인으로도 확실한 효율과 수행속도를 보장받을 수 있다면 지나치게 해쉬조인을 적용하지 않는 것이 바람직하다.

이 말은 아주 좁은 범위의 온라인 처리까지 굳이 해쉬조인을 적용할 필요는 없다는 것이다. 일반적인 조인에서는 나중에 반복해서 랜덤 액세스를 하는 집합은 스스로 자신의 처리범위를 줄여 주는 조건을 가지고 있지 않는 경우가 대부분이다. 실전에서 발생하는 조인들은 양쪽 집합 모두에 자체적으로 처리범위를 줄일 수 있는 경우보다 어느 한쪽만 처리범위가 결정되는 경우가 훨씬 많다.

　이 말은 곧 특정한 경우 – 즉, 빌드입력의 처리범위를 많이 줄여줄 수 있거나 빌드입력 테이블이 충분히 소형인 경우 – 라면 인-메모리 해쉬조인은 Nested Loops 조인의 장점에 조금도 모자랄 것이 없겠지만 그렇지 못하다면 분명히 Nested Loops 조인으로 처리해야 할 분명한 영역이 있다는 것을 의미한다.

　사실 옵티마이져가 해쉬조인을 너무 과신(?)한 나머지 웬만한 경우는 모두 해쉬 조인으로 처리하려는 경향이 많으므로 실전에서는 이러한 면을 반드시 주의깊게 살펴봐야 할 것이다. 비록 몇 년 전의 일이긴 하지만 DBMS 버전을 업그레이드했는데 갑자기 시스템 전체가 엄청나게 늦어진 회사가 있었다. SQL-TRACE 를 확인해 봤더니 과거에 Nested Loops 조인으로 처리되던 것들의 대부분 해쉬 조인으로 수행되고 있었다.

　물론 이것은 몇 년 전의 일이며, 점차 옵티마이져의 판단이 좋아지고 있기는 하다. 그러나 설사 많이 개선되었다고 하더라도 통계정보가 적절하지 않다면 이러한 문제는 계속적으로 존재할 수 밖에 없으므로 여러분들은 인-메모리 해쉬 조인과 Nested Loops 조인의 미묘한 적용 기준의 차이를 정확하게 이해해둘 필요가 있다.

2.3.4.2. 유예 해쉬조인

빌드입력이 해쉬영역을 초과하면 해쉬조인은 좀더 복잡한 과정을 거치게 된다. 그 이유는 빌드입력이 해쉬영역을 초과하게 되면 어쩔 수 없이 디스크에 저장을 할 수 밖에 없기 때문이다. 만약 억지로라도 인-메모리 해쉬조인처럼 처리하려고 한다면 검색입력이 조인을 시도할 때마다 최악의 경우는 디스크에 있는 것들을 계속해서 메모리로 옮겨야 하기 때문에 도저히 감당할 수가 없다.

이처럼 빌드입력의 일부라도 디스크에 저장을 할 수 밖에 없게 된다면 마치 정렬을 통해 연결을 하는 Sort Merge 조인처럼 무엇인가 정렬과 유사한 효과를 얻을 수 있는 방법이 있어야 한다. 정렬을 하지 않고서도 연결이 가능하도록 데이터를 위치시키는 방법은 바로 해싱함수를 적용하는 것이다.

Sort Merge 조인은 각각의 집합을 먼저 정렬을 한 후 그것을 머지하는 방식으로 연결을 수행한다. 해쉬조인은 각각의 집합에 대해 먼저 해싱함수를 적용하여 같은 해쉬값을 갖는 파티션에 저장을 한 후 그들의 짝을 찾아 연결을 수행한다. 다음 그림을 통해 유예 해쉬조인의 상세한 절차를 살펴본 후에 다시 여러 가지 분석을 해 보도록 하자.

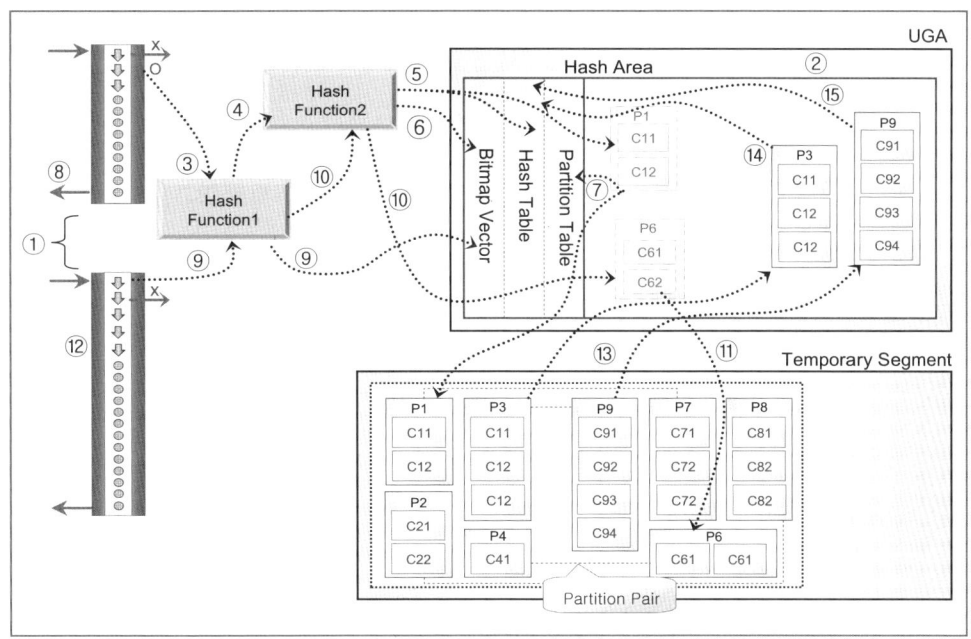

[그림 2-2-22]

① 통계정보를 참조하여 보다 효과적인 카디널러티를 갖는 집합을 빌드입력으로 선택한다.
② 파티션 수를 결정한다.
③ 빌드입력의 조인키에 대하여 1차 해싱함수를 적용하여 저장할 파티션을 결정한다.
④ 2차 해싱함수를 적용하여 해쉬값(Hash Value)을 생성한다.
⑤ 이 값을 이용하여 해쉬 테이블을 만들고, 해당 파티션의 슬롯(Slot)에 저장한다. 이때 저장되는 컬럼은 SQL 의 SELECT-List 에 있는 컬럼들도 같이 저장된다.
⑥ 검색입력의 필터링을 위해 사용할 비트맵 벡터를 생성한다. 여기서 생성된 값을 이용해 다음에 수행될 검색입력의 필터링을 하게 되므로 유예 해쉬조인에서도 크기가 작은 집합이 빌드입력이 되는 것이 조인할 대상을 보다 효과적으로 줄일 수 있다. 여기까지는 인-메모리 해쉬조인과 거의 동일하다.
⑦ 이러한 방식으로 빌드입력의 처리범위를 처리하다가 해쉬영역을 초과하면 파티션 테이블에 위치정보를 남기고 디스크로 이동하게 된다. 파티션 테이블에 있는 정보는 나중에 파티션 짝을 찾아 연결작업을 수행할 때 사용된다.
⑧ 빌드입력의 모든 처리범위를 위의 방법으로 끝까지 수행한다.
⑨ 이번에는 검색입력의 처리범위를 액세스하기 시작하여 조건을 만족하지 않으면 버리고, 만족한 것들은 1차 해싱함수를 적용하여 비트맵 벡터를 필터링 한다. 비트맵 벡터에서 찾을 수 없다면 해당 건의 처리는 종료되고 다음 검색입력 대상으로 넘어간다.
⑩ 필터링을 통과한 것은 2차 해싱함수를 적용한다. 만약 이때 검색입력에 대응되는 빌드입력이 메모리 내에 존재하면 해쉬 테이블을 읽어 연결을 수행하고, 그렇지 않으면 해당 파티션에 저장한다.
⑪ 연결을 수행할 수 없는 파티션들을 디스크에 저장한다.
⑫ 이러한 작업을 검색입력의 모든 처리범위에 대해 반복해서 수행한다.
⑬ 처리되지 않은 파티션들을 처리하기 위해 파티션 테이블의 정보를 이용하여 파티션 짝들을 디스크에서 메모리로 이동시킨다.
⑭ 새로 메모리로 이동한 집합 중에서 크기가 작은 집합으로 해쉬 테이블을 생성한다. 즉, 처리할 파티션 짝들을 모았을 때, 그 크기에 따라서 빌드입력과 검색입력이 다시 결정된다. 그러므로 경우에 따라서 최초에 결정되었던 빌드입력과 검색입력의 역할이 바뀔 수가 있다.
⑮ 검색입력으로 결정된 집합을 스캔하면서 해쉬 테이블을 이용하여 연결을 수행한다. 물론 운반

단위에 모았다가 채워지면 리턴하는 것은 당연하다. 이러한 작업을 남아 있는 모든 대상에 대해 실시한다.

유예 해쉬조인의 처리방식을 이해했다면 이제 이 처리방식이 가지는 특징과 적용기준에 대해서 좀더 알아보기로 하자.

가장 먼저 꼽을 수 있는 특징은 이 방식 또한 조인의 연결을 위해서 기존에 미리 생성되어 있는 인덱스를 전혀 사용하지 않는다는 것이다. 이는 조인 연결고리에 인덱스가 없어도 영향을 받지 않는다는 것과 그러면서도 오히려 기존의 B-Tree 인덱스 보다 더 유리한 해쉬를 이용한 조인을 할 수 있다는 것이 자랑이다.

특히 대량의 데이터를 처리하는 경우는 대개 배치처리인 경우가 많다. 또한 이러한 처리는 재료의 역할을 하는 집합들을 다양하게 연결하여, 필요하다면 인라인뷰를 이용한 중간 집합을 만들어 가면서 집합의 연산을 통해 결과 집합을 생성해 가는 방식으로 접근할 수 있다. 이러한 집합의 연산과정은 이미 가공된 집합일 수 있기 때문에 인덱스가 존재하지 않을 수도 있음은 물론이고, 대개의 경우 대용량의 처리이기 때문에 데이터 량의 증가에 따른 부담이 최소화 될 필요가 있다.

위의 처리결과에서 나타났듯이 해쉬조인은 비록 해쉬영역을 초과하는 대용량의 데이터라 하더라도 해쉬함수를 이용하여 적절한 위치에 옮겨 두었다가 조인대상들을 다시 불러 들여 해쉬 테이블을 통해 조인을 수행하므로 Sort Merge 조인이 갖는 최대의 약점인 대용량 데이터의 정렬에 대한 오버헤드를 해결하는 최적의 수단이라고 할 수 있겠다.

또한 선행 처리된 집합이 만든 비트맵 벡터를 이용하여 나중에 처리되는 집합을 조인 전에 미리 필터링을 할 수 있으므로 Nested Loops 조인의 장점의 일부까지도 수용하고 있다. 그러므로 먼저 수행되는 집합이 어느 것인지 확인할 필요가 있다. 물론 옵티마이져가 옳은 판단을 하는 경우도 많이 있지만 그렇지 못한 경우도 적지 않으므로 대용량의 처리에서는 이러한 것을 주의하는 것만으로도 때로는 대단한 수행속도 향상을 가져 올 수 있다는 점을 명심하기 바란다.

유예 해쉬조인으로 수행되면 인-메모리 해쉬조인과 달리 부분범위 처리가 불가능하게 된다는 사실은 경우에 따라 조인 방식을 결정하는 매우 중요한 기준이 되기도 한다. 우리는 부분범위로 처리될 수만 있다면 조인하는 양쪽 집합이 아무리 커도 아주 빠르게 처음 운반단위가 리턴된다는 것을 알고 있다. 물론 단지 일부분이 먼저 리턴되는 속도가 빠를 뿐이다. 전체범위를 모두 수행할 때는 그렇지 않을 수도 있으므로 처리하고자 하는 애플리케이션의 목적에 따라 잘 판단해야 할 것이다.

실전에서 해쉬조인으로 인해 오히려 시스템에 나쁜 영향을 미치는 대부분의 경우는 옵티마이져가 전체범위에 대한 최적 효율(Best Throughput)을 위해 최적화를 하게 되어 기존에 부분범위로 처리되던 것들이 전체범위 처리로 변경되었기 때문인 경우가 대부분이다. 아무리 해쉬조인이 유리하다고 하더라도 대량의 전체범위를 모두 처리하고 결과를 리턴하는 것은 일부분만 처리하고 바로 결과를 리턴하는 것보다 빠를 수는 없다.

또한 대용량의 데이터를 조인한다면 상당히 큰 해쉬영역을 필요로 하므로 수많은 프로세스가 공동으로 사용하는 귀중한 메모리를 함부로 차지한다는 것은 시스템 전체 시각에서 볼 때는 커다란 오버헤드가 될 수 있다는 점을 잊어서는 안 된다. 그러므로 온라인처리에서 함부로 해쉬조인을 적용하는 것은 문제를 발생시킬 소지가 충분히 있다. 물론 적은 크기의 해쉬영역으로도 인-메모리 해쉬조인이 가능하다면 별개의 문제이다.

이번에는 Sort Merge 조인과의 적용기준의 차이를 살펴보기로 하자. 대용량의 처리라면 해쉬조인이든 Sort Merge 조인이든 메모리에 지정하는 영역의 크기가 커야 한다는 점은 크게 다르지 않기 때문에 이에 대한 부담은 유사하다 하겠다. 그러나 처리할 조인량이 이 영역을 크게 초과할 수 밖에 없는 경우라면 효율의 차이는 매우 크게 나타난다.

데이터 량이 커질수록 효율의 격차는 더 크게 벌어진다. 물론 해쉬조인이 당연히 유리하다. 이 말은 곧 초대형 조인이라면 반드시 해쉬조인을 적용하여야 한다는 것을 의미하기도 한다. 그렇다면 해쉬조인은 항상 Sort Merge 조인에 비해 유리한 것일까?

대답은 반드시 그렇다고 할 수 없다는 것이다. 두 가지 모두 상당히 커다란 메모리 영역을 필요로 하지만, 엄격히 말하면 해쉬영역이 보다 많은 메모리 영역을 사용하게 된다. 이 말은 단위 작업이 아닌 시스템 전체의 자원을 관리하는 측면에서 볼 때는 중요한 의미를 가진다. 이 두 가지 조인은 소량의 조인일 때는 거의 차이가 없다. 그러나 조인량이 증가할 수록 약간씩 차이가 나타나다가 어느 수준을 넘어서면 커다란 차이로 나타난다.

그렇다면 수많은 프로세스가 공동으로 자원을 사용해야 하는 현실 환경에서는 약간의 미미한 차이를 위해서 더 많은 자원을 사용하는 방법을 옳은 판단이라고만은 할 수 없다. 실전에서는 일반적으로 정렬영역의 1.5 배 정도를 해쉬영역으로 지정하여 사용한다. 이것은 그 만큼의 자원 부담이 있음을 의미한다.

　가장 좋은 방법은 임의의 프로세스가 함부로 자원을 지나치게 사용하지 않도록 하기 위해 온라인에서 발생하는 처리들을 기준으로 이 영역들의 기본(Default) 크기를 지정해 두고, 대용량의 처리를 하는 경우는 해당 프로세스에서 영역의 크기를 적절하게 다시 지정하게 하는 것이 좋은 전략이다.

　최근에는 옵티마이져 기능이 강화되면서 이런 부분까지도 자동으로 제어하는 기능이 추가되기도 했으나 사용자의 실수에 의해서 지나친 대용량 처리가 발생할 수도 있기 때문에 너무 자동에 의존하는 것은 그리 바람직하지 않을 수도 있다.

　만약, 조인을 완료한 다음에 또 다시 조인 컬럼으로 정렬을 해야 하는 경우가 있다면 Sort Merge 조인이 더 유리해질 수도 있다. 여기서 말하는 정렬은 ORDER BY 뿐만 아니라 GROUP BY 들을 위해 발생하는 여러 형태의 정렬을 말한다. Sort Merge 조인은 조인을 하기 위해 이미 조인 컬럼으로 정렬을 하였으므로 다시 정렬할 필요가 없다. 물론 이런 경우에도 데이터 량이 너무 많아 조인 작업만으로도 현격한 차이가 난다면 해쉬 조인을 사용해야 할 것이다.

　여기서는 단지 Sort Merge 조인과 해쉬 조인이 큰 차이가 나지 않는 경우라면 해쉬 조인은 추가적인 정렬 작업이 필요할 수도 있기 때문에 그것을 감안해서 결정해야 한다는 점을 강조하자는 것일 뿐이다.

2.3.5. 세미(Semi) 조인

세미 조인이란 말 그대로 조인과 매우 유사한 데이터 연결 방법을 뜻한다. 다시 말해서 서브쿼리를 사용했을 때 메인쿼리와의 연결하는 처리를 의미한다. 서브쿼리는 조인이라고 부르지는 않지만 집합들을 연결을 해야 한다는 점에서는 다를 것이 없다. 그렇다면 서브쿼리는 조인과 무엇이 다른가? 사실 사용자들에게 "조인과 서브쿼리는 어떻게 다르며 어떤 경우에 활용하는 것이 좋으냐?"라고 물으면 대부분 정확한 답변을 하지 못한다.

그들 중에는 "조인과 별로 다를 것이 없으면서 오히려 조인에 비해 불리한 점만 많으므로 가능하다면 사용하지 않는 것이 좋다"라고 생각하는 사람들도 적지 않다. 이것은 서브쿼리에 대해서 정확한 이해가 되어 있지 않고, 그만큼 적용을 위한 명확한 기준이 제대로 정립되어 있지 않았다는 것을 뜻한다. 그럴 수밖에 없는 것이 대부분의 매뉴얼에는 단순한 사용 방법만 기술되어 있지 그 활용 방법이나 유사한 다른 방법과의 차별성을 명확하게 설명해 주지 않고 있기 때문이다.

서브쿼리는 매우 고유한 자신만의 특성을 가지고 있으며, 그 특성으로 인해 중요한 장점과 단점을 모두 가지고 있다. 그러므로 정확한 개념에 입각해서 적용 여부를 판단하는 것이 필요하다. 이것은 마치 바둑이나 체스에서 먼저 정석을 정확히 이해한 후 실제 상황에서는 어떤 정석을 선택할 것인가에 대한 고민해야 하는 것과 다를 바 없다.

그렇다면 먼저 서브쿼리의 정확한 개념부터 정립해 보고, 서브쿼리에서 가장 많이 사용하는 IN, EXISTS 를 조인과 상세하게 비교해 보기로 한다. 이러한 이해를 바탕으로 서브쿼리의 활용 형태를 유형별 사례와 함께 소개하고, 마지막으로 우리가 사용 시에 주의해야 할 사항들을 정리하도록 하겠다.

2.3.5.1. 세미 조인의 개념 및 특징

세미 조인이란 말은 원래 분산질의를 효율적으로 수행하기 위하여 도입된 개념이다. 두 테이블 간에 조인을 할 때 한 테이블을 다른 사이트에 전송하기 전에 먼저 조인에 필요한 속성만을 추출하는 프로젝션을 실시하여 전송한 후, 조인에 성공한 로우의 집합만을 다시 전송함으로써 네트워크를 통해 전송되는 데이터의 양을 줄이고자 하는 개념으로 도입된 것이다.

세미(Semi)란 말에는 '반(半)', '약간', '준결승'할 때의 '준(準)'이란 의미를 가지고 있다. 영어에서도 준결승을 세미파이널(Semifinal)이라고 하는 이유는 거의 결승전에 가까운 시합이기 때문일 것이다. 즉, 정상적인 것에 약간 못 미치지만 거의 유사하다는 의미로 주로 사용한다.

여기서 설명하는 세미 조인은 분산질의의 효율적인 수행을 위해 수행하는 협의의 조인만을 말하는 것이 아니다. 다시 말해서 조인과 거의 유사한 처리방법을 말하고자 하는 것이다. 이처럼 세미 조인을 조인과 유사하다는 의미에서 확장하여 정의했다고도 말할 수 있고, 분산질의에서 특정 집합을 먼저 프로젝션하는 것처럼 조인 연결 작업을 하기 전에 모종의 선행 처리가 들어가 있다는 의미에서 확장된 개념으로 정의했다고 생각할 수도 있다.

어쨌든 여기서 말하는 세미 조인은 주로 서브쿼리를 사용했을 때 메인쿼리와의 연결을 하기 위해 적용되는 광범위한 유사 조인을 의미하고 있으니 오해가 없기 바란다. 서브쿼리의 서브(Sub)는 말 그대로 '하위', '부(副)'를 뜻한다. 서브쿼리는 메인(Main,主)이 되는 메인쿼리(Mainquery)에 종속되는 하위의 쿼리이다. 이 종속(從屬)이란 의미는 반드시 주(主)의 영역을 초과할 수 없음을 의미하고 있다. 또한 별도의 정의를 하지 않아도 주영역의 모든 속성을 그대로 상속받을 수가 있다.

당연히 주영역은 부영역의 속성을 이용할 수 없다. 만약 동일한 정의가 중복되었다면 자신의 영역에서 지정한 속성이 우선한다. 또한 주영역에 하나 이상의 부영역이 있을 때 이 부영역간에는 서로 속성을 공유할 수 없다. 이러한 차이가 나중에 조인과의 미묘한 차이를 가져오게 한다.

한 가지 재미 있는 질문을 해보자. "서브쿼리와 메인쿼리 중에 어느 것이 먼저 수행하는가?"라는 질문에 여러분이라면 어떻게 대답할 것인가? 사실 이 질문에 정확하게 답변할 수 있는 사람은 그리 많지 않을 것이다. 뒤에서 상세한 원리를 설명하겠지만 결론부터 말하면 상황에 따라서 달라진다는 것이 정답이다.

우리는 앞서 조인을 크게 분류하면 Nested Loops 조인처럼 먼저 어떤 집합을 액세스하고 그 결과를 이용해 대응되는 상대 집합을 연결하는 방법과 Sort Merge 조인처럼 먼저 연결에 필요한 준비를 해두고 그 결과를 이용해 연결을 하는 방법으로 나눌 수 있다고 했다. 그렇다면 서브쿼리는 이 중에서 어떤 방법을 이용하는가?

세미조인은 Nested Loops 형식으로 수행될 수도 있고, Sort Merge, Hash 조인 형식으로 수행할 수도 있다. 그렇다면 과연 서브쿼리는 표현 방법만 다를 뿐이지 조인과 같은가? 여기에 대한 답변은 분명하게 '아니오'라고 해야 한다. 서브쿼리는 조인과 분명한 차이가 있고 나름의 확실한 존재가치를 가지고 있다.

그렇다면 서브쿼리의 특징을 이해하기 위해서는 조인과의 차이점을 규명해 보는 것이 가장 확실할 것이다. 이러한 비교는 우리에게 명확한 개념의 차이와 분명한 활용 방향을 제시해 줄 것이다. 더불어 내부에서 일어나는 좀더 깊은 차이점을 알아보기 위해 옵티마이져가 생성하는 실행계획의 형태를 분석해 보는 것도 좋은 방법이 되리라 생각한다.

조인과 서브쿼리는 서로 매우 유사한 특징을 가지고 있지만 본질적인 차이는 집합 간의 종속성에 있다. 어떤 집합들을 연결하고자 할 때 조인은 동일한 등급(Grade) 상에 위치하지만 서브쿼리는 주종(主從) 관계를 가진다. 동일한 등급이냐 아니냐는 그들 간에 교환법칙이 성립하느냐에 있다고 할 수도 있다.

서로 간에 위치를 바꾸어도 동일한 결과를 얻을 수 있다면 동등 관계에 있지만 그렇게 했을 때 결과가 달라진다면 교환법칙이 성립하지 않는 것이고, 종속 관계에 있다는 것을 의미한다. 마치 A와 B가 친구 사이라면 A 입장에서 봐도 B가 친구이고, B 입장에서 봐도 A가 친구라는 것에는 전혀 이상이 없다. 그러나 만약 A와 B가 부자 간이라고 해보자. 이들의 위치를 서로 바꾸게 되면 그 결과는 크게 달라지게 된다. 이것이 바로 종속 관계이다.

앞의 예에서 조인은 친구 사이와 유사하고 서브쿼리는 부자 관계와 유사하다고 생각하면 이해가 빠를 것이다. 그러나 이러한 차이는 집합 간의 연산 결과 – 즉, 조인된 결과 – 에 커다란 차이가 발생하며, 속성들의 상속 여부에도 영향을 미치게 되어 활용상에 많은 차이가 나타나게 된다.

먼저 조인된 결과 집합의 차이에 대해서 규명해 보기로 하자.

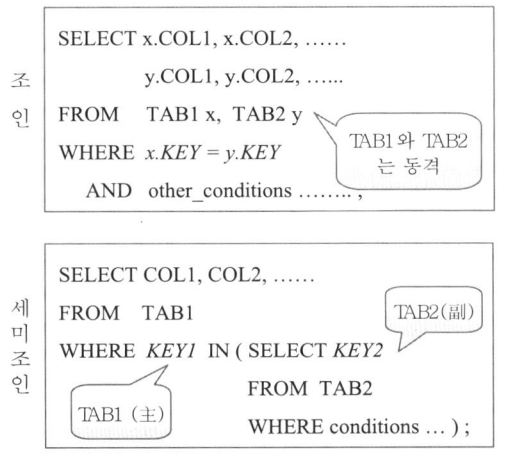

[그림 2-2-23]

위 그림의 왼쪽에 있는 SQL은 TAB1과 TAB2를 같은 조인 조건으로 연결할 때 조인과 세미조인으로 표현한 것이다. 오른쪽의 도표는 두 테이블의 관계 형태에 따라 그 결과의 집합이 나타나는 형태를 표시하고 있다.

오른쪽에 있는 도표를 좀더 자세히 살펴보자. 조인은 집합의 곱이다. 1*1=1, 1*m=m, m*1=m, m*m=mm 이 되는 수학적 곱셈 연산과 유사하게 나타난다. 즉, 1:1 조인은 그 결과도 동일한 집합이 되고, 1:M 이나 M:1 은 모두 M 집합이 된다. 그러나 M:M 조인을 하면 카티젼 곱의 집합이 나타난다.

그러나 세미조인은 그 결과가 이와는 상당한 차이가 있다. 그런데 자세히 살펴보면 결과의 집합은 언제나 메인쿼리의 집합과 동일하게 나타난다는 것을 발견할 수 있다. 서브쿼리는 메인쿼리에 종속적이기 때문에 어떠한 형태의 관계를 가지더라도 결코 메인쿼리의 집합을 변화시킬 수 없다. 이것이 세미조인이 조인과 집합적으로 달라지는 근본적인 이유라 하겠다.

조금 뒤에서 세미조인의 실행계획에 대한 특징을 살펴보겠지만 형태적으로는 조인과 동일하게 처리한다. 즉, 세미조인에도 Nested Loops, Sort Merge, Hash 조인 등이 나타난다.

그러면서도 이처럼 결과의 집합을 메인쿼리의 집합과 동일하게 유지하기 위해서 약간의 추가적인 처리 단계가 삽입된다. 보다 상세한 실행계획에 대한 설명은 다음 장에서 다루기로 하겠다.

세미조인이 조인과 다른 또 하나의 큰 차이점은 조인 과정에서 등장한 컬럼들을 사용할 수 있는 상속성에 대한 부분이다. 쉽게 설명한다면, 조인은 조인된 집합에 있는 모든 컬럼들을 아무런 제약없이 사용할 수가 있지만 세미조인은 그렇지 못하다는 것이다. 서브쿼리는 메인쿼리의 컬럼들을 마음대로 사용할 수 있지만 메인쿼리에는 서브쿼리의 집합에 있는 컬럼들을 사용할 수 없다.

어쩌면 이 개념은 '상속'이라는 말과 참으로 잘 어울린다. 일반적으로 대부분의 상속이란 개념은 어디에서 적용되건 부(Parent)는 자식(Child)에게 상속하지만 역으로는 상속하지 않는다. 당연히 형제 간에도 상속이란 개념은 없다. 이런 논리로 다시 한 번 살펴보자. 만약 어떤 세미조인을 하고 있는 SQL이 두 개의 서브쿼리를 가지고 있다고 가정해보자.

메인쿼리 컬럼들은 각각의 서브쿼리에서 자유롭게 사용할 수 있다. 그러나 각 서브쿼리 소유의 컬럼은 메인쿼리에서 사용할 수 없다. 뿐만 아니라 형제 간인 서브쿼리 간에도 서로 컬럼을 공유할 수 없다. 이러한 제한은 나중에 활용 단계에서 여러 가지 제약으로 작용하므로 정확히 이해를 해둘 필요가 있다.

2.3.5.2. 세미조인의 실행계획

세미조인의 실행계획은 원리적인 측면에서 볼 때는 결코 일반적인 조인의 범주를 벗어나지 않는다고 하였다. 그렇다면 결국 가장 보편적인 조인이 Nested Loops 조인이었듯이 세미조인에서도 대부분의 경우는 Nested Loops 조인과 매우 유사하게 처리된다는 것을 뜻한다. 그런 의미에서 먼저 Nested Loops 형 세미조인을 살펴보고 Sort Merge 형과 Hash 조인형을 살펴보기로 하겠다.

가) Nested Loops 형 세미조인

이 조인 개념의 가장 큰 특징은 어떤 집합이 먼저 수행되어 거기서 얻은 상수값을 연결고리를 통하여 대응시킨다는 것이다. 또한 어느 쪽이라도 먼저 수행될 수 있으나 방향에 따라 일의 양에 매우 큰 차이가 난다는 특징이 있다는 것을 우리는 잘 알고 있다. 세미조인에서도 마찬가지 현상이 나타난다.

서브쿼리가 먼저 수행되어 SELECT-List 의 연결고리 값을 상수값으로 만들고, 이것을 메인쿼리 연결고리에 대응시키는 방법과 메인쿼리가 먼저 수행되어 상수값이 된 연결고리 값을 서브쿼리의 연결고리(서브쿼리 SELECT-List 에 있는 컬럼)에 제공하는 방법이 모두 발생할 수 있다.

이것을 서브쿼리가 수행한 역할에 따라 전자는 서브쿼리가 '제공자'의 역할을 한 것이고, 후자는 '확인자'의 역할을 한 것이 된다. 여기서 '제공자'라고 굳이 표현한 이유는 서브쿼리의 수행결과가 메인쿼리의 조건절에 있는 컬럼에 상수값을 제공하는 역할을 하기 때문에 그렇게 붙인 것이다. 또한 '확인자'라고 표현한 이유는 세미조인의 특성상 서브쿼리가 나중에 수행되면 그 역할은 단지 조건을 체크(확인)하는 역할만 하기 때문이다.

이러한 역할을 위해서는 어떤 방법을 사용해서라도 두 집합을 서로 연결하지 않으면 안 된다. 그러므로 마치 조인과 매우 유사하게 수행하게 된다. 그러나 메인쿼리의 집합을 절대로 변형시켜서는 안 되기 때문에 실행계획에는 그 역할에 따라 새로운 처리단계가 삽입되어야 한다.

이러한 개념을 보다 정확하게 이해하기 위해서 각 역할마다 발생하는 구체적인 처리절차를 알아보기로 하자.

다음과 같은 SQL 을 생각해보자.

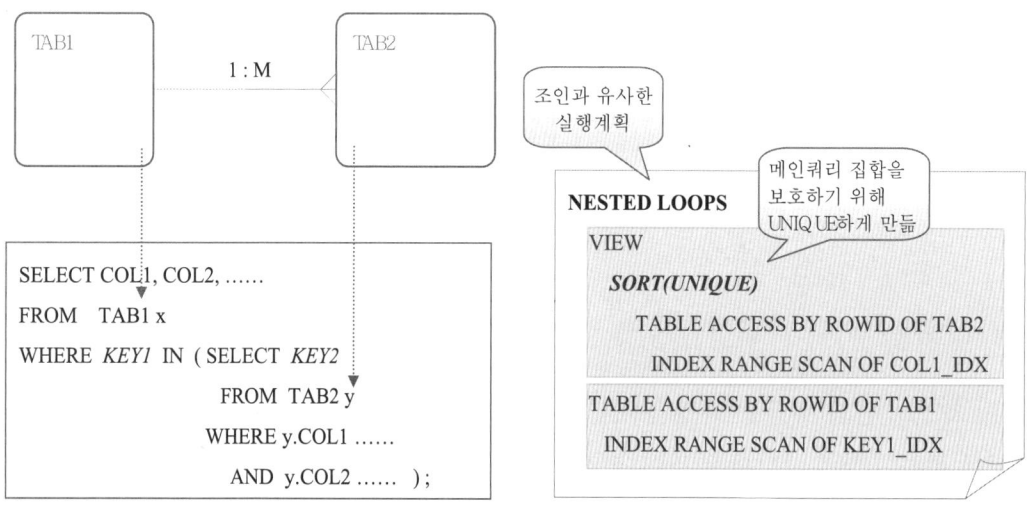

[그림 2-2-24]

위 그림의 내용을 상세하게 분석해보자. TAB1 과 TAB2 는 1:M 의 관계에 있다. SQL 을 보면 메인쿼리는 '1' 쪽인 TAB1 이고, 서브쿼리는 'M' 쪽인 TAB2 로 되어 있다. 오른쪽에 있는 실행계획을 살펴보자. 마치 조인처럼 Nested Loops 조인을 하고 있다. 실행계획에는 서브쿼리인 TAB2 를 먼저 수행하고, 그 결과를 이용해 메인쿼리가 연결되고 있다. 이 모양은 완벽한 일반적인 조인이다.

그러나 세미조인이 절대적으로 준수해야만 하는 철칙인 '메인쿼리 집합의 보호'를 위해서 'SORT(UNIQUE)'을 하는 단계가 추가로 삽입되어 있음을 확인할 수 있다. 제공할 KEY2 의 상수값을 'UNIQUE'하게 만들었으므로 이제 1:1 조인이 되어 일반적인 조인 형식으로 처리되더라도 메인쿼리의 집합은 그대로 보존된다.

물론 서브쿼리에서 연결고리의 상수값으로 제공할 컬럼(여기서는 TAB2 의 KEY2)이 해당 테이블의 기본키로 지정되어 있다면 옵티마이져는 서브쿼리의 수행결과가 'M' 집합이 아니라는 것을 알기 때문에 위의 그림에서와 같이 UNIQUE 을 만드는 처리는 생략된다. 이러한 경우의 실행계획은 일반적인 조인 시와 동일하다.

그러나 위의 SQL 처럼 사용했다고 하더라도 인덱스 구성이나 비교 연산자의 형태에 따라, 혹은 옵티마이져의 오류 등으로 인해 제대로 제공자 역할을 하지 못하고 우리가 원하지 않는 확인자 역할을 하게 되는 경우가 빈번하게 발생하고 있다. 이러한 모든 부분을 정확히 제어하기 위해서는 아직도 몇 가지 중요한 원칙들을 이해할 필요가 있다. 이러한 적용상의 상세한 활용법들은 제 2 권에서 '데이터 연결의 다양한 방법' 편에서 다루고 있으므로 여기서는 더 이상 언급하지 않겠다.

이번에는 확인자 역할을 하는 세미조인의 실행계획을 살펴보기로 하자.

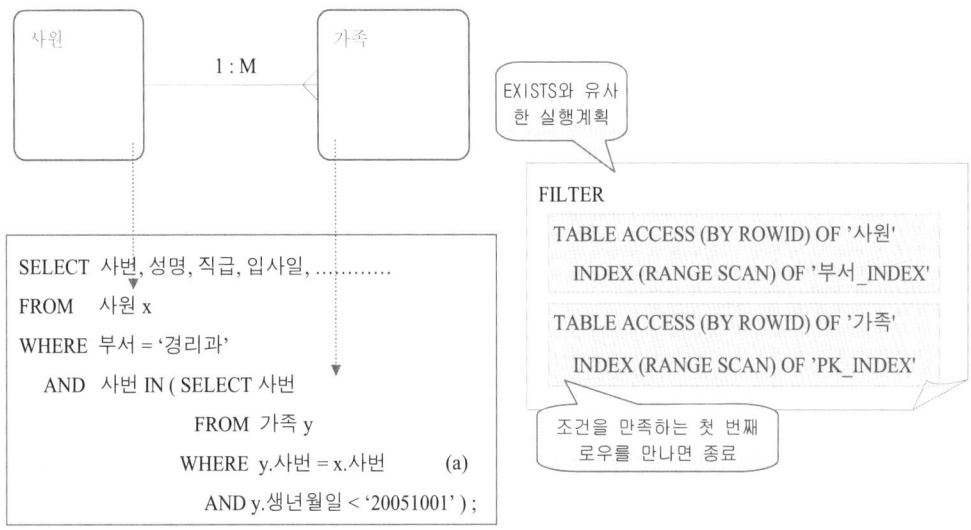

[그림 2-2-25]

위 그림을 자세하게 분석해보자. '사원'과 '가족'은 1:M 의 관계에 있다. SQL 을 보면 메인쿼리는 '1' 쪽인 '사원'이고, 서브쿼리는 'M' 쪽인 '가족'으로 되어 있다. 오른쪽에 있는 실행계획을 살펴보자. 만약 'FILTER'를 'NESTED LOOPS'로 바꾸었다고 생각해보라. 기존의 Nested Loops 조인과 너무도 동일한 모습이 아닌가? 실행계획에는 메인쿼리인 '사원'을 먼저 수행하고, 그 결과를 이용해 서브쿼리가 연결되고 있다. 이 모양 또한 일반적인 조인과 매우 유사해 보인다.

만약 이대로 조인을 해버린다면 이 결과의 집합은 'M' 쪽인 '가족'의 집합이 될 것이다. 그러나 세미조인은 절대적으로 '메인쿼리 집합 보호'를 철칙으로 준수해야 하므로 이를 위해서 등장한 것이 바로 'FILTER'라는 방식의 처리다.

이 방식의 조인은 기존의 Nested Loops 조인과 동일한 방법으로 진행하되 대응하는 결과 집합 전체를 대상으로 하지 않고 대응하는 첫 번째까지만 연결하는 조인 방식이다. 이 방식은 먼저 수행되는 집합에서 처리하는 각각에 대해서 언제나 단 하나씩과 연결을 하게 되므로 결코 메인쿼리의 집합에 훼손을 가져오지 않는다.

서브쿼리가 '확인자'의 역할을 할 때는 이와 같이 'FILTER' 형식으로 조인이 발생하게 된다는 것은 앞으로 우리가 다양한 응용을 할 수 있도록 해준다. 제 2 권에서는 다양한 활용들을 소개하고 있다.

여기서 한 가지 반드시 짚고 넘어가야 할 중요한 사항이 있다. 위의 그림에 표시한 (a) 부분을 자세히 살펴보자. 앞서 세미조인의 연결고리는 메인쿼리에 있는 KEY1 과 서브쿼리의 SELECT-List 에 있는 KEY2 라고 했었다. 그렇다면 이들만으로도 이미 연결고리는 정상적으로 정의되어 있다. 그럼에도 불구하고 위의 그림에는 (a)에서 다시 조인조건을 이중으로 기술하고 있다.

물론 이렇게 해도 문법상으로는 아무런 문제가 없다. 그러나 여기에는 매우 커다란 차이가 나타난다는 사실을 알아야 한다. 서브쿼리 내에 메인쿼리의 컬럼이 존재한다는 것은 곧 종속성을 의미한다. 다시 말해서 이 서브쿼리는 논리적으로 절대 먼저 수행될 수 없도록 종속되었다는 것이다.

그 이유는 만약 서브쿼리가 먼저 수행된다고 가정해보면 간단하게 알 수 있다. 수학에서 방정식을 풀 때도 어떤 수식이 상수 결과를 가지려면 거기에는 미지수가 없어야 한다. 그렇지 않다면 반드시 그 미지수가 다른 수식에 의해 풀려서 상수값을 가진 다음에라야 가능하다. 이와 같은 원리로 서브쿼리 내에 메인쿼리 컬럼이 들어와 있으면 아직 메인쿼리는 수행되기 전이므로 미지수에 해당된다.

이것은 어떤 측면에서 보면 세미조인의 연결고리 이상 상태라고도 할 수 있다. 없어도 될 것을 삽입하여 항상 서브쿼리가 나중에 수행하도록 만들었기 때문이다. 만약 이것이 없었다면 상황에 따라 옵티마이져는 메인쿼리를 먼저 수행하게 할 수도 있고, 서브쿼리를 먼저 수행하도록 하는 것이 유리하다고 판단할 수도 있는 유연성을 가지게 된다.

이러한 잘못된 SQL 이 작성되는 원인은 무엇인가? 그것은 바로 원리를 잘 알지 못하는 상태에서 막연한 불안감을 표출하고 있다고 봐야 한다. 가능하다면 많은 조건이, 그것도 '='로 된 조건은 많을수록 좋을 것이라는 막연한 기대감에서 온 잘못이다. 이 라인을 삭제하면 연결이 안 될 것이라 착각하는 사람들도 많이 있다는 것은 그만큼 이러한 원리에 대해 정확히 알지 못하고 있다는 것을 반증하는 것이 아니겠는가!

이러한 문제의 심각성에 대한 경종을 울리기 위해서 한 가지 실전 사례를 살펴보기로 하자. 이 사례는 어느 통신회사에서 실제로 있었던 일이다. 이 회사의 '고객' 테이블에는 약 500만 명의 고객이 있으며, '청구' 테이블은 고객들에게 매월 청구할 사용료를 저장하는 테이블로써 1년 이상의 데이터를 보관하므로 약 6,000만 건에 이른다.

고객은 본인이 직접 납입자가 되는 경우가 대부분이지만 고객에 따라 납입자가 다를 수도 있다. 다음 SQL은 어떤 납입자가 입금을 했을 때 그 납입자가 지불하기로 한 고객의 청구 정보에 해당월의 납입금을 갱신하고자 한다. 고객 테이블에는 '납입자' 인덱스가 있고, 청구 테이블에는 '고객번호+청구년월'로 인덱스가 구성되어 있다.

```
UPDATE 청구 x
   SET 입금액 = nvl(입금액,0) + :in_amt
WHERE 청구년월 = '201503'
   and 고객번호 IN ( SELECT 고객번호
                    FROM 고객 y
                    WHERE 납입자 = :in_cust
                      and y.고객번호 = x.고객번호 );
```

언뜻 생각하면 이 SQL은 아무런 문제도 없어 보인다. 만약 서브쿼리가 먼저 수행되었다면 주어진 납입자가 요금을 대신 지불해 주는 고객은 많지 않을 것이므로 서브쿼리에서 찾은 고객에 대해 청구 테이블의 해당월 데이터를 찾아 갱신하는 것은 전혀 문제가 되지 않을 것이다. 그러나 이 SQL이 실제 수행하는데 소요된 시간은 약 10,000초에 이르렀다.

그 이유는 저작자의 기대와는 다르게 서브쿼리가 나중에 수행되었기 때문이다. 서브쿼리가 나중에 수행되었을 때의 처리 절차를 살펴보자. 서브쿼리에 연결된 컬럼은 '고객번호'이다. 그런데 아직 서브쿼리가 수행되지 않은 상태이므로 이 '고객번호' 컬럼은 '미지수'가 된다. 미지수, 즉 모르는 집합을 인덱스로 읽을 수 없음은 지극히 당연하다.

그렇다면 이 SQL에서 '청구' 테이블은 전체테이블 스캔 방식으로 처리될 수밖에 없다. 6,000만 건이라는 엄청난 데이터를 차례로 액세스하면서 나중에 수행되는 서브쿼리는 메인쿼리가 성공한 집합, 즉 청구년월이 '201503'인 500만 건에 대해 한번씩 수행해야 한다.

서브쿼리의 결과를 받을 수 없어 전체 테이블을 액세스하는 것도 억울한데 먼저 수행 한다면 한 번만 수행될 서브쿼리마저 500만 번을 수행했으니 그 차이는 실로 말로 형언할 수 없을 정도로 크다. 이 SQL의 서브쿼리가 왜 나중에 수행되어야 하는지는 뒤에서 상세히 설명하기로 하겠다.

이번에는 다음과 같이 이 SQL을 약간 수정하여 실행해 보자.

```
UPDATE 청구 x
   SET 입금액 = nvl(입금액,0) + :in_amt
WHERE 청구년월 = '201503'
  and 고객번호 IN ( SELECT 고객번호         ………… (b)
                   FROM 고객 y
                   WHERE 납입자 = :in_cust );
```

이 SQL이 수행된 시간은 0.1초에 불과했다. 그 이유는 당연히 서브쿼리가 먼저 수행하였기 때문이다. 이 SQL에서 달라진 것은 앞서 불필요하게 삽입되었던 서브쿼리의 조인조건을 제거했을 뿐이다. 이미 (b)에서 연결고리를 정확하게 정의했고 서브쿼리 내에 메인쿼리의 컬럼이 없어서 서브쿼리가 제공자 역할을 할 수 있도록 실행계획이 수립되었기 때문이다.

이처럼 막연한 불안감이나 근거없는 기대감만 가지고 함부로 SQL을 작성하면 이처럼 놀라운 차이를 가져올 수도 있다는 점에 반드시 유의하기 바란다.

나) Sort Merge 형 세미조인

세미조인은 메인쿼리의 집합을 보존해야 한다는 철칙을 지키면서 실제로 집합을 연결하는 방식은 조인과 거의 동일한 개념이라고 하였다. 그러므로 일반 조인에서 나타나는 대부분의 조인 형식이 그대로 적용된다. 다만 앞서 Nested Loops 형에서 알아 보았듯이 단지 메인쿼리 집합을 보존하기 위한 특별한 처리 과정이 추가될 뿐이다.

세미조인은 조인 형태가 가지는 고유한 장·단점이나 적용기준들도 거의 그대로 통용된다. 이 말은 곧 세미 조인에서도 상황에 따라 적절한 조인 형식을 적용하여야 함을 의미한다. 연결고리의 이상이 발생하거나 대량의 데이터를 연결해야 할 때는 세미 조인에서도 Sort Merge 형 조인이 적용될 수 있다. Sort Merge 형태로 수행하는 이유와 효과는 조인에서 설명한 바와 거의 동일하다.

다음과 같은 SQL 을 살펴보자.

```
SELECT    ............
FROM 사원
WHERE 부서코드 IN (SELECT 부서코드
                    FROM 근태
                    WHERE 일자 between '20150601' and '20150612'
                      and 근태유형 = '무단결근')
   and 직책 >= '과장';
```

위의 SQL 은 Sort Merge 형 세미 조인의 특성을 좀더 다각적으로 조명해 보기 위해 M:M 의 관계를 조인하는 예를 들었다. 데이터 연결에 사용된 '사원' 테이블과 '근태' 테이블은 연결고리인 '부서코드'에서 볼 때는 M:M 관계를 가지고 있다. 이처럼 M:M 관계를 가지더라도 서브쿼리의 특성상 항상 메인쿼리의 집합은 보존되므로 물론 그 결과는 M:1 조인과 동일하다.

그렇다면 Sort Merge 형 세미 조인에서도 서브쿼리는 반드시 '1' 집합이 되어야 하므로 먼저 자신만의 처리조건으로써 액세스하여 부서코드별로 유일한 집합을 만들어야만 한다. 물론 이 서브쿼리는 먼저 수행되어 제공자 역할을 하는 Nested Loops 형으로 처리될 수도 있다.

만약 '사원' 테이블에 '부서코드 + 직책'으로 인덱스가 구성되어 있다면 이것도 매우 좋은 실행계획일 수 있다. 만약 그렇지 않다면 어느 방향으로 수행해도 연결이 수월하지 않으므로 이러한 경우에는 Sort Merge 형태의 연결이 될 가능성이 높다. 여기서는 Sort Merge 조인으로 수행된다고 가정하고 실행계획을 한번 살펴보자.

```
SELECT STATEMENT
 MERGE JOIN
  SORT(JOIN)
   TABLE ACCESS (FULL) OF '사원'
   SORT(JOIN)
    VIEW
     SORT(UNIQUE)
      TABLE ACCESS (BY ROWID) OF '근태'
       INDEX (RANGE SCAN) OF '유형_일자_IDX' (NON-UNIQUE)
```

실행계획에서 볼 수 있듯이 서브쿼리는 메인쿼리와의 머지를 위해서 자신이 액세스한 로우들을 SORT(UNIQUE) 처리에 의해 '1' 집합을 만든다. Sort Merge 형식으로 수행될 때는 다른 집합에서 수행된 결과를 받아서 처리할 수 없으므로 독자적으로 처리범위를 충분히 줄일 수 있을 때 효과적이며, 랜덤 액세스가 줄어들기 때문에 경우에 따라서는 매우 효과적일 수도 있는 장점은 일반적인 조인 시와 동일하다.

예를 들어 앞서 예를 든 SQL 의 서브쿼리에 GROUP BY 가 있었다고 가정해보자. 그 결과는 이미 가공된 결과의 집합이므로 인덱스를 사용할 수 없다. 그러나 GROUP BY 에 의해 집합의 크기가 줄어 들었으므로 조인의 량은 감소한다. 이런 경우에는 Sort Merge 형 세미 조인이 나름대로 가치가 있다. 물론 이런 경우에도 서브쿼리를 인라인뷰로 만들어 일반 조인으로 연결하는 것도 내용적으로는 거의 동일하다.

연결고리의 조건에 'NOT'을 사용한 경우에도 이러한 형태의 연결이 나타날 수 있다. 여기에 대한 상세한 내용은 '부정형(Anti) 세미조인(page 599~605)'에서 설명될 것이다.

다) 필터(Filter) 형 세미조인

필터란 말 그대로 '골라내는 작업' 방법을 말한다. 'FILTER'에 대해서는 서브쿼리의 확인자 역할을 설명하면서 간단하게나마 언급한 적이 있다. 여기서는 내부에서 일어나는 좀 더 상세한 절차를 살펴봄으로써 이 형식이 가지는 특징과 장·단점을 규명해 보기로 한다.

확인자 역할이라는 것은 먼저 수행하여 액세스한 결과를 서브쿼리를 통해 체크하여 취할 것인지, 아니면 버려야 할 것인지를 결정하는 역할이다. 이 형식의 세미조인은 이러한 작업을 보다 효율적으로 수행하기 위해 버퍼(Buffer) 내에 이전의 값을 저장해 두었다가 대응되는 집합을 액세스하기 전에 먼저 저장된 값과 비교함으로써 액세스를 최소화하는 방법이다.

조인은 연결된 로우들을 다음 단계의 처리를 위해 보관할 필요가 있지만 필터처리에서는 단지 선별을 위해서만 사용하므로 체크에 필요한 최소의 정보만 잠시 저장되어 있을 뿐이다. 이러한 처리 방식은 대부분 EXISTS 를 사용한 서브쿼리에서 나타난다. 앞서 소개했던 것처럼 'IN'을 사용한 일반적인 서브쿼리에서도 확인자 역할을 하는 경우에 나타날 수 있다.

일단, 필터처리 방법을 자세히 알아보기 위해 다음과 같은 SQL 을 실행시켜 보자.

```
SELECT    ..........................
FROM   ORDER x
WHERE  ORDDATE LIKE '201506%'
  and EXISTS ( SELECT 'X'
               FROM DEPT y
               WHERE y.DEPTNO = x.SALDEPT .................. (a)
                 and y.TYPE1 = '1' ) ;
```

이 SQL 이 'IN'을 사용한 세미 조인과 가장 크게 다른 것은 우선 연결고리를 정의하는 방법이다. 메인쿼리의 조건문에는 연결고리가 보이지 않는다. 서브쿼리의 SELECT-List 에도 연결고리가 없다. 'EXISTS'의 연결고리는 (a)에서처럼 서브쿼리의 조건절에 마치 일반 조인처럼 표시되어 있다. 우리는 앞서 서브쿼리 내에 메인쿼리의 컬럼이 있으면 이미 논리적으로 서브쿼리가 먼저 수행될 수 없다고 했다. 따라서 이처럼 'EXISTS'를 사용한 세미 조인은 언제나 확인자의 역할만 가능하다.

앞서 부분범위 처리에서 설명했듯이 'EXISTS'는 비교 연산자가 아니라 '성공이냐, 실패냐'를 판정(확인)하는 불린 함수라고 했었다. 이러한 판정은 조건을 만족하는 모든 집합이 필요하지는 않다. 하나라도 증거가 나오면 즉시 판정이 가능하기 때문에 마치 일반 세미 조인에서 '1' 집합을 만들기 위해 그러하였던 것처럼 하나씩과 조인하는 형식이 되어 세미 조인의 철칙을 만족하게 되는 것이다.

우리는 세미 조인에서 경우에 따라 제공자 역할을 하는 것이 유리할 수도 있고, 반대로 확인자 역할을 하는 것이 유리한 경우가 있다는 것을 알고 있다. 앞의 SQL 의 실행계획은 다음과 같이 나타난다.

```
FILTER
 TABLE ACCESS (BY ROWID) OF 'ORDER'
  INDEX (RANGE SCAN) OF 'ORDDATE_INDEX' (NON_UNIQUE)
 TABLE ACCESS (BY ROWID) OF 'DEPT'
  INDEX (UNIQUE SCAN) OF 'DEPT_PK' (UNIQUE)
```

이 실행계획은 FILTER 란 용어를 'NESTED LOOPS'로 바꾸어 보면 우리가 자주 보아오던 Nested Loops 조인과 동일하며 실제 수행하는 방법도 매우 유사하다고 했었다. 그러나 필터처리는 나름대로 매우 독특한 특징을 가지고 있다.

만약 이러한 실행계획의 수행과정을 SQL-TRACE 를 통해 세밀하게 분석해본 사용자라면 매우 특이한 현상을 발견할 수 있었을 것이다. 가령 TRACE 파일에 나타난 각 실행단계별 로우 수가 다음과 같았다고 가정해 보자.

```
 Rows    Execution Plan
 ------  ----------------------------------------------
  3200   FILTER
  3200    TABLE ACCESS (BY ROWID) OF 'ORDER'
  3201     INDEX (RANGE SCAN) OF 'ORDDATE_INDEX' (NON_UNIQUE)
    10    TABLE ACCESS (BY ROWID) OF 'DEPT'
    10     INDEX (UNIQUE SCAN) OF 'DEPT_PK' (UNIQUE) ------ (b)
```

이 실행계획의 각 단계별 수행내역을 처리한 로우 수를 이용하여 분석해 보자. 먼저 'ORDDATE_INDEX'를 3,201 개까지 차례로 범위처리를 하면서 3,200 건의 'ORDER' 테이블의 로우를 읽어 내려 가면서 대응되는 DEPT 테이블을 연결한다. 그렇다면 'ORDER' 테이블에서 액세스한 3,200 개의 각각의 로우에 대해서 매번 서브쿼리가 수행되어 EXISTS 를 체크했으므로 'DEPT' 테이블을 액세스하는 서브쿼리도 3,200 번 수행되어야 할 것이다.

그런데 위의 (b)을 살펴보면 이 서브쿼리가 'DEPT' 테이블을 액세스한 것은 단 10 회에 불과하다. 자! 이 현상을 어떻게 설명해야 할 것인가?

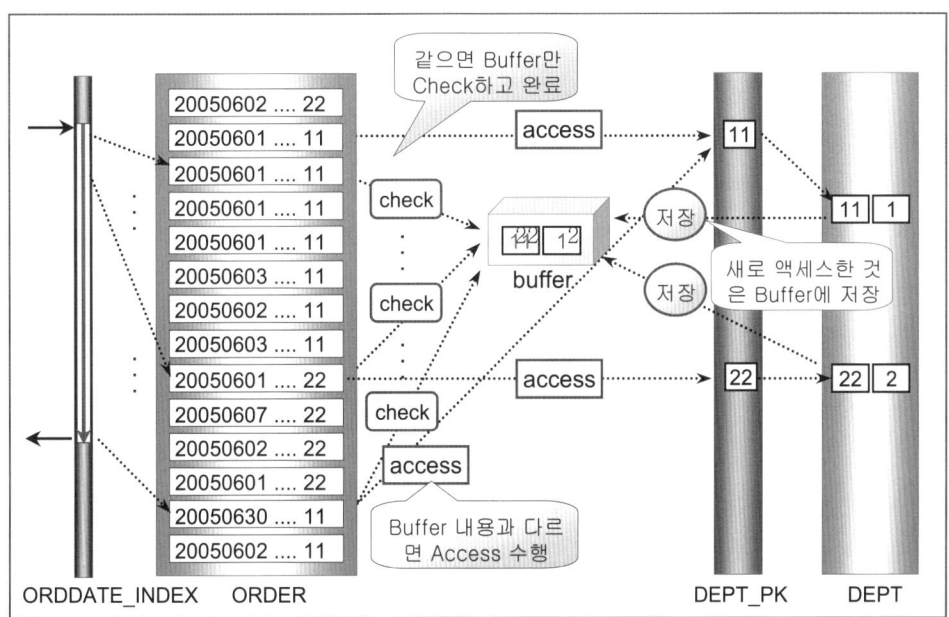

[그림 2-2-26]

위의 그림을 보면서 그 실행방법을 자세히 알아보도록 하자.

① 먼저 ORDDATE_INDEX 에서 '201506%'를 만족하는 첫 번째 로우를 읽고 그 ROWID 로 ORDER 테이블의 해당 로우를 액세스한다.

② 그 로우가 가지고 있는 SALDEPT 와 버퍼에 있는 DEPT 와 비교한 결과가 같지 않으므로 DEPT 테이블의 기본키를 이용해 액세스한 후 TYPE1='1'을 체크한다. 체크를 하여 조건을 만족하면 운반단위에 태우고 아니면 버린다.

③ 액세스한 DEPT 테이블의 비교 컬럼값들을 버퍼에 저장한다.

④ ORDDATE_INDEX 의 두 번째 로우에 대한 ORDER 테이블 로우를 액세스한 후 버퍼와 체크한다. 이때 ORDER 테이블의 SALDEPT 와 버퍼의 DEPT 가 동일하면 버퍼와의 비교만 수행하며, DEPT 테이블은 액세스하지 않는다. 버퍼의 DEPT 와 일치하지 않을 때는 DEPT 테이블을 액세스하여

체크조건을 비교하고 그 값을 다시 버퍼에 저장한다. 버퍼는 하나의 값만 저장할 수 있으므로 앞서 저장된 값은 갱신된다. 그림에는 처음에 버퍼에 있던 '11,1'이 '22,2'로 바뀌어진 것을 표현하였다.

⑤ 이와 같은 방법으로 ORDDATE_INDEX 의 처리범위가 완료될 때까지 수행한다.

필터처리는 이와 같은 방법으로 수행하므로 만약 메인쿼리에서 액세스되는 로우가 서브쿼리에서 비교할 컬럼(연결고리)으로 정렬되어 있다면 서브쿼리의 테이블 액세스 양을 많이 감소시킬 수 있다. 즉, 선행처리되는 ORDER 테이블의 연결고리인 SALDEPT 가 만약 'ORDERDATE + SALDEPT'로 인덱스가 되어 있었다면, 그림에서처럼 '11'이 모두 끝난 다음에 '22'가 나타날 것이므로 DEPT 를 액세스하러 가는 경우가 최소화 될 것이다.

그러나 극단적인 경우를 가정해보자. 만약 SALDEPT 가 매번 바뀌었다고 한다면 항상 버퍼에 저장된 것과 일치하지 않을 것이므로 버퍼를 활용한 이득을 전혀 얻을 수 없다. 물론 이것은 최악의 경우를 가정한 것이므로 대부분의 경우는 최소한 유리하게 된다고 말 할 수 있다. 이처럼 서브쿼리를 확인자 역할로만 사용하고자 한다면 FILTER 형 세미조인을 활용하는 것이 나쁠 것이 없다.

그러나 무조건 그렇게 생각하는 것도 약간의 문제는 있다. 그림에서 볼 수 있듯이 이 처리방식은 개념적으로는 Nested Loops 형식과 유사하므로 랜덤 액세스가 증가할 가능성이 있다. 물론 버퍼만 체크하는 경우가 많다면 걱정할 것이 없겠지만 그렇지 않을 때는 Sort Merge 형이나 해쉬 조인이 되도록 하는 것이 보다 유리할 것이다. 일반적으로 EXISTS 서브쿼리를 사용한 경우는 대부분 FILTER 처리 방식으로 실행계획이 수립되므로 필요하다면 인라인뷰를 활용한 조인문을 사용하는 게 좋다.

필터형 세미조인과 Nested Loops 조인의 차이점을 다시 한번 정리해 보자. 랜덤 액세스를 통해 다른 집합과 연결을 한다는 점에서는 매우 유사하다. 그러나 필터처리는 연결을 시도하다가 성공하는 로우를 만나면 연결작업을 멈추지만 Nested Loops 조인은 조건을 만족하는 모든 로우에 대해 처리한다.

또한, 버퍼를 이용한 처리를 하여 랜덤 액세스 양을 최소화 시킨다. 그러나 항상 확인자 역할만 담당하므로 만약 제공자 역할을 해야 하거나 주어진 상황에 따라 자연스럽게 옵티마이저가 처리순서를 바꿀 수 있도록 해야 한다면 조인을 사용하는 것이 바람직하다.

라) 해쉬(Hash) 형 세미조인

필터 형식으로 처리되는 세미 조인은 랜덤 위주의 액세스가 발생하므로 만약 대량의 연결을 시도했을 때는 커다란 부담이 될 가능성이 충분히 있다. 물론 이런 문제를 해결하기 위해 Sort Merge 형으로 실행을 유도할 수도 있겠지만, 일반적으로 해쉬 조인이 수행속도에 유리한 경우가 많기 때문에 이를 활용할 가치가 있다.

앞서 필터형 처리에서 예로 들었던 SQL 을 다음과 같이 변경시켜 보자.

```
SELECT   .........................
FROM   ORDER x
WHERE ORDDATE LIKE '201506%'
  and EXISTS ( SELECT   /*+ hash_sj(x, y) */ 'x'
               FROM   DEPT y
               WHERE y.DEPTNO = x.SALDEPT
                 and y.TYPE1 = '1' );
```

이 SQL 의 실행계획은 다음과 같이 나타난다.

```
HASH JOIN SEMI
 TABLE ACCESS (BY ROWID) OF 'ORDER'
  INDEX (RANGE SCAN) OF 'ORDDATE_INDEX' (NON_UNIQUE)
 TABLE ACCESS (FULL) OF 'DEPT'
```

서브쿼리에 'HASH_SJ'힌트를 사용하여 세미 조인이 해쉬형으로 수행되도록 유도한 것이다. 만약 대량의 연결을 해야 하고, 메모리 내에 충분한 해쉬영역을 지정해 주었다면 현격한 수행속도 향상을 경험하게 될 것이 틀림없다.

그러나 여기에는 몇 가지 준수해야 할 제한 요건이 있다. 가령, 서브쿼리에는 하나의 테이블만 존재해야만 한다거나, 서브쿼리 내에 또 다시 서브쿼리를 사용했을 때는 적용이 불가능 하다. 또한 연결고리의 연산자는 반드시 '='이 되어야 하며, 서브쿼리 내에 GROUP BY, CONNECT BY, ROWNUM 을 사용할 수 없다는 제약이 있다.

해쉬 조인처럼 해쉬형 세미 조인에서도 어느 한쪽 집합이 메모리 내의 해쉬영역에 내포될 수 있으면 부분범위 처리가 가능하다. 이러한 경우는 온라인 애플리케이션의 경우 대용량 데이터라 하더라도 아주 빠른 수행속도를 보장 받을 수가 있다.

앞서 한 번 언급한 적이 있었듯이 버전이 증가하면서 세미 조인이나 부정형 조인에 대한 힌트가 달라졌다. 여러분의 버전에 따라 'HASH_SJ, HASH_AJ, MERGE_SJ, MERGE_AJ'등을 사용할 수도 있고, 일반 조인처럼 'USE_HASH, USE_MERGE' 힌트를 적용할 수 있다. 이것은 단지 표현 방법의 차이가 있을 뿐이지 나타나는 실행계획은 동일하다.

이 외에도 UPDATE 문의 SET 절의 서브쿼리나, SELECT-List 에 기술되는 스칼라 서브쿼리도 이와 매우 유사하다. 이 부분에 대한 설명은 제 2 권에서 'UPDATE 문의 확장'과 '데이터 연결의 다양한 방법' 편에서 응용 방법과 함께 다루도록 하겠다.

마) 부정(Anti) 형 세미조인

조인의 연결고리 조건에 부정형(Not)이 들어 있다면 양쪽 집합을 연결하는 것 자체가 이미 논리적으로도 결코 쉽지 않다. 조인이란 연결고리 조건에 대응되는 집합을 찾는 것이므로 부정형이 들어 가는 순간, 대응되지 않는 것을 찾아야 한다는 논리가 되기 때문이다.

상식적으로 생각해봐도 가령 '111'을 찾겠다는 것은 어렵지 않겠지만, '111'이 아닌 것을 찾겠다고 한다면 우리가 찾아야 할 대상에 어떤 값이 존재하는지를 알 수 없으므로 연결을 위한 상수값을 제공하기가 여의치 않다.

찾고자 하는 대상을 알지 못한다면 그것은 미지수(未知數)에 대응되는 값을 찾고자 하는 것과 같으므로 직접적으로 그 대응값을 가진 집합을 액세스할 수가 없다. 설사 액세스가 가능하다고 하더라도 알지 못하는 값을 가지고 인덱스를 적용할 수 없기 때문에 실제로 그렇게 연결작업이 수행된다면 매우 심각한 부담이 발생할 것이다.

그러나 약간만 생각을 바꾸어 보면 길이 없는 것도 아니다. 학창시절 수학시간에서 배웠던 상식적인 개념을 생각해보자. 가령, '10 - X'라는 수식이 있을 때 'X'에 있는 마이너스를 플러스(+)로 바꾸는 방법이 있다. 그것은 바로 '10 - (+X)'로 하는 것이다. 즉, 조인의 비교 연산자는 'NOT'을 사용하지 않는 긍정형을 쓰고, 이것을 괄호로 묶은 것(인라인뷰)을 'NOT IN'이나 'NOT EXISTS'로 비교하는 방법을 사용하면 된다.

다시 말해서 집합간의 연결은 기존의 세미조인으로 실시하고, 그 결과의 판정만 반대로 하는 방식을 적용하기 때문에 앞서 설명했던 세미조인과 매우 유사하다고 할 수 있다. 여기서 'IN'이나 'EXISTS'와 같은 비교 연산자의 의미는 어떤 것을 찾고자 하는 것이 아니라 단지 기술한 서브쿼리의 결과가 'TRUE'인지 'FAULT'인지를 판정하는 불린 연산을 뜻한다.

이와 같이 불린 연산을 하는 경우의 서브쿼리는 '확인자'의 역할을 담당할 수 밖에 없다. 그러므로 앞서 설명했던 'IN'을 사용한 서브쿼리의 확인자 역할과 'EXISTS' 서브쿼리 실행계획에서 보았던 필터형 처리로 나타나게 된다.

필터형 실행계획의 장·단점을 설명하면서 밝혔듯이 제공자 역할을 하지 않기 때문에 나중에 수행될 수 밖에 없어 대부분의 경우 반복적인 랜덤을 발생시키게 되므로 대량의 처리에 부담이 되는 경우가 많다. 특히 'IN'을 사용한 서브쿼리는 상황에 따라서 제공자가 될 수도 있고, 확인자가 될 수도 있지만, 'NOT IN'을 사용하는 순간 항상 확인자 역할을 할 수 밖에 없다는 것에 유의하기 바란다.

결국 구문상의 차이만 있지 이러한 경우는 'NOT IN'이나 'NOT EXISTS'나 동일한 결과가 나타난다. 논리적으로는 당연히 Nested Loops 형, Sort Merge 형, 해쉬조인형으로 처리될 수가 있지만 대개의 경우는 Nested Loops 형 실행계획이 나타난다. 물론 여기서 말하는 Nested Loops 형은 FILER 형 처리를 말한다.

좀더 상세한 내용을 사실적으로 알아보기 위해 다음과 같은 부정형으로 데이터를 연결하는 SQL 을 살펴보자.

```
SELECT ...................
FROM TAB1
WHERE COL1 like 'ABC%'
   and COL2 NOT IN ( SELECT FLD2
                     FROM TAB2
                     WHERE FLD3 between '20150101' and '20150131');
```

의미상으로 보면 이 SQL 은 문제가 전혀 없으며 원하는 결과를 얻을 수 있다. 그러나 이 SQL 의 실행계획을 살펴보면 문제점이 나타난다. 실행계획을 살펴보자.

```
SELECT STATEMENT
 FILTER
  TABLE ACCESS (BY ROWID) OF 'TAB1'
   INDEX (RANGE SCAN) OF 'COL1_INDEX' (NON UNIQUE)
  TABLE ACCESS (BY ROWID) OF 'TAB2'
   INDEX (RANGE SCAN) OF 'FLD3_INDEX' (NON UNIQUE)   ----- (a)
```

부정형 조인은 연결고리에 해당하는 TAB1 의 COL2 와 TAB2 의 FLD2 가 NOT IN 으로 비교되었으므로 이 서브쿼리는 논리적으로 결코 제공자의 역할을 할 수 없다. 그러므로 부정형 실행계획에서 필터형으로 수행될 때는 서브쿼리가 항상 나중에 수행된다.

위의 실행계획에 있는 (a)를 살펴 보면 아주 이상한 점이 있다. 그것은 바로 나중에 수행되는 서브쿼리의 처리주관 인덱스는 연결고리인 FLD2 인덱스가 아니라 FLD3 인덱스가 사용되고 있다는 것이다.

그것은 메인쿼리가 액세스한 각각의 로우마다 서브쿼리가 계속해서 동일한 범위를 반복해서 처리하게 된다는 것을 의미한다. 물론 항상 이렇게 실행계획이 수립되는 것은 아니다. 만약 'FLD2 + FLD3'로 인덱스가 구성되었거나 FLD3 에 인덱스가 없다면 당연히 FLD2 인덱스를 사용하는 실행계획이 작성된다.

따지고 보면 이것은 분명히 옵티마이져의 잘못이다. 그러므로 이러한 현상은 데이터베이스에 따라서 또는 버전에 따라서 나타나지 않을 수도 있다. 그러나 이러한 잘못된 실행계획이 수립되는 것을 방지하려면 다음과 같이 사용하는 것이 바람직하다.

```
SELECT ...........
FROM TAB1
WHERE COL1 like 'ABC%'
  and NOT EXISTS (SELECT FLD2
                  FROM TAB2
                  WHERE FLD2 = COL2
                    and FLD3 between '20150101' and '20150131');
```

필터형식으로 처리되는 부정형 조인의 최대 장점은 Nested Loops 조인과 같이 선행 집합에서 요구한 로우들에 대해서만 수행한다는 것이다. 다시 말해서 선행집합에서 상수값을 제공받아서 처리한다는 것이다.

이러한 처리는 랜덤 액세스가 증가한다는 단점을 가지고 있기 때문에 상수값을 제공받았을 때 수행되는 처리량과 독자적으로 수행할 때의 처리량을 비교하여 판단해야 한다. 이 실행계획의 장점은 부분범위 처리가 가능하다는 것이다. 비록 부정형으로 연결되었다 하더라도 부분범위처리 자격은 그대로 유지된다.

만약 위의 SQL 에서와 같이 서브쿼리에 있는 조건이 나름대로 처리범위를 많이 줄여줄 수 있을 때 이 쿼리가 한 번만 수행하여 조인을 할 수만 있다면 매우 효율적인 처리라고 할 수 있다. 이것을 가능하게 하는 방법이 바로 Sort Merge 형식으로 수행되는 부정형 조인과 해쉬조인 형식으로 수행되는 수행되는 부정형 조인이 있다.

특히 전체범위로 처리해야 하는 경우라면 더욱 이러한 접근이 필요하다. 앞서 예를 들었던 SQL 에 다음과 같이 SELECT LIST 에 'COUNT(*)'를 넣어 전체범위 처리가 되는 SQL 이 되도록 바꾸어 보자.

```
SELECT COUNT(*)
FROM TAB1
WHERE COL1 like 'ABC%'
   and COL2 NOT IN ( SELECT FLD2
                     FROM TAB2
                     WHERE FLD3 between '20150101' and '20150131');
```

만약 이 SQL 의 실행계획이 필터형으로 처리된다고 생각해 보자. 메인쿼리에서 추출한 범위가 매우 넓어서 서브쿼리가 랜덤으로 처리할 양이 매우 많아진다면 상당한 부담이 될 것이다. 이러한 경우에는 Sort Merge 조인처럼 각각의 집합을 별도로 한 번씩만 액세스하여 정렬시킨 다음 머지를 통해서 연결하는 것이 훨씬 유리하다.

비록 부정형으로 연결되었지만 이러한 방식의 처리가 문제될 것은 없다. 머지 단계에서 일반적인 머지의 반대인 '머지에 실패한 것'을 추출하기만 하면 나머지는 동일한 방법이 되기 때문이다. 그러나 대부분의 경우 옵티마이져는 필터형 처리로 실행계획을 수립하기 때문에 필요하다면 뭔가 특별한 조치를 해야 한다.

대량의 랜덤 처리를 피하는 또 한 가지의 방법에는 해쉬 조인이 있다는 것을 우리는 잘 알고 있다. 만약 서브쿼리 내에 있는 집합이 처리범위를 많이 줄여 줄 수가 있어 빌드입력이 메모리 내에 모두 저장되는 인-메모리 해쉬조인이 가능하다면 다른 어떤 조인 방식보다도 효율적일 것이다.

물론 어차피 전체범위를 모두 처리해야 한다면 설사 유예 해쉬조인으로 수행된다고 하더라도 메모리 자원의 부담을 주는 것을 제외하고는 Sort Merge 부정형 조인보다 유리하다는 것은 기존의 원칙과 결코 다르지 않다. 해쉬 조인으로 유도하는 것도 필요하다면 힌트를 써서 실행계획을 조정해야 할 경우가 있다.

먼저 머지 부정형 조인으로 유도하는 방법을 알아보기로 하자.

```
SELECT COUNT(*)
FROM TAB1
WHERE COL1 like 'ABC%'
   and COL2 IS NOT NULL
   and COL2 NOT IN (SELECT /*+ MERGE_AJ */ FLD2
                    FROM TAB2
                    WHERE FLD3 between '20150101' and '20150131'
                       and FLD2 IS NOT NULL);
```

머지 조건이 되는 컬럼은 반드시 'NOT NULL' 보장이 되어야 하므로 서브쿼리와 메인쿼리에 각각 'IS NOT NULL' 조건을 추가한다. 서브쿼리에는 'MERGE_AJ'라는 힌트를 추가하면 다음과 같은 실행계획이 나타날 것이다.

```
SELECT STATEMENT Optimizer=FIRST_ROWS
 MERGE JOIN (ANTI)
  SORT (JOIN)
   TABLE ACCESS (BY ROWID) OF 'TAB1'
    INDEX (RANGE SCAN) OF 'COL1_INDEX' (NON-UNIQUE)
  SORT (UNIQUE)
   VIEW
    TABLE ACCESS (BY ROWID) OF 'TAB2'
     INDEX (RANGE SCAN) OF 'FLD3_INDEX' (NON-UNIQUE)
```

이 실행계획은 앞서 소개했던 Sort Merge 조인과 거의 동일하지만 위의 실행계획처럼 단지 'MERGE JOIN (ANTI)'로 표시되는 것만 차이가 있다. 이 조인은 반드시 NOT IN 을 사용한 경우만 가능하며, 비용기준 옵티마이져로 정의되어야만 한다.

세미 조인이 'IN'이나 'EXISTS' 모두 가능하듯이 부정형 조인도 당연히 그래야 하지만 현재까지는 'NOT EXISTS'를 사용한 경우는 힌트가 적용되지 않는다. 물론 이후에 옵티마이져가 개선될 수도 있으므로 확인해 보기 바란다.

이번에는 해쉬 부정형 조인으로 유도하는 방법에 대해서 알아보자. 해쉬 부정형 조인을 위해서는 다음과 같이 힌트를 기술해야 한다.

```
SELECT COUNT(*)
FROM TAB1
WHERE COL1 like 'ABC%'
  and COL2 IS NOT NULL
  and COL2 NOT IN (SELECT /*+ HASH_AJ */ FLD2
                   FROM TAB2
                   WHERE FLD3 between '20151201' and '20151231'
                     and FLD2 IS NOT NULL);
```

해쉬 부정형 세미조인은 힌트를 'HASH_AJ'로 기술하는 것을 제외하면 각종 제한사항이나 사용기준들은 머지 부정형 세미조인과 거의 동일하다. 위의 SQL 은 다음과 같은 형태의 실행계획이 나타날 것이다.

```
SELECT STATEMENT Optimizer=FIRST_ROWS
 HASH JOIN (ANTI)
  TABLE ACCESS (BY ROWID) OF 'TAB1'
   INDEX (RANGE SCAN) OF 'COL1_INDEX' (NON-UNIQUE)
  VIEW
   TABLE ACCESS (BY ROWID) OF 'TAB2'
    INDEX (RANGE SCAN) OF 'FLD3_INDEX' (NON-UNIQUE)
```

이 실행계획은 서브쿼리 부분에서 MERGE_AJ 과는 다르게 SORT(UNIQUE) 부분이 나타나지 않는 것은 해쉬 조인이 연결을 위해 사전에 준비해 두는 작업이 필요한 것은 머지 조인과 유사하지만 실제 연결단계에서 필터형식으로 처리되므로 굳이 유일한 집합을 만들어야 할 필요가 없기 때문이다.

여러분들은 필터형 처리보다 머지 부정형 조인이 더 유리한 경우에 해쉬 부정형조인을 사용해보면 그 수행속도는 깜짝 놀랄 만큼 현저하게 향상되는 것을 보게 될 것이다. 그렇다고 해서 항상 이러한 방법이 유리한 것이 아니라 것은 앞서 그 이유를 충분히 설명하였다. 특히 머지 부정형 조인이나 해쉬 부정형 조인은 전체범위 처리를 하는 경우가 많기 때문에 반드시 부분범위 처리를 하고자 할 때는 함부로 사용해서는 안 된다는 것을 분명히 기억하기 바란다.

해쉬 부정형 조인도 현재까지는 'NOT IN'을 사용했을 때만 가능하며, 'NOT EXISTS'를 사용한 경우에는 이러한 형태의 실행계획은 수립되지 않는다. 머지 부정형 조인과 마찬가지로 옵티마이져가 이를 개선했을 수도 있으므로 확인해 보기 바란다.

여기서 마지막으로 서브쿼리에 왜 반드시 'IS NOT NULL'을 추가해야 하는지 잠시 살펴보기로 하자.

우리는 앞서 인덱스를 설명할 때 NULL 공포증을 해소하기 위한 대책을 설명하면서 그 NULL 값의 특성을 알아본 적이 있다. NULL 은 미확정 값이므로 어떤 연산에서 빠져야 한다는 것을 익히 알고 있을 것이다. 어떤 전체 집합에서 긍정형으로 조건연산을 할 때는 NULL 을 가진 값은 어차피 내가 찾고자 하는 데이터가 아니므로 빠지더라도 문제가 될 것이 없다. 가령 어떤 집합이 '{1, 2, null}'로 구성되어 있을 때 '2'를 액세스할 때 집합 내에 NULL 의 존재유무는 결과에 아무런 문제도 일으키지 않는다.

그러나 만약 '2'가 아닌 것을 찾는 부정형 조건연산이라면 그 결과는 영향을 받게 된다. 이 집합에서 '2'가 아닌 것은 '1, null'이지만, 만약 NULL 이 비교연산에서 무시된다면 '1'만

찾게 된다. 이것은 우리가 원하는 결과가 아니다. 이러한 원리는 부정형 서브쿼리에서도 그대로 적용된다.

예를 들어 메인커리에서 액세스한 값이 '{1, 2, 3, null}'이라고 하고 부정형으로 확인자가 될 서브쿼리에는 '{1, 2, null}'이 있다고 가정해 보자. 메인쿼리의 결과 중에 서브쿼리에 없는 것을 찾으면 그 결과는 '3'과 'null'이다. 얼핏 생각하면 '3'만 찾아야 할 것처럼 보이지만 그것은 NULL 값의 개념을 잘 모르는 사람들의 생각이다.

마치 미지수 'X'와 미지수 'Y'는 같은 미지수라는 것일 뿐 이들을 '='이라고 할 수 없는 것과 같다. 그러므로 메인쿼리에 있는 NULL 값이 서브쿼리에도 있다고 해서 존재한다는 조건(Exists)을 만족했다고 해서도 안 된다.

부정형 해쉬조인은 실제로는 긍정형과 같은 방법으로 조인을 시도해서 조인의 성공여부를 결정하는 방법만 반대로 할뿐이므로 연결되는 것을 찾는 작업을 하면서 그 결과만 반대로 처리한다. 만약 서브쿼리에 NULL 값이 존재한다면 결과에 영향을 미칠 수 있으므로 NOT NULL 이라는 전제가 있을 때만 이러한 방식의 조인이 가능하다.

2.3.6. 스타(star) 조인

스타 조인이란 어떤 의미에서 볼 때는 새로운 방식의 조인이 아니라고도 할 수 있다. 개념적으로만 생각해 본다면 기존의 조인방식들로 수행하면서 단지 조인의 실행계획이 특정한 처리절차로 수행되는 것일 뿐이라고 할 수 있다.

스타라는 말이 사용된 연유는 조인되는 집합들 간의 관계들이 마치 별 모양처럼 생겼기 때문에 붙여진 것이다. 아래 그림과 같이 주로 트랜잭션이 발생할 때 데이터가 쌓이는 '매출정보' 테이블과 거기에 달려 있는 각종 코드 테이블들 간의 조인을 생각해보자.

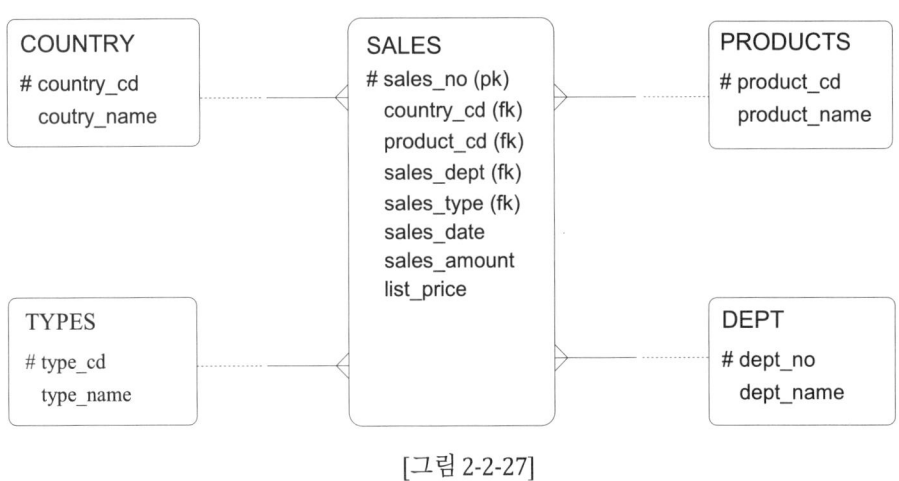

[그림 2-2-27]

이러한 관계에 있는 테이블들을 다음과 같이 조인해 보자.

```
SELECT d.dept_name, c.counrty_name p.product_name, t.type_name,
       SUM(s.sales_amount) sales_amount
FROM SALES s, COUNRTY c, PRODUCTS p, DEPT d, TYPES t
WHERE c.country_cd = s.counrty_cd
  AND p.product_cd = s.product_cd
  AND d.dept_no = s.sales_dept
  AND t.type_cd = s.sales_type
  AND s.sales_date between '20151001' and '20151231'
  AND p.product_name  in ( 'PA001', 'DQ101' )
  AND t.type_name = 'DOMESTIC'
  AND d.dept_name = 'SEOUL'
    GROUP BY d.dept_name, c.counrty_name, p.product_name, t.type_name;
```

이 SQL이 가지고 있는 몇 가지 특징을 좀더 상세하게 살펴보도록 하겠다. 우선 처리범위를 줄일 수 있는 조건들이 여러 테이블에 분산되어 있다는 점에 유의하자. 원래 조인이라는 것은 그것이 어떤 방식으로 수행되건 간에 한 순간에는 두 개의 집합끼리만 연결작업을 수행한다.

매치 게임에서는 여러 명의 출전 선수들이 있더라도 대결하는 당사자가 아닌 나머지 선수들은 그 결과가 끝날 때까지 지켜보는 수 밖에 없다. 이처럼 비록 여러 테이블들이 나름대로 처리범위를 줄여줄 수 있는 조건을 가지고 있다고 하더라도 특정 테이블들 간의 조인이 일어나는 순간에는 다른 테이블들은 그저 가만히 지켜볼 수 밖에 없다는 것이다.

물론 이런 경기에서는 먼저 출전한 선수가 상대 선수들을 많이 제압해 주는 것이 유리하듯이 여러 테이블이 조인되는 SQL에서는 먼저 수행되는 연결작업이 최대한 많은 범위를 줄여주는 것이 유리하다. 두 테이블 간의 연결작업에서도 선행되는 테이블의 처리범위를 많이 줄여 줄수록 유리하다.

연결작업은 상관없는 아무 것끼리 할 수 있는 게 아니라는 점에 유의해야 한다. 상식적인 조인은 연결고리에 정의된 것들만 가능하다. 이러한 점들을 감안해서 위의 SQL을 분석해 보면 적지 않은 문제점이 도사리고 있다.

우선, 각 테이블이 보유하고 있는 조건들의 면면을 살펴보면 어느 것을 선택하더라도 처리범위가 별로 줄어들지 않는다는 것을 알 수 있다. 물론 여기서의 관건은 대량의 데이터를 가지고 있는 SALES 테이블의 처리범위를 얼마나 효과적으로 줄일 수 있느냐에 있다.

SALES 테이블이 남의 도움을 받지 않고 수행할 수 있는 SALES_DATE는 3개월이나 되어 처리범위가 만만치 않다. 그렇다고 해서 SALES_TYPE이나 SALES_DEPT의 도움을 받더라도 그렇게 많은 처리범위가 줄어들 것으로 보이지도 않는다.

물론 이러한 경우를 대비해서 'SALES_TYPE + SALES_DATE, 혹은 SALES_DEPT + SALES_DATE, PRODUCT_CD + SALES_DATE'로 된 결합인덱스를 생생해 둔다면 얼마간의 효과를 얻을 수는 있겠지만, 만약 이외에도 많은 컬럼들과 이렇게 인덱스를 만들어야 한다면 그리 쉽게 우리가 선택할 수 있는 해법이라고 할 수는 없다.

이런 유형의 데이터 모델은 사용자의 목적에 따라 어떤 조건이 부여될지 알 수 없으므로 그런 경우를 모두 대비한 결합인덱스를 미리 구성해 둔다는 것은 간단한 문제가 아니다. 물론 이렇게 했을 때 인덱스 개수가 그리 많지 않고, 효과 또한 크다면 적절한 인덱스 전략을 통해 해결이 가능하다.

설사 이러한 방법을 적용하여 처음 연결작업에서 얼마간의 처리범위를 줄여 주었다 하더라도 그 결과는 다시 남아 있는 테이블들과 조인을 수행해야 한다. 이렇게 각 연결단계마다 조금씩 줄여 마지막 결과가 소량이 되었다면, 결과적으로 불필요한 처리가 많이 발생했음을 의미한다.

특히 연결작업이 수행되고 난 결과 집합은 이미 기존의 테이블이 아니므로 이제 더 이상 인덱스를 가질 수 없다. 만약 Nested Loops 조인이라면 어쩔 수 없이 이것이 선행처리 집합이 되어서 다른 테이블을 랜덤으로 연결하게 되며, 해쉬 조인이나 Sort Merge 조인이 되더라도 각 조인단계의 결과집합이 적지 않은 크기를 가지고 있으므로 부담이 된다.

이처럼 각 연결단계마다 확실하게 처리범위를 줄여줄 수 없기 때문에 많은 연결을 수행한 후에라야 비로소 결과의 집합이 줄어든다면 우리는 너무나 불필요한 처리를 많이 한 것이 된다. 논리적으로 가장 이상적인 처리를 한번 생각해 보자.

먼저 소량의 데이터를 가지고 있는 집합들이 힘을 모아 먼저 상수의 집합을 만들고, 그 결과를 일거에 SALES 테이블에 제공할 수만 있다면 대량의 데이터를 가진 SALES 테이블이 한 번만 연결작업을 수행하게 된다. 만약 적절한 인덱스가 존재해 이러한 상수값들로 최적의 처리범위를 줄여줄 수만 있다면 바로 소량의 결과만 추출할 수 있게 되므로 아주 이상적인 처리방법이 될 것이다.

그러나 이러한 이상을 실현하기 위해서는 몇 가지 문제점을 반드시 해결해야 한다. 그 첫 번째는 SALES 테이블에 붙어있는 각각의 디멘젼(Dimension, 차원) 테이블들 간에는 릴레이션쉽이 없기 때문(이들은 SALES 테이블과 릴레이션쉽을 가지고 있을 뿐임)에 뭔가 특별한 방법을 동원하지 않고서는 이들 간의 연결을 먼저 시도할 수 없다는 점이다.

두 번째 해결할 것은 비록 첫 번째 문제가 해결되어 상수값을 받게 되었다고 하더라도 이들을 최적화로 액세스할 수 있는 인덱스를 보유할 수 있느냐에 대한 문제이다. 물론 특정한 몇 가지로 액세스 유형이 한정된다면 각각의 경우에 대비한 적절한 인덱스 전략으로도 충분히 해결할 수 있다. 그러나 실제 상황에서는 상황에 따라 다양한 조건이 주어질 것이 분명하며, 어떤 디멘젼 테이블들이 사용될지 종잡을 수 없다.

결합 인덱스의 특성에서 알아 보았듯이 결합 인덱스의 최대의 단점은 선행 컬럼이 상수값을 받지 못하거나 '='로 사용되지 않으면 처리범위를 효과적으로 줄일 수 없다는 것이다. 그렇다면 항상 최적의 액세스를 보장받으려면 동시에 사용되는 디멘전 테이블들의 결합 형태를 조사해서 결합 인덱스의 선행 컬럼 중에 상수값을 받지 못하는 경우가 없도록 다양한 인덱스를 생성하여야 한다.

예를 들어 D1, D2, D3, D4 의 디멘전 테이블이 있다고 하자. 이들이 사용될 수 있는 경우의 수는 15 가지나 된다. 만약 디멘전 테이블이 10 개 이상이 된다고 생각해 보면 가히 상상하기 조차 힘들 만큼 많은 경우의 수가 생긴다. 이러한 모든 경우를 대비하도록 인덱스를 생성하는 것은 너무나 큰 부담이 되므로 뭔가 이에 대한 특별한 대책이 마련되어야 한다.

어쩌면 이 문제는 기존의 조인이 안고 있던 가장 근본적인 문제라고도 할 수 있다. 그러나 이러한 문제를 해결할 수만 있다면, 기존의 조인으로서는 도저히 해결하지 못했던 많은 난제들을 풀어낼 수 있게 될 것이다.

먼저 첫 번째 문제부터 해결책을 찾아보기로 하자. 비록 디멘전 테이블 간에는 릴레이션쉽도 없고, 당연히 조인문에 연결고리도 기술되어 있지 않았지만 논리적으로 본다면 결코 이들간에 연결고리가 결코 없는 것은 아니다. 연결고리의 조건이 없다는 것을 다른 말로 하면 '무조건'이다. 무조건이라는 말에는 '조건이 없다'는 의미보다는 '언제나 성공'이라는 뜻이 더 강하게 들어있다.

즉, 연결고리 조건이 없는 것이 아니라 '언제나 연결이 성공한다'는 조건이 있다는 의미라는 것이다. 물론 이 조인의 결과는 카티젼(Cartesian) 곱으로 나타난다는 것을 우리는 잘 알고 있다. 그러나 조인은 집합 간의 곱(Product)을 의미하기 때문에 이러한 조인이 일어나는 순간 원래의 집합은 더 이상 보존(Preserved)되지 못한다.

거의 대부분의 정상적인 조인은 1:1 관계이거나 1:M 관계로 나타난다. 조인은 어느 한 쪽에 '1' 집합이 있으면 다른 집합을 보존하게 되지만 그렇지 않으면 집합을 보존할 수 없다. 이러한 이유로 지금까지는 집합을 보존할 수 없는 형태의 조인은 금기 시 되어왔다. 더구나 '무조건 관계'를 가지는 여러 개의 테이블을 조인하면 그 곱은 계속해서 늘어나게 된다. 그러나 조금만 더 깊이 생각해 보면 이렇게 되어도 아무런 문제가 없다는 것을 발견할 수 있을 것이다.

어떤 집합들의 카티젼 곱이 발생하더라도 그 결과의 집합은 결국 그들이 만들어 낼 수 있는 모든 조합(경우의 수)이 된다. 다시 말해서 이 테이블과 릴레이션쉽을 맺고 있는 어떤 테이블도 카티젼 곱의 한 종류와 관계를 맺게 된다는 것을 의미한다.

가령, 다음과 같은 테이블이 있다고 생각해보자.

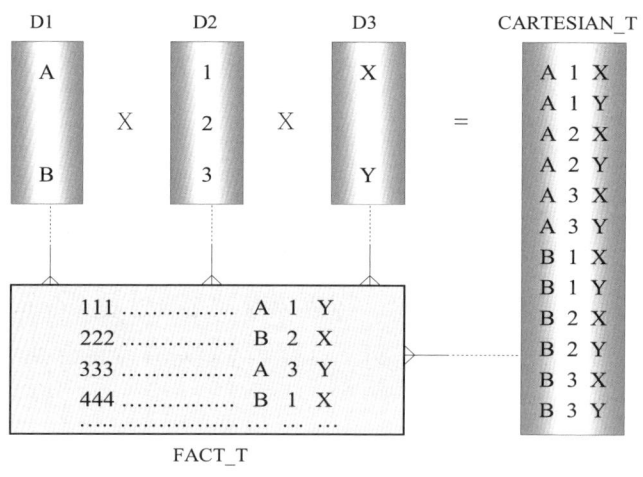

[그림 2-2-28]

디멘젼 테이블 D1, D2, D3 를 '무조건'을 연결고리로 하여 조인하면 카티젼 곱으로 만들어진 우측의 CARTESIAN_T 와 같은 집합이 만들어 진다. 이 집합은 비록 기존의 집합들을 보존하지 못하고 크게 증가하게 되어 의미없는 집합이 되어버린 것 같지만 그림에 나타나 있듯이 세 개의 디멘젼 테이블들이 만들어 낼 수 있는 모든 종류를 나타내고 있다는 것을 알 수 있다.

그림의 좌측 하단에 있는 FACT_T 는 데이터 모델 상으로는 세 개의 디멘젼 테이블들과 릴레이션쉽을 맺고 있다. 그러나 논리적으로 보면 우측의 CARTESIAN_T 와 릴레이션쉽을 맺고 있다는 것과 동일한 의미가 된다. 일반적으로 디멘젼 테이블은 아주 소량으로 구성된다. 개수가 많지 않다면 이들의 곱 또한 크게 걱정할 것이 없다. 위의 그림에서는 2 * 3 * 2 = 12 에 불과하다.

문제의 초점을 좀더 명확히 하기 위해 위 그림에 있는 FACT_T 를 백만 건이라고 가정해 보자. 어떤 조인 방식을 도입하건 FACT_T 와 D1 의 조인은 백만 건과 두 건의 연결이 발생하고, 그 결과는 다시 백만 건이 되어 D2 와 연결을 수행하여야 한다. 그 결과는 또 다시 백만 건이 된다. 물론 D3 와의 연결도 이와 동일하게 일어나야만 한다.

이러한 기존의 조인방식은 백만 건을 가진 집합이 작은 디멘젼 테이블 때문에 세 번씩이나 연결을 하게 만든다. 그러나 CARTESIAN_T 와 연결을 한다면 백만 건과 12 건을 단 한 번만 연결하게 되므로 대단한 효과를 얻을 수 있다. 이것이 바로 스타조인이 가지는 장점이다.

그러나 카티젼 곱은 숫자들이 크면 엄청나게 커지는 속성을 가지고 있다. 가령, 100 * 1000 * 100 정도만 되어도 그 결과는 10,000,000 이라는 매우 큰 숫자로 증가한다. 특히 유의할 점은 그들 중에서 어느 하나만 큰 것이 존재해도 크게 부담이 된다는 점이다. 물론 여기서 말하는 숫자는 테이블의 전체 로우 수를 말하는 것이 아니라 자신에게 주어진 조건에 의해서 추출된 범위를 말한다.

스타조인에서는 디멘전의 카티젼 곱이 지나치게 많은 집합을 만들지 않을 때만 사용해야 한다. 여기서 '지나치게'라는 말이 약간은 애매하게 들릴지도 모르겠으나 카티젼 곱이 오히려 부작용을 일으키지 않도록 해야 한다는 뜻으로 이해하기 바란다. 스타조인이 많이 활용되는 데이터 웨어하우스에서는 일반적으로 디멘전 테이블의 크기가 그리 큰 부담이 되지 않는다.

어쩌면 카티젼에 악영향을 준 디멘전이라면 그것은 이미 테이블의 카디널러티가 높다는 것을 의미한다. 일반적으로 높은 카디널러티를 가지고 있는 집합은 조인 시에 자신만의 처리범위를 줄일 수 있는 조건을 가지고 있는 경우가 많다.

이런 경우는 물론 문제가 되지 않는다. 그러나 현실에서는 그렇지 않은 경우도 많이 존재한다. 이때는 이 테이블만 스타 조인에 참여하지 않도록 하고, 경우에 따라서는 먼저 조인을 수행시키든지, 아니면 최종 결과와 마지막으로 조인을 하는 것이 바람직하다.

아래의 실행계획은 디멘전 테이블들이 먼저 카티젼 곱을 만들고, 그 결과를 이용하여 팩트(Fact) 테이블인 SALES 테이블을 조인하고 있는 것을 보여주고 있다.

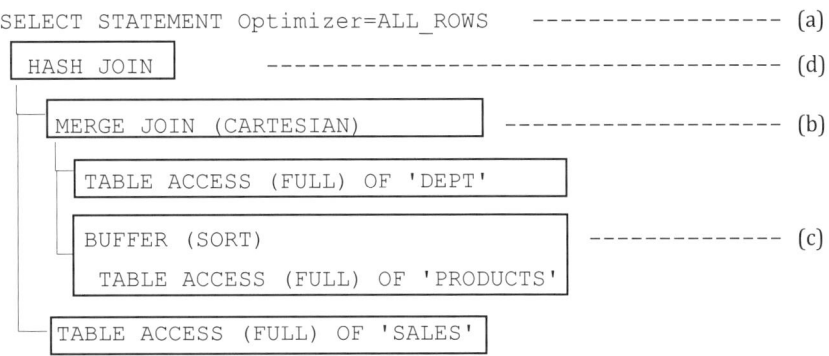

위의 실행계획에 대해 좀더 상세하게 살펴보기로 하자.

(a) 스타조인은 반드시 비용기준(Cost_based) 옵티마이져 모드에서 수행되어야 한다. 또한 통계정보를 생성해 주어야 작동할 수 있다. 원하는 실행계획이 생성되지 않을 때는 '/*+ STAR */' 힌트를 적용한다.

(b) 디멘젼 테이블들이 먼저 조인하여 카티젼 곱을 만들어 내는 것을 확인할 수 있다. 이처럼 카티젼 곱을 생성하는 대부분의 경우는 Sort Merge 조인 형식으로 나타난다.

(c) 카티젼 곱을 좀더 효율적으로 생성하기 위해 정렬을 한 집합을 버퍼에 저장해 두는 것을 보여주고 있다.

(d) 카티젼 곱으로 생성된 집합과 팩트 테이블인 SALES 테이블이 해쉬조인을 하고 있음을 확인할 수 있다. 그러나 이 단계가 항상 해쉬조인이 되는 것은 아니다. 어쩌면 이 단계는 이미 스타조인의 문제가 아니다. 단지 준비된 두 개의 집합이 가장 효율적인 조인형식을 선택하는 문제가 남아 있을 뿐이다.

여기서 (d)에서 제기된 문제가 바로 앞에서 우리가 해결하기 위해 남겨 두었던 바로 그 두 번째 문제이다. 카티젼 곱의 집합은 이미 인덱스를 가질 수 없고, 팩트 테이블은 디멘젼 테이블들의 수많은 조합을 모두 감당할 인덱스를 미리 구성하기 어려우므로 인덱스를 사용하지 않는 해쉬조인이나 Sort Merge 조인으로 수행하는 것이 바람직한 방법이다.

여기서 우리가 매우 주의해야 할 사항이 한 가지 있다. 우선 다음의 실행계획을 살펴보기로 하자.

```
SELECT STATEMENT Optimizer = ALL_ROWS
  NESTED LOOPS
    MERGE JOIN (CARTESIAN)
      TABLE ACCESS (FULL) OF 'DEPT'
      BUFFER (SORT)
        TABLE ACCESS (FULL) OF 'PRODUCTS'
    INDEX (RANGE SCAN) OF 'SALES_IDX1' (NON-UNIQUE)
```

이 실행계획은 카티젼 집합과 팩트 테이블이 Nested Loops 조인을 하고 있다. 물론 여기에서 사용된 인덱스(sales_idx1)이 'DEPT_NO + PRODUCT_CD'(순서는 무관)로 구성되어 있다면 문제가 없다.

그러나 만약 이 인덱스가 'DEPT_NO + SALES_TYPE + PRODUCT_CD'로 구성되어 있다면 상황은 달라진다. 중간에 있는 SALES_TYPE 이 상수값을 제공받지 못한 상태에서 이 인덱스가 사용된다는 것은 결합 인덱스의 원리에 의해서 비효율이 발생하게 된다. 옵티마이져는 이러한 인덱스 구성일 때도 Nested Loops 조인으로 실행계획을 수립하는 경향이 많이 있다.

이처럼 전략적이지 못한 인덱스가 존재한다면 스타조인이 Nested Loops 형식으로 처리될 때 문제가 발생하는 경우가 많으므로 가장 우선적으로 해야할 일은 전략적인 인덱스를 구성하는 것이며, 그 다음은 옵티마이져가 수립한 실행계획을 확인할 필요가 있다는 점을 명심하기 바란다.

처음에 스타조인을 설명하면서 언급했듯이 어쩌면 스타조인이란 특정한 실행계획으로 유도하는 것에 지나지 않는 것일 수도 있다. 만약 힌트가 제대로 작동하지 않는다거나 이러한 힌트를 가지고 있지 않는 DBMS 를 사용하고 있다면 억지로라도 이러한 실행계획이 나타나도록 하는 방법도 생각해 볼 수 있다.

다음과 같은 SQL 을 만들어 보자.

```
SELECT /*+ USE_HASH(d, f) */
       counrty_name, product_name, sales_type,
       SUM(sales_amount) sales_amount
FROM ( SELECT ROWNUM, product_cd, product_name, country_cd,country_name
       FROM PRODUCTS, COUNTRY
       WHERE product_cd in ('PA001','DQ101') ) d, SALES f
WHERE f.product_cd = d.product_cd
  AND f.country_cd = d.country_cd
  AND f.sales_date between '20151001' and '20151231'
GROUP BY d.country_name, d.product_name, f.sales_type;
```

이 SQL 의 실행계획을 살펴보자. 얼핏 보더라도 앞서 제시했던 스타조인과 거의 유사한 모습이라는 것을 한 눈에 알아볼 수 있다.

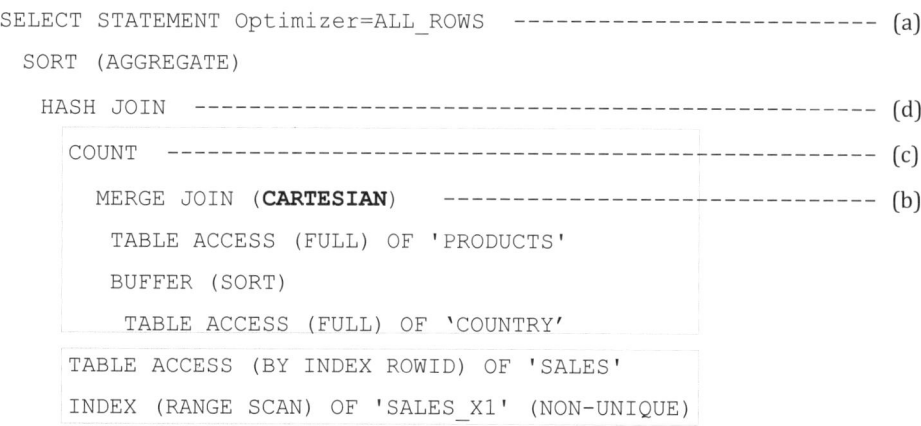

몇 가지 특이한 부분만 살펴보기로 한다. 먼저 (a)를 보면 이 SQL 이 비용기준으로 정의되어 있지 않은 것을 보여주고 있다. 다시 말해서 위의 실행계획은 스타조인에 의해 만들어진 것이 아님을 의미하고 있다. 인라인뷰를 사용하여 강제로 디멘전 테이블이 먼저 조인되도록 하여 (b)와 같이 'CARTESIAN'이 나타났다.

여기서 잠깐 (c)의 'COUNT'가 나타난 것에 대해 설명하고 넘어가도록 하겠다. 사실은 없어도 무관한 단계이기는 하지만 나름대로의 의미를 가지고 있다. 이것은 위의 SQL 에 있는 인라인뷰의 'ROWNUM' 때문에 생겨난 것이다. 나중에 인라인뷰에 대해 상세한 설명을 할 때 언급하겠지만 우리가 단순히 괄호를 쳐서 인라인뷰를 만든다고 해서 항상 그들이 먼저 처리되는 것은 아니다.

옵티마이져는 인라인뷰를 반드시 별도로 처리해야만 하는 경우만 그렇게 한다. 그렇지 않은 경우는 그냥 일반적인 조인을 한 것으로 – 즉, 인라인뷰를 사용하지 않은 것으로 – 간주한다. 가령 2 + 5 – 4 라는 산식에서 (2 + 5) – 4 를 하든, 2 + (5 – 4) 를 하든 결과에는 하등의 영향을 미치지 않는다. 그러나 2 + (5 – 4) * 3 인 산식에서는 괄호의 위치를 함부로 바꾸면 결과가 달라지므로 반드시 괄호를 독립적으로 계산해야 한다.

이것을 좀더 전문적인 용어를 빌어서 표현한다면, 마치 괄호가 없었던 것처럼 되는 현상은 뷰쿼리를 액세스쿼리로 병합(Merge)하기 때문이고, 그것이 불가능할 때는 액세스쿼리를 뷰쿼리로 병합하게 되므로 괄호 내의 집합처리가 독립성을 가지게 된다. 이를 조정하는 힌트가 바로 'MERGE' 혹은 'NO_MERGE'이다.

이와 같은 원리를 이용한 것이 바로 위 SQL 의 인라인뷰에 있는 ROWNUM 이다. 여기서 우리가 힌트를 사용하지 않고 동일한 효과를 주는 ROWNUM 을 쓴 것은 그것이 가진 특성 때문이다. ROWNUM 은 정의된 집합의 로우의 순번을 의미한다. 만약 다른 조건이 병합된 다음에 ROWNUM 을 구한다면 그 값이 달라지기 때문에 이 가상속성(Pseudo column)은 병합을 방지하는 효과를 가져오게 된다.

이처럼 결과의 오류를 담보로 병합을 예방하는 ROWNUM 의 효과를 이용해 좀처럼 일어날 수 없는 서로 무관한 디멘전들을 먼저 조인할 수 있게 유도하여 스타조인 형식으로 유도하였다. 물론 힌트만 제대로 작동된다는 보장만 있다면 'NO_MERGE' 힌트를 사용하여 동일한 효과를 낼 수가 있다.

마지막으로 (d)에서는 해쉬조인 힌트를 사용하여 카티젼 곱과 팩트 테이블이 최적의 조인을 하도록 유도하였다. 이상에서 볼 수 있듯이 스타조인은 우리가 억지로라도 그렇게 되도록 실행계획을 유도해서라도 만들 수 있는 실행계획의 한 형태일 뿐이다. 그러나 조인의 크나 큰 단점의 일부를 해결할 수 있는 중요한 기법이므로 필요할 때 적절하게 활용하기 바란다.

노파심에서 몇 가지 유의해야 할 것을 당부 드리고자 한다. 우선 많은 사람들이 스타조인은 데이터 웨어하우스 전용이라고 생각하고 있는데 결코 그렇지 않다는 것이다. 스타조인이란 단지 조인의 실행계획 중 한가지일 뿐이라고 했듯이 필요하다면 언제나 어디서든지 활용할 수 있다. 일반적으로 이러한 형태의 조인이 데이터 웨어하우스에서 보다 빈번하게 나타나기 때문에 그렇게 알고 있는 것이다.

좀더 정확한 표현은 데이터 웨어하우스에서는 이러한 방법이 강구되지 않고서는 조인의 단점이 너무나 크게 나타나므로 마치 필요가 발명을 낳는다는 말처럼 데이터 웨어하우스가 나타나면서 처음으로 등장했기 때문에 그렇게 알고 있었을 것이라 생각된다.

다만 모든 것에는 천적이 있고, 양지가 있으면 음지가 있듯이 스타조인은 디멘전의 카티젼 곱이 너무 클 때는 사용해서는 안 된다. 특히 최종적으로 연결해야 할 팩트 테이블과의 조인 방식에 유의해야 함은 물론이다. 무조건 해쉬조인을 하면 될 것이라고 쉽게 생각하는 사람도 있겠지만 해쉬조인은 Nested Loops 조인처럼 선행집합의 처리결과를 완벽하게 자기집합의 처리범위를 줄일 수는 없다는데 한계가 있다.

이처럼 선행처리된 결과가 만족할만한 처리범위를 줄여 줄 수 있더라도 완벽한 결합 인덱스가 없다면 무용지물이 된다. 이를 대비하기 위한 모든 사용형태에 대한 결합 인덱스를 만들어 줄 수 없다면 아직 이러한 방법이 최적이 아니라는 의미가 된다.

그런데 스타조인의 이 두 가지 단점을 어느 정도 해결할 수 있는 방법이 있다. 사실 우리가 힘들게 카티젼 곱을 만든 이유는 여러 개의 디멘전 테이블들이 대량의 팩트 테이블과 각기 한 번씩 조인을 일으키지 않도록 하는 것과 먼저 상수집합을 만들어서 팩트 테이블에 제공하자는 두 가지 목적이었다.

그러나 카티젼 곱이 너무 크거나, 애써 준비한 상수집합이 팩트 집합의 처리범위를 제대로 줄여 주지 못한다면 너무 억울하다. 만약 카티젼 곱을 만들지 않아도, 수많은 결합인덱스를 가지고 있지 않아도 팩트 테이블의 처리범위를 쉽게 줄여 줄 수 있는 방법이 있다고 한다면 얼마나 좋겠는가? 여기에 대한 해답이 있다.

다음 장에서 스타변형(Star Ttransformation) 조인에 대해서 상세하게 알아보기로 하자.

2.3.7. 스타변형(Star Transformation)조인

스타변형 조인은 스타조인의 일부 단점을 개선한 조인이다. 그러나 차차 밝혀지겠지만 스타조인을 완전히 대체하는 개념이 아니라는 것을 먼저 밝혀둔다. 스타조인을 필요없게 만드는 것이 아니라 스타조인이 갖는 중요한 단점을 개선할 수 있다는 것에 의미를 두기 바란다. 먼저 기본적인 원리부터 간단하게 살펴보기로 하자.

스타변형 조인은 비트맵 인덱스의 특성을 살린 것이다. 따라서 비트맵 인덱스의 장·단점을 그대로 승계하고 있다. 스타조인이 등장하게 되었던 가장 근본적인 배경은 여러 개의 디멘전 테이블이 있을 때 이들이 각각 팩트 테이블과 연결을 하게 해서는 안 된다는 것이었다. 이를 방지하기 위해서 스타조인은 카티젼 곱을 만들었지만 스타변형조인은 비트맵 인덱스를 활용한다.

비트맵 인덱스를 활용함으로써 스타조인이 갖는 단점의 상당부분을 해결할 수 있게 된다. 그 이유는 비트맵 인덱스는 B-Tree 인덱스를 사용할 때 다양한 결합인덱스를 가지고 있어야 하는 단점을 해결할 수 있다는데 기인한다. 즉, 비트맵 인덱스는 액세스 형태에 따라 중간에 사용되지 않는 컬럼이 발생하지 않도록 다양한 형태의 결합인덱스를 구성해야 하는 B-Tree 인덱스와는 달리 각각의 독립적인 비트맵 인덱스가 액세스 형태에 따라 그때마다 머지하는 방식으로 처리되더라도 수행속도가 나빠지지 않는다.

인덱스 머지를 한다는 것은 두 가지의 커다란 장점을 가지고 있다. 한 가지는 수많은 결합 인덱스를 가지지 않도록 할 수 있다는 것이고, 다른 한 가지는 팩트 테이블을 연결하기 전에 먼저 처리되어 팩트 테이블의 처리범위를 공동으로 줄여 줄 수 있다는 것이다. 우리는 앞서 B-Tree 인덱스의 '인덱스 머지'에 대해 알아본 적이 있다. 인덱스의 머지는 부담이 있기 때문에 세 개 이상의 인덱스 머지는 거의 발생하지 않으며, 특히 '='연산자가 아니면 결코 발생하지 않는다.

그러므로 어느 한쪽의 처리범위가 넓으면 아예 인덱스 머지를 하지 않는 것이 유리하다. 그러나 비트맵 인덱스는 그 구조적인 특성으로 인해 각각의 독립된 인덱스를 머지하더라도 그다지 부담이 되지 않는다. 그 이유는 앞서 비트맵 인덱스를 설명할 때 충분히 언급되었다. 이런 특성은 스타조인을 필요로 하는 액세스에서는 매우 중요한 가치를 가진다.

스타변형 조인은 비트맵 인덱스의 이러한 특성을 이용한다. 좀더 명확한 이해를 위해 아래의 SQL을 보면서 살펴보기로 하자.

```
SELECT    *
FROM sales
WHERE product_cd like 'PA%'
  AND sales_dept between '2110' and '2310';
```

> 여기서 product_cd 와 sales_dept 는 각각 비트맵 인덱스로 생성되어 있고, 이 SQL 은 이들을 사용하는 실행계획을 수립하였다고 가정한다.

이 SQL 의 실행계획을 살펴보자. 비트맵 인덱스를 설명하면서 이미 언급했던 것이지만 스타변형조인의 원리를 설명하기 위해서 다시 한번 다른 각도에서 살펴보기로 하겠다.

```
SELECT STATEMENT Optimizer=ALL_ROWS
 TABLE ACCESS (BY INDEX ROWID) OF 'SALES'
  BITMAP CONVERSION (TO ROWIDS)
   BITMAP AND
    BITMAP MERGE
     BITMAP INDEX (RANGE SCAN) OF 'SALES_PRODUCT_BX'
    BITMAP MERGE
     BITMAP INDEX (RANGE SCAN) OF 'SALES_DEPT_BX'
```

이 실행계획에서 알 수 있듯이 비트맵 인덱스는 그들이 결합 인덱스로 구성되어 있지 않더라도 각각을 서로 결합(여기서는 'BITMAP AND')하여 테이블을 액세스한다. 우리가 너무나 잘 알고 있는 비트맵 인덱스의 기본형을 다시 한번 설명하는 데는 이유가 있다. 여기서 우리가 이미 상수로 준 조건을 서브쿼리로 주었다고 생각해보자.

물론 직접 상수로 줄 수 있는 것을 억지로 그렇게 하자는 것이 아니라 부여받은 조건이 다른 테이블에 있어서 이를 서브쿼리를 통해서 제공할 수 있다고 생각하라는 것이다. 논리적으로 보면 직접 상수값을 제공했거나 서브쿼리를 통해 제공했거나 결과적으로 상수값을 제공받은 것은 동일하다고 할 수 있다. 그렇다면 위의 SQL 이 서브쿼리를 통해 상수값을 제공받는 방식으로 처리되었을 때의 SQL 과 그 실행계획을 예상해보자.

다음에 소개되는 실행계획은 실제로 나타나지는 않는다. 단지 모든 서브쿼리가 먼저 수행되어 그 결과를 메인쿼리의 비트맵 인덱스에게 제공하여 각각 비트맵을 액세스한 후에 이들을 'BITMAP AND'연산을 한다면 가장 이상적인 실행계획을 얻을 수 있다는 것을 보여주고 있는 것이다. 스타변형 조인에서는 실제로 이러한 원리에 의해 생성된 실행계획이 나타난다.

```
SELECT    *
FROM   sales
WHERE product_cd IN (SELECT product_cd
                     FROM PRODUCTS
                     WHERE product_name like 'P%')
  AND sales_dept IN (SELECT dept_no
                     FROM DEPT
                     WHERE dept_name like 'S%');
```

여기서 서브쿼리로 제공한 상수값이 앞서 직접 상수값을 준 경우와 동일하다고 가정한다.

```
SELECT STATEMENT Optimizer=ALL_ROWS
 TABLE ACCESS (BY INDEX ROWID) OF 'SALES'
  BITMAP CONVERSION (TO ROWIDS)
   BITMAP AND
    BITMAP MERGE
     BITMAP KEY ITERATION
      TABLE ACCESS (FULL) OF 'PRODUCTS' ------------------- (a)
       BITMAP INDEX (RANGE SCAN) OF 'SALES_PRDUCT_BX' ------ (b)
    BITMAP MERGE
     BITMAP KEY ITERATION
      TABLE ACCESS (FULL) OF 'DEPT'
       BITMAP INDEX (RANGE SCAN) OF 'SALES_DEPT_BX'
```

이 실행계획을 보면 전체적인 구조는 앞서 소개했던 것과 동일하고, 단지 서브쿼리를 경유하여 비트맵 머지(Bitmap merge)를 하는 것만 추가되어 있다. (a)에서 서브쿼리 테이블을 액세스하여 그 결과값으로 메인쿼리의 비트맵 인덱스(b)를 액세스(Bitmap key iteration)하여 임시 비트맵으로 머지(Bitmap merge)해 두고 있다.

이와 같은 원리를 좀더 확장해 보자. 스타조인을 할 때 나타났던 디멘전들 중에서 자신의 조건을 가지고 있어 이것이 팩트 테이블의 처리범위를 줄여 주는데 기여를 할 수가 있다면 비록 조인으로 표현되어 있지만 이것들을 마치 서브쿼리를 사용한 것처럼 활용하여 위의 원리를 적용할 수 있다는 것이다. 이것이 스타변형조인의 기본 원리이다.

그냥 두면 나중에 연결의 부담이 생기는 디멘전들을 서브쿼리 형태로 먼저 수행시켜 팩트 테이블의 범위를 줄이는데 일조를 하게 하면서도 카티젼 곱을 만들지 않을 수 있게 하는 것이 이 조인의 원리이다. 다음의 SQL 을 살펴보자.

```sql
SELECT d.dept_name, c.cust_city, p.product_name,
       SUM(s.amount) sales_amount
FROM SALES s, PRODUCTS t, CUSTOMERS c, DEPT d
WHERE s.product_cd = t.product_cd
  AND s.cust_id = c.cust_id
  AND s.sales_dept = d.dept_no
  AND c.cust_grade between '10' and '15'
  AND d.location = 'SEOUL'
  AND p.product_name IN ('PA001', 'DR210')
GROUP BY d.dept_name, c.cust_city, p.product_name;
```

이와 같은 SQL 을 수행하여 스타변형조인으로 실행되면 아래와 같은 SQL 이 내부적으로 변형(Transformation) 되어 수행된다.

```sql
SELECT d.dept_name, c.cust_city, p.product_name,
       SUM(s.amount) sales_amount
FROM SALES s, PRODUCTS t, CUSTOMERS c, DEPT d
WHERE s.product_cd = t.product_cd
  AND s.cust_id = c.cust_id
  AND s.sales_dept = d.dept_no
  AND c.cust_grade between '10' and '15'
  AND d.location = 'SEOUL'
  AND p.product_name IN ('PA001', 'DR210')
  AND s.product_cd IN ( SELECT product_cd FROM PRODUCTS
                         WHERE product_name IN('PA001','DR210') )
  AND s.cust_id IN    ( SELECT cust_id FROM CUSTOMERS
                         WHERE cust_grade between '10' and '15' )
  AND s.sales_dept IN ( SELECT dept_cd FROM DEPT
                         WHERE location = 'SEOUL' )
GROUP BY d.dept_name, c.cust_city, p.product_name;
```

스타변형조인이라고 부르는 이유는 바로 이처럼 내부적으로 SQL을 변형시켜 수행되기 때문이다. 이렇게 수행된 SQL의 실행계획을 확인해보자.

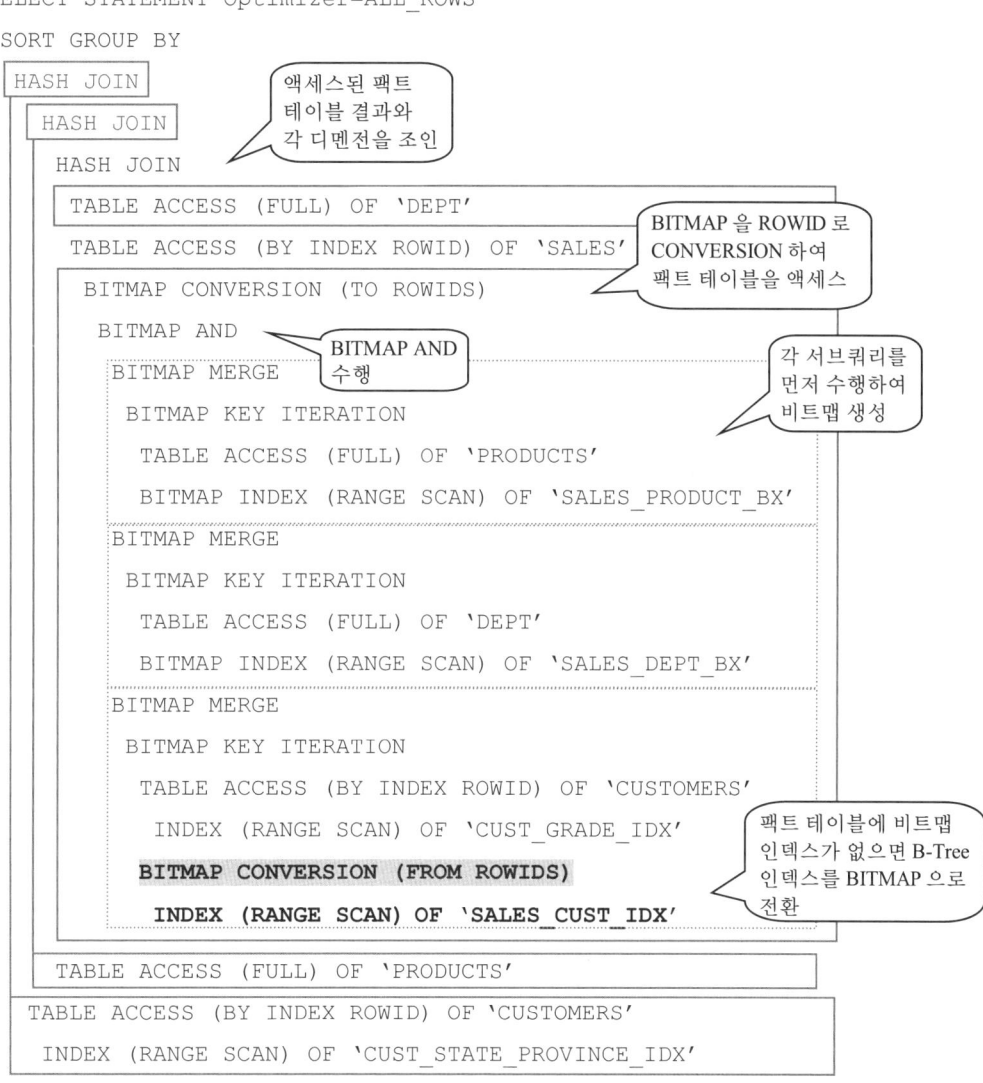

이 실행계획의 몇 가지 특징을 살펴보기로 하자. 앞서 개념에서 소개한 것처럼 각각의 서브쿼리 테이블을 액세스하고, 그 결과값으로 메인쿼리의 비트맵 인덱스를 액세스하여 임시 비트맵으로 저장해 두고 있다. 서브쿼리를 먼저 액세스할 때 만약 CUSTOMERS 테이

블처럼 자신의 처리범위를 줄일 수 있는 인덱스(cust_grade_idx)가 있다면 당연히 사용된다. 뿐만 아니라 CUST_ID 가 B-Tree 인덱스로 구성되어 있더라도 이것을 비트맵으로 변환(Conversion)하여 'BITMAP AND'를 수행한다는 것을 알 수 있다.

이 결과를 ROWID 로 변환하여 팩트 테이블을 액세스 한다. 이러한 접근방식은 디멘전 테이블들에게 주어졌던 모든 조건을 팩트 테이블을 액세스하기 전에 미리 적용한 것이므로 팩트 테이블의 처리범위를 최소화 시키는데 크게 기여했다. 그러나 지금까지의 작업은 내부적으로 만들어졌던 서브쿼리와 팩트 테이블 간의 처리였으며, 이 결과와 디멘전 테이블과의 조인은 아직 남아 있다.

팩트 테이블을 액세스한 결과는 이제 더 이상 인덱스를 가지지 않으므로 디멘전 테이블들과의 연결은 해쉬조인을 이용하는 것이 바람직하다. 위의 실행계획에 있는 해쉬조인은 이러한 이유로 나타난 것이다.

이상에서 살펴본 처리절차를 바탕으로 스타변형 조인의 특성을 좀더 알아보기로 하자. 논리적인 사람이었다면 몇 가지 의문점과 장·단점을 발견하였을 것이다. 먼저 가장 큰 특징부터 알아보기로 하자. 스타변형 조인은 비록 스타조인처럼 카티젼 곱을 만들지는 않았지만 디멘전 테이블들과의 서브쿼리를 통해 뭔가를 열심히 처리하고 있다. 그러나 이러한 서브쿼리와의 작업은 단지 팩트 테이블의 범위를 줄이는 데만 영향을 미치고 있을 뿐이며, 아직 디멘전 테이블들과의 조인은 전혀 하지 못했다는 것에 유의하기 바란다.

이것은 디멘전 테이블에게 주어진 조건들을 최대한 이용하였을 때 팩트 테이블의 처리범위가 현격하게 줄어든다면 비로소 이 조인방식이 빛을 발한다는 것을 의미한다. 극단적인 가정을 해보자. 만약 여러 개의 디멘전 테이블들이 각각 서브쿼리를 통해 팩트 테이블의 비트맵을 액세스(Bitmap key iteration)하였으나 거의 감소하지 않았다고 하자. 그렇다면 이들을 아무리 'BITMAP AND'를 하더라도 그 결과는 매우 넓은 범위가 될 것이다.

더구나 이를 ROWID 로 변환하여 일일이 팩트 테이블을 액세스한다면 애써 많은 처리를 해 왔지만 정작 우리가 얻은 효과는 전혀 없다. 게다가 아직 조인해야 할 디멘전 테이블들이 그대로 남아 있으므로 우리가 얻은 것은 아무 것도 없게 될 것이다.

그러나 반대의 상황을 가정해보자. 각각의 서브쿼리로 어느 정도의 범위를 줄이고, 이를 다시 'BITMAP AND'를 하면서 팩트 테이블의 처리범위를 크게 줄였다고 한다면 소량이 된 데이터와 남아 있는 디멘전 테이블을 조인하더라도 전혀 부담이 없다. 이러한 경우에는 스타변형조인이 매우 큰 효력을 발휘한다. 이것은 스타조인과 스타변형 조인이 어떻게 역할을 분담해야 하는가를 극명하게 보여주고 있다.

그러나 실전에서 적용되는 경우를 보면 스타변형조인이 훨씬 가치가 있고, 자주 사용되고 있다. 사실 이러한 형태의 조인은 데이터 웨어하우스에서 주로 나타난다. 팩트 테이블에는 디멘전 컬럼과 계측값을 가진 메져(Measure) 컬럼으로 구성되어 있다. 디멘전 컬럼은 디멘전 테이블들의 외부키로써 존재한다. 외부에서 주어지는 조건들은 디멘전 컬럼에 직접 주어지거나 디멘전 테이블의 컬럼에 주어진다.

실전에서 발생하는 대부분의 이러한 액세스들은 주어진 조건들을 모두 적용하면 팩트 테이블의 처리범위가 크게 감소하는 경우가 많다. 그러므로 현실적으로는 스타변형 조인이 데이터 웨어하우스에서 일반적으로 훨씬 유리하다. 물론 항상 유리한 것은 아니며, 여러 가지 제약 조건이 있어서 이를 준수할 때만 가능하다.

먼저 스타변형조인이 일어나기 위해 사전에 반드시 준수되어야 할 필수적인 전제조건(Prerequisite)에 대해 알아보기로 하자.

1) 하나의 팩트 테이블과 최소한 2 개 이상의 디멘전 테이블이 있어야 한다.
2) 팩트 테이블에 있는 디멘전 – 즉, 디멘전 테이블들의 외부키 – 에는 반드시 비트맵 인덱스가 존재해야 한다. 그러나 B-Tree 인덱스가 있어도 비트맵 컨버전이 일어나므로 스타변형 조인이 발생할 수 있다. 그러나 복합(Composite) 비트맵 인덱스 상에서 발생할 때는 사용상의 주의가 필요하다.
3) 팩트 테이블에 반드시 통계정보가 생성(Analyze)되어 있어야 한다. 그러나 ANALYZE 모드(Mode)에는 영향을 받지 않는다.
4) Star_transformation_enabled 파라메터가 FALSE 가 아닌 TRUE 나 TEMP_DISABLE 로 설정되어 있거나, 아니면 쿼리에 직접 STAR_TRANSFORMATION 힌트를 주어야 작동한다.

이번에는 스타변형 조인이 갖는 몇 가지 제약조건에 대해서 알아보기로 하자. 이 조인은 적절한 상황이 아닐 때 발생하면 오히려 부하가 증가할 수도 있기 때문에 이를 방지하기 위해 제약을 두는 것, 또는 굳이 이 조인으로 수행할 필요가 없는 경우, 논리적 충돌 등에 대해 발생하는 제약들이다.

1) 비트맵을 사용할 수 없게 하는 힌트와는 서로 양립할 수 없다. 가령, FULL, ROWID, STAR 와 같은 힌트는 논리적으로 이미 서로 공존할 수 없기 때문이다.

2) 쿼리 내에 바인드 변수(Bind variable)를 사용하지 않아야 한다. 어떤 경우의 바인드 변수의 사용도 스타변형 조인을 발생시키지 않는다. 스타변형 조인을 위한 WHERE 절의 바인드 변수 뿐만 아니라, 이와 상관없는 WRERE 절에 바인드 변수가 있어도 스타변형 조인은 일어나지 않는다. 이러한 현상이 발생하는 이유에 대해서는 뒤에서 별도로 설명하기로 하겠다.

3) 원격(Remote) 팩트 테이블인 경우에는 스타변형 조인이 일어나지 않는다. 그 이유는 각 서브쿼리마다 원격에 있는 팩트 테이블을 비트맵 탐침(Bitmap key iteration)하고, 최종적으로 합성(Bitmap AND)된 결과로 다시 원격 테이블을 액세스해야 하므로 오히려 부하가 크게 증가하기 때문이다.

4) 그러나 디멘전 테이블이 원격에 있으면 이 조인은 일어날 수 있다. 디멘전 테이블은 일반적으로 소량이며, 서브쿼리에서 먼저 수행하거나 마지막으로 해쉬조인 등으로 조인할 때 사용되므로 그리 큰 부담이 되지 않기 때문이다.

5) 부정형 조인으로 수행되는 경우에는 이 조인이 발생하지 않는다. 우리가 앞서 부정형 조인에서 그 특성을 알아보았듯이 부정형 조인은 제공자의 역할이 아니라 확인자의 역할만을 담당하므로 스타변형 조인으로 수행되더라도 전혀 얻을 것이 없기 때문이다.

6) 인라인뷰나 뷰 쿼리 중에는 독립적으로 먼저 수행될 수 있는 경우와 액세스 쿼리와 머지를 한 후에 수행될 수 있는 두 가지 종류가 있다. 후자의 경우는 이 조인이 일어날 수 없다. 그 이유는 논리적으로 보더라도 아직 머지가 일어나지 않은 쿼리를 대상으로 스타변형 조인을 위한 질의 재생성(Query rewrite)을 할 수는 없기 때문이다.

7) 서브쿼리에서 이미 디멘전 테이블로 사용한 테이블에 대해서는 이런 방식의 조인을 위한 변형(Transformation)이 일어나지 않는다. 물론 여기서 말하는 서브쿼리는 변형에 의해 생성된 서브쿼리가 아니라 사용자가 쿼리에 직접 기술한 것을 말한다. 만약 변형이 일어난다면 이중으로 생기게 되므로 이러한 제약이 있는 것은 당연하다.

다음은 굳이 제약이라고는 할 수 없지만 옵티마이져의 판단에 의해 스타변형 조인을 하지 않는 경우도 있다. 그것은 물론 스타변형 조인이 가능하더라도 오히려 사용하지 않는 것이 유리하다고 옵티마이져가 판단하였기 때문이다.

1) 팩트 테이블이 가진 조건들 만으로도 충분히 처리범위가 줄어든다고 판단하였거나 특정 디멘전 테이블이 선행해서 제공자 역할을 한 것만으로도 충분한 경우에는 스타변형 조인은 일어나지 않는다.
2) 팩트 테이블의 크기가 너무 작아서 굳이 스타변형 조인을 수행시킬 가치가 없다고 판단한 경우에도 이 조인은 일어나지 않는다.

이러한 판단의 기준은 팩트 테이블의 통계정보를 토대로 하기 때문에 앞서 제약조건에 통계정보가 생성되어 있지 않거나, 바인드 변수를 사용했을 때 이 조인을 포기하게 되는 것이다. 바인드 변수는 상수값이 아니므로 정확한 판단을 할 수 없어 효과를 보장할 수 없기 때문에 아예 포기하는 것이다.

그러나 필자의 생각은 이러한 경우에도 무조건 포기하는 것은 바람직하지 않다고 생각한다. 실전에서 일어나는 대부분의 경우는 평균적인 분포도를 기준으로 결정했을 때도 큰 문제가 없으며, 실전에서 사용되는 대다수의 쿼리에는 바인드 변수가 포함되어 있기 때문에 이런 경우를 모두 제외해 버리면 이 조인을 활용할 기회가 너무 적어지기 때문이다.

정히 부담이 된다면 변수를 사용한 조건이 포함된 부분만 변형에 포함시키지 않는다거나 쿼리의 사용자가 힌트를 통해 반드시 적용하겠다고 의지를 보였다면 그 책임은 옵티마이져에게 있는 것이 아니므로 이를 허용하는 것이 바람직하다고 믿는다. 아마도 이 부분은 앞으로 점차 개선될 것으로 예상된다.

인덱스 머지에서도 나타났듯이 '머지'를 할 때는 그것이 어떤 방식이든 효율에 가장 큰 영향을 미치는 것은 머지할 대상의 크기가 너무 많이 차이 나는 경우이다. 가령 2 건과 100 건을 머지 한다는 것은 바보 같은 짓일 것이다. 2 건의 처리범위를 줄이기 위해서 100 건을 동원할 필요는 없다.

이처럼 상대적으로 부담이 적기는 하지만 비트맵 합성에서도 어느 한쪽이 지나치게 넓은 범위를 가지고 있다면 이를 합성 대상에서 제외시킨다. 물론 항상 제외되는 것은 아니다. 좁은 범위를 가지고 있는 다른 디멘전들이 충분히 그 역할을 담당한다는 판단이 서면 제외시키지만 그렇지 않을 때는 대상에 포함시킨다. 마치 팀별로 하는 시합에서 좋은 선수들이 충분히 있으면 상대적으로 실력이 떨어지는 사람을 스타팅 멤버에서 제외시키겠지만, 그렇지 못할 때는 출전시키는 것과 유사하다.

실제로 테스트를 해보면 등장한 디멘전 테이블들의 수에 따라 선택된 디멘전이나 개수에 미묘한 차이를 보이고 있다. 그러나 여기에서는 굳이 테스트 결과를 공개하지 않겠다. 이것은 어차피 옵티마이져가 판단할 문제이므로 여러분이 너무 깊숙한 부분까지 알면 오히려 혼란만 가중될 수도 있을 것이라 생각하기 때문이다.

이번에는 스타변형 조인을 하는 과정에서 한번 액세스한 디멘전의 결과를 재사용하기 위해서 생성하는 임시(Temp) 테이블에 대해 소개하겠다. 다음의 실행계획을 살펴보자.

	Operations	Object	Access Predicated
	SELECT STATEMENT Hint=CHOOSE		
	TEMP TABLE TRANSFORMATION		(d)
1	SORT GROUP BY		
1536	HASH JOIN		S."SUPPLIER_CD"="T1"."C0" AND "S"."PROD_CD"="T1"."C1"
15360	HASH JOIN		S."CUST_ID"="C"."CUST_ID"
96	TABLE ACCESS BY INDEX ROWID	CUSTOMERS	
96	INDEX RANGE SCAN	CUST_JOB_IDX	C."CUST_JOB"='CLERK'
15360	TABLE ACCESS BY INDEX ROWID	SALES	
15360	BITMAP CONVERSION TO ROWIDS		
1	BITMAP AND		
8	BITMAP MERGE		Temp 테이블 사용
560	BITMAP KEY ITERATION		(c)
800	TABLE ACCESS FULL	SYS_TEMP_0FD9D6615_BA951634	
560	BITMAP INDEX RANGE SCAN	SALES_SUPL_PROD_BIX (b)	S."SUPPLIER_CD"="T1"."C0"
1	BITMAP MERGE		
96	BITMAP KEY ITERATION		
96	TABLE ACCESS BY INDEX ROWID	CUSTOMERS	
96	INDEX RANGE SCAN	CUST_JOB_IDX	Temp 테이블 사용 'CLERK'
96	BITMAP INDEX RANGE SCAN	SALES_CUST_BIX	S."CUST_ID"="C"."CUST_ID"
800	TABLE ACCESS FULL	SYS_TEMP_0FD9D6615_BA951634	Temp 테이블 생성
	RECURSIVE EXECUTION	SYS_LE_2_0	
	INSERT /*+ APPEND BYPASS_RECURSIVE_CHECK */ INTO "SYS"."**SYS_TEMP_0FD9D6615_BA951634**" SELECT /*+ SEMIJOIN_DRIVER STAR_TRANSFORMATION */ **"P"."SUPPLIER_CD" "C0","P"."PROD_CD" "C1"** FROM "PRODUCTS" "P" WHERE "P"."PROD_NAME"='Bunny Boot' (a)		

[그림 2-2-29]

위의 실행계획을 살펴보면 변형에 사용할 디멘전 테이블을 주어진 조건에 대한 추출하고, 이것을 임시 테이블에 저장했다가 비트맵 탐침에도 사용하고, 연결을 위한 해쉬조인에서도 사용하였음을 확인할 수 있다. 우리는 스타변형 조인에서 디멘전 테이블이 항상 두 번씩 액세스되는 것을 알고 있다. 임시 테이블을 생성하는 이유는 설사 내부적인 테이블을 새롭게 만드는 부담이 있더라도 이를 재사용하도록 하기 위한 것이다.

그렇다면 이러한 임시 테이블을 사용하는 기준은 너무나 명확하다. 가령, '고객' 테이블과 같이 대량의 데이터를 가진 디멘전 테이블이 자신의 범위를 크게 줄여주는 조건을 가지고 있을 때 먼저 액세스하여 소량의 임시 테이블을 생성하고, 이를 활용하는 것은 분명히 효과가 있다. 그러나 소량의 데이터를 가진 디멘전 테이블이거나 조건이 처리범위를 별로 줄여주지 못한다면 거의 효과가 없다.

우리가 STAR_TRANSFORMATION_ENABLED 를 TRUE 로 주었다고 해서 모든 디멘전들에 대해서 임시 테이블을 생성하는 것은 아니다. 옵티마이져가 대형(Big dimension)이라고 판단한 것에 대해서만 생성하며, 또한 대형이라고 해서 모두 생성되는 것이 아니라 조인에 참여하는 디멘전의 수에 따라 옵티마이져가 판단한다.

디멘전이 4 개 이상 있을 때는 가장 큰 디멘전은 아예 제외되기 때문에 어차피 임시 테이블은 영향을 주지 못한다. 그러므로 사실 실전에서는 임시 테이블로 인한 수행속도 향상은 크게 기대할 만큼 나타나지는 않는다. 만약 여러분들이 보유하고 있는 데이터 웨어하우스의 데이터 모델에서 대부분의 디멘전들이 소형이라면 'TEMP_DISABLE'을 적용해도 무리가 없다. 그러나 대형 디멘전들이 자주 사용되는 환경이라면 TRUE 로 관리하는 것이 보다 좋은 결정이 될 것이다.

이번에는 복합 비트맵 인덱스 사용시의 주의할 사항에 대해 알아보겠다. 이해를 돕기 위해 다음과 같은 쿼리를 살펴보기로 하자.

```
SELECT /*+ star_transformation */
       c.job_id, SUM( s.amount_sold ) sales_amount
FROM sales s, products p, customers c
WHERE s.cust_id = c.cust_id
  AND s.supplier_id = p.supplier_id
  AND s.prod_id = p.prod_id
  AND p.prod_name = 'Bunny Boot'
  AND c.cust_state_province = 'RI'
GROUP BY c.job_id;
```

여기서 우리가 관심을 가지고 있는 것은 아래 그림과 같이 'PRODUCTS' 디멘전 테이블의 식별자가 'SUPPLIER' 테이블의 식별자를 상속받고 있어 결합 인덱스로 되어 있다는 것이다.

디멘전 테이블이 스노우플래이크(Snowflake) 구조로 되어 있다면 이러한 외부키가 나타날 수 있는 것은 당연하다. 그런데도 불구하고 앞의 그림 [2-2-29]에 있는 (a)~(d)를 살펴보면 이상한 현상이 나타나는 것을 발견할 수 있다.

(a)에서 생성된 임시 테이블을 살펴보면 분명히 'supplier_cd+product_cd'로 구성되어 있다. 그러나 이 임시 테이블이 두 개의 키에 대한 상수를 모두 적용할 수 있음에도 불구하고 (b)를 보면 'supplier_cd'만으로 탐침을 수행한 것을 발견할 수 있다. (c)를 보면 사용된 비트맵도 정상적으로 복합 비트맵 인덱스인 'SALES_SUPL_PROD_BIX'으로 사용되었지만 선두 컬럼에 대해서만 탐침이 수행되었다.

결국 보다 유리한 'product_cd'로는 변형을 수행하지 못하게 되었고, 나중에 가서 최종적인 연결을 하는 단계(d)에 가서야 두 가지 컬럼이 모두 비교되어 불필요한 처리가 많이 발생되었다. 이것은 분명 적절하지 못한 옵티마이져의 결정이라 할 수 밖에 없다. 그러나 현재는 분명히 나타나고 있는 현상이니 유의해야 한다. 다만 세월이 가면 이런 부분이 개선되어질 것이니 앞으로 확인해보기 바란다.

이번에는 이러한 스노우플래이크 구조에서 어떻게 스타변형 조인이 발생할 수 있는지 살펴보기로 하자. 사실 이것은 매우 중요한 문제라 할 수 있다. OLAP에서 사용하는 구조가 크게 나누어 스타스키마 구조와 스노우플래이크 구조로 나눌 수 있다. 그렇다면 스노우플래이크 구조에 대한 가능 여부에 따라 설계상의 큰 차이가 있어야 하기 때문이다. 우선 논리적으로 볼 때는 스타변형이 발생하지 못할 이유는 없다.

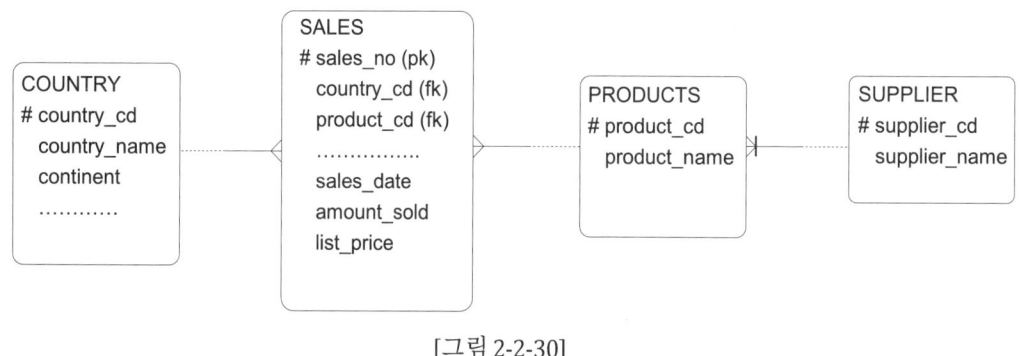

[그림 2-2-30]

이 그림을 살펴보면 'PRODUCTS' 테이블의 기본키가 'product_cd' 만으로 되어 있으며, 'SALES' 테이블에는 'supplier_cd'가 상속되어 있지 않으므로 완벽한 스노우플래이크 구조이다. 스노우플래이크 구조가 스타변형조인이 될 수 있느냐는 우리에게 매우 중요하다. 논리적으로만 본다면 팩트 테이블에 직접 릴레이션쉽을 가지고 있는 디멘전들은 팩트 테이블 외부키와 조인조건을 가질 것이고, 'SUPPLIER' 테이블은 'PRODUCTS'와 조인관계를 가질 것이다.

그렇다면 옵티마이져는 이들이 스노우플래이크 구조라는 것을 쉽게 알 수 있을 것이며, 비트맵 탐침을 하기 전에 이들이 먼저 조인이나 서브쿼리를 수행하도록 스타변형을 시킨다면 이론적으로는 충분히 가능하다고 본다. 물론 최종적으로 해쉬조인 등으로 연결할 때도 'PRODUCTS' 테이블까지 조인된 결과를 가지고 한 번 더 'SUPPLIER' 테이블을 조인하면 문제가 없다.

만약 두 개의 테이블을 먼저 임시 테이블로 만들어 처리한다면 가장 일반적인 스타스키마 구조가 되므로 어려울 것이 전혀 없다. 그러나 굳이 임시 테이블을 생성하는 방법을 사용하지 않아도 스노우플래이크 구조에서 스타변형 조인이 가능하다.

```
SELECT /*+ star_transformation */
       c.country_name, p.product_name,
       SUM(s.amount_sold) sales_amount
FROM sales s, country c, products p, supplier u
WHERE s.country_cd = c.country_cd
  AND s.product_cd = p.product_cd
  AND p.supplier_cd = u.supplier_cd      ..................... (a)
  AND c.continent = 'ASIA'
  AND u.supplier_name = 'SAMSUNG'        ..................... (b)
GROUP BY c.country_name, p.product_name;
```

위의 쿼리를 살펴보면 'SALES' 테이블과 직접 조인하고 있는 것은 'COUNTRY' 테이블과 'PRODUCTS' 테이블뿐이다. 그러나 'PRODUCTS' 테이블은 (b) 조건으로 액세스하는 'SUPPLIER' 테이블을 경유해야만 처리 대상이 결정되도록 되어 있다. 이것은 스노우플래이크 구조를 처리하는 전형적인 모습이다.

만약 'PRODUCTS' 테이블이 'SUPPLIER' 테이블을 경유했다라도 'SUPPLIER' 테이블이 먼저 수행되어 처리 조건을 제공해 준다면 직접 조건을 받은 것이나 다름없다. 이 쿼리의 실행계획을 살펴보자.

```
Execution Plan
----------------------------------------------------------------
SELECT STATEMENT
  SORT GROUP BY
    HASH JOIN
      HASH JOIN
        TABLE ACCESS (FULL) OF 'PRODUCTS'
        TABLE ACCESS (BY INDEX ROWID) OF 'SALES'
          BITMAP CONVERSION (TO ROWIDS)
            BITMAP AND
              BITMAP MERGE
                BITMAP KEY ITERATION
                  TABLE ACCESS (BY INDEX ROWID) OF 'COUNTRY'
                    INDEX (RANGE SCAN) OF 'CONTINENT_IDX' (NON-UNIQUE)
                  BITMAP INDEX (RANGE SCAN) OF 'SALES_CUSTOMER_BIX'
              BITMAP MERGE
                BITMAP KEY ITERATION
                  HASH JOIN
                    TABLE ACCESS (FULL) OF 'SUPPLIER'
                    TABLE ACCESS (FULL) OF 'PRODUCTS'
                  BITMAP INDEX (RANGE SCAN) OF 'SALES_PRODUCT_BIX'
      TABLE ACCESS (BY INDEX ROWID) OF 'COUNTRY'
        INDEX (RANGE SCAN) OF 'CONTINENT_IDX' (NON-UNIQUE)
```

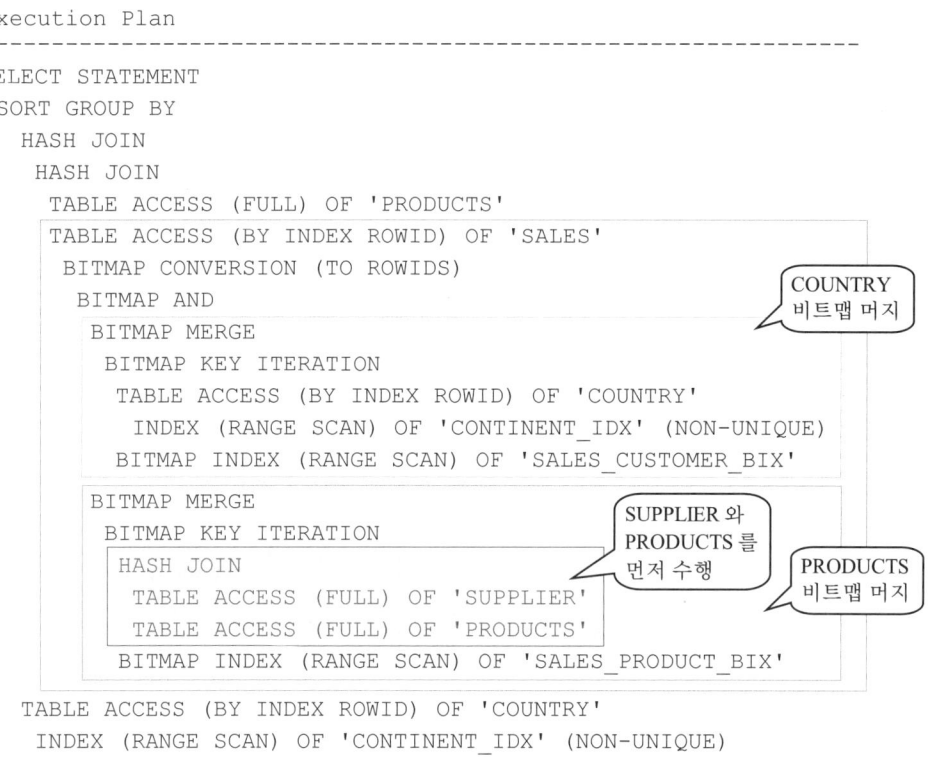

실행계획을 분석해 보면, 스노우플래이크 구조로 처리되어야 하는 'PRODUCTS' 테이블의 비트맵 머지는 'SUPPLIER'와 'PRODUCTS'의 조인이 비트맵을 탐침하기 전에 먼저 수행되었다는 것을 확인할 수 있다. 이로써 스노우플래이크 구조도 스타변형 조인을 문제없이 수행할 수 있다는 것이 증명되었다.

지금까지 스타 조인과 스타변형 조인에 대해 상세하게 알아 보았다. 이들 간에는 분명한 개념의 차이가 있고 장·단점도 극명하게 나누어진다. 이 두 가지 조인은 데이터 웨어하우스를 위해 창안되었다. 스타변형 조인은 비트맵 인덱스를 기본으로 하기 때문에 데이터 웨어하우스 전용으로 만들어졌다고 해도 과언이 아니다. 그러나 스타 조인은 굳이 데이터 웨어하우스가 아닌 일반적인 조인에서도 상황에 따라 적절하게 활용할 수 있음을 잊지 말기 바란다.

2.3.8. 비트맵 조인 인덱스(Bitmap Join Index)

이번에는 마지막으로 비트맵 조인인덱스를 사용하는 방법에 대해 알아보기로 한다. 다음과 같은 비트맵 조인인덱스를 생성해보자.

```
CREATE BITMAP INDEX sales_cust_job_bix
    ON sales(customers.cust_job)
  FROM sales, customers
  WHERE sales.cust_id = customers.cust_id
  LOCAL NOLOGGING COMPUTE STATISTICS;
```

이렇게 생성된 조인인덱스는 이제 CUSTOMERS 디멘전 테이블에 있던 'cust_job'이 마치 SALES 팩트 테이블의 컬럼처럼 인식된다. 이처럼 비트맵 조인인덱스로 구성된 디멘전에 스타변형이 발생하면 아래와 같은 실행계획이 나타난다.

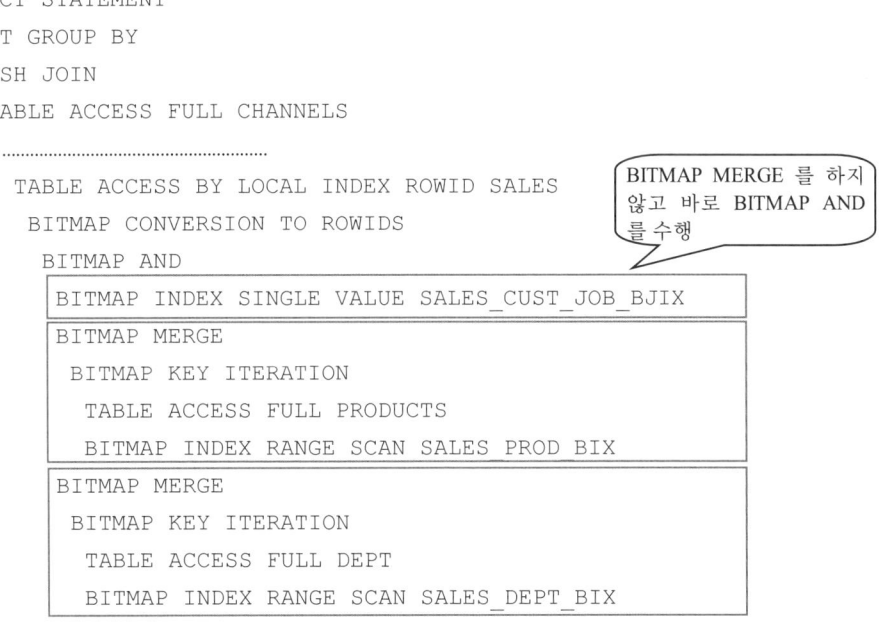

```
SELECT STATEMENT
 SORT GROUP BY
  HASH JOIN
   TABLE ACCESS FULL CHANNELS
   ..................................
     TABLE ACCESS BY LOCAL INDEX ROWID SALES
      BITMAP CONVERSION TO ROWIDS
       BITMAP AND
        BITMAP INDEX SINGLE VALUE SALES_CUST_JOB_BJIX
        BITMAP MERGE
         BITMAP KEY ITERATION
          TABLE ACCESS FULL PRODUCTS
          BITMAP INDEX RANGE SCAN SALES_PROD_BIX
        BITMAP MERGE
         BITMAP KEY ITERATION
          TABLE ACCESS FULL DEPT
          BITMAP INDEX RANGE SCAN SALES_DEPT_BIX
```

BITMAP MERGE 를 하지 않고 바로 BITMAP AND 를 수행

위의 실행계획에서 볼 수 있듯이 비트맵 조인인덱스로 되어 있으면 디멘전 테이블의 해당 컬럼을 마치 팩트 테이블 컬럼처럼 인식하여 서브쿼리를 만들어 비트맵 탐침도, 비트

맵 머지도 하지 않고 바로 'BITMAP AND'에 참여하는 것을 확인하기 바란다. 이것은 분명 그 만한 가치가 있다. 그러나 모든 것을 이렇게 해둘 수는 없는 노릇이니 아주 빈번하게 사용되는 디멘전 테이블의 컬럼들의 일부를 이와 같은 방법으로 관리한다면 보다 향상된 수행속도를 얻을 수 있을 것이다.

비트맵 조인 인덱스의 개념에 대해 좀더 자세하게 알아보기로 하자. 개념을 가장 쉽게 이해하는 방법은 조인된 결과의 집합을 하나의 테이블이라고 생각하는 것이다. 바로 이 논리적 테이블에 있는 컬럼을 비트맵 인덱스로 생성하였다고 생각하면 아주 쉽다. 아래 그림은 SALES 테이블과 COUNTRY 테이블을 조인하여 SALES 테이블에 비트맵 조인 인덱스를 생성한 것이다.

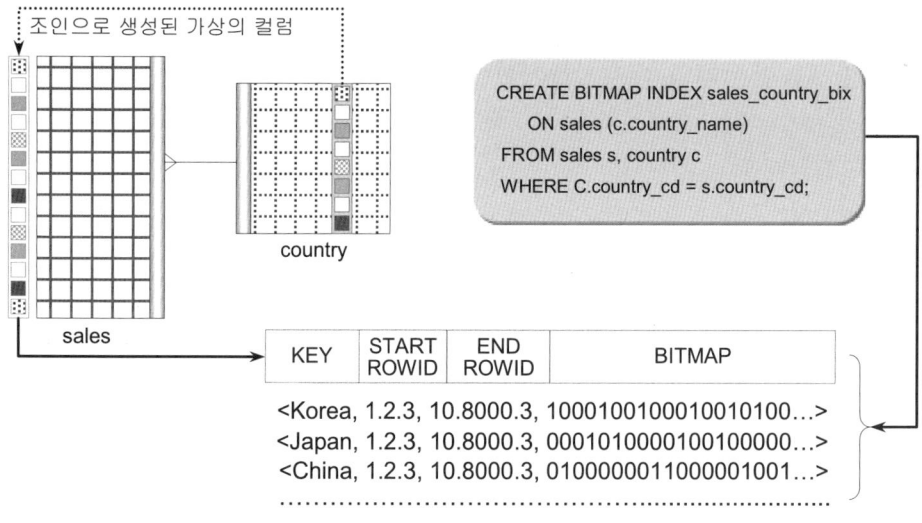

[그림 2-2-31]

비트맵 조인 인덱스를 생성하는 문장을 살펴보자. 마치 SELECT 문의 조인처럼 FROM 절과 WHERE 절을 가지고 있다. 서로 조인되는 테이블들은 동등한 관계를 가지고 있기 때문에 조인된 결과는 어느 특정 테이블의 소유로 볼 수는 없다. 이를 분명히 하기 위해 위의 생성 문장에서는 'ON sales'을 지정한 것이다.

조인은 집합의 연산에 의해 생성된 가공 집합이므로 제 3 의 집합이 나타날 수 있다. 그러므로 비트맵 조인 인덱스처럼 자신을 소유하는 직접적인 테이블이 필요할 때는 제약을 둘 수 밖에 없다. 이러한 이유 때문에 우리가 반드시 지켜야 하는 준수사항은 조인을 했을 때 인덱스를 생성하는 테이블이 반드시 '보존되어야(preserved)' 한다는 것이다.

조인을 하더라도 인덱스를 생성하는 집합이 그대로 보존되기 위해서는 다음의 사항을 준수해야 한다.

- 인덱스를 생성하는 테이블에 조인(참조)되는 테이블은 반드시 기본키 컬럼이거나 유일성 제약 조건(Unique Constraints)을 가진 컬럼이 조인조건이 되어야 한다. 그것은 조인되는 집합의 유일성이 보장되지 않으면 그 결과는 보존될 수 없기 때문이다.
- 참조되는 테이블의 조인 컬럼은 그 테이블의 기본키로 지정되어 있거나, 인덱스를 생성하는 테이블에서 외부키 제약조건이 선언되어 있어야 한다.
- 만약 참조 테이블의 조인키가 결합 인덱스로 구성되었다면 모든 컬럼이 조인에 존재해야 한다.
- 조인 조건은 반드시 이퀄(=)이어야 하며, 아우터 조인을 사용할 수 없다.
- 인덱스 일체형 테이블이나 임시 테이블과는 비트맵 조인 인덱스를 생성할 수 없다.
- 인덱스를 생성하는 조인 문에 집합을 처리하는 연산(Union, Minus 등), DISTINCT, SUM, AVG, COUNT 등의 집계 함수, 분석 함수(Analytic function), GROUP BY, ORDER BY, CONNECT BY, START WITH 절의 사용해서는 안 된다.
- 인덱스 컬럼은 반드시 조인되는 테이블에 소속된 컬럼이어야 한다.
- 비트맵 조인 인덱스는 비트맵 인덱스의 일종이므로 당연히 일반적인 비트맵 인덱스의 각종 규칙을 그대로 준수해야 한다. 가령, 유일성을 가진 컬럼은 비트맵 인덱스를 생성할 수 없다.

이렇게 생성된 비트맵 조인 인덱스는 다음과 같은 사용상의 제약사항을 가지고 있다.

- 병렬 DML 처리는 비트맵 조인 인덱스를 가지고 있는 테이블에서만 지원된다. 만약 관련된 참조 테이블에서 병렬 DML 을 수행시키면 비트맵 조인 인덱스는 'UNUSABLE' 상태가 된다.
- 비트맵 조인 인덱스를 사용하게 되면, 어떤 트랜잭션에서 동시에 오직 하나의 테이블만 처리해야 한다. 조인된 테이블이 COMMIT 되지 않은 상태에서 동시에 변경되면 일관성을 보장할 수 없기 때문이다.
- 조인 문장에서 동일한 테이블이 두 번 등장할 수 없다.

비트맵 조인 인덱스는 표현 형식이 일반적인 조인과 유사하므로 다음과 같이 동시에 여러 테이블을 참조하여 결합된 구조를 생성할 수도 있다.

```
CREATE BITMAP INDEX sales_cust_job_bix
    ON sales(cu.cust_job, p.product_type, c.continent)
  FROM sales s, customers cu, products p, country c
  WHERE s.cust_id = cu.cust_id
    AND s.product_cd = p.product_cd
    AND s.country_cd = c.country_cd
  LOCAL NOLOGGING COMPUTE STATISTICS;
```

그러나 방법상으로는 전혀 문제가 없지만, 이러한 형태로 사용하는 것을 그리 바람직하다고 할 수는 없다. 우리가 비트맵 인덱스를 생성하는 전략에서도 가능하다면 단일 컬럼으로 비트맵 인덱스를 생성하였다. 그 이유는 비트맵 인덱스의 특성상 임의의 비트맵이 독립적으로 사용되어 그때마다 비트맵 연산을 수행하여 해결하는 것이 여러 가지로 유리하기 때문이었다.

결합 인덱스는 어떤 조건절에서 특정 컬럼이 사용되지 않거나 '='로 사용되지 않을 때 결합된 인덱스 컬럼의 순서에 많은 영향을 받는다. 그러므로 상황에 따라 적절한 인덱스 구조를 제공하려면 너무 많은 인덱스가 필요하게 되었다. 이러한 단점을 개선하기 위해 도입한 비트맵 인덱스를 굳이 결합된 컬럼으로 회귀할 필요는 없다. 특히 비트맵 인덱스는 보다 제한 사항이 많기 때문에 함부로 결합하지 않는 것이 좋다.

물론 아주 업무적인 친밀도가 강력하여 언제나 같이 사용하는 경우라면 검토해볼 수도 있을 것이다. 그러나 역시 우리가 관심을 가져야 할 것은 여러 디멘전 테이블에서 다양한 형태의 검색조건을 받았을 때의 조인 최적화를 위한 스타변형 조인을 위해 이 개념을 활용하는 것이 바람직하다.

지금까지 관계형 데이터베이스를 한 차원 높게 활용하기 위한 중요한 원리들을 매우 구체적으로 다루어왔다. 아직 중요한 개념이 일부 남아있지만 지면 사정상 나머지는 2권에서 다루기로 하겠다. 앞으로 데이터베이스의 고급활용을 통해 여러분이 얼마나 놀라운 변신을 할 수 있는지를 보여줄 수 있는 보다 상세한 활용방법과 적용기준이 제시될 것이다.

찾아보기

ㄱ

가상의 컬럼	85,259,442,615
값의 분산효과	71
개발자의 역할	179
개별(Private) 아우트라인	142
검색 입력	278,567,572,576
게시판	425,469
결과를 결합	81,227,233
결합 인덱스	66,74,100,150,338,339,340 352,382
결합 인덱스 컬럼 순서	352
결합 순서	340,341,343
결합인덱스 컬럼순서 결정	382
계층구조의 부분범위처리	485
계층구조의 전개	486
공유 SQL 영역	366,367,502
관계형 데이터베이스	4,11,44,59,386,472,545
규칙기준 옵티마이져	38,110,114,246,304 427,523
규칙기준 옵티마이져의 단점	115
규칙기준 옵티마이져의 장점	116

ㄴ

내부적인 컬럼의 변형	528
내측루프	213,276,277,278,327,328
내포 조인(Nested loops Join)	211,212,215
넓은 범위의 액세스 처리	16
넓이균형 히스토그램	121
네스티드 테이블 컬럼	83
논리적 컬럼	82
논리적 ROWID	25,28,29,30
논리적인 액세스	11,24
논리적인 저장공간	7
높이균형 히스토그램	121

ㄷ

다음 세트	482,483,484
다이나믹 SQL	123,136,149,428
다중 처리	290,297,406,445
다중 테이블 입력 서브쿼리	290
다중 테이블 클러스터링	36,45,203,392
단위 클러스터	37,39,40,43,49,54,213,389,394
단위 클러스터의 크기	394
단일 테이블 클러스터링	37,41,203,378,392
단일 테이블 해쉬 클러스터	58
단일필드	44
데이터 타입의 차이	528
데이터베이스 트리거	368
데이터웨어하우스	73
데이터파일	7,8,13,193
동시적	555
동적 역할 반전	570
동적 표본화(Dynamic Sampling)	137,320
동적 SQL	123,149,428
드라이빙 역할	504,510
드라이빙 조건	407,408,409,439
디멘젼	225,270,316,331,451,551,608,611
디멘젼 컬럼	623
디멘젼 테이블	225,270,316,331,451,551,608,611

ㄹ

랜덤 액세스	18,24,41,72,137,196,212,362,378
랜덤 액세스 방식	539
랜덤의 부담	565,573
로우 체인	41
로우 헤더	39
로우식별자	7,184
로우의 이주	10,193
로우의 평균길이	119,396

롤백	51,52	부등식 비교	266
롤백 세그먼트	51,52	부분범위 처리	335,355,403,409,419
루트 블록	61,62,65,68,75,205	부분범위 처리의 개념	405,535
리버스 키 인덱스	59,71,72	부분범위처리로의 유도	425
리프 노드	28,34	부분적인 클러스터링	390
리프 블록	61,62,65,68,72,75,196,342	부정형 조인	223,598,601,603

ㅁ

		부정형(ANTI) 세미조인	592,599,603
마지막 페이지로 점프	479	분리형 테이블	5,11,12,16,28,36
메인쿼리	167,168,173,221,250,321,440,580	분리형 테이블 구조	36
메져(MEASURE) 컬럼	623	분산쿼리 최적화	319
무방향성	556	분포도	24,41,42,59,113
물리적 위치정보	30,31	분포도의 종류	121
물리적 위치정보의 적중률	31	분할실행계획	530
물리적 주소	28	뷰	82,143,154
물리적인 저장 방법	11	뷰 병합	168,316

ㅂ

		뷰 쿼리	168,614
		뷰쿼리 병합	316
바인드 변수	63,122,143,155,177,193,371,624	브랜치 블록	61,62,65,75,196,342
반복 액세스 형태	361,376	블랜치 블록의 깊이	65
반복연결	498	블록 레벨 잠금	77
방향성	539	블록당 유효 저장공간	396
배열 필드	44	블록헤더	40,43,57,395,396
버켓(Bucket)	121,567	비용 산정기(Estimator)	153,156
버퍼	63,137,215,216,275,318,467,593	비용기준 옵티마이져	38,84,110,119
범위 스캔	62,265	비용기준 옵티마이져의 단점	125
범위처리	23,35,61,114,191,203,239	비용기준 옵티마이져의 장점	120
병렬 고속 전체 스캔	25	비트맵 머지	79,264,265,619,630
병렬 스레드	308	비트맵 벡터	566,568,572,576
병렬 조인의 속도 향상	309	비트맵 인덱스	25,59,73
병렬도	308,310	비트맵 인덱스의 구조와 특성	75
병렬등급	129	비트맵 인덱스의 액세스	78
병렬처리	15,16,23,152,185,186,191,308	비트맵 인덱스의 탄생 배경	73
병렬처리 관련 힌트	308	비트맵 조인 인덱스	59,631
보수(補數, Complement)	478	비트맵 탐침	624,626,629
		비트맵 합성	625

찾아보기

새로 쓴, 대용량데이터베이스 솔루션 I

빌드 입력	277,567,572,576

ㅅ

사용불가 상태 인덱스	85
사용자정의 바인드 함수의 엿보기(Peeking)	155,177
생산자 프로세스	309
서브쿼리	85,100,154,159,163,167
	173,221,250,269,580
서브쿼리 실행계획	269
서브쿼리 팩토링	287
선분 형태	76
선택도(selectivity)	156,177,320
선택적	556
선행 테이블	539
선행집합	542
세그먼트	7,24,32,33,51,65,396
세미 조인	580
세트단위	481
소비자 프로세스	309
손익분기점	334,335,357
수정가능 조인뷰	284
수집 주기	122,368
수행속도 원리	424
수행속도 향상원리	419
순위	113,114,158,304,352,448
순전개	275,486,487
순차적	185,197,436,539
순환전개 실행계획	275
스칼라 서브쿼리	283,453
스캔 방식	39,41,198,201,204,218,333
	338,387,393,555
스타 변형 조인	79,261,270,316,317,617
스타 조인	225,606
슬롯	567,572,576
시스템 통계(System Statistics)	130
시스템 통계의 개선	130
시스템 통제	366
시퀀스	432,433
시퀀스 생성기	432
시험생성	384
실체뷰	86,154,155,315,322
실행계획 생성기(Plan Generator)	153,159
실행계획(Explain Plan)	101
실행계획의 계층구조	410
실행계획의 고정화(Stability)	139
실행시간 파싱	386

ㅇ

아우터 조인(Outer Join)	191,212,227,503,509
아우트라인(Outline)	135,136,139,140~147
아우트라인의 관찰	143
아우트라인의 생성과 조정	141
아우트라인의 카테고리	147
액세스 경로	59,124,159,242,302,385
액세스 경로 판단 기준	357
액세스 수단 선택 힌트	311
액세스 영향요소	16
액세스 유형	360,362,363
액세스 형태	333,359,360,362,366,369
액세스 효율	12,24,34,41,63,101,194,430,489
액세스의 효율화	17
액세스쿼리	154,168~173,614
양쪽 연결고리 이상	529
여유공간	9,12,332
역전개	275
연결 실행계획	242,314
연결고리	514
연결고리 상태	514,539

연결고리 정상	515,517,519	인덱스 범위 스캔	195,196,310,311
연쇄(Concatenation) 실행계획	242,472	(Index Range Scans)	
연합실행계획	272	인덱스 블록의 분할	66
오버플로우 영역	32,33,34	인덱스 생성	64
옵티마이져 모드	303,417	인덱스 선정	376
옵티마이져 모드와 관련된 파라메터	136	인덱스 선정 절차	357,358
옵티마이져 모드의 결정 기준	134	인덱스 설계 시점	359
옵티마이져 모드의 종류	132	인덱스 스캔	63,150,178,184,194
옵티마이져 목표	303,558	인덱스 스킵 스캔	186,195,198,313,314,340,348
옵티마이져 업그레이드	145	인덱스 역순 범위 스캔	195,197
옵티마이져(Optimizer, 최적기)	105	(Index Range Scans Descending)	
옵티마이져의 발전방향	128	인덱스 유일 스캔(Index Unique Scans)	195
옵티마이져의 최적화절차	152,153	인덱스 일체형 테이블	18,24,327
옵티마이져의 한계	148	인덱스 재생성	68,329
옵티마이징 팩터	299,497	인덱스 전략	359,384
외부 테이블(External Table)	291	인덱스 전략 수립	359
외측루프	276,278,330	인덱스 전체 스캔	195,201,220,252
운반단위	403,406,410	(Index Full Scans)	
원격 테이블	245,246,247,319,321,624	인덱스 조인	195,212,235,313,351,356,429
원격(Remote)실행계획	239,245	인덱스 클러스터	37,54,58
웹 게시판	469	인덱스를 경유한 검색	69
웹 게시판에서의 부분범위처리	469	인덱스만 액세스	24,31,356,429
유예 해쉬조인	568,575	인덱스의 병합	29
유일 인덱스	69,195,232	인덱스의 분할	28
유일스캔	62,69,195,225	인덱스의 비용	334
융집	22	인라인뷰	450,458
융축	9	인-메모리(In-memory) 해쉬조인	568,571
이전 세트	483	일괄적용	386
이행성 규칙(Transitive principle)	165,166,532	일련번호 생성	432
인덱스	59	일체형 테이블	8,24,26,28,29,33,327
인덱스 고속 전체 스캔	165,201,208,236,237	임계치	32
(Index Fast Full Scans)		임시 세그먼트	568,569,570
인덱스 구성 전략	384	임시 테이블	65,287~289,295,573,626~629
인덱스 구조 변경	552		
인덱스 머지	336,338		

새로 쓴, 대용량 데이터베이스 솔루션 I — 찾아보기

ㅈ

자료사전	51,52,446
자습적(Heuristic) 기법	301
재배치	6,554
재사용이 허용된 블록	5
재활용 블록	6
저장공간의 구조	7
저장구조	3,19,23,152
저장밀도	34
저장형 프로시저	368
저장형 함수	454
저장형태	3,17,194,401
적응적 탐색(Adaptive search)	160
전략적인 인덱스 설계	545
전체 아우터 조인	233
전체 테이블 스캔	25,114,178,184,186,407,529
전체결과 최적화(ALL_ROWS)	132
전체범위	403
전체범위 처리	409,501
정렬 병합 조인(Sort Merge Join)	515
정렬 처리(Sort Operation) 실행계획	249
정렬영역	564,565,578
정렬영역의 크기	65,564
정렬의 부담	565
제공자 역할	270
조각	6,9,40,50,220
조인	211,304,495
조인 순서 조정 힌트	304
조인 연결고리	515,517
조인의 내부처리절차	524
조인의 성공률	546
조인의 순서	542,550
조인의 종류	534
조인의 특성	534
조인처리	502
중대한 액세스 형태	18
지역적 투명성	44
지연기록	17
질의 변환기(Query Transformer)	153,154,314
질의 재생성	154,624
질의의 변환(Query Transforming)	162
징검다리 효과	346

ㅊ

차집합(Minus) 실행계획	239,258
처리 주관 인덱스	273
처리 주관 조건	333,369
처리단위(Query Block)	159
처리범위	16,19,24,40,63,103,120
체인	10,22,34,41,193
체크 조건	408,539
초기결과 최적화(FIRST_ROWS)	132
최고 수위선(High water mark)	185
최대값	432
최소값	432
최적의 처리 순서	549
최적화	535
최적화 목표 제어 힌트	303
최적화 요소	323
충돌	54,55,57,623

ㅋ

카디널러티(Cardinality)	156,157
카티젼 곱(Cartesian Product)	531
카티젼 조인(Cartesian Join)	212,224
컬럼 분포도	333
컬럼 순서	352

새로 쓴, 대용량 데이터베이스 솔루션 I — 찾아보기

컬럼의 중복화	35
컬럼의 추가 기준	350
쿼리 변형	288,289
쿼리 재작성	315
쿼리의 분리	465
쿼리조각(Query Block)	153
쿼리형태 변형 힌트	314
클러스터	567
클러스터 스캔	39,40,213,400
클러스터 액세스 (Cluster Access)	184,203,205,379,394
클러스터 인덱스	37~41,44,46,49,51 59,73,311,397,399
클러스터 체인	46,50,389
클러스터 체인블록	46
클러스터 크기	40,380,397
클러스터링	378
클러스터링 테이블	35
클러스터링 테이블의 비용	47
클러스터링 팩터 향상 전략	16,22
클러스터링 팩터 (Clustering Factor)	11,38,334
클러스터링형 구조	18
클러스터키	39,40~57,389,395
클러스터키 값	40,43,48,57
클러스터키 컬럼	39,43,50,51,55,56,399,400
클러스터키 컬럼값	39,43,50
클러스터키 ID	39,40,41,43
키 압축	66,76

ㅌ

테이블 재생성	68
테이블과 인덱스의 분리형	4
테이블스페이스	7,8,32,33,34,65,144,384
토큰	366
통계자료 추출	361,364
통계정보	31,84,101,111,128
통계정보 관리	128
통계정보를 교체	130
통계정보를 수집	122,128,129,130,320
통계정보를 수집하는 방법	122
트랜잭션	49,72,328,330,378,432,495,550
트리 구조	64,68
트리거	368

ㅍ

파싱	83,123,130,136,141.152,177,367
파티션	567,572,576
파티션 인덱스	310
파티션 짝(Pair)	219,566,569,576
파티션 테이블	570,576
패치	498
팩트 테이블	225,270,316,317,550,612,623
팬아웃	567,571
페이지 목록 리스트	481
페이지 세트	470
페이지의 시작점	482
포괄적인 클러스터링	388
표본 테이블 액세스(Sample Table Scan)	207
필터(Filter)형 처리	168,597,599,602,604

ㅎ

한쪽 연결고리 이상	524
할당작업	309
함수기반 인덱스	82
함수기반 인덱스의 개념 및 구조	82
함수기반 인덱스의 제약사항	84
함수기반 인덱스의 활용	88
합집합(Union, Union All) 실행계획	239,255

새로 쓴, 대용량데이터베이스 솔루션 I — 찾아보기

해쉬 세미 조인	279
해쉬 아우터 조인	228
해쉬 영역	566,568,576
해쉬 조인(Hash Join)	277,281,515,565
해쉬 클러스터	27,37,54,55,56,205,311
해쉬 클러스터 액세스 (Hash Cluster Access)	205
해쉬 클러스터링	27,54,55
해쉬 테이블	569,572,576
해쉬 파티션	55
해쉬 함수	566
해쉬값	572,576
해쉬영역	278
해쉬키	277,278
해쉬키 값	54,56,57,569
해쉬키 값의 개수	56
해쉬키 값의 충돌	54,57
해쉬키의 개수	55,57
해쉬형 세미조인	597
해싱	566
해싱함수	572,576
확인자 역할	270,456
힌트	300

B

Best Throughput(최적효율)	134,303,417,578
BIND VARIABLE	624
BITMAP AND	79
BITMAP CONVERSION	79
Bitmap Index	73
BITMAP JOIN INDEX	59,631
BITMAP KEY ITERATION	79
BITMAP MERGE	79,80
BITMAP MINUS	79,80,266,267
BITMAP OR	79,80
Bitmap Vector	568
BLOCK	5,37,61,65,77,153,159,196,205
Branch block	61,196
BROADCAST	309
B-TREE 인덱스	330
B-Tree 인덱스의 구조	29,60
B-Tree 인덱스의 조작	64
BUFFER	593
Build Input	277,567
by user rowid	275

A

ACCESS PATH	18,376
ALL_ROWS	303,417
Anti Join	223
APPEND	318
Array Fetch	63
ARRAY FIELD	44
Array Processing	290
Array size	403,406
ARRAYSIZE	63

C

CACHE	318
CARDINALITY	319
CASCADE CONSTRAINTS	52
CBO	110
CHAIN	10,22,193
CHOOSE	303
CLEAR_USED	141
CLUSTER	311,567
CLUSTER INDEX	37
CLUSTER KEY	36,37,39,114

CLUSTERING FACTOR	11,36,38	Differed write	7
COLLISION	54	Direct-Path	318
CONCATENATED INDEX	338	Disabled Index	85
Concatenation	81	Distribution	309
Concatenation 실행계획	472	Driving table	539
CONCATENATION PLAN	530	DRIVING_SITE	319
CONDENSING	6,9	DROP	51,52,53,141,398
CONNECT BY ... START WITH	275	DROP STORAGE	53
CONNECT BY PUMP	278	DROP_BY_CAT	141
Consumer	309	DROP_UNUSED	141
Conventional-Path	318	Dynamic Role Reverse	570
Cost-Based Optimizer	110	Dynamic SQL	428
COUNT(STOPKEY) 실행계획	239,259	DYNAMIC_SAMPLING	320
CREATE_OUTLINE	141		
CRITICAL ACCESS PATH	376	**E**	
CTAS	25	EXISTS	163,222,258,416,593
CUBE	293,295	expansion(전개)	154
CURRVAL	433	Explosion	275
CURSOR_SHARING	136,143,319	External Table	291
CURSOR_SHARING_EXACT	319		
		F	
D		FACT	317
DATA DICTIONARY	51,446	Fan-out	567
Database trigger	368	FBI	82
DATAFILE	7	FETCH	498
DB_BLOCK_SIZE	33,57,58,65	FFS	25,202,312,313
DB_File_Multiblock_Read_Count	136,185,326	FILTER	440
DBA (Data Block Address)	65	FILTER형 세미조인	593,596
DBMS_OUTLN	141	FIRST_ROWS	303,417
DBMS_OUTLN_EDIT	141,142	FRAGMENTATION	9
DDL	51,52	FREE LIST	5
DECLARE CURSOR 방식	500	FREE SPACE	6
Degree (Parallel Degree)	129,136,308	FULL	311
DETERMINISTIC	84	FUNCTIONAL INDEX	83

Function-Based Index	82	INDEX_JOIN	313
		INDEX_SS	313
G		INDEX_SS_ASC	314
		INDEX_SS_DESC	314
GENERATE_SIGNATURE	141	INDEX-ORGANIZED TABLE	24,25
GROUP BY	170	INLINE VIEW	496
GROUPING SETS	293,296	IN-List 탐침(Iterator)	239
		INLIST ITERATOR	347
H		In-memory Hash join	568,571
HASH	311	INSERT ALL	290,291
HASH IS	54,56	INTERSECTION	239,255,257
HASH JOIN	515,565	IOT	25,327
Hash Table	569		
Hash Value	572	**K**	
HASH(GROUP BY)	253	Key compression	66,76
HASH_AREA_SIZE	568	KEY_SIZE	57
HASH_SJ	223,597,598		
HASH형 세미조인	597	**L**	
Hashing	566	LEADING	305
HASHKEYS	54~58,205	Leaf block	61,196
HAVING 절 서브쿼리	292	LMC	69
HAVING절	174,175	LOCATION TRANSPARENCY	44
Height_balanced Histogram	121	LOOP QUERY	498
HINT	300		
		M	
I		MATCH	297
Implosion	275	Materialized View	315
INCLUDING	32,33,52	Materialized Views Rewrite	154
INDEX	311	(형상뷰의 질의 재생성)	
INDEX MERGE	336,338	MERGE	316
INDEX REBUILD	329	MERGE 문	297
INDEX_ASC	312	MERGE_AJ	223,598,602,603,604
INDEX_COMBINE	272,312	MERGE_SJ	223,598
INDEX DESC	312	Merging(뷰의병합)	154,168
INDEX FFS	313		

MIGRATION	10,193,227,291
MINUS	79,80,170,239,255,258
Modifiable Join View	284
MULTI-TABLE CLUSTERING	36
MULTI-TABLE INSERT	286,290,291
Multi-table Insert 서브쿼리	290

N

NESTED LOOP형 세미조인	585
Nested Loops 아우터 조인	227
NESTED LOOPS JOIN	524,536,559
NEXTVAL	433
NO_EXPAND	314
NO_INDEX	312
NO_INDEX_FFS	313
NO INDEX SS	313
NO_MERGE	316
NO_PUSH_PRED	320
NO_UNNEST	317
NO_USE_NL	305
NOCACHE	318
NOPARALLEL	309
NOPARALLEL_INDEX	310
NOREWRITE	315
NOT EXISTS	163,258,441,599
NOT IN	599~604
NULL 공포증	94
NULL 비교 실행계획	267

O

OLAP	30,134,305,628
Optimizer_dynamic_sampling	137
OPTIMIZER_INDEX_CACHING	137
OPTIMIZER_INDEX_COST_ADJ	137
OPTIMIZING FACTOR	497
OR 연산	265
OR 조건의 전개	154,155
ORDER SIBLINGS BY	277
ORDERED	304
ORGANIZATION INDEX	33
OUTER JOIN	503
OVERFLOW AREA	32
OVERFLOW TABLESPACE	33,34

P

PARALLEL	308
Parallel degree	308
PARALLEL PROCESSING	15
Parallel threads	308
PARALLEL_INDEX	310
PARALLEL_THREADS_PER_CPU	308
Partial range scan	403
Partition	567
Partition Table	570
PARTITIONED	7,310
Partitioned Index	310
PCTFREE	6,9
PCTTHRESHOLD	32,33,34
PCTUSED	12,37,56,397
Peeking	155,177,178
PGA 영역	63
PHYSICAL GUESS	28,30
PQ_DISTRIBUTE	309
Predicate Pushing(조건절 진입)	154
PRIMARY KEY	33,332,432
Producer	309
Prove Input	567
Proved Input	278

Proved Input	278
Pseudo 컬럼	442
PUSH_PRED	320
PUSH_SUBQ	321

Q

QB_NAME	322
Query Rewrite	315
Query Transformation	314
QUERY_REWRITE_ENABLED	84
QUERY_REWRITE_INTEGRITY	84

R

Range scan	61,79,196
RANGE SCAN(MIN/MAX)	436
RBO	110
RECURSIVE EXECUTION	287,289,294,296
Remote	207,239,245,319,624
Remote 테이블	319
REUSE STORAGE	52,53
Reverse key index	71
REWRITE	315
REWRITE_ON_ERROR	322
ROLLBACK	51
ROLLBACK SEGMENT	51
ROLLUP	293,294
ROWID 스캔	193
ROWID로 변환	79
ROWID의 구성	63
ROWID의 변경	9,40
ROWNUM	437,442
RULE	303
Rule-Based Optimizer	110
Runtime parsing	386

S

Secondary 인덱스	25
SEGMENT	7,36,51,396,568
selectivity	102,156,157
SEMI JOIN	580
Sequence Generator	432
SGA 영역	63
Shared SQL Area	502
SINGLE FIELD	44
SINGLE TABLE CLUSTERING	37
SIZE	40,54,56,57,58
Slot	567,572
Sort Merge 아우터 조인	232
SORT MERGE형 세미조인	591
SORT(AGGREGATE)	251,411
SORT(GROUP BY)	172,232,411
SORT(UNIQUE)	222,249,250,411
SORT_AREA_SIZE	564
SORT의 대체	426
SORT-MERGE JOIN	515,554,559
STAR JOIN	606
Star Transformation	79
Star transformation join	316
STAR_TRANSFORMATION	316
STAR_TRANSFORMATION_ENABLED	623,627
STOPKEY	443
STORED FUNCTION	498
STORED PROCEDURE	368
SUBQUERY	154,498
Subquery Unnesting(서브쿼리의 비내포화)	154
SYS_CONNECT_BY_PATH	488

T

TEMP TABLE TRANSFORMATION	287,288 289,294,296
TEMP_DISABLE	623,627
Temporary segment	568
TOKEN	366
TRACE 파일	367
Transitivity principle	532
TRIGGER	368
TRUNCATE	52

U

UNION	155,166,167,170,239,255
UNION ALL	155,166,167,170,239,255
UNIQUE INDEX	99,114,195,332,477
UNNEST	317
Updatable Join View	284
UPDATE	50,122,189
UPDATE 서브쿼리 실행계획	283
UPDATE_BY_CAT	141
USE_CONCAT	314,476
USE_HASH	306
USE_MERGE	307
USE_NL	305
USE_NL_WITH_INDEX	306
USER_CLUSTERS	57
USING 절	297

V

VIEW	154,168,175,220,411,445

W

Width_balanced Histogram	121
WITH 절	287